沈 載 烈 編著

命理正宗精解

明文堂

自 序

東方哲學 乃至 東方文化를 이룩해온 原動力으로 우리는 陰陽五行學을 손꼽지 않을 수 없다. 따라서 東方精神을 理解하고 東方文化를 研究하고자 하는 사람은 무엇보다도 먼저 先決하여야 할 몇 가지 課題가 있는데、 그 重要한 課題中의 한 課題는 易學과 더불어 陰陽五行學을 理解하지 않으면 안된다。

그것은 從來의 東方社會一般이 政治、哲學、經濟、科學、醫學、學問으로부터 藝術、文化 乃至는 日常生活에 이르기까지 어느 分野를 莫論하고 陰陽五行 思想과 密接한 關係를 가지고 있지 않은 分野는 거의 없다는 結論에 到達되어지기 때문이다. 따라서 陰陽五行學에 對한 眞摯한 研究는 東方學의 健全한 向上을 爲하여 무엇보다도 要求되는 일이라고 생각되는 바이다.

그런데 陰陽五行學의 體系的이고 緻密한 應用을 通하여 完成된 東方 特殊 學問으로서、우리는 또한 運命學、四柱學、命理學을 먼저 손꼽지 않을 수 없는 것은 四柱推命學은 곧 陰陽五行學이라고 할 수 있을 程度이어서 兩者는 둘이 아닌 하나의 關係를 이루고 있는 所致이다. 그러므로 陰陽五行學의 原理가 얼마나 深奧하고 玄妙한가를 알려면 四柱推命學의 原理가 얼마나 깊고 體系化되어 있는가를 理解하면 된다.

特히 本命理正宗은 四柱推命學界에서는 陰陽五行의 原理를 根據로 하는 限 가장 重要한 寶典이고 聖典으로 共認되어 있을 뿐만 아니라 斯界에 뜻을 두는 古來의 人士는 누구라도 거치지 않으면 안될 必須의 敎本으로 되어 왔음에도 不拘하고 于今까지 社會에 紹介되고 풀이되지 못한 것을 筆者로서는 恒常 遺憾스럽게 生覺하여 오던中 今般 明文堂으로부터 命理正宗 解說에 關한 請託을 받아 敢히 鈍筆을 무릅쓰고 懸吐講述을 試圖하였다。 拙著「淵海子平講述」을 兼하여 參考한다면 크게 도움이 될 줄로 믿는 바이다。

先輩諸位와 同學諸賢의 아낌없는 鞭韃을 바라는 마음 懇切할 따름이다。

丁未 三月

筆 者 識

推 薦 辭

神峯 張楠先生의 命理正宗은 實로 運命學界의 聖典이요 生命이 아닐 수 없다. 古來로 누가 이 寶典에 依支
하지 않고 斯學을 大成하였으며, 오늘날 日本이나 中國은 勿論 우리 나라에서 橫行하는 許多한 四柱推命學이
란 術書들이 此經을 盜依하지 않은 것이 몇몇이 되겠는가?

우리는 本命理正宗이 우리말로 解說되고 飜譯되기를 기다린지 오래 되었다. 多幸히 東方 三國中 特히 우리
나라에서 먼저 이 待望의 寶典이 出現되었음을 甚히 歡迎하고 자랑하여 마지않는다.

原典이 漢文으로 되어 있기에 萬人이 解讀할 수 없었고 先生이 없으면 研究할 길이 없었던 運命學界에 斯
界의 깊은 妙旨를 通徹하신 검밝 沈載烈先生에 依하여, 命理正宗精解가 誕生되었으니 우리 運命學界의 커다
란 發展의 契機가 되고 斯界의 專門家를 爲한 水準向上의 礎石이 될 것으로 믿어 마지않는 바이다.

西紀 一九六七年 三月

性悟 金慶萬

神峯 張先生 原序

天으로부터 받은 것이 命이니, 窮하고 達하며 妖하고 壽함이 다 氣가 받은 先端에 매어 있는 바, 비록 聖

賢이나 鬼神이라 할지라도 그 理致를 變移시킬 수는 없는 것이다. 그러므로 「君子는 安易한데 居하여 命을

기다린다」고 하였고 「命을 알지 못하면 君子가 될 수 없다」고 하였던 것이다.

그러나 命學의 根源을 遡及해 보면 軒轅 黃帝氏가 天에 祈願하여 干支의 降布를 얻은 데 있고, 다음의 大撓

氏가 六十甲子를 지은데 있는 바이며 이에 사람의 年月日時가 생겼고 드디어는 命이라 일컫게 된바어니와,

이 年月日時는 하늘에서 받은 命 그대로와 同一하다。

그런데 前에는 命理에 關한 書册이 없었던 것을 唐代에 이르러 袁守成의 指南五星書의 著作을 비롯하여 呂

才가 合婚書를 지었으며, 一行禪師가 星曆書를 만들었고, 五代에는 轆轤書가 있었고, 前宋에는 殿遍書가 있

었으며, 南宋·遼·金에는 喬拗書가 있었고, 元에는 耶律楚材書가 있었으며, 裴大猷의 琴堂虛實書가 있었고,

均은 生年의 納音五行의 所屬과 身命、限度를 爲主하여 七曜四餘로 用을 삼기도 하였었다。

마침내 我明朝에 이르러 徐均이 子平書를 지었는 바 日干을 爲主로 하고 月令을 用神으로 하며, 歲時를 補

佐로 하였으니 이에 命書는 完全하게 되었던 것이다. 이 까닭이 무엇인가 하면, 대저 五星說에서는 生年을

爲主로 할 뿐 月과 日時를 버리기도 하며 或 納音을 爲主로 하여 干支의 理致를 버리기도 하였지만, 子平의

理致만은 홀로 中道를 얻어서 日이 月氣에 通하고 歲와 時가 脉胳이 되며, 日은 身主가 되고 月은 巢穴이 되

며 歲와 時가 門戶로 되었는 바, 이것을 얻고 저것을 버리지도 않았으며 上을 通하고 下도 버리지 않았으며

有餘함을 抑制하고 不及함을 補充하는 中正의 道理인 때문이었으니 이 法은 아무도 度外視할 수 없는 正法이다.

愚(本人)가 羣書를 읽고 그 趣旨를 살펴본 바에 五星指南과 琴堂書와 子平淵海書만이 正法의 理致를 宗으로 한 것이 確實했다. 그러나 그 가운데에도 根據가 微弱한 學說이 있으니, 進退說等이 그러한 類로써 確然하고 一定한 理致가 없는 바 後世에는 이로 因한 많은 謬說이 더욱 增加되어 사람들은 眩惑되고 그릇된 理論을 授受하므로 謬害가 클 것이니 마치 길을 잃은 사람이 盲人에게 길을 묻는 것과 같다.

그러므로 窮極을 究明하고 부질없는 學說을 破盡해야 할 것이어니와 術을 파는 行術人들의 말은 들어서는 옳은듯 하지만 그 理致를 생각해 보면 그렇지 않으니 눈은 멀고 마음은 迷惑되어 마침내 그 根本을 찾고 核心을 薦明할 사람이 없게 될 것이다.

슬프다! 사람을 속이는 것이 아니고 스스로 속을 따름이니 내가 깊이 慨嘆하였거니와 이에 細心 講究한지 四十餘年이었더니 하루 아침에 恍然(精神이 명한 貌樣)히 한가지 깨침을 얻었는 바 옳은 것 같기도 하고 그른 것 같기도 하지만 부끄럼을 무릅쓰고 淺見이나마 五星正說과 子平諸格의 正說과 子平諸格의 謬說과 蓋頭說과 六親說과 病藥說과 雕枯旺弱生長八法說과 人命見驗說을 세워서、正當하고 尊崇될만한 內容은 取하고 誤謬될만한 謬說은 關破하여서 《命理正宗》이라 이름을 붙여서 木版을 새겨 出刊하도록 주었는바 極盡히 알고 보면 誣誕이니 罪를 容恕 받고 跳亡할 수 없을 것이다. 그러나 오히려 知者를 기다려서 得失을 分別해서 선비가 배워 가질 여섯가지 일이니、禮·樂·射·御·書·數를 익히는데 萬分一이라도 補助가 되었으면 하는 바이다.

目次

臨川 西溪逸叟 神峯 張　楠 著集

大韓 性眞居士 검밝 沈　載 烈 講述

命理正宗精解

命理正宗은 明代의 神峯 張先生이 明以前에 있어서 諸種命理理論을 綜合的으로 是正하는 가운데 淵海子平의 看命法을 批判的으로 繼承한 命書로써 그 序頭에 旣存 理論인 五星說과 淵海子平의 正謬를 辨破하였다. 따라서 初學者의 경우에는 먼저 第三編에서 基礎知識을 理解한 뒤에 第一編을 研究하기 바라며 더욱 仔細한 基礎知識은 拙著 淵海子平精解를 參照하기 바란다.

第一編 序 論 (卷一)

第一章 五星正說類

第一節 安身命宮

『原取逢卯安命이요 逢酉安身이니 其理何歟然고 卯屬東方之正木이요 木主仁이요 仁主壽故로 以命宮寓焉이며 酉屬西方之正金이요 金主義요 義主宜故로 以身宮寓焉이니라 然命宮爲受胎之初故로 以仁木主之仁하야 有生生之意也며 身宮爲受胎之後故로 以義金主之義하야 有成身之道也라 身命之立에 其原於此理요 出於正也로다』

原命에 卯를 만나면 安命이요 酉字를 만나면 安身이니 그 原理는 무엇인가? 卯는 東方의 正木에 屬하고 木은 또 仁을 主掌하며 仁은 다시 壽를 主掌하므로 命宮이라 한 것이요 酉는 西方의 正金에 屬하고 金은 또 義를 主掌하며 義는 다시 宜를 主掌하고 成을 뜻하므로 身宮이라 한 것이다.

그런데 命宮은 受胎의 初가 되므로 仁木이 仁性을 主掌하는 바 生生하는 뜻이 있고 身宮은 受胎의 後가 되므로 義金이 義를 主掌하는 바 成身하는 道가 있는 것이다. 따라서 身命學說은 正當한 根據가 있다고 하겠다.

第二節 安星辰法

『當以五星指南이 爲之體요 琴堂殿駕가 爲之用이며 體可祖之而爲造命之矜式이요 用可則之而爲禍福之根底라 若喬拗若加盤若步天經이 俱以命宮爲主니라 如寅亥二宮이 屬木에 畏金尅之요 喜水生之며 卯戌二宮은 屬火요 辰酉二宮은 屬金이며 申巳二宮은 屬水요 子丑二宮은 屬土요 午屬太陽하고 未屬太陰이니 生尅之例가 同前이니라 獨午屬太陽에 辰木星遮蔽其光이면 其理頗非近正이라 하나 太陽은 爲萬物之尊이요 穹窿萬仞之上이니 木能豈敝焉이리오 但喜金水以伴之니 其理甚是니라 未屬太陰에 未土計以蝕之니 喜火羅金以護之며 但諸星生尅을 俱當以命宮而論이요 未可以身宮論之라 蓋命在身先也니라』

마땅히 五星指南으로 體를 삼을 것이요 琴堂殿駕로 用을 삼을 것이니、體를 根據로 하여 命造의 矜式(본보기＝格式)을 삼을 것이요 用을 測定하여 禍福의 根底를 삼을 것이다. 喬拗이나 加盤이나 步天經에서는 다 命宮으로 爲主하였다.

例컨대 寅亥二宮은 木에 屬하니 金의 尅害를 두려워 하고 水의 生助를 기뻐하며、卯戌二宮은 火에 屬하며、辰酉二宮은 金에 屬하며、申巳二宮은 水에 屬하며、子丑二宮은 土에 屬하며 午는 太陽에 屬하고 未는 太陰에 屬하는바 그 生尅의 例는 寅亥二宮의 理致와 同一하다.

唯獨 午火가 太陽에 屬하는데 辰木星이 와서 그 光明을 가리우면 不可하다고 하지만 그러나 太陽은 萬物의 尊主요 萬 길이나 높은 하늘의 上者이니 木이 어찌 가리운다고만 하겠느냐? 단지 金水가 같이 해 주면 좋은 것이니 此理가 甚히 옳다 할 것이다. 또 太陰에 屬하는 未는 未土 自體의 土性이 奪蝕하므로 火를 기뻐하고

金이 護持해 줌을 좋아한다.

但 諸星의 生剋은 마땅히 命宮으로써 論定할 것이요 身宮으로 論하지 말 것이니 대저 命宮은 身宮의 앞에

있는 때문이다.

第三節 限行命宮

『限行於命宮之後요 而不從身宮之後니 何歟오 蓋命屬身之先也며 受胎之後니 即以命宮爲廬舍라 人之禍福을 但當究諸命宮에 有何恩星이며 有何難星하라。如難星守命主면 一生孤苦요 若恩星守命이면 一生富貴니 如命宮 無星辰之可考ㄴ댄 當以三合宮看이니 如坐寅則看午戌宮也라 如三合無則看四正宮하라。但 四正宮이 頗不近 理라 如命宮畏金이면 爲難星이요 限亦畏之니 凡諸財帛田宅等宮이 俱同此也라 此係五行生剋正理之說也니라』

命宮以後로 限行하고 身宮 以後를 不從함은 어쩐 所以인가? 大蓋 命宮은 身宮의 先이 되고, 身宮은 受胎의 後가 되는바, 命宮이 주막과 같은 때문이다. 따라서 사람의 禍福은 마땅히 命宮에 어느 恩星이 있고 어느 難星이 있는가를 살펴서 考究하지 않으면 안된다.

難星凶星이 命主를 지키면 一生의 運命이 孤苦할 것이요 恩星吉星이 命宮을 지키면 一生이 富貴할 것인바 命宮의 星辰을 可考할 것이 없으면 三合宮을 또 살펴야 할 것이니 寅坐에 午戌이 있는 것이 그것이다. 다시 三合이 없으면 四正宮을 살피라. 그러나 四正宮을 살피는 일은 命理의 比重이 微弱하다고 하지 않을 수 없다. 命宮에서 金을 畏凶하면 難星이니 限行에서도 또한 두려워한다. 무릇 財帛田宅宮이 또한 이와 같으니 이것은 곧 五行生剋의 正理라 할 것이다.

第四節　度　主

『即以木度所屬如寅宮立命에 纏尾火虎度니 即以水星尅火度엔 爲難星이요 爲度星이며 即以木爲恩星이라 但論度爲準則又有一說焉이니라 或命宮所喜나 或又度主所忌면 一喜一忌에 將何所主오 然但當以命宮爲主니 其理則近이며 若又以度論之則惑人心矣니라 剋度則以張暘谷剋度歌爲則이니 若日月木火土金水爲正七曜星이니라 若羅星則爲火之奴요 計星則爲土之奴요 氣星則爲木之奴요 孛星則爲水之奴니 此爲四餘星이라 七曜星命限逢之엔 見禍或淺이요 四餘星命限逢之엔 見禍或烈은 何也오 七曜主星은 屬君子요 四餘奴星은 屬小人이니 孤假虎威가 正理然也로다』

木度에 屬하는 造命이 寅宮에 立命하였을 境遇、尾火虎度에 該當하는바 水星으로써 火度를 剋하면 難星이 되고 剋度星이 되며 木星은 恩星이 된다。

但 度를 論함에 있어서 一說이 있으니 或 命宮에는 所喜하나 度主에는 所忌되어 一喜一忌되면 어느 것으로 爲主할 것인가? 이때에는 마땅히 命宮으로써 爲主함이 理致에 合當하다。

萬一 다시 이 밖의 法으로 度法을 論議한다면 이는 다 人心을 眩惑하게 될 것이니 不可하며 또 剋度는 張暘谷의 剋度歌가 있으니 본받을 일이다。곧 日月木火土金水는 正七曜星이요、羅星은 火의 奴요 計星은 土의 奴요 氣星은 木의 奴요 孛星은 水의 奴니 이 넷은 四餘星이다。 그러나 七曜星을 命限에 만나서는 禍가 淺輕하지만 四餘星을 命限에 만났다면 禍가 烈重할 것이니、七曜主星은 君子에 屬하고 四餘奴星은 小人에 屬하는 때문이다。 따라서 孤假하고 虎威의 相異가 있음은 當然한 正理라 할 것이다。

『五星諸書之立이　惟五星指南所立이니　起八子와　突身命安星辰과　節氣와　五行生剋之理가　此係라、看命之門

戶가　不可無也니라。　其餘則陳諸五行謬說나　內又若五星琴堂殿駕加盤步天經은　俱屬正理로다。　但五星之說이

近正理者頗少하고　近謬說者頗多也니라』

五星書가　五星指南書로부터　生成되었는바、　八字와　安身命과　安星辰法과　節氣와　五行生剋의　理致가　다　이에

係屬된다　하겠거니와　이　法等에는　다　看命하는　門戶가　없는　것이　아니거니와　그　外의　것은　五行謬說類이다。

그러나　琴堂、　殿駕、　加盤、　步天經等은　또한　正理에　屬한다　할　것이다。　다만　五星說이　正理에　가까운　內容은

적고　謬說에　가까운　內容이　많은　것은　遺憾된　일이라　할　것이다。

(以上의　五星說에　對한　註釋을　附錄에　실었는바　參考하기　바라며　此法은　現在로는　잘　常用하지　않는　古法

이니　諒知하기　바란다。)

第二章　五星謬說類

『夫金木水火土가　原天一生水하고　地二生火하야　即以水一火二木三金四土五가　次第列之라　後要景에　即以海

中爐中大林路傍之妄說하야　配其納音五行爲歌에　後人可以成誦이어니와　夫何後世妄以海中爐中無理之說하야

立爲門戶라　若三車一覽과　望斗眞經과　耶律經과　玉井奧訣과　蘭臺妙選等書에　俱不祖其身命限度近理之事언만

爲言漫以江山水石하고 道風道雨言之하며 叉以人之生年十二支生肖所屬하야 論人吉凶이 夫可非謬也리오。

蓋原生肖本以十二禽獸하얀 身中各欠一件肖者가 似也니 以十二禽獸가 似此也라 如鼠欠牙요 牛欠瞳이요

虎欠項이요 兎欠唇이요 龍欠聽이요 蛇欠足이요 馬欠膽이요 羊欠瞳이요 猴欠腮요 鷄欠腎이요 犬欠心이요 猪

欠筋이 皆以十二支所生肖此也나 全不關係人之八字干支니 妄以比生肖而論命耶아」

「講」 무릇 金木水火土의 根源은 原來 天이 一生하야 水를 生하고 地가 二數로 火를 生하니 이에 水는 一

이고 火는 二며 木은 三이요 金은 四요 土는 五인바 次第로 展開된 것이다.

그러나 後世에 甲子乙丑은 海中에 金이요 丙寅丁卯는 爐中火며 戊辰己巳는 大林木이며 庚午辛未는 路傍土

라는 이른바 納音五行의 妄說이 생겨서 納音五行歌를 配成하여 後人이 可히 외우고 傳하여서、마침내 後世에

는 海中金이니 爐中火니 하는 等의 根據 없는 理論을 따라서 學說을 세우게 되었으니 어찌 옳다고 하겠느냐?

三車一覽과 望斗眞經과 耶律經과 玉井奧訣과 蘭臺妙選等書에는 全部 身命限度에 近理한듯 한 것에 根據하

지 않았건만 江山水石과 道風道雨의 헛된 말로써 또는 生年의 十二支에 所屬된 禽獸로써 人命의 吉凶을 論斷

한다면 이것이 어찌 謬說이 아닐 수 있겠느냐?

大抵 生年의 年支에 따른 十二禽獸로써 論命하지만 이 十二獸는 各各 한 가지씩을 缺如하고 있는 바이니

사람도 한가지씩 病缺되어야 하지 않겠는가?

例컨대 쥐(鼠)는 어금니가 없고、소는 눈 瞳子가 없으며、호랑이는 목이 없으며、토끼는 입술이 없으며、

龍은 耳聽을 缺하였으며、배암은 발이 없으며、말은 膽이 없으며、羊은 뺨이 없으며、닭은 腎臟이 없으며、

개는 心臟이 없으며、도야지는 筋이 없으니 이런것 等을 다 사람의 生年에 配對한다는 것이지만、그러나 사

람의 八字의 干支와는 全혀 關係가 없는 것인 바에 妄靈되이 生年의 禽獸와 人命과의 關係를 크게 重視하는

生肖說에 根據하여 人命을 斷定할 수 있겠느냐? 이는 오로지 虛妄되고 根據가 全無한 謬說에 不過하다고 아

니할 수 없다.

『然以人所生之年地支一字而論인데 如削人肉而貼己肉이라 血氣實不相通이니 具如今宜黃縣顯宦譚二華命庚

辰甲申丁末丙午라 本然 八字가 是身強煞淺이라 假煞爲權이며 又日身強殺淺에 行殺旺地면 貴逢萬戶之候니

其理甚是라 舍此正說이니라 謬言에 其命屬龍得丁末丙午日時면 謂之龍奔天河하야 以龍遇水니 爲極貴라 하

니라.

假如有一貧命에 是庚辰甲申癸亥癸亥라 亦可以龍歸大海論之인댄 何以極貧고 蓋緣此八字에 水多면 以水爲病

이니 再行此方水運하야 以水濟水라 正謂背絲逐馬니 守窮途而恓惶也니라 且如人屬鷄狗猪羊이나 亦有貴人命

이니 請問將何理論之二者에 所說俱謬一이라 五星指南에 載破辟吞蹈等殺及小兒電公金鎖斷橋하고 休庵百日四

柱와 鷄飛等關祗에 以生年一字로 妄以犯某時某日爲言하고 又立險語하야 哭斷腸하며 不過三歲死하야 及打腦

斷橋之說하야 以驚人之父母나 並不以八字干支生尅制化財官論之하야 且以正理搜尋이면 尙且禍福不驗이니 此

只把一字로 以定生死란 此實謬說也이라』

사람이 出生한 地支一字로써 命運을 所論한다는 것은 남의 살을 떼어다 自己 몸에 붙이는 것과 같아서 血

脉과 精氣가 相通하지 못하는 理致와 다를 것이 없다.

元來 生年月日時의 四柱를 세워서 日干을 爲主로 하여 命理를 살피는 것이지만 徐子平以前에는 主로 年을

爲準하여 看命하였던 것인바 以下에 그 例를 보이고자 한다.

（第一柱）

甲辰　年柱
丙寅　月柱
戊戌　日柱
甲寅　時柱

本命을 年柱爲主로 推命한다면　年의 年支인 辰字龍物을 中心으로 하게 된다. 그러나 日柱를 中心하는 境遇엔 日干　戊土를 主로하여　餘他七字와의　關係를 살피게 되는 것이

다. 以下에 年支中心으로 보는 誤謬法 몇가지를 例擧하려 한다.

또 黃縣(山東省 蓬華縣의 西南이며 勃海의 領域에 있던 奏代의 縣名)의 高官이요 縣官

（第二柱）

庚辰
甲申
丁未
丙午

이었던 譚二華의 命造가 如上한바 此命의 八字가 本來 身强하고 殺淺한 構造로 짜였다. 곧 丁

火日主는 時柱에 建祿되고 未中에 通氣하며 月干甲木을 庚金이 쪼개어 生火하므로 비록 七月 水

氣의 進旺節에 生하였으나 身旺한 것이고、官星은 申中에 壬水가 있을 뿐인데 그러나 申辰水局

을 이루었으니 殺星의 뿌리가 되었다. 따라서 此命이 假殺로써 權貴를 삼는바 殺旺地로 大運이

行하는 때문에 그 貴權이 萬戶에 이르는 諸候가 되었던 것이니, 그 理致의 깊은 바가 있다 아니할 수 없고 如

斯한 命理法이 正說이 아닐 수 없다.

그러나 萬一 謬言誤說대로 解釋하여 庚辰年生의 地支가 龍띠이고 日時에　丁未丙午가 되어 龍이 天河(丙午

丁未는 納音法에 天河水가 된다. 第三卷을 參照하라)에서 헤엄치고 노는 氣象이요 龍이 물을 얻은 形이므로

極貴하였다고 한다면 다음과 같은 矛盾에 부닥치게 된다. 貧寒한 命造者가 있었으니 庚辰年 甲申月 癸亥日

癸亥時였다.

（第三柱）

庚辰
甲申
癸亥
癸亥

此命이 또한 龍띠요 大海를 얻었는데 不拘하고 極貧하였음은 무엇 때문인가? 前述한 바의

謬說대로 한다면 極貴해야 할 것이 아닌가? 此命이「八字에 水만이 旺하여 水가 病이 되었던

바다시 大運이 北方으로 行하여 水로써 水를 濟하여야 하였으며、祿馬財官을 등지게 되었던

때문에 窮途를 지켜야 했고 가난해야 했던 것이라」고 봐야 한다.

또 人命이 닭과 개나 羊에 屬하는 사람도 또한 貴命이 있으니, 旣述한 一論中에 어느 하나가 誤謬를 犯한 非說인가 하는 問題는 讀者 諸位에 一任하고자 한다.

生年 一字를 가지고 某時를 論하며 또 險語를 세워서 三歲에 죽는다는 等의 外說로써, 父母를 놀라게 하는 것은 커다란 罪過라 아니할 수 없다. 따라서 八字를 干支의 生尅制化하는 財官論으로 살피고, 正理로써 찾지 않는다면, 禍福의 應驗이 適實할 수 없는 것이니 一字로 生死를 論定한 다는 것은 이것이 謬說이 아니면 무엇이냐.

第一節 呂才合婚

『呂才作合婚書에 豈有是理耶아 蓋人之婚姻이 由於月老檢書에 赤繩繫足이러니 今之擇婚擇命이 無過欲盡父母愛子之心이라 男之擇女也에 八字貴看夫子二星이요 女之擇男也에 八字貴得中和之道니 夫何以下文男女所帶諸般爲忌리오 其理謬說이로다 見下文如俗言云호대 此是滅蠻經에 蓋滅退蠻人羞與中國爲婚故라 將此無理之說이니 以哄滅之니 其理或是니라』

呂才(唐代의 淸平사람이니 天子의 詔命을 받아 陰陽家의 書籍을 册定하였고 音律을 좋아하였다. 벼슬은 太常丞이었다) 婚書가 어찌 理致가 있겠느냐? 대저 사람의 婚姻은 唐의 韋固가 宋域에 旅行하였을 때 月下에서 주머니를 가지고 讀書하는 異人을 만나서 주머니에 있는 붉은 실은 무엇이냐? 하고 물었던바 月下老人이 對答하기를 「夫婦의 緣을 맺을 때에 이 실로 그 발을 얽어서 接緣하는 것이다」라고 한 故事가 있는 月老檢書에 依하여 붉은 실을 발에 얽는 禮風이 있었다.

이제 오늘날의 婚姻을 擇하고 그 命을 選擇하는 일은 다 父母가 子息을 사랑하는 마음에 不過하다。男子가

女人을 擇함에 八字에 夫位와 子宮의 二星이 貴한 與否를 볼 것이요、 女命이 男子를 擇選함에 있어 八字가

中和되어야 貴한 것으로 볼 것이다。어찌 以下에 말하는 男女所帶의 忌害가 있겠느냐? 그런 것은 모두 그릇

된 謬說에 不過하다。

俗言傳說에 말하기를 「오랑캐들과 婚事를 부끄럽게 생각하였던 때문이었는데 이제 오랑캐를 滅退한 바에

必要가 없는 것이다」라고 하였으니 옳은 말이라 하겠다.

第二節 八敗諸謬

『骨髓破鐵과 掃箒六害와 大敗狼籍와 飛天狼籍와 八敗孤虛가 謬說이니 此說原止是將人十二支所屬生이라

命浪以月家一字爲犯에 豈有是理耶아 盍論人之禍福에 當以年月日時四字俱全이요 更加天干地支所藏配合이며

論人休咎를 尙不可得而以年月兩字로 不與日時相關이면 斷頭絕脚爲說이로다 不特立諸空言而且刻諸板籍하야

妄立險語하야 以駭人之聽信하야 後世愚夫愚婦가 遂以爲眞이요 或有斯犯에 即駭而驚하며 或有高明하야 知其

果於無驗하야 以破其說하나 彼亦不信이니라』

骨髓破鐵과 掃箒六害와 大敗狼籍와 飛天狼籍와 八敗孤虛等殺은 이것이 다 誤謬된 異說이니 此說이 原來 十

二地支의 年月生만을 가지고 分別한 것이다。그러나 人命은 月生의 一字만 가지고 論議한다는 것은 理致에

合當하지 않다。

人命의 禍福을 論別하는데 있어서는 마땅히 年月日時의 地支四字가 다 있어야 하고 다시 天干地支의 所藏

과 配合을 살펴야 하는 것인데 年月의 兩字만 標準하여 日時와의 關係를 研究하지 않는다면 머리를 짜르고 다리를 끊은 格이 될 것이다. 그릇되고 理致에 맞지 않는 虛妄된 險語를 지어서 사람을 놀랍게도 聽信케 하여 後世에 愚夫愚婦들이 드디어 참된 것으로 믿고 信奉하므로 或 高明한 智人이 있어서 그 無驗하고 맞지않는 理致를 알아서 그 그릇된 異說을 破하려 하나 그가 또한 믿지 않는다.

『且言曰此是神仙留記나 若果無驗에 安肯刻板이리오 又有登科及第는 止讀儒書요 未暗此理라 或亦酷信하야 遂使下愚之人曰此上人이 尙且信之니 我何疑焉고 하야 一犬吠形百犬吠聲이며 又或八字果係에 偏枯太弱太旺과 有病無藥이나 兼帶謬說하야 愚人이 且不取八字正理하고 不好爲說이요 只不怨帶此謬說之害며 又或浪聽愚人諺語니 飛天狼籍八敗耶는 此非君子之言이며 齊東野人之語也요 愚謂此等妄語라 刊諸板籍를 必須焚其板火其書而後可耳니라』

또 말하기를 「이것이 神仙의 글이라」하나 果驗이 없다면 어찌 믿겠는가? 登科及第는 儒書를 읽고 工夫하는데 있는 것이요 此理에 어두워서 그런것은 아니니 或 酷信해서 下愚之人으로 하여금 上人이 此法을 믿고 따랐으니 내가 어떻게 疑心할 수 있겠는가? 하여 한 개가 짖으면 온 마을의 百마리 개가 따라서 짖는 것과 같이 된다。

또 或 八字가 偏枯하고 太弱하거나 太旺하며 病은 있고 藥이 없어도 그릇된 謬說을 取함으로써 어리석은 사람들은 八字의 正理를 取하지 않고 正說을 좋아하지 않으면서, 오직 謬說의 害를 따르며 愚人의 그릇된 말만 즐겨 들으니 遺憾스러운 일이라 아니할 수 없다. 飛天狼籍의 八敗類가 君子의 所說이 아니며, 東野의 夷人의 말이요 어리석은 사람의 妄語이니 그릇된 書板을 불살라서 後患을 없이함이 옳다고 생각한다。

第三節　進財退財

『望門守寡엔 妻多厄하고 夫多厄이며 死墓絕에 妨妻요 死墓絕에 妨夫가 斯說之謬니 原止以人之生年에 金木水火土納音所屬을 只論年月하야 以月上一字犯之니 嗚呼라 豈有是理耶아 只論年月 去下日時하야 不論年月日時全備하고 方能論得人之禍福이며 且退財進財가 係乎自己命運所招어니 安有他人家男女而能致我之禍耶아 俗說退九年退十九年은 益忌此說益迷也라 又有金輿祿以馬前一位니 所犯一字에 浪以男人爲忌라함은 其謬之甚이어늘 何惑人之甚耶아』

月門에 寡宿이 있으면 妻가 多厄하고 夫가 厄이 많으며 死墓絕이 되면 妻厄을 막아야 하고 夫厄을 꺼린다는 謬說이 있으니 原來 사람의 生年에 限하여 金木水火土納音五行을 配對할 때 月上에 犯하였음을 말하는바 年月로써 命理를 찾으려 하였던 것이어니와 슬프다. 어찌 바른 理致라 하겠느냐?

年月日時를 全部 살피지 않고서는 어찌 사람의 禍福을 論議하며 退財하고 進財함이 다 自己의 命運에 있는 것이어니 어떻게 他人家의 男女가 關係되어 退財進財를 招來하며 나의 禍福을 招致하겠느냐? 俗說에 또 九年에 退財하고 十九年에 退財한다는 說은 이것이 더욱 그릇된 外說이요 또 金輿祿이 驛馬前一位이니 一字를 犯하면 男命인 境遇 꺼린다 함은 또한 그 잘못됨이 實로 甚한바가 있으니 어찌 사람들의 眩惑됨이 이같이 甚하냐! 金輿祿에 對해서는 第三卷 吉神類條를 살피라.

第四節　女命禍福

『女命禍福姪亂에 或以八敗桃花殺爲首忌니 八敗則以猪羊犬吠春三月이라 蓋以亥未戌生人이 見三月生者면

遂爲八敗니 並不聯屬日時요 並不論其夫子中和之道라 假如亥未戌三個生人이 見此辰月엔 終不然是他仇家也니

亦非天地將此辰月에 虧負此三人也나 八敗之說이 其謬甚矣니라

又桃花殺之說하니 曰寅午戌兎從卯에 裏出蓋其立說之意耶라 蓋其寅午戌屬火요 火則裸形이 沐浴於卯니 謂

其火在卯上에 浴水有裸體之嫌이라 忘立此名이니 其謬可知矣로다」

女命의 禍福婬亂을 八敗桃花殺로서 第一 忌神을 삼았으니 八敗란 도야지 띠와 羊띠와 개띠가 三月에 出生

하였음을 말하는바 亥未戌年生人이 三月에 生함을 八敗라 하고 日時와의 關係를 論하지 않고 夫와 子星의 中

和與否를 議論하지 않는 態度였다. 例컨대 亥未戌三個年에 出生한 사람이 辰月을 본다면 八敗하고 婬賤한 女

命이라 하지만 그러나 八字四柱의 關聯을 考察하지 않는 如斯한 單數的 考察方法은 甚히 誤謬된 理論이라

아니할 수 없다. 또 桃花殺에 對한 說이 있으니 寅午歲生이 兎卯月에 生하면 桃花殺이 된다는 것이다. 寅午

成은 火局이 되고 火는 곧 裸體가 되니 卯에 沐浴이 되므로 火가 卯上에서 裸體로 浴水하게 됨을 꺼린다는

것이 妄義를 세우게 된 動機이다. 따라서 그 잘못된 來歷을 알기에 어렵지 않다.

『吾嘗屢見니이 富貴夫子兩全老婦帶幼八敗니 父母另將年에 命改造適人이러니 及至臨終에 始告夫子하야 眞

造以紀譜券其夫하고 又無大敗之對러라 及我嘗將此婦眞造視之에 果係夫子星秀며 理得中和라 八敗謬說果然也

러라

又或本然八字偏枯하고 夫子星虧며 又帶八敗에 世俗之人이 只謂其帶敗요 不知其八字本然不美也러라 故로

人擇女之命엔 但以夫星爲主요 子星次之며 柱中若有夫星이면 便以夫星論之요 原無夫星이면 別尋他格이니 蓋

夫貴면 妻亦貴요 夫貧妻亦貧하야 富貴從夫라 其理甚矣로다』

내가 일찍 富貴하고 夫와 子女의 福綠이 많은 老婦가 大敗殺이 있음을 보았는데, 그 아버지는 八字를 고쳐

서 시집을 보냈다. 늙어 임종시에 夫와 子에게 大敗의 禍가 없음을 말하였다. 原 四柱를 보고 夫位와 子位가

原來 本命의 八字가 偏枯하고 夫星과 子星이 虧損되었으면서 다시 八敗殺을 兼帶한 命造가 있을 때에 世俗

秀貴하며 中和를 얻는데 女命의 理致가 있고 八敗說이 얼마나 誤謬되었는가를 果驗하였다.

의 凡人들이 敗殺만을 보고 八字가 本來 不美한 命造였음을 알지 못한 때문에 생겨난 謬說이었다.

그러므로 사람들이 女命을 選擇할 境遇엔 모름지기 夫星을 爲主로 할 것이요 子星을 다음으로 할 것이니

柱中에 萬一 夫星이 있으면 夫星을 取用하여 夫星을 中心으로 볼 것이요 原柱에 夫星이 없으면 他格으로 取

別할 것이니, 대저 夫가 貴하면 妻도 또한 貴하고 夫가 가난하면 妻도 따라서 가난한 것인바, 女命은 그 富

貴가 夫를 따라서 左右되는 것이어서 그 理致의 깊은 바가 이에 있다 하겠다.

『何以名其官星爲夫오 蓋尅我者가 官星也니 則身受制於夫라 不敢婬亂이며 不敢妬暴이며 循規蹈矩요 一生

仰望而終其身也라 若日主有氣하고 夫星氣弱이면 又喜夫星生旺之運이요 及有財神助其夫면 大畏食神傷官之運

이니 以尅其夫也니라 若日主弱하고 夫星太旺하야 帶有二三重者인댄 此非好夫也라 乃戕命之夫也니라 則喜食

神傷官以制之니 大運이 亦然이나 若制之太過則又不足貴니 得中和니라

大抵女命이 有夫則有子요 子則從夫生이니 無夫則無子라 子從何處覓이리오 愚曾欲覓河準橋黃女爲子婦閱其

八字不美라 拒拒之是에 巳未丁丑甲寅甲子라 愚日用丑中辛金爲夫也요 嫌未中丁火가 鑽入丑中破去其夫星이며

再加丁火透出天干하고 寅中又有丙火하고 進氣에 原夫星衰而制夫星旺也일새 吾推其運入寅五月必死라하니 果

五月患痘疹而死也니라』

어떠한 理由가 있어서 官星으로 夫位를 삼는가? 大抵 我身主를 尅制하는 者가 官星인데 女人이란 또 夫에

依해서 制壓을 받는 位置에 있는 것이므로 敢히 姪亂할 수 없으며 敢히 妬嫉橫暴할 수 없는 것이요 一生을

우러러 사모하고 받드는 位置에서 終身하는 것이므로 官星과 夫位를 同一視하는 것이다.

萬一 日主가 有氣하고 夫星이 弱하면 夫星이 生旺되는 大運을 즐겨하고 財神이 그 夫星을 生助함이 좋고

食神傷官은 크게 꺼리는 바이니 그 夫星을 尅害하는 때문이다. 萬一 日主가 弱하고 夫星이 太旺해서 夫位가

二三重으로 있으면 이는 그 夫星이 좋지 않은 四柱니 夫를 尅傷할 命造이다. 如斯한 命造者는 食神傷官이 와

서 夫星을 制尅해 주는 大運이 좋은데 그러나 制尅이 太過한 것 또한 貴가 不足한 것이므로 中和를 얻어야

한다.

대저 女命이 夫가 있은즉 子息이 있고 子息은 夫를 따라서 생기는 것이니 夫가 없은즉 자식이 있을 수 없

고 子息을 얻거나 求해 볼 수가 없게 된다. 내가 일찍 河準橋가 黃女를 子婦로 삼으려 하여 그 八字를 보니

不美하였는바 그 四柱는 如左하였다.

(第四柱)

己未　戊寅
丁丑
甲寅
甲子

此命은 丑中의 辛金으로 夫星을 삼으니 地藏干法에 依하면 丑中에 癸辛己가 숨어 있는

때문이다. 그러나 未中에 丁火가 있어서 丑中에 있는 辛金을 冲破해 尅逐하므로 嫌忌되

며 다시 丁火가 月上에 透出하여 있고 寅中에 또 丙火가 있으며 大運이 다시 春節의 火

陽節로 進하니, 夫星이 甚히 衰하고 夫星을 制尅하는 食神傷官은 旺한 것이므로 大不利

하다. 내가 그 運을 推理한 結果 寅大運丙寅年五月달에 죽을 것으로 判明하였던바 果然 五月달에 痘疹 마마

병으로 死亡하였다.

『又如姪亂婢娼之說이 亦甚有理라 蓋或身主太旺하고 無夫星하여 以制之어나 或又無財星하고 以爲依托이나

尤且身主血氣旺盛하고 無官尅制면 無夫管攝이라. 踰於規矩準繩之外니 安得不放逸이며 爲姪爲奔乎아 非特無

夫면 又且無子니 蓋八字柱中無夫星이면 則子星何從而生也오 又或身主太弱하야 被其偏官正官三四點하야 夫

星以制之며 又無食神傷官하야 以制其夫星이어나 或又則多以撓其身主엔 雖曰官殺爲夫也나 此則非夫星也오

乃尅身之賊也니라 若有此等은 必須制夫之運이니라』

女命에 있어서 姪亂한 類와 婢娼의 類에 關한 說이 또한 깊은 理致가 있다. 大概 身主가 太旺한데 夫星이

없어서 我身을 制止함이 없을 境遇거나, 或 財星이 없고 身主가 血氣旺盛한데 官星의 尅制가 없으면 그 夫君

의 管攝하고 支配하는 役割이 없는 것이므로 規矩와 禮法을 벗어나게 될 것이니 어찌 放逸하지 않으며 姪亂

하지 않으며 蕩奔하지 않겠느냐?

또 或 身主가 太弱한데 偏官이나 正官이 三四個가 있어서 夫星이 我身을 制止함이 太過한데 食神傷官이 없

어서 그 夫星을 制止하지 못하거나 或은 또 너무 많아서 身主를 撓弱折敗시킨다면 비록 官殺이 夫星이요 吉

神이라고 하지만 如斯한 境遇에는 夫星이 아니고 我身을 尅害하는 賊이 된다. 따라서 如斯한 命造者等은 夫

星을 制伏하는 運鄕을 要求하는 것이다.

『又若日主無根하고 官殺太多에 或從夫星이면 要行夫星旺處니 蓋棄命而從殺從夫라 如人捨命從强賊也니 亦

主富貴니라 有子엔 但畏見從局이며 或日主有根而惟官殺太旺이어나 又無制尅이면 多是爲婢爲娼이라 是不得

已而從人也니라 此等八字俱係淫亂이라 或因八字有此하고 身旺身弱之病이요 而又帶桃花하면 愚人不言八字偏

枯之病하고 而浪以帶桃花爲名이니 此等之謬를 有志之士는 請當細察이어다』

또 萬一 日主가 無根氣弱하고 官星만 太多한 境遇엔 夫星을 따르는 從格이 되는 것인바 또한 大運이 夫星官鄉運에 行往함을 要望한다. 그것은 身命을 버리고 從殺하고 從夫하는 때문이니, 이 때에는 오직 強賊을 좇을 뿐인데 富貴할 命造에 屬하게 된다.

그러나 從殺從夫格에 食神傷官의 子星이 있음은 크게 두려워 하는 바이며, 또 日主가 有根하고 官殺이 太旺한 중 官星을 制剋하지 못한다면 이는 婢賤하고 娼妓의 몸이 될 것이다. 이는 不得已하여 사람을 좇는 格이요 棄命하지 못한 때문이니 如斯한 八字造命은 다 婬亂한 命造이다. 或 八字가 이러하고 身弱身旺한 病이 있는데 다시 桃花殺을 떠었으면 이것을 보고 愚人들은 桃花殺을 가진 때문이라 할뿐 八字가 偏枯한 것은 살필 줄 모르니 이와 같은 誤謬를 識者는 細察하지 않아서는 안된다.

第三章　合婚子平謬說

第一節　男女合婚說

『原出呂才滅蠻之說上에 以男女年命浪立하야 數目配合相成하야 名曰合婚妄立이니 天醫福德爲上婚이요 游魂歸魂爲中婚이요 五鬼絕命爲下婚이나 其謬甚矣니라 安可只以男女二年命으로 舍去月節日時而能論人婚配者乎아 若是有理則天下之議婚者가 俱釋上中二婚者로 而配之하고 擇下婚者는 而舍之면 其書甚易而不難이니 宜乎天下無失奇之婦며 喪偶之男矣라 夫何後世에 又有孤孀之患者리오 分雖出於宿世之所定이나 而亦由於議婚者之不明也니라』

合婚說이 原來 呂才의 滅蠻說에서 나왔다고 하는바 男女의 年命으로써 配合의 關係를 分析하는 合婚說을 妄立하였다。 天醫福德은 上婚이 되고 游魂歸魂은 中婚이 되며 五鬼絕命은 下婚이 된다는 것인데 그 誤謬됨이 甚하기 짝이 없으니 어찌 男女의 두 年命만 가지고서 合婚의 吉否를 따질 수 있겠으며 月日時를 度外視한 合婚法을 果然 理致가 있다고 하겠느냐?

萬一 如斯한 年命만의 配婚法이 理致가 있다면 天下에 婚姻을 議論하는 사람이 上中의 二者에 合하게만 配婚하고 下婚에 該當하는 婚事를 버린다면 그 學說이 甚히 容易해서 어려울 것이 없으니 마땅히 天下에는 홀로 사는 홀아비가 없어야 하고 男便을 잃은 寡婦도 없는 것이며 喪妻하고 喪夫하는 일이 없을 것이니 어찌 後世에 孤孀(孤兒나 寡婦)의 患憂가 있겠는가。 이것이 다 宿世의 緣果로 所定된 바가 있는 것이지만 또한 議婚者의 不明한데도 緣由하는 것이다。

『然議婚之禮가 人道之端이니 亦不可憤也라 其理當何如耶아 但當看男命에 帶比肩刦財重者는 必擇女命帶傷官食神重者를 配之요 若女命帶傷官食神重者는 必擇男命帶比肩刦財重者를 配之니 此系合婚之正理가 豈可以呂才上中下三婚無根之說이며 無據之理而議人婚配也耶아 呂才之說之謬를 不足信也는 明矣니라。

그러나 婚事를 議論한다는 일은 人道의 根始가 되는 本端이니 또한 可히 삼가하지 않으면 안될 重大事임에 틀림없다。 따라서 命理學的인 檢討도 또한 아울러 要請되는 것인바 그 要諦를 말한다면 男命에 比肩과 劫財가 重多할 境遇엔 반드시 傷官과 食神이 重多한 女命을 選擇할 것이요 女命에 만일 傷官과 食神이 重多한 境遇라면 女命의 比肩劫財가 重多한 男命을 選擇配婚할 것이다。

合婚하는데 있어 命理學的인 正理가 어찌 呂才의 上中下三婚法에 依據하여 無根據한 說을 盲目的으로 좋을

수 있으며 人倫大事를 論議함이 옳겠는가? 呂才의 論說이 그릇되었다는 證據는 이로써도 充分하다고 믿는바

이어니와 正理를 살피고 謬說에 眩惑되지 않기를 바라는 바이다。

第二節 總論子平謬說類

『格曰如珞琭子가 專以財官爲主하야 據其爲說이나 亦謬矣라 雖人身以財官爲依據나 然이나 財官太旺하고 日主太弱하면 則身主不能任其財官이며 苟日主太旺하고 財官氣輕이면 則財官不足身主之理니 當以財官日主二字를 參看이로다。

若子平書云호대 財官輕而日主旺이면 運行財官이라야 最爲奇요 若財官旺而日主弱이면 運行身旺에 最爲奇라하니 此言이 至約至當이라 可爲看命之法이 則若珞琭子所言히 止要財官生旺하고 不看日主旺弱이란 豈不甚謬乎아』

格에 말하기를 珞琭子가 財官을 爲主하여 이것을 根據로 命理를 說明하나 또한 잘못된 곳이 있으니 비록 人身에 財官이 있다고 하더라도 財官만 太旺하고 日主는 太弱하면 當主가 能히 그 財官을 堪當하지 못할 것이다。또 反對로 日主는 太旺하고 財官의 氣運은 輕弱하면 곧 財官이 不足하여 身主를 造化하지 못할 것이므로 財官과 日主를 아울러 觀察하지 않으면 안된다。

例컨대 子平書에 있기를 財官이 輕한데 日主가 旺하면 大運이 財官鄕으로 行往하여야 奇貴한 命이 되고 反對로 財官이 旺하고 日主가 弱하면 身旺한 곳으로 運行하여야 奇異한 命造라고 한바 이 말이 至當하고 至極히 簡單한 말이니 看命하는 要法이라 하겠다。따라서 珞琭子의 말대로 오직 財官의 生旺만을 論하고 日主의 旺弱을 論議하지 않는다는 것은 어찌 甚히 誤謬된 바가 아니겠느냐?

『日貴格이 甲戊兼牛羊이요 乙已鼠候鄉之類也어니와 焉有是理오 雖曰天乙貴人이 日主臨此貴人之上이면 或作日貴論이 其休咎며 然貴人之說이 名有數端이라 原取名之不據理出이니 即與五星小兒諸多關殺妄謬之說同이로다 雖曰日主臨之 不論財官印星하고 獨以貴人爲主라 하나 甚爲虛誕이라 且原立諸多貴人之說이나 只是飄空而立이요 不近理出이니 岩可信乎아 六乙鼠貴格이 亦同이니 此例는 謬說無疑也니라』

또 日貴格은 甲戊日主가 丑未를 보고 乙已日이 子申을 만나는 것이 그것이어니와 日貴格이 어떻게 理致가 있다고 하겠는가? 或 말하기를 天乙貴人이 日支에 臨하면 貴命이요 上命이라고 하나 그 根據를 찾을 수 없는바 五星小兒關殺說等과 더불어 妄靈된 謬說이라 아니할 수 없다. 또 或人이 말하기를 日主에 貴人이 臨할 境遇엔 財官印星을 論할 것없이 貴人으로 爲主해야 한다고 하지만 그러나 此論이 亦是 虛妄한 主張이요 理致가 없는 理論이니 어찌 可히 믿을 수가 있겠는가? 鼠貴格이 또한 그러하니 此例等은 다 誤謬된 理論이라 믿어 마지 않는 바이다.

『日德格이 有五하야 甲寅、戊辰、丙辰、庚辰、壬戌、日也니 何以見其德也오 不老原委하고 不詢來歷하고 誤以日德名之라 豈不是子平中之謬說乎아

魁罡格이 取壬辰庚戌庚辰戊戌이니 臨四墓之土라 取其爲魁罡이니 能掌大權이요 並不以取論하고 何以臨此四墓之上에 就能掌握戚權이어니 此亦子平書之大謬也니라』

日德格에는 五日이 있으니 甲寅日 戊辰日 丙辰日 庚辰壬戌日이 그것인 바 어떤 根據에서 德을 본다고 하는가? 그 根源을 살피지 못하고 來歷을 分別함이 없이 그릇 日德格이라 이름하였던 것이니 이것이 어찌 子平의 謬說이 아니겠느냐? 全혀 信憑할 수 없는 理論이라 하겠다.

魁罡格은 또 壬辰日 庚戌日 庚辰日 戊戌이 그것인바 四墓의 土庫니 辰戌를 魁罡으로 삼고 能히 大權을 掌握할 權貴의 命이라 하겠다. 그러나 이것도 또한 그 根據를 찾아 볼 수 없는 子平의 誤說에 不過하다고 生覺된다.

『六壬趨艮이 謂用寅中甲木이 能合己土하야 爲壬之官이며 謂用寅中丙火能合辛金하야 爲壬之印이니 俱是無中生有之說이나 吾恐謬也라 大低與前拱祿飛天祿馬之說이 相爲表裏하야 此說非故로 以謬名之니라. 六甲趨乾은 謂亥上乃天之門戶니 謂甲日生人이 臨此면 謂之趨乾이나 假如컨대 別日干生臨亥上엔 何故不謂之趨乾也오 然이어니 天門亦只好此六甲日主來趨也아 然이나 天體至圓하야 本無門戶可入이니라 然이나 乾乃西北之界요 類天之門戶나 豈可論人之禍福乎아 此說是子平之大謬也니라』

六壬趨艮格이란 寅中에 甲木이 己土를 能히 合來해 오므로 壬主의 官星을 삼고 寅中에 있는 丙火가 辛金을 能히 合來해오므로 壬水의 印星을 삼는 바이니 이는 다 없는 가운데 生有한 뜻으로 取用하는 學說이나 이를 나는 誤謬된 學說이 아닌가 두려워 한다. 拱祿格과 飛天祿馬格(第二卷 參照要望)이 서로 表裏關係가 있는바 此說이 더욱 그릇된 것으로 믿는 바이다.

六甲趨乾格은 亥位가 天門이 되므로 甲日生이 亥位의 天門에 臨하면 이른바 趨乾이라 하여 貴格으로 보는 例가 있으나 그러면 他日生은 어째서 亥上에 臨하여도 趨乾이 되지 않는가? 天門은 六甲日에만 該當하는 것인가? 그러나 天體는 至極히 둥글고 圓滿하여서 門戶가 本來 있을 수 없는 것이어니 어찌 사람의 禍福을 이로써 分別할 수 있겠는가? 此說이 또한 確實히 子平의 大誤謬라 主張하는 바이다. (古來로 天體가 運行하고 地道가 成物하는데 있어서 天門과 地戶라는 槪念을 說定하게 된 것은 形象的이고 空間的인 意義에서 由來된

것은 아니다。天體가 運行되고 이에 따라 氣候가 循環하며 다시 地球의 萬物이 生成되는 것도 全혀 天體運行

과 氣候循環에 關係되는 때문에 天體가 亥上에서 열리고 天道에서는 陽氣의 氣候가 이때로부터 再生한다는

뜻이다。五行과 干支와 陰陽의 原理가 또한 天地萬物이 生育하는 原理와 過程을 取象한 것이므로 亥上을 天

門으로 보고 重視하는데는 相當한 意義가 있다고 認定하는 便이 옳다고 譯解者는 生覺한다。따라서 子平의

學說의 一部分을 此書에서 攻駁하였으나 吾人等은、다시 그 攻駁한 內容을 再檢討하지 않으면 안될줄 안다。

또한 이와 같은 課題는 讀者諸位의 個人的인 硏究努力에 依하여 解決되기를 바란다)

『句得位는 以戊己爲句陳이니 其理一也요 得位는 謂其臨財官之地라 若戊己身主不柔則能任財官也니 則謂

之句陳得位也가 宜矣나 若戊己氣弱하고 臨其財官太旺之地엔 或爲財多身弱이어나 或爲殺重身輕이니 若以句

陳得位爲美라하나 豈不謬乎아 玄武當權與此理가 相同也니라。

從革格은 謂庚辛日干이 見申酉戌全이어나 或巳酉丑全이니 此多剝雜原非純粹라。可覩與壬癸潤下格으로 理

同이로다。此二格을 吾見多矣나 未曾有富貴者니 但當以別理로 推之하라。 止有曲直稼穡二格은 多富貴며 火

全巳午未格이 亦未見其美니 由是尊其所正而關其所謬也니라」

句陳得位格이란 무엇인가? 하면 戊己가 句陳이 된다는 뜻과 財官地에 있으면 得位한 것이라는 兩意이니

戊己가 財官地에 臨하였음을 일컫는다(第二卷 句陳得位格을 參照할 것)。그러나 戊己身主가 弱하지 않고서야

財官을 能히 堪當하는 것이니 이때에는 句陳得位格이 美命이라 하겠지만, 만일 戊己日主가 氣弱하다면 財官

이 太旺할 境遇 財多身弱이 되든지 殺만 重하고 身弱한 命造일 것이니, 如斯한 句陳得位格이 美命이라 함은

그 어찌 그릇된 理論이 아니겠느냐? 玄武當權格이 또한 同一한 뜻에서 謬說이다(第二卷 參照할 것)。

從革格이란 또 庚辛日干이 申酉戌이 全部 있거나 或 巳酉丑이 全部 있음을 말하는데 此命이 駁雜하고 純粹

하지 못하여 내가 일찍 此格을 많이 보았으나 富貴함이 없었으니, 壬癸日主의 潤下格으로 더불어 此二格은 別

理로 推審하기 바란다。 그러나 但 曲直仁壽格(第二卷 參照)과 稼穡格은 富貴하는 사람이 많으며 火主가 巳午

未가 全部있어서 炎上格을 이룬 者도 또한 美命임을 보지 못하였으니 此說等이 謬說이라고 믿어진다(諸格에

對해선 第二卷을 硏究할 것)。

第四章 動靜蓋頭六親說

第一節 動靜說

『何以爲之動也오 其體屬陽 陽主動故요 天行健圓에 轉循環而無端故라 以人之八字에 天干呈露於上者가 爲

之動也니 如八字天干之甲木은 但能尅運上天干之戊土也나 不能尅巳中所藏之戊土也며 益以動攻動爲親切이니

如男人之攻엔 得男人也요 不能攻閨閤中所藏之女人也니라

但雖不能攻人이나 而亦有搖動震驚之意며 但不能作實禍也나 如女人見男來攻에 雖不能加捶楚於其身이나 而

亦有恐懼之意焉이니라 如運上申地支中之庚金은 亦不能攻我八字中에 天干所透之甲木者也니라。 是以로 天干

之動은 只能攻得天干之動이요 不能攻地支之靜也가 明矣로다』

어떤 것을 動이라 하는가? 그 本體의 陽이 動에 屬하여 있고 天運이 健行함에 모든 것은 循環不休하여

動하지 않음이 없는 것이다。人命의 八字가 또한 이와 같아서 天干에 上透하고 呈露하여 튀어 나온 者는 動

하게 된다。例컨대 八字中 天下에 있는 甲木은 다못 運路中 天干에 있는 戊土를 尅制할 수 있으나 巳中에 감

추어져 있는 戊土는 尅去할 수 없는 것이다。

또 動하여 攻尅하는 데는 遠親이 있으니 例컨대 男者의 攻尅은 男人에 限하고 閨閤中에 감추어져 있는 女人

을 攻尅할 수는 없는 것이다。그러나 直接 攻尅함은 不可能하다 하더라도 또한 搖動하고 震動하여 놀라고 겁

나게 할 수는 있는 것이니 다만 實際의 禍厄을 加重할 수 없을 뿐이다。例컨대 女人이 男者의 來攻을 만나는

때에 비록 直接 그 몸에 加害는 없다 하더라도 恐懼하지 않을 수 없음이 그것이다。

또 大運의 地支에 있는 申中庚金은 八字의 原命中에 있는 干上의 甲木을 攻尅할 수 없는 것이니 그러므로

天干의 動은 다만 天干에 動한 者만을 能히 攻尅할 수 있고 地支中에 靜하여 所藏된 者는 攻尅할 수 없음

이 明白하다。따라서 原命의 八字中에 있는 動尅이나 大運中에 나타나는 動尅을 同一한 原理로 推定하면 된

다。

『何以爲之靜也오 其體屬陰 陰主靜故요 地承順方靜하야 守固而有常이라。故로 以人之八字에 地支隱藏於下

者가 爲之靜也니라 如八字地支之庚金은 但能尅運上地支之甲木이요 不能尅運上天干之甲木也라 蓋以靜攻靜爲

親切이니 如女人只得攻女人也오 不能攻在外之男人也라 但雖不能被其攻이나 亦有搖動震驚意也니 如運上地支

之庚金은 亦不能破我八字天干之甲木也니라

是以로 地支之靜은 只能宜得地支之靜이요 不能攻天干之動也가 明也니라 又如辰戌丑未地支之物은 乃天地

四方收藏之庫니 極牢固라 假如八字地支에 辰中有戊土하고 乙木癸水하니 運或行寅이면 寅中雖有甲木이나

亦不能破其戊며 又運行酉엔 酉雖有辛金이나 亦不能破其乙이며 又或行午에 午中雖有己土나 亦不能破其癸니

非不能破也니라。蓋其庫中鎖鑰甚牢이라 眞要戌字運來冲開之니 就如有了鑰匙開了라 其鎖而放出戊土乙木癸水

出來니라。如丑字就要未字冲에 別物不能攻之故로 曰雜氣財官이며 喜見冲이 正此意也로다」

어떤 것을 靜이라 하는가? 그 本體의 陰이 陰靜에 屬해 있어서 地道의 承順하고 不動하며 靜在하는 性格

을 본 받아서 守固하는 要素가 그것이다. 그러므로 사람의 八字에도 地支中에 隱藏해 있는 五行을 靜으로 보

는 것이다。

例컨대 사람의 八字中 地支에 있는 庚金은 또한 運路中에서도 地支에 있는 甲木은 攻尅할 수 있을지언정,

運上의 天干에 있는 甲木은 攻尅할 수 없는 것이다. 대저 靜物은 靜物을 攻得하는 것인 바 例컨대 女人은 다

만 女人만을 攻得할 따름이요 밖에 있는 남의 男子를 正面으로 直接 攻害할 수는 없지만 搖動하고 震驚하여

놀라게 하고 不安하게 할 수는 있는 것이다. 따라서 運上의 地支中 庚金은 天干에 나타나 있는 原命의 甲木을

破尅할 수는 없는 것이다.

그러므로 地支에 있는 靜物을 攻得할 뿐이요 天干에 動해 있는 干物은 攻尅할 수 없다。 또 辰戌丑未의 四

地支는 곧 天地 四方의 모퉁이에 該當하고 十干五行의 藏庫에 該當하니 (第三卷과 第二卷 雜氣財官格 參照) 隱

藏하는 힘이 極히 堅固하다.

假例컨대 八字의 地支中에 辰字는 辰中에 乙木과 癸水가 숨어 있으니 (第三卷 參照) 大運이 或 寅大運에

行하더라도 寅中에 있는 甲木이 辰中의 戊土를 破尅하지 못하며、 또 大運이 酉運에 行하여 酉中辛金이 있어

도 辛金이 乙木을 또한 破尅할 수 없으며 또 或 午大運에 行하여 午中에 己土가 있지만 또한 癸水를 破尅하

지 못하는 바 창고에 감추어 있으므로 破할 수 없는 때문이다.

다만 戊字가 와서 辰土月令을 冲來하여야 좋으니 그러면 戊土와 乙木과 癸水等의 庫中物을 放出해 내는 것이다. 그것은 辰戌冲하여 庫門을 破開한 때문이니 또 例컨대 丑字가 未字와 冲破하여도 그러하고 다른 物件으로는 攻破할 수 없기 때문이니 그러므로 雜氣財官格은 冲을 좋아한다고 한 것인 바 그 眞意가 여기에 있는 것이라 하겠다.

第二節 蓋頭說

『何以爲之蓋頭也오 如人之一身이 獨有頭爲一身之端也니 頭與面相連耳目口鼻繫焉을 統而言之爲之頭也니라 其下若四肢肚腹은 稍有不善이나 可以衣服以飾其不善也어니와 若頭之諸物은 發見於外요 則爲之動物하야 非若四肢腹肚所藏之靜이니 不足爲輕重이니라』

[講] 蓋頭란 命理學上 어떤 뜻을 가지고 있는 述語인가? 比喩컨대 사람의 一身이 頭面에 依해서 端的으로 表示되는 것과 같다. 곧 머리와 얼굴에는 귀와 눈과 코와 입이 함께 連繫되어 있는바 이를 總合해서 머리라고 하는 것이다. 또 四肢와 배와 가슴 等은 多少 不美스러운 點이 있다고 하더라도 衣服에 依해서 가리워지고 修飾될 수 있는 것이지만 머리에 있는 諸部分은 밖에 드러나고 表現되는 것이어서 四肢와 肚腹이 감추어져 있는 靜的인 그것과는 다른 바가 있으니 輕重이 다르고 動靜의 差異가 있는 것이다.

『大低人之八字類에 此如八字中上四個字是頭也요 下地支四字是肚腹四肢也며 支中所藏之物은 是五臟六腑也라 如肚腹秀氣發出하야 在頭而上來하면 便是英華發出이니 外來一生富貴貧賤이 只從頭面上이며 見得如八字

畏傷官이 這傷官藏在內엔 尙不足畏니 如天干透出此傷官이면 便是頭面上이라。 見了怎能掩飾이리오。 凡有

所害之物이 露出頭面이면 就能作害니라。

凡行運如原八字에 是 乙 日干用丙丁火爲傷官이요 乙日干傷官重者는 便以庚金官星爲病이며 若八字上見了庚

金인댄 便要丙丁爲疾病之神이라 如早年行壬申癸酉運이면 乙日干傷官重者는 便是不好運은 蓋因壬癸水가 蓋在申酉頭上이니 是

壬癸水蓋了頭라 便不好也니라 後行甲戌乙亥運은 便好也니 是甲乙木蓋了頭也며 又行丙子丁丑運은 又好니 蓋

得丙丁火가 蓋了頭來尅庚也니라 雖下面地支有亥子丑水나 其水被丙丁蓋了頭라 亦不能爲害니라」

大抵 사람의 八字類에 上干의 四字를 머리로 하고 下支의 地支 四字는 肚腹四肢에 比하며, 地支中에 감추어

져있는 地藏干은 五臟六腑에 配對한다。 例하면 肚腹의 秀氣가 發出하여 머리에 있으면 좋은 것과 같이 地支

中의 秀貴한 者가 天干에 튀어 나와서 있다면 이는 英華로운 꽃이 되는 것으로서 一生의 富貴貧賤이 다만 干

頭로부터 所出한다고 하여도 過言은 아니다。

또 八字中에 傷官이 있음을 두려워 하나 傷官이 地支中에 暗藏해 있는 것은 두려웁지 않으며 天干에 透出

한 傷官은 이것이 頭面上에 나타난 것이므로 두려운 것이다。 무릇 所害의 忌物이 頭面에 露出되었으면 이것

이 動物이니 能히 作害하게 된다。

무릇 行運이나 八字에 傷官이 있음을 꺼리는 바 乙日干이 丙丁火로서 傷官을 삼는데 乙日干에 傷官이 重하

다면 庚金官星이 있음은 病이 되는 것이며 그러나 反對로 八字中에 庚金이 有氣하다면 丙丁傷官이 疾病의 神

이 된다。 또 萬一 大運이 早年에 壬申癸酉로 行한다면 이는 좋지 못한 運路이니 壬癸水가 申酉頭上에 蓋頭된

때문이요 丙丁火를 傷하는 때문이며, 甲戌乙亥의 兩大運에는 好運이니 甲乙木이 蓋頭한 때문이며, 또 丙子丁

丑으로 運行하여서도 好運이니 丙丁火가 蓋頭하여 庚金을 尅해주는 때문이다. 要컨대 地支에 亥子丑水의 忌神이 있으나 此水가 丙丁火의 蓋頭를 받은 까닭에 害할 수 없는 것임을 알아두기 바란다.

『又如庚辛日干이 喜甲乙丙丁四字爲福神이면 庚辛壬癸四字는 爲病神이니 行運望見甲乙丙丁數字가 蓋壞了頭하면 便好나 如望見庚辛壬癸數字엔 便是壞運이니라 雖運上地支에 有甲乙丙丁이나 亦被庚辛壬癸가 蓋壞了頭며 此地支雖有甲乙丙丁이나 亦不能作福이니라 蓋爲庚辛壬癸가 蓋在上面出頭不得看八字엔 以此蓋頭字望見了라 就識得人一生好命이니 此是眞傳秘訣也니라』

또 庚辛日干이 甲乙丙丁의 四干을 좋아하는 바 此四字가 福神이 되면 庚辛壬癸 四字는 病神이 되니 行運에 甲乙丙丁數字가 蓋頭하였다면 이것은 好命에 틀림없으나 그러나 庚辛壬癸의 數字가 望見되면 이것은 문득 壞滅되는 運이다. 비록 運上의 地支에 甲乙丙丁의 喜神이 있다고 하더라도 庚辛壬癸의 蓋頭함이 있으면 地支 中에 있는 甲乙丙丁은 壞滅된 것이니 또한 作福할 수는 없게 된다. 庚辛壬癸가 八字干頭에 나타나지 않으면 地支中에 庚辛壬癸가 있다 할지라도 此命은 一生이 好命일 것인바 此說이 眞正 秘傳이요 眞訣이다.

第三節 六親說

『年上財官은 主祖宗之榮顯이요 月家官殺은 主兄弟之凋零이며 又曰年看祖宗興廢事요 推父母定留存然이라 年屬祖宗之宮이니 臨財官之地엔 乃生祿馬之鄕이라 榮顯理然也며 但坐比肩劫財엔 無財官之可依據니 此乃祖宗飄零也로다 然父母之宮이 又當與歲上之祖宗이요 月上兄弟兩宮相寓而參看焉이니라 若歲月無財官하면 俱主根基淺薄이요 白手成家며 獨月令官殺司權하면 俱主損傷兄弟나 雖有兄弟之星이나 見官殺而尅之니 安得不損兄

弟乎아。

故로 曰官殺排門兄壽夭요 殺官司戶弟郎當故이니 月乃門戶也라 又若日通月氣하고 比肩神旺이면 多主鴻雁

成行이니 理雖如是나 亦貴雙通이니라。苟或日主根多하고 比肩太旺이면 亦主參商이니 蓋緣兄弟多來劫財神也

엔 此又喜官殺而得兄弟也니라」

年上에 財官이 있으면 祖上의 榮華가 있었음을 뜻하고 月中에 官殺이 있으면 兄弟가 쓸쓸하고 외로웁다。

또 年干은 祖宗의 興廢를 보고 月柱로 父母에 關한 것을 살핀다。곧 年柱에 財官이 臨하여 祿馬를 生한다면

榮顯했을 것은 當然하고 比肩이나 劫財地가 되었다면 財官이 可히 依據할 수 없는 것이니 이와 같은 者는 그

祖宗에 關한 限 볼 것이 없다。그러나 父母宮을 또한 歲上의 祖宗과 함께 보기도 하고, 月上의 兄弟宮을 父

母宮과 兼하여 보게도 된다。

萬一 歲月兩位에 財官이 다 없으면 當主의 根基遺業이 薄弱하니 祖父母의 德이 없고 自手로 成家할 사람이

요 月令에만 唯獨히 官殺이 俱旺하면 兄弟를 損傷할 것이니 비록 兄弟가 많다 할지라도 죽고 막히게 된다。

그것은 比肩劫財가 兄弟宮인데 官殺을 만나면 剋滅되는 것 때문이니 어찌 兄弟를 損傷하지 않겠느냐?

그러므로 官殺이 兄弟宮인 月上天門에 있으면 兄이 夭壽하고 殺官이 月支地戶에 있으면 弟가 早離될 것이

니 月令이 門戶에 該當한다。또 萬一 日主가 月令과 通하고 比肩이 旺盛하면 當主가 兄弟가 많고 友愛가 있

는데 理致는 그렇지만 그러나 變通을 살피지 않아서는 안된다。

例컨대 日主가 根多하고 比肩이 太旺하면 當主는 參商(參星과 商星은 東西에 背屬하여 兩星을 同時에 볼

수 없으므로 親知間에 隔離하여 만나지 못하는 比喩이다)의 形狀이니 兄弟가 많고 比肩劫財가 많을 때엔 오

히려 官殺이 있어야 兄弟의 好緣을 얻는바 이는 比刼이 適殺忌神인 境遇에 該當하는 때문이다.

『偏財爲父니 比刼重重損父親이요 正印爲母니 財星旺處에 須損母라 以官殺爲子니 傷官食神多에 損子나 若

官殺太重하야 尅制日主엔 則自身救死不瞻이니 安能生子乎아 必須食神傷官制殺이라사 方能生子也니라 男命

如斯요 女命亦然이니 若財官旺而日主弱이면 夫家興而母家滅이라 葢財官乃旺夫之物也나 然財能損母요 官能

尅兄弟니 多主父母兄弟飄零이니라

孤鸞日木火蛇無壻나 葢乙巳丁巳日也라 然乙巳坐下有庚夫요 丁巳坐下有庚財有財能生夫也라 不可謂無壻也

니 女命此二日이 多主旺子旺夫니라 金猪定有郞이라 辛亥日坐下有正財니 財亦能生夫에 豈可謂無郞乎아 土猴

長獨臥는 乃戊申日也니 坐下有庚金能尅夫也니 女命戊申日極損夫也니라 木虎定孀居甲寅日也니 夫星絕於寅也

라 甲寅日女命極尅夫也로다』

偏財는 父親이 되니 比刼이 重重하면 父親을 損傷하게 되고, 正印이 母親이 되니 財星이 旺하면 모름지기

母親을 離別하게 된다. 官殺로써 子位를 삼으니 食神이나 傷官(特히 傷官)이 많으면 子息을 損傷할 것이다.

그러나 萬一 子星인 官殺이 太重하야 日主를 尅制하면 곧 自身이 死地에 빠진 것이니 어찌 生子할 수 있겠는

가? 오히려 食神傷官이 와서 官殺을 制去해 주어야 바야흐로 生子하게 될 것인바, 男命이 如斯하며 女命 또

한 그 理致는 同一한 것이다.

女命의 境遇 財官이 旺하고 日主가 弱하면 夫家가 興하고 母家는 滅亡할 것이다. 大葢 財官은 旺夫의 神星

이니 夫位에게는 좋으나 그러나 太旺한즉 母星인 印星(財尅印)을 損尅하며 官星이 兄弟를 尅破하는 것이므로

當主가 흔히 父母兄弟의 零落을 免하지 못한다.

孤鸞歌에 말하기를 木火日主가 蛇를 만나면 無夫하다 하였으나, 乙巳日 丁巳日인 경우 坐下에 巳中庚金의 夫星이 있고 丁巳日인 境遇엔 巳中에 庚金財星이 있어서 財星이 夫를 生하는 法이니 어찌 夫가 없다고 하겠느냐? 此二日은 旺子하고 旺夫한 것이다. 또 金(辛) 猪(亥)는 郎君이 決定코 없다고 하였으나 財가 生夫하는데 辛金이 亥中의 甲木財에 坐臨하였는바 郎夫가 어찌 없겠는가?

또 土猴는 獨臥하여 寡婦象이라 하였는바 戊申日은 坐下에 庚金이 있어서 夫星인 木을 剋傷하는 때문에 女命의 戊申日은 損夫한다는 것이다. 또 木虎란 甲寅日이니 此日이 또한 靑孀寡婦의 氣像이라고 하였다. 그것은 甲日主의 夫星인 金神이 寅木에 絕地가 되므로 甲寅日의 女命이 亦是 損夫한다는 것이다.

『又女命食神傷官多엔 泄損精神하야 不能生子也며 又喜印星이니 損其子나 養其精故로 方能生子也니라 若食神傷官少엔 而又嫌印星이니 能損其食神傷官之子也라 若辰戌丑未四字全이면 此坐天地之四獄也라 又安能生子乎아 若止犯二子엔 亦不畏也나 若夫子星入墓면 亦多難爲夫子也로다. 男女二命俱不可犯妻星夫子星而論之나 俱只看八字有病엔 能去其病이라사 則有妻有夫有子也니 論六親에 只是死格說이 見上文五星謬說內니라』

또 女命에 食神傷官이 너무 많아도 精神을 泄損하므로 生子할 수가 없으며 이런 境遇엔 印星이 와서 도와줌을 기뻐하니 印星은 子息을 傷害하나, 그러나 當主의 精氣를 도와 주므로 生子하게 되는 것이다. 그러나 萬一 食神과 傷官이 적을 때엔 印星을 꺼리는 것이니 食神傷官의 子星을 害傷하는 때문이다.

또 萬一 女命에 辰戌丑未의 四字가 있으면 天地의 四獄에 坐臨한 것이므로 生子할 수가 없고 二字를 犯한 것은 無妨하다. 그러나 夫星과 子星이 墓庫에 드는 것은 大忌하는 것이니 혼히는 當主가 男便과 子息福을 얻지 못한다.

또 男命이나 女命을 莫論하고 兩命이 다 妻星이나 夫星을 犯하는 것은 大忌하는 것이 原則이지만

四柱八字의 構造와 格局을 살피지 않으면 안될 것인바、萬一 八字에 病이 있다면 그 病位가 夫星이건 子星이

건 妻星이건을 莫論하고 그 病神을 除去하여야 비로소 夫緣이 있고 妻緣이 있고 子緣이 있게 된다。 따라서

六親說을 論함에 있어 八字의 五行을 變通과 構造面에서 檢討하여야 한다는 原理를 모르고 看過함은 이것이

死格說이 아닐 수 없으니 또한 謬說인 것이다。

第五章 四病四藥說

第一節 病藥說類

『何以爲之病고 原八字中에 原有所害之神也오 何以爲之藥고 如八字原有所害之字나 而得一字以去之謂也니

如朱子所謂各因其病而藥之也니라 故로 書云有病方爲貴요 無傷不是奇라 格中如去病에 財祿喜相隨로다 하니

命書萬卷이나 此四句爲之括要요 盍人之造化가 雖貴中和나 若一一於中和則安得探其消息而며 論其休咎也리오

若今之至富至貴之人이 必先勞其筋骨하고 餓其體膚하며 空之其身然後에 動心忍性하고 增益其所不能이니

人命之妙가 其猶此乎로다 愚嘗先前未諳病藥之說하고 屢以中和而究人之造化나 十無一二有驗이며 而得其造化는 所以然之

論이나 亦俱無歸趣라 復始得惺病藥之上旨하고 再以財官中和参看이면 則嘗失八九니 而得其造化는 所以然之

妙矣니라』

어떤 것을 病이라 일컫는가? 原命의 八字中에 害神이 있음을 말하는바 用神을 剋害하므로 病神이라 하고

原命을 尅害하므로 病神이 있는데 此
病神을 除去하는 喜神을 藥이라 한다。 어떤 것을 또 藥이라 하는가? 八字의 原命에 所害하는
그러므로 書에 말하기를 「病이 있어야 바야흐로 貴命이니 傷함이 없다면 이는 奇異한 命造라 할 수 없다。
格中에 있는 病을 命運에서 除去할 때 財祿이 함께 따르게 된다」고 하였다。 命書가 萬卷이 있어도 이 四句
에 그 要諦는 다 包含되어 있는 것이요 人命의 造化가 비록 中和를 이루는데 貴함이 있다고 하지만 그러나
만일 一一이 中和만 이루어지고 말아서 平溫하고만 만다면 어찌 消息이 있고 休咎를 論할 수 있겠느냐?
또 至富하고 至貴한 사람의 境遇를 살펴 보면 반드시 먼저 그 筋骨을 勞苦하고 體膚를 말리며 그 心身을 空
虛하게 한 뒤 忍性을 닦고 不能한 바를 增益케 하여 그 能力을 涵養한 後에 비로소 大器를 이루는 것이니 人
命의 妙함이 또한 이와 같은 것이다。
或 어리석은 사람들이 病藥說의 原理를 알지 못하고 번번히 中和法만 가지고 人命造化를 살피니 十에 二
나 證驗함이 있을 것이다。 또 財官으로 主論하나 또한 다 그 歸趣와 根原을 一例로 말할 수 없다。 따라서 病
藥說의 趣旨를 모르고 거듭 財官과 中和만을 中心한다면 곧 八九는 잃어버리고 造命의 造化를 論難하게 될
것이니 命造의 妙함이 實로 이와 같은 것이다。

『假如人八字中에 四柱純土면 水日干則爲殺重身輕이며 如金日干則爲土厚埋金이며 火日干則爲晦火無光이요
木日干則爲財多身弱이며 土日干則爲比肩太重이리 是則土爲諸格之病이니 俱喜木爲醫藥이며 以去其病也니라
如用財에 見比肩은 爲病이니 喜官殺爲藥이요 如用食神傷官엔 以印爲病이니 喜財爲藥也라 或本身病重而藥少
하고 或本身病輕而藥重이나 又宜行運以取其中和니라

若病重而得藥은 大富大貴之人也요 病輕而得藥엔 略富略貴之人也며 無病而無藥은 不富不貴之人也니 究人

之命이 將何以探其玄妙아 如八字中에 先看了日干하고 次看了月令이며 且如月令中支中所屬하라 是火先看月

令中에 此一火字起하고 又看年上에 或有火하며 又看月時上에 或有火하야 且雖指點此火做一處에 看或爲病과

或非病이니 又或地支에 雖又藏有別物은 且不必看이니 若再看別物則混雜不明이니 故曰從重者니라]

假令 例컨대 八字 四柱가 純土로 되었다면 이때에 水日干인 境遇엔 殺은 重하고 身主는 輕한 것으로 볼

것이요 金日干인 境遇엔 土厚하여 金이 흙에 묻힌 것이요 火日干이라면 火氣가 흙에 晦藏되므로 光暉가 없는

것이요 木日干이라면 財多할 뿐 身弱한 것이며 土日干이라면 比肩만 太重한 것이다. 곧 이것은 土가 諸格의

病이 되었음을 말한 것이니 木을 좋아하는바 木이 土를 疏尅해 주므로 藥醫가 되는 것이어서 木이 있어야 그

病을 除去시키게 된다.

또 財를 取用하는데 比肩을 보면 比劫이 財를 尅破하므로 比肩이 病이 되는바 官殺이 와서 比肩病神을 除

去해 줌을 기뻐하니 官殺이 藥이 되는 것이고, 食神이나 傷官을 取用하는데는 印星이 病이 되니, 財星이 藥

이 되므로 기뻐한다. 或 本身에 病은 重하고 藥은 적으며 或 病은 輕弱한데 藥은 重한 境遇가 있으나, 要컨

대 行運에서 中和해 줄 것을 要望하는 것이다.

萬一 病이 重한데 藥을 얻으면 大富大貴한 命이 되고, 病이 輕한中 藥을 얻으면 略富略貴한 사람이요 病이

없고 藥이 없으면 富하지 못하고 貴하지 못한 命造者이다.

吾人은 어떻게 하여 人命의 玄妙함을 探知할 것인가? 모름지기 먼저 日干을 살피고 다음에 月令을 볼 것

이며 다시 日干과의 關係下에 月令中의 地支에 있는 地藏干을 살펴야 한다. 火主가 月令中에 一字火가 있고

또 年上에 或 火가 있거나 月時上에 火가 어느 一處에 있어서 火가 어二 一處에 있어서 이것이 或 病이 되고 或 病이 안
되는 것을 살펴야 하는데 또 或 地支中에 別物이 감추어져 있음은 좋지 않으니 만일 別物이 다시 있으면 混
雜되고 明確하지 못한 命造가 되는 것이다. 따라서 重者를 따라야 한다.

『論此理가 是看命下手處法이라 若以火論에 又再看水看金看土하면 則不知命理之要也나 若財官印綬有病이니
就要醫其財官印綬也니라 如身主有病에 就要醫身主也라 如八字純然하야 不旺不弱이며 原財官印하야 俱無損
傷日干之氣하며 又得中和하야 並無起發하면 可觀此是不常人也니라 然病藥之說이 此是第一家之緊要니 售斯
術者는 不可不精察也라 詳前見驗類니라』

그러므로 此論이 重者를 맑게 되고 下手處法이 되는 것이다. 또 火主를 論할 境遇에 다시 水를 보고 金을
만나며 土를 얻은즉 곧 財官印綬가 病이 된 것이니 此三者를 醫治하지 않으면 안된다. 身主가 病이 있음에
醫師를 대어 治療해야 되는 것과 같다. 萬一 八字가 純然하여 旺하지도 않고 弱하지도 않으며, 原命에 財官
印이 있어서 日干의 氣가 損傷됨이 없으면 또 中和를 얻어서 奇發한 곳도 아울러 없으면 이것이 可히 平常人
에 틀림 없는 命造이다. 그리하여 財官印이나 中和를 論하기 前에 病藥說이 第一 緊要한 것이니 術者는 可히
精察하지 아니치 못할 것이다.

第二節 雕枯旺弱四病說類

『何以爲之雕也오 如玉雖至寶也나 而貴有雕琢之功이며 金雖至寶也나 而貴有煉煆之力이니 苟玉之不雕면 雖
曰荊山之美나 則爲無用之玉也라 金之不煆은 雖曰麗水之良이나 則爲無用之金也라 人之八字가 大槪類此하야

如見官星에 未嘗有傷官이어나 見財星에 未嘗有比刦이어나 見印綬에 未嘗有財星이어나 見食神傷官이 未嘗有印

綬면 若此純然無雜하야 不猶未琢之玉이며 未煅之金乎아

大低天之生人也에 盈虛消長之機하야 未嘗不寓焉이니라 若三四時之有生長也에 必有春夏焉이며 若四時之有

收藏也에 必有秋多焉이라 又如地理有龍穴砂水之美나 而來脉又貴有峰腰鶴膝斷續之妙焉이라 人之造化와 窮通

壽夭之理가 亦貴宜有去留舒遲以取用焉이니 是以로 八字貴有雕焉이니라」

무엇을 雕라 하는가? 比喩하여 말하면 玉이 비록 至寶라 하나 그 貴함이 雕琢하는 功에 있고、金이 비록

至寶나 불로써 煅煉하고 다듬는 細工의 힘을 빌어서야 貴하게 되는 것과 같다。萬一 玉을 쪼아 내고 갈아서

닦지 않으면 山속에 있는 숨은 美에 不過할 뿐 人間社會에 利用되는 寶玉일 수 없고 金이 萬一 煉煅되지 못

하였다면 麗水가 흐르는데는 좋지만 人世에서는 無用한 金에 不過한 것이다。

사람의 八字도 이와 같아서 官星을 보는데 傷官이 없거나、財星만 있을뿐 比刦이 없거나、印綬는 있고 財

星이 없거나、食神傷官을 보는데 印綬를 보지 못하면 이것이 純然하고 無雜할 뿐이어서 玉이 琢磨되지 못한

것과 같고 金이 煅煉되지 못한 것과 같은 것이다。

대저 天地가 生人함에 차고 비며(滿虛) 消滅하고 生長하는 機微가 있는데 寓接하지 아니함이 없으니 四時

에는 生長하는 理致가 있는바 春夏가 있어서 이 일을 寓管하고 四時에 또 收藏되는 任務가 있으니 반드시 秋

多이 있어서 그 責任을 遂行하는 것이 그것이다。

또 地理에서 龍穴(墓의 脉穴이니 山勢의 氣脉이 龍體와 같이 길은 形을 말함)과 砂水(긴물과 같은 長形의

地)의 貴함은 峰우리가 솟고 허리가 生起며 鶴의 무릎과 같이 솟고 수구러지는 斷續이 있는데 있어서 이것이

妙함이 되는 것이다。人命의 造化도 또한 이와 같아서 그 窮通하고 壽夭하는 理致가 亦是 去留됨이 있고 舒遲함이 있어야 貴命으로 取用하는 것이다。 따라서 八字의 雕琢하는 意義는 實로 重大하다 아니할 수 없는 것이다。

『何以謂之枯也오 風霜之木은 春華之至可觀焉이요 旱魃之苗는 得申之機에 難遏也니 故로 冲霄之羽健은 貴在三年之不飛요 驚人之聲은 雄貴在三年之不鳴이니 是以로 淸凉之候에 恒伸於炎烈之餘며 和煦之時는 每收於苦寒之後니라 故로 人之造化가 官貴有枯也엔 行官旺地에 貴不可言이요 財貴有枯也엔 行財旺鄕에 財難計較로다 然又當喜其有根이니 在苗先實從花後라 但貴其有根而枯也요 不貴其有苗而枯也며 苟若官星無根則官從何出이며 財星無根엔 財從何生이리오 是以로財官印綬貴有根而枯之病也나 或若無根而自爲之枯焉엔 則亦非矣니라 是以로 八字貴有根枯之病也니라』

어떤 것을 枯라고 하는가? 風霜을 만난 나무는 春節을 만날 때 華開하고 方暢할 것이요, 가물어서 말라붙은 싹은 비를 만나서 籤生하는 것인바 그 生盛하는 힘을 막을 수 없는 것이니 그러므로 하늘을 高遠하게 날을 새는 三年동안 날으지 말 것이 貴重한 要諦요、 사람을 놀래도록 크게 울 雄聲이라면 三年동안 울지 말것이 貴하다。 또 淸凉節에 生하여 寒冷하면 炎烈한 때에 盛伸할 것이며 烈照한 때에 生하였다면 苦寒한 뒤에라야 收成할 것이다.

그러므로 人命의 造化가 또한 亦然하여서 官貴가 있고 枯弱하면 官旺地로 大運이 行하여서 그 貴함을 可言할 수 없고 財貴가 있고 枯弱하였으면 大運이 財旺鄕으로 行하여서 그 財富를 計量하기 어려운 富者가 된다。 그러나 또 그 有根한 與否를 살펴야 하는바는 뿌리가 있음에 싹이 먼저 있고 꽃이 있은 뒤에야 열매를 거두게 되는 것과 같다。 따라서 根氣가 있고 말라야 貴하고 싹만 있고 말른 것은 貴하지 못하다。

또 만일 官星이 根이 없다면 官이 어디로부터 生할 수 있으며, 財星이 또 뿌리가 없다면 財가 어디로 부터 生出하겠는가 그러므로 財官印綬가 有根하고서 枯하고 病됨은 貴하나 或 無根한데 스스로 枯弱한 것은 이것이 貴할 수 없는 命造이다.

『何以謂之旺也오 羣芳茁長하야 可觀眞木之光輝이며 萬物凋零엔 可見眞金之蕭殺이라 是以로 各全其質各其其形엔 若木不木而金不金이요 旺不旺而弱不弱이니 則五行之質有虧矣로다 何以考人禍福也哉오 若人之用木也에 則宜類聚斯木性之不雜이며 若人之用火也엔 則宜照應斯火性之不烈이니 若春林木旺에 見水多면益壯其神이요 夏月火炎見木多엔愈資其烈이라 由此區別則知其所以旺者를 當何耶아

然或官星太旺者는 宜行傷官運하야 以去其官星이요 財星太旺者는 宜行比刦運하야 以去其財星이요 印星太旺者는 宜行財星運하야 以破其印星이며 日干太旺者는 宜行官殺運하야 以制其日干이니 一理如是요 百理皆然이니라 若其旺弱之相을 參斯其下矣니 是以로 八字貴有旺之病也니라』

어떤 것을 旺이라 하는가? 꽃과 싹이 羣出生長함은 可히 光輝한 春木의 旺相을 볼 수 있는 때이고, 萬物이 시들어 떨어지는 것은 可히 秋節眞金의 蕭殺相이라 할 것이다. 各者가 그 質을 全有하고 그 形을 具有하였음은 木이나 木이 아니고 金이나 金이 아니며, 旺하나 旺한 것이 아니고, 弱하나 弱한 것이 아니니 五行의 質이 오히려 이즈러지는 때문이다.

그러면 어떻게 하여 人命에 禍福의 影響이 미치는가? 萬一 사람의 命造에 木을 쓴다면 마땅히 木性의 類聚가 모여서 잡되지 말것이요 만일 人命에 火를 取用한다면 火性을 照應하여 烈火하게 하지 말것이니, 例컨대 春林의 旺木이 水多함을 만나면 그 木神은 더욱 益壯한 것이고, 夏月의 炎火가 木多함을 만났으면 木生火

하여 그 烈炎을 加熱한 것이니 이와 같이 旺相을 區別할 것이다。 그러나 旺相이 人命에 미치는 關係는 다시 살피지 않으면 안된다。

或 官星이 太旺한 者는 傷官鄕으로 大運이 行하여서 그 官星을 制去할 것이요 財星이 太旺한 者는 마땅히 比刦運으로 行하여서 그 財星을 制去할 것이 必要하며, 印星이 太旺한 者는 마땅히 財星運으로 行하여 그 星을 破할 것이며 日干이 太旺한 命造라면 官殺運으로 行하여서 그 日干을 制去할 것이 要望되는 바 一理가 이와 같아서 百理가 皆然한 것이다。 旺弱의 相을 또한 細辨할 것인바 人命八字의 貴함이 旺한 곳에 病이 되는 理致가 있는 것이다。

『何以謂之弱也오 雨露不足則物性이 爲之消磨며 血氣不充이면 人身爲之羸瘦라 天根可攝六陽之弱을 可聞乎며 月窟可探六陰之弱을 可究也아 是以로 六陽之弱이 不至於終弱이요 而有臨泰之可乘이며 六陰之弱이 不至於終弱이요 而有遯比之可托이니 猶人之命에 弱不弱이요 旺不旺이라 則何以稽其禍福哉오 然雖貴有弱也나 則猶恐弱極之無根이니라 故水雖至巳爲極弱也나 然巳有庚金하야 爲水根也요 火雖于亥爲極弱也나 然亥有甲木爲火之根也니 人之造化가 財官印綬貴有弱也로다 弱則有旺之基焉이니 若官星太弱이면 宜行官旺之鄕이요 財星太弱이면 宜行財旺之地며 日主太弱이면 宜行身旺之地니라 然尤畏弱之無根이니 所謂根在苗先也요 弱而有根則官星雖弱이나 而可致其旺이요 財星雖弱이나 而可致其强이니 是以로 八字貴有弱之病也니라』

어떤 것을 弱하다고 하는가? 비와 이슬이 不足하면 物性이 마르고 消燥磨散되며 血氣가 不足하면 人身이 파리하고 마르게 된다。 天根(하늘의 맨끝을 말하니 여기서는 陽性의 境界點을 뜻한다)이 六陽의 弱을 可攝하고 月屈(달 속에 있는 傳說의 窟이니 여기서는 陰性의 끝을 말한다)이 六陰의 弱性을 包含하고 있는 理致를 探究해본 일이 있는가? 그러므로 六陽의 弱함이 마침내 弱한 것이 아니요 泰卦 臨卦에 乘旺할 수 있는 것이며, 六陰의 弱함이 마침내 弱한 것이 아니니 遯卦比卦에 有氣해지는 것이며 오히려 人命이 旺한 것이 旺이 아니요 弱함이 弱이 아닌데 그 禍福을 어떻게 推知할 것인가?

비록 貴함이 弱한데 있다고 하지만 오히려 極弱하고 根基가 없음은 두려워 한다. 그것은 例컨대 水가 巳에서 極弱하지만 巳中에 庚金이 있어서 水根이 되고 火가 비록 亥에서 極弱하지만 亥中에 甲木이 있어서 火根이 된다. 따라서 人命의 造化가 財官印綬의 弱한 곳에 貴함이 있는 것이다. 곧 弱한 것은 旺의 根源이 되니 官星이 太弱할 境遇엔 마땅히 官旺鄕으로 行運할 것이요 또 日主가 太旺하면 身旺地로 마땅히 行運함이 可하다.

그러나 더욱 두려워 하는 것은 弱하고 根이 없음이니 이른바 根이 싹보다 먼저 있어야 하는 때문이다. 弱하고 뿌리가 있으면 官星이 비록 弱하나 그 旺性을 招致하게 되고, 財星이 비록 弱하나 그 強함을 招致할 수 있는 것이니 그러므로 八字는 弱한 곳에서 病이 있음을 貴함으로 삼는다.

第三節 損益生長四藥說類

『何以謂之損고 損者는 損其有餘也라 然木生震位엔 正木氣之當權也요 金産兌宮엔 正金神得之位라 當權者는 不宜資助요 得位者는 不宜生扶니라 假或水又滋木이요 土或培金이나 若木有餘之病엔 用金以制之요 金氣有餘之病엔 用火以尅之며 官星之氣有餘엔 則損其官星이며 財星之氣有餘엔 則損其財星이니라 譬如人身에 元氣太旺엔 爲疾이니 當以凉劑通藥以濟之也라 是以로 八字貴有損之之藥也니라』

어떤 것을 損이라 하는가? 損이란 그 有餘한 바를 損傷함을 말한다. 木主가 震位인 春令에 生하였다면 正히 木氣가 當權한 것이고 金主가 兌位인 酉金節에 生하였다면 正히 金神이 得位한 것이다. 따라서 當權한 者는 資助해 줌이 不宜하고 得位한 者는 生扶해 주는 것이 좋지 않다. 例컨대 水는 또 木性을 滋養해 주는 性質이 있고 土는 다시 金을 培養해 주는 힘이 있는데 萬一 木이 有餘하여 木氣가 旺하므로 病이 되었다면 官星을 取用하여 制止함이 옳고、金氣가 有餘하여 病이 되었다면 火를 取用하여 金氣를 尅制할 것이며 官星이 有餘할 境遇엔 그 官星을 損制해야 하고 財星의 氣가 有餘할 때엔 그 財星의 氣를 損傷시키고 制止시켜야 富貴할 수 있는 것이다.

譬喻컨대 人身에 元氣가 太旺하여서 에너지 過剩狀態에서 오는 疾病이라면 마땅히 그 元氣를 通涼하고 疏劑함으로써 治醫할 것임과 같다. 그러므로 八字에 損하므로 藥이 되는 格狀이 있어야 貴한 것이다.

『何以謂之益也오 益者는 益其不及也니 若木之死於午요 若水之死於卯也라 不及則宜資助니 且如木氣之本衰에 庚金又來尅木也와 水氣之本衰에 戊己土又來尅水也엔 則水木不及之病이 在此矣니 益之之理가 又當何如耶아 若木之不及엔 或行水運하야 以滋其根本이어나 或行木運하야 以茂其枝葉이요 若水之不及엔 或行金運하야 以浚其源流어나 或行水運하야 以廣其沍湃며 若官星之氣不足則喜官旺之鄕이요 財星之氣不足則喜行財旺之地니라 譬如人身에 血氣之不足則用溫藥之劑하야 以補之也라 是以로 八字貴有益之藥也니라』

어떤 것을 益이라 하는가? 益이란 그 不及한바를 益助해 줌을 말하니 木이 午에서 死하고 水가 卯에서 死하는 것인바 如此하면 當主의 身氣가 不及衰弱한 것이므로 助扶함이 마땅한 것이다. 또 例컨대 水氣가 本來 衰弱한中 다시 庚金이 到來하여 尅木하는 境遇거나 水氣가 本衰한데 戊巳土가 또 來臨하여 弱水를 尅破하는

境遇엔 此兩者가 各其水木不及하므로 이것이 病이 아닐 수 없는바 이때에 資益하는 作用이 要求되는 것이다.

萬一 木氣가 不及하다면 大運이 水旺鄉으로 行하여서 그 根本을 滋益하거나、 或 木運으로 行運하여 그 枝

葉을 茂盛하게 함이 要望된다。또 萬一 水主가 不及할 境遇엔 或 大運이 金運으로 行往하여 물의 根源을 깊

게 해주거나 不然이면 水旺運으로 行運하여서 물결을 加勢해서 넓게하는 것이 必要하다。또 萬一 官星의 氣

運이 不足하다면 官旺鄉으로 行運하여서 財星의 氣運이 不足하다면 財旺地로 行入함이 必要하다。假

如컨대 人身에 血氣가 不足하고 元氣가 不足하다면 補藥과 營養劑를 攝取함이 마땅한 療法임과 같다。따라서

八字에 益助하는 藥이 必要한 것이다.

『何以謂之生也오 六陽生處가 眞爲生也라 如甲木生亥니 亥有壬水하야 來滋甲木也오 六陰生處는 俱爲弱也

라 如乙木生於午나 午有丁火라야 泄木之精英이며 有己土하야 爲乙木之撓屈이니라 又如六陰死處에 俱爲生이

니 如乙木死於亥나 亥有壬水하야 反來滋木이요 六陽死處는 眞爲死니 如甲木死於午라 且午中又有丁火하야

泄木眞精이며 己土爲之撓屈이니라

且如生之理가 形氣始分이니 赤子未離於襁褓며 精華初判이요 嬰兒初脫於胞胎라 如木之生於亥나 根其猶枯

也니 未可以木爲旺也니라 凡氣之不足이니 故로 貴有生之之藥이니라』

어떤 것을 生이라 하는가? 六陽의 生處가 참된 生이다。例컨대 甲木이 亥에서 生하는 것인바 亥中에 壬水

가 있어서 甲木을 滋養하는 때문이요 六陰의 (陰干)의 生處는 이것이 弱한 것이니 例컨대 乙木이 午에서 生

하지만 午에는 丁火가 있어서 木의 精氣를 泄漏하고 또 己土가 있어서 乙木의 撓屈(휘고 꺾는 것이니 싸움을

일으켜서 結局은 乙木으로 하여금 精氣를 消費하게 한다)이 되는 때문이다。또 六陰의 死處는 오히려 生地가

되니 例컨대 乙木이 亥上에 死하는 것이지만 그러나 亥中에 壬水가 있어서 도리어 木을 滋養하는 때문이요,

六陽의 死處는 참된 死處가 되는 것이니 例컨대 甲木이 午에서 死하는 바 午中에는 丁火가 있어서 木氣의 眞

精을 泄하고 己土가 撓屈者가 되는 때문이다.

또 生地의 理致가 있으니 形氣가 비로소 이때에 이루어지는 바 赤子(갓난아이)가 襁褓(어린아이를 덮는 포

대기)를 아직 떠나지 못한 때이며 精華가 처음으로 生한 때이고 갓난 아이가 母胎에서 처음 出胎한 時期에

不過하다. 따라서 木이 亥에서 生한다고는 하지만 그 뿌리는 아직 枯弱하여 木이 旺하다고 할 수는 없다. 무

릇 氣運이 不足할 境遇엔 生해 주는 藥이 있어야 貴한 것이다.

『何以爲之長也오 春蠶作繭에 木氣方微며 夏熱成爐엔 炎光始著요 始木臨震位하고 火到離宮하면 若此帝旺

之鄕이니 實不同於生長之位라 是以로 生者는 長之初요 長者는 生之繼也로다 如財官屬木則長養在寅卯辰之方

이니 此木氣方微也라 如是則貴行金運以尅之니 則與長生之木으로 理不同也니라 如財官屬火엔 火則長養在巳

午未方이니 此火氣之方熾也라 如是貴行水運하야 以尅之니 則與長生之火로 理不同也로다 是以로 生長二字가

衰旺之不同이니 故로 運行有喜生尅之有異라 是以로 八字貴有長之之藥이니라

以上諸格은 楠於合理者取之하고 背理者闢之矣라 以後則格이라 楠所未及者를 附陳於後하노니 以備參考하라』

어떤 것을 일컬어 長이라 하는가? 春節이 찾아오면 木氣가 바야흐로 始動하고 여름철로 접어 들면 炎光이

비로소 나타난다. 例컨대 木이 震位卯宮에 臨하면 木이 帝旺되고 一火가 離宮인 午火位에 臨하면 火의 帝旺

鄕이니 實로 그 形勢는 生長과는 크게 다를바가 있다. 그러므로 生이란 長의 처음이요 長이란 生의 繼續이

다.

또 財官이 木에 屬한즉 長養이 寅卯辰位인 東方에 있으니 이것이 木氣가 바야흐로 微昌한 것이다。따라서 如斯한 命造라면 金運을 만나서 財官을 尅해 주어야 貴命이 되는 것이니 長生의 位에 있는 木과는 理致가 不同하다。萬一 또 財官이 火에 屬한다면 火는 巳午未方에서 長養하는 것이니 火財官이 巳午未節을 만났다면 이것은 곧 火氣가 바야흐로 熾烈한 것인바 此命은 水運으로 行運하여 火를 尅制해야 貴命이 된다。이것이 亦是 長生의 節位를 얻은 微弱한 火와는 서로 理致가 다른 點이다。

이것이 生長二字의 衰旺이 不同한 點이니 大運이 生해 줌을 歡迎하는 命造가 있고 尅制함을 좋아하는 命造가 있어서 兩者의 相異하고 要求하는 바를 分別할줄 알아야 한다。따라서 八字에는 長旺해 주는 藥이 있어야 貴命이 되는 것이다。

如上의 諸格은 張楠先生이 그 合理한 點을 取하고 理致에 背致되는 者를 排斥한 것이다。以後는 格中의 未及한 바를 楠先生이 敷衍한 것이니 參考하고 硏究하기 바란다。

第二編 格局篇

第一章 格局論其一(卷一)

第一節 正官格

『楠曰正官者는 何以言之오 蓋以陽見陰이요 陰見陽이니 故로曰 一陰一陽之謂道라 如人之一夫一婦之有配對

也니라 何以謂之官고 蓋官者는 管也니 如人焉一必須官管然後에 循規蹈居人由義라 不敢放逸爲非니 故로 爲

制我身主也니라

然月令提綱之官은 若我之本府太守요 本縣之令尹也니 但當服其管制나 豈能用之리오 故로 凡月上官星은 世

無用之理가 如此니 將何取用가 但或止有官星一點하고 日主又旺則官星輕이니 而日主弱運行官旺이 最爲奇니

라』

楠이 말하기를 「무엇을 일컬어 正官이라 말 하는가? 大抵 陽이 陰을 보고 陰이 陽을 만나야 하는 것이니,

그러므로 易에서 一陰之하고 一陽之하는 道라고 하여 陰陽이 配對됨을 重視하였거니와 이것은 또 一夫와 一

婦가 配合하는 理致와 같은 것이다. 그러면 어떤 것을 일컬어 官이라고 하는가? 官이란 말은 管制한다는 뜻

인바 사람은 반드시 社會生活을 하여야 하고 社會生活을 하는데 있어서는 또한 반드시 官에 依해 管制된 然

後에야 비로소 秩序와 仁義를 세울 수 있고, 그럼으로써 放逸하거나 非邪함을 防備하게 되는 것이다. 따라서

官이란 我身을 管制하는 者를 말한다.

그러나 月令提綱의 官은 本府의 行政을 맡은 太守와 같고 本縣의 令尹과 같아서 다만 管制를 當할 뿐이니

어떻게 能히 取用할 수가 있겠는가? 그러므로 月上의 官星은 世上에 使用할 수 없는 理致가 있으니 取用하

므로 貴하게 되고 發身하기에는 適合하지 않다. 다만 一點의 官星만이 있고 또 日主가 旺한 境遇엔 官星이

輕한 것이니 日主가 弱하고 官旺한 大運으로 行運할 때 가장 奇異한 發福을 한다」

『譬如府縣官이 是我之生也요 今主人弱也엔 當以財生之하고 行官運以助之니 若行印運則又泄弱官星之氣며

若官犯重에 日主根弱하야 尅制日干太重則不曰官星而曰七殺也니 七殺尅身則喜傷官食神이 以制其官殺也니라」

大低用月上官星엔 要官旺이니 官旺方好取用이요 要官星有病에 各因病而藥之라 官旺官多엔 喜食神以制去

之요 官星氣弱엔 喜財神以生之며 官旺之運이 以助之니라」

比喩컨대 府縣官等의 政府機關은 本來 國民을 保護하고 나를 붙들어 주는 役割을 하는 곳인 만큼 官星이 弱

할 때엔 財星이 있어서 官星을 生出해 주고 官星의 行運으로 官星을 助長해 주어야 하는바, 萬一 印旺運으로

行運하는 境遇엔 官星의 氣를 더욱 洩弱하게 된다.

萬一 官星이 거듭 있고 日主는 그 根基가 弱하다면 日干을 尅制하는 作用이 太重한 것이므로 이것은 官星이

라 하지 않고 七殺이라고 한다. 七殺이 身主를 尅한즉 傷官과 食神을 좋아하니 傷官과 食神이 官殺을 制去

해주는 때문이다.

大抵 月上官星을 取用하는 境遇엔 要컨대 官旺해야 될 것이니 官旺해야 正官格으로 取用하는데 좋다. 官星

이 病이 있음에 그 病을 따라 藥을 쓸 것인데 官旺하고 官이 많을 때엔 食神으로 制去함이 좋다。官星의 氣가

弱한 境遇엔 財神으로 生養해 줌이 좋고 官旺運으로 行運하여 助扶해 줌이 좋다。

『若日干官星二者하고 純和無病하면 俱是平常人也라 若歲月日時上에 虛官用之士는 有九貴니 然官爲扶身之

本이라 夫人非官則放於禮法之外故로 官星不宜破損而亦不可用也니라 唯官星太弱太旺이 方爲有病이니 因其病

而藥之하야 斯可作爲用神하야 而論其禍福也己니라 繼善編에 云호대 有官有印하고 無破하면 作廊廟之材니라』

萬一 官星이 二者가 있고 純和하며 病이 없으면 이는 平常人에 不過한 것이다。萬一 歲月日時上에 官星이

있어서 이를 取用하는 者는 九貴長官에 이를 것이다。또 官이 扶身의 根本인바 무릇 사람은 官이 아닌즉 禮

法을 잃고 放逸하게 되는 것이다。그러므로 官星은 破損되지 말아야 하는 것이니 萬一 官星이 破損되었다면

取用할 수 없는 것이다。

오직 官星이 太弱하거나 太旺하여서 虛弱한 一便이 있으면 이것이 病이 되는 것이니 그 病을 따라서 藥을

써야 할 것인바 그 藥을 따라서 用神을 取할 것이며 禍福을 論할 것이다。繼善編에 말하기를「官이 있고 印

이 있으며 破함이 없으면 廊廟의 重臣이 될 材木이다」라고 하였다。

『楠曰舊註에 有官有印은 乃雜氣所藏官印也라 하나 牽強不可從이라 或曰有官有印은 蓋言人命中에 有官星

印綬雙全者가 更無刑冲破害之物이며 破傷官印貴氣之物이면 則官生印印生身하야 其人必是廊廟棟梁之大材라

하니 此說可從이니라 蓋乙生辛月하고 丁生亥月하며 已生寅月하며 辛癸生巳月이면 皆官印兩全이니 何必拘拘

於雜氣兩全乎아 況雜氣喜冲破니 謂之無冲可乎아』

楠이 말하기를 〈官이 있고 印이 있다함은 雜氣格이 官印을 所藏한 것이라〉고 舊註에 있으나 억지어서 따를

수 없는 말이다。 或 官이 있고 印이 있으면 貴命이라고 함은 대저 人命中에 官星이 있고 印綬가 雙으로 全

有한 者가 刑冲破害物이 없으며、官星과 印星의 貴氣를 破傷함이 없으면 官星이 生印하고 印星이 生身하여

此命이 반드시 朝廷의 重要한 大臣이 되고 木材가 될 것이라고도 하는데 如斯한 主張은 根據가 있는 主張이

고 따를만한 理論이라 하겠다。

대저 乙木이 辛月에 生하고 丁火가 亥月에 生하며 己土가 寅月에 生하며 辛癸가 巳月에 生하면 이것이 다

官印이 兩全한 것이니 어찌 반드시 辰戌丑未月에 生한 雜氣財官格에만 官印兩全하였다고 하겠느냐? 하물며

雜氣財官格은 冲破를 좋아하지만 此格等은 冲破가 있으면 도리어 害로운 것은 어찌하겠느냐? 그러므로 여기

서 말하는 財官印兩全은 반드시 雜氣財官格만을 뜻하는 것이 아니라고 하겠다 라고 하였다。

『古歌에 云호대 正氣官星은 月上推니 無冲無破始爲奇라 中年歲運來相助엔 將相公候總可爲라하고 補에 曰

正氣官星이 謂陽見陰이요 陰見陽이니 如六甲日生酉月이어나 六乙日生申巳月이어나 六丙日生子月이어나 六

丁日生亥月之類니 乃月正官也니라 在中無冲刑破害엔 功名顯達始爲奇時라하나니라 下文에 云호대 登科甲第

는 官星臨無破之官이 是也니 中年歲運遇財星하고 印綬身旺之助하며 更無刑傷殺雜則臺閣可登이라 古歌에 云

호대 官印相生臨歲運이면 玉堂金馬作朝臣이 是也라 하고 司馬季主가 云호대 眞官時遇엔 早登金紫之封이라

하니라』

古歌에 다음과 같은 글이 있다。

「正氣官星은 月上에 있는 與否를 살펴야 하니 萬一 正官이 月上에 있고、冲도 없고 破도 없으면 이것이 비

64

로소 奇貴한 命이니 中年에 歲와 運이 相助해 준다면 入相出將하고 三公政丞과 諸侯小王도 할 수 있는 貴命

이다」. 또 그 補書에서도 다음과 같이 記述하고 있다.

「正氣官星이란 陽이 陰을 보고 陰이 陽을 봄을 말하니 例컨대 六甲日生이 酉月에 出生하였던지、六乙日이

申巳月에 生하였던지、六丙日이 子月에 生하였던지、六丁日이 亥月에 生하였던지 하는 等類이니 一生月의 正

氣가 官星에 該當하므로 이것이 正官格이다。萬一 柱中에 冲刑破害가 없다면 功名顯達하고 奇貴한 權名이 있

다」. 또 다른 글에 다음과 같이 있다.

「登科하고 首席으로 甲第하려면 官星이 破損됨이 없는 造命이라야 하는바 中年의 歲運을 만나서

官星을 도우며 印綬가 身主를 도웁는다면、그리고 또 다시 刑傷함이 없고 七殺과 混雜되지 않았다면 中央政

府의 內閣이 되고 大臣이 된다」. 또 다른 古歌에서는 「官印이 相生하여 歲運에서 또한 相生相助하면 玉堂에

高官車를 타고 朝政의 重臣이 되며 國家에 巨物이 된다」고 하였고 또 他書에서는 「正官該當月에 生하였다면

早年부터 登名하고 高官大臣을 한다」하였다.

『補에 曰眞官時遇는 謂眞正官星이 遇於生時正官이니 淵海所謂時上正官格이 是也라 必早登腰金衣紫之貴라하

나 解時하면 作月令之時요 非時之時며 又於時正官格은 删而去之則非也니라 若以此時遇爲月令時則喜忌篇에

云偏官時遇와 造微論之時遇官星生旺位도 亦可謂月令之時乎아 牽強不可從이니라』

補書에서는 다음과 같이 말하고 있다.

『眞官正官이 時에 만난다 함은 이른바 正氣의 官星이 生時에 居留함을 말하는 것이니 淵海子平에 時上正官

格이 그것이다。 반드시 早年에 허리에 金띠와 붉은 高官의 衣服을 입고、重臣이 될 것이라고 하였거니와、그

러나 이에 對해서 時字는 月令을 말하는 節氣의 時이라 하여 或評하기를 〈時字는 月令을 말하는 節氣의 時이

고 時柱의 生時를 뜻하는 時字는 아니니 또한 時上正官格이란 그 根據가 없다〉고 말하기도 한다。

그렇다면 여기서 말하는 時字를 月令의 時字라고 보는 것과 같이 喜忌編에서 말하는 時字 〈곧 時에 偏官

이 있다는 偏官時遇의 時〉와 造徵編에서 말하는 時字 〈곧 時에서 官星이 生旺位를 만난다는 時遇官星生旺

位의 時〉도 또한 可히 月令의 時라고 하겠는가? 이는 맞지 않는 理論이니 時上正官格으로 보는것이 옳다」

(初學者等은 第三卷을 익힌後에 此等의 格局論과 四種解說을 硏究하기 바란다。)

通明賦에 말하기를 「祿得天時하면 奇花生於金帶라」하여 官貴가 天時에 있으면 金帶를 띠는 高官이 된다고

하였다。그 補文에서는 다음과 같이 말하였다。

「祿得天時란 時干에 正官을 만났음을 말하는바 이는 반드시 高官大爵으로 重臣의 榮貴를 누린다는 것이다。

大抵 天時란 天干을 뜻하고 年月의 天干이란 뜻이 있는듯 時干의 뜻을 숨겨 가지고 있다」고 하겠다。

要컨대 時字가 月令을 뜻하는 節時라고 한다면 이는 어거지 理論이라고 하지 않을 수 없는 것이다。正官格

의 例를 以下에 몇가지 들어보기로 하겠다。

(第五柱)

辛未	甲午
乙未	癸巳
丁未	壬辰
辛亥	辛卯
	庚寅

時上正官格　張都憲의 命

此命의 時柱에는 亥中壬水가 있어서 壬水가 丁火의 官星이 된다는 것이다。따라서 正

官을 生時에 만났다고 할것이니 本命은 正官이 生時柱에 있는 純粹한 時上正官格의 例이

다。

時上正官格　都御史造

（第六柱）

癸未
丙子
乙卯
癸巳

甲癸壬辛庚己
寅丑子亥戌酉

此命은 時干에 癸水가 있어서 正官이 되는데 子에 建祿이 되고 官印이 相生되었으므로 貴命이요 天干의 時上正官格이라고 할것인바 此命의 年干에도 正官이 있으나 天時란 말 이 時干이란 뜻 以外에 全體的이고 廣範하게 解釋한 말은 아닌것이 分明하다.

（第七柱）

甲午
丁丑
壬辰
乙巳

戊己庚辛壬癸甲乙
寅卯辰巳午未申酉

正官格　富命

壬水日主가 丑月의 水旺節에 生하니 水源이 根深하나, 財星인 丁火가 月干에 透出하고 午에 建祿하며 巳에 帝旺하여 甲乙木이 生助하니 財星이 重疊太旺하고, 七殺戊土도 辰土 와 巳中에 있어 生助되므로 旺甚하다. 此命을 밝히기 어려운바가 있으니 巳時를 얻어 巽 宮에 臨한 것이 그것이다. 巳字가 生月丑字와 金局을 지으니 壬水의 根이 되어 甲乙木을 生해 준다. 甲乙木은 다시 丙丁火를 助生하고, 丙丁火는 다시 戊己土를 助生하며, 戊己土는 다시 庚辛金을 生해 주니 巳丑中의 庚辛金은 다시 壬水를 生해 주므로 五行이 周流하고, 四柱가 純粹하며 間隔이 아울러 없 고 上下가 相親하니 生生不休하는 貴造이다. 따라서 大運이 東南西北의 어디로 行하여도 다 좋아서, 그러므 로 第一의 甲富가 되었고 壽도 또한 높았으며 五福이 具備하였으니, 이는 다 時上에 巳中庚金인 印星을 얻 은 때문이다. 此命의 生月인 丑令은 비록 丑中에 正氣官星인 己土가 司權하지만 그러나 水旺節인 故로 巳午 未火旺鄕의 財旺運에 富極하였던 것이다.

(第八柱)

癸卯
甲子
乙巳　乙丑　丙寅

正官格　女命、大富夭死造

此命은 女命이니 乙木日主가 巳中의 庚金을 얻어 夫星을 삼는다. 女命은 別格이 아닌

以上 夫位를 重點的으로 다루어야 하는바、 巳中丙火가 未中에 丁火를 相見하여 旺한 中

大運에 丙寅이 火旺하여 丙火가 旺烈하게 庚金을 尅傷하므로 早死한 것이다. 乙木이 子

月에 生하여 巳中庚金夫星이 巳中에 生長되니 富出이며 日主가 弱하지 않으므로 本來 富貴格이었다. 大運이

西方으로 行하였다면 大福人이 되었을 것이다.

(第九柱)

辛丑
乙未
戊戌
庚申　丙申　丁酉　戊戌　己亥　庚子　辛丑

正官格　女命　貧夭造

此命이 戊戌日主에 乙未火旺土旺節에 生하였으니 日主가 過剛하고 夫星인 乙木官星과

子星인 庚辛金이 있으나 乙木이 火旺節에 말라 붙은中 水氣의 滋潤함이 없을뿐 아니라

旺金이 尅制하니 不美하다. 따라서 日主는 싹만 많고 거두어 結實할 수 없는 格인데 金

運이 早年에 到來하므로 早死하고 말았다.

研究가 깊지 못한 俗된 術士가 잘못 推理하여 볼때에는 夫位가 分明하고 子位가 透出하였으니 貴命으로 誤

斷할 수 있겠지만、 그러나 乙木이 金에 破傷됨을 흔히 모른다. 未中의 乙木이 丑中辛金에 依해 冲破되므로、

官貴의 뿌리가 끊어졌음을 모른다. 다시 天干의 夫星이 辛庚金에 依해 制去됨이 太過하고 火旺節에 洩氣燥烈

되니 不美하다. 子星 또한 夫星이 敗하였으므로 生出될 수 없는 것이요 大運이 酉運에 이르러 夫星을 重傷

하므로 도리어 自縊(목매어 죽는것) 하였다.

（第十柱）　正官格　女命貴寡造

壬戌　庚戌
辛亥　己酉
甲子　戊申
丙寅　丁未

此命 또한 女命이니 官星을 重視해야 한다。 夫星인 正氣官星辛金이 月上에 透出하고 子星인 丙火가 時干에 透出하였는데 日主와 官星과 子星이 分明하고 旺氣를 띄었으므로 大運이 西方金運에 行하여 그 貴福이 스스로 充滿하였다。 다만 南方火旺鄕에 行하여 金星

인 夫位가 受制되므로 孤寡하게 되었다。

이를 敷衍하면 다음과 같이 된다。 甲木이 亥月에 生하여 夫星과 子星이 天干에 透出하니 日主가 根氣가 있어 有旺하므로 財官과 子位를 堪當할 수 있다。 夫星인 辛金은 年支인 戌中에 通根하니 有氣하고 또 子星인 丙火는 寅中에 長生하니 亦是 旺氣를 띄었으므로 本來 貴命인 것이다。 그러나 第一 重要한 官星인 辛金이 旺水를 向하여 洩氣하게 되므로 弱한데, 初年大運이 西方金旺地로 行入하는 故로 그 夫君이 登科及第하고 官位가 御史에 이르렀다。 그러나 大運이 南方으로 行하여서는 火旺하여 辛金夫星을 剋制함이 太重하니 凶運인바 未大

運丙午年에 夫가 死亡하고 과부가 되었다。

（第十一柱）　正官格　女命

丁巳　己酉
戊申　庚戌
丁巳
乙巳

丁火日主가 月干에 戊土傷官이 튀어나와 있고 三巳中에 建祿되며 三巳中에 있는 戊土가 太重하다。 따라서 申中에 있는 壬水正官夫星은 거듭 剋制되어 凶害하다。 大運에 土를 거듭 만나는 때에 일찍 短命할 것이다。

丁火日主가 壬水로서 夫星을 삼는데 戊土가 四重으로 極盛하니 이것이 어찌 好命이라 하겠느냐? 申中에 壬水가 있으나 本來 剋制가 太過한중 大運이 戊土에 이르러 다시 燥土戊土가 一加되어, 一勺水는 이에 衆土의 攻擊을 到底히 堪當할 수 없었다。 드디어 疾病으로 死亡하고야 말았으니, 日主丁火가 身衰한중 旺土가 그 精

英을 泄氣시키는 때문이기도 하였다.●

(第十二柱)

正官格 貴女命造

　丁酉　癸卯
　壬寅　甲辰
　辛巳　丙午　乙巳
　丙申　戊申　丁未

此命에 丙火는 正氣官星이니 正夫이고 丁火는 七殺이니 正夫가 못된다. 따라서 官殺이
混雜된 것은 좋지 않으나 丁火를 壬水가 合하여 制去하니 貴命이요 官殺이 이에 相停하
여 各其安定함을 얻게 되었다. 南方火旺官旺地에 大貴할 것이니 俗된 術士와 學者 等은

等閒히 보지 말것이다(以上은 楠의 解柱이다)

補註＝辛金이 寅月에 生하였는바 丁火七殺은 本來 畏忌하는 命造이다. 또 丙火가 寅巳中에 있어서 得氣함
이 두려운데 다행히 申中壬水가 있고 月上에 透出하여 丁火七殺을 合去冲制하니 丙火夫星만 남는데 그 氣勢
가 도리어 弱化되었다. 巳酉金局되어 壬水를 生하는 때문이다. 따라서 木火旺節大運을 만나서 그 夫가 廉使

《清廉한 使者이니 按察使이다 ＝ 附錄 參照할것)의 位에 이르렀다.

(第十三柱)

正官格 女命 夭孤造

　甲辰　癸酉
　甲戌　壬申
　癸未　辛未
　壬戌

楠評、癸日生이 戌月에 土氣가 重重한데 甲木이 干頭에 나타나서 制壓해 주니 도리어
功이 있다. 그러나 大運이 不宜하여 土를 重見하므로 土運에 壽命을 마치었다.

補解＝癸水가 戌月에 生하였으니 夫가 어찌 年月日時에 거듭 있음이 좋겠느냐? 水氣
가 비록 進旺하는 節令이긴 하지만 亦是 重土를 堪當할 수는 없는 것이다. 早年에는 大運이 壬癸水生節이므
로 親家나 夫家가 다 富豪하였으나 다못 四庫(辰戌丑未)가 太多하여 生子가 있어도 養育할 수 없었다. 大運
이 다시 未土運에 이르러서는 土神이 太重함을 加勢하여 嘔血하고 死亡 夭折하였다.

正安女命木少金多格 貧女造

（第十四柱）

丙午　庚子
辛丑　巳亥
甲戌　戊戌
己巳　丁酉
　　　丙申

楠評＝庚辛金의 夫星은 旺盛하고 日主木神은 枯燥하다。 어찌 西方金運으로 再行함이 可宜하겠는가？ 孤苦하고 貧寒하며 壽命 또한 짦은 命造者이다。

補註＝甲戌日主가 四柱에 官殺이 太重하니 官星이 곧 夫星이므로 夫星이 太旺한 것이다。 따라서 如斯한 境遇의 夫星은 오히려 尅身하는 殺鬼로 봐야한다。 雪上加霜으로 大運이 西方官殺鄕으로 向入하여서는 不利한 것인 바 此命이 西方運에 이르러서 子息과 夫君을 잃고 淫賤한 身分으로 生活하였으며 申大運에 七殺이 加重되므로 死亡하였다。 世人이 如此한 命을 八敗가 있어서 不美하다고만 하고 八字가 本來 不美한 生尅關係에 있음은 살피지 않으니 이는 잘못이다。 （本卷에 있는 四柱의 解說을 充分히 理解할 수 없는 初學者는 먼저 第三卷을 十分 解讀하기 바라며 그 基礎知識을 더욱 確固히 하고자 하는 讀者는 拙著淵海子平을 熟讀하기 바란다）

（第十五柱）

癸丑　庚申
己未　辛酉
戊辰
庚申

女命夫輕制重格 貧夭造

楠評＝戊土日主가 木星인 夫에 依해 抑制되어야 할 것인데 木星이 未土庫中에 갇혀서 模糊甚弱하니 敢히 西方運으로 再入함이 可當하겠는가？ 此命이 夭壽하고 貧苦의 命造임에 틀림 없다。

補註＝戊土日干이 未土旺節에 生하니 夫星인 木神은 이때에 墓庫된 것인데 다시 丑字가 沖하니 丑中辛金에 依해 未中의 乙木夫星이 尅制되었다。 비록 辰土中에 乙木夫星이 있다고 하지만 庚申金이 時柱에서 旺強하게 制木하니 흙과 돌에 묻혀서 눌린 나무가 어찌 便安할 수 있으며 美命이 될 수 있겠느냐？ 大運이 西方 金運에 이르러 制木함이 더욱 加重되니, 貧窮하였고 夫宮이 不利하여 男便은 外地에 遠遊하게 되었고, 酉運에 이르러 乙木을 損傷하니 服藥하고 死亡하였다.

(第十六柱)

正官夫弱被制格 先富後貧의 女造

庚午　丁丑
戊寅　丙子
己酉　乙亥　甲戌
甲子　癸酉　壬申

楠評＝己土가 寅月에 生하니 正初旬에 아직 木氣가 힘을 쓰지 못할 때이고 겨울이다. 또 木이 金을 만나서 損傷됨이 太多한데 大運이 일찌기 北方水旺節로 行하므로 夫와 子가 다 榮秀하였으나 中年以後에 大運이 西方金運에 行하므로 孤貧한 命造者가 되었다.

補註＝己土가 寅月에 生하니 寅中의 甲木이 夫星인데 時上에 甲木이 나타나서 寅에 得祿하였으므로 貴命이 된 것이다. 그러나 生日이 立春後 一, 二日에 不過하였으므로 甲木이 柔軟하였고 다시 年上의 庚金이 日支酉에 帝旺하며 酉中에 辛金이 함께 制木하니 極衰하다 아니할 수 없다. 일찍 丙子乙亥甲運으로 大運이 行旺하여 夫星을 生扶하니 夫와 子가 다 富樂하였다. 그러나 大運이 西方運으로 다시 들었으므로 夫星이 尅制되어 夫君과 子息이 다 함께 死亡하고 孤貧하게 지났다.

(第十七柱)

布政妻의 命　火重金輕格

丁巳　戊申
丁未　己酉
乙未　庚戌　辛亥　壬子
庚辰　甲寅　癸丑

楠評＝乙木이 庚金正官이 旺하니 夫星이 強盛하다. 그러나 火旺節에 丁火傷官이 重하니 庚金夫星이 傷害될 것은 自明하다. 大運이 金水旺地로 行하니 夫와 子가 다 秀氣를 얻고 貴命이 되었는 바 凡常한 常人의 命造가 아니다.

補註＝乙木이 夏節季月에 生하여 夫星인 庚金과 子星인 丁火가 兩透하였으며 日主乙木도 또한 未中에 通根하여 有氣하니 夫子의 兩星을 能히 堪任할 수 있어 貴命이다. 大運이 西方金運으로 行하여 夫星을 도우니 貴婦人이요 다시 北方으로 運行하여 水가 火를 破하고 夫位를 存養하니 그 夫君이 高官에 封贈되었다.

第二節 偏官格

『楠日偏官은 陽見陽이요 陰見陰이니 原非陰陽配合이라 更得食神傷官하야 以制去其凶銳하면 雖先爲尅我之
凶神이나 今則馴致其凶而返爲我之奴僕也니라 用偏官이 如人之畜奴僕하야 箝(겸)制者太過엔 則可爲盡法無民
이니 則奴僕力衰라 不能爲我運動이요 若箝制之不及則奴反主矣로다。 偏官卽七殺也니 如甲日干이 數之第七箇
字라 逢庚字號爲七殺이요 乃尅身之刀劍이며 一般偏官無制日七殺이니 故로 宜制伏이나 亦畏太過不及이니라』

七殺에 對한 楠의 解說을 紹介하면 다음과 같다。

偏官은 陽이 陽을 만나고 陰이 陰을 만나는 尅我者이니 原來 陰陽의 配合이 이루어지지 않았을뿐 아니라
日主를 正面으로 尅害하는 凶神인데 食神이나 傷官이 柱中에 있어서 偏官의 凶銳를 制去할 수 있다면 비록
먼저는 나를 尅傷하는 凶神이라 하지만 이제는 그 凶함을 順治하여 反對로 나를 돕는 奴僕이 된 것이다。
偏官을 取用함을 人事에 比較하면 사람이 奴僕을 기르는 것과 같아서 七殺을 制伏하고 자갈을 물리는 抑制
가 太過하면 七殺을 制去하는 힘이 太過하여 民衆이 없는 것과 같고 奴僕이 나를 도와 줄 힘이 衰弱하므로
權勢가 클 수 없으며 大富도 될 수 없다。 그러나 反對로 七殺을 箝制(겸制＝자갈을 물려 사나운 짐승을 屈伏
시키고 服從시킴)하는 힘이 不及한즉、 奴僕이 도리어 主人을 反尅하는 것이다。
또 偏官은 七殺이니 例컨대 甲日干이 天干의 順位上으로 第七位에 該當하는 庚字를 만나면 이것이 七殺인
바 나를 尅殺하는 칼이요 銃器이다。 一般으로 偏官이 制伏됨이 없으면 이를 七殺이라 하는 것이니、 그러므로
制伏됨이 좋고 制伏되면 七殺이 아니다。 또한 太過하고 不及함이 두려운 바가 있다。

73

『凡看命에 先看七殺이며 若有七殺인댄 就要將此七殺處置了요 方能用得別物이니 若不能制去其七殺엔 則殺

星能害我性命이로다。 譬如人雖有金銀田産이나 無性命에 此實亦爲閑物이라 原書에 云호대 有殺只論殺이요

無殺方論用이라 하니라 盍先人이 立有此言이나 特未分明顯說이라 故로 使學者로 心上模糊니 但殺是勢惡權

貴奸邪小人之象이며 故로 用殺得宜多主顯耀宦官相類與其媚於奧요 不若媚於竈之意也니라』

무릇 命造를 살피는데 있어서는 먼저 七殺을 볼것이며、萬一 七殺이 있다면 七殺이 他五行에 依해 制壓되

고 合殺되어야 할 것이다。萬一 七殺이 別段의 五行에 依해 制去되고 調服됨이 없다면 곧 殺星이 나의 性命

을 尅害하게 된다。比喩컨대 사람이 金銀田庄이 있다 할지라도 그 生命이 留持될 수 없다면 이 모든 寶物은

必要없게 됨과 같다。

原書에 말하기를 「殺이 있음에 다만 殺을 論할 것이요 殺이 없으면 바야흐로 取用함으로 論할 것이다」라고

하여 先人이 七殺에 對한 此言이 있으나 그러나 分明하게 前後를 說解해 주지 않았다。그러므로 後學者로 하

여금 模糊한데 부닥치게 되고 殺이란 이것이 惡殺이며 權貴하나 奸邪하고 小人다운 象星으로 取扱되어 왔다。

따라서 殺을 取用함에 흔히 當主가 宦官(宮刑을 맡고 宮中에서 일하는 小吏이니 地位는 낮아도 天子와 後宮

에 近接하여 때로 大勢力을 지니었던 中國史上의 重大한 자리를 차지하는 階級) 等類로써、아첨하고 아부하

며 奸邪하여 正義롭고 君子답지 못하다는 것이었다。

『月上逢官者를 無可用之理라 但能管束我之身이니 安肯爲我用也리오 但或官星衰則生之요 官星太旺則尅之

니 取此以定禍福이니라 吾亦未見用月上官星이 是貴命이니 只見用殺星엔多富貴人也로다 子平書에 俱涵蓄說

하니 隱而不發이 其眞理라 故로 殺者는 殺我也니 是殺身之對手며 官者는 管我也니 是制身之繩法이라 此造

月上에 官星을 만난者는 可用할 理致가 없으니 다만 我身을 拘束할 뿐이므로 取用할 수 없는 것이다。或

官星이 衰한즉 生해주고 官星이 太旺한즉 尅制해야 할 것이니 이와같은 理致로써 禍福을 定할 것이다。내가

또한 月上官星에 貴命이 있음을 보지 못하였는바、 그러나 다못 殺星이 있을 境遇엔 當主가 富貴하는 사람이

많았음을 보았다。

子平書에 隱藏되어 發現하지 않아야 한다는 참된 理致가 있으니 殺神이란 我神을 殺害한다는 말인바 殺身

의 뜻이 있고 官이란 我身을 管束한다는 말인바 制身의 뜻이 있다。그러므로 七殺은 地支中에 감추어져 있거

나 制伏되어야 貴한 것이란 말은 참된 理致이다。이와같은 造化의 正理를 알지 않으면 안될 것이다。

『日棄命從殺格은 日主全無一點生氣니 四柱純然하고 有官殺則不得已而只得從殺也니라 譬如遇強盜에 本身

無主하면 只得捨命而從之라 就要有財生起其殺이요 行財殺運하야 以生助其殺也며 畏見八字에 有根處요 及制

殺運去니라

猶如從盜에 又思歸父母兄弟之鄕이면 則盜放汝乎아 又如從盜엔 就要助起其盜나 若又尅害之엔 則盜必惡汝

니 此格出正理라 甚有驗也니라 理今陰日干이 有從之之理엔 如婦人屬陰에 亦有從人之道나 若太陽日干이 見

殺多요 只或作殺重身輕하야 看若日主全無氣면 亦作棄命看이니 亦畏見根死니라」

棄命從殺格은 日主가 一點의 生氣도 없음을 말하니 四柱가 純然하고 官殺만 많은즉 不得已 從殺할 뿐이다。

譬如컨대 強盜를 만나서 自力이 전혀 없다면 順從하게만 되니 이때에는 財星이 있어서 殺을 生助해 줌을 要

望하고 財殺運으로 行하여 殺星을 生旺해 주어야 좋다.

또 棄命從格인 바에는 八字에 根基가 있음은 두려워 하는바요 制殺運으로 行運함도 또한 두려워 하는 바이다. 比喩컨대 盜賊의 무리를 딸는 바에는, 다시 父母兄弟의 故鄕으로 돌아 갈 생각을 하고 反盜할 生覺을 한다면 盜賊이 가만히 놓아 두고 放置하겠는가? 또 盜賊을 딸아 從事하는 바엔, 그 盜賊을 助扶함이 要請되는 것이니 萬一 反盜하고 尅害하게 되면 盜賊이 반드시 나를 미워하고 惡滅시킬 때문인 것이다. 此格의 理致가 明確하여 그 證驗함이 甚히 뚜렷한 바가 있다.

萬一 太陰日干이 從殺하는 格이라면 恰似히 婦人이 陰에 屬하는바 婦人이 男夫를 從道하는 것과 같은 理致이니 順하다. 太陽日干이 殺神이 많고 日主가 身輕하며 無氣하여도 亦是 또한 棄命하지 않을 수 없는 바 根氣가 있음을 크게 두려워 하니 反運을 만나는 때에 生命을 잃게 된다.

『喜忌篇에 云호대 五行이 遇月支偏官이면 歲時中亦宜制伏이라 類有去官留殺이어나 亦有去殺留官하고 四柱純雜有制면 定居一品之尊이나 略見一位正官하고 官殺混雜하면 反賤이니라

補曰四柱純雜有制는 蓋言四柱中에 純雜無官이요 有食神制伏이면 得宜定居一品之尊이니라 上文所謂五行遇月支偏官이면 歲時中亦宜制伏之謂也는 若殺爲用神에 雜以正官엔 有傷官尅制며 或官爲用神엔 雜以七殺엔 有食神制伏이면 亦定居一品之尊이니 上文類有去官留殺이어나 亦有去殺留官之謂也니라 略見一位正官에 官殺混雜이면 反賤은 是無制伏無去留之謂也니 或者改純雜有制를 爲純殺有制는 誤矣니라』

喜忌篇에 말하기를 「五行이 月支偏官에 該當하면 歲時中에서 月支七殺을 制服함이 宜可하니 去官留殺이 되거나 去殺留官이 되어야 貴命인데 四柱가 純雜한데 制伏함이 있으면 一品의 尊이 된다. 그러나 萬一 一位의

正官을 만났는데 다시 官殺이 있어서 官殺이 混雜되면 도리어 賤命이 된다고 하였다.

補解에서 「四柱가 純雜하고 有制하다」 함은 四柱中에 官殺이 混雜되었을 경우, 食神이 制去해 주면 一品의

尊을 享受한다는 뜻이다. 또 「五行月支偏官」이면 歲時中亦宜制伏이니라」하는 말은 다음과 같은 意味의 말이

다. 萬一 七殺을 用神으로 取用하는 境遇에 正官이 있어서 官殺混雜이 되었으면 食神이 있어서 制伏해 주어야 貴命인

해 주어야 하고, 或 官星을 用神으로 取用하는데 七殺이 雜되게 있으면 傷官이 있어서 正官을 尅制

바, 如此한 命造者는 一品이니 萬人之上에 一人之下의 首相位를 얻을 것이다. 上文에 「類有去官留殺이어나

亦有去殺留官」이란 말이 바로 그것을 뜻한다.

그러나 「萬一 一位의 正官이 있는데 다시 官殺이 混雜되면 도리어 賤命이 된다」는 말은 制伏이 없고 去留

함이 없다는 뜻이 옳고 或者가 말하는 바의 「純殺이 있으면 制伏하여야 한다」는 말의 뜻으로 解釋함은 誤釋

인 것이다.

古代純殺有制類(殺만 있는데 制伏하는 例)

偏官格　岳總領造

(第十八柱)

癸卯
丁巳
壬寅
甲辰

丙辰　乙卯　甲寅　癸丑　壬子　辛亥　庚戌

壬水가 四月에 生하여 丙火가 司令하는데 生助者가 없으니 身弱하다. 辛金과 癸水等의

生助가 要求되는 命造이며, 巳中에 있는 戊土는 壬水의 偏官七殺인바 財官七殺은 太旺하

다. 그러나 巳中庚金이 生水하니 殺印相生이 되었고, 年上癸水가 一助하고 있어 貴命이

요, 反面 寅巳三刑되고 寅中丙火가 巳中庚金을 尅害함은 不吉하니, 初年木火運中에 疾厄과 障碍不免하였을

것이다. 癸丑大運以後 三十五年間은 水旺運이므로 大發하여 大權을 掌握하였다. 이는 五言獨步에 〈有病하여

야 方爲貴요　無病엔 不是奇란 原理에 該當하는 命造이다. 戌運에 이르러 寅戌火局을 이루고 偏官戊土를 尤助

77

하여 用神을 尅害하고 病神을 加生하니 死亡하였다.

（第十九柱）

丙午
丙申
甲寅
丁卯

丁酉　戊戌　己亥　庚子　辛丑　壬寅

偏官格　趙侍郞造

甲日主가 日支에 得祿하고 時支에 帝旺羊刃되니 身主가 旺하다. 此命은 申月金旺節에 生하여 申中庚金으로 偏官을 삼는바 七殺을 取用하는 月上偏官格이다. 寅中丙火가 年月 上에 兩透하여 年支午火에 羊刃되고 時上에 다시 丁火가 있어 火氣가 極甚하니 申中庚金 은 尅害됨이 甚하다. 한편 寅申이 相冲되어 寅中丙火가 庚金을 尅破하니 病神이 唯旺하다. 따라서 本命이 羊

刃架殺을 兼成하여 偉人格인데 大運이 北方으로 行하여 病神을 制去하므로 大發하였다. 戊己土運에 晦火生金 하니 吉하고 寅大運은 寅中丙火가 申中庚金을 冲尅하며 旺丙을 生旺하고 病神을 助旺하므로 終亡하였다.

（第二十柱）

甲申
乙亥
丙戌
庚寅

丙子　丁丑　戊寅　己卯　庚辰　辛巳

偏官格　劉八門司造

此命이 亥中壬水로써 偏官을 삼는바 庚金과 甲木이 天干에 透出하였고 月上에 乙木이 있는 外에 時支에 寅木이 있으니 印星이 甚旺한데 寅午火局을 이루니 비록 水旺節이지만 壬水偏官은 弱하다. 따라서 此命은 財官旺運에 發身할 것인데 時上에 偏財가 透出하여

助殺하므로 身旺適殺格이요, 庚金은 破木生殺하는 喜神이다. 庚辰辛運에 大發하여 高官으로 重職을 받았다.

（第二十一柱）

戊戌
甲子
丁未
庚戌

乙丑　丙寅　丁卯　戊辰　己巳　庚午

偏官格　周伯蘊右丞相造

此命은 丁火가 子月水旺節에 生하여 身弱한듯 하나, 未戌中에 通根하고 天干에 庚甲이 있어서 甲木을 庚金이 火로 造引하므로 不弱하다. 此命이 子水中에 있는 癸水偏官을 取用하는 月上偏官格인데 未中己土 戌中戊土가 旺하여 壬水偏官을 尅하니 土는 病이요, 月

上甲木은 土를 除去해 주므로 藥神이다. 따라서 此命이 東方木運에 發身하였을 것이나 그러나 丙丁火가 蓋頭

하였으므로 吉中에도 凶함이 있었을 것이며 戊運이 不吉하고 辰運은 水局이 되므로 因人成事하며 巳運은 庚金이 長生하여 壬官을 生하니 己庚運中 大發하여 右丞相에 이르렀다.

近時純殺有制類 (殺旺하여 制殺하는 例)

(第二十二柱)

丙寅　辛丑
庚子　壬寅　癸卯
丁巳　甲辰　乙巳　丙午
甲辰　丁未　戊申

偏官格 毛价川尙書造

此命이 또한 子中의 癸水를 偏官으로 삼고 庚金은 正財이다. 月上庚金이 巳中에 長生하고 辰土가 生助하므로 甚旺하며, 一子中癸水는 水旺節에 生하여 庚金이 生助해 주므로 財官이 旺하다. 따라서 此命은 東南方運을 얻어서야 發身할 것인바, 丙運以來 大發하여 二十年間 功名이 赫赫하였고 그 地位가 二品長官에 이르렀다. 寅卯東方運은 吉하나 寅喜神을 制去하므로 死亡하였다.

壬癸蓋頭하였으므로 丙丁火가 蓋頭한것만 못하고 辰運은 水局을 이루어 停滯不免이요 申運은 申子水局에 甲

古代殺爲用神雜官有制例 (殺을 取用하는 雜官例)

(第二十三柱)

戊申　壬戌
辛酉　癸亥　甲子
乙巳　乙丑　丙寅
丙子　丁卯

官殺有制格 帖木丞相造

此命 乙日干이 酉月金旺節에 生하여 辛金이 司令하는 중 月上에 辛金이 透出하였고 酉金局을 지었으며 年干戊申이 生助하니 正官과 偏官이 太旺하다. 時上丙火가 官殺을 制剋하며 辛官을 合殺하였고, 子水가 旺金을 洩하여 生身하고 있다. 따라서 此命은 合殺留官의 貴命으로 病神旺金을 剋去하는 丙火는 藥神이요 甲乙丙寅丁卯에 生身하고 藥神이 得生하여 病을 除去하므로 大發하여 副首相位에 이르렀다. 北方水運도 生身하고 旺金病神의 氣運을 洩漏하므로 丙火가 剋制되나 凶하다고만 볼 수 없다.

(第二十四柱)

甲子
丁丑
丁未
辛亥

戊寅 己卯 庚辰 辛巳 壬午 癸未 甲申

雜氣偏官格 李御帶造

此命이 丑中癸水로써 偏官을 삼는데 年支에 子水가 있어 生助하며 子丑間에 亥字를 夾帶하여 北方의 精氣를 띠었다. 따라서 官星七殺이 太旺하다. 그러나 日主丁火도 亥未木局을 얻고 月上에 丁火가 干透하였으며 七殺旺水는 地支에 감추어져 있고 日主의 生助者는 頭上에 나타나 있으니 貴命이다. 大運이 東南方으로 流行하여 日主를 붙들어 주니 水火旣濟의 功을 얻어 發身하였다.

(第二十五柱)

壬子
甲辰
己卯
壬申

乙巳 丙午 丁未 戊申

雜氣偏官格 黃狀元造

此命은 辰中의 乙木과 卯中의 乙木이 偏官七殺이요, 月上甲木은 正官이다. 甲木은 己土日主와 合官하여 地支에 七殺이 숨어 있다. 또 此命은 時上의 壬水를 取用하여 財格으로 볼 수도 있다. 日支辰이 申子辰 水局을 이루니 四柱에 水木이 旺하고 日主는 弱하다.
早年 南方運丙午丁未에 生身하여 財官을 能任하니 狀元 揚名하였으나 以來 大運이 不利하여 抱負를 펴지 못하였다.

(第二十六柱)

丙寅
戊戌
壬戌
辛丑

己亥 庚子 辛丑 壬寅 癸卯 甲辰

月上偏官格 何參政의 命

此命이 戌中에 있는 戊土를 偏官으로 삼는바 月上에 戊土가 튀어나왔고 地支에 火局을 지으니 偏官七殺은 太旺할 뿐이다. 妙한 것은 時上에 辛金이 튀어나와서 生水하니 殺印相生하는 貴命이다. 大運이 北方水運과 壬癸運이므로 日主를 生助하니 大發하였고 寅卯木旺運에는 七殺旺病인 土를 除去해 주므로 長官位에 나아간 것이다.

(第二十七柱)

丙子
甲午
辛亥
辛卯　庚己戊丁丙乙
　　　子亥戌酉申未

月上偏官格　沈郞中造

此命은　午中의　丁火로써　偏官을　삼는데　年干에　官星이　다시　透出하여　官殺이　混雜되었다.　그러나　丙火는　辛金과　合官되고　留殺되었으며,　子中癸水가　午中丁火七殺을　冲破하니　비록　大貴一品은　아니나　貴命이다.　亥卯木局을　이루었고　甲木이　生火하며　丙火生助하니　七殺은　旺甚하다.　申酉運이　吉하고　己亥庚運中　旺殺을　制하고　日主를　生扶하니　財官을　能任하여　皇宮要職에　高官을　지냈다.

古代官用神殺有制例(官을　取用하는　雜殺例)

(第二十八柱)

丁巳
癸酉
己巳
甲戌　甲癸壬辛
　　　戌酉申未

月上偏官格　脫脫太師造

此命은　巳中의　戊土로　偏官을　삼는바　寅과　時支巳中에도　戊土가　있으며　月上己土正官이　火旺節에　生助하니　官殺이　甚旺하다.　그러나　己土는　合官하였고　殺을　留持하였으며　巳酉金局을　이루어　殺印化生하였으니　貴命이요,　寅巳가　破이나　合하였으므로　解救되었다.

大運中　金水가　旺하므로　發身하여　大貴하였다.

(第二十九柱)

壬寅
壬寅
己卯
壬申　戊丁丙乙甲癸
　　　申未午巳辰卯

月上正官格　葉丞相造

此命이　月支寅中의　甲木으로　正官을　삼고　卯中乙木으로　偏官을　삼는다.　卯中乙木偏官은　申中庚金과　合하였다.　따라서　殺旺할　뿐이므로,　南方火運에　殺印化之하거나　金運에　旺木을　制去하지　않으면　안된다.　寅中에　戊土가　있고　申中에　戊土가　있지만　日主가　甚弱한　때문이다.　또　寅中에　丙火印綬가　있어서　殺印化之하나　亦是　不足하며　三壬水가　申中에　長生하여　生木하므로　財官이　太旺하다.　丙午丁未戊申運에　身主를　生助調候하니　財官을　能任하여　大發하였다.

（第三十柱）

乙酉
辛巳
戊子

庚辰 己卯 戊寅 丁丑 丙子 乙亥 甲戌

月上正官格 陳寺丞造

此命이 巳中의 丙火로 官星을 삼는데 巳酉金局을 지어 辛金이 旺하고 官星은 柔弱하다。 그러나 六辛日이 戊子時에 生하면 六陰朝陽格으로 보고 宰相格으로 보는데 萬一 柱中에 官星이 있다면 破格으로 보는바 此命이 火旺節에 生하였으므로 官星을 取用한 것이다。 丙火를 取用하는 바에는 丙火가 弱하므로 寅卯木運에 生火하여 吉하며 寅丁大運에 大發하였다。 子丑運이 不利할듯 하나 丙丁火가 蓋頭하였으므로 極凶은 없었다。 亥運 또한 不吉할듯 하지만 그러나 亥中에 甲木이 있어 丙火를 生助해 주고 亥未木局을 지으니 害로운 것으로만 보는 것은 誤斷이다。 如斯한 五行의 基礎知識은 拙著 淵海子平講解를 參考한다면 더욱 確實해질줄 믿는다。

古代官殺混雜格例

（第三十一柱）

癸亥
癸亥
丙午
壬辰

壬戌 辛酉 庚申 己未 戊午 丁巳

官殺混雜格 大貴造

此命의 年月干에 癸水가 있으니 正官이요 年月支에 亥水가 있으니 亥中壬水는 偏官七殺인데、時干에 다시 透出하여 去留됨이 없고 制壓함도 없으니 官殺混雜格이다。四柱八字가 全部水神官殺뿐이어서 뿌리가 없고 絕令에 生하니 從殺할 것도 같으나 亥中甲木이 生身하고 午中에 得祿하니、土運을 만나서 病神인 水를 制去하고 日主를 生助하는 때에 枯木逢春하고 勃然下雨함과 같이 大發하였는 바 羊双架殺에 大權을 掌握할 命造이다。

古代偏官雜正官有制例（偏官을 쓰고 正官이 混雜制壓되는 例）

82

（第三十二柱）

時上偏官格　史衛王彌遠造

甲申
丙寅
乙卯
辛巳

丁戊己庚辛壬
卯辰巳午未申

此命이　一名　時上一位貴格인바、　時干에　있는　辛金偏官으로　貴命을　삼는다。　申中庚金이　있으나　寅申相冲되므로　丙火에　依해　制去되고、　巳中庚金도　또한　同一하다。　寅中에　있는　丙火가　月干에　透出하여　年支巳火에　依해　丙火　建祿되고　甲卯木과　日主의　生助를　얻으니　甚旺하고、　官殺은　制壓되었다。　따라서　財官旺運에　大發하여　王候의　貴를　누리었다。　巳午未南方運에　壬申癸酉에　功名이　赫赫하고　大貴를　받았으며　甲戌에　病이　生助되니　死亡하다。

死亡할듯　하지만　巳中庚金이　長生하고　庚辛金이　蓋頭하니　無妨하다。

（第三十三柱）

時上一位貴格　右丞相造

己亥
癸酉
庚午
丙戌

壬辛庚己戊丁
申未午巳辰卯

此命은　時上의　丙火로　七殺偏官을　삼고　貴를　삼는다。　日主庚金이　月支酉金月令에　羊刄　帝旺되니　羊刄架殺에　威權이　있을　命造이다。　午戌火局을　이루어　官殺이　甚旺하므로　制身　함이　太過하나　癸亥水가　있어　旺殺을　牽制해　주므로　吉神이다。　따라서　辛庚己巳戊辰에　大發하여　右丞相位에　이르렀고　丁卯에　忌神을　生助하는　한편　羊刄을　冲하므로　死亡하였다。火旺運에　生命을　잃지　않고　經過하였음은　庚辛金이　蓋頭한　所致이다。

（第三十四柱）

官殺混雜格　三寶奴丞相造

庚午
辛巳
甲申
壬申

戊丁丙乙甲癸壬
子亥戌酉申未午

此命이　辛金과　巳中에　있는　庚金으로　偏官을　삼는바　年干에　七殺이　透出하고　月上에　辛金正官이　透出하였으니、　官殺이　混雜되었다。　官殺이　太旺하여　日主는　無依한데　時干에　壬水가　透出하여　生木하니　殺印相生의　吉命이　되었다。　火로써　旺殺을　制去해　줌도　좋고　水로써　殺印化之함이　더욱　좋다。　土運은　破印生殺하므로　第一　大忌한다。　大運이　水金의　旺地로　行入하니　大

貴하여 首相位를 獲得하였다.

古時純偏官有制例

（第三十五柱）

庚寅
壬午
戊寅
甲寅

戊丁丙乙
子亥戌酉

時上一位貴格 鄭尙書造

此命이 時上의 甲木으로 貴殺을 삼는다. 三寅에 祿根을 얻으니 甲木이 太旺하나 한편 地支에 火局을 이루니 火旺節의 戊土가 旺氣를 얻어 財官을 能히 堪任할 것이니 貴命이 다. 羊刃架殺이나 壬水가 制火하는중 庚金의 生水가 있어 旺殺을 制하고 日主를 生助함

이 可하다. 土金火運에 發福하였고 子運에 死亡하였다.

（第三十六柱）

甲寅
戊戌
丙戌
庚辰

壬辛庚己戊丁
辰卯寅丑子亥

時上一位貴格 朱尙書造

此命이 또한 時上七殺甲木을 貴權으로 삼는다. 日主는 旺하고 燥重하니 甲木으로 疏土함을 大喜한다. 따라서 此命은 甲木七殺을 生助하는 木運이 吉하고 水運 또한 化濕生木하므로 發身한다.

（第三十七柱）

丁亥
乙卯
辛丑
辛巳

癸甲乙丙丁戊己庚
巳午未申酉戌亥子

偏官格 范尙書造

此命은 丑月에 生하여 辛金偏官이 年月에 干透하며 巳丑金局을 지으니 官殺이 太旺한데 日柱乙木 또한 地支에 木局을 지으며 祿支에 坐臨하니 身旺하여 能任財官한다. 此命의 貴點은 時上에 丁火가 透出하여 木火通明格을 이루어 天地凍寒한중 調候하는 한편 旺金을 制하는데 있으니 大器를 이룰 根源이 實로 여기에 숨어 있다. 初年大運에 庚巳土가 蓋頭하나 水旺運에 殺印化生하여 戰局을 和解하니 良好하고 酉申은 凶運이다. 丙丁蓋頭하였으므로 無死하였다. 乙未甲午에 制病調候하니 大發하여 位至長官하였고 巳運은 金局을 짓고 金이 長生되니 雪上加霜이 되어

死하였다。

『格解에 又分五行遇月支偏官이면 歲時中亦宜制伏이니 爲一節分四柱純雜有制면 定居一品之尊이나 略見一

位正官에 官殺混雜이면 反賤이라 爲一節至於中間에 類有去官留殺이어나 亦有去殺留官二句에 乃刪之而不用

俱屬可疑니라』

格解에서 五行이 月支에 偏官을 만나서 偏官이 旺하다면 歲年이나 時에서 制伏하는 것이 좋은데、 四柱에

官殺이 있는 境遇 雜됨을 制去하여 純化되었다면 一品尊位에 나아갈 것이다。 그러나 反對로 一位의 正官을

取用하는데 다시 七殺이 混雜되어 있고 이것을 制壓하지도 못하며 去留함도 없다면 이는 도리어 賤格이 되는

것이다。 官殺이 混雜되어 있다 하더라도 去官留殺이 되거나 去殺留官이 된다면 貴命으로 보아야 한다。

『喜忌篇에 云호대 四柱殺旺에 運純身旺이면 爲官淸貴니라 하고 舊註에 云호대 此七殺即偏官也니 且如甲

忌庚爲七殺이라 而甲生於寅地면 乃身旺이요 其甲暗包丙長生엔 則不畏金爲殺하고 以殺化爲偏官이니 即甲庚

各自恃旺之勢라 而行純殺之運엔 乃爲極品之貴니라

此說似牽强이나 蓋身殺或强而或制伏이면 得宜니 固多權貴者어늘 使柱中殺旺身强無制하고 又行純殺無制之

運이면 乃爲極品之貴라 하나 恐不可從이로다。 或者又解爲身旺殺旺은 身殺居長生臨官帝旺之鄕이 及通月氣者

是也요 運純은 謂中和之道에 制殺化殺之運이 是也니라 淸貴者는 淸高而貴顯이요 綉衣黃門이 是也니 蓋四柱

中에 七殺日主俱旺하고 無食神制殺이면 運入制伏之地에 則爲淸高하고 而貴顯也니 此說이 勝前說이요 可從

이니라』

喜忌篇에서 말하기를「四柱에 七殺이 旺한데 大運이 身旺한 곳으로 行한다면 官祿이 淸貴할 것이다」라고

하였는바, 舊註에서 다음과 같이 말하고 있다. 七殺이란 곧 偏官을 일컫는 말이니 例컨대 甲木이 庚金을 만

나면 七殺이 되는데 甲木이 寅地木旺節에 生하면 이것이 身旺한 것인바 다시 丙火가 있어서 寅中에 長生한다

면 庚金七殺을 丙火가 牽制하는 故로 七殺을 두려워 하지 않게 된다. 이때에 庚金七殺은 凶殺이 아니고 偏官

으로 化爲한 것인바, 甲木과 庚金의 各自가 스스로 旺勢를 믿는 때문이니, 此命이 純殺運으로 行하는 境遇엔

極品의 貴命이 된다고 하였다.

此說이 牽強하기만 한것을 主張하는것 같지만, 그러나 身殺이 強할때 殺을 制伏하는 大運으로 行해서야 權

貴하게 되는 것이 通例이다. 그런데 或者가 있어서 柱中에 七殺이 旺하고 身主가 旺할뿐 制伏함이 없으면,

다시 大運이 殺을 制伏하지 않는 運이라야 極品의 貴를 받는다고 하나 이는 首肯하기 어려운 말이다.

或者는 또 解釋하기를「身旺殺旺은 身殺이 長生臨官帝旺鄉에 居함이요, 月令에 通함을 말하는 것이요, 運

純이란 制殺化殺하므로 中和를 成取하는 大運을 일컫는 말이며, 淸貴라 함은 淸高하고 貴顯함이니 官服을 입

고 黃門皇宮에 出入함이라고 하였으나, 大抵 四柱中에 七殺과 日主가 俱旺하고 食神이 制殺함이 없다면 大運

이 七殺을 制伏하는 節鄉에 들었을 때에, 곧 淸高하고 貴顯할 것인바 此說이 前說의 主張보다 優勢하고 옳은

理論이라고 믿어진다.

『喜忌篇에 云호대 柱中에 七殺全彰하면 身旺이나 極貧이라 하고 舊註解에 曰傷官은 本祿之七殺이요 敗財

는 本馬之七殺이며 偏官은 本身之七殺이니 四柱有之엔 身旺建祿이나 不爲富矣라하니 此誠論確可從이라 蓋

建祿身旺之人은 喜見財官이니 所謂、一見財官에 自然成福이나 是已忌見七殺엔 反傷이니 所謂切忌會殺爲凶

이 是己니라 若柱中有傷官이면 則官祿之七殺彰矣요 有敗財엔 則財馬之七殺彰矣며 有七殺偏官엔 則身之七殺

彰矣니라

此所以爲全彰이니 雖見祿身旺이나 貧이요 不自聊者라 故로 曰身旺極貧이니라 或曰此乃純殺格이니 怕身弱

也나 蓋言人命四柱中에 七殺之神全影하고 又身弱者는 乃極貧窮夭壽之人也니 乃又爲身弱極貧無壽로다 噫라

以此解인댄 殺重身輕에 終身有損可也요 以此解인댄 非夭即貧이 定是身衰遇鬼可也니 解此節則鑿之甚矣니라」

喜忌篇에 이르되 柱中에 七殺이 全旺하면 身旺하여도 極貧한 命造이라고 하였는바 舊註에서는 다음과 같이

解釋하고 있다.

傷官은 正官本祿의 七殺이요 刦財敗財는 正財本馬의 七殺이며 偏官은 本身日主의 七殺이니 四柱에 七殺凶

神이 다 있다면 身旺하고 建祿을 얻은 命이라도 富貴를 얻을 수 없다고 하였다. 大抵 身旺하고 建祿을 얻은

사람은 財官을 좋아하니 이른바 財官을 一見하여서 自然히 福을 이룰 것이라고 하지만, 그러나 이미 七殺이

있어서 財官을 反傷한다면 福을 傷害하는 것이니 그러므로 凶殺이 會集됨을 切忌하는 것이다.

萬一 柱中에 傷官이 있으면 官祿의 七殺이 彰旺한 것이요 刦財가 있으면 財馬의 七殺이 影旺한 것이며, 七

殺偏官이 있으면 곧 身主의 七殺이 彰盛한 것이니 此等의 七殺이 影盛하여서는 不可한 것이다.

이와 같은 等의 七殺이 全影하면 비록 官祿을 보고 身旺하더라도 貧窮할 것이니, 스스로 依賴할 수 없는

때문이다. 그러므로 身旺하나 極貧하다고 하는 것이다.

或人은 主張하기를 이것이 純殺格이니 身弱함을 꺼린다고 하나、 大抵 人命의 四柱中에 七殺이 全彰하고 또

身弱한바 身弱하면 極貧하고 夭壽한다고 主張한다. 그러나 슬프다! 이와 같이 解釋한다면 殺이 重하고 身主

가 輕强한 者는 夭壽할 것이며 또 이와 같은 理致로 본다면 夭折하지 않으면 貧寒할 것이니 身衰하고 鬼殺을

만나는 害損이 그 理致의 明確함이 鑿鑿(착착=條理에 맞는것) 한바 甚하다.

『繼善篇에 云호대 庚値寅而遇丙이나 主旺無危라하고 補에 曰庚日値寅에 坐休絕之地而柱中又遇丙에 似乎
衰而有危나 然寅中戊土長生이니 能生庚金하고 以泄丙火之氣라 乃絕處逢生이요 名曰胎元受氣며 又名小長生
이니라 人命逢之에 主一生造化衣祿與旺而無危나 非言日主之旺也라 下文云호대 金逢艮而遇土니 號曰還魂이
라하니라 或者以庚寅日이 爲主旺不通이니 遂以庚値寅而爲庚値申하야 以迎合主旺爲日主之旺은 非經本義니
不可從이니라』

繼善篇에 말하기를 「庚金이 寅地에 坐臨함에 寅中에 丙을 만나지만 日主가 旺身하여 危險할 것은 없다」고
하였다. 또 그 補註에서는 다음과 같이 記述하고 있다.

庚金日主가 寅地에 坐臨하면 休絕地이므로 매우 衰弱할것 같고 또 寅中에 丙火가 있으므로 庚金은 매우 危
殆로울듯 하지만 그러나 寅中에 戊土가 있어서 長生하니 能히 庚金을 生하고 丙火의 氣를 泄하는 것이므로
絕處에서 生을 얻는는 格이요 이름이 胎元에 氣를 받음이며 또 이름이 小長生이다.
人命이 此絕을 만나면 當主가 一生에 造化가 있고 衣祿이 있다. 興旺하여 吉利하고 危殆롭지 않을 것인데,
이는 日主가 身旺하다는 말은 勿論 아니다. 또 金이 艮(寅)을 만나면 寅中의 土를 얻은 것이니, 이름하여 還
魂이다. 或者는 庚寅日의 當主가 旺하다 함을 庚申日의 그것과 同一視하려 하나 이는 原經의 本意와는 다른
뜻이므로 옳다고 할 수는 없다.

『吉歌에 云호대 絶處逢旺을 少人知니 却去當生命理推하라 返本還源을 宜細辨이니 忽然逝否莫猜疑니라 又歌云호대 或云胎養小長生에 人命惟逢自積靈이라 若也修文應稱遂에 不然榮運亦光亨이로다 古歌에 云호대 偏官如虎怕冲多니 運旺自強豈奈何오 身弱虎強成禍害요 身強制伏貴中和니라 하고 補에 曰 月上偏官이 謂陽見陽이요 陰見陰이니 如甲生申月이요 乙生酉月이 是己라 爲人剛暴好殺이요 觸之卽怒性情如虎며 最怕三刑六害에 或羊双魁罡相冲이니 必有凶禍라 最喜運皆旺相이며 身強有制化엔 爲權貴로다 若身弱殺強하고 無制之運이면 則虎而翼者也니 其咆哮之威를 不可禦요 反爲所噬니라 然偏官固宜制伏이요 亦貴中和니 如一位偏官制伏이며 有二三엔 復行制伏之位나 反不作福이니 何以言之오 蓋盡法無民이라 可繹思也니라』

古歌에서 말하기를 「絶處에서 旺氣를 얻는 理致를 아는 사람이 적으니, 命理의 去來하고 生死하는 循還의 理致를 推察하라. 도리어 生하고 根源에 돌아간 所以를 細辨할 것이니 忽然히 막히고 危殆로울 것 같지만 그렇지 않고 두려울 바가 없게 된다」고 하였으며, 또 歌云하였으니 「胎養의 小長生(絶地)을 만남에 스스로 積靈하고 生育되는 理致가 있으니, 光亨이 있다」고 하였으며 또 古歌에 있으니 「偏官이 虎物이니, 冲多함을 꺼리는바나, 그러나 運旺하고 身主가 自強하다면 怯될 것이 무엇 있겠느냐? 그러나 身弱하고 虎強할땐 도리어 禍害를 이룰 것이니 身強하여서 虎物을 制伏할 것이요 中和됨이 貴하다」고 하였다. 그 補註에서는 다음과 같이 解述하고 있다.

月上偏官이 있으니 陽日이 陽官을 보고 陰日이 陰官을 보는 것이 그것인바, 例컨대 甲日干이 申月에 生하고 乙日干이 酉月에 生하는 것이 그것이다. 爲人이 剛暴하고 殺生을 좋아하며, 건드리기만 하면 怒發하여서

性情이 恰似히 虎狼이와 같다. 三刑六害를 가장 꺼리며 또 羊双과 魁罡이 있어서 相沖됨을 最忌하는데, 此等

을 만나면 반드시 凶禍가 있게된다. 그러나 大運이 身旺鄕으로 行함은 가장 歡迎하고 身強하여 制化함이 있

으면 權貴함이 있게 된다.

萬一 身弱殺強하고 七殺을 制伏하지 못하는 大運으로 運行한다면 곧 虎者가 날개를 달아서 凶物이 더욱 凶

해지는 格이니 사나운 소리를 치고 凶暴함을 막을 수가 없으며 도리어 잡아먹히게 된다.

그러므로 偏官은 마땅히 制伏하지 않으면 안되고 中和됨이 貴한 것인데 一位의 偏官이 制伏됨은 貴命이지

만 二、三位의 偏官이 있어서 偏官이 太旺하다면, 비록 制伏하는 運을 만나더라도 도리어 作福할 수가 없는

것이니 어찌하여 그런가? 大抵 偏官의 旺氣가 盡盛하여 民源이 없으므로 制伏하여도 福基인 民이 없기 때문

이다.

『又歌曰偏官不可例言凶이니 有制還他衣祿豊이요 干上食神支又合에 兒孫滿堂福無窮이로다 解曰偏官即尅我

之神이니 本爲惡宿凶殺이나 然不可例言凶也라 須要制伏이요 有制化爲權要엔 則衣祿不期豊而自豊이로다 天

干有食神은 如甲見丙이요 地支有神은 如卯中乙木이 合申中庚金之類니 則子孫振振하야 有無窮之福矣로다.

所謂七殺有制에 亦多兒孫是已니라』

또 歌에 있으니 「偏官을 一例로 凶하다고만 하지 말 것이니 制伏함이 있으면 도리어 衣祿이 豊隆할 것이요

干上에 食神이 있고 地支에서 또 合하였으면 兒孫이 滿堂하고 福이 無窮할 것이다」라고 하였다. 그 解書에

서 다음과 같이 解述하고 있다.

偏官은 곧 尅我의 神이니 本來 惡宿이요 凶殺이나, 그러나 一例로 凶하다고만 決定지어서는 不可하다. 모

름지기 偏官七殺은 制伏되어야 하는바 制化함이 있다면 權貴로 化하는 것이니 곧 衣祿이 豊厚한 사람이다. 天

干에 食神이 있다 함은 甲木이 丙火를 봄이요 地支有合이란 卯中의 乙木이 申中의 庚金을 合한다는 例이니,

如斯한 命造者는 子孫이 振振하여 無窮한 福이 있다는 것이다. 이른바 七殺을 制伏함이 있으면 兒孫이 많다

는 말은 이것을 두고 하는 말이다.

「又歌云偏官有制化爲權에 俊傑文章發少年이라 歲運若行身旺地하면 功名大用福壽全이로다 解曰偏官之格이

雖爲人凶暴無忌憚이나 然無制則爲七殺이요 有制則爲偏官이니 即化爲權貴라 少年穩步靑雲이요 早歲題名黃榜

이며 必是文章題赫之人이라 故로 曰英俊文章發少年이 殺强有制라 故曰美矣나 若運衰弱엔 欲其大用也나 難

矣니라 若歲運又無制則聲名特達은 遍野所謂從殺이라 多是大富大貴之人이니 所謂平生爲富貴는 皆因殺重身輕

이라 此等格局이 但多夭耳는 若運扶身旺與殺爲敵이요 或七殺透露食神破局엔 皆不吉이니라」

또 歌에 말하기를 偏官이 制伏함이 있으면 權貴가 되는바 俊傑文章이요 少年에 立身揚名한다. 萬一 歲運이

身旺地로 行入한다면 功名을 大用하고 福과 壽를 全部 享有한다. 또 그 解書에서는 다음과 같이 記述하고

있다.

偏官格은 비록 人品이 凶暴하여 忌憚하고 거리낌이 없어 橫斷性이 있는 사람이지만 그러나 七殺을 制伏함

이 없어야 七殺로 볼 것이니 萬一 制伏함이 있다면 七殺로 보지 않고 偏官으로 보며 權貴로 化한 것으로 본

다. 따라서 如斯한 命造者는 少年에 힘 안들이고 靑雲의 뜻을 얻어 일찌기 大科及弟하며 金榜에 이름을 날릴

것인바 此人이 必是 文章이 뛰어난 사람이다.

그러므로 歌에서 말하기를 「英俊하고 뛰어난 文章으로 少年부터 發身하여 早達하는 사람은 또한 殺이 强한

중 制伏된 命造者이므로 좋지만 그러나 萬一 運이 衰弱한 곳으로 行한다면 크게 大用하고자 하나 어려울 것이다.

또 歲運이 다 制伏하지 않는 財殺旺運이라도 聲名이 特達하는 命造者는 柱中에 殺만이 遍滿하여 從殺格인 境遇이다. 따라서 此人은 大富格이요 大貴格이니、이른바 平生에 富貴함은 殺만 唯旺重多하고 身主는 無根衰輕한 從殺格의 例이다。此等의 格局은 夭壽할 憂慮가 있는바 萬一 大運이 身旺하게 도와 주어 旺殺을 逆破할 때에 夭死함이 그것이요、또 四柱에 食神이 透露하여 從殺格의 格局을 破하여도 또한 不吉하다。

『古歌에 云호대 五陽日坐全逢殺에 棄命相逢命不堅이요 如見五陰臨殺地에 殺星根敗吉難言이니라、補曰舊文末句本謂殺星之根敗而無氣하고 身無所從則禍即至而爲吉難言이니라 或者敗根敗爲臨敗나 非也며 又一說改殺星而爲殺强이요 以根敗而爲日主之根敗나 亦非也니라 格解에 謂殺强根敗吉難言은 但非棄命從殺之意라 盖從殺者는 正不嫌於殺强根敗耳니 誠是但未知其根敗며 非日主之根敗니 識者詳之하라』

古歌에 이르되「五陽日이 殺地를 全逢하였으면 棄命이니 命主가 堅固하지 말 것이며、五陰日이 殺地에 臨해서 殺星이 根敗하는 境遇、吉하다고 하기 어렵다」고 하였고 그 補註에서는 다음과 같이 말하고 있다。

舊文에서「殺星이 根敗하고 無氣한데 身主가 從殺하지 않으면 禍가 따르게 될 것이요、吉하다고 할 수 없다」고 하였는데、或者는 敗는 根敗요 敗地에 臨한 것이라고 하며、또 一說에서는 殺星을 殺强이라고 고치었고 根敗를 日主의 根敗라고 고쳤으나 또한 잘못이다。

格解에 있는 바의「殺强하고 根敗하면 吉하다고 말하기 어렵다」는 말을 但只 棄命從殺格의 뜻으로만 解釋할 수는 없다。大抵 從殺格에서는 殺强하고 根敗함을 꺼리지 않는 때문이니、진실로 그 根敗의 뜻을 바로 알지 못한 것으로서 日主의 根敗는 아니니 識者는 詳究하지 않으면 안된다.

『又 土臨卯位三合全이면 不忌當生金水纏이요 火木旺鄉名利顯이나 再逢坤坎禍連綿이로다 補에 曰舊文第二

句原是不忌當生金水纏을 而或者改爲不見하고 與末句再逢字不相應하야 仍當作不忌看이나 盍土臨卯位는 謂己

卯日이며 柱中亥卯未三合殺局이면 謂從殺이니 亦可當生金水俱有라 謂金生水水生殺이니 亦不忌니라、或行火

木旺運엔 殺印相生이니 功名顯達이요 再行坤坎金水之運엔 必禍連이니 盍當生旣逢金制而運又逢之라 必禍連

綿不已니라 所謂食神破局이면 反不吉이 是已니라

又一說末句舊文에 原是福連綿을 而或改爲禍連綿이라하나 亦非니 盍己卯日主가 逢亥卯未三合하면 是謂殺

強身弱이니 當生金水相纏이면 水固生殺而金能制殺이라 故로 不忌며 及行身旺之地엔 則廊廟之客이요 金紫之

貴所必至矣라하니 故로 曰功名大用福雙全이니라」

또 古歌에 「土가 卯位에 臨하여 三合木局이 되면 金水가 相生함을 꺼릴것 없으며、火木이 旺生하는 春夏多

의 大運을 만나는 때엔 名利가 顯揚하나 다시 坤坎(金水運)을 만난다면 禍害가 連續될 것이다」라고 하였고

그 補註에서는 다음과 같이 말하고 있다.

第二句에 있는 不忌當生金水纏을 或者는 改文하여 不見當生金水纏(金水의 相生함을 보지 말것이요)이라고

치고 또 末句에 있는 再逢字를 잘못 되었다 하나 이는 다 正解라 할 수 없다. 大抵 土臨卯位란 己卯日柱를 두

고 하는 말이며、三合이란 亥卯未木局을 일컫는 말이니 己土日主가 木局이 全하면 從殺格이 되는 바 金水를

俱有하였을 境遇 金生水하고 水生木하여 殺星을 生助하므로 不忌하는 것이다.

또 木火旺運으로 行한다면 殺印相生이 되니 功名을 顯達할 것이며、다시 坤坎의 金水旺地

로 大運이 行入할

境遇에는 반드시 禍厄이 連成할 것인바 이미 金이 있는데 다시 金을 運에서 만나므로 殺星을 制剋하지 않을

수 없는 때문이다. 이른바 「食神이 破局해 오면 오히려 不吉하다」고 하는 古言이 이에 該當하는 말이다.

또 一說에서 末句의 〈原是福連綿〉을 〈禍連綿〉이라고 고치기도 하지만 이것도 잘못이니 대저 己卯日柱

가 亥卯未木局을 만난즉 殺强하고 身弱하다. 이때에 金水의 相生을 만났다면 水가 生殺하지만 金이 能히 制

殺하므로 忌諱하지 않으며 身旺運을 만난즉 廊廟의 重臣이 되고 金紫의 貴位를 얻는다. 그러므로 〈功名을

大成하고 福이 變全한다〉고 하였던 것이다.

『又歌曰殺星原有制神降에 制旺身强貴必昌이라 若見制神先有損엔 反將富貴變災殃이로다 解에 曰殺星者는

七殺偏官也요 制神者는 食神也니 使月上逢七殺엔 而有食神하야 降制得宜라 又身居强旺之地엔 則富貴榮昌必

矣니라 若食神逢梟食이면 則食神先自損矣니 不惟失其富貴며 且有災殃이니 所謂食神制殺에 逢梟면 不貧則夭

가 是也니라』

또 古歌에 있으니 「一殺星이 있는 四柱에 原來 八字에서 殺星을 制伏하는 食神이 旺하고 身主가 强健하다

면 貴命이요 昌盛할 사람이다. 그러나 萬一 食神이 먼저 損傷을 입는다면 도저히 富貴가 變하여 災殃으로 될

것이다」라고 하였고 그 補解에서는 다음과 같이 記述하고 있다.

殺星이란 七殺과 偏官을 일컫는 말이요, 制殺者란 食神이니, 月上節令에 七殺偏官을 만났다면 食神이 있어

서 制降함이 옳다. 또 다시 身主가 强旺地에 臨하였다면 萬一 食神이 梟神偏印을 만나서 食神이 먼저 損傷되

었다면 그 富貴를 어찌 잃지 않으며, 다시 災殃이 이르지 않겠느냐? 이른바 「食神이 殺星을 制伏하는 命造

에 다시 梟印을 만난다면 貧窮하지 않으면 夭壽한다」는 古言이 이를 두고 하는 말이다.

『玄機賦에 云호대 身强殺淺엔 殺運無妨이나 殺重身强이면 制鄕爲福이니라。解에 曰身居强旺而殺淺者는 强行殺旺無制之運이 亦無妨害니 所謂原犯鬼輕에 制却爲非是也요 七殺太重而身弱者는 雖行制伏得宜之鄕에 方可發福이니 所謂一見制伏에 却爲貴本是己니라』

玄機賦에 이르되 身主가 强旺하고 七殺이 淺弱하다면 殺旺運으로 運行하여서 害로울 것이 없으나 七殺이 重하고 身主가 强하면 制殺하는 運鄕에 福을 享有한다。解註에서는 다음과 같이 解說하고 있다。

身主는 强旺한데 七殺이 輕淺하다면 殺旺鄕이나 制殺하지 않는 大運으로 運行하는 境遇에 妨害될 것이 없으니、이른바「鬼殺이 原來 輕弱하다면 制殺함이 도저히 有害하다」는 古言이 그것이요、또 七殺이 太重하고 身弱하다면 모름지기 七殺을 制伏하고 制殺하는 旺鄕으로 運行함이 좋은바 發福하게 될 것이다。이른바「制伏함을 一見할 때 貴命이 된다」는 言句가 바로 그것이다。

『天玄賦에 云호대 殺星重而行殺旺運이면 早赴幽冥之客이라 하고 補에 曰身弱殺重엔 宜行制伏之運이면 則爲福爲壽나 而又行殺旺之鄕엔 必至於夭壽而死故로 云이니라

定眞篇에 云호대 七殺無制하고 逢官祿이면 爲禍而壽元不久니라〇七殺以有制엔 爲貴나 若無制伏하고 又逢正官하며 且建其官之祿이면 如甲逢庚無制하고 又逢辛金官星祿之數則爲官殺混雜이니 萬金賦에 云호대 官殺混雜하면 當夭壽라하니라』

天玄賦에 이르되「殺星이 重하고 殺旺運으로 行한다면 일찍 早死한다」고 하였고、그 補書에서는「殺星만 重하고 身弱한데 七殺을 制伏하는 大運을 만나는 것은 宜可한바, 福이 있고 壽도 또한 있다。그러나 또 殺旺

鄕으로 大運이 行한다면 반드시 夭壽하고 死亡할 것이므로 그 原理를 밝힌 것이다」라고 하였다.

定眞篇에서는 「七殺이 制伏됨이 없는데 다시 官祿을 만난다면 禍를 만나고 壽命도 또한 길지 못하다」고 하

엿고 此論을 註釋하여 다음과 같이 말하고 있다. 七殺이 制伏되면 貴命이지만 萬一 制伏함이 없이 또 正官

을 만나며 다시 官의 建祿을 이룬다면, 例컨대 甲木이 庚金을 만나면 七殺인데 制伏함이 없이 또 辛金官星을

만난다면 官殺混雜이 되는바, 萬金賦에 「官殺이 混雜이 된다면 마땅히 夭壽할 것이다」라고 한 말이 그것이다.

『幽玄賦에 云호대 身太柔하고 殺太重하면 聲名遍野라하니〇身勢太柔하고 畧無一點根氣하며 七殺太重하야

而滿盤重重三合하고 火木旺鄕에 木生火火生土하야 殺印相生하면 功名著요 再逢申坎金水之運에 福自連綿이

요 蓋當生이니 雖有金水而制伏이나 尙不及이면 必再逢金水하야 方爲制伏이니 得宜當享福於不替也니라」

幽玄賦에 이르되 「身主가 太柔한데 七殺만 太重하다면 聲名이 클 것이다」라고 하였는바 다음과 같이 解說

하고 있다.

身主가 太柔하고 日主의 根氣가 一點도 없으며, 七殺만 太重하여 四柱가 七殺로 꽉차 있으면 從殺格이니

例컨대 土主가 火木旺鄕에 行하므로 木生火하고 火生土하여 殺印이 相生하면 功名이 놀라운 것인데, 다시 金

水運을 만나는 때에 福이 連綿할 것이요, 柱中에 金水가 있어서 火木을 制伏하나 不及하면 金水를 再逢하여

서 바야흐로 制伏해야 할 것이니 그래야 더욱 享福할 것이다.

土厚埋金格　朱廷升　尙書造

丙戌
戊戌
辛未
壬辰

己亥　庚子　辛丑　壬寅　癸卯　甲辰　乙巳　丙午

楠評＝土氣가 重重太過하므로 辛金日主는 埋金되었고 官殺丙丁火는 泄氣가 深하다. 따라서 此命은 木旺地에 行하여 旺木을 疏通하고 制土함이 가장 吉하다. 大運이 水木旺地에 行入하므로 發身하여 聲華를 얻고 儒林에 亘物이 되었다.

解＝辛日干이 未支에 있고 戌土月節에 坐臨하여 年月日時에 土旺할 뿐이니 金이 비록 滿하여 木旺地를 얻어 病神土氣를 除去하는 때에 大發할 命造이다. 初年은 北方運이니 庚子 辛丑運에 金土氣가 盈滿하여 蹇滯하고 不利한 運이었다. 그러나 뒤에 東方으로 大運이 行하므로 寅卯甲乙運中에 土를 破去하고 官殺을 生하니 그 地位가 臺閣의 一員이 되어 宰相으로 功名을 세웠다.

去食存殺格　介嚴溪閣老造

庚子
己卯
癸卯
辛酉

庚辰　辛巳　壬午　癸未　甲申　乙酉　丙戌　丁亥

楠評＝月上에 己土殺星을 만났으나 다시 旺한 食神을 만나서 殺神은 그 精神을 保存하기 어려운 弱殺이 되었다. 따라서 此命은 卯木이 眞病神인데 時柱에 辛金이 있어 病을 除去해 주므로 吉命이 되었다.

解＝癸水가 卯月에 生하니 卯木은 食神이요 己土는 癸水의 官殺인데 天干에 透出하여 眞殺이 되었지만 地支에 卯中兩乙木이 있어서 弱한 七殺을 尅破하니 이는 꺼리는 點이다. 七殺의 制伏이 太過하니 病이 重한 形狀이나 그러나 時柱에 辛酉가 卯木을 冲去하는 旺藥이 되었으니 貴命이다. 此命이 早年에 南方火旺地로 行하여 衰한 殺星을 生旺케 해주고 旺木을 化殺하니 登科及第하여 仕路에 나아갔고, 以來 西方運에 들어가서는 病神을 制去함에 이르러 首相位를 얻고 天下에 이름을 떨쳤으며 大貴를 나

享有하였다。壽命도 또한 長保하였으나 亥大運에 이르러 木局을 會起하고 殺을 破尅함에 靑盲(눈병)의 疾患

을 얻고 奇禍가 忽然히 生하여 死亡하였다。

(第四十柱)

丙子
庚子
丁丑
辛亥

辛丑 壬寅 癸卯 甲辰 乙巳 丙午 丁未 戊申

殺重食弱格 富命

楠評＝丁火가 子月에 生하여 水氣가 汪洋하니 七殺이 太旺한데 丙火가 있고 丑中의

微土가 制水함이 吉하다。南方火土運中에 크게 發福할 것이다。

解＝丁火가 子月에 七殺이 極旺하고 다시 年月日時中에 北方 水氣를 俱有하고 있어 尅

火함이 恣甚하다。비록 水가 많지만 地支에 伏藏되었을 뿐 天干에 뛰어나오지 않음은 그

凶함이 暴動하지 않고 靜伏함이니 이 點은 此命의 吉兆이다。萬一 原殺이 天干에 뛰어나왔다면 早年에 夭死

하였을 것이다。

壬辰癸卯甲辰大運이 비록 東方大運이지만 壬癸水가 蓋頭하였으므로 生身하여 吉한 가운데 蹇滯하고 悔失됨

이 있었다。大運이 乙巳丙午丁未에 이르러서 水神을 冲去함에 財發萬石하였고 享樂하였으니 土尅水하여 生土

한 때문이다。申大運에 이르러 水가 長生되어 病神이 助旺되므로 八十餘歲에 死亡하였다。

(第四十一柱)

丁丑
壬寅
庚子
乙酉

辛丑 庚子 己亥 戊戌 丁酉

制殺太過格 富命

楠評＝庚金이 寅月에 生하였고 火神은 輕弱한중 壬癸水가 重重하여 制伏함이 太甚하

다。따라서 旺水를 制去해 주는 土運이나 火神七殺을 生助해 주는 木運中에 富貴하고 다

시 金水運을 만나는 때엔 禍厄이 重重하여 死亡할 것이 分明하다。

解＝庚子日이 寅月에 生하여 寒冷한중 年月에 丁壬이 合木하여 殺星火神을 化生助殺하니 殺星을 取用함이

分明하다。寅月에 비록 三陽之火가 있으나 아직 氣候가 차고 金水가 많으며 壬癸水가 天干에 透出하여 官殺

을 制伏함이 太過하니 이것이 病이 된다. 四柱의 기쁜 것은 羊刄酉金이 時支에 있어서 年支의 丑字와 金局을 이루었으므로 身主가 不弱한 事實이다. 또 乙木이 時干에 있으면서 日主와 合金하여 助旺해 준 것도 반가운 일이다.

初年大運이 子丑北方運이므로 丙火가 衰弱하고 寒氣가 甚하여 運動할 수가 없었으니, 每事가 蹇滯함이 많았다. 己亥大運에 이르러서는 己土가 制水하고 亥中甲木이 生殺하므로 隱隱히 興隆하였으며 戊戌大運에 到來하여서는 丙火의 病神인 壬水를 戊土가 尅去滅除하니 적은 터럭이 바람을 타고 날아 가듯 飄然히 일어나게 되었고 마른 싹이 단비를 만나서 生氣를 얻음과 같이 勃然히 興旺하여 財發萬石巨富가 되었으니 이것이 어찌 偶然한 일이겠는가? 또 大運이 酉에 이르러 丙火殺神의 死地가 되고 金이 生水하여 火가 滅殺하므로 死亡하였으니 이것이 또한 어찌 偶然한 理致라 하겠느냐?

制殺太過格 大貴造

癸巳
己未
庚子
甲申

戊午 丁巳 丙辰 乙卯 甲寅 癸丑 壬子

楠評＝庚金이 未月火旺節에 生하여 火殺이 비록 炎熱한것 같지만 水氣와 金助함이 많으니 어찌 制殺되지 않겠느냐? 甲乙丙丁大運에 助殺하므로 靑雲에 뜻을 품고 出世할 수 있었다.

解＝此格이 第三十九造의 李閣老의 命造와 類同하다. 다만 六月달에 生하여 二陰이 進氣之勢에 있고 比肩과 水氣가 旺하니 大運이 東方木旺節에 行할 때 財가 生殺하므로 七殺이 得權하여 貴發하였고 大官이 되었다.

(第四十三柱)

制殺太過富命

丙戌
庚子
丁卯
丙午

辛丑　壬寅　癸卯　甲辰　乙巳　丙午　丁未

楠評＝丁火가 子月에 生하니 水勢가 비록 旺하겠지만 그러나 一殺이 어찌 衆敵을 堪當할 수 있겠는가? 午中己土가 病神이니 卯木이 藥神이다. 따라서 東方木運에 비로서 發富하였다.

解＝丁火가 子月에 生하여 殺星이 本來 旺하나 水神七殺은 子水 하나 뿐이고 午戌中에 있는 兩土가 制止하며 火勢가 亦多하니 制殺함이 太過하다. 따라서 日下의 卯木이 午中己土를 破出하니 卯木이 福神이 된다. 東方運인 壬寅癸卯甲乙運에 木을 도와서 土病神을 制去하므로 發福하여 富者가 되었다. 그러나 巳午未火鄕의 大運에 이르러서는 破敗할 運命이니 未運中에 土病神이 重旺해지므로 七殺이 墓에 들어 死亡하였다.

(第四十四柱)

殺多生印格

己酉
戊辰
癸酉
丙辰

丁卯　丙寅　乙丑　甲子　癸亥　壬戌

楠評＝癸水가 辰月의 土時節에 生하여 官星이 重한데 酉金이 旺하여 土生金하고 金生水하니 殺印相生이 되므로 助身하고 있다. 따라서 金이 喜神이니 時上丙火는 喜神을 尅去하는 病神인바 水運을 만나는 때에 功名을 이룰 것이다.

解＝癸日主가 辰月에 生하여 戊己土가 透出하고 時支에 또 辰土가 있으니 土氣殺星은 重하고 水日主는 아직 木旺節에 洩氣되고 尅制되니 甚弱하다 아니할 수 없다. 그러나 官殺이 비록 重旺하지만 酉金을 貪生하고 辰土가 酉金과 合金하여 旺土가 生金하므로 印星으로 化하고 印金이 助身하니 이것이 奇異함이 되었다. 時上丙火는 酉金用神을 尅制하는 病神이다. 丙寅運에 金이 寅에 絕하므로 家産을 蕩盡하였고 一分의 財産도 남기지 못하였다. 以來 北方運에 到入하여 水旺하므로 火病神을 制去하는 刹那에 印星인 金神이 有氣하게 되니 번개와 같이 일어나서 巨富가 되었고

戌運에 이르러 土氣가 加重되므로 死亡하였다.

(第四十五柱)

庚午　庚寅
己丑　辛卯
壬辰　壬辰
甲辰

殺多身弱格

楠評＝壬水가 丑月水旺節에 生하여 水의 一垣을 이루었으나、 그러나 土多하여 殺重하고 官旺하니 殺을 制去해 주는 時干의 甲木을 取用한다. 大運이 純吉하지 못하였으니 어찌 棘闈(科擧보는 科場＝가시나무를 四方에 둘른데서 由來하는 말)이 順調롭겠느냐?

解＝壬辰日生이 丑月에 出生하니 土水의 氣運이 함께 旺하다. 다만 四柱中에 土星官殺이 旺하므로 水氣는 輕弱해진 것인데 時上에 甲木이 透出하여 木氣가 進勢를 만나서 制殺해 주므로 貴命이요 科甲할 命運이지만 不幸하게도 庚金이 蓋頭하여 甲木을 壞滅하니 成功하지 못했다. 寅卯壬大運에 行하여서는 木神吉星이 生旺되므로 科甲하고 發身하였으나 辰運에 이르러 丙午年中 戊土殺星이 得地旺極하여 尅身하므로 死亡하였다.

(第四十六柱)

甲午　戊寅
丁丑　己卯
壬辰　庚辰
甲辰　辛巳
　　　壬午
　　　癸未

殺重身輕格　勞苦貧命造

壬水가 丑月에 生하였으나 殺星이 過多하다. 印星辛金 또한 丑中에 藏伏되어 生身할 수 없다. 더욱 不美함은 大運에 財殺地를 거듭 만나는 事實인바 一生이 勞苦하고 奔破할 따름이었다.

解＝壬水가 비록 丑月에 生하였지만 財殺이 太多하므로 水主가 弱하게 되었고 또 비록 丑中에 辛金印綬가 있으나 會局을 이루지 못한중 月上에 丁火가 있어 辛金을 暗破하여 壞印하므로 殺印相生格을 成立하지 못하였다. 따라서 다못 殺星이 重하고 身主가 輕衰할 뿐인데 大運이 初年에 木旺東方地로 行하므로 制殺되어 衣食이 자못 넉넉하였으나 以來 다시 南方에 殺旺地로 運行하여서는 身命을 잃지 않았다고 하지만 勞枯疾厄이 多端不少하였고 未大運에 이르러서는 殺이 加重되므로 마침내 死亡하였다.

火重水輕（殺重食輕）格　貴命

（第四十七柱）

壬辰　戊申
丁未　巳酉
辛丑　庚戌
甲午　癸丑

楠評＝辛金이 未月에 生하여 火氣가 乘權했는데 時柱에 殺이 重逢되고 月上에 丁殺이 透出하여 殺旺滿局이다. 殺을 制하는 水氣는 弱하니 水運이 좋은 바 이때에 官界의 要職에서 銓衡（人材를 登用하는 것）의 重職을 掌任하였다.

解＝辛金日主가 未月에 生하여 日主가 炎火之節에 制伏됨이 甚한데 年上에 丁壬이 있어서 合殺함은 반가운 일이요, 月上에 비록 丁火가 있으나 丑中에 癸水가 있어서 制去함은 貴하다. 그러나 火氣가 旺하고 水氣가 輕하니, 原柱에 壬癸水가 있지만 四柱에 土氣가 旺重하여 去水하고 있을 뿐이다. 그러므로 亥運에 이르러 官界에 揚名하고 功을 세움은 理致에 當然한 일이라 하겠다.

（第四十八柱）

壬辰　戊申
丁未　巳酉
辛丑　庚戌
壬辰　辛亥

食重殺輕格

楠評＝四柱에 二火가 있고 五水가 있으니, 兩火가 어찌 五水를 堪當할 수 있겠느냐? 大運이 다시 制殺運으로 行하니 殺星이 制過됨이 太過하니 그 害厄을 다 말하기 어렵다. 橫死의 非命을 廻避할 수 있겠는가?

解＝辛金日主가 六月火旺節에 生하니 本來 七殺이 旺하지만 五水의 制剋을 堪當할 수 있었는바, 盡法無民이니 두렵지 않을 수 없는 形局이다. 前造의 貴함은 時柱에 甲午가 있어서 木火가 重旺하므로 火重水輕하여 北方運에 發福하였던 것이지만, 此命의 境遇는 水重하고 火는 輕하므로 北方水旺運을 크게 畏驚하는 命局인데 此命이 亥大運에 行하여 遼東의 三萬衛軍으로써, 年上壬水가 又旺함을 만난 때문에 非命死亡하였다.

殺多爲病格

(第四十九柱)

甲寅　壬申
辛未　癸酉
辛未　甲戌
丁酉　乙亥
　　　丙子
　　　丁丑
　　　戊寅

楠評＝辛金이 未月火旺節에 生하여 殺星이 많으니 丁火가 辛主를 傷害함이 그것인바, 北方運을 歡喜하고 制殺할 때 發身한다。水火가 旣濟가 되어야 하는 때문이다。

解＝辛金日主가 未月夏節에 生하고 丁火가 時干에 튀어나와서 甲寅木이 生助하니 殺神火炎이 太多하다。運이 北方에 行하여 官界로 發身하였고 寅大運에 火盛하여 死亡하였다。

(第五十柱)

己未　戊辰
己巳　丁卯
庚子　丙寅
甲申　乙丑
　　　甲子
　　　癸亥

制殺太過格　李默閣老造

楠評＝庚金이 巳月에 生하여 火가 비록 強하나 水星殺神의 制殺하는 者가 많으니 어찌 殺神火星이 衰弱하니 寅卯東方運이 吉하고 北方運에 水神을 重見하면 死亡 견디겠느냐? 할 것이다。

解＝庚金日主가 巳月夏節에 生하니 殺星이 本來 旺盛하였지만 水局을 이룸에 制殺됨이 甚하고 年支의 未土中에 丁火殺助가 있으나 土多하여 殺神을 洩弱함이 甚하니 이것이 制殺太過한 所以이다。丙寅丁卯乙丑의 火木大運에 殺神을 生助하니 그 地位가 黃閣大厥에 宰相이 되었다。그러나 以來 大運이 亥子水運에 이르러 殺을 破하므로 死亡하였다。

(第五十一柱)

丁酉　乙巳
丙午　甲辰
戊寅　癸卯
丁巳　辛丑

制殺太過格　臨川師謙齋造

楠評＝戊寅日柱의 殺星이 日下에 弱한데 巳酉金局의 制殺함이 太過하다면 이것이 어찌 좋은 現狀이라 하겠느냐? 東方의 官旺地에 大運이 行하여서 마른 枯木이 逢春한 格이니 大發할 것이다。

解＝戊土日主가 午月印旺節에 出生하였으니 大運이 壬癸를 만나서 炎火를 除去하는 때에 發身할 것인바,

더욱 좋은 것은 寅中에 있는 官星 甲木을 生助해 주므로 貴發하는 것이다. 火旺하고 殺이 制去됨이 病인데 火
를 制去하고 殺을 存保하니 病神을 制去한 것이다.

制殺太過格 先伯瑛四公造

(第五十二柱)

乙酉
丁亥
丙午
己丑

丙乙甲癸壬辛
戌酉申未午巳

楠評＝丙主가 亥月에 生하나 兩火가 助身하니 一殺이 二三의 制殺함을 堪當할 수 없었
다.

解＝丙火日主가 亥月 水旺節에 生하니 本來의 殺神의 威嚴은 두려운 바가 있었으나 月上
의 丁火가 亥中의 殺身인 壬水와 合去하였고 三重의 己土가 制止함이 太過하니 旺變爲弱이다. 大運이 乙酉甲
申으로 行하여 殺神을 生助해 주므로 發財하였고 大富가 되었으며 壬癸運도 또한 美運이었다. 午未運은 制殺
加重되므로 여러 차례 凶變을 當하였으며 巳大運中 丙戌年에 六十二歲로 死亡하였으니 戊土를 重見하여서 壬
水를 破冲한 때문이었다.

(第五十三柱)

丁未
己酉
乙巳

戊丁丙乙甲癸
申未午巳辰卯

制殺太過格 先兄西庵造

楠評＝乙木이 酉月殺旺節에 生하고 巳酉金局을 이루어 兩金과 四火가 制戰하는데 重火
가 金神殺星을 制攻함이 不宜하다. 火를 制去하고 金殺을 保存하는 때에 福田을 얻은 것
이다.

解＝乙木이 酉月의 金旺節에 生하니 乙木의 本根이 輕弱하다. 따라서 金이 두려운데
四柱中에 火多하여 制殺이 太過하니 盡法無民의 格이 되었다. 따라서 早年大運이 丙午에 行하여 殺星을 制過
하므로 屢次 尅子하였고 財名 또한 얻지 못하였다. 辰大運에 이르러 壬癸水가 火病을 去勢하여 金殺을 保存하
였으므로 財運이 大通하였고 福壽兩全하였다. 卯運도 生身之運이므로 良佳하였으나 寅大運은 火生되어 尅金

하므로 災厄이 있었고 丑大運에 이르러 殺星이 墓庫에 빠지니 八十三歲로 死亡하였다.

(第五十四柱)

庚辰 甲申 丁未 丙午

乙酉 丙戌 丁亥 戊子 己丑 庚寅

身強殺淺格 宜華譚二華尚書

楠評＝丁火가 申月에 生하여 生身者는 많고 水氣는 적다. 七殺은 輕하고 身旺하니 水旺鄉에 貴命이 될 것이 틀림 없다. 此命이 殺旺運에 兵權을 掌握하고 外國의 邊軍을 鎭壓하였다.

解＝丁火日主가 七月에 生하나 伏火가 아직도 남아 있는데 甲木이 生火하고 丙午時柱의 未中에 又火하니 身主가 太旺하다. 그런중 기쁜 것은 年月支에 申辰水局을 이룬 것이다. 따라서 身強하고 殺淺하니 萬民封侯의 形狀인데 大運이 北方으로 行하여 水神殺星을 補起하므로 大權과 名聲을 얻은 바이다.

(第五十五柱)

乙酉 辛巳 己酉 乙亥

庚辰 己卯 戊寅 丁丑 丙子 乙亥 甲戌

身強殺淺格 楊太爺造

楠評＝己土가 身旺節인 巳月節에 生臨하여 金局을 이루니 土金이 清秀한 格을 이루어 크게 非常한 貴命이다. 財星이 있어서 七殺을 生助하나 七殺이 弱함은 病이 되었는바, 七殺을 滋養하는 大運에 威權을 掌握하고 廟廊에 名宰相이 될 것이다.

解＝己土가 巳月에 生하여 火土가 本來 旺한데 辛金이 淸明한 중 己土가 透出하였으니 旺土의 精氣를 洩함은 좋은 點이요 殺로써 權柄을 삼는다. 時上에 七殺을 얻은 바에 大格인데 殺이 衰弱하므로 東北의 殺旺運에 行하여 富貴하지 않을 수 없는 貴命이다.

（第五十六柱）

甲午　戊寅
丁丑　己卯
壬辰　庚辰
甲辰　辛巳
　　　壬午
　　　癸未

殺重身輕格　貧命造

楠評＝壬水가 丑月에 生하여 殺星이 過多한데 丑中辛金이 傷官인 丁火에 依해 破尅되니 生身해 주는 役割을 못하고 있다. 더욱 遺憾스러운 일은 大運이 財殺地로 行하는 일인바 一生이 勞苦하고 奔破할 따름이다.

解＝壬水가 비록 丑月水旺節에 生하였으나 財殺이 太重하며 또 辛金이 丑中에 있으나 그 局을 얻지 못할 뿐 아니라 丁火가 暗破하니 壞印된 것이요 殺이 印星으로 化生하지 못한 것이며 다만 殺만 重多할 따름이다.

大運이 木旺鄕에 行入하여서는 그래도 衣食이 있었으나 다시 南方運에 再行하여서는 殺重해지므로 死亡運이다. 庚辛壬癸가 蓋頭하여 死亡은 免하였으나 苦厄患難을 形言할 수 없었고 未大運에 殺渙이므로 死亡하였다.

（第五十七柱）

丁卯　癸卯
甲辰　壬寅
戊午　辛丑
癸亥　庚子
　　　己亥

殺重無制格　乞人命

楠評＝戊土가 辰月에 生하고 木旺鄕에 臨하여 甲木이 旺하니 七殺이 太剛하다. 頑剛한 七殺을 制伏하지 못하니 四方에 彷乞하는 賤命이 되었다.

解＝戊土가 辰月에 生하니 아직 木氣가 남아 있다. 더욱 亥卯木局을 結局하며 月上에 甲木이 透出하니 七殺이 太剛할 뿐이다. 다시 大運이 北方 財地로 行하여 七殺을 又助하므로 不吉하다. 此命이 一點의 金氣도 없으므로 비록 金을 만났으나 無用之物이요 一生을 乞食하고 말았다. 亥大運에 殺旺하여 死亡하였다.

(第五十八柱)

丙子
甲午
己亥
乙亥

　　　戊己庚辛壬癸
　　　子丑寅卯辰巳

夫星犯重格　女命貪婬造

楠評＝官星과　七殺의　爭權함이　많은바　夫星이　많고　我身을　尅制함이　過甚하다。따라서

婬亂放蕩한　賤命에　不過하다。

解＝己土日主가　月令午地에　得祿하였으니　身主가　有氣하므로　柱中에　殺官이　太多하여

도　從殺格을　이루지　못한다。그런中　三甲을　보았는바　貪合忘夫하였으므로　그　正夫를　얻지　못한　것인데　다시

東方官殺旺地로　大運이　行하여　夫多하니　어찌　淫亂하지　않을　수　있으며　柔約이　없을　수　있겠느냐?　身旺한

듯　不旺하고　身弱한듯　不弱한데、다시　殺星이　過重하니　貧命임이　또한　틀림　없다。

(第五十九柱)

壬辰
己酉
乙未
辛巳

　戊丁丙乙甲癸壬辛
　申未午巳辰卯寅丑

殺重食少格　尙書妻命

楠評＝乙未日에　酉月生으로　金多殺重하며　火少하니　病神(金)이　過甚하다。그러나　大運

이　病神金星을　制去하는　南方運으로　行하니　貴夫人이　되었다。

解＝乙日이　酉月에　生하여　金局을　이루고　木氣가　不足하니　이른바　夫星이　太旺하다。

그러나　大運이　食神傷官鄕으로　行하여　그　夫位를　損尅하므로　貴夫人이　되고　子息이　있는

것이다。一生이　富貴하고　夫와　子가　다　全美하였다。

(第六十柱)

丙申
癸巳
己亥
乙亥

　壬辛庚己戊丁
　辰卯寅丑子亥

殺淺格　女命貴造

楠評＝己土가　亥日에　臨하여　夫宮에　坐하였는데、申巳刑冲함이　病이다。多幸히　大運이

東方으로　行하여　夫旺地에　到來하므로　貴夫人이　된　것이다。

解＝己土가　巳月에　生하니　身旺하고　亥中에　兩甲夫星이　있으나　巳中의　庚金이　長生하

고　申中에　得祿하니　夫星甲木이　尅去됨이　分明하다。오직　時干에　一點의　乙木七殺이　夫星이　된다。따라서　夫

星이 孤秀한데 東方旺之地로 大運이 行하니 그 夫君이 ?政宰相位에 이르렀고 五子가 다 非常한 人物이었다.

(第六十一柱)

庚寅　癸未
甲申　壬午
戊寅　辛巳
丁巳　庚辰

弱殺格　尅夫女命

楠評＝金神이 尅木하여 夫星이 保存되지 못하였다. 刑冲으로 滿柱하였으니 夫君과는 不和하고 行運이 金鄕으로 行함은 不宜하다. 金神을 重見하는 때에 孤獨을 免치 못할 것이다.

解＝戊土日主가 木으로 官星을 삼고 夫를 삼는바 年上의 寅中甲木이 夫位이나 申中庚金이 破尅하였고 日下에 있는 寅中甲木 또한 夫位인데 巳中庚金이 破去하였고 月上甲木도 夫星인바 年上의 庚金이 破尅하였으니 한갓 夫位가 많을뿐 眞夫는 없다. 大運 辛巳庚運에 金이 加旺되어 夫星을 尅去하므로 三年後에 再嫁하고 五年後에 다시 三嫁하였으며 마침내 七夫를 改損하였다.

(第六十二柱)

壬午　辛巳
乙酉　乙未
乙未　乙酉
辛巳　壬午

丙申　丁酉　戊戌　己亥　庚子　辛丑　壬寅

殺淺食旺格　逸叟妻命

楠評＝乙木이 未月三伏炎火之節에 生하였고 時支에 다시 午火가 있으니 金은 衰한중 尅破를 當함이 甚하다. 따라서 夫位를 尅害하는 火神이 病인바 丙丁運에 災病이 많았고

解＝乙木이 六月 中旬에 生하여 火氣가 蒸炎하니 비록 金殺이 不少하나 消滅되었다. 오직 기쁜 것은 日支의 夫星이 祿地를 얻음인바 비록 火가 旺하지만 夫位가 傷盡된 것은 아니다. 무릇 女命에 坐下夫星이면 美命

인 때문이다。丙丁初運은 辛金夫星이 制壓되므로 生子하나 養育할 수 없었고 災厄도 또한 많았다。戊己庚金運이 夫星을 도웁는 故로 生子하였고 安身하였다。

(第六十三柱)

乙卯　癸未　辛未　甲午

甲申　乙酉　丙戌　丁亥　戊子　己丑　庚寅

殺重食弱格　女命富貴造

楠評＝辛金이 未月에 生臨하여 炎烈이 甚한데 金水三陰의 旺鄉에 行臨하니 吉하다。火氣를 此命이 꺼리고 金水運에 그 福이 榮昌할 것이다。

解＝辛金이 未月에 生하여 炎烈之節이나 三陰이 將次 進勢를 얻었고 夫子二星이 四柱에 다 있다。四柱에 火가 盛하여 日主金을 尅하니 此命이 金水를 歡迎하는바 天干에 癸水가 透出하여 制火하므로 貴命인데 丙戌大運엔 夫位를 攻擊하고 自身을 攻擊하는 形勢이므로 夫君과 自身이 不利했고 子息도 또한 많이 잃었었다。以來 北方 大運에 行入하여 火炎을 制壓하고 病神을 滅退되니 興家하여 五福이 俱全하였다。庚寅大運에 七十五歲로 死亡하였으며 孺人(大夫의 夫人이니 天子의 妃를 后라 하고 諸侯의 婦人을 夫人이라 하고 大夫의 夫人을 孺人이라 한다)이 되었다。

(第六十四柱)

庚午　甲申　戊申　戊午

庚辰　辛巳　壬午　癸未

殺淺食旺格　貧夭女命

楠評＝戊土가 申月金旺節에 生한 중 柱中에 金神이 많으니 夫星인 甲木은 尅制됨이 太過하다。또한 早年에 刑冲運을 만남은 더욱 不宜한바 일찍 夭壽할 貧命이다。

解＝戊土日主가 申月에 生하여 食神이 重重함이 不可하고 月上에 甲木이 있어서 夫星이 되었으나 根基가 없을 뿐 아니라 大運의 節鄕 또한 不宜하므로 極貧의 命造요 夫君 또한 殘疾로 苦生하였고 無子하며 庚運中에 死亡하였으니 이것이 다 夫星을 尅制함이 太過한 때문이다。

制殺太過格　貧命女造

(第六十五柱)

丙戌
丁酉
乙巳
戊寅

辛卯　壬辰　癸巳　甲午　乙未　丙申

楠評＝乙木이 酉月金旺節에 生하니 本來 夫星은 榮旺하다 하겠다。그러나 丙丁火가 透出하여 地支에 得氣하며 助生되니 傷官되고 制夫함이 太重하다。따라서 北方運이 美好하니 此理가 分明히 陰陽五行에 있는 바이다。

解＝乙木이 酉月에 生하고 坐下에 夫星이 있어서 得祿하였으니, 夫命은 本來 好優하다。그러나 火位가 重重하여 夫星을 損傷함이 甚한데 다시 南方의 午未運으로 運行하니 이 때에 夫가 逃亡하고 子息이 달아나고 自身이 不利하였는바, 이것이 또한 火가 多盛하여 金을 制伏太過한 所致였다。癸巳壬辰兩運에 衣食이 滿足하였고 夫子가다 如意하였다。

(第六十六柱)

辛丑
辛丑
乙亥
丙戌

壬寅　癸卯　甲辰　乙巳　丙午　丁未　戊申

殺重食少格　先貧後富女命

楠評＝乙木이 丑月에 生하여 夫星金神이 많은데 夫位를 制去하는 火星은 損傷되고 甚弱하다。따라서 太過한 夫星을 制伏하는 南方運에 夫와 子가 發身하여 貴婦人이 될 것이다。

解＝乙木이 丑月水旺多冷節에 生하니 木氣가 本來 枯寒한데 丑中의 兩辛金과 戌中의 一辛殺과 年月上의 二辛金殺神이 있어 五殺이 日主 乙木을 攻滅하니 身主는 衰弱하다。따라서 辛殺은 夫星이 아니요 火神으로 制去해야 하는바 時柱의 丙火가 藥이 되고 用이 된다。大運이 火氣가 進興하는 勢에 있으므로 制殺하여 福을 받는다。그러나 初年에 壬癸水大運을 만난 때에는 丙火吉神을 破하니 艱難이 많았고 南方 火運에 入하여서는 丙午丁未의 尅殺之地에 五福을 俱存하고 富貴하였다。申大運에는 殺神이 加助되므로 死亡하였다。

殺重身弱格　先貧後富　女命

(第六十七柱)

甲戌　庚午
辛未　己巳
乙丑　戊辰
乙酉　丁卯
　　　丙寅

解＝乙木이 未月에 生하여 柱中에 金多하니 木衰殺旺할 따름이다. 大運이 火旺南方에 直行하여 金殺을 制하니 어찌 그 夫가 興旺하고 子兒가 榮昌하지 않겠느냐?

乙木이 未月에 生하여 甲乙木이 있으나 重重으로 있는 金神夫星의 旺함을 어찌 當할 수 있으며, 또 木氣는 退하고 金氣가 輕하여 金殺을 制去하지 못하므로 病은 더욱 滋甚하였으니 어찌 金神夫星이 도리어 賊이 되지 않겠느냐? 그러므로 大運이 巳巳戊辰에 行하여는 財星이 生殺해 주므로 貧苦하였고 尅夫하였으나 丁卯大運에 이르러서는 食神을 生助하여 殺神을 制去하였으므로 吉하였으며 丙寅 大運에 또한 旺殺을 制止하였으므로 安享하였고 子孫이 다 秀榮하여 優游自樂하였다.

(第六十八柱)

戊申　癸亥
甲子　壬戌
乙丑　辛酉
乙酉　庚申

殺多無制格　娼賤女命

楠評＝乙木이 金殺이 過多하여 日主를 制壓함이 太過하니 病이 甚한데 藥이 없어서 賤濁하다. 더욱 大運이 金旺運으로 行하여 救濟되지 못하였으므로 娼婬濁亂한 賤女가 되었다.

解＝乙木이 子月에 生하여 木氣가 없는 중 水局을 이루어 水旺하므로 木이 물에 떠내려 가는 形勢를 免치 못한다. 다시 四柱中에 金氣가 重重하니 殺만 重旺할 뿐 火가 없어서 制伏하지 못하였다. 그러므로 娼妓에 不過한 命造者인데 다시 金旺鄉으로 大運이 行入하니 七殺이 旺尅하여 我身을 攻尅하므로 我身은 많은 사람에게 制禦될 뿐이요 賤命이 되었다. 大運이 庚에 이르러 甲木을 破하여 나의 依持處가 破害되고 殺盛하니 死亡하였다.

制殺太過格　賤婢女命

（第六十九柱）

丙子　辛卯
壬辰　庚寅
庚子　己丑
庚辰　戊子

楠評＝夫星인 火位가 甚히 衰弱한 중 旺水에 制伏됨이 重重하다。火가 적은데 다시 旺水는 冲多하며 大運은 다시 北方으로 行하니 夫氣는 絕死한 것이다。따라서 一生을 婢妾으로 東奔西走하였다。

解＝丙火가 弱하고 夫星이 뿌리를 얻지 못하였으며 壬水가 透出하여 夫星을 冲尅하며 水局이 全盛인데 大運이 다시 北方으로 行한다 함은 夫의 氣運이 날로 不足해지는 形勢를 免치 못하였다。金水傷官이 되어 局이 輕淸한 氣運이 엿보이므로 伶俐한 性情은 있겠지만 賤婢에 不過하였음이 어찌 또한 陰陽五行의 理致가 아니겠느냐?

（第七十柱）

丙子　丁酉
戊戌　丙申
壬午　乙未
戊申　甲午

夫殺透干格　尙書夫人造

楠評＝壬水가 九月秋節에 生하니 水神은 進氣에 臨해 있으며 寒冷한 氣運 또한 湧出하는 때이다。子午가 水局과 火局을 結局하여 根源이 深遠한데 大運이 좋으므로 貴婦人이 되었다。

解＝壬水日主가 九月의 五陰之節에 生하니 水氣는 자못 旺盈하다。때에 兩重戊土인 殺星이 生庫地에 坐하니 此殺을 「有位하다」고 이름한다。다시 地支에는 申子水局을 이루어 殺星의 旺氣를 能히 堪當할 수 있으니 吉命인데 大運이 다시 南方殺旺之地로 行하여 助夫하니 그 未君이 重臣으로 名宰相이 되었으며 極貴한 地位에서 貴權을 掌握하였으며 子息들도 다 貴昌하였다。

制殺太過格　富造　女命

(第七十一柱)

癸巳　己未　己亥　己巳
　　　　　　　　　庚申

楠評＝己土가 未月에 生하니 夫星이 危弱하다。大運이 다시 西方金旺地로 行入하니 金多尅木하여 早死하였다。

解＝己土가 未月에 生하니 木星인 甲乙이 夫星이 된다。木이 本來 六月에 衰하는 것인데 兩巳中의 庚金이 亥中甲木을 來尅하니 그 夫星은 甚히 衰弱함을 不免하였다。다만 八字가 純粹하니 富家에 出生하였을 뿐 大運이 不宜하여 初入庚申大運에 庚金病神이 得祿하므로 用神인 夫星 甲木이 衰絶되었다。따라서 婚嫁도 하기 前에 處女로 死亡하였는바 此命과 같은 命造를 原命 八字는 비록 좋으나 行運이 不美한 때문이므로 根源은 淸秀하나 流路가 濁混하다고 하는 것이다。

(第七十二柱)

辛亥　庚子　戊戌　己未
辛丑　壬寅　癸卯　甲辰　乙巳

殺淺運旺格　狀元妻命

楠評＝戊土가 水旺地에 生하고 亥中甲木이 있으니 水旺하여 나무의 싹이 萌生할 것이다。그러나 此命이 夫星甲木이 甚衰한바 夫旺運을 最喜하는데 大運이 助夫하므로 壯元女가 되었다。

解＝戊戌土主가 財鄕에 坐臨하였고 다시 年上에 甲木夫星(亥中甲木)을 얻어서 生養되니 佳好하다。그러나 天干에 庚辛金이 兩透하여 甲木夫星을 損傷시키는 것은 此命에 病이 되었고 따라서 病이 있으므로 貴命이 된 것이다。大運이 壬寅에 行入하여 衰弱한 夫星이 祿을 얻으니 이 때에 그 夫君이 科試에 第一壯元하여 出世揚名하였음이 理致에 不合하다고 하겠느냐? 連하여 生子하고 方伯이 되었으니 「貴子는 貴夫라야 生한다」함이 이에 該當한다。巳大運에 金旺하여 甲木을 破하므로 死亡하였다。

第三節　時上一位貴格

『楠曰時上一位格은　葢取時上一點殺星이니　若日干生旺하고　時上有殺則用之爲時上一位貴니라。若身旺殺衰면

喜殺旺이니　迎富貴多子는　葢殺乃子星에　身旺能任其子也니라。若日干弱하고　時上殺旺이면　怕行殺旺及財運이

니　正所謂財及七殺趕身衰하면　則主貧賤無子라　殺能尅身하야　不能生子니　正謂時逢七殺本無兒니라』

楠이　말하기를「時上一位貴格이란　대저　時上에서　一點의　殺星을　만남을　일컫는　것이니、萬一　日干이　生旺

되고　時上에　殺이　있다면　此殺을　取用하여　時上一位貴를　삼는　것이다。또한　萬一　身旺하고　殺衰하다면　모름

지기　大運에서　殺旺하도록　도와줌을　기뻐하는　바이니　如斯한　命造者라면　富貴하고　多子할　것이　틀림없다。대

저　七殺이　子星에　該當하는데　身旺하여야　그　子星인　七殺을　能히　堪當할　수　있겠기　때문이다。

萬一　日干이　衰弱하고　時上의　殺星만　旺盛하다면　殺旺鄕과　財鄕으로　大運이　行入함을　꺼리는　바이니　如斯

한　命造者를　이른바　〈財鄕및　七殺鄕으로　大運이　行入하고　身衰한　境遇　當主가　貧賤하고　子息이　없게　된다〉

고　하는　것이다。그것은　七殺鬼賊이　身主를　破尅하므로　生子할　수　없는　때문이니　이것을　이른바　〈時上에　七

殺을　만나서　子兒가　本無한　命造者이다〉라고　일컫는　것이다」라고　하였으며

『若時上有殺이　亦要先安置殺星이니　或制去之하고　或合去之엔　方可用月上用神이니라　如不曾尅制此殺이면

即當把時上殺爲用神이니　月上雖有印星財星이나　亦不能用故로　格推詳以殺爲重이니　前人立言說不分明이니라』

楠은　다음과　같이　繼續　記述하고　있다。

萬一 時上에 殺星이 있다면 要컨대 먼저 이 殺星이 傷害되지 않아야 할 것인데 或 制去되고 或 合去되었다

면 바야흐로 月上의 用神을 取用할 것이다。

萬一 時上의 此殺을 制尅함이 없을 境遇엔 時上의 七殺貴星을 取用하는 것인바 이 때에는 비록 月上에 印星

이나 財星等이 있을지라도 또한 使用할 수 없는 것이다。따라서 그 格局과 形勢를 仔細히 推理하고 殺을 重

示하지 않으면 안될 것인바 古人等이 이 點에 對해서는 分明히 말하지 않은 것 같다。

『補에 曰 時上偏官이 即時上一位貴格也니 如陽見陽干하고 陰見陰干이 是也요 透出爲妙며 只許一位요、

四柱不許再見이니라、若年月日又有엔 則爲辛苦勞力之命也요 要本身自旺이니 如甲寅自生如甲子之類라 又要

有制伏이니 有制則爲偏官이요 無制則爲七殺이니라。

又要制伏得中和一位七殺이요 却有兩三位制伏엔 是爲太過라 雖有學問이나 不榮이요 仕路나 乃是貧寒一老

儒니 故로 喜忌篇에 云호대 偏官時遇制伏太過면 乃是寒儒라하니 四柱制伏多엔 要行七殺旺運이요 或三合得

地에 可發이며 若原無制伏이면 要行制伏之運에 可發이니라 如遇殺旺하고 無以制之則禍生矣며 時偏官爲人性

重剛執不屈이며 傲物自高하고 胆氣雄豪니 月偏官이 亦然이니라』

補解에서는 다음과 같이 解述하고 있다。時上에 偏官이 있음을 時上一位貴格이라고 하는바 陽이 陽干의 尅

을 보고 陰이 陰干의 尅을 만남이 그것이다。또한 時干에 透出하여야 妙함이 있고 다만 一位만이 있어야 하

며 四柱에 七殺을 再見함이 不可하다。

萬一 年月日時에 七殺이 再見된다면 곧 辛苦勞力이 있을 사람인바 또 身旺하여야 한다。例컨대 甲寅日이

甲子日에 生하는 類이다。또 制伏함을 要하니 七殺이 制伏되면 偏官으로 보고、制伏되지 않았으면 七殺로 보

는 것이다.

또 要컨대 制伏되고 中和되며 一位의 七殺일 것이 重要한 要件인바, 문득 兩三位나 있어서 制伏한다면 이

것은 太過한 것이니 비록 學問이 있으나 榮華로울 수 없고 官界에도 나가지 못하며 亦是 貧寒한 寒儒에 不過

한 命造者이다. 그러므로 喜忌篇에서는 「偏官이 時에 있으면 制伏이 太過하여서는 不可하니 制伏이 不遇하다

면 이는 寒儒에 不過하다」고 하였는바 四柱에 制伏이 많다면 要컨대 七殺旺運으로 大運이 行할 것이니, 或

三合하여 殺地를 얻는다면 可히 發身할 것이다.

또 反對로 原命에서 制伏함이 없다면 制伏運으로 大運이 行入함을 要望하는바, 이 때에 發身하게 될 것이

다. 萬一 殺旺함을 原命에 만나고 制伏함이 없은즉 禍가 生할 것이요 時上에 偏官이 있는 사람은 當主의 性品

이 무거운 편이며 剛執不屈하는 氣象이 있는 外에 事物을 傲慢하게 여기며 自身은 高慢한 것으로 생각한다.

또 雄豪스러운 담력의 所有者이니 月上偏官도 또한 그렇다.

『又補에 曰食神制殺이면 化鬼爲官이요 固宜權貴라 所謂食居先殺居後면 功名兩全이 是며 以羊刃合殺에 變

凶爲吉이요 亦能權貴라 所謂甲以乙妹妻庚이니 凶爲吉兆是已니라

又補에 曰食神制殺엔 不宜逢梟면 則禍故로 曰食神制殺逢梟엔 不貧則夭며 羊刃合殺엔 不宜財多니 財多必

咎故로 曰財生殺黨夭折童年이로다』

또 補解에 다음과 같이 말하였다. 食神이 七殺을 制壓하면 鬼殺이 化하여 官이 되는 것이니 實로 權貴가

된 것이바 이른바 食神이 먼저 있고 다음에 七殺이 있다면 功名이 兩全한다는 古言이 그것이다.

羊刃이 殺鬼를 合하여도 凶함이 變하여 吉한 것으로 되는 것이요, 또한 能히 權貴가 되는 것이다. 이른바

甲日主가 乙妹로써 그 七殺인 庚金의 妻를 삼는다면 有情해진 것이니 凶함이 變하여 吉兆로 된다는 古言이

亦是 이를 두고 한 말이다。

또 補書에 있으니 아래와 같다。食神이 制殺하는 格局에 다시 梟印을 만난다면 곧 禍厄의 造命이니、

그러므로 「食神이 制殺하는 格局에 梟印을 만난다면 貧寒하지 않은즉 夭折한다」고 하였다。

「羊刃이 合殺하는데 財多함이 不宜하니 財多하면 반드시 災咎의 命造인바, 그러므로 財星이 殺黨(重殺)을

生助한다면 童年에 夭折하지 않을 수 없다」고 古言에 말하였던 것이다。

니라

『又曰食神固能制殺하고 而傷官亦復制殺이나 但傷官不如食神之力大며 羊刃固能合殺하고 而傷官亦能合殺이

나 但傷官不如羊刃之勢顯이니 陽日傷官能制殺이나 不能合殺은 如甲日見丁爲傷官에 能制庚金之殺이나 而不

能合庚이 是已니라 陰日傷官能合殺而自尅制殺이니 如乙日見丙爲傷官에 能合辛金之殺이요 自能制辛이 是已

又曰殺一也에 而馴伏爲用有二니 制與化是也라 制殺者는 食神也니 所謂服之以力也요 化殺者는 印綬也니

所謂服之以德也로다 與其制之以力이 不若化로 以德故로 通明賦에 云호대 制殺不如化殺이나 然이나 制化不

可並立이니 有制에 不必有化요 有化엔 不必有制어니와 倘若化神弱에 制神强이면 施恩有不足之怨이요 化神

旺하고 制神衰하면 臨事無禁制之能이니라』

또 가로되 食神이 實로 能히 制殺하고 傷官이 또한 制殺을 하지만 그러나 傷官의 制殺하는 힘은 食神의 힘

보다 못한 것이며、羊刃이 實로 能히 殺을 合하고 傷官이 또한 合殺하지만 그러나 傷官의 合殺하는 힘이란

羊刃의 適殺하는 힘을 따라갈 수 없는 것이다。

陽干인 境遇로 볼 때 傷官이 能히 合殺은 하나 合殺할 수는 없는 것인바、 例컨대 甲日이 丁火를 봄에 傷官

이니 庚金七殺을 制伏할 수 있지만 庚金을 丁火가 合神할 수는 없는 것이니 이것이 이른바 能制不合이요、 또

陰干의 境遇를 볼 때 傷官이 能히 合殺하고 스스로 制尅하는바、 例컨대 乙日이 傷官인 丙火를 보고 偏官七殺

인 辛金을 만난다면 合殺하고 또 辛殺을 制伏하는 것이다.

또 가로되 殺은 하나지만 馴伏을 爲用함에는 二種이 있는바 制함과 化함이 그것이다. 制殺하는 者는 食神

이니 이른바 힘으로써 制伏하는 것이요、 化殺한다 함은 印綬이니 이른바 服化하는 德으로써 하는 것이다. 따

라서 힘으로 制伏함은 服化하는 德만 못한 것이므로、 通明賦에서 다음과 같이 말하였다. 「制殺함이 化殺하는

것만 같지 못한데、 그러나 制伏하고 化殺함이 並存함은 더욱 不可하니 制殺함이 이미 있다면 化殺함은 다시

必要없고 化殺함이 있는 데는 반드시 制殺함이 있을 必要가 없는 것이다.

그런데 만일 化殺하는 神位가 弱하고 制殺하는 神位가 더욱 強旺하다면 此人은 他人을 爲하여 恩德을 베풀

지만 그러나 不足하므로 怨恨을 얻고 反對로 化神은 旺하고 制伏하는 神位가 衰弱한 境遇엔 事物을 處理하는

데 있어서 節度와 禁制하는 能力이 없는 사람이다.

『古歌에 云호대 時上偏官一位强하고 本身健旺富非常이요 年月並無官財殺이요 獨於時位最相當이니라 又曰

時上一位貴에 藏在支中엔 是日主要剛強이니 利名方有氣니라 補에 曰此言時支偏官이니 如甲逢申時요 乙逢酉

時之類라 乃藏在支中者也요 日主強旺에 名利必振이니 惟忌身弱而力不能勝也니라

又曰 時上偏官은 喜双冲이니 身強制伏이라사 祿豐隆이라 正官若也來相混에 身弱財生主困窮이로다. 補에

曰時上偏官은 如甲日見庚干이요 乙日見辛干之類니 不怕刑冲羊双故也라 繼善篇에 云호대 時上偏官이 喜双喜

冲이니 日主生旺하고 年月有食神制伏이면 所謂食居先殺居後이니 功名兩全이요 爵祿豐厚니라 不喜正官來混이

니 有兄不顯其弟요 加以身勢衰弱하고 財生殺黨하면 必主貧寒困苦라 所爲不遂니라

又曰時上偏官一位强에 日辰自旺貴非常이니 有財有印多財祿이라 列定天生作棟梁이로다 補에 曰時上偏官只

喜一位니 四柱中 不要再見이요 日主自旺이니라 如甲寅乙卯或生於寅卯月之類니 則身殺兩强富貴過人이라 有

財則時殺有根이요 有印則化殺生身이니 財馬官祿自然興旺이니라」

또 古歌에 다음과 같이 記述하고 있다。 時上偏官은 羊双이 있고 冲함을 좋아하는바 身强하고 七殺을 制伏

하여야 貴祿이 豊隆하다。 그러나 萬一 正官이 相混되었고 身弱하며 財星이 生殺하는 命造者라면 當主가 困窮

할 것이다 라고 하였고 그 補書에서는 다음과 같이 풀이한다。 時上偏官은 例컨대 甲日主가 庚干을 時上에서

만남이요 乙日主가 時柱에 辛干을 만나는 類이니 羊双과 刑冲을 꺼리지 않는다。

그러므로 繼善篇에서 「時上偏官이 羊双을 좋아하고 冲을 좋아 하니 日主가 生旺되고 年月에 食神이 있어서

七殺을 制伏해 준다면 이것이 이른바 〈食神이 居先하고 七殺이 居後하는 것〉이니 功名이 兩全하고 爵祿이

豊厚한 命造이다」라고 하였다。 또한 正官이 原命에 다시 있어서 官殺이 混雜됨을 좋아하지 않으니 兄이 있

으면 그 아우의 나타남을 꺼리는바 더우기 身主가 衰弱한 중 財星이 殺身을 重生한다면 當主가 반드시 貧寒

하고 困苦할 것이므로 하고자 하는 바를 成取할 수 없을 것이다。

또 古詩에 다음과 같은 말이 있으니 「時上偏官이 一位가 있고 强旺하며 日支가 自旺하면 貴가 非常한 것이

니 財星이 있고 印星이 있다면 財와 祿貴가 많을 것인바 如斯한 命造者는 天生한 國家棟梁이요 宰相이다」라

고 하였고 補書에서는 다음과 같이 記述하고 있다。 時上偏官格은 다만 一位가 있어야 좋은 것인데 四柱中에

다시 七殺이 있지 말아야 하고 日主가 自旺하여야 한다. 例컨대 甲寅이나 乙卯와 같은 日柱가 寅卯月에 生함과 같으니 身殺이 兩強하면 富貴할 사람이다. 또한 四柱에 財星이 있다면 時殺이 根氣가 있는 것이요 四柱에 印星이 있은즉 殺을 化하여 生身한 것이니 財富와 官祿이 自然히 興旺할 것이다.

『又曰時逢七殺是偏官이니 有制身強好命看이요 制過喜逢殺旺運이라 三方得地發何難이리요、補에 曰時逢七殺은 乃是時上偏官格이니 身旺有制하고 如有一位殺에 則有一位制면 乃是貴人이요 文章振發이라 當作好命看이니라 若有兩三制伏이면 則爲制伏太過니 逢殺旺三合得地之運에 其發達也라 勃然不可遏이어니와 苟制伏太過而又不能行殺旺之運이면 雖文過季杜나 終不能顯이리라.』

또 詩歌에 가로되 時上에 七殺을 만나는 것이 이른바 偏官이니 七殺을 制伏하고 身主가 旺強하여야 貴命으로 본다. 萬一 七殺을 制伏함이 지나쳤다면 殺旺運으로 行하여서 좋은 일이 있을 것인바 殺旺하고 三合하는 殺地에 어찌 發達하지 않을 수 있겠느냐?

補書에 또 解說하여 말하되 時上에 七殺을 만난다 함은 時上에 偏官이 있음을 일컫는 말이니 時上偏官이란 뜻인바 身旺하고 制伏함이 있어야 한다. 萬一 時上에 一殺이 있는데 一位의 制殺者가 있다면 이는 貴命이요 文章이 뛰어난 사람이요 따라서 好命이 된다. 또 만일 兩三位가 있어서 制伏함이 있다면 이는 곧 制伏이 太過한 것이니 殺旺하고 三合하여 殺局을 이루는 大運에 크게 發達할 것인바, 勃然히 일어남을 막을 수가 없을 것이다.

反對로 制伏만 太過하고 殺旺運으로 大運이 行하지도 않는다면 비록 文章과 學問은 놀라워서 大學者의 資格이 있다 하더라도 마침내 그 이름과 所信을 펼 수는 없을 것이다.

『又曰元理制伏運須見이니 不怕刑冲多殺攢이요 若是身衰唯殺旺이면 定知此命是貧寒이니라 補에 曰偏官有制伏엔 不宜運再見이요 若當生原無制伏者면 喜行制伏運이니라 月上偏官은 怕刑冲多殺之攢이나 時上偏官은 不怕三刑六害羊双冲破多殺攢聚요 唯喜身強殺淺이니 若是殺重身輕이면 終身有損이요 縱不夭壽면 定是貧寒이로다. 又曰時逢七殺本無兒나 此理人當仔細推니 歲月時中如有制면 定知有子貴而奇니라 補에 曰時上偏官建祿이면 主尅子나 若歲月中有食神制伏이어나 或双合이면 主唯有子貴而奇니라 故로 曰時上偏官有制에 晩子英奇니라』

또 詩歌에 말하기를 「元命에서 七殺이 制伏되었으면 運路上에서 모름지기 七殺을 만나는 것이 좋으니 一刑冲을 꺼리지 않고 殺이 많이 來見함을 꺼리지 않는다。 萬一 身衰한데 오직 七殺만 旺하다면 此命은 貧寒한 命造者임을 알기 바란다」고 하였고、 그 補書에 말하기를 「偏官이 制伏함이 있다면 다시 또 大運에서 制伏함을 만남이 不宜하다。 그러나 萬一 原命에서 制伏함이 없다면 制伏運을 만남이 좋을 것은 勿論이다」라고 하였다.

「또 月上偏官格인 境遇에는 刑冲되고 殺이 모임을 꺼리지만 時上偏官格에서는 三刑六害나 羊双의 冲破나 殺이 많음을 꺼리지 않는다。 또한 오직 身主가 強하고 七殺이 淺弱한 것을 좋아하니、 萬一 殺이 重하고 身主가 輕하다면 마침내 損厄만 있고 發身할 수가 없을 것인바 비록 夭壽하지 않는다면 決定코 貧寒한 命造임에 틀림없다」고 記述하였다.

또 詩歌에 말하기를 「時에 七殺이 있는 偏官格은 本來 兒息이 없는 命造지만 此命의 理致를 仔細히 살피지 않으면 안된다。 年月에서 制伏해 주는 者가 있으면 決定코 子息이 있고 貴하게 될 것이다」라고 하였으며 그

補註에서는 다음과 같이 말하고 있다.

時上의 偏官이 建祿을 얻어 殺旺하더라도 萬一 歲柱나 月柱에 食神이 있어서 制伏해 주거나 羊刃이 있어서

七殺을 合하거나 하면 當主가 子息이 있고 또 貴하게 될 것이다. 그러므로 「時上偏官格에 制伏함이 있다면

晩年에 子息을 얻어 英奇함을 볼 것이다」라고 하는 詩言이 있는 것이다.

『四言獨步에 云호대 時殺無根하면 殺旺取貴요 時殺多根엔 殺旺不利니라 補에 曰且如庚用丙爲殺이니 生於

寅하고 旺於巳矣며 庫于戌乃殺之根也요 格殺以財爲根亦是로라. 若時干虛露旣無根氣며 又無財生이면 運行殺

旺이라사 富貴可得이니라. 如三合得地하야 旣多根氣에 又有財生이며 再行殺旺之鄕이면 反不利而貧若者多矣

니라』

四言獨步에서 말하기를 「時上七殺이 根氣가 없으면 殺旺할 때 發貴하고 時殺이 根氣가 많을 때엔 殺旺할

때 不利하다」고 하였으며 그 補註에서는 다음과 같이 解述하고 있다.

庚日主가 丙火를 만나면 七殺이 되는바, 寅에서 丙火七殺이 生하고 巳에서 旺하며 戌에 墓庫가 되고 殺의

胞根이 된다. 또 七殺을 生해 주는 財星이 또한 根이 되는바 萬一 時干에 一殺이 虛靈하였을 뿐 根氣가 없으

며 財星이 生助해 줌도 없다면 殺旺運에 行하여서야 富貴를 可히 얻을 것이다.

萬一 反對로 四柱原命에 三合하여 殺의 合局을 얻고 이미 根氣가 많고 또 財星이 있어서 七殺을 生해 준다

면 그리고 또 다시 殺旺鄕으로 行한다면 도리어 不利한 것인바 貧苦한 사람인 例가 許多하다.

(第七十三柱)

乙丑　甲申
乙酉　癸未
辛巳　壬午
甲午　辛巳
　　　庚辰

身重殺淺格　東鄉徐少初造

楠評＝辛圭가 酉月節金旺地에 앉아서 午地로 行하니 火가 金을 煆煉해 주므로 大異常 格이다。原命이 金旺하고 火殺이 弱한바 火運이 大吉하다。따라서 早年에 일찍 科學에 及第하고 成功할 수 있었다。

解＝辛金이 酉月에 生하여 巳酉丑金局을 얻으니 身旺하다。따라서 時上에 一點의 火神을 얻었음이 기쁘고 時上에 殺神의 祿地午를 얻으니 貴命임에 틀림없다。大抵 金氣가 全局에 찼으므로 金氣를 還勝하지 않으면 안된다。그러므로 午運中 甲午流年에 鄉試에서 連登하여 黃宮會試에서 大科及第하니 以來 貴發하였다。

(第七十四柱)

丁亥　辛戌
壬子　庚酉
辛巳　己申
丁酉　戊未
　　　丁午
　　　丙巳
　　　乙辰
　　　甲

制殺太過格　臨川舒 尙書造

楠評＝辛金이 子月에 生하니 水金이 淸明하다。合官留殺하고 冲官한 格局에 틀림 없는데 金은 冷하고 水는 淸하니 重水를 두려워 한다。따라서 火運으로 行하여 經綸하고 抱負를 實現한다。

解＝年上의 七殺丁火는 月上의 壬水에 依해 除去 當하고 日上正官은 日支인 巳中의 丙火인바 亥中의 壬水에 依해 除去當한 것이니 오직 時上에 丁火一殺이 남아서 時上一位貴格이 된 것이다。그러나 다만 十一月의 火가 風寒의 冷冷한 節候이니 火氣가 衰弱함이 病이 된다。따라서 金水鄉에는 厄苦가 있을 것이요 丙火戊己運엔 眞貴人이 되었을 것이다。丙丁火가 衰弱한 殺을 도우므로 좋고 戊己土는 壬癸水病神을 除去하니 吉하였다。

第四節　官殺去留雜格

『喜忌篇에 云호대 類有去官留殺하고 亦有去殺留官하니라。補에 曰此乃五行이 遇月支偏官節中에 兩句格解가 不可摘이라 附於此全己니 論在偏官格上하야 但格解祖述이나 解梁逸人三車一覽에 論官殺去留之說이라 以附於此하야 爲後學龜鑑則得矣니라。其論曰盡四柱中에 官殺混雜交差에 有可去官留殺者는 即以偏官論이요 有可去殺留官者는 即以正官論이며 凡看去官留殺과 去殺留官者인댄 要看四柱中官殺이 孰重孰輕어니와 天干透出者는 易去나月支所藏者는 難去니라 須得四柱去官殺之物이나 衆而有力이면 方纔去니 得去官殺之物에 傷官食神이 是己니라。』

喜忌篇에 이르되 去官하고 留殺하는 類가 있고 去殺(七殺을 合去하고) 留官(正官은 留保함)하는 類形이 있다。補註에서 말하기를 月支偏官格이나 時上偏官格과는 또 다른 類形으로서의 官殺混雜格이 있다。偏官格을 論할 때에 格解에서 簡單히 取扱해 본 일이 있기는 하였으나、三車一覽이란 글에 官殺去留說이 있으므로 이에 그를 述載함으로써 後學의 龜鑑을 삼고저 하는 바이어니와 얻음이 반드시 있을 것으로 믿는 바이다。

그 論에 말하기를、

「大抵 四柱中에 官殺이 混雜되고 交差하였을 境遇 去官하고 留殺되었다면 곧 偏官으로 取論할 것이요 去殺하고 留官하였다면 곧 正官으로 取論할 것인데 무릇 去官留殺되고 去殺留官者를 다루는데 있어서는 한가지 留意하지 않으면 안될 原則이 있다。그것은 四柱中에 있는 官殺中에 어느 것이 重하고 어느 것이 輕한가를 分別할 것인바 天干에 透出한 者는 尅去하기가 容易하고 月支에 所藏된 者는 制去하기가 어렵다。비록 四柱

中에 官殺을 合去(合官留殺·合殺留官의 예)하였지만 官殺이 衆多하고 力旺하면 바야흐로 除去함이 옳으니

官星이나 七殺을 制伏尅去할 者란 傷官이나 食神을 일컫는다」라고 하였다.

『喜忌篇에 云호대 神殺相絆엔 輕重較量하라 하고 繼善篇에 云호대 歲月時中에 大怕官殺混雜이라 하고 易鑑에 云호대 天地人元分五音하니 陰陽妙訣審其眞이요 去留舒配須參透에 禍福中間理自明이니라 萬金賦에 云호대 官星怕行七殺運이요 七殺猶畏官星臨이라 官殺混雜當夭壽니 去官留殺仔細尋하라 留官去殺莫逢殺이요 留殺去官莫逢官이니 殺受傷必夭壽요 更宜財格定前程이니라.

三車에 云호대 合官星不爲貴며 合七殺不爲凶이 何歟오 曰經言合官星은 柱中閑神合去官星이니 所以로 不爲貴요 合殺은 是柱中閑神이 合去七殺이니 所以로 不爲凶이니라 又曰大低凶神을 有物合去엔 則反凶爲吉이요 吉神을 有爲合去則反吉爲凶이니 凶神은 七殺羊刃財敗財偏印梟神傷官神이 是也나 吉凶神殺은 又看格局이니 喜何神忌何神을 不可執一而已니라.」

喜忌篇에 말하기를 「貴神과 殺星이 있거든 그 輕重을 較量하라」하였고、繼善篇에서는 「歲柱나 月時에 官殺이 混雜됨을 크게 꺼린다」고 하였으며 또 易鑑에 이르되 天地人의 三元의 五行을 分別하여 그 참됨을 찾을 것이요、去留하는 配舒를 살핌에 있어 透出與否를 分別할 것이니 禍福이 이 가운데 있음이 分明하다」고 하였고 또 萬金賦에 말하기를 「官星은 七殺運으로 行함을 꺼리고 七殺은 官星에 임함을 두려워 한다. 官殺이 混雜되면 마땅히 夭壽할 것인바 去官留殺됨을 仔細히 살펴야 한다. 留官去殺됨에 七殺을 만남은 不可하고 留殺去官엔 官星을 만남이 不可한바 七殺이 傷害됨을 입으면 반드시 夭壽할 것인데, 문득 財星의 生助를 받을 때엔 發身할 것이다」라고 하였다.

三車에 이르되 官星을 合함은 貴함이 될 수 없고 七殺을 合함이 凶하지 않은 것은 어쩐 綠故인가? 「經에

官星을 合한다 함은 柱中에 閑神이 官星을 合去함을 말 하는바 그러므로 貴할 수 없다는 것이요, 合殺이라

함은 柱中의 閑神이 七殺을 合去함을 일컫는 말이니 그러므로 凶하지 않다」라 하였다.

또 가로되 大抵 凶神을 合去한다면 凶한 것이 도리어 吉神으로 되지만 吉神을 合去하는 境遇엔 吉함이 變

하여 도리어 凶하게 되는 것이니 凶神은 七殺 羊双 刦財 敗財 偏印 梟神 傷官이거니와, 그러나 吉凶神은 또

格局을 보아서 決定할 것이다. 따라서 어떤 것이 喜神이고 어떤 것이 凶神인가 하는 問題는 一理에 執着하여

말함이 不可하다.

『集說에 云호대 貪合忘殺하고 貪合忘官은 如六癸日生人이 干頭透露已字하면 乃是癸字七殺이라 如再透甲

字하야 已字合神엔 則去已字니 不爲殺矣과 此謂貪合忘殺이요 陰日以傷官而合也로다. 又如六壬日生人이

干顯透出已字에 爲官星이나 如見甲字透出하야 乃是已字合神이면 合去已字라 不能爲官星이니 此謂貪合忘官

이요 陽日以食神而合也니라.

又云호대 壬水相逢陽土時엔 心懷忿怒起爭非라 忽然癸水來相救하면 合在凶頑不見威이라 補日陽水時逢戊土

之類니 性精如虎하야 急躁如風이라 其心常懷不平之氣하야 偏爭好鬪나 忽逢癸水之妹하야 合戊土之殺이면 則

凶頑之氣가 自消而威暴不施니라 如無癸妹來合하야 以救之則剛暴不已니 不免爲屠兒獄劊之徒니 何嘗有惻隱之

心哉리오.』

集說에 말하기를 「合을 貪하여 殺의 作用을 잊어버리고 合을 貪하여 官의 作用을 잊어버리는 境遇가 있으

니, 例컨대 六癸日生이 天干에 已字가 透露하였다면 이는 癸水의 七殺이 된다. 그러나 萬一 다시 甲字가 再

透하여 己字를 合한다면 己土를 合去한 것이니 七殺이 될 수 없다. 그러므로 「貪合忘殺」이라 이름하는바, 陰

日이 傷官으로써 七殺을 合한 境遇이다.

또 六壬日生人이 天干에 己字가 透出하였다면 이는 官星에 該當하는데 다시 甲字가 透出하여 이에 己字를 合神한다면 己字는 合去되어 官星의 役割을 할 수 없게 된다. 따라서 「貪合忘官」이라 이름하는 것이며 陽日

이 食神으로써 官을 合한 境遇인 것이다.

또 이르되 壬水가 陽土를 만났다면 心懷가 忿怒와 是非를 爭鬪하는 맘으로 차 있는 것이다. 그러나 忽然히 癸水가 와서 相救해 줌이 있다면 盡頑함을 合去하여 威暴하지 않으니, 이는 貪合忘殺의 例로써 羊刄이 合殺

해 준 것이다. 補註에 말하되 陽水인 壬水가 時上에서 戊土를 만난 類例니 性質이 虎物과 같고 急하기가 바람

과 같다. 그 마음은 恒常 不平之氣가 있으므로 싸우고 다툼을 좋아하나 忽然히 癸水의 妹를 만나서 戊土의

殺을 合한다면 곧 凶頑한 氣運이 스스로 消滅되고 威暴한 性質이 나타나지 않는다. 그러나 萬一 癸妹의 合救

해 줌이 없다면 剛暴할 뿐으로 백정이나 獄創(剒子=死刑때 목을 자르는 사람)의 무리이니 어찌 惻隱心이 있

겠느냐?

『又曰壬逢己土欲爲官이나 驀被靑陽起訟端이요 引透合將直貴去에 致令受挫萬千般이로다, 補에 曰靑陽謂甲

木也요 眞官謂己土之官也니 蓋言壬水以己土爲貴며 怕傷怕合이라 苟被甲木合官星而傷之則貪合忘官이로다. 將

見忠信에 變而爲忿爭이며 而訟獄之端이니 眞貴去而爲下賤하야 而萬般之辱受矣라 所謂合官星不爲貴가 是已

니라.』

또 말하되 壬水가 己土를 만남에 官星이 되나 靑陽木의 尅害를 입는다면 訟獄이 있을 것이며 甲木이 透干

하여 眞貴官星을 合去한다면 苦賤함을 萬般으로 받게 될 것이다.

補註에서는 다음과 같이 解說하고 있다. 靑陽이란 甲木을 말하고 眞貴란 己土正官을 일컫는바, 이는 다 壬

水의 官星이 巳土이니 官星이 傷害되고 合官됨을 말한다. 따라서 壬水의 官星인 己土가 甲木의 合去함을 만

난다면 이것이 貪合妄官이니 將次 忠信하려 함에 變하여 忿爭하고 訟獄의 厄端이 있을 것인바, 官貴를 除去

當하였으므로 下賤하게 될 것이요, 同時에 萬般의 辱을 받게 될 것이다. 그러므로 貪合官星이 不爲貴라 한

것이다.

『又云官殺相連이면 只論殺이요 官殺各分이면 當混雜이며 食神重犯이면 作傷官이며 疊見官星只論殺이요

露殺藏官只論殺이며 露官藏殺엔 只論官이니 身强遇此多淸貴요 身弱重重禍百端이니라.

補에 日年干官星하고 月干有殺이어나 或年干殺星而月干有官을 是謂相連이요 只以殺論이며 或年上爲官하

고 時上爲殺이어나 時上爲官을 是謂名分이요 乃爲混雜이니라 食神重犯은 如甲見二丙이어나

或三合이면 爲傷官이며 疊見官星은 如甲見二辛이어나 或地支重見이니 只以殺論이며 殺在干官在支면 是當露

殺藏官이요 乃以殺論이며 官在干殺在支는 是爲露官藏殺이요 只以官論이며 身勢强健則力能勝此官殺이니 多

爲淸貴之官이요 身弱無氣하고 官殺重逢則禍咎之來가 不特一端已也니라.』

또 가로되, 官殺이 相連하면 다만 殺로써 論할 것이요 官殺이 各分 되었다면 混雜으로 볼 것이며, 食神이

重犯하면 傷官이 되고 官星이 많아도 殺로 볼 것이요 殺은 露出되고 官星은 藏在하였어도 殺로 볼 것이며 官

星이 露出되고 七殺이 地支에 所藏되었으면 官星으로 볼 것인데 身强하고 如斯한 官殺을 만난다면 淸貴하는

者가 많고 身弱하고 殺만 重重하다면 禍厄이 百端으로 일어난다.

補解에 註釋하였으니 「年干에 官星이 있고 月干에 殺神이 있거나 或 年干에 七殺이 있고 月干에 官星이 있

으면 이것이 이른바 相連이요 다만 殺로써 論할 것이며、或 年上에 官星이 있고 時上에 殺星이 있거나 或 年

上에 殺이 있고 時上에 官星이 있으면 이것이 이른바 各分이요 混雜이다。

또 食神이 重犯이라 함은、例하여 甲木이 二丙火를 보거나 或 三合하여 火局을 이루었음이니 傷官이 되고

官星이 重疊되었다 함은 甲木日主가 三辛을 보거나 或 地支에서 官星을 重見하였음이니 이 때에는 殺로써 論

할 것이며 殺이 天干에 있고 官星이 地支에 있다면 이것이 露殺藏官(殺이 露出하고 官星을 地支에 藏伏된 것)

이라 하고 殺로 보는 것이다。

官은 天干에 있고 七殺은 地支에 있다면 이것이 官星이 露出되고 殺星이 藏伏된 것이요 官星으로 보는 것

이며、身主의 勢가 強健하면 能히 官殺을 이기고 堪當할 수 있는 것이므로 淸貴하는 것이나 萬一 身弱하여

日主가 無氣한데 官殺만 重重하면 禍厄을 만나게 되는바 百端으로 厄苦를 받는다」함이 그것이다。

第五節 月支正財格(附 棄命從財格)

『楠曰正財者가 何也오 財爲養吾性命之物이니 人見之에 未嘗不欲이요 若身主有氣則能任之라 若金寶와 若

田產이 皆我之物也나 身弱則不能任이라 如盜賊偷人財物이니 事發則爲害命之物也니라。

書云逢財喜殺而遇殺이요 十有八貴라 하나 理雖甚有而不顯言이니 若用財之人이 日干旺하고 比肩兄弟多則

此比刧이 又分奪我之財也라 則喜官殺以去其比刧하야 存起其財星이나 若身弱財多에 再將官殺來剋身이면 則

自己性命을 且不可保니 安得享其財乎아』

楠이 말하기를 「正財란 어떤 것인가, 財란 곧 나의 生命을 存養해 주는 物件이니 사람이 보면 未嘗不 欲心

내지 않는 사람이 없게 된다」고 하였고, 「그러나 身主가 有氣하여야 能히 財物을 堪任하는 것이므로 金寶나

田地資産이 다 나의 所有로 될 수 있지만 身弱한 日主인 境遇에는 不然하니 身弱하여서는 그 財物을 能히 堪

任할 수 없는 것인바 이 때에는 盜賊의 財物이므로 事件이 發生하는 때에 害命하는 物이 된다」고 하였다.

書에는 「原命에 財星이 있으면 殺이 있음을 좋아하고 大運에서 殺을 만남을 좋아하는 바 十에 九가 貴한

命이다」라고 하였다. 理致는 비록 있어도 말로서 表現됨이 不足하다 할 수 있는바 萬一 財星을 取用하는 사

람이 日干이 旺하고 比肩兄弟가 많다면 이들 比刼이 나의 財物을 分奪하게 된다. 그러므로 官殺을 歡迎하는

것이니 官殺이 比刼을 制去하고 財星을 保護하는 때문이다.

그러나 身弱하고 財多하다면 그리고 다시 官殺이 와서 我身을 來刼한다면 곧 自己 性命을 保存할 수 없는

것이니 어찌 그 財物을 얻을 수 있겠느냐?

『若財星衰弱하고 身主旺則 喜食神傷官이 以生起其財神이요 若身主弱하고 財星多則喜兄弟比刼이 以分之며

父母印運이 以助之니라 凡用偏財者는 多主富貴요 用正財者는 多不及이니 益陰刼陰하고 陽刼陽이라. 財神有

氣에 用時日偏財尤美며 此乃試驗之多故로 知用偏財者爲上格이니라 亦有財神親切이요 若有比肩間隔엔 不純

和며 亦不美니 此係五行之正理니라.』

萬一 財星이 衰弱하고 身主가 旺한즉 食神이나 傷官이 그 財神을 生出해 줌을 좋아하고 萬一 身主가 弱하

고 財星이 많은즉 兄弟比刼이 分財해 가고 父母의 印星運이 도와줌을 기뻐한다.

무릇 偏財를 取用하는 者는 흔히 當主가 富貴하고 正財를 取用하는 者는 흔히 不及한 例가 많은 것이니, 大

抵 陰이 陰을 尅하고 陽이 陽을 尅함을 偏財라 한다.

財神이 有氣(日主가 旺하고 財星이 有氣하고 喜神인 때) 함에 있어서도 時와 日의 偏財가 더욱 美命이니 이는 다 많은 試驗을 거쳐서 얻은 結論이므로 偏財를 取用하는 者는 上格임을 알아야 한다. 또 財神이 있는 者는 親切함이 있는데 萬一 比肩이 間隔이 있다면 純和롭지 못하며 아름답지 못한 것인바 이는 다 五行의 正理임을 거듭 强調하는 바이다.

『棄命從財格은 此則不論陰陽하고 日主皆從也라 財乃吾妻나 身主無力엔 不能任其財也니 只得捨命而從之로다 如人이 自己無主하야 只得人贅於妻家니 就要生起財星이라 只亦畏身入旺及印生之地며 卽同棄命從殺理論이요 理出於此니라.』

棄命從財格이란 陰陽의 偏財正財를 莫論하고 日主가 다 從財함을 말한다. 財星은 나의 妻이지만 身主가 無力하다면 그 財星을 能任할 수 없는 것이니、 오직 我命을 버리고 따라갈 따름이다. 比如컨대 사람이 自己의 主家가 없으므로 妻家에 데릴사위가 됨과 같으니 此命은 要컨대 財星을 生起하게 도와 주어야 한다. 따라서 身旺地나 印生地는 두려워 하는바 棄命從殺과 같은 理致이다.

『繼善編에 云호대 一世安然은 財命有氣라 하고 補에 曰此段亦有兩說하니 或曰財命有氣는 是財星身命俱有 氣라 하며 或曰純言財星居生旺有氣之地니 經文多是命字連財說이요 今人亦云此人好財命是也라 後說牽強考之

玄妙訣에 云호대 官乃扶身之本이요 財爲養命之源이니 則命爲身命也가 明矣로다 舊註에 亦分財命爲二하야 捷睬하니라.

131

但辭不明快니 所以啓淺見者之疑前說이요 發經文之所未發明하고 順可從이로다 如財旺有氣而身弱者는 決不能

享安樂之福이니 況一世乎아 故로 上篇에 云호대 財多身旺則多稱意라 하고 又古歌에 云호대 財多身健에 方

爲貴며 若是身衰禍便臨이라 하니 由此觀之인댄 則財命當爲二也가 蓋明矣니라.』

繼善篇에 이르되 一世에 安然함은 財命이 有氣함에 있다 하였고 그 補註에서는 此文段에 兩說이 있다고 하

였다. 곧 或 말하기를 財命이 有氣하다 함은 財星과 身命이 다 有氣함을 뜻하는 것이라 하기도 하고 或은

財命이 有氣하다 함을 純全히 財星이 生旺하고 有氣함을 말한 것으로만 보니 經文에도 혼히 命字가 財說과

連해 있어서 命은 身主를、財는 財를 뜻함인바、今人이 또한 財命이 좋다 함도 이를 가리키는 말인바 後學들

이 억지로 만들어서 兩說이 되었다고 하겠다.

玄妙訣에 이르되、官은 扶身의 根本이요 財星은 養命의 根源이니 곧 命은 身命을 말하는 것이 分明하다.

舊註에 財命을 二義로 나누어 明確하게 말하지는 않았으니、그러므로 널리 살펴보지 못한 사람들이 前說을

疑心하며 經文에 發明되지 않은 바를 分明히 區別하지 못한채 盲從하게 된다.

例컨대 財旺하고 財星만 有氣한데 身弱한 사람은 決코 安樂한 福을 享受할 수 없는 것인바、하물며 世를

安然할 수 있겠는가? 그러므로 그 上篇에서는 「財多하고 身旺하면 모든 것이 如意하다」 하였고、또 古歌에서

는 「財多하고 身主가 健旺하면 바야흐로 貴命이며 身衰하고 財多하다면 문득 禍苦가 來臨한다」고 하였으니、

이로써 본다면 財命은 마땅히 財星과 身命의 二義를 가지고 있음이 分明하다 할 것이다.

『古鷓鴣天에 云호대 正財有氣엔 喜身强이니 陽取陰財요 陰取陽이라 干弱財旺하면 飜成禍요 身强財旺엔

利名長이라 只愁官鬼空怕亡이며 印綬相生榮貴昌이로다. 休咎少年不如意나 老臨旺月晚風光이니라.

補에 曰假令甲生午月이면 午中己土為甲木之正財니 而丁火生之요 乙生巳月이면 巳中戊土為乙木之正財니 而丙火生之라 是正財有氣也니라 甲寅乙卯日坐祿이요 甲子乙亥日坐印이니 或柱中生扶日主하면 是為身強正財라 有氣者를 最喜也니라。

甲生午月하고 丙生酉月하며 戊生子月하며 庚生卯月하며 壬生午月하면 陰支為陽干之正財也요 乙生巳月하고 丁生申月하며 己生亥月하며 辛生寅月하며 癸生巳月하면 取陽支為陰干之正財也니라』

古鵬島天에 이르되、正財가 有氣하면 身強함을 기뻐하니 陽干에 陰財를 말하고 陰이 陽財를 取하는 例이다。萬一 日干이 弱하고 財神이 旺하면 禍를 이름이 頻繁하고 身強하고 財旺하면 利名이 長長할 것이다。또 官鬼를 근심하고 空亡을 꺼리나 印綬가 相生해 준다면 富貴榮昌할 것이다。財星이 休咎되었으면 少年에 如意하지 못하지만 老年에는 晚福이 많고 大器晚成形이 될 것이다。

補書에 가로되、假令 甲木이 午月에 生하였다면 午中에 있는 己土는 甲木의 正財가 되는바、午中丁火가 生해주므로 旺하고、乙木이 巳月에 生하였다면 巳中의 戊土가 乙木의 正財니 丙火가 生해 주므로 有旺하다。따라서 이와 같은 것 等을 財神이 有氣하다 하는 것이다。

또 甲寅乙卯日은 祿에 坐하고 甲子乙亥日은 印地에 坐하니、或 柱中에서 日主를 生扶한다면 이것이 身強하여 財星이 有氣함을 기뻐하는 命造者이다。따라서 好命으로 看做한다。

甲日이 午月에 生하고 丙日이 酉月에 生하며 戊土가 子月에 生하며 庚이 卯月에 生하며 壬水가 午月에 生하면 陰支가 陽干의 正財가 된 境遇이고、乙木이 巳月에 生하고 丁火가 申月에 生하며 己土가 亥月에 生하며 辛金이 寅月에 生하며 癸水가 巳月에 生하는 等은 陽支가 陰干의 正財가 된 境遇이다。

『如身居休咎死敗하야 天元羸弱하고 柱中支干에 重重三合財多하면 非徒無益이라 則生殺生災니 所謂 只怕

日干元自弱하고 財多生殺엔 超生災가 是也니라. 如身居臨官地旺하고 柱中生扶而財三合太旺엔 則富貴利達이

요 聲譽顯著니 所謂財多身旺則多稱意是也니라.

愁官鬼라하니 蓋官鬼는 乃盜財之氣요 尅我身本이니 爲可慮라 正財多盜氣에 本身自柔之謂也며 怕空亡은

乃六甲空亡이니 甲子旬中以戌亥空亡之類라 財落空亡必貧窘이요 不聚財니 爲可是라 正空亡爲害에 最愁人堆

金積也니 須貪之謂也니라.

財後印이면 反成其福이라 하고 通明賦에 云호대 財逢印助하면 相如乘駟馬之車라하니 此之謂也니라.』

印綬相生榮富貴는 蓋言財多身弱이나 或帶官鬼하고 有印綬相生이면 自然富貴榮昌이니라. 獨步에 云호대 先

比例컨대 身主가 休咎하고 死敗地에 居하므로 日主가 衰弱한데 柱中의 干支에 財局이 三合되고 많으면 한

갓 無益할 뿐만 아니라 七殺을 生하고 災殃을 生할 것이니 이른바 ＜日干이 元來 身弱한데는 財多하여 生殺

함을 크게 꺼리는바 如斯한 命造者는 災殃을 生走할 뿐이라＞고 하는 古言은 바로 이를 두고 하는 말이다.

또 反對로 身主가 帝官建祿地에 坐臨하므로 日主가 旺한데 柱中에 財局을 이루고 財星을 生助한다면 곧 富

貴하고 名譽가 높을 것이니、 이른바 「財多하고 身旺하면 모든 것이 如意하게 成就된다」고 한 古言이 이를 두

고 하는 말이었다.

官鬼를 근심한다 함은 대저 官鬼가 財神을 盜奪해 가는 者로써 다시 我身을 尅去하는 때문이다. 따라서 正

財가 旺한데 盜氣鬼殺이 있으며 日主가 柔弱한 境遇에는 官鬼를 두려워 한다는 말이다. 또 空亡을 꺼린다 함

은 六甲空亡을 가리키는 말이니、 甲子旬中에 戌亥가 空亡이라는 類이다. 萬一 財神이 空亡地에 該當한다면

반드시 貧困하여 財物을 모을 수 없는바 可히 두렵다는 뜻이요, 空亡이 正히 害로운바 金玉財産을 積藏할 수

없는 貧窮한 命造者라는 것이다.

印綬가 相生하면 富貴하고 榮昌한다 함은 財多하고 身弱하지만 或 官星이나 鬼殺을 帶同하였으면서 다시

印綬가 相生하여 준다면 自然히 富貴榮昌할 것이라는 뜻이다. 獨步에 이르되 <財星이 앞에 있고 印星이 後

에 있으면 도리어 福을 이룬다> 하였고 通明賦에 이르되 <財星이 있고 生助가 있다면 네 말이 끄는 수레와

같이 힘차다>고 하는 古言이 이를 일컫는 말이다.

『休咎少年二句는 蓋言四柱에 旣財多身弱하고 而大運이 又行財官旺地니 財官旺則身體囚而愈弱矣니라. 雖強

年經休咎之地나 亦不如意며 不惟不發福이요 亦且禍患百出이며 或末年復臨父母之鄉하야 或三合助父我旺이면

勃然而興而富貴榮顯也니라. 如身財兩停이어나 或身旺財輕이면 則喜官旺運이니 忌身旺比刦之鄉이나 宜輕重較

量이니라. 亦有身全無根氣하고 滿局財殺이면 棄命從之者니 復行財官旺鄉에 人發者有之니 不可遽以身弱財多

로 斷之하라.』

休咎少年以下의 二句는 四柱에 財만 많고 身弱하고 大運이 다시 財官旺地로 行하는 境遇 財官만 旺하므로

身體는 갇히고 柔弱할 따름이라는 것이요, 勞心焦思하더라도 如意할 수 없고 發福할 수 없을 뿐만 아니라 禍

患이 百出한다는 것이다. 그러나 末年에 만일 父母의 印綬鄉을 만나서 或은 三合하여 印星을 도웁고 我身을

도웁는다면 勃然이 일어나서 富貴榮顯한다는 것이다.

또 萬一 身主와 財星이 다 有氣하여 兩停하거나 或 身旺하고 財星이 輕하다면 곧 官旺運을 기뻐할 것이니

身旺比刦의 運鄉을 꺼린다. 그러나 또한 그 輕重을 較量해야 한다.

또 身弱하여 全혀 根氣가 없고 財殺로만 滿局하였다면 棄命從殺格으로 볼 것이니、다시 財官旺鄕으로 運行
할 때에 大發하는 것이다。그러므로 身弱財多한 理致만 가지고 全論하여서는 不可한 境遇도 있다。

『四言獨步에 云호대 陰火酉月棄命이면 就財北行入格이요 南走爲災니 擧此一段以例나 十干從財者之斷이니
라。楠曰丁火長生於酉하고 偏財得位니 柱中三合財多에 畧無根則爲棄命從이라 就財格이요 運行壬癸亥子之方
에 爲北行多富貴雙全이니라。行丙丁巳午之氣하야 爲南走라 火有根氣요 助扶身旺이니 興財爲敵일새 不能從
財라 反爲禍咎며 所謂會逢根氣合損示精이 是也로다。觀此北行入格一句는 則從財忌殺又不可泥也니라。』

四言獨步에 이르되 陰火가 酉月에 生하여 棄命한다면 財를 取하고 北行할 때 入格發身하나、南方運에는 災
殃을 만날 것인바 十干의 各 從財格이 同一하다。

楠이 말하기를「丁火가 酉에 長生하고 偏財가 位를 얻은 것인데、萬一 柱中에 三合하여 財局을 이루고 財
星이 많다면、그리고 日主가 無根하다면 棄命從財格으로 본다고 하였다。

따라서 大運이 壬癸亥子의 北方으로 行할 때엔 富貴雙全하지만 丙丁巳午의 南方으로 行할 때엔 火가 根氣
가 生하고 身主가 助扶되어 財와 對敵이 되므로 從財할 수 없게 된다。그러므로 이 때에는 禍咎가 生하는바、
所謂 根氣를 會逢함에 命損死厄이 있다는 말이 이것이다。

正財格 吾郡李志富命

(第七十五柱)

辛巳
丁酉
丙寅
己丑

己丑 庚寅 辛卯 壬辰 癸巳 甲午 乙未 丙申

楠評＝丙日主가 酉月에 生하여 火神이 微弱하니 身主火氣는 弱하고 財星은 旺하다.

따라서 火는 적고 金은 많으니 火鄕으로 大運이 行함이 좋다. 南方大運에 巨富가 되었다.

解＝丙火가 비록 酉에 死하지만 그러나 丙火가 巳에 得祿하고 寅에 長生하였고 또 丁火羊双이 月干에 透出함이 기쁘다. 다만 金氣가 太旺하여 火氣를 還勝한다는 것 뿐인데 大運이 南方으로 行하여 火主를 生補하니 所以로 發財하여 數千萬緡(緡＝엽전 꾸러미니 千鍐을 말함)의 巨富가 되었다. 만일 丙子日干이 오직 다못 財多身弱하기만 하다면 비록 南方運으로 行하나 또한 가난하였을 것이다. 原命에 寅이 없어 生火하지 못하였어도 同一한 命이 된다.

(第七十六柱)

戊寅
乙丑
丙申
庚寅

丙寅 丁卯 戊辰 己巳 庚午 辛未 壬申

身旺用財格 雲南省 富命

楠評＝丙火가 第二陽의 月節에 生하며 財庫에 臨하나 身旺財旺하다. 丙丁火火는 兩寅이 生하고 乙木이 生助하니 身旺한데 財를 만났으므로 이름하여 眞金火倍라 한다.

解＝丙火가 비록 夏節에 生하지는 못했으나 金이 重疊한 중 千鍾의 富를 누렸다. 무릇 丙丁火가 旺하고 金을 본 때문이니 곧 丙丁이 金을 보아 天地의 眞金이 되고, 日干이 旺한 者는 十에 九는 富命이 된다. 此造가 特히 年時에 寅을 얻어 長生되었음과, 또 乙木이 扶身함이 좋은 點인 바 一陽이 進氣에 生하여 身旺하므로 美命이요, 또 庚金이 透出하여 財神이 明白하니 그 어찌 福富하지 않겠느)냐? 그러므로 一省에 巨富였다.

萬一 此命의 丙火가 寅月에 生하였다면 도리어 弱해짐을 要望하게 되겠지만 丑月에 生하여 火를 取用하므

로 發富하였다고 볼 것이다. 寅巳午未月의 火는 도리어 火를 嫌하고 火旺하면 亥子丑月을 좋아하며 火旺함을

꺼림은 正理 밖의 理致이다. 甲乙木이 寅卯辰月에 生하고 丙丁火가 巳午未月에 生하며 庚辛金이 申酉戌月에

生하며 壬癸가 亥子丑月에 生하면 다 身旺하나 好命은 一、二에 不過하다. 그것은 尅神이 많으면 貧夭한 때

문이니 또한 理致 밖의 理致로써 屢試하여 틀림 없었다.

(第七十七柱)

丙寅
甲午
丁酉
乙巳

乙未 丙申 丁酉 戊戌 己亥 庚子

身旺正財格　新坪吳楚四公　富命

楠評＝丁火가 五月에 生하였고 生이 많으니 火旺金多하여 富가 自然하였다. 金이 少하

고 火가 多함이 病이니 金水運에 發福하여 大富가 되었다.

解＝丁火가 午月에 祿旺되고 年月에 比肩火神이 있으니 太旺하며 그러므로 祖業遺財가

輕하다. 그러나 巳酉金局을 얻어 財局이 되니 身旺用財格이다. 丙丁火가 旺하고 庚辛을 본다면 이것이 天地

의 眞財니 무릇 丙丁日이 旺한중 金財를 본다면 十에 九는 富하다. 다만 丙丁이 極旺하여야 하는바 丙丁이

萬一 弱하다면 도리어 反對이니 屢次試驗하나 틀림 없었다.

다만 庚辛金의 財星을 取用하는데 子運을 본다면 혼히 死亡하는바 대저 金이 子에서 死하는 때문이다. 此

命造는 大運이 酉運에 入하여 財旺하게 助扶하므로 一發에 巨富가 되었는데 子運에 死刑을 當하였으나 富는

依然하였다.

(第七十八柱)

甲辰
丙子
己未
戊辰

丁丑 戊寅 己卯 庚辰 辛巳

身旺財弱格　臨川傳忠　貴命

楠評＝日主己土는 旺하고 七殺木神은 弱한데 財星이 殺星을 助資하니 그 精神을 養助

하는 形이다. 殺은 所藏되어 있고 官은 露出되었으니 眞貴한 命造인바, 年少하여 이미

及第하고 甲榜에 이름이 올랐다.

138

解=己未日干이 土庫에 坐臨하고 다시 年時에 土가 重重하니 身旺하다. 그러나 己土가 弱月에 生하니 弱한 것이 旺으로 變한 것인바 能히 財를 取用하며 財局을 기뻐한다. 己土가 많이 있어서 財神을 損傷하니 이것이 病인바 四柱에 甲乙木이 있어서 戊己土를 破해 주니 이것이 藥이 되었다. 但 子月의 木이 枯寒한 중 大運이 東方으로 行助하므로 早年에 及第함은 當然하였다. 原命에서 木이 旺하였다면 不然하였을 것이다.

(第七十九柱)

丁卯
乙巳
丙寅
丁酉

丙午 丁未 戊申 己酉 庚戌

身旺財旺格 貴婦人造

楠評=丙火가 身强하고 財가 또한 强하다. 夫星이 旺하여야 하는바 財鄉으로 大運이 行하니 財神이 結局하여 原根이 豊厚하다. 따라서 子兒가 特秀하였고 夫君도 또한 大榮 하였으니 大異常의 命이라 하겠다.

解=丙火가 生旺되고 財神을 만나면 男命뿐이 아니라 女命도 富貴하는바, 女命이 如此하면 子兒는 貴하게 되고 夫君은 榮華롭게 된다. 巳酉金局을 얻으며 原命에 財星이 弱하였으나 財鄉으로 大運이 行往하니 그 夫君이 太守가 되었고 金玉이 滿堂하였다.

(第八十柱)

壬辰
戊申
癸卯
丙辰

丁未 丙午 乙巳 甲辰 癸卯 壬寅

財旺生官格 參政妻命

楠評=癸水가 申月에 生하고 戊土夫星이 月干에 透出하니 財旺하여 生夫하는바, 本命이 明貴하다. 大運이 南方으로 行하여 夫星을 生旺케 해 주니 夫와 子가 함께 皇宮의 大臣이 되었다.

解=癸水가 水局을 얻으니 身主가 不弱하고 夫星의 氣運이 弱한 것은 正히 病이라 하겠는데 이것이 實로 「有病에 方爲貴」라는 것으로써 大運이 南方에 行하여 生夫해 주므로 夫子가 다 貴顯한 것이다.

財多殺淺格　富女命

（第八十一柱）
辛酉
庚子　辛丑
戊子　壬寅
癸亥　癸卯
　　　甲辰
　　　乙巳

運이　行함을　가장　기뻐하는바　夫子가　相興하였고　다　聲名이　있었다.

楠評＝戊土가　子月子日에　生하고　時上에　夫星이　있으니　格局이　分明하다.　夫旺地로　大

解＝戊子日主가　財星이　太多하니　身弱財多한　格이다.　따라서　本來　不美한　格인듯　하지

만　女命은　오직　夫星을　봐야　하는바　亥中에　甲木이　있고　夫星이　極衰하다.　年月上에　庚辛이　再加하였으니　이

것이　病인데　大運이　東方木旺節에　行하여　助夫生子하므로　發達한　것이다.　다만　身主가　弱하므로　一生에　發財

하였지만　恒常　疾病이　떠나지　않았다.　그러므로　財官太旺하고　日主가　太弱하면　父母家가　極貧하고　夫家는　極

興하는　것인바　此命이　巳大運에　入하여　庚金이　夫星을　剋去하므로　死亡하였다.

第六節　時上偏財格（附月偏財格）

『楠日時上偏財格은　蓋日干有氣라야　能任其財也라　如甲寅日이　見戊辰時也니　天干透出財神이면　斯格方眞이

나　若又歲月有財하야　相雜則格不純이요　益喜身旺任財며　食神之運에　以生其財니라。嫌官殺運은　剋到日干則

不能任其財요　益身太旺하고　比肩多엔　又喜官殺이니　以制去其比肩하야　放起其財神이라　不可執泥로다。

但用偏財日旺多富貴요　益陰剋陰陽剋陽이며　財神親切이나　有氣也에　用正財면　未見其美며　偏財乃橫財니

身旺多有施捨豪氣요　多得橫表財也라　理出於正이니』

楠이　가로되

時上偏財格은　日干이　有氣하여야　能히　그　財物을　堪任하는바、例컨대　甲寅日이　戊辰時를　보는

天干에　財神偏財가　透出하여야　바야흐로　眞格이나　萬一　또　歲月에　財神이　있어서　相雜되는

것이　그것이다.

境遇엔 그 格이 不純한 것이다。

大抵 此格이 身旺하여야 그 財神을 能任할 것인바 身旺함을 좋아하고 食神大運을 만나서 財神이 生助됨을

기뻐한다。그러나 官殺運은 꺼리게 되니 日干을 尅制하므로 身弱하여 그 財物을 能任할 수 없게 되는 때문이

다。그렇지만 身主가 太旺하고 比肩이 많을 境遇엔 官殺을 오히려 좋아하게 되니 그 比肩을 制去하므로 財神

을 放起하게 하는 때문인 바 한 가지로 執着하여 判斷할 수는 없다。

偏財만을 取用하는데 日主가 旺한 境遇엔 富貴할 것이요、陰이 陰을 尅하고 陽이 陽을 尅하는 境遇가 偏財

이다。財神은 또 親切性이 있는데、偏財가 有氣한 중 다시 正財를 取用하는 命造라면 美好할 수 없으며、偏財

는 또 橫財를 뜻하니 身旺한 者라면 흔히는 施捨하고 喜捨하는 豪氣가 있으며 橫財로 成財하는 例가 많으니

이것은 正然한 理致로부터 所出한 바이다。

『古歌에 云호대 偏財는 本是衆人財니 最忌干支比尅來라 身強財旺皆爲福이며 若帶官星更妙哉로다 補에 曰

偏財는 陽見陽陰見陰財니 如甲見戊요 乙見己之數라 然이나 偏財乃衆人之財요 非義不當得之財也니라 唯忌干

支比肩刼財分奪이면 則不全이요 所謂娣妹兄弟分奪去엔 功名不遂요 禍患隨生이 是已며 不有官星엔 禍患百出

故로 曰若帶官星更妙哉로다 但恐身勢無力이요 財弱無根이며 故로 曰身强財旺皆爲福이니 何者오 盖身旺自能

勝財요 財旺自能生官矣일세니라。』

古歌에 이로되 偏財는 本是 衆人의 財物이니 干支에 比刼이 많음을 가장 꺼리는바 身强財旺하면 此命이 다

福人이고、萬一 다시 官星을 帶有하였다면 더욱 妙命이 된다고 하였으며 그 補註에서는 다음과 같이 記述하

고 있다。

141

偏財란 陽이 陽財를 보고 陰이 陰財를 봄을 말하니, 例컨대 甲이 戊를 보고 乙이 己土를 보는 類이다. 그

러나 偏財란 뭇 사람들의 財物인바 勞力으로 正當하게 얻는 것이 아니요 非義로 不當하게 얻는 財物이다. 또

干支에 比肩刦財가 分奪함을 꺼리는바, 이른바 兄弟姉妹가 分奪取去한다면 功名을 이룰 수 없고 禍患을 連生

하게 되는 것이니 官星이 없으면 禍患이 百出한다.

그러므로 官星을 帶有하면 더욱 妙命이 된다고 한 것이다. 다만 두려운 것은 身主의 氣勢가 無力한 것이며

財星이 弱하고 根氣가 없음인바, 그러므로 身强하고 財旺하면 다 福命이라 한 것이니 大抵 身旺하여야 스스

로 勝財하는 것이고 財旺하여야 官星을 生助하는 때문이다.

『又古歌에 云호대 時上偏財一位佳니 不逢冲破昌榮華라 敗財刦財還無遇에 富貴雙全比石家로다 補에 曰時

上偏財者는 如庚日見甲干이어나 或寅支며 辛日見乙干이어나 或卯支之類니 只要一位貴요 不要多而三處不要

再見財니라 却怕年月日冲破니 如寅冲申이며 酉冲卯가 是巳요 如不逢엔 自享榮華富貴矣니라.

柱中及運中에 若見敗財하야 如辛見庚及申이며 見刦財羊刃하야 如庚見辛及酉之類엔 必傷妻耗財破家不足而

巳라 苟干支無遇則當而有財요 貴而有權이니 可比石崇矣니라.』

또 古歌에 이르되 時上偏財格은 一位만 있어야 佳命이니 冲破를 만나지 않는다면 榮華를 享有할 것이다.

敗財刦財羊刃이 없다면 富貴가 雙金하며 石崇의 福을 받는다고 하였고 補註에서는 다음과 같이 解述하고 있

다.

時上偏財格이란 庚日主가 時上에서 甲干을 보거나 或 地支에 寅字를 보는 例며 辛日主가 時上에서 乙干을

보거나 或 卯支를 만나는 類이니, 다만 一位만 보는 것이 貴하고 많은 것은 不要한다. 또 年月日이 冲破함도

大忌하는 바이니 寅이 申을 冲하고 酉가 卯를 冲함이 그것으로서 冲을 不逢하는 境遇 富貴榮華를 얻는바 原

柱나 大運中에 萬一 敗財를 만나는 境遇、 例하여 庚이 辛이나 申을 만난다면 또는 劫財羊双을 만나는 境

遇 例하여 庚이 辛이나 酉를 만난다면 반드시 傷妻하고 損財하며 破家하여 마지 않을 것이다. 그러나 干支에

比肩劫財를 만나지 않았다면 富하고 財豊하며 貴하고 有權함을 石崇에 比할 수 있는 大命이다.

『補에 曰正財偏財는 皆喜身旺印綬며 皆忌倒食身弱比肩劫財요 但偏財는 喜見官星而正財正官星故로 集說에

云호대 正財偏財二格이 喜忌大同이니 唯有喜官星이요 不喜官星之小異耳라 又偏財爲人이 有情而多詐며 主慷

慨不甚吝財라 蓋財能利已요 亦能招謗이며 雖喜官星이나 亦當較量이니 身之强弱과 運之盛衰而言이니라.

如運行旺相엔 福祿俱臻이요 行官鄕엔 便可發祿이나 若財勝而身弱에 運至官鄕이면 旣被財之盜氣요 又見官

之尅身이니 不惟不發祿이요 亦妨患咎하라 如四柱中에 先帶官星이면 便作好命看이며 若四柱兄弟輩出엔 縱入

官鄕이나 發祿必少니라。

正財爲人誠信이며 作事儉約이요 處身聰明이나 惟是慳吝이로다 雖正財不喜見官이 恐盜財之氣나 然이나 四

柱財多身旺比劫重重이면 亦喜見官殺하야 制伏比劫이니 故로 曰逢財看殺見官尤妙니 藏財露官當作貴推라 亦

不可泥於不喜見官之說也니라。』

또 補書에 말하기를 正財偏財는 대개가 다 身旺하고 印綬가 있음을 좋아하며 倒食과 身弱함을 忌하고 比肩

劫財를 忌한다고 하였고、 또 偏財는 官星을 다 좋아하지만 正財는 正官星만 좋아한다고 하였다.

그러므로 集說에 말하기를 正財와 偏財의 二格이 그 喜忌하는 바가 大同하니, 오직 官星이 있음을 좋아하고

官星이 있음을 不喜함이 小異할 따름이다. 또 偏財가 있는 사람은 有情하고 多詐하며 當主가 慷慨心이 있고

吝慳하지 않는다。大抵 財物은 나의 一身을 能히 利롭게 해 주는 同時에 한편으로는 誹謗이 있으며 비록 官星

을 기뻐하나 또한 較量하지 않으면 안될 것이니 日主의 強弱과 運路의 盛衰를 따라서 말하여야 한다。

萬一 大運이 旺相한 곳으로 行한다면 福과 祿이 함께 모일 것이요 官鄕으로 行한다면 문득 祿貴가 發할 것

이다。그러나 財만 勝旺하고 身弱하다면 大運이 官鄕에 이르렀을 때 財星의 盜氣가 되고 官星이 我身을 剋去

하는 故로 發祿하지 않을 뿐만 아니라 또한 患咎를 防止하지 않으면 안될 것이다。

萬一 四柱中에 먼저 官星을 帶同하였다면 문득 好命으로 볼 것인데 四柱中에 兄弟比刦만 많다면 비록 官鄕

에 들어가나 發祿함이 반드시 적을 것이다。

正財는 爲人이 誠實하고 信任性이 있으며 作事에 儉約하고 節約하며 處身이 聰明하지만 오직 인색한 것은

病이다。비록 正財는 官星을 좋아하지 않음이 盜財하는 때문이라 하지만, 그러나 四柱에 財多하고 身旺하며

比刦이 重하다면 官殺이 있어서 比刦을 制伏함을 기뻐한다。그러므로 「財를 만남에 殺이 있고 官星을 보아야

더욱 妙命이 되는바 財星이 藏伏되고 官殺이 露出된다면 貴命이라」고 말한 것이니 官星을 봄이 좋지 않다는

一說만 가지고는 通論할 수 없는 것이다。

月上偏財類聚格　希文自造

己酉
丙子
壬寅
乙巳

戊己庚辛壬癸甲乙
辰巳午未申酉戌亥

楠評＝壬水가 子月에 生하였고 偏財가 三位나 모였다。此命이 壬申을 거쳐 南方運에 到來하므로 火土財殺地에 福祿이 自厚하였다。

解＝書에 말하기를 「素食慈心은 印綬가 天德을 만난 때문이다」라고 하였으니 이는 어

(第八十二柱)

진 마음씨를 가진 사람의 命造를 말하는 바어니와 此命의 壬水日主가 子月에 生하여 陽

刃이 되니 財官을 좋아하는 命造이다。財官行運에 此人이 自手로써 自手成家한 사람에 틀림 없다。

此命이 二木傷官이 있고 殺이 있으나 二金이 當敵하니 八字가 中正을 얻고 病이 없으므로 壬水가 貴하지

못하다。 時日의 偏財를 取用하고 좋아하는바 親切한 性品의 所有者이다。 무릇 月上에 偏財가 있는 者는 慷慨

心이 많고 身旺하다면 喜捨함을 좋아하고 吝嗇하지 않다。

그러므로 古歌에 이르되 偏財가 있고 身旺하면 이것이 英豪格이요 羊刃이 侵害하지 않는다면 祿位가 높을

것이다。 또한 有情하고 慷慨心이 많다……고 하였던 것이다。 此格에 꺼리는 것은 羊刃이니 重婚을 免할 수

없고 官殺은 좋으니 刧財를 衰弱하게 하는 때문이다。

또 身旺하고 比刼이 重하면 損財하고 傷妻하는바 此命이 癸運에 父母가 災殃을 만났고 妻子의 變이 있었으

며 酉運에 火土가 俱敗하므로 萬事가 不如意하였다。 壬大運은 比肩이니 癸水와 不同하였고 申運은 水가 長生

되므로 不利하며 辛未 庚午 己巳의 官印鄉運에는 좋았으니 福祿을 받았다。 辰運에 火土가 墓庫에 빠지고 水

局을 이루니 死亡하였다。

此命의 時柱에 七殺이 있는데 寅巳相刑되므로 妻子에게 不利하며, 그러나 日支에 甲木이 制止하는 故로 時

上偏官을 制禦하는바 末年에 有子하여 英奇하였으니 이것이 다 五行의 正理가 아닐 수 없다。

(第八十三柱)

庚寅
乙酉
甲子
戊辰

丙戌 丁亥 戊子 己丑 庚寅 辛卯 壬辰 癸巳

時上偏財格 李廉使命

甲木日主가 酉金旺節에 生하여 年干에 庚金이 透出하니 七殺이 旺하나 月干의 乙木이

合殺하니 有情하므로 貴命이요 甲木이 年支에 建祿하고 子辰水局하며 月干乙木이 有助하

니 身旺敵殺이요 時上의 戊土偏財를 取用하므로 富貴功名格이다。 그러나 時上戊土偏財가

水를 制壓하고 生金하니 四柱의 大勢는 財官이 旺하였으므로 特히 水木旺運에 大發하였

다。 巳大運中에 巳中庚金이 長生하고 金局을 이루므로 死亡한다。

（第八十四柱）

時上偏財格　張府尹의 命

癸亥
乙卯
乙未
壬午

甲寅　癸丑　壬子　辛亥　庚戌　己酉　戊申　丁未

此命의 乙日主는 地支에 木局을 이루고 年月時에 比刦印綬가 生旺하니 身主는 太旺한 데 時上의 午中己土는 旺木에 依하여 制壓太甚하니 木은 此命의 病이다。그러나 午中丁火가 旺木을 火로 돌리고 弱衰한 偏財의 뿌리가 되었으니 貴命이다。따라서 此命이 偏財를 生旺케 해주는 土運에 發하고 西方金運에 病木을 擊退하므로 大發하였으며 未大運에 木局을 造成하니 旺病이 極勢하므로 死亡하였다。

（第八十五柱）

時上偏財格　曹丞政命

己未
壬申
丙申
庚寅

辛未　庚午　己巳　戊辰　丁卯　丙寅

此命이 申月生旺節에 生하여 年柱의 己未土가 있고 庚金이 透出하니 三金이 唯旺한다。月上壬水는 旺財의 精氣를 洩氣시켜 주니 喜神인듯 하지만 弱身을 尅去하므로 此命의 病神이 된다。따라서 此命이 戊己土運에 病神壬水를 制하여 發身하고 丙寅丁卯大運에 日身을 旺助하니 一國의 副宰相이 되었다。

（第八十六柱）

時上偏財格　陳尙書의 命

戊子
辛酉
戊申
壬子

壬戌　癸亥　甲子　乙丑　丙寅

此命이 食神傷官이 太旺하고 偏財가 亦旺하니 年上의 戊土는 日主의 뿌리가 될듯 하나 月上에 辛酉柱가 막히어 化金하므로 財命을 從하며 棄命하지 않을 수 없다。따라서 棄命 從財格으로 보아서 水金旺運에 大發하여 長官이 되었다。大運이 水旺地에 行하므로 少年 早達하여 大成하였다。從財格에 比刦運을 最忌하나 原命에 食神傷官이 旺하므로 無關하며 木運 또한 無妨함은 旺水가 傷官과의 싸움을 解消하는 때문이다。

子平書에 此命과 同造를 知府造로 보았으나 이는 또 節氣의 深淺과 個人의 特別한 至誠努力에 差異한 것이

146

라 하겠다.

(第八十七柱) 時上偏財格 曾知府命

甲午　戊寅
丁丑　己卯
己未　庚辰／辛巳
癸酉　壬午

己土가 丑月에 生하여 日支에 未中己가 있어 三三二火가 生助하며 殺印相生해주니 身旺하다. 따라서 時上偏財인 癸水는 酉金이 生해 주나 剋身이 旺하므로 太弱하고 酉丑金局을 얻었음은 기쁜 일이다. 따라서 此命이 庚辰辛巳壬運에 大發하였고, 또한 旺土를 除去해 주니 吉利할 것은 勿論이다. 午大運中 旺土忌神이 得勢하므로 死亡하였다.

(第八十八柱) 時上偏財格 那司令의 命

戊寅　癸卯
庚子　甲辰
壬寅　乙巳
壬午　丙午／丁未／戊申

庚日主가 寅月에 生하여 兩壬이 있고 水局을 이루니 食傷이 旺하고 時上의 甲木偏財는 甚旺하다. 日主는 오직 時干의 戊土에 依持할 따름이다. 戊土印星이 旺水를 剋制하고 日主를 生助하므로 時上偏財를 能任하여 發身한 것이다. 따라서 火土旺運에 戊土를 生助하여 旺水病神을 制하니 發身하였다.

(第八十九柱) 時上偏財格 高侍郎의 命

乙酉　戊寅
己卯　丁丑
辛卯　丙子
辛卯　乙亥

此命이 偏財가 五位나 있고 木旺節에 生하니 乙木이 太旺함이 病이다. 따라서 此命이 日主와 印星을 生旺하는 土金運中 大發하고 水木은 凶運이다. 丁丑丙의 十五年이 大通運이니, 長官位를 얻고 功名을 세웠으며 乙亥大運에 旺病尤旺하여 死亡하였다.

(第九十柱)

丁亥
戊申
壬申
丙午

甲乙丙丁
辰巳午未
庚辛壬癸
子丑寅卯

時上偏財格　侯知閣命

壬水가 申月에 生하여 申日에 坐臨하니 長生地를 얻었는바 年支亥水에 得祿하므로 身旺하다。 時上偏財인 丙火 또한 祿地에 있으니 得氣한바 財命이 有氣하니 富貴功名할 命造이다。 따라서 東南方運中에 大發하였다。

(第九十一柱)

丁巳
癸卯
戊子
庚午

甲癸壬辛庚己
午巳辰卯寅丑

時上偏財格　劉中書造

時上偏財인 丁火는 巳火에 帝旺을 얻고 卯木이 生하며 戊癸合火하니 有氣하다。 日主癸水 또한 子月水旺節에 生하여 庚金印綬가 生助하니 有氣하나 戊土殺星과 午中己土가 除水하며 卯木이 洩氣하니 旺變化弱이요 庚辛壬辰癸巳大運에 生身하므로 副宰相이 되었다。 木運도 藥神이니 亦吉하다。

(第九十二柱)

癸卯
戊午
丁丑
辛丑

甲乙丙丁
寅卯辰巳
庚辛壬癸
戌亥子丑

時上偏財格　王少師之命

丁火가 午月에 生하여 戊癸合化하고 卯木尤助하니 身主不弱하다。 時上偏財 또한 丑中에 通根하며 四土生助하니 財命이 有氣하므로 眞貴命이요 丁火甚旺한데 一癸獨殺이 透干하여 丑中有根하니 貴造이다。 따라서 此命이 東方木運의 早年에 四土를 制하고 泄火의 病神인 戊土를 制壓하므로 吉하고 水運에 亦發하여 第二首相級에 이르렀다。 財命이 有氣하므로 何運을 不問하고 一世安然한 貴造이다。

第七節　傷官食神格

『楠曰傷官食神은 一陰一陽之爲傷官이요 陰見陰陽見陽之爲食神이니 蓋盜我血氣之物也니라。 子平書에 論傷

官食神之理가 雖甚多나 但所言이 皆不親切이로다 何以爲之傷官也오 蓋人之身에 以官星爲管我之官이니 如府

縣官之類也라。 出入動作에 皆要循守規矩를 不敢妄이나 爲今則傷官者는 則是傷殺其官하야 不服官管이니 如

弑殺上官之類也라 則爲强賊化外之民이니라。

如此格者는 就要不見官星이니 如再見官星이면 就如打傷府縣官者가 又再去見府縣官이니 則官肯放汝乎아

今書只云傷官見官爲禍百端이나 而不眞言其理며 又曰傷官傷盡最爲奇요 尤恐傷多反不宜라하니 此雖正理라 猶

志通玄이나 然이나 傷官之格이 四柱並不見官星이라사 本然入格이라 하면 但太純而無病事니 見上文病藥說하

라」

楠이 가로되、 傷官食神이란 一陰이 一陽의 洩者를 만나면 傷官이 되고 陰主가 陰洩者를 만나고 陽日主가

陽洩者를 만났을 때 食神이 됨을 말하니 대저 我身의 血氣를 盜賊하고 빼앗아 가는 相對物에 該當한다。子平

書에 傷官과 食神에 對해 그 理致를 論議함이 많지만 그 말이 親切하지 못한 느낌이 있다。그러면 어떤 것을

傷官이라 하는가? 대저 官星은 官廳의 官과 같은 意味이니 人間生活의 妄動을 法規로서 規制하자는데 그 뜻

이 있음과 같다。그런데 傷官은 그 官星을 傷殺하고 官命에 不服하는 者이니 上官을 弑殺함과 같고 强賊을

化民함과 같다。(官殺을 때로는 鬼殺强賊으로 봐야 할 境遇가 있다。)

따라서 如斯한 傷官格者는 官星을 만나지 말 것이니 萬一 다시 官星을 만난다면 官廳의 長官을 打傷하는

格인바 官縣에서 어찌 放置해 두겠는가? 이제 今書에 다만 말하기를 「傷官이 官星을 만나면 百端으로 禍를

만난다」고 하였으며、또 가로되 「傷官이 傷盡하면 最奇한 命이요、傷尅함이 많아도 도리어 不宜하니 이를 더

욱 두려워 한다」고 하였다。 이것이 비록 正當한 原理요 뜻은 깊이 的中한 바가 있지만、그러나 傷官格이 四

柱에 아울러 官星을 만나지 말아야 本格에 入格한 것이라고만 한다면 다만 太純할 따름으로 病이 없는 四柱

이니 上述한 病藥說을 引用해서 生覺할 때에는 的中하지 못한 바가 있다고 아니할 수 없다.

『雖然이나 日干有氣하고 若四柱重重傷官이면 盜盡我身之氣니 如人屢屢服大黃朴硝諸般通藥하야 身由此而

洩傷其元氣면 將何藥以救之리요 如此로弱則用附子之溫藥이라야 方能救其性命이니라 若八字重疊傷官食神이

면 日主又衰弱이니 急須行印運하야 以破其傷官이요 行比刦運하야 以資其日主니 此是有病之命이 得藥救之

에 亦多富貴니라.

又如日主生旺하고 比肩太多하며 財神衰弱하면 蓋傷官以財爲用神也니 則又喜見官星以制其比刦하야 存起其

財星也니라 何又喜見官前後進退之言也오 緣我本身兄弟太多면 官星但箱制我兄弟하야 存起我財星이니 此官星

爲我之福이요 不來禍我也니라.』

그러나 日干이 有氣하고 四柱에 傷官이 重重하다면 我身의 氣運을 全部 盜盡 當한 것이니 比較컨대 사람이

元氣가 떨어지고 身體가 虛弱해졌다면 補藥과 營養劑를 써야 救命되는 것과 같은 理致로 봐야 한다.

八字에 傷官食神만 重疊되어 있고 日主가 原來 衰弱한 境遇엔 大運이 急히 印鄉으로 行하여서 그 傷官을

破壞시켜야 할 것이요 比刦運이 와서 日主를 도와 주어야 하는바 이것이 이른바 病이 있는 命造에 藥을 얻어

救命하는 格이니 富貴하는 것이다.

또 日主가 生旺되고 比肩이 太多하며 財神이 衰弱하다면 傷官格에 財神을 用神으로 取하는 命造니 官星이

와서 比刦을 制去함을 기뻐하는바 財神이 살아나는 때문이다.

그러면 어찌하여 官星을 보는데 喜忌兩論이 成立하는가? 할지 모르지만 그러나 原命에 兄弟가 太多하다면

官星이 나의 兄弟를 制去해 주어야 나의 財星이 살아날 수 있는 것이니 이때엔 官星이 나의 福神이 되고 禍

殺이 아님은 明白한 때문이다.

『古書에 云호대 木火見官要旺이요 金水傷官今得火以泄其精英이면 多主富貴니 若行北方運에 破其虛火하

면 正謂假傷行印運必死요 眞傷官行傷官運必滅이니라 如甲乙木見巳午未月이면 傷官洩氣太重이니 再行寅午戊

火運에 洩木精英太甚이니 安得不死乎아 書云木作飛灰男兒壽夭라하니라

然傷官格多傲者何也오 子平之書에 未言其至理와 盍人用官爲管我之官이어니 我則不畏其官而傷之라 是肯放

我爲非定이니 不是好傲好僭者乎아 又多聰明者는 何也오 盍日主之氣가 破泄其精英이니 是其英華發於外也라

故로 多聰明者니라

若日干旺이면 精英喜泄이니 則爲卿相이요 若日干弱洩氣太多者는 多爲迂謬寒儒니 盍其所泄精英이 亦不爲

好精英也일새니라』

古書에 이르되 木火傷官格(甲乙日主의 傷官格)은 官을 보고 官旺運 봄을 좋아하며 金水傷官格(庚辛日主의

傷官格)은 火를 얻고 精英을 泄하여야 富貴하는 사람이 많다. 그러나 北方으로 運行하여 虛火官星을 破하면

이른바 〈假傷官格이 印運으로 行하여 必死하며 眞傷官은 傷官運으로 行할때 반드시 死滅할 것이다〉라고 한

古言에 該當한다고 하였다.

敷衍해 말한다면 甲乙木日主가 巳午未月에 生하는 境遇 傷官의 洩氣함이 太重한 것인바, 다시 大運이 寅午

戊火運으로 行할때 木主의 精英을 漏洩함이 太甚하므로 死亡하지 않을 수 없다는 것이다. 또 書에 이르되

「木主가 火氣가 太多하여 재로 되었다면 此男兒가 夭壽한다」고 한 말이 이에 該當한다.

傷官格의 命造者는 흔히 傲氣(거만하여 남을 無視함)가 많음은 어찐 까닭인가? 子平書에서는 그 至極한

理致를 밝히지 않았다. 대저 官星이란 官府인데 傷官은 官을 두려워 하지 않고 도리어 傷殺하므로 나를 放任

하고 規制하지 않으니 傲物하지 않으며 僭濫(거슬리고 예의를 어김)하지 않겠느냐?

또 聰明하다 함은 어쩐 緣故인가? 대저 日主의 氣運을 洩하고 그 精英을 破現하여 그 英華가 外部에 發散

됨이 傷官格이므로 聰明할 수 밖에 없는 것이다.

萬一 日干이 旺한다면 日主의 精英을 洩氣함이 歡迎되는바 如斯한 命造者는 卿相이 되고 巨物이 되나 萬一

日干이 弱하고 洩氣가 太重하다면 그릇되고 가난한 선비에 不過하니 日主의 弱한 精英을 洩破하는 때문이

다.

『若男以官星爲子에 見傷官以破之엔 多主尅子니 其理易曉라 若見財暗生子星이면 則又有子也로다 食神格이

亦多類此니 若有二三點則混爲傷官看이라 若單見一點食神財면 爲食神生財格이요 亦要日干旺하야 食神生其財

星이면 最忌偏印이니 爲梟神奪食이나 若食神多則不畏也니라 一則與眞傷官同하야 不畏印運也니라 若止一點

하고 再如食神氣弱하며 又柱中有官殺에 原賴此食制殺엔 今被此梟印破去食神하야 不能來制殺하야 則制來尅

身이라 多主夭貧儒니라

傷官格이 多畏入墓運이니 故로 言其禍甚烈이라 하나 亦不推明立說之意로다 盖傷官格乃傷 官長之人이니 相

如此等之人이 提入牢獄必多苦楚라하나 此說亦甚不近理也니라 但原眞傷官太多엔 泄氣太過니 喜行傷官墓地요

又添一點傷官하야 愈泄精神이면 多死니라』

萬一 男命인 境遇 官星으로써 子息을 삼는데 傷官이 破尅한다면 當主가 흔히 尅子하게 될 것이니 그 理致

는 어렵지 않다. 그러나 만일 財星이 있어서 暗生해 준다면 곧 子息이 있는 것이다. 食神格이 또한 이와 같은 例가 많은바 만일 二三點의 食神이 混有해 있다면 傷官으로 본다. 一點의 食神이 있고 財가 있을 때엔 食神生財格으로 보는데 身旺함을 要한다.

食神이 財星을 生하는 格에서는 偏印을 가장 꺼리니 梟印이 食神을 奪食하는 때문이다. 그러나 食神이 많다면 두려울 것은 없다. 原柱에 一印만 있다면 眞傷官과 같이 印運을 두려워 하지 않는 假傷官이다. 食神이 氣弱하고 一點의 梟印이 있으며, 또 柱中에 官殺이 있는데 이때에 食神이 制殺하고 이 食神이 用神이나 喜神인 境遇라면 梟印을 만나서 食神을 破去하므로 食神이 制殺할 수 없게 되니 當主는 흔히 夭壽하고 가난한 선비의 命에 不過하다.

傷官格이 또 墓運에 들어감을 두려워하니, 그러므로 如斯한 경우 그 禍가 甚하다고 하지만 亦是 仔細한 說明이 없으며 또 傷官格은 대저 官長을 傷殺하는 性質이 있으니 此等의 命造者는 獄苦와 厄楚를 當하는 例가 많다고 하지만 此說도 또한 理致에 가깝지 않다.

例컨대 眞傷官格에 傷官이 太多하면 泄氣가 太過한 것이니 傷官의 墓地로 運行함을 좋아하고 만일 一點의 傷官을 添加하는 境遇엔 그 精神을 過泄하므로 흔히 死亡하는 것이다.

『亦金寒水冷則喜丙丁火官星으로 以暖其金氣也나 若水氣不多하고 金氣不旺엔 亦畏官府也니라 又云土非入墓之害也라 하고 又或假傷官氣輕하고 日干旺하면 喜傷官泄見官이라 하나 前人虛立此言이라 反滋惑不澈底講明進退之說이니 豈不泥也가 何也오

蓋木火傷官格이 假如甲乙木生正月하야 見火爲假傷官이니 其火乃虛火其焰未熾며 且木氣朴堅하야 雖見火而

木之眞性不焚이니 再若木旺則喜庚金旺相之官星이 以剋制其木也니라 則金木有成名之用이라 則木火見官官要

旺이니 其理然也니라』

또 金이 多節에 冷하고 水가 寒冷한즉 丙丁火官星으로 그 金氣를 더웁게 해 줌을 기뻐하나 그러나 水氣도

많지 못하고 金氣도 旺하지 못하다면 또한 官星을 두려워 하게 된다. 또 「土는 入墓의 害가 없다」고 하고,

「또 假傷官의 泄氣가 弱하고 日干이 旺하면 傷官으로 泄함이 좋고 官星을 봄이 좋다」 하였지만, 이는 다 前

入(古人)의 虛된 말이니 따를 수 없는 理論이다.

木火傷官格이라 함은 例컨대 甲乙木이 正月에 生하여 火를 보는 境遇 이것이 木火假傷官格이니, 그 火勢가

虛하여 熾烈하지 못하다. 또 이때의 木主는 그 氣運이 굳세고 튼튼하므로 비록 불을 보더라도 木의 眞性이

타 없어지지 않는다. 그러므로 如斯한 命柱가 다시 木旺하다면 庚金의 旺相한 官殺을 만나서 그 木氣를 制剋

해 주고 깎아 내어야 貴發하는 것이다. 이것을 이른바 金木이 成名을 이루는 格이라 하는 바이니 「木火傷官

格이 官星을 보고 官星이 旺함을 要한다」는 古言은 그 理致가 있는 것이다.

『若甲乙木生臨巳午月엔 炎火盜甲乙木之氣니 則謂之眞傷官也라 原又泄木情英太多하고 再加庚辛官殺하야

制其日主하면 此則木火傷官亦畏見官也니라 若日主旺傷官多見官殺은 反爲我之羈殺이니 亦多富貴로다

金水傷官喜見官은 何也오 若庚辛日主生於子月或亥丑月하고 重重水氣하야 泄弱庚辛金之氣하면 則謂金官去

反成官宜去官星也라 하니 其說近理니라 唯有水木傷官格은 財官兩見始爲歡이니 此則見財宜也나 見財官不宜

也니라 下此官字反致惑人이니라

然傷官之格에 有眞傷官하고 有假傷官하니 如眞傷官者는 甲乙日干生於巳午未月하면 眞火爲傷官用事라 蓋

甲乙日被火焚其情英이니 若火多而木性失이라 則喜北方水運이 以破其傷官이요 扶起其木氣나 如止一二點火엔

亦畏印以破之라 故로 曰破了傷官損壽元이라하니라 如甲乙木生正二月하고 見火하면 爲假傷官이니 其火氣尙

未熾烈이요 則用此虛火爲用神이며 正謂木能生火에 木榮昌이라 木火通明佐廟廊이라하고 又曰假傷官行傷官運

發이라하니 若行南方火運에 佐助其虛火라 且木氣堅朴이요 又其精神에 再行傷官墓地면 又添一點傷官하야 以

泄其精入墓運이면 反多富貴니 其亦不可以入墓爲說也니라 但富以傷官輕重하고 其假論之其理甚是니라」

甲乙日이 巳午月에 生하여 炎火가 甲乙木의 氣運을 盜奪해 간다면 이것이 眞傷官이다. 原柱에 洩氣가 太多

한데 다시 庚辛官殺이 日主를 制伏하면 이런 境遇에는 木火傷官이 官星을 만남을 두려워하는 命造라 하겠지

만 그러나 만일 日主가 旺한 傷官格은 官殺을 보는 것이 도리어 좋으니 富貴하는 命造로 본다.

金水傷官格이 官星을 만남을 기뻐한다 함은 무엇인가? 그러나 萬一 庚辛日主가 子月이나 亥丑月에 生하여

水氣가 重重하므로 弱한 庚辛金主를 泄氣하는 命造라면 그 官星을 制去하고 만나지 않음이 좋다.

그러나 오직 水木傷官格은 財官을 兩見하여도 다 좋다고 하였다. 그러나 이는 財星을 보는 것은 좋지만 財

官을 다 봄은 不宜한 境遇가 있다.

또 傷官格에는 眞傷官과 假傷官의 二格이 있으니 眞傷官이란 甲乙日이 巳午未月에 生함을 일컫는 바 木氣精

英이 불에 타는 形局이므로 北方水運이 와서 傷官을 破하고 木氣를 扶助함을 기뻐한다. 그러나 一二點의 火

가 있을뿐 火勢가 弱하면 또한 印運을 두려워 한다. 그러므로 「傷官을 破하면 壽命에 關係된다」고 하였던 것

또 甲乙日이 正二月(寅卯)에 生하고 火를 보면 假傷官이니 火勢가 熾烈하지 못하고 虛火를 取用하는 것이

이다.

므로 木이 生火함에 榮昌하는 格인바, 그러므로 「木火通明格은 佐廟廊(皇帝側近者)이라」하였고 「假傷官格은

傷官運에 發한다」고 하였던 것이다. 南方運으로 行하여 虛火를 도와 주는 때문이니 木氣가 튼튼하고 精神이

强하므로 傷官運으로 行하여 傷官의 勢를 加하고 精英을 泄하는 墓地에 오히려 富貴하는 것이다. 그러므로

「入墓地에 좋지 않다」는 古說은 傷官格 一般에 適用될 수 없다. 따라서 傷官의 輕重과 眞假格을 分別하지 않

으면 안된다.

『補曰傷官者는 我也에 被之에 被之謂也니 陽見陰이라 如甲生午月하고 戊生酉月之類며 陰見陽이니 如乙生

巳月이요 己生申月之類라 亦名盜氣요 喜身旺喜印綬喜財星喜傷官이며 忌身弱忌無財忌官星이니 歲運同이니라

如甲生午月하고 干頭又見丁火重重하며 柱中有官星顯露에 歲運又見이면 是謂身弱逢官이요 傷之不盡이니 其

禍不可勝言이라 故로 曰傷官見官爲禍百端이라하고 有財有印엔 乃解라하니라

若傷官傷盡은 四柱不留一點官星하고 又行身旺及印運却爲貴也니라 故로 定眞篇에 云호대 傷官若見印綬엔

貴不可言이라하며 如四柱雖傷盡官星엔 身雖旺이나 若人無一點財氣면 只爲貧薄之命이니 故로 元理賦에 云호

대 傷官無財可持雖巧必貧이요 須見財爲妙니 是生能生官也라 傷官七殺甚於傷身七殺이니 其驗如神이라하니라

年帶傷官父母不全이요 月帶傷官兄弟不完이며 時帶傷官子息凶頑이며 日帶傷官妻妾不完이니라 傷官原有官

星에 運行去官主發福이요 傷官用印不忌官星이니 去財方發이며 傷官用財見比有禍나 行傷官運엔 方發이로다

若四柱傷官無財하고 又遇比刦行이면 原犯傷官多엔 不宜復行傷官이나 須要見官則發

이라 故로 曰傷官無官再見蹇滯요 運入官鄉局中反貴며 若傷官輕只一位者는 宜行傷官運이라하니 宜輕重較量

이요 不可執一而論이니라

又曰傷官之格이 主人才高氣傲하야 常以爲天下人不如已라 多謫侮人이며 衆人多惡之而貴人亦憚之라 故로

古歌에 云호대 傷官其志傲王候요 好勝剛中强出頭라하니라」

補註에 가로되 傷官이란 陽干이 陰洩을 만남이니 甲이 午月에 生하고 戊가 酉月에 生하는 類이며 陰이 陽을 봄이니 乙이 巳月에 生하고 己土가 申月에 生하는 例이다. 一名이 盜氣라 하는바 身旺함을 좋아하니 印綬나 財星이나 傷官은 좋아하고 身弱은 꺼리며 財가 없거나 官星도 꺼린다. 大運이나 歲運도 또한 같다. 例컨대 甲日이 午月에 生하고 干上에 丁火가 重重하다면 그리고 柱中에 官星이 透露하였으며 歲運에서 다시 만난다면 이것을 이른바 「身弱한 命이 官星을 만났고 傷官하되 不盡한 格이니 그 禍厄이 많다」고 하는 것이다. 그러므로 「傷官이 官星을 보면 禍가 百端으로 일어나고 財가 있고 印星이 있으면 곧 解消된다」고 하는 것이다.

傷官格이 傷盡되었다 함은 四柱에 一點의 官星도 없음을 말하는바 大運이 身旺하고 印鄕으로 行할때 貴發한다. 그러므로 定眞篇에 이르되 「傷官이 萬一 印綬를 본다면 貴함을 말할 수 없을 程度라」고 하였고 「四柱에 官星이 傷盡되었으면 身主가 비록 旺하나 一點의 財氣도 없다면 다만 貧薄할 뿐이라」고 하였다. 그러므로 元理賦에 「傷官格이 財가 없다면 비록 巧妙한 才操를 믿으나 반드시 貧寒할 것이요, 모름지기 財를 보아야 妙命이니 財星이 官을 能生하는 때문이다. 傷官七殺은 傷身하는 程度가 七殺만 있을 때 尤甚하니 그 證驗이 年上에 傷官이면 父母가 不全하고 月柱에 傷官이 있으면 兄弟가 不完하며, 時柱에 傷官이면 子息이 凶頑스럽고 日支에 傷官이면 妻妾이 不完하다. 傷官格에 官星이 原有하면 運中에서 官星을 除去할 때 發福하고, 傷

官用財格은 比肩을 만날때 禍厄이 있으나 傷官運으로 大運이 行하여서는 發福한다。

또 만일 傷官格이 無財하다면 그리고 比刦運으로 行한다면 奸巧하며 尅妻傷子할 命이다。 그러나 原命에 傷

官이 많을 境遇에는 傷官運이 不宜하고 官運에 發福한다。 그러므로 「傷官格이 官이 없는데 傷官運을 再見하

면 蹇滯不發하나 大運이 官鄕으로 行入하여서는 도리어 貴發한다。 그러나 萬一 傷官이 輕하고 一位만 있다면

傷官運이 좋다」고 하였는바 輕重을 較量할 것이요 하나만 執一하지 말아야 한다。

또 가로되 傷官格은 當主가 才操는 높으나 氣質이 傲慢하여 天下의 모든 사람이 自己만 못한줄 알고 속임

수와 滅視하는 態度가 있으니 그러므로 衆人이 미워하고 貴人이 忌憚하는 바이다。 古歌에 「傷官格은 그 뜻이

王侯를 侮傲하고 好勝하며 堅强하며 頭領이 되기를 좋아한다」고 하였다。

『又曰傷官固不喜官星相見이나 若金人水傷官과 水人木傷官과 木人火傷官은 不大忌見官星이니 故로 古歌에

云호대 火土傷官宜傷盡이요 金水傷官喜見官이며 木火傷官官要旺이요 土金官去反成官이며 唯有水木傷官格이

財官兩見反爲歡이로다

又曰男重傷官固尅嗣나 然傷官有財亦多兒하고 亦曰傷官有財死宮有子요 傷官無財子宮有死며 女犯傷官固刑

夫나 然財印俱旺亦榮夫라 故로 曰女命傷官格中大忌나 財旺印生夫榮子貴라하며 金不換에 云호대 傷官四柱見

官이면 到老無兒라하며 又曰傷官傷盡忽見官星이면 則凶이요 傷官見官이나 妙入財印乃解라하니라」

또 가로되 傷官格은 진실로 官星의 相見을 기뻐하지 않으나 金人의 水傷官格과 水日主人의 木傷官格과 木

人의 火傷官格은 官星을 大忌하지 않는다。 그러므로 古歌에 「火土傷官은 傷盡됨이 마땅하고、 金水傷官은 官

星을 기뻐하며、 木火傷官은 官星이 旺함을 要하고、 土金傷官은 官을 꺼리며、 오직 水木傷官은 財官을 다 기뻐

한다」고 하였다。

또 가로되 男命에 傷官이 重重하면 진실로 尅嗣(子孫이 없음)하나 財星이 있다면 多兒하다」하였고、또 가

로되 「傷官格이 財가 있다면 死宮이라도 子息이 있고 傷官格이 無財하면 子宮이 있어도 죽은 子息이다。또

女命이 傷官을 犯하면 刑夫하나 財印이 俱旺하다면 그 夫가 榮昌한다」고 하였다。그러므로 「女命의 傷官格은

大忌하는 바나 財旺하고 印生한 境遇에는 夫榮子貴한다」고 하였다。

金不換에 말하기를 「傷官四柱에 官星을 보면 늙도록 子息이 없으며 傷官傷盡格이 官星을 보면 凶하고 傷官

格이 官星을 보나 그러나 妙하게 財와 印이 있다면 解救된다」고 하였다。

『纂要에 云호대 凡傷官行旺相엔 吉이요 死墓엔 皆凶이라 陽順陰逆以用神而推하라 且如用屬甲甲長生亥地

에 沐浴子冠帶丑이며 臨官寅帝旺卯며 衰辰病巳死午요 墓未絕申胎酉養戌이 是也니라

補曰凡傷官格行旺相吉者는 是言四柱傷官輕而運行旺相하야 臨官帝旺之地엔 則吉而福榮이요 死墓皆凶者는

是言四柱傷官旣重而行墓死運에 此凶而禍敗니라 如甲生午月하고 乙生巳月하야 柱中有寅午戌하며 又行戊逢寅

午戌三合이면 謂之入墓니 必禍是也니라 陽順陰逆以用神而推者는 是言陽傷官爲用神에 運順行이면 其禍大니

死者多矣요 陰傷官爲用神에 運逆行이면 其禍小니 未必死也니라

故로 醇醴子氣象에 云호대 入庫傷官陰生陽死니 夫傷官輕而行旺相엔 固吉이요 如年上傷官에 柱中重重三合

太旺하고 又無財하면 雖再行旺相之地나 洩氣愈甚하야 反凶이니 故로 古歌에 云호대 年上傷官最可嫌이니 重

怕傷官不可鐲이라하고 又古歌云傷官傷盡最爲奇요 尤恐傷官多反不宜라 此格이 百中千變萬化하니 時消須要用心

機라하며 又古歌云戊己生時氣不全이며 月時兩處是傷官이면 必當頭面有虧損이며 膿血之瘡苦少年이라하니라

觀三歌컨대 柱內傷官旣重인댄 不可行旺相也가 明矣니 纂要是言이며 輕者當行旺相也니 當輕重較量이요 不

可執一이로다 夫柱內傷官重而行墓死하면 固皆凶이나 然이나 正氣傷官雖柱中輕이면 亦不可入墓死之運이니

故로 古賦에 云호대 傷官食神並身旺하면 遇庫興災有禍라하나 雖然이나 亦當有陰陽之辨하니 如前所言也니라

又格解호대 以下二格與此格合解에 亦非盡傷官이니 以月令生我者에 言正倒祿이면 非以日主暗冲者요 言內有

二字泛指四柱면 非指傷官也니 食神格補니라」

이다.

寅에 祿官 卯에 帝旺이며 辰에 衰, 巳에 病, 午에 死이며 未에 墓, 申에 絕, 酉에 胎, 戌에 養이 됨이 그것

大運을 따라 用神으로써 推察하라. 例컨대 甲木을 取用한다면 亥地에 長生하고 子에 沐浴하며 丑에 帶官이며

纂要에 이르되, 무릇 傷官格이 旺相地에 行한다면 吉하고 死墓地에 行한다면 凶한 命造인바 陽順陰逆하는

補註에 가로되「무릇 傷官格이 旺相地로 行한다면 吉하다」고 함은 四柱에 傷官이 輕하고 大運이 傷官의 旺

相地로 行함을 말하는바, 그러면 吉하여 福榮을 받을 것이요「死墓地로 行한다면 凶하다」고 함은 四柱에 傷

官이 이미 重旺한데 大運이 다시 日主의 墓死地로 行한다면 凶하고 禍敗가 있다는 말이다.

例컨대 甲日主가 午月에 生하고 乙日主가 巳月에 生하였는데 柱中에 寅午戌火局이 있으며 또 大運이 戌地

에 行하여 寅午戌三合이 된다면 墓에 빠진 것이니 반드시 禍患이 있을 것이란 뜻이다.

「陽順陰逆함에 用神을 推察하라」고 함은 陽干年生의 傷官格이 傷官用神을 씀에 大運이 順行하므로 傷官敗

地로 行하는바, 禍厄이 必大하니 죽는 者가 많다는 것이다. 또 陰干年生의 傷官格이 大運이 逆行하면 그 禍

가 적으니 반드시 죽지 않는다는 것이다.

그러므로 醇體子氣象에 이르되 傷官이 入庫함에 陰生하는 곳에 陽死하는바, 무릇 傷官이 輕한중 旺相地로 運行한다면 진실로 吉하며 年上傷官格이라도 柱中에 重重하여 三合하고 太旺하며 財星이 없는데 또 다시 旺相地로 行하면 洩氣가 甚하므로 도리어 凶한 것이다」라고 하였다.

그러므로 古歌에 이르되 「年上傷官格이 가장 꺼리는데 傷官이 重重함은 特히 凶命이다」라고 하였으며, 또 古歌에 있으니 「傷官이 傷盡한 格은 가장 奇貴한 命造인바 그러나 傷官이 太多함은 不宜하다. 傷官格은 千變萬化하는 奇才가 있는바 모름지기 時勢와 形便을 따라 用心함이 非常하다」고 하였고, 또 古歌에 이르기를 「戊己가 生時에 傷官이면 氣不全이며 月時 兩處에 傷官이 있다면 반드시 頭面에 傷處를 입고 이즈러질 것이요 종기 등의 病으로 少年에 苦生할 것이다」라고 하였다.

如上의 三歌로 미루어 보건대 柱內에 傷官이 이미 重하다면 旺相地로 行함이 不可할 것은 明白하니 이것이 纂要의 뜻이요 傷官이 輕한 者는 마땅히 傷官의 旺相地로 行할 것인바 輕重을 較量하고 執一하지 말 것이다.

무릇 柱內에 傷官이 重하고 日主가 墓死하는 大運을 만난다면 凶할 것이지만, 그러나 傷官이 柱中에 輕하다면 또한 傷官의 墓死地에 運行함이 不可하니, 그러므로 古賦에 이르되, 「傷官食神이 있고 아울러 身旺하면 庫地를 만나서 災厄이 興한다」고 하였다. 그러나 또한 陰陽의 區辨이 必要한바 앞에 말한 바와 같다.

또 格解에서 말하기를 「以下의 二格과 此格은 盡傷官이 아닌 境遇가 있으니 祿馬를 倒冲해 오는 飛天祿馬格이라면(庚日主가 子子字가 많든지 辛日主가 亥字가 많으면 官星을 冲合해 오는바 第二編 第一章 第六節 參照) 傷官格으로 볼 수 없다.

『食神者我生被之謂也요 陽見陽干陰見陰干이니 如甲日見丙乙日見丁之例라 丙祿在巳에 甲人食丙又見巳字하

161

며 丁祿在午에 乙人食丁又見午字하면 是謂天厨食神而食神有氣엔 要日干自旺則貴而有祿이며 富而有壽라 故

로 日食神有氣勝財官이나 先要強이며 他旺本干最忌梟神奪食이요 比肩分食이며 又不喜見官星이요 并刑冲이

나 喜財星相生이며 獨一位見之則爲貴神이니라

盖重逢之則爲傷官이니 反爲不美요 令人少子有尅難存이며 若食神純粹에 主人財厚食豐이요 度量寬宏肌體

肥大하며 優游自足有子息有壽考로다 又忌行食神死絶運이며 並偏印梟神運엔 主生災咎不利니라 惟偏財能制救

니 故로 洪範에 云호대 偏財能益算延年이요 以其能制梟也로다 又曰食神明朗壽元長이요 繼母逢之不可當이니

若無寵妾來救助엔 恰如枯草遇秋霜이니라 古歌에 云호대 食神生旺喜生財니 日主剛強福祿來요 身弱食多反爲

害며 或逢梟神主凶災로다 又曰食神生旺無刑尅에 全逢此格勝財官이라 更得運行生旺地하면 少年折桂拜金鑾이

니라』

食神이란 我生者로써 陽이 陽干을 보고 陰이 陰干을 보는 것인바 甲日이 丙을 보고 乙日이 丁을 보는 例와

같다. 丙祿은 巳에 있는바 甲人이 丙을 食하는데 또 巳字를 보거나、丁祿은 午火에 있는바 乙人이 丁을 食하

고 또 午字를 보면 이것이 이른바 天厨食神이다. 食神이 有氣하면 要컨대 日干이 自旺하여야 하는바, 그러면

貴하고 祿이 있으며 富하고 壽를 한다.

그러므로 食神이 有氣하면 財官보다 殊勝하나 먼저 日主가 強할것을 要望하며 梟神이 奪食함을 가장 꺼리

고 比肩이 分食함을 꺼리며 또 官星과 刑冲됨을 꺼린다. 그러나 財星이 相生하며 一位의 食神을 만남은 貴神

이 된다.

대저 食神을 重逢한다면 傷官으로 보는바 도리어 不美하고 當主가 子息을 尅하여 少子하다. 그러나 食神이

純粹하다면 當主가 財厚하고 食財가 豊厚하다。 또 度量이 寬宏하고 身體가 肥大하며、 優游自足하며 子息이

있고 壽考가 있다。 그러나 食神死絶運으로 行함은 忌하는바 當主가 災咎를 만나고 不利해 진다。 따라서 如斯

한 境遇엔 偏財로써 制效해 줌이 要望된다。

그러므로 洪範에 이르되 「偏財는 能히 助命하고 延年延壽케 하는바 梟印을 制去하는 때문이다」라고 하였고

또 가로되 食神은 明朗한 性格의 所有者이며 壽命도 또한 長久하다。 繼母를 만나는 境遇엔 有害한 것인바 만

일 偏財가 效助해 줌이 없다면 恰似히 枯草가 가을 서리를 만남과 같이 된다。

古歌에 이르기를 「食神이 生旺되어 生財함을 기뻐하니 日主가 剛強하여야 福祿을 받을 것이요、 身弱하고

食神이 많으면 도리어 害로운바、 或 梟神을 만난다면 當主가 凶할 것이다」 또 가로되 食神이 生旺되고 刑尅

됨이 없어서 此格에 正入한다면 財官을 勝할 것이요、 다시 大運에 生旺地를 얻는다면 少年에 桂枝를 꺾고 出

世할 사람이다」라고 하였다。

第八節　傷官十論

『甲木傷官寅午全이면 火明木秀利明堅이라 運行最怕財官旺이요 見戌行來阻壽元이로다 乙木傷官火最強이요

運逢官殺轉爲良이며 只怕水多傷不盡이요 一生名利有乖張이로다 丙火傷官燥土重이면 運行財旺福興隆이며 如

逢水運遭喪滅이요 世態紛紛總是空이로다 丁火傷官火又柔하면 主人驕傲有机謀요 運逢印綬連官殺엔 睡手成家

執與儔리오 戊日傷官最怕金이요 柱中格畏木來侵이며 金衰不喜行財運이니 土既消磨金又沉가 己日傷官金最旺

이니 弱金柔土喜財鄉이라 運逢官殺終身禍며 名利興衰不久長이로다』

甲木日主가 傷官이 있고 寅午가 있으면 火明木秀한 傷官格이니 名利가 다 좋고 大運이 財官旺鄕으로 運行

함을 가장 꺼리는바 戌地에 大運이 이르러서는 壽命이 損傷함이 있을 것이다.

乙木傷官格이 火가 强해야 할 것인바, 官殺運을 만나서 도리어 良好하고 다만 水多하고 傷官이 不盡함은

丙火傷官格이 燥土가 거듭 있으면 大運이 財旺鄕에 行할때 福이 興隆할 것이며, 水運을 만나서는 喪滅함을

꺼리니 一生에 名利가 如意하지 못할 것이다.

當할 것이니 一生이 紛紛하고 모든것이 헛될 뿐이다.

丁火傷官이 火가 柔弱하면 當主가 驕慢하고 杌謀(올모＝위태로운 꾀)가 있으며, 印綬運을 만나고 官殺을

만나서는 힘을 내고 勇敢하게 奮發하므로 自手成家할 것이다.

戊日의 傷官格은 金을 가장 꺼리는바 柱中에 木이 侵尅해 옴을 더욱 두려워 한다. 金衰하면 財運으로 運行

함을 좋아하지 않으니 土가 이미 衰弱하다면 또 어찌 金主가 沉水함이 옳겠느냐?

己日의 傷官格은 金이 旺함을 要하는바 金이 弱하고 土가 柔하다면 財鄕을 좋아한다. 大運이 萬一 官殺鄕

을 만난다면 終身토록 禍만 있을 것이니 名利가 興하고 衰하고 할뿐 길지 못할 것이다.

『金水傷官喜見官이요 運逢官殺貴亢端이라 正是頑金逢火煉이요 少年折桂上金鑾이로다

辛日傷官申子辰이며 傷官傷盡喜財星이라 東南順運滔滔好요 背祿行來仔細尋하라

壬水傷官怕木浮요 見官見殺返爲仇니 再行財旺生官地에 財祿無虧得到頭로다

癸水傷官怕見官이니 最嫌戊已透天干이요 再行財旺生官地에 事事勞形禍百端이로다』

金水傷官格은 官星을 기뻐하는데 官殺運을 만나서는 貴發할 것인바, 頑金이 火를 만나므로 煆煉되는 때문

이니 少年에 立身揚名하게 된다。

辛日의 傷官格에 申子辰이 있으면 傷官이 傷盡된 것이니 財星을 좋아한다。 東南方의 火鄕으로 順行하는 運

에 好發할 것인바 背祿運에 往臨함을 仔細히 分別하라。

壬水日圭의 傷官格은 木浮함을 꺼리는바 官殺을 봄을 도리어 꺼린다。 壬水傷官格이 財旺地로 行하여 生官

하는 境遇엔 發身하게 된다。

癸水의 傷官格은 官星을 꺼리며 戊己土가 天干에 透出함을 가장 꺼리고 財旺하고 生官하는 運地엔 事事에

勞苦하고 禍患이 百端으로 일어난다。

（第九十三柱）

木火傷官格　金鷄陳秀二公富命

丁丑　己酉
庚戌　戊申
乙巳　丁未
　　　丙午
壬午　乙巳
　　　甲辰
　　　癸卯

楠評＝乙木이 戌月에 生하여 木神이 輕한데 火를 用하여 傷官이 用神이 되니 金水는

此命에 病이 되었다。 따라서 南方의 火旺運에 情神이 長養하여 發福한 것이다。

解＝乙木이 戌月金旺時에 生하니 木은 太弱하다。 萬一 旺弱으로만 論斷한다면 此命이

南方運에 泄氣하므로 不吉할 것이었다。 旺弱으로만 論命함은 어리석은 일이니 精妙한 理致가 되지 못한다。

大抵 命造의 原理가 十에 九는 病의 理致에 있는 것인바、 八字에 病神이 있다면 病을 除去하는 때에 富貴한

다。 此命이 戌中의 一點火星이 있음을 좋아하는바 丁火가 天干年上에 透出함이 더욱 기쁘고 午戌火局을 좋아

한다。 따라서 木火假傷官이니 月上庚金은 病神인바 初年에 己酉戊申은 不美했고 丙午丁未南方火運에 病神을

除去하니 「去病財祿兩相隨」란 名言과 같이 興家하고 事業을 大成하여 富者가 되었다。 甲乙木運은 病神金을

制去하지는 못해도 扶生하는 者이므로 好運이었다。 壬癸運은 火를 來破하여 庚金을 도와주므로 不利하였고

官星인 子宮이 破尅되므로 子息이 不足하였다。 此命을 雜氣財官格으로 봄은 妙理에 違背된다。

165

木火傷官格　管山吳靜三公造

（第九十四柱）

己巳　辛未　乙亥　丁丑
庚午　己巳　戊辰　丁卯　丙寅　乙丑

楠評＝乙亥日이 未月에 生하여 眞傷官格이 되었는데 辛金이 透出하니 眞福이 되었고 丁丙火運이 交來하므로 福命이다.

解＝乙木이 未月에 生하여 丁火가 透出하니 丁火가 眞傷官을 이루었고 辛金과 巳丑七殺은 病神이 된다. 丙寅丁卯의 木火旺運에 病神을 尅去하여 多子하고 生財하였다. 이것이 日干有氣能任子란 古言의 뜻이다. 丑大運에 殺局을 지으니 官訟이 일어났다.

（第九十五柱）

己巳　癸酉　戊辰　丙辰
壬甲　辛未　庚午　己巳　戊辰　丁卯

土金傷官格　臨川饒惠徵廿六公　富命

楠評＝戊土가 酉月에 生하여 精氣를 洩하니 生身하는 丙火印星을 取用함이 分明하다. 따라서 癸水가 丙火를 尅尅하므로 病이요 南方運과 土運에 發福하였는데 富力이 大端하였다.

解＝戊土가 酉에서 死하는바 精英을 洩하는 힘이 旺하다. 巳宮의 丙火가 透出하여 傷官身弱格에 用印四柱가 되었다. 南方巳戊辰大運에 病神을 尅去하니 그 富가 一邑을 當하였다. 卯大運에 이르러 傷官이 官運에 行하여 月令을 冲하므로 死亡하였으나 八字가 純粹하고 大運이 去病해 주므로 大富가 되었다.

（第九十六柱）

甲戌　庚午　乙亥　丁丑
辛未　壬申　癸酉　甲戌　乙亥　丙子　丁丑

眞傷官格　逸叟自命

楠評＝乙木이 火土旺地에 生居하였고 時上에 火神이 透露하니 眞格이다. 月上의 庚金은 病神이 되는바 壬癸大運에 丁火를 喪害하니 大不利하다.

解＝乙木이 午月에 生하였고 丁火가 干透하니 眞傷官인바, 庚金이 制我해 줌이 옳겠는가? 그러므로 初年運이 不利하였으며 庚金이 日主를 羈絆하고 壬癸運으로 再行하여 丁火를 傷損해 주므로

官星을 制去하지 못한 때문에 塞滯하였다。甲乙丙丁運에 庚金을 制去하므로 安平하였다。壬癸天干運이 不利

함은 露出한 丁火의 勢가 弱해 지는 때문이요 地支의 水를 두려워 하지 않는 것은 地支에 火가 있고 土가

많은 때문이었다。

(第九十七柱)
乙酉　戊子
己丑　丁亥
庚子　乙酉
壬午　甲申

을 기뻐한다。

眞傷官格　逸叟弟의命

楠評=庚金이 丑月에 生하니 寒氣가 滋甚한데 日主의 氣運이 太弱하므로 劫財를 取用하고 親附한다。따라서 丙丁이 와서 比劫을 破해 줌을 가장 두려워 하고 西方의 金旺運

解=庚金이 丑月에 生하고 壬水가 透出하니 金水傷官이 되었다。따라서 生水가 寒冷하므로 丁火를 기뻐하고 暖金해 줌을 좋아한다。그러나 子水가 沖午하니 午中丁火를 取用할 수 없으며、年月의 酉金이 金局을 얻으니 日主를 生助하는 劫財로써 用神을 삼는다。그러므로 早年의 丙戌丁運에 破去財敗하니 多疾하였으며 酉

申比劫大運에 身旺하여 發身하였다。

(第九十八柱)
戊午　庚申
己未　辛酉
丙戌　壬戌
己亥　癸亥
　　　甲子
　　　乙丑

火土傷官格　叔祖仲器公造

楠評=戊己土가 重重하여 火氣를 洩함이 甚하고 身衰하니 印星을 取用함이 分明하다。

解=丙火가 未月에 生하니 火가 비록 有氣하나 土多하여 洩氣가 甚하므로 旺變爲弱이

다。따라서 甲乙木에 依賴하여 生身해 줌을 기뻐하니 用印格이 分明하다。早年의 西方運에는 印星을 尅하므로

로 不利하였고 戌運에 土旺하여 損子하였으며 子運北方運에 印星을 生助해 주므로 創興하였다。丑運에 死亡

하였다。

(第九十九柱)

戊子
乙卯
丁巳
丁未

丙辰 丁巳 戊午 己未 庚申 辛酉

假傷官格　閣老貴命

楠評＝火氣가 重重하고 四陽節에 生하니 身旺한데 다시 火旺鄉으로 行하니 火勢를 堪當할 수 없다. 年上에 戊土가 透出하여 火를 洩해 주니 眞格인바 土旺鄉에 重臣이 되었다.

解＝丁巳日이 四陽之月에 生하니 火氣가 바야흐로 熾盛한데、다시 卯未木局을 結成하여 生火하니 火氣가 더욱 炎熱하였다. 年干에 戊土가 있어서 泄精하므로 秀氣는 土에 있다. 따라서 卯月에 極衰한 戊己土가 乙卯木과 木局의 尅破를 입으니 木은 病이다. 土少木多하여 病重한데 戊午己未運은 吉凶相半하였고 庚申辛酉大運에 上下가 다 金이니 病根을 盡去시키므로 臺閣에 들어가서 重臣이 되었다. 亥大運에 木局을 이루고 木氣가 長生되어 病神이 得勢하므로 死亡하였다. 術客들이 或 殺印相生格으로도 보고 拱祿格으로도 보나 이는 다 誤斷이다.

(第百柱)

庚子
己丑
壬寅
辛亥

庚寅 辛卯 壬辰 癸巳 甲午 乙未 丙申

水木假傷官格　肝江夏良騰吏部郎中

楠評＝丑月初旬에 生하니 水의 餘氣가 旺한데 日時支에 木神이 있고 兩金이 生水하는데 木氣가 洩氣하므로 秀異하다. 木이 衰하니 東方運으로 行함을 가장 기뻐하고 金運에 行하여서는 不宜하다.

解＝壬水日主가 十二月初旬에 生하니 水氣가 猶旺한데 庚子辛亥가 添加되니 壬水는 旺甚하다. 따라서 泄氣함을 좋아하는바、女人이 血氣가 旺盛하면 好姪함과 같다. 寅亥木에 貴가 있는데 庚辛金이 暗損해주니 金은 病神이다. 卯大運에 丁卯流年을 만나서 木局을 얻어 마른 싹이 단비를 만난 것 같이 勃然히 일어났다. 中江西에서 壯元이 되었고、壬辰癸大運에 水氣가 枯木을 助滋하니 北京吏部에 文選吏郎中으로 天下에 이름을 떨쳤다. 巳大運에 庚金이 長生하여 寅亥木이 尅衰하니 遼東에서 옥속에 갇히어 죽었다. 假傷官格이 傷官運에 發

하는 것인바 此命이 그에 該當한다。術人들이 妄斷하여 官印格으로 보지만 그렇다면 丁卯年 卯運에 官星이 損傷되므로 死亡하였을 것이 아닌가? 대저 格을 分別하는 데는 月令을 不拘하고 動靜과 秀氣가 어디에 있는가를 보아야 한다。

(第百一柱)

甲午　丁卯
丙寅　戊辰
乙丑　己巳　庚午　辛未
癸未　壬申

木火通明格　盱江張思布政貴命

楠評＝乙木이 寅月에 生하니 木氣가 旺하고 丙火가 有氣하여 木火通明을 얻었다。時柱의 癸水와 日支의 丑中癸水는 火를 剋去하므로 病인데 南方火運에 이르러서 大發하였다。

解＝乙丑日이 寅月上旬에 生하니 木旺하고 火도 年月에 透火하니 不弱하며 通明象을 이루었다。丑中癸水가 時上에 透出하여 剋火하니 癸水가 病이다。그러므로 戊己大運中 去病하고 火를 保存하였고 南方火旺地로 運行하였으므로 그 官位가 方伯에 이르렀다。壬申大運에 虛火를 破損하니 死亡하였다。古書에 「傷官行傷官運에 多榮顯이요 假傷官行印運에 必死라」하였다。

(第百二柱)

壬子　丁未
丙午　戊申
乙亥　己酉
丁亥　庚戌
　　　辛亥

制過傷官格　盱江姚弘十公

楠評＝乙木이 火旺節에 生하여 火가 비록 旺하나 壬水가 重重하여 制伏이 많으니 水重火輕하므로 土를 만나는 것이 좋다。北方水運에 이르면 實로 如意하기가 어렵다。

解＝乙木이 午月에 生하여 火土가 旺하니 水를 두려워 하지 않지만 壬癸水가 太多하므로 火光을 衰滅시키었다。早年에 戊運에 行하여 去水存火하므로 財盛하였고, 申大運에 壬水長生하여 火를 破하므로 발을 다치고 죽을번 하였다。다행히 戊土가 蓋頭하였으므로 免死한 바이며 己酉戌大運에 亦是 疾患苦生하였다。亥大運에 壬水가 그 本源을 얻음에 마침내 死亡하였으니 破了傷官損壽元이 이것이다。

建祿格 福建 裘應章尙書造

（第百三柱）

丁酉　乙巳 甲辰
丙午　癸卯 壬寅
丁丑　辛丑 庚子
辛亥　己亥 戊戌

楠評＝丁火가 炎烈하고 日主가 旺強한데 財庫日支에 臨하였음은 좋은 現狀이다。酉丑 金局이 있고 坐殺한바 西方運中에 立身揚名하였다。

解＝丁丑日主가 年月干에 火局을 이루고 地支에 金局을 이루니 能히 官을 生한다。이에 貴가 地支에 감추어져 있는바 丁辛이 貴氣를 合하며 財能生殺하니 利名이 높은 命造이다。財旺西方運路에 姓名이 萬里에 飛騰하였으며 功名을 이루었고, 官位는 重權을 가졌으며 壽는 無疆하고 四子三女에 鴛鴦有情한 福壽雙全의 命造였다。

（第百四柱）

丙寅　辛丑
庚子　壬寅
壬子　癸卯 甲辰
辛亥　乙巳 丙午

假傷官格 書林楊環五公富命

楠評＝壬水가 重重하여 水旺한데 歲時에 寅亥木이 있어 旺水를 泄氣하고 發陽하니 貴氣인 木이 衰한바 庚辛金은 病이다。따라서 東方大運에 大發하였다。

解＝壬子日이 十一月에 生하여 亥水에 建祿하고 庚辛金이 生助하니 水氣는 滋甚한바 寅亥兩木이 精靈을 泄하니 貴하고 子月에 一陽을 얻어 陽旺節로 運行하니 吉하다。庚辛金이 비록 病이 나 地支에 숨어 있는 靜木을 尅去할 수 없음이 또한 貴하다。大運이 寅卯辰巳東方으로 行하니 衰木이 得助하여 枯木逢春格이 되었다。財富하였으나 貴는 不豊하였다。巳大運에 庚辛金이 있어 損木하니 不利하며 午大運에 午中巳土가 双子를 損冲하므로 死亡하였다。

假傷官格　盰江視溪胡錫三公富命

（第百五柱）

乙巳　壬午
癸未　辛巳
戊子　庚辰
癸丑　己卯
　　　戊寅

楠評＝戊土가 未月에 臨하여 土가 強旺한바 巳丑이 金局을 이룸으며 土가
厚하므로 金이 洩氣해 주는데 秀氣가 있고 火가 來剋해 옴은 크게 不利한 것이다。

解＝戊土가 未月에 生臨하니 土가 極旺하다。그러나 丑土에는 金을 帶同하여 旺土를
洩하게 되고 四水가 旺相하며 乙木이 剋土하고 巳丑金局을 지으니 비록 旺하지만 不旺하다。未土는 火氣를
띠었으므로 火가 生土하므로 土가 極旺하다는 것이요、金局을 지으니 不貴하면 富하다는 것이다。書에「土日
主가 季月土節에 生하여 金多하면 마침내 貴命이라」하니 此命이 그렇다。早年午運에 傷金하므로 否塞한 때이
고 辛巳庚辰二運에 助金하므로 財發萬石하였다。寅大運甲辰年에 死亡하였는데 집에는 아무것도 없었다.

（第百六柱）

乙巳　丙戌
丁亥　乙酉
壬午　甲申
庚戌　癸未
　　　壬午

楠評＝壬水가 亥月에 生하니 水旺하나 財殺이 重重하므로 旺變爲弱이요 吉變爲殃格이
旺變爲弱格　盰江羽士 黃羽翔造

되었다。水旺하면 土氣를 만나는 것은 좋지만 그러나 土가 過重하다면 水氣는 堪當할 能
力이 없게 된다.

解＝壬水가 亥月에 生하여 本來 水旺하나 火土가 重重하고 年上에서 巳冲亥하니 早年에 出家하였고 丙戌運
에 極貧하였다。火土가 厚多한 때문이다。乙酉甲申癸運에 金水有氣하니 威福을 얻어 安身하였다。未大運에
火土太旺한중 丁酉年 五月에 火旺하여 死亡하였다。무릇 甲乙木主가 寅卯辰月에 生하여 金이 많거나 丙丁日
主가 巳午未月에 生하여 水가 많거나 庚辛이 申酉戌月에 生하여 火가 많거나 壬癸가 亥子丑月에 生하여 土가
많은 者는 가난하지 않으면 夭壽하는 것이다。다만 一點의 剋神이 있는 것은 좋지만 剋神이 많은즉 도리어
不美한바니、이는 子平의 外見이지만 屢試하여 的中하였다。

171

(第百七柱)

木衰金旺格　盰江劉慶二道人造

己酉
丙寅
甲子
乙丑

乙丑　甲子　癸亥　壬戌　辛酉

楠評＝甲木이 寅月에 生하여 아직 어리므로 初旬의 木이 金의 來尅을 두려워 하나 火가 있어 金을 制去해 주니 吉貴하다。

解＝甲木이 寅月初旬에 生하니 木火初生하는 初春이므로 術士들이 잘못 木節의 木氣가 火의 通明을 얻어 貴命이라고 할지 모르지만, 木이 아직 어리고 약하니 金의 尅制를 두려워 하지 않겠느냐？ 더우기 酉丑이 金局을 이루니 더 하다。初年의 水旺鄕에서는 水氣를 生助하므로 衣食이 充足하였으나 金旺節에 一入하여는 茅屋에 極困하였고 神經系의 瘋病을 얻었으며 酉大運에 死亡하였다。年月日 同命에 乙亥時生이 있었으나 亦是 西方酉運에 死亡하였다。

(第百八柱)

金木兩停格　盰江劉翰士公造

己巳
丙寅
甲寅
乙亥

乙丑　甲子　癸亥　壬戌　辛酉　庚申

楠評＝甲木이 寅月에 生하여 木氣가 아직 어린데 가벼운 金을 얻어서 金木이 兩停하며 大運이 西方에 이르러 金氣가 便勝하니 蹇滯不利하였다。

解＝甲木이 寅月에 生하였고 四柱에는 木多金少하다。그러나 正月의 寒木이 아직 柔軟하여 金을 堪當하지 못하는바 甲子癸亥壬戌에 木氣를 生助하므로 財發千緡이요 巨富가 되었다。酉戌申西方運은 蹇滯運인바 申運에 死亡하였다。

(第百九柱)

制食太過格　盰江夏岱二公造

辛卯
辛丑
丁卯
癸卯

庚子　己亥　戊戌　丁酉　丙申

楠評＝丁火가 丑月에 生하여 土神이 적은데 卯木이 三重으로 있어 尅土하니 三金이 卯木을 制去해 줌이 기쁜 일이다。

解＝丁火가 丑月에 生하여 此命의 用神을 찾기가 甚히 어려운 바 있다。丑中에 己土가

用神이니 三乙木은 病神이요 辛金이 病을 制去해 주니 一病一醫格이 分明하다。 福壽康寧者가 如斯한 命造인

데 酉運五年이 極美하였으니 卯中乙木을 冲去하여 病根이 뽑힌 때문이다。 大運이 東方木旺運에 이르러 八十

餘歲를 一期로 死亡하였다。

（第百十柱）

乙卯　戊子
己丑　丁亥
丁亥　丙戌
壬寅　乙酉

土輕木重格　撫城李元六公造

益評＝丁火가 丑月에 生하여 土神이 分明하니 火土傷官格을 이루었다。 다만 木多하여

剋土함이 病인데 木旺運을 얻었으므로 禍厄이 多端한 것이다。

解＝傷官用土格에 丙戌大運은 火가 土神을 生助하므로 財源이 如意하였으나 乙大運에

剋土하여 破了傷官하니 凶하다。 原命에 寅亥二木이 있어서 合勢하였으므로 所害之神이 會集되어 死亡한 것이

다。

（第百十一柱）

壬辰　癸壬
辛亥　乙甲
甲戌　丁丙
丙寅　己戊庚
　　　申未午巳辰卯寅丑

假傷官格　臨川吳開六公　富命

楠評＝甲木이 비록 衰弱하나 또한 뿌리가 있으며 丙寅時가 透火하여 火神이 明確하니

木火傷官의 眞格이다。 火가 本來 虛弱한데 金水가 來剋하니 이것이 病이 된다。

解＝甲木이 亥月에 生하였고 辰年에 木이 有根하고 寅時에 得祿하며, 水氣가 滋木하므

로 變弱成旺한 것이다。 이에 時上의 丙火를 바라보고 精英을 透出하니 丙火가 用神이다。

이에 辛壬水는 病이 되는데 早年에 壬子癸丑으로 行運하므로 用神丙火를 破壞함에 平常하였으며 東南大運에

木生火하고 土剋水하여 火剋金하여 病神이 制去되니 一擧에 大發하였다。 庚申大運에 破格되므로 死亡하였다。

此命의 壬水는 用神丙의 病神이고 辛金은 木主의 傷官格의 病神이 된다。

(第百十二柱)

乙丑　丙戌
丁亥　乙酉
壬子　甲申
癸卯

假傷官格　休抗藥暢二貧命

楠評＝壬水가 亥月에 生하여 水氣가 汪洋한데 木이 天干에 透出하여 假傷官格이 되었다。丑中의 辛金이 病이니 西方金運에 無事할 수가 없다。

解＝壬水가 亥月에 生하며 月上에 虛火財神이 있으나 時上癸水에 依해 破敗되므로 木을 取用하여 假傷官格이 되었다。十月에 木根이 마르고 잎이 떨어졌는데 丑中辛金이 損木하므로 病이 된다。西方金運에 行하여 疾患苦貧하였었다。爲人이 聰明하였으니 傷官이 洩氣하는 때문이다。

(第百十三柱)

丙子　戊戌
丁酉　己亥
壬申　庚子
辛亥　壬寅

水清金白　時上假食神格　陳都爺貴命

楠評＝金水가 清淨하여 兩字가 奇異하며 時歸日祿되어 더욱 貴造이다。

解＝壬水가 酉月에 生하여 金水兩字가 雙清하다。金水의 氣가 有餘한데 木火兩字가 不足하니 天干에 丙丁火가 있어 損金함이 좋고 地支에 午火가 없음이 기쁘다。그러므로 印綬만 保存되어 全美하고 壬癸水가 旺하나 亥中甲木이 精英을 洩하니 貴는 여기에 있다。따라서 丙丁火가 庚金을 暗損하므로 亥木食神을 保存하니 기쁘다。八月酉金은 旺甚하여 食神木을 太尅하니 病이 甚重한바 病이 太重하므로 大貴할 命造이다。大運이 東方에 入하여 木火를 補助하니 大臣으로 登貴하였고 天地至清한 貴造이므로 天下에 至貴한 사람으로서 名首相이 되었다。

（第百十四柱）

甲戌　壬申
辛未　癸酉
辛酉　甲戌
己巳　乙亥
　　　丙子
　　　丁丑
　　　戊寅

假傷官格　富命

楠評＝己土가 未月에 生하니 炎熱에 生身되어 身旺強壯하다。 土旺하므로 金으로 洩氣함이 좋은바 金水運에 超羣發英하였다。

解＝己土가 未月炎節에 生하여 土氣旺甚하다。 다시 火氣가 生助하니 巳酉金局과 月上辛金이 透出하여 秀氣를 洩해 줌이 좋다。 丙丁火가 損金해 주어 病이니 壬申癸酉大運에 美好하였으며 戌大運은 訟災가 있었으며 北方水運에 火病神을 制去하니 財富하였다。 寅大運에 火局을 지어 金神을 破損하므로 死亡하였다。

（第百十五柱）

戊申　庚申
己未　辛酉
戊午　壬戌
辛酉　癸亥
　　　甲子
　　　乙丑

楠評＝戊土가 未月에 生하여 土神이 重重하며 다시 燥火가 生土하니 오직 身主가 強壯하다。 다행히 時柱와 年柱에 金神이 土氣를 吐洩해 주니 기쁜데 大運이 西北으로 行하므로 大發한 것이다。

土重見金格　撫城周懷　魯科道　貴命

解＝戊日이 未月에 生하여 火炎燥土인데 辛酉金神을 얻어 秀氣를 泄하고 歲支申宮에 壬水가 있어서 破火하므로 貴命이다。 此命의 火神은 傷官을 尅去하는 病이요 水는 福이다。 壬大運에 尅火하고 辛金을 放出하니 이때에 大科及第하여 名揚立身하였으며、 後에 北方大運을 얻어 더욱 좋았다。 戊己土旺하고 金多하면 至極聰明하고 至淸至貴한 命造라」는 古言은 實로 此命에 該當한다。

癸卯　癸丑
甲寅　壬子
丙午　辛亥
戊戌

假傷官格　臨川袁應龍春元　貴命

（第百十六柱）

楠評＝丙火가 寅月에 生하여 火局이 全한데 火가 生土하여 精氣를 泄해 주니 土氣가 反衰한바 木氣를 만남은 不可하다. 早年에 水旺運을 얻어 有利하였다.

解＝丙午日主가 火局을 結成하니 火勢가 旺하다. 그러나 原來 寅中에는 艮土가 있고 午中에 己土가 있으며 時上에 戊土가 旺透하니 丙火는 身旺하지만 土火를 向해서 그 精氣를 好泄한다. 이에 火土假傷官格이 이루어진바, 그러나 甲乙木이 있어 傷官의 土를 破尅하므로 病이 된 것은 기쁜 것이다. 病이 있어야 貴命이 될 수 있기 때문이다. 辛大運中 癸酉年에 病神인 甲乙木을 制去하니 일찍 發身하였다. 甲戌 年亥大運에 原命의 甲木이 得生하니 「破了傷官損壽元」이란 古言에 依하여 死亡하였다.

大抵 正月의 木氣를 지닌 土가 極히 衰弱한 중 亥大運에 이르러 旺木이 重尅하므로 吉神이 破壞되어 死亡한 것이다. 萬一 庚戌運이 있다면 庚金이 甲木을 制去하여 大貴하였을 것이다. 무릇 日干이 旺한 자가 食神傷官을 보면 비록 日支나 時上에 있더라도 傷官格으로 볼 수 있다. 子平書에 오직 月令만 爲主하여 用神을 定하나 日主가 衰弱할 때엔 印星이나 陽刃을 無條件 親하고자 하는 것이고 身旺할 境遇엔 食神傷官을 좋아 하는 것인바, 後者의 경우에는 月令을 不拘하고 食神傷官을 取用하는 것이다. 此命을 만일 殺印格으로 본다면 또한 誤謬를 犯할 것이다.

（第百十七柱）

丙寅　癸巳
壬辰　甲午
甲辰　乙未
丁卯　丙申
　　　丁酉
　　　戊戌

假傷官格　吾都傳後庵公造

楠評＝甲木이 重重하여 旺氣가 深하니 火가 透出하여 泄精하므로 傷官格이다。 따라서
壬水는 病이니 病이 있음은 貴兆요 기쁜 일이다。 火土運을 重逢하므로 發身한 것이다。
解＝甲木이 辰月에 生하여 寅卯의 東方全氣를 가졌고 丙丁火가 秀氣를 泄漏함이 좋으
니 壬水가 破火하는 病神이다。 大運이 南方으로 行하여 襄火가 旺助를 얻으니 佳命이다。 申酉大運에 生水
하여 破火하나 丙丁이 蓋頭하였으므로 平過하였고、 戊己土運에 破水하고 用神을 保護하니 精神과 福壽는 老益健壯
하였다。 北方運에 用神을 破하니 死亡하였다。

（第百十八柱）

丙申　甲午
癸巳　乙未
辛卯　丙申
壬辰　丁酉
　　　戊戌
　　　己亥
　　　庚子

假傷官格　吾父啓完公의 命

楠評＝辛金이 巳月에 生하여 水가 重重하고 官星을 刑破하니 水에 功이 있다。 申巳의
兩庚이 있으니 大運이 申酉로 行하여 溫和安享하였다。
解＝辛金이 巳月에 生하여 丙火가 있으나 時上의 壬水가 破尅하고 申中壬水와 癸水가
또한 破火하니 木火를 버리고 傷官인 水를 쫓는다。 年月에 兩庚이 있어 有情하며 金水傷官에 尅을 取用하는
바 申酉運에 安樂하였고 戊巳運에 傷官을 破하므로 悔客有災하였으며 亥運에 財發하였으며 子大運六十九歲에
庚金尅神이 死地에 이르므로 死亡하였다。

（第百十九柱）

丁未　辛丑
壬寅　庚子
乙丑　己亥
丁亥

傷官不足格　希禹命

楠評＝陰木이 寅月에 生하니 陽氣가 進하는 때인데 다시 三印이 도우니 過助하므로 꺼
린다。 따라서 財官運을 기뻐하며 水火를 만남은 크게 꺼린다。
解＝乙木이 寅月에 生하니 進氣의 木인데 三印이 資身하여 比尅이 重重하므로 爭財하

게 되고 財가 不足한 것이다。 四火가 制殺太過하니 北方運이 無妨한중 庚辛金이 蓋頭하여 比刦을 破하고 財

星을 保存하므로 吉利하였으며 巳大運은 財旺生官하므로 威權이 있었다。亥大運은 比刦을 資助하여 爭財하며

丙子年에 丙火가 制金하고 子水가 助木하므로 死亡하였다。書에「木火傷官要旺이라」하니 用神이 困함에 痲

症으로 死亡하였다。

（第百二十柱）

戊寅
己未
丙戌
乙未

戊丁丙乙甲癸
午巳辰卯寅丑

眞傷官用印格 貴女命

楠評＝火主가 稼穡을 만나서 精神을 過洩하니 印綬가 喜神이다。衰印이 重印運을 만남

은 가장 좋은바 이에 貴婦人이 된 것이다。

解＝丙火가 未月에 生하여 土氣가 重重하니 丙火의 氣運은 泄弱되었다。火土傷官인

데 身弱하므로 印綬를 親用하는 것이며 原命에 印星이 弱한중 印旺鄕으로 大運이 行하므로 天子로부터 兩朝

에 걸쳐 封贈을 받았다。丑大運에 辛金이 乙木을 破하므로 死亡하였다。

（第百二十一柱）

辛丑
丙申
己丑
庚午

甲癸壬辛庚己戊丁
辰卯寅丑子亥戌酉

金多用火傷官格 逸叟母命

楠評＝己土가 申月에 生하고 庚辛金이 多重하니 도리어 火를 取用하여 成功한다。北方

運에 多疾하고 以來에 貴榮하였는바 日祿歸時格의 福壽가 兼하였다。

解＝己土가 金旺節申月에 生하여 金氣가 重重하니 盜氣多者는 用印하고 用財하지 않는

것이므로 印綬가 用神이요 財는 病이다。庚子 辛丑 壬大運에 泄氣가 加甚되고 破印되니

眼疾을 얻고 災病이 連續하였으나 東方寅木大運에 生火旺하니 病이 그치고 利吉하였다。柱中에 眞火가 있는

데 三子가 있음은 丙丁二火가 尅夫하는 傷官을 制去하며 平生에 衣祿이 不足하지 않았다。辰大運에 水局을

이루므로 破印하여 死亡하였다。

官輕傷官旺格　極貧淫賤女命

（第百二十二柱）

丙寅　癸巳
甲午　壬辰
甲戌　辛卯
辛未　庚寅

楠評＝甲木이 午月에 生하니 傷官炎火가 尅夫함은 甚하고 金夫는 太弱하다。大運이 東

方으로 再行하니 孤貧하고 淫妬가 滋甚할 뿐이었다。

解＝傷官이 太旺하고 夫星辛金은 敗絶地에 益弱한데、東方運으로 行하니 夫星이 尅傷

되므로 胚胎하나 損死하였고 一生이 孤貧하였으며 外夫와 恥行이 있었고 無子하였다。壬辰癸巳에는 衣食이

있었으나 寅運에 火勢尤強하니 夫星이 絶去되고 身主가 재로 變한바 死亡하였다。

（第百二十三柱）

己丑
己巳
丁丑
己酉

庚午
辛未
壬申
癸酉
甲戌

傷官格　孤貧女命

楠評＝丁火가 巳月에 生하여 土食神이 많으니 精英을 泄氣함이 太多하다。이에 孤貧한

命造가 되었는데 子多하나 無子하였으니 食多한 所以이다。

解＝丁火가 巳月에 生하였으나 四柱에 食神이 太多하니 母胎가 虛弱하므로 旺子食神이

依持할 곳이 없는 연고이다。萬一、大運이 東方地로 行하였다면 土를 制去하여 生子할 수 있었을 것이다。그

러나 此命의 運이 西方金運으로 行하였고 木氣가 없으며 財多生弱하므로 孤苦貧寒하고 無子하였다。戌大運에

이르러 一土를 再加하니 精神을 極泄하므로 死亡하였다。

（第百二十四柱）

丙子
辛丑
己卯
庚午

庚子
己亥
戊戌
丁酉
丙申

傷官格　孤寡女命

楠評＝夫星이 坐下에 있으나 木氣가 柔弱하다。따라서 金旺하므로 木氣는 無依한데 西

方金運에 夫星이 尅去되니 獨守空房에 寡婦가 되었다。

解＝己土가 丑月에 生하였고 庚辛金이 透出하니 不宜하다。夫星을 制尅함이 太過한데

金旺運을 만나니 夫死하여 寡婦가 되었고 己亥大運에는 夫星이 得助되니 吉利하였고 善嫁하였다。 그러나 大

運이 다시 西方申酉地로 向하니 剋夫하고 孀居하였으나 一子가 不肖까지 하였다。

第二章 格局論其二

第一節 印綬格

『楠曰正印偏印格者는 如父母生身之義也라 蓋日主得其資助니 書云印綬生月利官運이요 畏入財卿은 蓋財乃

破印之神也라 하나 此亦書之死格이요 非通變之道也로다 然四柱印星太旺이면 日主有氣라 印疊生身이 如人元

氣本旺에 再服補藥이니 生可存乎아 此則必用見財以破印也니라 四柱財少하면 必須運上財神則吉이요 又若日

主根輕하고 印星寡弱하면 最畏財星이니 謂之貪財損印也니라

又有眞印假印하니 如丙日生人이 生臨亥月하야 或用亥中甲木이면 作假印也요 十月木氣는 根枯葉落이니 則

此衰木이라 宜行東方木旺之地하야 以比助其根氣則如枯苗得雨니 勃然而興이요 畏巳酉丑運하야 冲剋其木이며

尤畏西方庚申辛酉天干地支俱全엔 損傷尤甚이나 若天干得壬癸甲乙丙丁蓋頭하면 雖禍나 亦淺이니라』

楠이 말하였다。『正印格과 偏印格이란 父母가 나를 生出해 준다는 뜻인바 日主가 資助의 힘을 얻은 格을

말한다。 古書에 〈印綬月令에 生하였다면 官運에 利롭고 財旺鄕이 두려운 까닭은 財星은 印星을 破壞하는 存

在인 때문이다〉 라고 하였지만 이것도 死格을 말 했을뿐 通變의 理致를 모르는 古書에 不過하다。

大抵 四柱에 印星이 많으면 日主는 有氣한 것인데 다시 印旺運을 만나서 生助者가 重疊된다면 恰似 元氣가

本來 旺盛한 靑年에게 補藥을 再服시키는 것과 같으니 어찌 無故하겠느냐? 이런때엔 마땅히 財를 만나서 印

星을 破함이 옳을 것이다.

따라서 四柱에 財가 적다면 반드시 財旺運을 만나야 할 것이니, 그러면 吉할 것이나 萬一 日主의 根氣가

輕한데 印星이 弱하다면 財星運을 가장 꺼리는바, 財를 貪하여 印星을 損傷하는 格이므로 凶敗하는 것이다.

또 眞印格과 假印格이 있으니 例컨대 丙日人生이 亥月에 生하였다면 亥中의 甲木을 印星으로 取用하는바,

假印格이요 또 十月의 木氣가 뿌리는 마르고 잎은 떨어져서 衰木이 틀림 없는바 東方의 木旺節로 大運이 行

함이 좋다. 그러면 그 根氣를 資助하게 되므로 마른 싹이 비를 만난것과 같이 勃然히 일어날 것이다. 巳酉丑

運으로 行하여 木을 冲尅함은 꺼리는 바며 더우기 西方으로 運行하여 天干地支에 庚申辛酉金이 俱全하다면

印星을 損傷함이 尤甚한 것이다. 그러나 天干에 壬癸甲乙丙丁이 蓋頭하여 있으면 비록 禍가 있더라도 輕淺할

것이다.

『又若丙丁日主가 生臨寅卯多根之地면 謂之眞印이니 若印多에 不畏財星이요 若日主輕하며 如只有一二點印

엔 亦畏財也니라 大低木能勝金이니 謂之印綬被傷이요 倘若榮華不久라 眞假印辯이 不可不究로다 財官印殺食

神傷官此六格이 乃日干月令所出이면 正格이요 外有陽双格하니 此系日月相通이니라, 此之外에 或虛邀財官이

어나 或刑合財官이어나 或暗拱財官이어나 或冲搖官은 亦幾近理說이니 見下文하라』

또 萬一 丙丁日主가 寅卯月에 生하여 根氣가 많다면 이른바 眞印格이다. 이때에 印星이 많다면 財星을 두

려워 하지 않고 反對로 日主가 輕弱한중 一二點의 印星이 있다면 또한 財星을 두려워 하게 된다. 이에 眞假

印을 區別함이 必要하다 한 것이다.

財官印殺食神傷官의 六格이 月令에서 所出한다면 正格인바 陽双格도 添加할 수 있다. 이 外에 財官을 或

虛空으로부터 邀擊해 오거나、財官을 或 刑合해 오거나、或 財官을 暗拱해 오거나、或 財官을 冲搖해 오거나

하는 外格이 또한 近理한 學說이라 하겠다. 外格에 對한 說明은 下文을 參照하기 바란다.

『繼善編에 云호대 官刑不犯은 印綬天德同宮이니라 補에 曰一說謂犯官府刑憲이 盖因印綬天德이 年月日時

支에 同一宮分固通이라하고 格解에 謂但四柱中但有니 乃同一命宮分이요 不必同一支라 如甲寅丙寅是天德在丁

이며 同德在丙이요 印綬在寅이니라 如庚申庚辰庚子壬午가 是니 天德月德俱在壬이요 印綬在辰이라 謂天德與

印綬同一命宮이 是己니 尤通이니라 嚴陵命書에 謂天月二德星在日上爲的當이요 他處見不當作德論火局이니라

古歌에 云호대 月逢印綬喜官星이니 運入官卿福必淸이요 死絕運臨身不利며 後行財運百無成이니라 補曰甲

乙在亥子月生이요 丙丁在寅卯月生이요 戊己在巳午月生이요 壬癸在申酉月生이요 庚辛在辰戌丑未月生이어나

或在巳月生이면 皆是月逢印綬也니라 若四柱下元有官星이면 乃是官印相生方爲貴人이니 假印格所最喜者也니

라 若行官鄕엔 運則發財必淸厚나 行死絕運엔 輕則灾疾損傷이요 重則死亡孝服이니라 若行財鄕이면 貪財壞印

格이니 其禍百端이니라』

繼善編에 이르되 官刑을 犯하지 않음은 印綬와 天德이 同宮에 있는 命造이라 하였고 그 補註에 다음과 같

이 말했다.

一說은 官府(政府國家)의 刑厄을 犯하지 않는다는 말인바、印綬天德이 年月日時支의 同一宮에 있음을 말한

다 하였고 格解에서는 다만 四柱中에 다 있음을 말하는 것이니 同一命宮의 同一支에 꼭 있지 않아도 된다고

하였다。 例컨대 甲寅月丙寅生이면 天德이 丁에 있고 月德이 丙에 있으며 印綬가 寅에 있는 것이며 또 庚申年

庚辰月 庚子日 壬午時生人이 있다면 天月德이 다 壬에 있고 印綬는 辰에 있으므로 此命이 天德과 印綬가 同

一命에 있다고 하는 것이다。 嚴陵命書에 天月二德星이 日上에 있으면 좋고 他柱에 있는 것은 天月德으로 볼

수 없는 同時에 火局으로 議論함이 옳다고 하였다。

古歌에 이르되 月令에 印綬를 만나면 官星을 기뻐하니 大運이 官鄕에 이르러서 福이 淸貴할 것이다。 그러

나 死絕地에 臨해서는 不利하며 다시 財運에 이르러서는 百에 하나도 이루어지지 않는다 하였고 그 補書에

다음과 같이 記述하였다。

甲乙木이 亥子月에 生하고 丙丁日이 寅卯月에 生하고、戊己日이 巳午月에 生하고、壬癸日이 申酉月에 生하

고、庚辛日이 辰戌丑未月이나 巳月에 生하면 이것이 月令에 印綬를 만난 것이다。

이때에 萬一 四柱中에 元來 官星이 있다면 이에 官印相生되어 바야흐로 貴人이 될 사람이니 假印格이 가

장 기뻐하는 바이다。 萬一 大運이 官鄕으로 行한다면 發財하여 淸厚할 것이지만 死絕地로 行한다면 輕한 境

遇에 灾疾과 損傷됨이 있고 重한즉 死亡하거나 喪服을 입는다。 이것을 이른바 財鄕으로 行하는 印綬格이 財

를 貪하여 印綬를 破하므로 그 禍厄이 百가지로 있다고 하는 것이다。

『又曰重重生氣若無官엔 常作淸高技藝看이요 官殺不來無爵祿에 總爲技藝也孤寒이니라 補曰月生日干하고

年時俱有印綬면 是重己生氣也니 有官方作貴推나 苦無官殺非技藝之流면 則庸流之輩요 總爲淸高之藝니 亦不

免孤寒微而已니 所謂印綬旺而子息稀가 是니라

又曰印綬干頭重見比엔 如行運助必傷身이니 莫言此格無奇比나 運入財鄕福祿眞이니라 補曰印綬生月干頭重

重하면 一見印綬之比肩이라 又行印旺之運에 必傷身이니 所謂木賴水生이나 水盛則木漂니 木逢壬癸水漂流에

日主無根柱度秋가 是巳로다 印旺遇財乃發이니 須入財鄉運에 乃能發福發祿이라 如水盛木漂必須行財運이니

以土制水則木植其根하야 爲福이라 所謂歲運若行財旺地엔 反凶爲吉하야 遇王侯가 是也로다 格解에 所謂印綬

畏入財鄉之句요 不可拘泥是也니라」

또 가로되 生氣가 重重한데 官星이 없으면 淸高하고 技藝가 있는 사람으로 볼 것이니 官殺을 만나지 못하

는 境遇엔 技藝만 있을뿐 孤寒한 命造者로 看做한다고 하였고 그 補註에 다음과 같이 말하고 있다.

月令이 日干을 生하고 年時에 印綬가 다 있으면 이것이 生氣가 重重한 것이니, 官이 있으면 바야흐로 貴命

이 되나 萬一 官殺이 없을 境遇엔 藝術이나 技術系統의 사람이 아니면 平凡한 사람이니 淸高한 藝能을 가진

者로써 孤寒을 免할 수 없게 된다. 이른바 印綬가 旺하면 子息이 稀少하다 함이 이것이다.

또 가로되 印綬가 干頭에 있고 比肩이 거듭 보이면 行運에서 다시 助身하는 때에 傷身될 것이니, 그러나

此格을 奇異하지 않다고만 말하지 말라. 大運이 財鄉에 이르러서는 福祿이 眞眞할 것이다. 補書에 말하기를

印綬가 月令에서 生하고 干頭에 重出하였으면 印綬의 比肩이 많은 것이니 印旺運에 行할때 반드시 傷身할 것

인바「木이 水에 依賴하여 所生되나 水가 盛旺한즉 木이 며내려 가므로 木主가 壬癸水를 많이 만나면 漂流되

는 凶造이다」라고 하는 古言이 이에 該當하는 말이다. 그러나 印旺한중 財星을 만난다면 發身하는 것이니 모

름지기 財鄉運으로 行할 것인바 發福하고 發祿할 것이다. 따라서 水盛하여 나무가 떠내려 漂流格이면 모름지

기 財鄉으로 運行해야 하는바 土로써 制水한즉 木이 뿌리를 뻗고 福이 될 것이다. 이른바「歲運이 財旺地로

行한다면 도리어 吉하는 것이니 王侯를 만나서 貴를 얻을 것이다」라는 古言이 이것이다. 또 格解에 이른바

『印綬가 財鄕을 가장 두려워 하지 않는다」라는 말이 이것이다.

『又曰印綬官星旺氣純하면 傷官多遇轉精神이요 如行死絕並財地엔 無救反爲是下人이로다 補曰逢官星에 如

値所喜則爲旺氣純也요 傷官多遇에 如値所忌則不免轉而小精神也니 舊文原是如此나 而或改旺氣爲運氣하고 改

傷官爲偏官하고 以轉精神爲有精神이나 則非也니라

又曰印星偏者는 是梟神이니 柱內最喜見財星이요 身旺遇之方是福이나 身衰梟旺更無情이니라 補曰印星偏者는

如甲生亥月乙生子之類니 無食則爲福이요 印有食則爲梟神이니 柱中見偏財並正財則吉이니라 故로 曰偏印遇財

乃發이라하고 又曰偏財能益算延年이요 身旺遇之吉이나 身弱逢梟旺則爲禍矣라하니 所謂梟神興而早年夭折이

是也니라」

또 가로되 「印綬가 官星을 만나면 旺氣가 純하다 傷官을 만나서 破官하면 精神이 도리어 弱化된다. 死絕地

나 財鄕으로 運行하는데 救解하는 五行이 없다면 이는 凡常한 사람에 不過하다」고 하였고 補註에는 다음과

같이 말했다.

印星이 官星을 만남을 기뻐한즉 旺氣가 純한 것이요 傷官이 많아서 이를 꺼린즉 轉하여 弱化되고 大發할

수 없는 것이다. 또 舊文에 原來 이러한 것을 或 旺氣를 運氣로 고치고 傷官을 偏官으로 고치며 轉精神을

有精神으로 고쳤으나 이는 다 그릇된 것이다.

또 가로되 印星의 偏者가 梟神이니 柱內에 財星이 있음을 가장 기뻐한다. 그러나 身旺한 중에 만났다면 福

命이 되겠지만, 身弱한데 梟神이 旺하다면 도리어 無情不吉한 命造이다. 補書에 말하기를 「印星의 偏者란 甲

이 亥月에 生하고 乙이 子月에 生하는 類이니 食神이 없은즉 福이 되고 印星과 食神이 있으면 梟神이 되는

바 이러한 때엔 偏財와 正財를 만남이 吉하다」고 하였다. 그러므로 「偏印이 財를 만나면 發身한다」고 하고

또 「偏財가 能히 壽命을 더」 하고 「福을 더」 하지만 그러나 身弱하고 梟神만 旺하다면 禍가 될 것이다」라고 하

였으니 이른바 「梟神이 興旺하면 일찍 夭折한다」는 古言이 그것이다.

『絡繹賦에 曰印綬臨子位엔 受子之榮이요 梟居祖位破祖之基니라 補曰或云梟居祖位破祖之基其應驗觀이요

六親論에 云호대 日時殺及逢梟에 半道妻兒離散可見이라하며 格解謂梟居祖位破祖之基未詳이라 하니라

玉匣賦에 云호대 華蓋與文星共會에 尉遲爲五伯良臣이라하고 補에 曰 文星謂印綬也니 故로 通明篇云印綬文

華也오 非文昌之文이라하고 寸金鑑에 云호대 印綬不喜臨官帝旺이나 逢之亦不懼며 八字見財無所用이라 行財

不利却無端이라 하니 補曰臨官是行官之地라 印逢則病이니 故로 曰不喜臨官帝旺之地는 干行帝旺之地를 印

逢則死라 故로 曰逢之亦不懼며 八字中最忌見財星하고 喜見官星이니 如運行財旺之鄕엔 則貪財壞印이요 爲禍

患百端이니라 所謂如行死絶財旺地에 無救하면 反爲是下人이라 하니라」

絡繹賦에 「印綬가 子宮에 臨하면 子息의 榮華를 받고 梟印이 祖位에 臨하면 祖業을 破한다」고 하였으며 그

補註에서는 다음과 같이 말하고 있다.

祖位인 年上에 臨하면 破祖業한다는 말은 經驗해 본바 確實하고 六親論에 말하기를 〈日時(日支는 妻位이

고 時柱는 子位임)에 殺双이 있는데 다시 梟印을 만난다면 中道에 妻兒가 離散할 것이다〉라고 하였고 格解

에서는 〈梟印이 祖位에 臨하면 祖業을 破한다는 말은 未詳하다〉고 하였다.

玉匣賦에 이르되 〈華蓋와 文星이 모이면 尉遲後(魏의 複姓이니 伐北하여 세운 中華의 諸侯國에 준 姓氏

임)가 五伯(後漢의 鄧彪·宗武伯·陳綏伯·張第伯等)과 같은 良臣이 된다〉고 하였으며 補註에 말하기를 文

星이란 印綬를 일컫는 말이니 通明篇에 「印綬가 文華요 文昌星의 文이 아니다」라고 하였음이 그것이다. 寸金

鑑에 「印綬는 臨官帝旺地를 좋아하지 않지만 만나서도 또한 두려워 하지 않으며 八字에 財星을 본다면 不利

하니 만일 다시 財地에 運行하는 境遇엔 禍가 많을 것이다」라 하였는바 補註에서는 이를 다음과 같이 解述하

고 있다. 臨官이라고 한 本文의 뜻은 生旺死絶의 臨官地를 말하는바 印綬가 이를 만난즉 病이 된다. 그러므

로 「臨官帝旺地를 봄을 좋아하지 않는다」함은 日干의 帝旺地는 印綬의 死地가 되는 때문이다. 日干의 旺地이

므로 만나도 두려워 하지 않으나 八字中에 財星은 꺼리고 官星은 좋으니 財旺運地에서는 貪財壞印되어 禍患

이 百端으로 일어난다는 것이다. 이른바 死絶財旺地에 救解해 주는 五行이 없다면 도리어 下賤人輩라는 것

이다.

『方金賦에 云호대 第一限印綬鄕이니 運行生旺必榮昌이요 官鄕會合遷官職이며 死絶當頭是禍殃이라고 淵

源歌에 云호대 有印與財是禍媒라 喜逢官位怕臨財라 主人囊括文章秀요 一擧丹墀面再來로다하니라

元理賦에 云호대 水泛木浮者括本이라하니 補曰此言水泛木浮格也라 盖甲木生於亥則無咎나 乙木死於亥니

水泛木浮요 恐無就作이라하니라 又曰貪食乖疑命用梟印因有病이라하니 補曰如日主坐梟神하고 或干支梟印重

者엔 運逢食神必主貧이니 食生病이라 更帶刑冲作災不測이니라 故로 奧旨賦에 云호대 歲月時中有偏印이면

吉凶未萌이요 大運歲運遇하면 壽星災殃立至니라

又曰命用梟神富家營辨이라하고 四言獨步에 云호대 六甲坐申三重見子하고 運至北方須防橫厄하라하며 又曰

天干二丙地支全寅하고 更加生印하면 死見凶臨이니라 又曰壬癸多金生氣酉申이면 土旺則貴요 水旺則貧이라하

며 又曰癸日 申提하고 卯寅歲時하며 年殺月刼이면 林下孤魂니라』

方金賦에「印綬鄕이 第一 좋으니 大運이 生旺되면 반드시 榮昌할 것이요 官鄕이 會合되면 官職을 옮길 것이며 死絶地에 이르러서는 禍殃이 있을 것이다」라고 하였고 淵源歌에 이르되 印과 財가 있으면 이것이 禍因이 될 것인바 官星을 만남은 기쁘고 財를 만남은 꺼린다。當主가 文章이 秀異하고 一擧에 壯元及第하여 高官이 된다」고 하였다。

元理賦에 이르되「水가 많고 木이 물위에 뜨면 凶命이 된다」고 하였고 補書에는「물이 氾濫하여 木主가 漂浮하는 格을 말하는바 大抵 甲木이 亥月에 生함은 無妨하지만 乙木은 亥에 死하므로 水泛木浮格이 되는바 凶命이라」고 하였다。

또 말하기를「食神이 四柱에 있어서 梟印과 싸우는 境遇 梟印을 取用한다면 이것이 病이 된다」고 하였고 그 補註에서「日主가 梟神位에 坐臨하고 或 干支에 梟印이 重重하다면 運路에 食神을 만났을 때 當主가 貧寒할 것이니 食神이 病을 生하는 때문이다。다시 刑沖을 帶同한다면 灾殃이 많을 것이다」라고 하였다。또 그러므로 壞旨賦에서는「歲月時中에 偏印이 있으면 吉凶이 아직 싹 트지 않은 것이지만 大運 歲運에 다시 만난다면 壽命에 灾殃이 미칠 것이다」라고 하였다。

또 古歌에「柱命에 梟神을 쓰는 境遇 富家가 될 것이다」라 하였고, 四言獨步에「六甲日生이 申令에 坐臨하고 子字를 三重으로 만난다면 北方運을 만날때에 橫厄을 막지 않으면 안된다」고 하였으며, 또「天干에 二丙이 있고 地支에 全部 寅字가 있고 다시 生印하면 死地에 이를때 凶함이 臨한다」고 하였고, 또「壬癸日主가 酉申의 金이 많아서 生氣가 旺하면 土旺해야 貴하고、水旺할 때엔 貧寒하다」고 하였으며, 또 古歌에 癸日이 申月을 얻고 歲時에 卯寅이 있으며 年柱에 또 殺이 있고 月上에 刼財가 있으면 林下에 외로운 魂이 된다」라고 하였다。

(第百二十五柱)

己亥
乙亥
乙丑
丁亥

甲戌
癸酉
壬申
辛未

印重食輕格　臨川黃良三公富命

楠評＝水氣가 地支에 重重하여 水多木浮하였으니 어디에 依持할 것이냐? 土運이 가장 宜好한데 大運이 火土旺地에 行하므로 財帛金珠가 滿堂하여 樂을 누리었다.

解＝乙木이 亥月에 生하여 水氣가 重重하므로 木主는 漂泛하였다. 早年 癸酉壬申運에 不利하였고、辛未 庚午 己巳 戊辰 大運에 이르러서는 土氣가 水流를 멈추게 하므로 萬石富豪가 되었으니 이른바 「印綬가 많을 때엔 財星을 만나야 한다」는 格에 該當한다.

(第百二十六柱)

丁亥
乙亥
辛亥
丁亥

庚戌
己酉
戊申
丁未
丙午
乙巳
甲辰

水多漂木格旰江劉三三公命

楠評＝乙木이 亥月에 生하여 殺印이 分明하니 祖業이 豐富하였고 戊己運中에 비록 發福하지만 다시 水運으로 行할 때엔 壽命이 終休하였을 것이다.

解＝乙木이 亥月에 生하여 水氣가 重重하고 水氣만이 純旺하므로 木浮格인데 水神이 蓋頭하지 않았음은 기쁘고 月年에 殺印相生하니 祖財가 豐富하였다. 己戌運에 財名을 함께 떨쳤고 酉運에 殺輕한중 得祿하니 多子하였으며 申大運에 壬水太旺하므로 泛木이 死亡하였다.

(第百二十七柱)

壬寅
辛亥
丁巳
辛亥

壬子
癸丑
甲寅
乙卯
丙辰
丁巳

衰印畏財格　旰江劉十九公富命

楠評＝丁火가 亥月乾地에 生臨하여 木神이 類聚되고 生身하므로 좋다. 그러나 柱中에 金이 木을 剋去하므로 病이요 東方大運에는 福祿이 雙全하였다.

解＝丁火가 亥月에 生하니 丁火가 衰弱하고 年干에 壬水가 日主와 合하여 化木함이 기쁘며 다시 寅亥合木하니 木을 取用할 것은 틀림 없다. 그러나 巳中의 庚金이 損木하니 金이 病이다. 따라서 巳大運에 傷되며 다시 寅亥乙卯丙辰丁運에 枯木逢春格으로 發身하였고、다시 火가 庚金病을 破하므로 大富가 되었다.

189

子하고 奇禍를 입었으니 이는 다 巳中庚金이 破木하는 때문이었으며 午未運이 亦是 木의 死地이므로 不美多阻하였다.

이에 印綬運을 기꺼워 하는바 己卯戊寅殺地에 殺生火하므로 發身하였다. 이른바 「印輕者가 賴官殺以生之」인 바 方伯의 位에 이르렀고 丁丙運은 輕弱한 火를 도와주니 吉하였으며 子財運은 破印하는바 財는 곧 妻位이니 妻로 因하여 禍를 입었다. 原命에 水가 없고 오직 火土만 있는데 北方水運은 不美한 것이니 곧 土는 虛하고 火를 좋아하는데 水가 尅火하므로 子運中에 死亡할 것은 明確하다.

(第百二十八柱)

乙丑　庚辰
辛巳　己卯
己巳　戊寅
庚午　丁丑
　　　丙子

旺變爲弱用印格　孫世佑布政貴命

楠評＝己土가 비록 旺鄕에 坐臨하나 金이 重重하여 精神을 損傷하였으니 旺中變弱하였으므로 印星을 取用한다. 따라서 印旺運에 朝廷을 도울 것이 틀림 없다.

解＝己土가 비록 巳月에 生하여 火生地이지만 金氣의 洩土가 太甚하니 弱化된 것이다.

(第百二十九柱)

戊申　丁卯　壬寅　壬戌
　　　乙巳　甲辰　癸卯

貪財壞印格　崇仁方武十凌遲死

楠評＝丁火가 寅月에 生하니 木氣가 아직 어린데 財神이 沖함은 生身하는 印星을 危殆롭게 하는 害神이다. 다시 財運으로 行하여서 凌遲死를 當하였다.

解＝丁火日干이 立春後 兩三日에 生하니 丁火가 極寒한바 있다. 木은 어리고 불은 衰弱한데 年月 兩壬의 再侵이 不可하며 時上의 申中庚金은 어린 木을 冲尅하고 다시 戌中戊土가 時上에 透出하였으며, 다시 月上艮土(寅月을 艮土로 봄)가 있으니 火土傷官格에 用印하는 格이다. 따라서 弱한 印綬를 傷害해 주는 巳大運중에 巳中庚金이 衰印을 壞滅하므로 이에 死亡하였다. 安東坑陳人三十餘命이 極刑을 받는데에 그 首刑을 받았다. 이는 또 傷官이 透出한 身衰用印格에 印星이 傷害를 입은 故로 凌遲罪를 받고 죽었다 하겠다。

(第百三十柱)

乙亥　壬午
癸未　辛巳
丁卯　庚辰
甲辰

木旺無金格　撫城過桓九公의命

丁生未月하여 火氣가 揚盛한데 旺木印星이 重生하니 火旺하다。 庚辛金이 損木해 줌을 기뻐하는 바에 다시 木運으로 行함은 不宜하다。

解＝丁火가 未月火旺節에 生하고 다시 木多하여 旺炎을 加熱하니 火主가 너무 炎威한 바 있다。 따라서 初年 辛巳庚運은 尅木하므로 財福이 있었으나 다만 原命에 一點의 金氣財星이 없어 財神이 無根하므로 巨富가 되기에는 不足하였다。 寅卯大運에 行하여서는 原來 旺極한 木을 加助하니 殺神子星은 洩氣가 甚하고 印綬가 比刦을 助氣하므로 妻位 또한 不宜하여 喪妻하고 子息이 呻吟하였으니 이것이 어찌 命理가 아니겠느냐?

(第百三十一柱)

辛卯　壬辰
辛卯　癸巳
戊寅　甲午
壬子　乙未
　　　丙申

去官留殺印綬格　興夫子命

楠評＝去官留殺의 理致가 分明하니 身弱하므로 印星을 쓴다。 南方印運에 夫子가 旺하며 申을 만나서는 破印하므로 禍厄이 並來하였다。

解＝年月上의 兩重乙木夫星이 있으나 天干의 兩辛이 去尅하므로 寅中의 甲丙兩字를 取用한다。 早年에 壬癸水運을 만나니 번번히 損兒하였는바 壬癸水가 傷印한 때문이다。 巳大運에 丙火가 得祿하니 生子하고 夫旺하였으며 以來 南方火運에 安享한 富者가 되었다。 그러나 大運이 申에 이르러 患疾로 死亡하였는바 壬水가 破印한 때문이었다 (이는 張楠의 伯母命이다)。

無夫星入格　富女命

（條百三十二柱）

乙卯　戊寅　丙戌　乙未
己卯　庚辰　辛巳　壬午　癸未　甲申

楠評＝丙火가 寅月에 生하며 戊土가 月干에 透出하였는데 四柱에 夫星이 없는 女命으로 福이 連綿하였다。身衰하므로 南方運이 可宜한바 用印格이므로 印旺運에 富한 것이다。

解＝丙火가 寅月에 生하며 寅中의 艮土와 戌未中에 土가 있는중 다시 月上에 戊土가 透出하였으므로 寅月에 弱火는 虛火일 수 밖에 없다。또한 此命이 火木傷官의 用印格인바 柱中에 夫星이 보이지 않지만 大運이 南方으로 行하므로 助夫生子하여 富命이 된 것이다。此命이 만일 夫星이 있었다면 南方火運에 剋夫하므로 오히려 貧孤하였을 것이다。申大運에 破木印星하므로 死亡한 것이다。

第二節　陽双格（附比劫建祿格）

『楠曰陽双格은 五陽日干이 謂之陽双理也나 五陰日干은 不謂之双이니 但用双之說은 未究其理則冥然不知也니라 書云陽双無冲可極品이라하나 甲日生臨卯月하야 甲見卯中乙木이면 如兄見弟則能分我之祖財며 奪我之祖業이라 再加歲月日時中木又有氣면 何用乙木之双이 再來助我乎아 如是則不用双而以双爲病也니 則用庚金七殺하야 合去其双이며 雖酉中官星이 冲去其双이니 亦不畏也니라 又或甲生卯月하고 歲月時中에 疊疊財官七殺이면 則日干雖旺이나 則變爲弱이오 比則甲双爲用神이니 若行酉運에 冲去双星이면 猶如人衰弱無力하야 全賴弟來扶持에 今被酉金殺死我弟也하야는 則我何靠乎아 則主有極凶하니 殺傷蛇虎之禍矣니라 若如此等엔 必須要印綬之運하야 生起我双星比肩運이 以助起其双星이니라』

楠이 말하기를 「陽双格은 五陽日干의 陽双을 말하고 五陰日干의 双은 認定하지 않는다。但 五陰日干의 用

双說이 있으나 그 理致를 確實히 究明하지 못한 所致이다。書에 〈陽双이 冲이 없으면 可히 極品이〉라고 하

나 甲日生이 卯月에 生臨하야 甲木이 卯中의 乙木을 보는 境遇 마치 兄이 弟가 있으면 祖産을 分財함과 같은

데、다시 年月日時에 木이 有氣할 때엔 乙木의 双을 무엇에 助用하겠느냐? 이런때엔 双을 取用하지 않고 双

을 病으로 볼 것인바 庚金七殺을 보아서 陽双을 合去함이 좋고 酉中의 官星이 그 双을 冲去함을 두려워 하지

않는다。

또 或 甲木이 卯月에 生하고 歲月時中에 財官이 疊疊하다면 日干이 비록 旺하지만 弱한 것으로 變한 것이니

이런 때에는 双을 用神으로 取하는바 萬一 酉運으로 行하여서 双星을 制去함이 不可하다。마치 사람이 衰弱

無力하여 오로지 弟妹에게 依持하고 있는 形便인데 酉金이 와서 弟我를 殺死시킨다면 이때에 나는 어디에 依

持 하겠는가? 곧 當主가 極凶하니 배암이나 호랑이의 殺傷을 입음과 같아서 禍厄을 말할 수 없다。이와 같

은 때엔 반드시 印綬의 運을 만나서 比刦을 双星을 助起해 줌이 必要하다。

『又曰殺無双이면 不顯이요 双無殺이면 不威라하니 蓋日主旺엔 得七殺하야 以合去其双星이니 然殺乃威武

之人이요 双乃威武之器니 双殺停均엔 多作兵刑顯宦이라 若日干弱하야 賴双爲助에 見官殺多制去双이면 多主

盜賊小人矣리라 然陽双格與建祿格이 破同이요 但見祿不言双者며 蓋日下月令俱同이요 一體純和也에 又若陽

双則成必作無頭之鬼라 理甚有驗이로다 如丙日干이 四柱太旺하고 又露出丁火하며 貼身其双하면 鋒愈熾니 其

死則身首安得不異處乎아 如夏杜州之命이 甚驗說이니 見人命見驗類니라』

또 書에 말하기를 〈殺이 双이 없다면 顯揚할 수 없고 双이 殺이 없다면 威英할 수 없다〉고 하였으니 대

저 日主가 旺하면 七殺을 얻어서 双星을 合去하여야 한다는 것이다。이에 殺은 威武한 系統의 사람이요 双은

193

威武한 그릇이니 双殺이 均停하다면 흔히 軍權이나 刑法司法等의 官憲이 된다. 萬一 日干이 弱해서 双에 依持하고 있는 命造가 官殺을 많이 만나서 双을 制去해 줌이 있다면 如此한 사람은 흔히 盜賊小人의 무리이다. 또 陽双格이나 建祿格이 자못 同一한바가 있는데 다만 祿을 陽双이라 말하지 않을 뿐이다. 〈日下月令에 祿旺地가 無頭鬼가 된다〉함은 理致가 甚히 깊은 것이다. 例컨대 丙日干이 四柱가 太旺하고 다시 丁火가 露出하며 双星이 다시 있다면 그 칼날이 甚히 熾銳한 것이니 그 死亡이 安全할 수 없으며 身首가 健全할 수 있겠느냐? 杜州의 例와 같이 刑死로 險終을 맞임이 許多히 證驗되는 바이다.

『建祿格者는 日主得主祿之地요 非官祿之祿也니 書云月令見祿多無祖屋而不顯이 言其理라 人用財爲馬요 官爲祿일새니라 假如甲日이 生寅月이면 甲以辛爲官이요 己土爲財니 財官到寅爲死絕地라 人財則靠財엔 爲祖業靠요 官爲福神이면 祖業福神이라 都無主此格이 多無祖業者甚驗矣니라 原甲日生寅이면 然寅上乃甲木之廬舍라 財官空倒니 又安有祖屋○아 年上若見此祿이라도 亦用祖業飄零이며 帶此建祿多主刑妻니 與陽双格同이니라 如甲日見寅에 寅中有甲木來尅妻也니 若四柱有根氣太旺엔 則不具라 建祿格要官殺尅制其祿이요 要財星以爲身旺之倚托이니라 若或歲月時中에 財殺太多하면 亦旺變爲弱也니 宜印運以助身祿神이요 宜尅運以助其祿也니라』

建祿이란 日主의 建祿地를 말하고 官祿地를 말하지 않는다. 書에 「月令에 祿을 보면 祖屋이 없고 顯揚하지 못하다」고 함이 그 理致를 말한 것이다. 命柱에 財가 있으면 이것이 馬이고 官은 祿이 되는 때문인바 例컨대 甲日生이 寅月에 生하였다면 甲이 辛으로써 官을 삼고 己로 財를 삼으니 財官이 寅에 死絕되는 때문이다. 財가 比尅에 依하여 傷害되면 祖業이 傷害되는 것이고 官이 福神이라면 祖業이 福될 것인바 建祿格은 財官이

被害되므로 祖業이 없는 것이니 그 證明이 許多하다.

原來 甲日이 寅月에 生하면 寅은 甲木의 집이요 財官의 空倒地이므로 祖業이 便安할 수 없는 것이다. 年上

에서 이 祿을 보아도 또한 祖業이 헛될 것이며 또 此格이 흔히 刑妻하게 되는바 陽刃格과 同一하다. 萬一四

柱中에 根氣가 太旺하다면 곧 不具者가 될 것이다.

따라서 建祿格은 官殺이 와서 祿神을 制剋함이 要請되며 그리하여야 財星도 依托할 수 있는 것이다. 萬一

歲月時中에 財殺이 太多하면 旺한 것이 變하여 弱이 되었으니 마땅히 印運을 만나서 身主의 祿神을 生助해

줌이 좋고 刦運을 만나서 그 祿神을 生助함이 좋다.

『又曰 一見財官에 自然發福이라 蓋身旺原廬舍하고 內無財官이면 則無祖業이니 若運行財官則喜旺能任其財

에 豈不白首成家乎아 補曰陽刃者 在天爲紫暗星이니 專行誅職이요 在地爲陽刃殺이니 祿前一位가 是也니라.

白偏官七殺制伏則陽刃起於邊戌이요 發富發貴하고 爲將相者多矣니라

故로 千里馬에 曰羊刃偏官有制贋엔 職場於兵權이요 又生羊刃入官殺威鎭邊疆이요 喜印綬生身이라 故로三

車一覽에 云호대 羊刃重逢正印이면 廉頗有百計之謀니라 又要訣에 云호대 陽刃偏同見閫內推權이요 忌反伏吟

이라하고 經云伏吟反吟涕泣零零이니 何謂伏吟고 如甲以卯爲刃이요 庚以酉爲刃이니 歲運與元命相對라 卯是卯

酉是酉가 是也니 遇之必討即所謂歲運併臨災殃立至也니라 何謂反吟고 蓋冲擊之謂也니 如酉卯卯冲酉刃酉

己遇之엔 即咎니 即羊刃冲破歲君에 勃然禍至之謂也니라 忌三合歲君이니 如流年見亥未而卯刃三合이며 流年

見巳丑而酉刃三合이며 如流年見戌而卯六合이요 流年見辰而酉六合이니 其人當年禍必連至라 即羊刃合歲君勃

誅至之謂也니라

有魁罡刑害하야 全無官印하고 禍神相助則爲禍요 有官印福神相助則爲福이니 化爲權貴니라 何謂羊双고、甲丙戊庚壬五陽干取双이며 乙丁己辛癸五陰干無双이니 故名羊双如命中有双不可便言凶이나 大率與七殺相似하야 凡有双者多有富貴人이며 喜身旺坐祿合殺有制니 殺双兩全은 非常之命이니라」

또 財官을 一見함에 自然히 發福하는바 大抵 身旺하고 原命에 廬舍羊双이 있는데 財官이 없다면 祖業이 없는 사람이나 萬一 大運이 財官旺鄉으로 行한다면 身旺하여 能히 그 財寶를 堪當할 것이므로 自手成家하는 것이다라고 하였고 그 補書에는 다음과 같이 말하였다.

陽双이 天干에 있으면 紫暗星이니 誅刑(生死를 左右하는 職)의 職을 갖게 되고 陽双이 地支에 있으면 陽双殺이니 祿前一位가 그것이다。 또 偏官七殺이 羊双을 制伏해 줌을 기뻐하는바 如此한 命造者는 國境을 守備한 武將으로부터 出世하고 發富發貴하여 將相이 된다.

그러므로 千里馬에 「羊双偏官이 서로 制裁함이 있으면 兵權으로 發하고 羊双格이 官殺鄉에 들어가면 邊境征伐로 威名을 떨칠 것인데 印綬가 生身함을 좋아한다」고 하였다。 그러므로 또 三車一覽에 「羊双이 正印을 重逢하면 廉頗(春秋戰國時代의 良將으로 謀計가 많은 사람)의 百計를 가진 사람이다」라고 하였다.

또 要訣에 이르되 「陽双偏官이 같이 있으면 國內에서 權勢를 掌握할 것이나 反伏吟을 꺼린다」고 하였으며 經에 「反吟과 伏吟이 兼臨되면 喪哭소리가 있다」고 하였다。 例컨대 甲主가 卯로써 羊双을 삼고 庚은 酉가 羊双인바 歲運과 元命에 卯가 卯를 만나고 酉가 酉를 만남이 그것이니 반드시 誅厄을 받을 것이다。「歲運에 併臨하면 災厄이 온다」는 말이 그것이다。 伏吟은 어떤것인가? 冲擊의 位를 말하니 酉에 卯요 卯가 酉双을 冲함이니 災厄이 있다。이른바 「羊双이 歲運을 冲破함에 勃然히 禍가 이를 것이다」라고 한 것이 그것이다。 또

歲君과 三合이 되어도 꺼리니 例컨대 流年이 亥未字가 있어서 三合되며 巳丑이 流年에 있어서 酉双을

三合하는 것이며 流年에 戌을 만나서 卯와 六合됨이며 流年에 辰을 보아서 酉双을 六合함이니 此人이 當年에

禍厄이 連至할 것이다。이른바 「羊双이 歲君을 合함에 勃然히 誅厄이 있을 것이다」란 經言이 그것이다。

魁罡과 刑害가 있고 官印이 全혀 없으며 禍神이 相助한즉 禍가 되고 官印이 있고 福神이 相助한즉 福이 되

는 것이니 權貴로 化할 것이다。羊双이란 甲丙戊庚壬의 五陽干에만 있고 乙丁己辛癸五陰干에는 羊双이 없는

것이니 그러므로 陽双이라 하는 것이다。

萬一 命中에 羊双이 있으면 凶함을 다 말하기 어렵다고 하나 大概는 七殺과 相似하여서 羊双이 있는 者

가 富貴人이 많다。身旺하는 祿地에 있음에 殺이 合하고 制御함이 있음을 좋아하니 殺双이 兩全하면 非常한

命造인 것이다。

『三車一覽』에 云호대 羊双有三하니 有刼財羊双은 甲見乙이 是也라 不利於財官格이요 有護祿羊双은 甲見卯

가 是也라 大利於歸祿格이니 斯言誠確論이니라

若乙見丙謂輩祿이나 羊双則非也요 盖己見丙名爲背祿傷官이니 誠大利於去官留殺格이요 名爲背祿羊双이나

甚是强解라 亦謂乙見丙之說恐不通誠是니라 又曰刼財諸格이 大忌財官尤甚이나 雖然이나 亦有用時니라

喜忌篇에 云호대 日干無氣하고 時逢羊双은 不爲凶이라하고 繼善篇에 云 君子格中也에 犯七殺羊双이라하며

又曰甲·以乙妹妻庚凶爲吉兆요 觀此又不可執一而論也니라

洪範云호대 羊双善奪資財化鬼라하고 又曰身弱財豊엔 喜羊双兄弟爲助라하니라 提要에 云호대 羊双怕冲宜

合迎이라 하고 易鑑에 云호대 羊双重重必尅妻라하고 寸金法에 尅財傷人亦傷妻라하며 萬金賦云尅若重逢人夭

197

壽라하고 元理賦云殺双雙顯均停位至王侯며　殺双重輕無制에　身爲胥吏라하고　又曰男多羊双必重婚이라　하며

又曰羊双不喜刑冲이라하니라』

三車一覽에「羊双이 셋이 있으니　刦財羊双은 甲이 乙을 봄이 이것인데 財官格에　不利하고　護祿羊双은 甲이

卯를 보는 것이니　歸祿格에 크게 利하다고 하였다.

또 乙이 丙을 보면　背祿羊双이지만 羊双을 보면 不然하고 己土가 丙을 보면 背祿傷官이니 진실로 去官留殺格에

大利하다. 이를 背祿羊双이라 하지만 甚히 釋然하지 못한 데가 있고 乙木이 丙을 보는 境遇와도 또 다르다.

또 말하기를 刦財의 諸格은 財官을 크게 꺼리나 그러나 또한 取用할 때도 있다.

喜忌篇에 日干이 無氣하고 時에 羊双을 만남은 凶할 수 없다」고 하였고 繼善篇에는「君子의 格中에도 羊双

과 七殺이 있다」고 하였으며 또「甲이 乙妹로써 庚殺의 妻를 삼으면 凶이 吉兆로 되는 것이니 一例로써 固執

함은 不可하다」고 하였다.

洪範에「羊双은 곧잘 나의 財物을 奪取하므로 鬼殺이 되기 쉽다」고 하였으며、또「身弱하고 財旺할 때엔

羊双과 兄弟의 도움이 必要하다」고 하였으며、또 提要에는「羊双은 冲을 꺼리고 合함이 좋다」고 하였으며 易

鑑에는「羊双이 重重하면 尅妻한다」고 하였으며、寸金法에는「刦財가 또한 傷人하고 傷妻한다」고 하였으며、

萬金賦에「刦財가 萬一 重逢하였다면 夭壽한다」고 하였으며、元理賦에는「殺双이 雙顯하여 均停되면 그 位가

王侯에 이를 것이며　殺印이 重한데 制伏함이 없으면　下級官吏에 지나지 못한다」고 하였으며、또「男者가 羊

双이 많으면 반드시 重婚할 것이다」라고 하였고 또 말하기를「羊双은 刑冲함을 기뻐하지 않는다」고 하였다.

『萬尙書賦에 云호대　官星帶双이면　掌萬將之威權이라하고　又曰傷官有双엔　將相公侯라하며　又曰印双相隨엔

官高極品이라하며　又曰殺双休囚엔　祿薄官卑之士라하고　又云殺制双興이면　主掌滿營之兵率이니　若是用神輕淺엔　決爲史卒卑官際一旦風雲之會니라

古歌에　云호대　羊双七殺怕逢官이며　刑冲破害禍比常이라　大怕財旺居三合이요　截髮斷指主殘傷이로다　又曰春本夏火逢時旺이며　秋金多水一般同이니　不宜羊双天干透며　運至重逢定有凶이니라　又曰劫財羊双不勘侵이니　不帶官星一世貧이요　甲乙互逢皆倣此라　縱多財帛化爲塵이로다

又曰傷官不忌刦財相逢이요　七殺偏官理亦同이라　若是無官不忌刦이며　身强遇此却嫌重이니라　又曰刦財羊双兩頭居에　外面光華內本虛며　官殺兩頭俱不出엔　少年夭折漫嗟吁니라　又曰甲子丁卯非爲双이니　乙酉庚申理亦同이라　合起人元財馬旺하니　中年顯達富豪翁이로다　又曰日双歸時身要旺이요　正財忌運忌遭冲이라　其如戊日雖爲双이나　子丑財鄕立見凶이며　財運無冲運不忌며　官制双便得尊榮이라　月中有印印斯通이니　運到官鄕貴亦同이요　柱中財多嫌殺運이요　無財殺運喜興隆이니라」

萬尙書賦에「官星이　双을　띠었으면　一萬將師의　威權을　掌握한다」하였고、또「傷官格에　双이　있으면　將相公侯」라　하였으며、또「印星과　羊双이　같이　있으면　官位가　極品에　이른다」고　하였으며、또「殺双이　休囚되었으면　祿爵이　薄한　下級官吏라」하였다. 또　말하기를　「双旺한　것을　殺이　制한다면　當主가　많은　兵權을　掌握할　것인데　用神이　輕淺하다면　決코　吏卒이나　卑官이　될　것이나　때를　만난다면　龍虎가　風雲을　만나　得勢하는　것처럼　大出世하게　된다」고　하였다.

古歌에　「羊双과　七殺이　있으면　官星　만남을　꺼리고　刑冲破害되면　禍가　非常할　것이다. 財旺하고　三合함을　大忌하는바　殘傷이　있을　것이다」라고　하였고　또　「春木과　夏節의　火는　時令의　旺함을　만난　것이니　秋節의　金

과 多節의 水가 또한 同一하다。羊双이 天干에 透함은 不宜하고 羊双을 重逢한다면 決定코 凶할 것이다」라고
하였으며 또「劫財가 있고 羊双이 있음은 좋지 않은 바 官星이 없다면 一世에 가난한 사람이다。甲乙이 서
로 만남이 다 이와 같으니 비록 財物이 많다 하여도 티끌과 같이 헤뜨러질 것이다」라고 하였다。

또 古書에 말하기를「傷官格은 劫財와 相逢함을 꺼리지 않으니 七殺偏官이 또한 同一하다。七殺이 旺하고
官星이 없다면 劫財를 꺼리지 않으며, 그러나 身強할 때 劫財를 만남은 不吉하다」고 하였고、또「劫財와 羊
双이 兩透하였으면 外面으로는 豪華富貴한 것 같아도 內面으로는 虛貧하며 官殺이 兩位가 있으나 干透함이
없다면 少年에 일찍 夭折하기 쉽다」고 하였으며、또 古書에「甲申丁卯는 双이 아니요 乙酉庚申이 또한 같으
니 例컨대 甲에 卯가 羊双인데 申中庚金이 合하여 官旺해진 것이고 庚申日主에 酉가 羊双인데 乙木이 合金
하여 財가 有情하게 되는바 地支中에 있는 藏干인 人元이 合起되어 財旺해진 것이므로 中年에 顯達하여 富豪
가 된다」고 하였다。

또 古書에「日主의 羊双이 時干에 있으면 身旺할 것이 要請되고 正財를 꺼리며 運에 沖함도 또한 꺼리는
바이다。例컨대 戊日이 비록 羊双이 있으나 子丑의 財旺鄕은 戊의 羊双인 午中丁火를 制去하는바 凶한 것이
며 財運이 沖함이 없다면 꺼릴것이 없고 官星이 旺双을 制去한다면 尊榮하게 될 것이다。月中에 印星이 있다
면 印星도 또한 羊双과 同一한 것이니 官旺鄕에 貴할 것이다。柱中에 財가 많다면 殺을 꺼리고 財가 없다면
殺運에 興旺할 것이다。

『醉醒子氣篇에 云호대 權双復行權力이면 双藥之身이니라 하고 本註에 云호대 權은 殺也오 双은 兵也니
身旺用此二端이면 乃兵刑首出之人也요 殺旺喜行制鄕하고 双旺喜行殺地니 若原殺旺하고 復行殺旺之鄕이면

立業建功處에 不免死於双制之下며 双多再行羊双之地엔 進祿得處에 必然終於藥石之間이니 數使然也니라

又曰邦帛身羊双喜合嫌冲이라하니 本柱에 云호대 双乃幇身之物이니 大怕身旺逢之요 得一重殺與双相合이

면 化爲權星이매 苦見官與双冲戰이니 乃成惡殺用者라 當審其輕重이니 好惡何如오 又曰羊双臨於五鬼에 定須重

犯徒流라하니 本註如壬申生人五鬼在子요 癸酉生人五鬼在丑이며 丙寅生人五鬼在午며 丁卯生人五鬼在未니 或

者三合之決이니라

一行禪師命書에 云호대 羊双重重又見祿하면 富貴饒金玉이니 斯可謂吉論이라하고 理愚篇에 云호대 倒懸羊

双双同行엔 形體不免塡溝壑이라하니 本註曰倒乃倒戈殺이요 懸乃懸針殺이니 凡倒戈殺은 只犯戊字與戌字를 皆

曰倒戈殺이요 懸針殺者는 干以甲字與辛字요 支以卯字午字與申字라 如此者를 謂之懸針殺也라 하고 其截歌에

云호대 羊双更兼倒戈엔 必作刎頸之鬼라하며 經云運逢羊双財物耗散이라 하니라

醉醒子氣篇에 말하기를 「權双이 다시 權双運으로 行하면 凶亡할 것이다」라고 하니, 本註에서 解說하기를

「權은 殺이요 双은 兵이니 身旺하고서 이 兩者를 取用한다면 兵權인바 刑律司法系統의 首官이 될 것이다. 또

殺旺한 境遇에는 制殺하는 運鄕이 좋고 双旺한다면 殺運이 좋다. 萬一 原命에 殺旺한데 다시 殺旺鄕으로 運

行한다면 業을 세우고 功을 이룩하는 同時에 銃劍下에 죽음을 當할 것이며, 双이 原命에 많은데 다시 羊双地

로 行한다면 祿貴를 成取하고 財物을 얻는 때에 반드시 病死할 것이다」고 하였다.

또 「羊双이 있어 助身함이 있으면 合함이 좋고 冲함은 좋지 않다」고 하며 本註에서 解하여 「双이 助身하는

者이니 身旺한 중에 만남을 크게 꺼리고 羊双은 하나인데 殺은 重重한중 相合하였으면 權星으로 化貴한 것이

다. 또 官星이 있는데 羊双과 冲戰하면 이때에는 羊双이 惡殺이 되는 것인바 마땅히 輕重을 살펴서 好惡을

決定해야 한다」고 하였다.

또 말하기를 「羊刃이 五鬼에 臨하였다면 決定코 刑苦를 重犯할 것이다」라고 하였으며 本註에는 壬申生의

五鬼는 子에 있고 癸酉生의 五鬼는 丑에 있으며 丙寅生의 五鬼는 午에 있으며 丁卯生의 五鬼는 未에 있는바

或者는 三合으로써 決定하기도 한다」고 하였다.

一行禪師命書에는 「羊刃이 重重하고 祿을 또 보면 富貴하여 金玉이 滿饒할 것인바 吉命이라」고 하였다. 理

愚篇에서는 또 다음과 같이 말하고 있다. 「倒懸과 羊刃이 同行하면 그 形體가 구렁텅이에 凶死한다」고 하였으

며、本註에서 「倒는 倒戈殺이요 懸이란 懸針殺이니 무릇 倒戈殺이란 戊字가 成字를 만나는 一例 뿐이며、懸

針者는 干에서 甲字가 辛字를 보고 支에서 卯字가 午字와 申字를 보므로 刑多한 境遇이라」고 하였다. 또 그

截歌에서는 「羊刃이 倒戈를 兼하였다면 반드시 목을 짤리어서 斷頭死할 것이다」라고 하였으며、經에서 「大

運에 羊刃을 만난다면 財物이 消散한다」고 하였다.

論曰双컨대 舊財에 云호대 日双有丙午戊午壬子三日하니 與陽双同法이라 忌刑沖破害會合이요 愛七殺要行

官卿에 便爲貴命이니 若四柱中一來會合이면 必主奇禍라 其人主眼大鬚強이요 性剛果毅無惻隱慈惠之心이며

有刻薄不恤之意니 三刑魁罡正全엔 發跡於疆場이라 如或無情이나 或臨財旺則主其禍며 或有救神이면 如刑害俱

全하고 類皆得地라도 貴不可勝言이니 獨羊双以時言之리오 四柱中不要入財鄕이며 怕冲陽双이로다 如戊日双

在午엔 忌行子正財運이며 壬双在子에 忌行午正財運이며 庚双在酉에 忌行卯正財運이나 甲双在卯에 行巳午並

辰戌丑未財運不妨이요 忌酉運이며 丙日双在午行申酉庚辛財運不妨이요 忌子運이니라

論比刃에 夫比刃者는 陽見陽陰見陰이니 爲比如甲見甲乙見乙之類라 五陽見五陰은 如甲見乙是兄見弟니 爲

劫財主剋妻나 五陰見五陽에 如乙見甲是弟見兄이니 主被耗防不剋妻니라 盖財者人之所欲이니 方今兄弟見之에

多有爭競이라 如夷齋能有幾人고

六親捷要論에 云호대 分祿須傷主饋人이요 比肩重疊損嚴親이라하니 補日財多身弱喜比刦助扶니 則爲福故로

日男逢羊刃身弱遇之爲奇요 財輕身强忌比刦이니 奪則爲禍故로 日羊刃多而妻宮有損이니라 歌에 日甲乙相見必

防妻요 敗財剋父定無疑라하며 金不換에 云호대 身旺比刦重이면 損財又傷妻에 比刦逢梟食妻遭產裡危니라」

日双에 對하여 舊書에 말하기를 「日双에는 丙午日과 戊午日과 壬子日의 三日이 있으니 陽双으로 더불어 同

法이다. 刑冲破害가 모임은 꺼리고 七殺은 기뻐하며 官鄕으로 行함을 要請한다. 따라서 貴命이 되나 萬一 四

柱에 羊双이 會合되었다면 奇禍를 받을 것이요 當主의 容貌 또한 눈이 크고 수염이 强하며 性格은 剛烈果

毅하여 惻隱心과 慈惠心이 없다. 三刑과 魁罡이 全部 있으면 出生함이 强烈할 것이며, 或 無情한듯 하나 財

旺地에 臨하여는 當主가 禍를 받으며 或 救神이 있으면 羊双이 많아도 大貴할 것이니 羊双이

時令에 있는 것만 갖고 말할 것은 없다. 四柱中에 羊双이 있다면 財鄕으로 行함을 不要하는바 陽双이 冲하는

것도 꺼린다.

例컨대 戊日의 羊双이 午에 있는바 子運正財運으로 行하여 冲双됨을 忌하고 壬双은 子인바 午正財運을 忌

하며 庚双은 酉에 있는바 卯正財運을 忌하나 甲双은 卯에 있으므로 巳午나 辰戌丑未의 財運으로 運行하여도

無妨하고 酉運을 忌하며 丙日의 双이 午에 있는바 辛酉庚申財運은 無妨하고 子運은 꺼린다.

比肩이란 陽이 陽을 보고 陰이 陰을 봄이니 甲이 甲을 보고 乙이 乙을 보는 類이다. 五陽이 五陰을 보면

劫財인바 甲이 乙을 보는 경우 兄이 弟를 만나는 形狀이니 剋妻할 憂慮가 있으며, 五陰日干이 五陽을 보면

곧 乙이 甲을 보면 弟가 兄을 봄과 같아서 當主가 消耗破害됨은 있어도 尅妻하지는 않는다。

大抵 財物이란 사람이 欲望하는 對象인바 이제 兄弟를 만나는 때에 흔히 爭競이 많을 것이니 伯夷나 叔齊

와 같이 物慾이 없는 聖人이란 極히 드물기 때문이다。

六親捷要論에 「財祿을 分奪하면 飮食을 맡은 妻가 傷害될 것이요 比肩이 重疊되었다면 嚴親(父)을 損傷

할 것이다」라고 하였으며 補註에는 「財多하고 身弱하면 比刼이 와서 助身해 줌이 福이 되고 기쁨이 되는 故

로 〈男者가 羊双을 만나고 身弱하면 奇異함이 있다〉고 하였고 財가 輕하고 身強하면 比刼을 꺼리는 것이니

奪財하여 禍厄이 있으므로 〈羊双이 많으면 妻宮에 損厄이 있다〉고 한 것이다」라고 解述하였다。

또 古歌에 「甲乙이 함께 만나면 반드시 妻宮의 損傷을 防護하지 않으면 안될 것인바 財福이 破敗되고 尅父

함에 틀림없다고 하였으며 金不換이란 글에서는 「身旺하고 比刼이 重하면 損財하고 傷妻하며 比刼이 梟印을

만난다면 妻宮이 不利한데 産厄으로 危險을 當할 憂慮가 있다」고 하였다。

『六親論에 云호대 月中歸祿無財官이면 父喪他鄉이라하고 又曰日逢双時逢双妻妾産亡이라하며 又曰日時背

馬分財无救助엔 妻兒離散이라하며 撮要云比肩要逢七殺制라하니라

建祿格=喜忌篇云月令雖逢建祿이나 切急會殺爲凶이라하고 舊註에 以會殺爲暗會七殺爲凶兆니 如甲日用酉

月爲官星正氣에 若年時子辰則會起申中庚金爲七殺이라 乃甲之冠賊故로 爲凶이 固是라하나 然이나 官祿之祿

에 用令字與雖逢字建字牽強이온 況子辰暗合申殺이리오 尤牽強不可從이니라

或曰會殺謂會見七殺이니 年時天干顯露하고 地支隱藏無制者是也라하야 似勝舊註나 亦與令字雖逢字가 未妥

亦不可從이라 故로 或者又作月令建祿格하니 此誠是라 但無註解니 愚補之曰建祿者는 月令十干祿이 是也며

會殺者는 天干旣見殺에 地支會合殺旺之謂也라 如甲祿在寅에 忌庚殺이요 乙祿在卯에 忌辛殺이며 並會殺旺無

制伏者가 是也니라』

六親論에 말하기를 「月中에 歸祿이 되고 財官이 없으면 父親이 他鄉에서 死亡한다」고 하였고 또 말하기를

「日干이 時令에 羊刃을 만나고 刦財가 있으면 妻妾이 産厄으로 死亡한다」고 하였으며 또 「日時에서 財馬를

背剋(制剋)하였으며 그리고 救助해 주는 五行이 없으면 妻와 兒孫이 離散한다」고 하였으며 撮要에서는 比肩

이 旺하면 七殺을 만나서 制伏해 줌이 要望된다」고 하였다.

建祿格＝喜忌篇에 말하기를 「月令이 비록 建祿을 만나나 七殺이 會來함은 凶하다」고 하였으며 舊註에는 七

殺이 모이고 暗會(地支에 있는 七殺)되면、 그리고 甲日이 酉月을 만나서 正氣官星이 되고 또다시 年時에 子

辰이 있다면 申中庚金을 會起시키므로 甲木이 賊이요 凶이 된다」는 것이지만 그러나 官祿의 祿이란 말은 역

지의 推測인데 況次 子辰이 申字를 暗合한다는 말이 어찌 더욱 臆測이 아니겠느냐?

或 또 말하기를 「會殺이란 七殺이 會見된다는 말이니 年時의 天干에 七殺이 露透하고 地支에 또 七殺이 暗

藏되었는데 制伏함이 없음이 그것이다」라고 하였는바 前述한 舊註보다는 잘된것 같지만 亦是 令字와 逢字에

對한 解釋은 未及하다고 본다. 或者는 月令建祿格으로 보니 이것은 올바른 見解라 할것인데、但 그 註解가

없으므로 以下에 補註해 보려 한다.

建祿이란 月令의 十干祿이 그것인바 會殺者란 天干에 殺을 보는데 다시 地支에서 七殺이 會合되어 殺旺함

을 일컫는 말이니、例컨대 甲祿이 寅에 있는바 寅月에 出生한 命柱에 庚殺을 忌하는 것이요 乙祿은 卯에 있

는바 辛殺이 있음을 忌하는 것인데 아울러 殺神이 모이고 制伏됨이 없음이 그것이다.

『凡月令建祿에 祿隨旺行爲祿은 亦不宜니 過旺喜見財官이요 並天干透露니 故로 曰建祿生提月엔 財官喜透

天이요 不宜身再旺이며 惟喜茂財源이니라 又曰月令建祿多無祖屋이나 一見財官에 自然成福이며 最忌天干帶

七殺이니 返傷福이요 並支內會七殺太過하고 無制伏則祿衰弱이니 反爲凶禍니라 故로 曰乙木生居卯에 庚辛干

上逢火旺人은 發福殺地壽元終이니라

又曰春木無金不是奇나 金多犬恐返遭危니 於中取得中和氣라야 福壽康寧百事宜로다 又曰月令建祿會殺爲凶

可也나 又加之以雖逢切忌之辭何也오 蓋建祿則身旺이니 有比肩扶助가 宜乎아 不怕殺이나 然이나 殺如桅虎라

有制伏則貴하고 若無制會殺旺이면 不問身強弱必凶이니라 況建祿格은 只喜財官하고 最不喜於帝殺而支會旺이

니 故로 曰月令雖逢建祿이나 切忌會殺爲凶이라 則雖逢字切忌字方有着落令字建字요 俞明白不牽強이니 故로

愚取此說이요 又爲之解하야 破前二說이니라 又觀호니 洞玄經에 云호대 甲以寅祿이요 庚壬本非駕라하고 又

曰祿可以興騰有時乎無用則雖逢切忌之解라하나 有經重斟酌이 益明矣니라」

무릇 月令에 建祿이 있고 日主가 旺하다면 다시 祿旺地로 行運함은 不宜하니 過旺할때엔 財官을 볼 것이요

아울러 天干에 透出함이 좋다. 그러므로 「建祿이 月令提綱에 있으면 財官이 天干에 透出함을 기뻐하고 身主

가 再旺地로 行運함은 不宜하며 財源이 茂盛함을 오직 기뻐한다」고 하였다.

또 經에 말하기를 月令에 建祿이 있다면 혼히 祖業이 없는 것이지만 그러나 財官을 一見할 때에 自然히 成

福할 것이다. 그러나 天干에 七殺이 있음은 도리어 福을 傷할 것인바 가장 꺼리고 아울러 地支內에 七殺이

몰려 太過한데 制伏함이 없은즉 祿이 衰弱해 진 것이니 도리어 凶禍가 있다고 하였다.

그러므로 古言에 「乙木이 卯位에 生함이 建祿이니、庚辛金이 干上에 튀어 나왔으나 火旺한 命造라면 殺旺

地에 發福할 것이요 長壽할 것이다 라고 하였다.

또 「春節에 生한 木主에 金이 없으면, 奇異한 命造가 될 수 없으며, 그러나 金氣가 過多하여서는 凶厄이 있

으니 中和의 均停이 있는 命造라야 福壽康寧하고 百事가 成就되는 것이다」라고 하였고, 또 古書에 말하기를

「月令에 建祿이 되나 殺鬼가 會集되어서는 凶命이다」라고 하니 雖逢과 切忌의 兩句는 무슨 뜻인가? 大抵 建

祿이 되었다면 身旺한 것이니 比肩이 있어서 扶助함은 不可한 것이요 殺을 꺼리지 않는 것이지만 그러나 七

殺은 사나운 虎物이니 制伏하여야 貴하고, 制殺하지 못한중 殺旺하면 身主의 强弱을 不問하고 반드시 凶命이

된다.

特히 建祿格은 오직 財官을 좋아하지만 殺旺하고 地支에 會殺됨은 가장 不喜하는 바이니, 그러므로 「月令

에 비록 建祿하나 七殺이 會集됨은 切忌한다」는 말에 있어서는 雖逢이란 말과 切忌란 말은 矛盾될 것이 없

고, 令字와 建字의 뜻 또한 조금도 無理됨이 없는 것이다. 그러므로 내가 그 뜻을 解說하여 前述한 二說을

破한 것임을 밝혀 두는 바이다.

또 洞玄經에 「甲木이 寅에 祿이 되고 庚壬에는 本來 貴가 없는 것이다」라 하였고 또 말하기를 「祿은 時令

에 있는 것이 第一이나 取用할 수 없는 境遇라면 切忌하는 바이라」고 하지만, 그러나 輕重을 分別하여야 더

욱 分明해지는 것이다.

（第百三十三柱）

庚　癸　壬　庚
申　丑　午　子

戊丁丙乙甲癸
子亥戌酉申未

喜財官格　韓侍郞造

此命이　年支子水에　建祿이　되는바　丑中癸水에　得根하며　三金이　生水하는　중　申子水局을　이루니　財官을　기뻐한다.　한편　子水가　月令午를　冲하니　財官은　弱勢로　變한다.　따라서　日下官星과　午月令의　丁己財官은　喜神이다.　此命은　丙戌官運부터　火局을　이루어　大發身하였고　丁亥運은　丙丁蓋頭하고　亥中甲木이　生財하므로　亦是　良吉하며、戊運　또한　生財하므로　吉運이니　二十年間　大發하여　長官位까지　歷任하였다.

（第百三十四柱）

庚　己　丙　壬
午　亥　午　申

甲癸壬辛庚己戊丁
寅丑子亥戌酉申未

建祿格　韓丞相命

月時에　建祿되고　月上丙火가　生身하므로　身旺하니　財官을　기뻐한다.　時上에　庚金이　透出하고　年支申中에　祿을　얻으나　旺火가　尅害하므로　財는　弱勢에　있지만　壬水가　制火하니　身旺하고　財官有氣한　命造이다.　煞星이　會集된　格이　아니므로　西北大運의　財官旺地에　大發하여　首相位를　歷任한　大貴人이　되었다.

（第百三十五柱）

乙　甲　庚　辛
亥　辰　寅　丑

甲乙丙丁戊己
申酉戌亥子丑

見殺有制造　賀丞相命

甲木이　春令에　生하여　木旺하나　干頭에　官殺이　相連하므로　殺로만　보는데　丙戌丁亥의　制殺運에　大貴하였다.　이것이　「月令雖逢建祿이나　切忌會殺」이란　古言에　該當하는　命造이지만　甲乙木이　庚辛金과　짝(配偶)을　이루었을뿐　아니라　木旺하므로　殺　亦是　꺼리지　않는다.　此命이　丁亥以後　大發하여　首相位에　이르렀다.

(第百三十六柱)

辛　辛　乙　庚
丑　卯　丑　辰

乙丙丁戊己庚
酉戌亥子丑寅

會殺凶命格　施洪富命

月令建祿格이나　庚辛金殺星이　俱透하였으므로、　丁亥丙戌運에　殺을　制伏하고　成財하였으나　酉運에　이르러　金局을　이루고　會殺되니　非命에　死亡한　것이다.

(第百三十七柱)

壬　丁　丙　壬
寅　未　寅　辰

戊己庚辛壬癸甲
申酉戌亥子丑寅

身旺殺弱格　夏閣老貴命

楠註＝丙火가　夏節에　炎光이　熾烈하니　殺旺運을　만나는　때에　大發할　것인바、　庚辛壬癸大運에　黃閣大闕에　高官大爵을　하였고　甲寅印比運에　死亡하였다.

解＝年時壬水가　旺火를　冲하니　水火旣濟의　功을　이루었고、　다만　火土氣가　金水를　勝旺할　뿐이므로　壬子癸丑의　上下干支皆水運에　天下의　首相이　되었다.　月上에　丁火가透出하여　陽双이　되었는바　壬殺이　合去해　주므로　双殺이　相助하여　威權이　萬里에　振動하였다.　甲寅大運에　火氣를　助氣하므로　陽双倒戈無頭之鬼라　한바의　原理에　依하여　死亡하였다.

(第百三十八柱)

壬　丁　丙　壬
寅　未　申　辰
　　　　　　　壬
　　　　　　　子

戊己庚辛壬
申酉戌亥子

殺旺身弱羊双格　吳都吳高貧命

楠評＝水氣가　重重하니　火旺夏節의　丙火이만　弱衰한　日主로　變했다.　따라서　木火運이吉한데　大運이　水旺地이므로　禍苦가　滋甚하였다.

解＝丙火가　비록　旺하나　二陰之際에　水氣가　進하고　있는中　丙日主가　申位에　臨하여　水局을　이루며　兩壬殺透하니　水旺火弱하다。前命과　달리　此命은　大運이　壬子癸丑의　殺旺運으로　運行하니　凶命이다。西方運에　蹇滯가　많더니　北方大運에　乞命으로　死亡하였다.

209

火少金水多格

（第百三十九柱）

庚午　辛巳　丙申　壬辰
壬午　癸未　甲申

楠評＝丙火가 建祿令에 生하였으나 財殺이 過多하니 堪當할 수 없다. 強變化弱하니 貧

夭할 命인바 大運이 財鄉으로 흐르니 어찌 壽命이 길겠는가?

解＝丙火가 巳에 得祿하였으나 四柱에 金水의 氣運이 過多하니 午未早年에는 衣食이

자못 넉넉하였으나 申運에 一入하여 財殺加多하므로 疾病으로 死亡하였다. 乙未時生이라면 西方運에 發福하

였을 것인바 都詹獎五命이 그것이다.

第三節　專祿格

『纂要에 云호대 此格甲寅乙卯庚申辛酉가 是也니 柱中에 忌官殺이요 不宜刑冲破害며 歲運亦同이니라 元理

賦에 云호대 八專日支同類殺運殺年多凶이니 正此之謂也니라』

纂要에 말하기를 「此格은 甲寅乙卯庚申辛酉日柱를 말하는바 柱中에 官殺이 있음을 忌하고 刑冲破害를 또한

꺼리며 歲나 運에서도 同一하다」고 하였다. 또 元理賦에 말하기를 「日干과 日支가 同類이면 殺運과 殺年에

多凶하다」고 하였음은 이 專祿格에 關한 말이다.

（第百四十柱）

壬辰　庚戌　辛酉　辛卯
辛亥　壬子　癸丑　甲寅　乙卯　丙辰　丁巳

專祿格　金鎰徐龍岡의 命

楠評＝辛酉日柱에 專祿格이 分明한데 戌中丁火가 있어 喜神을 冲하니 殺星은 本來 柱

中에 病이었다. 殺을 制去할 때 바야흐로 官祿이 位榮할 것이다.

解＝辛酉專祿格에 戌中丁火가 있어서 損祿의 病神이 되는데 辰字가 있어 制去하니 이

에 病이 있어 貴命이 된 것이다. 癸丑運의 癸丑年에 丑刑戌中丁火하여 去病하니 連登官位하여 貴命이 되었

다. 다만 丙丁 兩字가 損祿함은 두려워 한다. 따라서 此命은 比肩을 從하는 것이다.

第四節　雜氣財官印綬格

『楠曰雜氣財官者는 盖辰戌丑未四字니 乃天地不正之氣요 爲天地四箇牢獄之所며 又爲天地四箇收藏之庫니라

如丙丁日生辰月에 若天于透出戊己多則作雜氣火土傷官格이며 如透出乙木多則作雜氣印綬格이며 如透出癸水多

엔 方作雜氣財官格이니라 如戊日生戌月에 身弱透丁火多엔 作雜氣印綬格이며 透辛金作雜氣傷官格이니라

又曰雜氣財官喜見冲이니라 唯日干旺用雜氣財官者喜見之原財藏이니 在天地之庫中이면 牢密堅固라 如戊日生

辰月에 癸乙爲財官이니 鎖在庫中하야 十分牢固라 若無戌時鎖匙豈能開之며 冲開財庫에 福興隆然也니라 若不

用財官則不可犯冲開니 作論當以中和偏枯看이요 或嫌其字爲害神再冲出來엔 其害愈甚이니라 如丙日生辰月하

야 露出乙木印星再看하고 又有乙木體貼이면 作印綬格이니 柱中原有金氣엔 原印星衰也라 若再行戌運하야戌

中辛金冲破我辰中有乙木하면 此則是貪財壞印看이니 豈可雜氣財官喜見冲論乎아

又加丙丁日生戌月하고 透出戊土多作雜氣傷官格이니 原看日于丙丁屬火가 到九月授衣之月에 火氣寒涼이어

니 見土多泄弱火之精이라 喜東方木運이 尅去其傷官하야 不來泄我로다 喜木運又來資我則吉이요 若到辰運하

야 再冲出戌中戊土하야 來偸泄弱我精神이니 安得不死리요 此亦不可雜氣財官喜見冲也라 唯身旺有財官엔 方

喜冲開早年發達이니라 此格與傷官甚難이요 看此格에 要看發靈庫中何物出來하야 方可定用神이니 書中旣以冲

開爲美라하나 豈不謬哉리요』

楠이 말하되 雜氣財官이란 辰戌丑未의 四字를 말하는바 天地의 不正한 氣運이요 天地의 四獄에 該當한다.

또 天地의 四箇의 큰 藏庫이기도 하다. 例하면 丙丁日이 辰月에 生한 경우 天干에 戊己가 多出하였다면 雜氣

火土傷官格이며 乙木이 多出했다면 雜氣印綬格이며 癸水가 多出하였다면 雜氣財官格으로 볼 것이다. 또 戊日

이 戊月에 生하여서 身弱한데 丁火가 多出했다면 雜氣印綬格이며 辛金이 透出하였다면 雜氣傷官格이 된다.

또 雜氣財官格은 冲刑됨을 좋아하는바 日干이 旺하고 雜氣財官을 取用하는 境遇 原命에 財가 地支에 藏在

해 있음을 歡迎한다. 財官이 天地의 庫中에 있다면 堅固하게 密藏되기 때문에 分奪되지 않기 때문이다. 例컨

대 戊日이 辰月에 生하였다면 癸乙이 財官이 되는바 財官이 辰庫中에 감추어져 있으므로 十分 牢固하니 萬一

戊時의 冲開해 주는 열쇠가 없다면 어떻게 庫中財物을 發用할 수 있으며 福이 興隆할 수 있겠는가?

그러나 萬一 時官을 取用하지 않는다면 冲開하지 말 것이니 中和와 偏枯의 與否를 살펴서 判斷할 것이다.

或 害로운 忌神이 庫藏에 숨어있는데 이를 冲出하여 온다면 그 害는 더욱 滋甚할 것인 때문이다.

丙日이 辰月에 生하여 乙木印星이 露出되었다면, 그리고 또 乙木이 있다면 이것은 印綬格으로 볼 것이니

柱中에 原來 金氣가 있다면 原來 印星이 衰弱해진 것이다. 이때에 萬一 戊運으로 行하여 戊中辛金이 辰中乙

木을 破剋한다면 이는 貪財壞印이니 어찌 또 雜氣財官이 冲을 좋아한다고만 하겠는가?

또 丙丁日生이 戊月에 生하고 戊土가 透出하면 雜氣傷官格으로 볼 것인데 原來 丙丁火가 九月의 쓸쓸한 때

에 寒凉하여 진 것이니 土多하여 弱한 火氣를 泄精함은 不可하므로 東方木運이 찾아와서 傷官土를 制去함으

로써 泄火하지 못하게 함이 좋고 또 木運이 我身을 生助해 줌이 吉한 것이다. 그런데 萬一 辰運을 만나서 戊

中의 戊土를 冲出하여 나의 弱한 精神을 偷泄한다면 死亡하지 않을 수 없는 것이니 이 경우에도 「雜氣財官이

冲을 좋아한다」는 말은 該當하지 않는다.

身旺하고 財官이 있을 때엔 冲出함을 좋아하는바 早年에 發達할 것이다。이 雜氣財官格과 傷官格은 取別하

기가 第一 어려웁다。

이 雜氣財官格과 傷官格은 分別하기가 第一 어려우니 雜氣財官格을 먼저 庫中에 어떤 藏干이 透出하였는가

를 보아서 바야흐로 用神을 定할 것이니 書에 「雜氣財官格이 冲開함이 좋다」고 하지만 그러나 前述한바와 같

이 誤謬가 있음을 알아야 한다。

『古歌에 云호대 雜氣財官印月宮에 天干透露始爲豐이요 財多官旺이라 宜冲破切忌干支厭伏重이라하니 補曰

財者는 養命之源이요 官者는 扶身之本이며 印綬者는 資身之基也라 此三者는 藏蓄於辰戌丑未之月이니 乃四

隅之氣요 非天地東西南北之正氣라 故로 曰雜氣財官印綬格이니라 此格이 喜刑冲破害니 或用財官而財官透하

고 或用印綬而印綬透하며 透財則富요 透官則貴며 透印則吉亨萬物之見成이니 故로 自始爲豐이니라 若財官印

閉錮於庫中하고 不冲不刑則少年不發庫中人이니 所以宜冲破也라 若支干則遇比刦之壓伏官遇食傷之壓伏이요

印綬遇財星之壓伏而且太多則欲其富貴而亨見成之福也難矣라 故로 曰切忌干支厭伏重이니라

又曰辰戌丑未爲四季에 印綬財官居雜氣干頭透出하면 格爲眞이며 只論財多爲尊貴니라 補曰辰有乙戊癸하니

乃水土之墓庫요 爲春季며 戌中有戊辛丁하니 乃火之墓庫요 丑中有癸己辛하니 乃金之墓庫요 爲冬季

며 未中有乙하니 乃爲木之墓庫요 爲夏季라 此四季中所藏印綬財官皆天地不正之氣니 故로 曰居雜氣頭看四季

透出에 何字爲福고 大槪雜氣格은 透出貴氣에 固爲妙며 亦以財多爲尊貴니 所謂無官見財亦能生官이니 多人及

古歌에 「雜氣財官印이 月令에 있고 天干에 透露하였으면 이에 豐隆한 것이며 財多하고 官旺한 것인바 冲破

第之命이 是己니라」

213

를 기뻐하고 干支上에 重多함은 切忌한다」고 하였다. 補註에서는 다음과 같이 말한다.

財는 身命을 存養시키는 根源이요 官은 扶身의 根本이며 印綬는 身主를 助資하는 기초이다. 이 三者는 辰戌

丑未月에 감추어 있으며 春夏秋冬의 네 모퉁이의 氣요 東西南北의 正氣가 아니다. 그러므로 雜氣財官印綬格

인 것이다.

此格은 透露함을 기뻐하고 刑沖破害됨을 기뻐하는데 或 財官을 取用함에 財官이 透出하고 印綬를 取用함에

印綬가 透出함인바 財가 透出한즉 富하고 官이 透出한즉 貴하며 印綬가 透出한즉 吉亨하여 萬物이 成長된 格

狀이다. 그러므로 始爲豊이라 하였다.

萬一 財官印이 庫中에 숨어서 庫中에 간혔고 沖刑되지 않았다면 少年에 發揚되지 않는다. 그러므로 沖破함

이 마땅하다고 하는 것이다. 만일 支干에 財星이 있다면 比刼이 壓伏되어 있거나 官이 食傷의 壓伏함을 만나

거나 印星이 財星의 壓伏을 만나면 不吉하니 太多한즉 富貴하고자 하지만 成福하기 어려우니, 그러므로 干

支에 壓伏됨이 重多함을 切忌한다」고 하는 것이다.

또 말하기를 「辰戌丑未의 四季月에 生하여 印綬財官의 雜氣令에 있고 干上에 透出한다면 眞格인바 特히 財

多하면 尊貴한다」고 하였으며 補註에서는 다음과 같이 말하고 있다.

辰中에 乙戊癸가 있으니 水土의 墓庫가 되고 春季가 되며 戌中에 戊辛丁이 있으니 火의 墓庫요 秋季가 되

며 未中에 丁己乙이 있으니 木의 墓庫인바 夏季에 屬한다. 四季에 印綬財官이 所藏되어 있음은 天地의 不正

한 氣運이니 그러므로 「雜氣가 四季에 있는데 어느 字가 透出하여야 福이 되겠는가? 大抵 雜氣格은 貴氣가

透出하여야 妙命인바 財多하여야 尊貴한 命造이니 이른바 〈官星이 없지만 財星이 있으면 能히 生官하는 것

이므로 혼히 及第하여 出身하는 貴命이 된다〉고 하였음이 이런 境遇이다」라고 古書에 말하였다.

『又曰雜從來自不純이요 天干透出始爲眞이니 身强財旺生官祿이라 運見冲刑聚寶珍이로다 補日辰戌丑未居於

四過에 雖非東西南北純然之正氣라 然이나 天元透露方爲眞格이니 身强如庚申辛酉之類요 財旺如未木行東方이

며 戌火行南方이요 辰水行北方이요 丑金行西方生之地니 則自有靑紫之貴而發官發祿矣로다 四柱無有冲刑而

運逢之則珍寶自聚니 所謂倉庫豊이요 盈金滿屋이 是己니라

又曰五行四季月에 支逢印綬干頭再顯榮이요 四柱相生喜官殺이니 更饒財産有崢嶸이니라 補日甲乙生於丑月

하고 丙丁生於辰月이며 戊己生於戌未月하며 庚辛生於辰戌月이며 壬癸生於戌月이면 皆月支逢季月也라 各有

印綬藏庫니 喜干頭顯露요 又要柱中官殺相生하고 財星有氣則財生官하고 官生印印生身하야 身剋財니 則榮貴

라 所謂印賴殺生이요 官因財旺이 是己니라 或曰此以雜氣印綬니 言有官祿不惟貴顯이요 更資財産業饒盛이며

亦不要見財니라

又曰月令提綱不可冲이니 十中九命返爲凶이나 唯有財官逢墓庫엔 連行到此返成功이로다 補日財官遇於提月

에 最不可冲이니 冲凶十有八九나 唯財官居庫엔 不冲不發이니 須行冲運方能發福이니라 又曰生旺須逢墓庫요

絶墓庫必來生旺發이며 生加生旺過非宜요 墓庫逢休絶不發이니라 補日生加生旺過非宜는 此申上文生財須逢墓

庫絶而言也니 非有別宜요 墓庫逢休絶不發은 日上文墓庫必來旺生發而言也며 亦非有別意라 如柱中財官印生旺

이면 不宜入財官印墓地니 故로 日旺官旺印興旺財엔 入墓有禍라하니 如日干生旺이요 不宜入日干庫地니라』

또 말하되 雜氣財官은 本來 純粹하지 않은바 天干에 透出하여야 眞格이니 身旺하면 官祿을 生하는 것이다.

大運에 冲刑함이 있으면 寶玉富財를 얻을 것이라 하였고 補註에 말하되 辰戌丑未의 네 모퉁이에 있음에 비록

東西南北의 純然한 正氣는 아니나 天干에 干透하면 眞格인 것이다.

身强하다 함은 庚日主가 庚申 辛酉를 만남이요 財旺하다 함은 未中의 乙木을 取用하는데 東方으로 運行함

과 같고 戌中의 丁火를 取用함에 南方으로 運行함과 같고 辰中癸水를 取用함에 北方으로 運行함과 같고 丑中

의 辛金을 取用함에 西方의 生旺地로 運行함과 같으니 스스로 權貴할 사람인바 大官이 되고 重祿을 받을 것

이다. 만일 四柱에 沖刑이 없으나 運에서 만난다면 珍寶를 大聚하고 大富가 될 것이다.

또 말하되 四季月令에 生하고 印綬가 天干에 튀어 나왔으면 顯達하고 榮華할 사람이니、相生해 주는 官殺

이 있다면 더욱 좋으며 富貴兼全할 사람이다. 그 補註에 말하되 甲乙木이 丑月에 生하고 丙丁이 辰月에 生하

며、戊己가 戌未月에 生하며、庚辛이 辰戌月에 生하며、壬癸가 戌月에 生하는「等은 다 月支에 季月을 만난

것이요 各己 日主가 庫藏에 숨어 있는 것인바 干頭에 顯露함을 기뻐한다.

또 四柱中에서 官殺이 相生해 줌을 좋아하는바 財星이 다시 有氣하면 財星이 官殺을 生하고 官殺이 印綬를

生하며 印綬가 生身하여 身主가 財를 能剋하므로 榮貴하는 것이다. 이른바「印星이 殺을 依持하여 生하고 官

은 財에 依持하여 生旺된다」함이 그거이다. 或 이를 雜氣印綬라고 하는바 官祿만 貴顯할 뿐 아니라 産業을

일으키고 財富가 된다는 것인데 또 大運에서 財를 보거나 原柱에 財盛함이 있음은 不可한 것이다.

또 말하되 月令(提綱)은 그물의 코와 같으니 沖刑함이 不可한바 十中八九가 凶命이 되지만 오직 財官이 墓

庫에 있을 때엔 沖刑되는 運에 도리어 成功하는 것이다. 補註에 말하되 財官이 月令에 있음을 沖함은 가장

不可하니 沖하는 境遇 十에 八九는 凶한 것이다. 그러나 財官이 庫中에 있다면 沖하지 않고서는 發할 수 없

는 것인바 沖하는 運에 바야흐로 發身할 것이다.

또 일컫되、生旺되었다면 墓庫地를 만날 것이요 絶墓되었다면 반드시 生旺地에서 發身할 것이다. 生旺되었

는데 다시 加旺됨은 옳지 않고 墓庫地에 있는데 다시 休囚地를 만났다면 發身할 수 없는 것이다.

補註에 말하되 生旺되어있는데 生旺함이 不宜하다 함은 財官印의 墓庫地가 좋다는 뜻이고 墓庫地에 있는데 다시 休囚運을 만나면 發身할 수 없다는 말은 財官이 墓絶衰弱하면 財官의 休囚運이 不可하다는 뜻이다. 따라서 柱中에 財官印이 生旺되었다면 財官印地인 身主의 墓가 不可한바, 그러므로 古歌에 「官旺하고 財旺하다면 墓地에 運行한즉 禍가 있다」고 하였다. 곧 日干이 生旺되어야 하고 日干의 庫地에 들어가는 것은 不可하다는 것이다.

『故曰身旺入庫與災墓庫라 必來生旺發이라하니 如財官居墓庫엔 必來財官生旺이며 如身主居墓庫엔 必來身主生旺之地에 可以發身이니라 主加生旺過非宜는 如財官生旺에 加以財官生旺之運則大過有咎니 所謂財多與財運이면 化殺生灾며 官多遇官太旺이면 傾危라함이 是己니라 如身居生旺에 加以身主生旺之運則太過必禍니 所謂過生地之相逢宜退身而避位라 生地相逢壯年不祿이 是己니라 墓庫逢休終不發은 如財官居墓庫之地에 又逢財官休敗之運이면 何以發財發福이리오 如身主居墓庫之地에 又逢身主休敗之運이면 何以不發이리오

三車에 云호대 槪本雜氣格이 透出財者富요 透出官者貴며 透出印綬者亨祖父田産宅舍財帛之富며 有文書宣勅陰庇之貴니 如無透出冲刑이면 少許則發이요 身旺爲妙나 不宜身弱冲刑太過니라 景鑑에 云호대 雜氣財官이 身旺有冲而發이나 若太過反受孤貧이며 孤貧者身弱閉庫요 財浩蕩兩處刑冲是也라 하니라』

그러므로 또 書에 말하되 身旺하고 入庫하면 墓庫地에 行하여 災厄이 生하고 生旺地에 行하여 發身한다고 하였으니, 例컨대 財官이 墓庫地에 있다면 財官이 生旺되는 運路에 發財하고 發官할 것이요 그 身主가 墓庫地에 있다면 身主가 生旺地에 運行할 때에 發身할 것이다.

「生旺되었는데 다시 加旺됨은 옳지 않다」고 함은 곧 財官이 生旺되었는데 財官의 生旺運으로 加行한즉 不

吉有凶하다는 말이니, 이른바 「財運을 만나면 殺로 化하고 災厄을 生하며 官多한데 官運을 만나서

太旺해진다면 危險하다」고 한 古言이 그것이다.

또 例컨대 身主가 生旺한 四柱에 다시 身主가 生旺되는 大運으로 行한다면 身旺함이 太過한것이니, 반드시

禍厄이 있는 것이다, 이른바 「生旺地를 相逢한다면 轉落하여 退位하게 되니 生旺地를 相逢하면 壯年에 祿官

이 없어질 것이다」라는 古言이 그것이다.

「墓庫되었는데 다시 休墓地를 만난다면 마침내 發身할 수 없다」고 함은 例컨대 財官이 墓庫地에 있는 四柱

가 다시 財官의 休敗地를 만난다면 어떻게 發福하고 發財할 수 있겠느냐?」하는 古言과 身主가 墓庫地에 있

는데 다시 身主의 休敗墓庫運을 만난다면 어떻게 發身할 수 있겠느냐?」하는 古言이 그것이다.

三車에서 말하되 대개 雜氣格에 財星이 透出된다면 富하게 되고 官星이 透出한다면 貴하게 되며 印綬가 透

出한다면 祖父의 田地宅舍와 事業體等의 遺産을 받아 富者가 되고 學問도 잘하며 祖上의 德으로 벼슬도 하고

貴하게 된다. 그러나 透出함이 없고 刑冲함이 있다면 少年에 發身할 것이요 身旺하면 더욱 妙命이다. 한편

身弱하고 冲刑이 太過함은 不吉하니 景鑑이란 古書에 雜氣財官이 身旺하고 冲함이 있으면 發身할 것이나 만

일 太過하다면 도리어 孤貧할 것인바 孤貧한 者는 身弱한데 開庫한 命柱요 財富한 者는 身旺하고 刑冲한 命

柱이다」라고 함이 그것이다.

『集說에 云호대 庫財者는 藏蓄之謂辰戌丑未是也니 如月令透出者에 或歲時透出者는 亦不要니 一點官星을

可用此格이니라 甲見長之庫在辰하니 爲財庫라 須四柱天元透出戊已爲妙라 大抵四柱中에 有財氣多者는 無不

入貴格이니 無官見財나 亦能生官하야 多入及第之命이라 但不要閉藏於庫中이요 須要刑冲破害가 以開其局이며

하야 方能發福이니라 又曰夫庫官者는 藏蓄之謂也라 以辰戌丑未四季月令得之是也로다 但要不知庫中所透何物

이며 用月干透出者妙요 或歲時透者며 亦得却要刑冲破害身旺이요 方可透出七殺에 不怕刑冲破害하고 尤喜制

伏之地니라 又要有合方可爲貴며 如無制伏에 又無合本身又弱이면 必爲害也니 如丙子日見辰時爲庫官이라 必

難發於少年이니라 多屬水庫니 但不要天干傷官이라 如傷官主宰號晚成이나 行運亦不要行傷官之地요 喜官星之

鄕이며 喜身旺官旺喜冲喜露天干財印이요 忌閉니라」

集說에서 말하되 庫財라함은 辰戌丑未에 藏蓄되었다는 뜻이니 月令에 透出하였는데 歲나 時에 거듭 透出함

이 있음은 不可하다. 一點의 官星을 取用함이 좋다. 甲木이 辰月에 生하여 財庫가 있다면 天干에 戊己가 透

出하여야 妙命이 되는바 대저 四柱中에 財氣가 많은자는 貴命이 아님이 없으니 官이 없고 財만 있지만 財가

能히 生官하므로 혼히 及第發貴하는 것이다. 다만 庫物이 閉藏됨은 不可하고 刑冲破害되므로 庫門을 열어 주

어야 하는바 此人이 發福할 것이다.

또 말하되 庫官은 亦是 辰戌丑未月에 감추어진 庫中의 官을 말하는 것이니 庫中에 어떤 所藏者가 透出하였

는가를 分別해야 한다. 月干에 官星이 透出하면 妙命인바 或 歲와 時에 透出하여도 좋고 또한 刑冲破害되고

身旺함이 좋다. 七殺이 透出하여도 좋으니 刑冲破害를 꺼리지 않으며 制殺運을 더욱 좋아한다. 또 合해 주면

貴命이 되나 制殺하지도 못하고 合하지도 않으며 身弱하면 반드시 有害할 것이다.

例컨대 丙子日生이 辰月에 生하였다면 이것이 庫官이니 少年에 發하기가 어렵다. 官星인 水가 辰庫藏에 있

으니 傷官土가 天干에 透出하지 말아야 한다. 萬一 傷官이 있다면 晚成할 사람이나 그러나 大運이 傷官地로

行함이 不可하며 官旺鄕으로 運行함을 좋아하며 身旺官旺하고 冲하며 財印이 天干에 露出하는 등은 다 좋아

하지만 庫官이 閉藏됨은 忌諱하는 것이다.

『又曰如丙丁生人以辰庫官은 水土庫於辰故也라 須年月日時中有木이어나 或亥卯未並寅이면 却淸이요 如無木

則土奪丙丁之官이니 則濁卑而不淸이요 亦不榮顯이니라 洪範云호대 時逢乙木與南墓엔 雖富而不仁이요 丙遇金

陰而北墓는 縱貧而有德이라하니 補曰南墓謂未庫也요 北墓謂丑庫也며 陰金謂辛金이니 丙火之正財也라하니라

又曰辰戌丑未全備乃財庫니 富貴之尊이니라 又財星入墓正主刑沖엔 必定刑妻니라 又曰冠帶互逢定是風聲不

美라하고 補曰辰戌丑未互換犯之를 故曰互逢이요 定主風聲不美는 此以女命言이요 男命遇之大富貴나 終主尅

父母라 하니라 又曰四柱有鬼之墓엔 夫己入黃泉이니 歲運夫星絶之鄕에 定主鴛配分飛異路니라하고 補曰八字

之中甲以辛爲夫니 乃丑是金鬼之庫라 若重見之必主夫己死入黃泉也니 流年大運에 入官鬼絶敗之地면 定主夫婦

死別之兆니라 又曰壬日戌提癸干未月엔 運喜東方이니 逢尅則絶이요 或改爲逢沖則絶이니라 又曰戊己丑月比肩

不忌疊金入格이요 忌逢午戌이라하고 又曰曲直丑月比肩帶印多金이어나 壬癸丑月土厚多金이라하니 補曰曲直

謂甲乙木生丑月多金則貴는 印能化殺故也요 壬癸生丑月土厚則貴는 以其金庫生由故也니라』

또 말하되 『丙丁生이 辰月에 生하면 官星인 水는 土에 墓藏되고 土庫에 癸水가 있으므로 庫官이라고 하는

것이다. 모름지기 年月日時에 木이 있거나 亥卯未木局이 있고 아울러 寅字가 있어서 土를 疎土해 주면 淸格

이 되고 萬一 木이 없은 즉 土가 丙丁의 官氣를 빼앗아 가니 濁格이요 不淸한 卑命인바 또 榮達하기 어려움

다. 洪範에 이르되 時令에 乙木이 南墓(未)에 있으면 비록 富하나 仁善하지 않고 金主가 陰金北墓(丑)면 비

록 가난하나 德이 있다」고 하였고 補書에 말하되 南墓라 함은 未庫를 말하고 北墓란 丑庫를 말하며 陰金이

란 辛金을 말하니 丙火의 正財가 된다.

또 말하되「辰戌丑未에 財庫가 全備되어 있으니 富貴할 것이다」라고 하였고 또 말하되「財星이 墓地에 있

고 刑沖되었으면 반드시 刑妻할 것이다」라고 하였으며, 또 말하되「冠帶가 서로 만나면 外貌와 목소리 等 人

品이 不美하다」고 하니 補註에 말하기를 辰戌丑未가 서로 만남을 〈冠帶互逢이라〉 한 것인바 〈定主風聲不

美〉란 女性의 境遇이고 男命이 만난다면 크게 富貴할 것이다. 다만 父母가 不利하다」고 하였다.

또 말하기를「四柱에 官鬼의 墓가 있으면 그 夫星이 이미 黃泉에 들어간 格인바 歲運에 夫星이 絶敗之鄕을

만나는 때엔 夫婦가 離別하지 않으면 안될 것이다」라고 하였다. 補書에서 말하되「甲日이 辛으로 夫位를 삼

는바 丑이 金官의 庫地이다. 만일 丑地를 重見하였다면 當主의 夫君이 黃泉에 떨어진 格이므로 流年과 大運

이 官鬼의 絶敗地로 行入할 때 夫婦死別의 禍厄을 當한다」고 하였다.

또 古書에 말하되「壬日이 戌月에 生하고 癸日이 未月에 生하면 東方木運을 좋아하니 尅함을 만난즉 絶한

다」고 하였으며, 或 冲을 만나면 絶한다고 고치기도 하였다. 또 말하되「戌己土가 丑月에 生하였은즉 比肩이

旺하니 金을 重重만남은 좋고 午戌을 만남을 忌한다」고 하였다. 또 말하되「曲直이 丑月에 生하여 比肩이 있

고 印星이 있다면 金이 좋고 壬癸水日이 丑月에 生하여 土厚하면 金이 많아야 좋다」고 하니 그 補註

에 말하기를「曲直이란 甲乙木을 일컫는 말이요 〈生丑月多金則貴〉〈丑月에 生하여 金이 많아야 貴하다〉는

말은 印星이 能히 殺星을 印으로 化生시키는 때문이다. 또 〈壬癸水가 丑月에 生하여 土厚한즉 貴하다〉는

말은 金이 旺土를 生出하여 助身하는 때문이다」라고 하였다.

『又曰財星入墓少許刑冲必發이라하고 四言獨步云土生四季하면 何愁主弱이며 日坐庚辛이면 旺地成名이니라

古歌云財官遇在庫中藏엔 不露光芒福不昌이며 若得庫門開透露라사 定敎官貴不尋常이니라

繼善篇云納粟奏名財庫居生旺之地라하니 此段格解에 附正財下는 誤矣요 今正矣니라 補曰此段有二說하니

一說財庫居身旺이라 如金人生於未月이 是謂財庫요 要日干居於自生自旺之鄕에 方能長財發福이라하니 此說可

從이며 格解謂但解本文未順非也로다 盖取用憑於生月이니 取四季之月爲雜氣財庫이어나 或雜氣時支이나 有以

日坐庫니 如辛未日而取格者也이나 況雜氣善身旺이어니 謂日干取於自小이오 如甲子日居辰自旺이며 如甲寅之

類生於辰月하야 爲財庫니 舊註에 謂須要一物開之하야 如戌冲開辰庫가 是也요 又要戊己土透露於年月時干이

며 不可見比刦이 壓於干上이니라 經日少年難發庫中人이요 只怕有物壓之라하니 故日納粟奏名此說은 誠順而

有理온 何謂不順이리오하니라

또 말하기를 「財星이 墓庫에 있으면 刑冲할 때에 반드시 發福할 것이다」라고 하였고 四言獨步에서는 「土

日이 四季月에 生하였으면 어찌 身弱함을 근심할 必要가 있겠느냐? 그러나 庚辛金旺地에 坐臨하였다면 身旺

運에야 成名할 것이다」라고 하였다. 또 古歌에 말하되 「財官이 庫中에 藏蓄되었다면 財官이 露出하지 않고

서는 福될 수 없으며 만일 財官이 透露하였거나 庫門이 열렸다면 官貴함이 尋常하지 않을 것이다」라고 하였

다.

繼善篇에 이르되 「巨富가 되고 이로 因하여 名貴를 얻음은 財庫를 얻고 身主가 生旺地에 居하는 때문이다」

라고 하니 此條를 正財格에 添附시킴은 그릇된 것이고 雜氣財官格에 附屬시킴은 正當한 것이다. 그 補註에

말하되 此條에 二說이 있는바 一說은 財庫가 있는 身旺柱이라는 것이다. 例컨대 金人이 未月에 生하면 이것

이 財庫이니 日干이 스스로 自旺鄕에 居하여 發財發福한다는 것인바 此說은 可從할 解釋이다. 그러나 단지

本文을 글자대로 解釋할뿐 글 뜻에 順從하지 않음은 그릇된 態度이다.

大槪 生月을 依憑하는바 四季月에 生하여 雜氣財庫가 되었음을 取하기도 하고 或 雜氣時支를 取하기도 하

며 日主가 財庫에 있음을 取하기도 하니 辛未日(日支의 未中乙木이 辛金의 正財이므로 取格함)이 그것이다.

雜氣財官格은 身旺함을 기뻐하는 바이니 此格이 身弱함을 즐거이 取할 수 있겠는가?

甲子日이 辰月에 生하면 自旺한 것이며 甲寅이 또 辰月에 生하면 財庫가 된다. 舊註에서는 이때에「戌字가

와서 辰庫를 冲開해 주어야 한다」고 하였고 또 戊巳土가 年月日時干에 透露함을 要하며 比刼이 透出하여 戊

己土를 壞伏함은 不可하다는 것이다. 經에 말하기를「少年에 發身하기 어려운 것은 庫中에 用物이 있는 雜氣

財官格의 命造者인데 壓伏하는 物件이 있음은 가장 꺼린다」고 하였다. 그러므로 古書에 말하되「〈納粟奏名〉

이란 말은 진실로 順理대로 解釋하여야 한다」고 한 것이다.

『一說此言을 世之人이 納粟奏名乃是身臨財庫하고 居於月令生旺之地라하야 假令金以木爲財庫於未니 辛未

日生人이 是身臨財庫요 若生於冬月이면 謂之財庫居生地요 若生於春月이면 謂之財庫居旺地라 故로 日財庫居

生旺之地라하나 此說亦通似牽強이니라.

盖雜氣喜身旺이니 如身居休囚之地하야 天元羸弱이면 何以勝此生之財며 所謂財多身弱正爲富屋貧人이니 豈

能納粟奏名乎아 財庫固要生旺이요 須要身居生旺이니 可以當之此說이 不如前說이나 亦當參考니라 如身居生

旺庫財亦生旺更妙라 可以外身而專言財庫生旺乎아

鷦鷯天云雜氣財官仔細推하라 乾坤四季吐光輝하니 身強財旺生官位요 運至中年掛紫衣며 官星顯達利名濟라

輕裘肥馬鳳凰池요 英雄若得開財庫면 五花官誥拜丹墀니라하고 又曰印綬生身禀氣淸이요 辰丑戌未月中生이 四

柱無財當顯運에 遇印升加福壽增이요 官旺之運定亨通이며 龍樓鳳閣也馳名이니 無滯早年登甲第요 一聲霹靂振

家聲이니라』

一說에는 「納粟奏名을 身主가 財庫에 臨하고 月令에서 日主를 生旺해주는 境遇이다」라고 하고 또 例를 들어 말하기를 「金은 木이 財이고 未가 庫이니 辛未日生이라면 辛日主가 未財庫(未中乙木이 財임)에 坐臨한 것인바 此人이 冬月에 生하였다면 〈財庫人이 生地에 居하였다〉고 하며 春月에 生하였다면 〈財庫人이 旺地에 居하였다〉고 일컫는 것이다」라고 하며, 그러므로 「財庫가 生旺地에 居한다고 말하는 것이라」고 하였다. 그러나 此說이 無理가 없는 理論이라고만 보기는 힘들다.

대저 雜氣格은 身旺함을 要하는바 만일 身主가 休囚地에 居하여 天元이 柔弱하다면 어떻게 旺財를 勝任할 수 있겠는가? 그러므로 이른바 「財多身弱하면 富屋에 있는 貧人이라」고 하는 것이니 如此한 命造가 納粟奏名의 富命이 될 수 없음은 明白하다。

또 庫中의 財星이 生旺되어야 좋고 日主가 아울러 生旺되지 않으면 안되는 것이니 兩者(財庫와 日主)가 生旺되었다면 妙命으로 볼 것인바 此說이 前說한 理論에는 不及하지만 參考할만한 理論이라고 본다。만일 身主가 生旺地에 居하였고 庫財가 또한 生旺된다면 이것이 妙命일 것이지만 身主는 不顧하고 財庫만 生旺한 것으로 專言하는 것은 잘못인 때문이다.

鷓鴣天에 이르되 「雜氣財官格을 仔細히 살피라。乾坤이 四季月에 光輝를 發하는 것이니 身强하고 財旺하다면 官位를 生出하는 것인바, 中年의 好運에 紫衣(高官의 服裝)를 입으며 政界에 顯達하고 名譽와 財物이 함께 따를 것이다。좋은 옷과 좋은 車馬로 鳳凰池(中書省=天子의 親密機關)에 重責을 받을 것이며 萬一 雜氣

月令을 冲開하는 大運을 만날 때엔 花官을 쓰고 大闕의 天子直下에 大命을 받는다」고 하였다.

또 말하기를 「印綬가 生身하면 氣運이 淸貴한 것이니 辰戌丑未月에 生하여 四柱에 財星이 없다면 印星이 生身해 주는 때에 印綬가 加生해 주니 福壽가 더 할 것이요 官旺運에 亨通할 것이다. 龍樓鳳閣에 名譽와 威權이 함께 할것인바 早年에 及第하고 벽력과 같이 一聲에 家勢를 일으킬 것이다」라고 하였다.

『玄機賦에 云호대 旺官旺印興旺財엔 入墓有禍요 傷官食神並身旺엔 遇庫興災니라 補曰官輕印輕財輕엔 入墓無妨이나 如四柱財官三合太旺하고 則天元羸弱하면 又入墓連三合則官旺尅身하고 財旺生殺이니 羸弱太過라 必禍니라 如四柱印綬太旺重重三合하고 又入墓運三合則生氣太過라 必禍니 所謂水盛木漂하고 土多金埋가 是己니라 柱內傷官食神輕엔 遇庫無災요 若傷官食神三合太旺하고 又遇墓合則絕氣愈甚하야 必災니此以身弱之極而言己라 詳論傷官格內身弱遇庫無災나 惟四柱比刼三合則身旺엔 己無倚라 却又遇庫則身愈旺無制라 必災니라 此以身旺之極而言己이니 故로 曰生旺雖逢墓庫絕에 生加生旺禍非宜라하고 又曰中和爲福偏黨爲災라하니라』

玄機賦에 이르되 「官星이 旺하고 印星이 旺하며 財星이 旺하면 墓地에 運入할 때 禍가 있고 傷官과 食神이 있고 아울러 身旺하다면 庫地를 만났을 때 災殃이 일어난다」補註에 말하되 「官輕하고 印輕하고 財輕하면 墓地에 運入하나 無妨하지만 四柱에 財官이 三合하여 太旺하다면 그리고 日主가 身弱하다면 墓地에 運入하여 三合한즉 官旺해지므로 尅身太過하고 財旺하여 生殺함에 身弱이 太過하니 반드시 禍厄이 있을 것이다」라고 하였다.

萬一 四柱에 印綬가 太旺하고 三合이 있어 重旺한데 墓地에 運入하나 三合하여 生氣가 太過한즉 반드시 禍厄이 있을 것인바 水盛함에 木浮하고 土多함에 金埋하여 不吉한 命이 된다.

225

四柱內에 傷官과 食神이 輕하면 庫를 만나도 災가 없지만 傷官과 食神이 三合하여 太旺한데 墓地를 만나서

合墓한즉 絕敗의 墓氣가 太甚한 것이므로 반드시 災厄이 있을 것인바, 身弱의 病이 極한 命造인 것이다.

傷官格을 說明할 때에 詳論한 바 있지만 身弱하고 庫地를 만났다면 災厄이 없다. 그러나 오직 四柱에 比較

의 三合만이 있어서 身旺하다면 太旺하여 依倚할 곳이 없는 것이니 庫地를 만나나 身主가 太旺하여 制伏함

이 없는 것이므로 반드시 災厄이 있는 것이니 이것이 身旺함이 極한 從旺의 命造이다.

그러므로 古書에 말하기를 「日主가 生旺된 四柱에는 비록 墓庫絕地를 만나나 生旺되고 生加됨이 甚하므로

禍厄이 없다」고 하였고 또 말하기를 「中和된 四柱는 福命이고 偏黨되면 灾命이라」고 하였다.

第五節 金神格

『楠曰甲日金神格取癸酉乙丑己巳三個時니 書曰甲日金神偏宜火制며 又曰金神遇火貴無疑며 金水灾殃定有之

라 此格多生大貴나 但論之未明顯이며 但甲日四柱氣旺金神이어나 又或有一二點者遇火制之極貴니 此卽同時偏

官格一樣看이라 若金神氣輕柱中有火制之太過에 火畏火鄕太制其金神이면 又喜金水以助其金神也니라

乙日金神乙丑己巳癸酉三時也니 主多貴며 己日見巳酉丑金하야 己見金而洩其氣也엔 卽時上假傷官也라 何以

言之오 書曰己日金神偏嫌火制니 若己日干精英涵替太過면 望見此三時에 金淸而且秀라 己土貪生而泄氣也로다

若原帶火金神氣衰니 最畏火而傷之며 喜金運以助金神이요 喜水運破火하야 存起金神하면 多主富貴니라 若己

日干原衰金神犯重엔 己土見金太泄也則又宜火運以破金而存己土也니라』

楠이 말하되 甲日의 金神格이란 癸酉乙丑己巳의 三時를 만남을 말하는바 書에 △甲日의 金神格은 火로써

制金함이 마땅하다〉고 하였으며 또 말하되 〈金神格이 火를 만나면 貴命에 틀림 없으며 金水運을 만나서는 灾殃이 반드시 있고 此格이 흔히 大貴한다〉고 하였다.

甲日干의 四柱에 金神이 旺하거나 또 或은 二三點의 金神이 있다면 火를 만나서 制金하는 때에 極貴하는 바이니 時上偏官格과 同一하게 보아야 한다. 萬一 金神의 氣運이 輕하고 柱中에 火가 많아서 制金함이 太過하면 火를 두려워하고 火鄉을 두려워하며 金水가 金神을 도와줌을 기뻐한다.

乙日의 金神이란 乙丑、己巳、癸酉의 三時이니 當主가 흔히 貴하게 되며, 己日이 巳酉丑金을 보면 己土가 洩氣하게 되는 것이니 時上假傷官格과 同一하다. 書에 말하기를 〈己日의 金神格은 火로써 制金함을 꺼리니 己日主가 旺强하다면 此(己巳癸酉癸丑) 三時를 向하여 精英을 洩하므로 淸秀하다. 곧 己土가 貪生하여 泄氣하므로 貴하다〉하였다. 그러나 萬一 原命에 火神을 띠우고 金神이 衰弱하면 火가 傷金함을 가장 두려워하는바 金運이 金神을 助護함을 기뻐하고 水運이 와서 火를 破하므로 金神을 保存해 줄 것을 기뻐한다. 따라서 如此한 命造者는 富貴할 사람이다. 萬一 己日干이 原來 衰弱하다면 그리고 金神이 重重하다면 己土가 金을 向하여 洩氣함이 太多하니 火運이 와서 金을 破하여 己土를 保存하여야 貴命이 되는 것이다라고 하였다.

『靑賦에 云호대 金神者는 只有三時하니 乙丑癸酉己巳가 是也요 是乃破敗之神이라 要柱有火局制伏이며 運入火鄉이라사 爲勝이니라 如柱中帶羊双七殺眞實人也로다 若四柱中有火局하고 運行火鄉에 便爲貴命이나 若無制伏則寬猛不濟니 柱中怕見水及水鄉運則爲禍矣라 亦要月令通金局이요 或論金氣方論이니라

古歌云金神巳酉丑之時에 殺双中來眞貴人이요 運氣最宜逢火局이며 水鄉相見禍臨身이로다 又曰性多狼暴財明敏이며 遇水相生立困窮이라 制伏運行逢火局엔 超遷貴顯富無窮이니라』

青賦에 말하되 金神에는 但 三時가 있으니 乙丑・癸酉・己巳가 그것이다。이 金神은 破敗의 神인바 柱中에 火局이 있어서 制伏해 주어야 하며 運路에서 火鄕을 만나든지 하여야 勝妙한 것이다。

萬一 柱中에 羊刃七殺이 있으면 眞實한 사람인 것이다。四柱中에 火局이 있고 大運이 火鄕에 行入하면 貴命이지만 萬一 制伏함이 없다면 寬大한 性品과 勇猛한 性格이 調和되지 못한 것이니 柱中에 水를 보거나 水鄕運을 꺼리는바 禍厄이 있는 때문이다。그러면 月令에 金局이 通함을 要하니 月令과 四柱에 金水만 旺하고 水神이 없다면 이것은 從金格으로 取論할 것이다。

古歌에 이르되 「金神의 巳酉丑時가 있고 殺双殺이 兼有하였다면 眞貴人이며 大運上에 火局을 만남은 가장 좋고 水鄕을 만나서는 禍厄이 따라 온다」고 하였고 또 말하기를 「此格은 性品이 狼暴한 것이 普通이요 財界에는 明敏하다。그러나 水運을 만나서는 困窮하고 金神을 制伏하는 火鄕運에는 貴達하고 超群發英함이 無窮할 命造者이다」라고 하였다。

(第百四十一柱)

丁亥　癸丑　己未　癸酉
壬子　辛亥　庚戌　己酉　戊申

己日金神土金假傷官格　高谷南　少卿造

楠評＝日干己未日이 金神에 坐居하였으며 土厚金輕하니 運路가 西方으로 行하여 發貴 하였다。

解＝己未日柱가 丑月에 生하니 兩土氣가 重重한바 身旺하므로 好泄하는 것이다。丑月令을 보고 金局을 結成하니 金神을 喜取하는 假傷官格이 되었다。또 己土에 兩癸가 甲乙木의 官殺을 喜生하는데 이것은 傷官格의 病이다。따라서 西方의 金旺運에 木病을 破하고 發貴한 것이다。

第六節　飛天祿馬格(附倒冲祿馬格)

『楠曰飛天祿馬格은　蓋取祿爲官하고　財爲馬니　蓋只有庚子日見子字多에　冲出午中丁火하야　爲官星이며　冲出己土하야　爲印星이니　即庚日得官印矣라　蓋欲子多則能冲出이나　亦是　有丑字則欄路道니　不能冲出이라　畏丑字丁字已字는　則破格일새니라　壬日干喜子多時冲出午上丁火爲財星이요　己土爲官星이니　則壬日有財官矣라　亦喜子多則能冲出財官이나　畏見丑欄之午破之니라

又癸日又見亥時하고　柱中本無官星也엔　用亥巳倒冲出하야　巳中丙火爲正財하고　戊飛天祿馬格이다　土爲正官이니　畏寅字欄柱路하야　不能冲이며　及巳運破其格이요　蓋亦喜亥多方能冲出이니라』

楠이　말하되　祿馬란　祿인　官을　말하고　財인　馬를　말하는　바　祿馬를　하늘로부터　飛取해　옴을　말한다。　또　飛天祿馬格은　以下의　四個日에　限해서만　있다。

庚子日이　子字를　많이　만나는　境遇、子午冲하여　午中의　丁火를　冲出하여　官星을　삼고　午中己土를　冲出하여　印星을　삼는바　庚日은　官印을　飛取하므로　얻은　것이다。　대저　子字가　많아서　冲出할　수　있는　것이지만　丑字가　있어서　子字를　合絆하므로　冲道를　막으면　官印을　冲出할　수　없게　된다。　따라서　丑字를　두려워　하고　또　丁字와　己字를　두려워　하는바　此等字가　破格이　되는　것이다。

壬日主가　子字가　많으면　午中의　丁火를　冲出하여　財星을　삼고　午中의　己土를　冲出하여서는　官星을　삼으니　이에　壬日이　財官을　얻으므로　貴格이　된다。　子字가　많아서　財官을　能出하는　것은　좋으나　亦是　丑字가　있으면　合絆되어　破格이　되고　丁火와　己土가　있어도　財官이　임이　있어서　冲出이　不可能한　것이니　또한　破格이　된다。

또 癸亥日이 亥時를 또 보고 柱中에 本來 官星이 없으면 亥水가 巳字를 倒冲하여 巳中丙火로써 正財를 삼고 戊土로써 正官을 삼는 것이니 寅字가 있어서 寅亥合하여 羈絆되거나 戌字가 있으면 財官을 冲出할 수 없고 巳字가 있어도 역시 破格인바 歲運이 同一하다。 대저 此格은 亥字가 많음을 좋아하니 巳中丙戊財官을 能出할 수 있는 때문이다。

『又丁巳日干이 本無官星하고 巳多暗冲出亥中壬水하야 爲官이니 要巳多方能冲이요 畏午字欄之니 亥字破之니라 此數格이 俱巳에 日干時月無官이며 俱要巳多暗冲出官星出來니 此數格自非造化自然之理요 俱作聽明이니 以取共理로다 但庚子壬子癸亥三個日干이 子亥多者多見富貴요 但庚子日主若見子多에 似水泄金氣니 似要有火煖之라 若金水氣太寒에 夫中和之道니 亦不可以飛天論之니라 丙午日午字多暗冲子中癸水爲官이니 理亦同이라 前此格俱係本然無官星하며 但以類聚我人多冲之하야 以取其官이니 此理似無而又有似非而僅是也니라 喜忌篇에 云호대 內有正倒祿 飛忌官星이니라 亦嫌羈絆이니라 楠曰內有者는 盖言四柱中有庚子壬子辛亥癸亥四日이 爲正飛天祿馬格이니 固忌官星塡露요 亦忌合神羈絆이로다 有丙午丁巳二日이 爲倒飛天祿馬니 固忌官星塡露요 亦忌合神羈絆이라 如庚子日要柱中有子字多에 虛冲午中丁字出하야 爲庚日之官星이니 柱中有寅字戌字或未字하야 合午爲妙나 不要四柱中有丑字하야 絆字則貪子合不能冲午中之祿이며 若柱中有子字에 午字塡實이어나 或丑字絆柱則不貴也니라 丙巳字爲七殺偏官이니 則減分數며 歲運亦須忌之니라』

또 丁巳日生이 本命에 官星이 없고 巳字가 많다면 巳字가 亥字를 暗冲해 오므로 亥中의 壬水를 取하여 官星을 삼는다。 이때에 巳字가 많으므로 能히 冲出할 수 있는 것인바 巳字가 많음을 要望하고 壬字가 있어서 冲亥의 作用을 破함을 두려워 한다。

以上의 數格은 巳字가 많고 時月에 官星이 없으면 官星을 出來해 오는 것이니 어찌 自然의 理致가 아니며

此格等의 命造者가 다 聰明함이 어찌 또한 造化가 아니겠느냐? 庚子日과 壬子日과 癸亥日의 三個日干이 子

亥字가 많으면 富貴하는 例가 許多하다. 다만 庚子日柱가 子字를 많이 만나면 旺水가 金氣를 泄漏함이 太多

하며 金水가 寒冷함이 甚하므로 火氣가 照煖해 줌이 必要하며 中和됨이 要請되는 것이다. 飛天祿馬格으로 取

論함이 不可하다.

丙午日이 午字가 많은즉 子字를 暗冲하여 子中의 癸水로써 官星을 삼으니 이것이 丁巳日의 境遇와 함께 倒

冲格에 屬하거니 飛天祿馬格과 理致는 同一하다. 本命에 官星이 없고 同一者가 많으면 財官을 冲取해 옴이

理致가 없고 그릇된 見解인 듯 하지만 그러나 옳은 理致가 없는 것은 아니다.

喜忌篇에 말하되 「飛天祿馬格과 倒冲格은 官星을 忌하며 羈絆함을 싫어한다」고 하였다. 楠이 말하되 「喜忌

篇의 本文에 《內有者》란 말은 四柱中에 庚子·壬子·辛亥·癸亥의 四日이 있음을 말하며, 이것이 正飛天祿

馬格인바 官星이 나타남을 꺼리고 合神되고 羈絆됨을 꺼린다. 丙午·丁巳의 二日이 境遇도 亦是 官星이 나타

나고 羈絆됨을 忌한다. 例컨대 庚子日生이 柱中에 子字가 많아서 虛空으로부터 午字를 冲來해 오므로 午中丁

火를 官星으로 取함에 四柱에 寅字나 戌字나 或은 未字가 있어서 午字를 合해 오면 더욱 妙命이 되나 萬一

四柱中에 丑字가 있어서 子字를 合羈한즉 午中의 祿을 冲出해 오지 못한다. 따라서 柱中

에 午字가 나타나거나 丑字가 있으면 貴命이 못되는 것이며, 丙巳字의 七殺偏官이 있으면 分數를 減해야 한

다. 歲와 大運의 境遇도 同一하게 이를 꺼린다. 例컨대

(第百四十二柱)

己未
丙子
庚子
丙子

庚辛壬癸甲乙
午未申酉戌亥

飛夫祿馬格　蔡貴妃命

此命의 三子가 午字를 冲來해 오는 飛天祿馬格인데 未字가 있어서 午位를 合來해 주니 吉貴하다. 그러나 此命이 二丙七殺의 兩透가 있어 福力이 多少 減하였는듯 貴妃에 그쳤다. 年支의 未字가 妙美하므로 發貴하였다.

壬子日의 四柱에 子字가 많으면 午字를 冲來하여 午中己土로써 官星을 삼고 柱中에 寅字戌字未字가 하나만 있다면 妙命이 될 것이다. 丑字가 羈合하면 子字는 午中祿을 冲去해 오지 못하므로 破格이 된다. 萬一 또 己字나 午字가 塡實되었거나 或 丑字가 羈絆한즉 貴하지 못할 것이고 戊字 己字가 있어서 七殺偏官이 있어도 分數를 減하게 된다. 例컨대

(第百四十三柱)

壬子
壬子
壬寅

戊丁丙乙甲癸
午巳辰卯寅丑

飛天祿馬格　橫行正使浩造

三子가 午祿을 冲來하여 財官을 取하니 貴命인바 寅子가 時支에서 合妙하니 大發한 것이다. 大運 丁은 官星이 塡實되었으므로 不吉하고 午大運은 冲位의 大運이요 旺双을 冲하니 衰神冲旺되므로 死亡한 것이다.

(第百四十四柱)

壬子
壬子
壬子
丙午

戊丁丙乙甲癸
午巳辰卯寅丑

飛天祿馬格　乞貧格

此格이 子字가 午位를 冲來하여 官星을 取하는 格인데 時柱에 丙午가 있어 官星이 塡實되고 合位도 없으니 大破되었는바 極乞人의 命이 되었다.

『鷓鴣天에 云호대 祿馬飛天識者希니 庚壬二日報君知로다 暗逢丁字爲官祿이요 寅戌未合換紫衣니 擎象簡佩

232

金魚이며 凌煙閣上姓名題니 虛合官星財祿厚요 金榜標名到鳳池니라 古歌에 云호대 庚寅二日重逢子에 虛沖祿

馬號飛天이라 如行金水多淸貴며 運轉南方數有遭로다 하니 如辛癸二日生亥하고 柱中亥字多하면 冲出巳中丙

火戌土爲官星이요 柱中要有申酉丑字니 但得一字合起爲貴며 若柱中有戌巳丙三字則壞此格이요 有戌字則亥不

能去冲이니 歲運亦忌며 運重太歲輕하고 再見巳字塡實則爲禍矣니라

楠曰舊經甚明이니 但辛癸日多逢亥字에 冲巳라 若四柱中有戌字則亥不能去冲은 何也오 盖亥見戌爲天羅니

主多生蹇滯凶害요 所以로 不能去冲이니 與他羈絆不同이며 或者疑舊文戌字하야 恐作寅字非也니라」

鷓鴣天에 이르되 祿馬飛天格을 아는 사람이 드므니 庚壬二日이 그것인바 그대에게 말하노라. 丁字를 暗逢

하여 官祿을 삼는바 寅戌未字가 午位를 合來해 주면 紫衣官服을 입을 것이요 大闕에 姓名이 오를 것이다. 이

는 다 官星과 財祿을 虛合해 온 때문이니 壯元及第하여 宮闕에 重職을 맡을 것이다.

古歌에 말하기를 「庚寅二日이 子字를 重逢함에 祿馬를 虛沖하므로 飛天이라고 한 것이다. 金水로 行하여

淸貴하는 者가 많고 南方으로 大運이 行하여서는 遭難이 있을 것이다」하였으니 例컨대 辛癸二日生이 亥字가

많으면 巳字를 冲出하여 巳中丙火와 巳中戌土를 取하여 官星을 삼는바 格中에 申酉丑字가 있음을 要하니 一

字가 巳冲位를 合起하므로 더욱 貴命이 되는 바이다. 그러나 萬一 柱中에 戌巳丙의 三字가 있다면 此格을 壞

滅하는 바이며 戌字가 있은즉 亥字가 巳字를 冲할 수 없으며 歲運에서도 또한 忌한다. 運에서 만나면 重하고

太歲 年運에서 만남은 그 影響力이 弱輕한 바 巳字가 다시 塡實되었다면 禍厄이 있는 것이다 함이 그것이다.

楠이 말하기를 「舊經에 傳해 온 글이 甚히 明白한 바가 있다. 그러나 辛癸日生이 亥字를 많이 만나면 巳字

를 冲來해 오는 바 만일 四柱中에 戌字가 있으면 亥字가 冲來할 수 없다고 함은 어떤 까닭일까? 대저 亥字가

戌字를 만나면 天羅가 되니 當主가 蹇滯하고 凶害가 많으며、그러므로 冲來할 수 없는 것인 바 羈絆되는 것

과는 境遇가 또 다르다。 或者는 舊文의 戌字를 疑心하여 寅字로 고치나 이것은 그릇된 生覺이다」라고 하였

다。

(第百四十五柱)

丁未　辛丑
癸卯　庚子
癸亥　己亥
癸丑　戊戌
壬寅

飛天祿馬格 梁丞相造

癸亥日이 癸字가 많으니 亥字가 비록 一位나 丑字가 巳字를 合來해 오므로 飛天祿馬이

다。 丑字가 妙貴하고 大運이 水旺北方이므로 大發하여 首相級이 되었다。

(第百四十六柱)

壬申　甲寅　壬子
辛亥　乙卯　癸丑
癸亥　丙辰
壬子　丁巳
　　　戊午
戊丁
午巳

飛天祿馬格 曹印中造

此命이 年支에 申字를 만났으니 巳字를 合來해 오므로 亦是 貴命이다。 北東運中 大發

하여 功名을 이루었다。

『鷓鴣天云飛天祿馬貴非常이니 辛癸都來二日強하고 無庚丙戌生官祿에 逢合冲官近聖王이라 利祿俱顯妙名揚

이며 酉丑一位最高強이니 運逢巳午凶灾起며 歲歲年年受禍殃이로다』

鷓鴣天에 이르되 「飛天祿馬는 貴가 非常한 바 있으니 辛癸二日이 亥字가 強하고 丙戌의 官祿이 없으면 官

을 冲해 오고 合해오므로 聖王의 側近者가 될 것이다。 名利와 財祿이 俱顯하여 揚名하는 妙命인 바 一位의

酉丑字가 있으면 더욱 高強한 命이 될 것이요 巳午運을 만나서는 凶炎가 있을 것이다。 柱內에 巳午字가 있다

면 恒常 禍殃이 떠나지 않을 것이요 歲運에서 만나도 不吉하다」고 하였다。

飛天祿馬格　高功韶尚書命

（第百四十七柱）

庚子
甲申　　乙酉
庚子　　丙戌
甲申　　丁亥
　　　　戊子
　　　　己丑
　　　　庚寅

楠曰庚子日生이 子申字가 重重하니 午中의 財官을 暗沖해 온다。金水의 淸氣가 充滿하고 西北東의 大運이 좋으니 萬世의 奇異한 大功을 세운 것이다。

解＝庚日主가 申月에 生하여 地支에 申子의 水氣가 盛하니 午中의 丁己를 能動하므로 財官을 삼은 것이다。다시 北方水運으로 行하여 水氣가 重重하니 沖勢가 加旺되므로 發貴如意한 것이고 身主가 有氣함은 좋으니 此命이 飛天祿馬格의 眞格이 된 것이다。

『倒沖祿馬格을 舊賦云丙午日柱中用午字多하면 沖出子宮癸水爲官星이니 不論帶合이며 若柱中有未字絆住則午不能去沖이요 柱中大忌見子字니 則禍也니라 如丁巳日柱中用巳字多엔 沖出亥中壬水爲官癸字니 不美也며 不論合이요 若四柱中有辰字則巳不能去沖이니 歲君大運亦同이며 運重歲君輕이니라 楠曰舊經文明白하니 但丁巳字多沖亥에 若四柱中有辰字則巳不能去沖은 何也오 盖巳見辰爲地網이니 主多生蹇滯凶害라 所以든 不能去沖이요 與他羈絆不同而或疑舊文辰字를 或當申字亦非也니라 易散云丙丁離巽動江湖에 歲運無官入仕途라 厚利榮名還有利니 定教榮貴感皇都하라 又曰丙午丁巳名倒刑이니 若無辰未絆相宜라 不逢壬癸來塡實엔 富貴雙全大出奇니라 繼善篇云得佐聖君은 貴在冲官逢合이니 正此正倒祿飛之謂也니라』

倒沖祿馬格에 對하여 舊賦에 말하되 丙午日柱에 午字가 많으면 子宮中의 癸水를 沖出하여 官星을 삼는 바 萬一 柱中에 未字가 있어서 羈絆하게 되면 午字가 能히 沖出할 수 없게 되므로 凶하고 또 柱中에 子字가 있음은 大忌하는 바 禍厄이 많은 命柱이다。

또 丁巳日柱가 많다면 亥中의 壬水를 冲出하여 官星을 삼는 바 柱中에 壬癸字가 있음을 꺼린다。合

絆함은 不可하고 四柱中에 辰字가 있다면 巳字가 亥字를 冲出할 수가 없는 것이니 歲君과 大運에 있어도 또

한 같은데 運은 重하고 歲에 있음은 輕하다。

楠이 말하되 「舊經文에 明白하게 밝혀 주었는바 丁日主에 巳字가 많으면 亥字를 삼는데

辰字가 있으면 巳字가 亥字를 冲出할 수 없다함은 무엇때문인가? 대저 巳字가 辰字를 만나면 地網이 되니

그물에 얽힌 고기와 같이 모든 것이 壅滯하고 凶害하게 된다。그러므로 冲去할 수 없다는 것이요 羈絆하고 合

絆한다는 뜻과는 다른 것이다。或 舊文이 잘못된 것으로 誤認하고 辰字를 申字로 봄이 옳다고 主張하는 사람

이 있으나 이는 그릇된 見解이다」라고 하였다。

易散에 이르되 「丙丁火가 江湖壬癸水를 動出해 옴에 있어 歲나 運에 官星이 없다면 官界에 出世할 것인 바

財利가 厚하고 名譽가 榮貴할 것이니 皇帝의 重權을 맡을 貴人의 命造이다」라고 하였다。

또 말하되 「丙午丁巳日의 此格이 倒冲格이니 辰字나 未字의 絆合等이 없어야 貴하고 壬癸官星이 塡實되지

않아야 眞格이니 此人이 富貴雙全하고 크게 奇發할 사람이다」라고 하였으며 繼善篇에 이르되 聖君을 補佐할 貴

命이 바로 官을 冲하고 逢合해 오는 格造이니 이것을 이른바 〈正倒祿飛하는 四柱〉라고 이름하는 것이다。

第七節　子遙巳格

『楠曰子遙巳取甲子日甲子時니 盖取子中癸水가 遙動巳中戊土하고 戊土動丙火하며 丙火合辛金하야 甲木得

辛金爲官星也니 忌四柱天干有庚金七殺이어나 絆住甲字辛字하면 官辛破格이요 及有午字冲子不能動也니 當以

搖動之搖字라 但此遙遠作合이니 理亦通也로다 月令有正格可用爲是요 無正格엔 以此取用이라하나 此理近是

而非니 屢試亦有驗이요 畏西方申酉戌巳酉丑運이니 實了官星也니라』

楠이 말하되 子遙巳格이란 甲子日이 甲子時를 만나면 子中의 癸水가 巳中 丙火를 動하며 丙火가 辛金을 合해오므로 甲木이 辛金官星을 取得하는 格을 말한다. 此格은 四柱의 天干에 庚金七殺이 있거나 絆合하면 破格이 되며 午字가 있어서 子字를 冲해도 子字가 冲動할 수 없게 된다. 遙巳한 다 함은 遙動해 온다는 뜻이니 멀리 遙動하여 官星을 作合해 온다는 뜻인 바 理致가 또한 있는 것이다. 月令에 正格을 이루었다면 正格으로 볼 것이요 正格이 없다면 이 遙巳格으로 볼 것이라고 하나 理論은 그럴듯 하지만 不然하다. 여러번 經驗하였지만 틀림 없었으며 西方의 申酉戌巳酉丑運等을 두려워 하는바 官星이 塡實되는 때문이다.

『喜忌篇에 云호대 甲子日再遇子時엔 畏庚辛申酉丑午니라하며 或曰此格舊傳에 以甲子日見甲子時엔 其子遙合巳中戊土來動丙하고 又去合酉中辛金하야 爲官星이라 要行身旺鄕이니 如月令通木方論이로다 歲運及四柱中有庚辛申酉字하야 爲官殺塡實이며 又忌丑字絆住요 午字冲子엔 不能去遙며 並未有喜官遇之說而格解說喜官運何也오 余曰此格固不可見官星이나 若生春月하고 又坐印重重하며 並生冬月이면 印愈旺矣니 無官則身旺無極이라 歲運遇見官星에 多有資財昌盛功名顯達大富貴者니 余嘗驗之矣로다

故로 日木旺得金方成樑棟이니 官印兩全乃是貴人이라하니 此等格局도 亦當遙變不可執一하야 以爲不可見官星이니 格解此說이 極是니라

經曰通變以爲神是也라하고 觀古歌云甲子重逢甲子時엔 休言生旺不相宜니 月生日主根元壯엔 運入官鄕反得奇라하니 則格解非無稽也를 可見矣로다 或者不悟此歌하고 改月生日主根元壯을 而無根壯이라하며 又改運入

官鄉反得奇를 而爲反不奇라하나 俱非라 只以生春月多月하야 干支水木太多者論이니 要輕重較量하라 如傷官

食神印綬財官之月이면 只以六格斷之요 不可作子遙니 不然則差之라 毫釐謬以千里니라」

喜忌篇에 이르되「甲子日이 다시 甲子時를 만났으면 庚辛申酉丑午字를 두려워 한다」고 하니 或人이 말하기

를「此格이 舊傳에 甲子日이 甲子時를 보면 子가 巳中戊土를 遙合하여 丙을 動하고 또 酉中辛金을 合來하여

官星을 삼는 바 身旺鄕을 要한다고 하니 이는 月令이 木旺節일 것을 말한다。 歲運이나 四柱中에 庚辛申酉字

가 있어서 官殺이 塡實되면 不可하고 丑字가 子位를 合絆하거나 午字가 子位를 冲하면 遙合해 올 수 없으므

로 忌한다。

도 官星을 만남이 좋다는 說이 있으니 이는 어떤 根據를 가진 理論인가? 이 問題를 나는 다음과 같이 解

說하고자 한다。 곧 此格은 官星을 實로 꺼리지마는 그러나 春令에 生하여 印支에 坐臨하고 印星인 子水가 重

重하거나 多月에 生하였다면 印星이 太旺한 것이니 이와 같은 甲子日生이 官星이 없다면 身旺함이 極大한 것

이므로 歲運에 官星을 만나는 때에 資財가 昌盛하고 功名顯達하는 大富貴者가 되는 것인 바 내가 일찌기 經

驗한 바이다。

그러므로 古書에 말하기를「木旺하면 金을 얻어야 棟樑을 이루는바 官印이 兩全하면 此格이 貴人이다」라고

하였으니 이 子遙巳格도 역시 遙合해 오는 理致에만 執一하여 官星을 봄이 不可하고만 主張할 수는 없는

것이다。 따라서 格解의 此說이 至極히 當然한 所論이라 믿는 바이다。

經에「通變이 곧 神이라」고 하였고 古歌에「甲子日이 甲子時를 거듭 만났다면 生旺해 줌은 不宜하다。 月令

에서 日主를 生旺해 준다면 大運이 官鄕에 이르러서 도리어 奇貴함이 있으리라」고 하였으니 上述한 바의 格

解의 理論이 參考의 價値가 없지 않음을 알 수 있다。 或者가 그 理由를 알지 못한채 ∧年生日主根元壯(月令

이 日主를 生하고 根元이 強壯하다면)▽을 ∧無根壯(根元이 強壯하지 못하면)▽ 이라고 고치며 또 ∧運入官鄉

反得奇(大運이 官鄉에 行入할 때 도리어 奇貴할 것이다)▽ 라는 經文을 ∧反不奇(도리어 奇貴하지 못하다)▽

라고 고치는 사람이 있으나 이는 다 잘못 된 생각이다.

春月이나 冬月에 生한 甲日主가 干支에 水木이 太多한 境遇를 論하는 것이니 이때에는 그 輕重을 따라서

較量할 것인 바 傷官·食神·印綬·財星·官星의 月令에 生하였다면 다만 六格으로 斷定할 것이요 子遙巳格

으로 보지 말 것이다. 그렇지 않으면 터럭 끝만한 처음의 差가 千里나 먼 結果의 誤謬를 가져 올 것이다.

子遙巳格 錢丞相造

(第百四十八柱)

己亥　甲戌
乙亥　癸酉
甲子　壬申
甲子　辛未
　　　庚午
　　　己巳

此命이 甲子日生으로 甲子時를 만났으므로 子遙巳格이 된다. 그러나 月令에 水旺節이

고 年支도 또한 亥水이며 月干에 乙木이 透出하고 兩亥水中에 甲木이 있어 通根되었으므

로 身主는 太旺無極한 命造이다. 따라서 此命이 十六七歲後에 金鄉인 酉申運을 만나고 繼

續하여 運干에 庚辛金을 얻으니 四十年間 官運이 그치지 않고 上昇하여 丞相位에 이르렀다. 月令과 四柱에

印綬가 많으므로 運中에 官鄉을 만난때에 發貴하였음이 分明하다.

(第百四十九柱)

甲子　戊戌
甲子　丁酉
壬辰　丙甲
丙寅　乙未
　　　甲午
　　　癸巳

子遙巳格 趙知府의 命造

甲子日生이 甲子時를 얻으니 子遙巳格이다. 그러나 木旺春令에 生하여 身主旺極하니

子遙巳格의 金官을 忌하는 格으로만 보아서는 不可하다. 따라서 三十旬에 이르러 申酉官

旺鄉에 行運하므로 功名顯達하고 知府의 官職에 이른 것이다. 그러므로 子遙巳格을 다

鷓鴣天에 말하되 「甲木이 子位에 臨하고 月時에 子字가 亦是 있다면 子中癸水가 巳中의 丙戊를 動하고 다

官星이 塡實함이 不可하다고 봄은 不可하다는 것이다.

시 辛金을 遙合해 오므로 祿權을 取用하는 貴命이 된다. 如似한 命造者는 財福이 富裕하고 官貴도 또한 大端

하니 白衣로 出世하는데 庚辛申酉丑午가 絕死하는 運에 富貴榮華한다」고 하였다.

第八節　丑遙巳格

『楠日丑遙巳格은 取癸丑日丑字多遙合巳中戊土爲官星이니 要丑字多요 又辛丑日亦遙合巳中丙火爲官

畏有巳字塡實이요 畏有子字絆了丑字면 不能搖니 理亦同前이니라 辛癸日多逢丑地不喜官星이요 歲時逢子巳二

宮엔 虛名虛利라하니 或曰此格舊傳에 以辛丑癸二日이 用丑多니 爲主以丑能動巳中丙火戊土爲官星이요 喜

酉申二字니 但謂一字合起爲妙니라 若四柱中에 原有子字絆住어나 巳字塡實이면 不能去遙니 歲運亦同이니라

原無官星이라야 方用此格이요 未有喜官運之說而格解謂喜官運何也오 餘日此格固不可見官星이나 然四柱身及

旺亦喜官鄉運이니 與子遙同斷이니라」

楠이 말하되 丑遙巳格은 癸丑日이 丑字가 많은면 巳中의 戊土를 遙合하여 官星을 삼는 格局을 말하는 바

丑字가 많음을 要한다. 또 辛丑日이 巳中丙火를 遙合해 오므로 辛日의 官星을 삼으니 이 兩字가 丑遙巳格에

該當한다. 丑遙巳格은 巳字가 塡實(柱中에 나타나는 것) 됨을 두려워 하며 子字가 있어서 丑字를 合絆하면 遙

合하는 作用이 不可能해 지니 子遙巳格의 理致와 同一 하다.

「辛癸日이 丑字를 많이 만나면 官星을 좋아하지 않으며 歲나 時에 子巳二宮을 만나는 境遇엔 虛名과 虛利

가 있을 뿐이라」는 古言이 있거니와 或人은 다음과 같이 말한다. 此格을 舊傳에 「辛丑癸二日이 丑字가

많으면 此格으로 取用하는 바 當柱의 丑字가 能히 巳中의 丙火戊土를 動合해 오므로 官星을 삼는다. 酉申二

字를 좋아하니 단 一字만 있어서 巳字를 合起해 주면 더욱 妙命이 되는 것이다.

萬一 四柱中에 原來 子字가 있어서 絆合하거나 巳字가 塡實되었다면 作用이 不可能하니 歲君이나

大運에 있어도 同一하게 凶害하다. 따라서 原柱에 官星이 없어야 바야흐로 此格이 되는 것이고 官運을 좋아

한다는 말은 舊傳에 있지 않다. 그런데 格解에서 官運을 좋아한다는 말은 무슨 뜻인가?

이 問題에 對하여 나는 다음과 같이 解明하는 바이다. 此格은 진실로 官星을 봄이 不可하지만 그러나 四柱

에 身主가 太旺하면 亦是 官鄕運을 또한 기뻐하는 바이니 子遙巳格과 同一한 理致로 斷定함이 옳다.

『故로 古歌에 云호대 諸般貴氣雖合格이나 六格大綱難去得이요 更看向背運辰行이니 不可一途而取利라하니

子遙丑遙二格이 身太旺이면 喜向官運이 益明矣니라

鷦鴣天에 云호대 癸辛二日丑宮中에 遙合巳上得官星이니 申酉合巳功名顯하고 富貴榮華萬事通이라 丙丁破

戊己冲이나 重裀列鼎反恩榮이요 年時有子終爲絆이며 如無此字位三公이니라

補曰丙丁破是言辛日大運遇甲丁官殺也요 戊己冲是言癸日大運遇戊己官殺也며 重裀列鼎恩榮은 正格解所謂喜

官運也니라』

그러므로 古歌에 말하기를 「諸般의 貴氣가 비록 合格하는데 있지만 六格의 去就를 取別하기 어려우니 다시

運行을 살펴야 한다. 따라서 一方的인 方途만으로 名利를 取別함이 不可하며 子遙丑遙巳格의 二格도 身柱가

太旺하면 官運으로 行함이 좋다는 理由는 明白하게 있는 것이다.

鷦鴣天에 이르되 「癸辛二日이 丑宮을 얻으면 巳字를 遙合하므로 官星을 얻으니 申酉字가 있어서 巳位를 合

來해 주면 功名顯達하고 富貴榮華하며 萬事가 亨通하다. 그러나 丙丁이 破格하든지 戊己가 冲破하면 꺼리지

241

만 印比重重하여 身主가 太旺하면 도리어 榮貴가 있으며 年時에 子字가 있으면 絆合되는 것이니 이는 不可한

바 萬一 如似한 字가 없다면 그 位가 三公에 이를 것이다」라고 하였다.

補書에 말하되 〈丙丁破〉란 말은 辛日主의 丑遙巳格이 大運上에 丙丁官殺을 만나는 境遇이고 〈戊巳冲〉

이란 말은 癸日의 丑遙巳格이 大運上에 戊巳官殺이 있음을 말하며 〈重裍列鼎反恩榮〉이란 正格解에서 말하

는 바의 「官運을 기뻐한다」는 뜻과 一致한다.

第九節 壬騎龍背格

『格曰壬騎龍背格은 取壬辰日이 辰字多則能冲出戌中丁火하야 爲財星하고 要辰字寅字多則能合戌이라 然以

騎龍爲言非根正理요 但取美名이니 以動人聽信이라 取辰字多冲戌이 理亦頗有나 不可專以此論禍福이니 八字

中無別正格이라사 方以參看하리라 喜忌篇에 云호대 陽水疊逢辰位가 是壬騎龍背之鄕이니라 하고 古賦에 云

호대 此格以壬辰日爲主니 四柱見辰字多者貴요 寅者多者富라 壬日坐辰土에 以丁爲財요 以巳爲官이니 以辰冲

戌中丁戌하야 壬辰日得財官이며 而寅午戌三合이니라 或壬辰日坐寅에 却要年月時上多聚辰字니 方可爲貴며

若壬辰原有年月時上皆有寅字엔 只爲富命이니 以寅午戌爲財得地일새니라 若年月時皆辰字則冲出財官이니 所

以로 名揚四海요 威振八方而大貴也라 하니라』

格에 말하되 「壬騎龍背格은 壬辰日이 辰字가 많은즉 戌中의 丁火를 冲出하여 財星을 삼는 바 辰字와 寅字

가 많음을 要한다. 寅字는 戌字를 合해 오므로 財星을 얻을 것이다. 그러나 〈騎龍〉이란 말을 쓴 것은 別段

의 뜻이 있는 것이 아니고 美名으로 取했을 뿐이다. 辰字가 많으면 戌字를 冲함에 理致가 또한 있으나 此理

만 갖고 禍福을 專論함은 不可하니 八字中에 正格에 入格하지 않아야 바야흐로 此格으로 볼 것이다」라 하였
고,

喜忌篇에 이르되 「陽水가 辰字를 重見하면 이것이 壬騎龍背의 坐鄉이다」. 古賦에 이르되 「此格은 壬辰日이

爲主니 四柱에 辰字가 많으면 貴命이고 寅字가 많으면 富者가 된다. 壬日이 辰土에 있음에 丁火가 財가 되고

己土가 官이 되니 辰字가 戌中의 丁戊字를 冲來해 오므로 壬日의 財官을 取得하는 바이다. 또 寅字가 있으면

寅午戌三合하여 丁字를 이끌어 오므로 財를 얻는 것이니 壬辰日이 寅字가 있는 境遇이다.

年月時에 辰字가 많음을 要하니 此命이 바야흐로 貴人이며 壬辰日生이 年月日時上에 寅字가 있다면 다만

富命일 뿐이니 寅午戌火局財地를 合來하여 오는 때문이다. 萬一 年月時에 다 辰字가 있은즉 財官을 冲出해

오는 바니, 그러므로 四海에 揚名하고 天下에 威權을 떨치는 大貴命이 된다」고 하였다.

『古歌云壬騎龍背怕官居요 重疊逢辰貴有餘며 設若寅多辰字少엔 須應豪富比陶朱로다 鷓鴣天에 云호대 壬騎

龍背喜非常이요 寅字多兮福命祥이며 辰字若多官印重엔 韜略英雄佐聖王이라 榮封紫誥綬金章이요 四海澄清鎮

邊疆이며 先賢立就窮天理라 肅整婦儀壓四方이니라』

古歌에 이르되 「壬騎龍背은 官星이 柱內에 同居함을 꺼리고 辰字가 重疊하면 貴함이 크며 寅字가 많고

辰字가 적다면 大富者이니 陶朱와 같은 巨富가 될 것이다」라고 하였다.

鷓鴣天에 이르되 「壬騎龍背은 喜貴함이 非常하니 寅字가 많으면 福命이 클 것이요 辰字가 많으며 官印이

重重하다면 韜略(六韜三略이니 治國하는 政治手段과 戰略과 偉大한 抱負를 熟得하는 東方 高名의 書)이 있는

英雄으로써 聖王을 補佐할 것이다. 榮譽의 封爵을 받고 金章을 받으며 四海를 平安히 하고 國境을 鎮壓하는

第十節 井欄叉格

『楠曰井欄叉格은 盖取庚子庚申庚辰三日이니 要申子辰全沖動午戌財官하야 爲庚日之財官也라 畏有寅午戌字

則破壞此格矣니라 庚日時逢潤下에 忌壬癸巳午之方이니 時遇子申에 其福減半이로다 舊註에 曰此論井欄叉格

이 盖言六庚日生人이 地支得申子辰全이면 乃謂全逢潤下라 盖庚用丁爲官而子沖午며 庚用木爲財而申沖寅이며

戌中戊土爲庚之印而辰沖之니 以申子辰三叉來沖寅午戌爲財官印綬니라 四柱中에 須用申子辰爲貴요 不必三箇

庚字나 若有三庚尤妙로다 只要庚日生庚年日時或戊子戊辰不妨이며 但得支申子辰全也요 喜行東方財地며 北方

傷官南方火格不爲貴니 此乃壬癸巳午之方을 而此格最忌者也니라 若是時遇丙子則是時上偏官이며 若時是申時

則是歸祿格이니 其福減半이라 則福氣不全이요 虛名薄利而已니라』

楠이 말하되 井欄叉格은 庚子庚申庚辰의 三日에 限하여 있으니 地支에 申子辰이 全部 있어서 寅午戌을 沖

動해오므로 庚日이 財官을 얻게 되는 命格을 말한다. 寅午戌字가 있으면 此格을 破하므로 두려워 한다.

庚日이 月時에 潤下를 얻었으면 壬癸巳午의 方節을 忌하는 바 時柱에 申字를 만난다면 그 福力을 半減한다.

舊註에서 井欄叉格에 對해서 論述한 바가 있으니 六庚日生人이 地支에 申子辰이 全部있다면 이것을 潤下를 全

部 만났다고 하는 것이다. 이때에 庚日主는 丁火로써 官을 삼는데 子字가 午를 沖해오고, 庚이 木으로 財를

삼는 바 申이 寅을 沖해 오고, 戌中의 戊土가 庚의 印綬인데 辰字가 戌을 沖해 오니 申子辰三字가 寅午戌財官

印綬를 全部 沖來해 오므로 貴命이 된다는 것이다.

四柱中에 申子辰이 全部 있어야 貴命이 되고 庚字는 반드시 三字가 있지 않아도 좋지만 그러나 三庚字가

있다면 더욱 妙命이 된다. 庚日生이 庚年이나 庚時에 生하거나 或은 戊子 戊辰이 되어도 無妨하니 要컨대 地

支에 申子辰이 있으면 可한 것이다. 東方財地로 運行함을 좋아하며 北方의 傷官이나 南方의 火運은 貴하지

않다. 곧 壬癸巳午의 南北方運을 가장 꺼리는 것이다.

萬一 時柱에 丙子時를 만났다면 이는 時上偏官格으로 볼 것이며 時柱에 申時가 있다면 歸祿格으로 볼 것이

니 그 福力이 半減되는 것이다. 곧 福氣가 完全하지 못하므로 虛名과 薄利가 있을 뿐이다.

『補曰忌壬癸巳午之方은 謂忌北方傷官南方官運也니 舊註甚明이라 或改忌壬癸巳午之方을 爲忌壬癸之方이

何也오 傳云中和爲福偏黨爲災니 格內申子辰會傷官之旺이라 若再遇北方壬癸運則傷官洩氣太過니 必禍로다 正

所謂四柱若三合傷官之殺及運行이면 傷官其禍不可言也라 하니라

鷦鴣天에 云호대 庚日全逢申子辰이 井欄叉格合官星이니 相逢三格多官印이라 巳午未臨受苦辛이며 壬癸破

之丙丁冲을 柱運無逢得顯名이라 不作逢萊三島客也엔 須金殿玉階行觀이라하니 壬癸破之句則經文所謂忌壬癸

者可見이니라』

補註에 말하되 「壬癸巳를 꺼린다」고 함은 北方傷官運과 南方官運을 忌한다는 뜻이니, 舊註에서 明確하게

밝힌 바이다. 或 〈壬癸巳午方을 忌한다〉 함을 〈壬癸方을 忌한다〉는 말로 고치는 것은 어찌된 것인가?

傳해 오는 舊文에 이르되 「中和된 四柱는 福이 있고 五行이 偏黨된 四柱는 災厄의 命柱이다」라고 하였으니

格內에 申子辰이 있음은 傷官의 氣運이 會旺된 것인데 만일 다시 北方의 壬癸運을 만난다면 洩氣가 太過한

것인 바 반드시 禍厄이 있을 것이다. 이것이 이른바 「四柱에 傷官殺이 三合되거나 傷官殺地에 運行하였다면

傷官의 禍를 이름을 말할 수 없다」고 함인 것이다.

鵲鴿天에 이르되 庚日이 「申子辰이 全部 있다면 井欄叉格이니 官星을 冲合해 오는 바이다. 三格(申子辰三

字가 寅午戌三字를 冲合해 오는 것)을 相逢하면 官印이 많은바 巳午未地에는 辛苦가 있고 壬癸가 破하여 丙

丁이 冲壞되는 忌殺이 原柱에나 運中에 없다면 顯明할 것이니 三神山의 神仙이나 道人이 아니면 金殿玉階(中

央政府)의 大爵이 될 것이 틀림 없다」고 하였으니 壬癸破란 句節은 經文에 있는 忌壬癸와 同意임을 알기에

어렵지 않다.

(第百五十柱)

　　庚　庚　庚　癸
　　辰　子　申　卯

井欄叉格　王封君造

此命이 井欄叉格임에 틀림없으니 官界에 大出身하고 封勅을 받고 御使가 되었다. 壬子

大運中癸亥年運에 이르러 干支가 다 傷官이 太過하므로 死亡하였다. 그것은 곧 壬癸가

北方壬癸를 忌한다는 經文의 所信을 더욱 明白히 해주는 例柱에 屬한다.

壬癸甲乙丙丁戊
子丑寅卯辰巳午

第十一節　六乙鼠貴格

『楠曰六乙鼠貴는 只取乙亥乙木日이 見丙子時에 蓋子來動巳하고 然巳與申合起하며 庚爲乙木之官星이라 見

庚辛則破니 不能取用이니라 若乙丑乙巳乙酉日은 坐下官星이니 破格不取요 乙卯日則刑子亦不取며 見午字則

冲破子하야 不取니라 有正格엔 只論正格이요 無正格이라야 方論此格이니 近理之所無也니라

喜忌篇에 云호대 陰木獨遇子時爲六乙鼠貴人之地라하니 三車一覽에 云호대 此言六乙鼠貴格이며 陰木者는

乙木也요 獨遇子時者는 用鼠不用猴也며 貴則天乙貴人也니 乙生人以子申爲貴人이나 蓋言六乙日獨遇丙子時에

值天乙貴人하야 爲六乙鼠貴之格은 申時則官星顯故라 所以로 不取也니라

『舊註에 曰此論大怕午字冲之며 丙子時子多爲妙니 鼠之聚貴也니라 或四柱中有庚字辛字申字酉字丑字엔 內則

庚辛金이라 則減分數니 歲君大運이 亦然이요 如月內有官星이면 不用此格이며 若四柱元無官星이라야 方用此

格이니라』

楠이 말하되 六乙鼠貴란 乙亥日과 乙未日에 限하는 바이 兩日이 丙子時를 보면 子字가 巳字를 動해 오고

巳字가 申字를 合起함으로써 申中庚金을 乙木의 官星으로 삼는다. 만일 庚辛金을 보면 破格이니 此格으로 取

用하지 않는다.

乙丑日·乙巳日·乙酉日은 坐下日支에 官星이 있으므로 破格이니 取用하지 않고 乙卯日은 子卯가 刑되므로

亦是 取하지 않으며 午字가 柱中에 있어도 子字를 破하므로 取하지 않는다. 또 六格의 正格이 있으면 正格으

로 볼 것이요 正格이 없다면 此格으로 論한다고 하였으나 近理한 바가 있는것 같지 않다.

喜忌篇에 이르되 「陰木이 홀로 子時를 만났다면 六乙鼠貴人의 適地라」고 하니 三車一覽에 말하되 「이는 六

乙鼠貴格을 말하는 陰木이란 乙木이요 홀로 子時를 만난다 함은 鼠를 取用하고 猴(申)는 取하지 않는다는 뜻

이요 貴란 天乙貴人을 뜻한다」고 하였다. 乙日生이면 子申二字가 다 貴人이지만 六乙鼠貴格에서 丙子時만을

가리켜 天乙貴人이라고 指稱하는 까닭은 申中에는 庚金官星이 있는 때문이다. 따라서 申時는 取하지 않는 것

이다.

舊註에 말하되 此格은 午字가 子位를 冲來해 옴은 크게 꺼리며 丙子時에 子字가 많음은 妙命으로 보니 鼠

貴가 聚合된 때문이다. 或 四柱中에 庚字나 辛字나 申字나 酉字나 丑字가 있다면 庚辛金의 官星이 있는 것이

므로 分數를 半減하는바 歲君이나 大運이 또한 그렇다. 만일 月中에 官星이 있다면 此格을 取用하지 않으며,

四柱에 元來 官星이 없어야 바야흐로 此格으로 볼 것이다。

『古歌에 乙巳鼠貴格은 陰木天干丙子時엔 乙巳運貴實爲奇라 無沖官殺方爲美니 少年準擬拜圓墀니라 又曰乙木天然時丙子하고 無官沖害方爲此니 官敎一擧占鰲頭요 名揚四海振今古로다 又歌六甲鼠貴格에 乙日須逢丙子時하고 如無午破貴尤奇며 四柱忌逢申酉丑이요 若無官殺拜丹墀로다 又曰陰木逢陽要子多에 名爲鼠貴貴嵯峨라 柱中只怕南離位엔 困苦傷殘怎奈何오

鷓鴣天에 云호대 六甲時逢丙子中에 官高位顯福興隆이요 午字露來非爲貴니 尅破用神定吉凶이라 須防酉丑忌庚辛이요 傷官四柱合皆豊이며 柱無官殺榮華顯이니 玉殿金階有路通이라

補曰此格忌官殺刑沖破害며 丑爲庫니 所以並忌요 初夫有丑絆子之說而或以爲忌丑絆子非也니라 此子字爲六乙天乙貴人이니 喜合不喜沖이요 非若遙巳祿飛之子字而丑爲羈絆也니라』

乙巳鼠貴格에 對한 歌詩를 실은 古歌에 「陰木의 天干에 丙子時가 있다면 實로 貴한 乙巳命이니 官殺을 沖破함이 없다면 美命인 바 少年에 及第하고 貴官을 얻는다」고 하였고 또 말하되 乙木이 時柱에 丙子가 있고 官殺과 沖子함이 없으면 此格이니 壯元及第하여 四海에 이름을 떨치고 古今에 名傳하는 偉人이 된다。

六乙鼠貴格에 對한 古歌에 또 記述하기를 「乙日이 丙子時를 만나고 午字의 破함이 없으면 더욱 奇貴한 命造이며 四柱에 申酉丑을 만남은 忌하는 바 官殺이 없다면 堂上의 爵貴를 받는다」고 하였으며 또 말하되 陰木日生이 丙子時를 만남에 子字가 많으면 좋으니 이름이 鼠貴格인 바 奇貴함이 出衆하며 柱中에 午字가 있음은 大忌하는바 이를 만나서는 困苦하고 傷殘하게 된다。 鷓鴣天에 이르되 「六乙日이 時柱에 丙子를 만났다면 官高하고 職位가 顯揚하며 福祿도 있으나、午字가 있다면 貴命이 못되니 用神을 尅破하므로 凶禍가 있는 때문

이다. 모름지기 酉丑이 없어야 하며 庚辛을 忌하는 바며 傷官을 四柱에서 合하면 豊富한 命이고 柱內에 官殺

이 없다면 榮華를 亨有할 것인 바 宮中大闕에 出世할 길이 열릴 것이다」라 하였다.

補書에 말하되 「此格이 官殺과 刑沖破害를 꺼리며 丑字는 또 庫地이므로 아울러 忌한다. 或 一說에 〈丑字

가 子字를 羈絆므로 凶하다〉는 學說이 있으나 이는 잘못된 理論이니 그 根據는 다음과 같다.

此命의 子字는 六乙日의 天乙貴人이니 天乙貴人은 合을 좋아하고 冲은 꺼리는 때문이다. 따라서 〈子字가

巳字를 遙合해 오는데 丑字가 羈絆한다〉는 理論은 잘못이다」라고 하였다.

第十二節 六陰朝陽格

『楠曰六陰朝陽格은 蓋取六辛日이 四柱無官殺에 方取라 辛以丙火爲官이니 蓋取辛日戊子時에 子能動巳巳能

動丙火하야 作辛日官星이라 只取辛亥辛丑辛酉三日이니라 若辛巳日은 有丙火爲破格이요 辛卯日은 則卯破子

니 則不能合巳며 辛未日則見未中丁火하야 爲七殺이니 破辛金이며 亦畏巳字破格이요 午字冲子하야 不能動巳

며 只喜財運하고 畏官殺運이 破格也니라 有別格則用別格이니 理不出於自然也니라」

楠이 말하되 六陰朝陽格은 六辛日이 四柱에 官殺이 없으면 바야흐로 取用하는 것이니 辛日主가 丙火로써

官星을 삼는바 辛日이 戊子時를 만난다면 子字가 巳를 動해 오고 巳가 丙火를 動合하여 辛日이 官星을 얻는

것이다. 그런데 六陰朝陽格은 辛亥日과 辛丑日과 辛酉日의 三日에만 限하여 있다.

辛巳日은 巳中의 丙火가 있으므로 破格이 되고 辛卯日은 卯와 子가 刑破되므로 巳字를 動合해 오지 못하므

로 取할 수 없으며 辛未日은 未中의 丁火가 七殺이 되어 辛金을 破하므로 取用하지 않는다. 따라서 四柱에

巳字가 있어서 破格함을 두려워 하고 午子가 冲子하여 巳字를 動合해 올 수 없어도 또한 두려워 한다. 오직

財運은 좋으나 官殺運이 와서 破格함은 두려워 하는데 萬一 四柱八字가 正格이든 別格이든 該當함이 있다면

六陰朝陽格으로 取用하지 않는다.

『古歌云辛逢戊子號朝陽이니 運喜西方祿位昌이요 丑午丙丁無由見엔 顋金衣紫入朝堂이로다 補曰丑午丙丁無

由見一句는 蓋言丙丁不可塡實이니 午字不可冲子는 以照經文컨대 誠是나 外經文並傳에 不可見丑字絆子則非

也니라 蓋丑爲金庫나 乃身旺地니 亦朝陽格所喜者也로다

觀古造에 西王太尉命하니 辛丑日戊子時하야 富貴之極則 丑不能絆子也가 蓋明矣니라 如子遙巳格에 用子巳

遙合이니 怕丑絆住不能搖며 飛天祿馬格에 用子字暗冲이니 怕丑絆住不能冲이나 此朝陽格은 子字乃實字요 不

用合不用冲이니 何畏於丑哉리요』

古歌에 이르되 「辛日이 戊子를 만나면 이름이 朝陽이니 西方運을 기뻐하는 바 祿貴가 昌榮할 것이요 丑午

丙丁이 柱中에 없다면 붉은 옷과 金띠를 띠고 皇宮에서 高官이 될 것이다」라고 하였으며 補註에 말하되 〈丑

午丙丁無由見(丑午丙丁을 보지 않는다)〉이란 一句는 丙丁이 塡實됨이 不可하다는 뜻인 바 〈午字가 子字를

冲함이 不可하다〉함은 經文에 비추어 볼 때 正當한 理致가 있지만 外經文에서 말한 바의 〈丑字를 봄이 不

可하니 丑字가 子字를 羈絆하는 때문이다〉라고 한 經文은 經文原理에 맞지 않는 理論이라 하겠다. 대저 丑

字가 金庫이지만 辛日主의 身旺地이므로 朝陽格에서는 좋아한다.

옛날에 西王太尉의 命이 辛丑日 戊子時었으나 極富極貴하였는 바 丑字가 子字를 羈絆하지 않는다는 明白한

實證이라 하겠다. 子遙巳格의 境遇는 子字가 巳位를 遙合해 오는 作用이 있는데 丑字가 子字를 絆住하면 巳

位를 搖合해 오지 못하게 되므로 丑字를 꺼리고 飛天祿馬格은 子字를 取用하여 午字를

字가 子字를 絆住하여 冲合해 오는 作用을 못하게 함을 꺼린다. 그러나 朝陽格의 境遇에는 子字가 巳字를 合

해 오거나 午字를 冲用하는 作用이 아니므로 丑字를 두려워 할 理由는 없는 것이다.

『繼善篇에 云호대 陰若朝陽切忌丙丁離位니라 補曰此離位謂南方巳午之位요 與丙丁相照也라 格解에 離位謂

巳午未하야 加以未字나 非也니 未乃財神에 木庫요 又印綬之地라 故學繼善篇에 朝陽生於季月하면 可稱印綬

라하니 觀古造王郡之命에 己未辛未戊子라 有三未字에 貴爲王候니 則未字不忌也가 明也니라

秘訣에 云호대 辛日子時忌行火地니 西北行來則吉이요 東北一去憂凶이니라 補云호대 西北行來北

字恐誤非也니 盖西北謂水運이라 辛亥에 亥謂北이니 故曰西北行이며 納音屬金이니라 朝陽喜金旺之

地니 大運行庚子辛丑에 庚辛爲西요 子丑爲北이라 故曰西北況納音屬金이니라 朝陽喜旺之鄕이라하니 此所以

也니라 不然이면 東方財氣火鄕이 何以로 曰憂凶也리오』

運行乙巳라 謂東이요 巳謂南이어니 況納音屬火리오 朝陽最忌火鄕이니 此所以曰東南一去憂凶

格解에 疑北字恐誤是泥於北方水鄕大忌之說이나 不知니라 秘訣에 西北以納音言也니 東南一去憂凶은 謂大

繼善篇에 이르되 〈六陰朝陽格은 丙丁離位를 가장 忌한다〉고 하였으며 그 補註에서는 다음과 같이 解述하

고 있다. 本文에 〈離位〉라 함은 南方의 巳午位를 말하니 丙丁이 亦是 同一하다. 格解에서는 離位를 巳午未

라고 하여 未字를 加上하지만 이는 잘못이다. 未位는 辛金의 財位인 木의 未庫이고 또 辛金의 印綬地인 때문

이다.

그러므로 繼善篇에서는 「朝陽格이 季月에 生하면 印綬의 月令이다」라고 하였는는 바 古造에 己未年 辛未月 辛

未日 戊子時生이 있었다. 未字가 三位나 있었고 此命이 王侯의 貴를 享有한 極貴命이었는 바 未字를 꺼리지

않는다는 明白한 證據라 하겠다.

秘訣에 말하되 「辛日生이 子時면 火鄉을 꺼리니 西北運은 吉하고 東南運이 한번 찾아옴에 凶憂가 있다」고

하였다. 補註에 이르되 〈西北行來〉의 北字는 잘못 解釋될까 두려운 바가 있으니 西北은 水運을 일컫는 말

로써 辛亥大運을 만나면 辛이 西요 亥는 北이 되므로 〈西北〉이라고 한 것이다. 더우기 納音으로 볼 때 辛

亥는 金이 되므로 吉하다는 것이니 朝陽格은 金旺地를 좋아하는 때문이다. 大運이 庚子辛丑으로 行한다면 庚

辛은 西가 되고 子丑은 北이 되므로 西北이라 한 것이고 納音으로 庚子辛丑이 土가 되므로 吉하다는 것이니

朝陽格이 印旺運을 좋아하는 때문이다. 秘訣에 〈西北行來則吉也（西北運이 來到하면 吉하다）〉라고 한 所以

가 이에 있는 바이다.

格解에 말하되 北字의 뜻을 疑心하여 잘못 解釋할까 두려우니 北方水鄉을 大忌한다는 說이 있으나 이는 合

理的인 根據가 없는 主張이다. 秘訣에 〈西北〉이라 함은 納音을 뜻하는 말이다. 또 〈東南一去憂凶〉은 大

運에 乙巳를 만났음을 말한다. 곧 乙은 東이고 巳는 南이므로 東南이라 이름한 것인 바 納音으로 乙巳가 火

에 屬하는 때문에 더욱 禍厄이 크다는 것이다. 朝陽格이 火鄉을 가장 꺼리는 때문이니 〈東南一去憂凶也〉라

고 한 所以가 이에 있는 바이다. 그렇지 않다면 東方財氣와 火鄉이 무엇때문에 憂凶하다고 하겠는가?

『古歌曰辛日單逢戊子에 六陰貴格喜朝陽이라 丙丁巳午休塡實이니 歲運輪逢一例祥이로다 補日星士多以辛

日單單은 爲日宜單不可再見辛字非也요 盖言單單見戊子니 不可再見子字也라 子乃一陽初生에 再見子字면 非

單單也니 故로 日六陰貴處一陽生이라하며 格解未及故로 附補之니라

鶺鴒天에 云호대 戊子時逢六日辛에 朝陽動丙合官星이요 庚辛若遇者爲喜니 紫綬金章拜聖君이며 寅卯貴

丙丁貧이 北方運至定傷神이요 中和純粹爲官貴니 定作三台八位臣이니라

古歌에 말하되 「辛日이 單單(홀로)히 戊子時를 만난다면 六陰貴格이니 朝陽된 때문인데 丙丁巳午는 나타나

지 않아야 할 것인 바 大運이나 歲運이 亦是 同一하다」라고 하였으며、

補註에 말하되 「本文에서 〈辛日單單(辛日主가 홀로히)〉이라 하였음을 辛日主가 辛字를 再見함이 不可하

다는 뜻으로 解釋함은 잘못된 見解이며 〈單單見戊子(戊子時를 하나만 본다)〉란 뜻이니 子字를 거듭 만나지

말라는 뜻으로 봐야 한다. 子는 一陽의 初生位인데 子字를 다시 보면 單單이 아니므로 「六陰朝陽의 貴處는

一陽의 生함에 있다」고 하는 것인 바 格解에서 說明이 未及하므로 補述하는 바이다」라고 하였다. 鶺鴒天에

이르되 戊子時가 六日辛主를 만난다면 朝陽(子)이 丙火를 合해 오므로 官星을 삼는 바 貴命이다. 庚辛을 만남

을 기뻐하니 聖君下의 高爵이 될 것이며 寅卯를 만나면 貴命이요 丙丁을 보면 貧命이 된다. 北方運에 이르러

서는 凶禍가 있는바 四柱가 中和되고 純粹하여야 貴命이니 公卿의 大臣이 될 것이다 라고 하였다.

六陰朝陽格　張知院命

戊辰　　壬戌
辛酉　　癸亥
辛酉　　甲子
戊子　　乙丑
　　　　丙寅
　　　　丁卯

此命이 六陰朝陽의 眞格이니 秋令金旺節에 生하여 辛金이 月干에 透出하였으며 子字가

一位뿐이므로 大貴의 命이다. 此命이 重職을 掌握한 大宰相으로 勢力이 萬彊하였으니

〈辛字가 兩見되면 貴하지 못하다〉는 理論은 不當한 學說임을 確實하게 해주는 例柱라

하겠다.

(第百五十一柱)

253

六陰朝陽格　西王太尉造

（第百五十二柱）

戊辰　壬戌
辛酉　癸亥
辛丑　甲子
戊子　乙丑
　　　丙寅
　　　丁卯

此命 또한 辛日主가 戊子時를 얻었으니 六陰朝陽格인 바 丑字가 있어서 子字를 絆合하니 減福할 것같지만 丑酉金局을 이루고 丑字가 身旺地이므로 貴命이다. 此命이 또한 辛字가 月上에 透出하나 富貴가 極昌하였으니 古歌에 ∧辛日單單逢戊子∨란 文義가 辛字를 兩見함을 指摘하는 文句가 아님이 明白하다 하겠다.

第十三節　刑合格

『楠曰刑合格者는 取癸亥癸卯癸酉日이 見甲寅時하고 原四柱無官殺에 方可用이니 盖取寅時則寅能刑이라 巳則刑出巳中戊土하야 作官星이요 則戊與癸相合也니 故曰刑合格이니라 若癸巳日則有戊土破格이요 癸未癸丑由坐下有七殺이니 破格이며 又畏有巳字니 亦破格이요 有申字則申來沖破了寅이니 則寅不能刑出巳也라 理出人也니라

喜忌篇云六癸日時若逢寅位면 歲月怕巳二方이니라 舊註曰此論刑合格이니 以六癸日爲主星이요 用戊土爲正氣官星에 喜逢甲寅時가 用刑巳中戊土하야 癸日得官星이니라 如庚寅刑不成이요 唯甲寅時며 是行運이 與飛天祿馬同이니 若四柱戊字己字며 又怕庚寅이 傷甲字刑壞了며 忌申字니 則減分數며 歲君大運亦忌니라』

楠이 말하되 刑合格이란 癸亥·癸卯·癸酉의 三日이 甲寅時를 만나고 原命에 官殺이 없어야 바야흐로 取用할 것인 바 寅時가 巳字를 刑出하고 巳中戊土를 取하여 官星을 삼게 된다. 이때에 官星戊土는 日主癸水와 合이 되므로 刑合格이 되는 것이다.

萬一 癸巳日이라면 戊土가 있으므로 破格이 되고 癸未日과 癸丑日은 坐下에 七殺이 있으므로 破格이 된다.

또 巳字가 있으므로 破格이요 申字가 있어도 寅字를 冲破하므로 寅字는 巳字를 冲出할 수 없게

되는 것이니 理致는 다 사람이 밝혀 내는 바이다.

喜忌篇에 이르되 「六癸日生이 時柱에 寅位를 만났다면 歲月에 戊己字을 꺼린다」고 하였으며 舊註

에 解說하되 「이 經文은 刑合格에 對한 말이니 六癸日이 戊土로써 官星을 삼는 바 甲寅時를 만나서 巳中戊土

를 刑出해 오므로 官星을 얻게 됨을 일컫는다. 만일 庚寅時라면 寅字가 尅害되므로 刑出해 오는 作用은 不

可能해지고 오직 甲寅時라야 成格된다. 行運에 있어서 飛天祿馬格과 同一하며 四柱中에 戊己字가 있음을 忌

하고 庚寅을 꺼리며 申字가 있음을 또한 꺼리니 分數를 減하는 바 歲運이나 大運에서도 또한 꺼린다」고 하

였다.

『古歌云癸日生人時甲寅이면 最忌四柱帶官星이요 若無戊己庚申巳면 壯歲榮華達帝京이니라 補曰癸日生

六癸日이요 時甲寅即時니 若逢寅位也라 唯此爲刑合格이며 最嫌四柱帶官星은 盖言用寅暗刑巳中戊土하야 爲

癸日之官星이니 怕四柱中帶戊並己塡實이며 言官星則殺亦在其中이니 故下文云若無戊土之官과 己土之殺이며

並巳字塡實이며 及庚金尅甲하고 申字冲寅이면 可謂此格之純이니 則早年發達하야 登庸朝家矣라하니라

又曰陰水寅時格正淸이나 又愁庚尅不能刑이라 運行若不蹟蛇地면 方得淸高有利名이로다 又曰癸日生人

寅이면 此名刑合格爲眞이니 若無戊己庚申字엔 便是腰金帶玉人이니라 又曰癸日寅時刑合格이니 入此格時須顯

赫이라 官星七殺莫相逢이니 庚申巳字爲灾厄이니라」

古歌에 말하되 「癸日生人이 甲寅時를 만나면 四柱에 官星을 帶同함을 가장 꺼리고, 만일 戊己庚申巳字가

255

없다면 壯年에 榮華할 사람이니 일찍부터 朝京(中央政府)에 榮達할 것이다」라고 하였다.

補註에 말하되 「〈癸日生〉이란 六癸日生을 말하고 〈時甲寅〉이란 時柱를 말하는 바 〈若逢寅位(만일 時柱에 寅位를 만났다면)〉란 喜忌篇의 句文과 同意味이다. 이를 刑合格이라고 하며 四柱中에 官星이 있음을 가장 꺼리는 바이니 대저 此格이 寅字가 巳中의 戊土를 暗刑하므로 癸日의 官星을 삼는 것이다. 따라서 四柱中에 戊字를 떠우거나 己字가 塡實됨을 꺼리며 官星이란 말에는 殺의 뜻이 또한 있는 것이다. 그러므로 下文에서는 「만일 戊土의 官星과 己土의 七殺이 없으며 巳字가 塡實되거나 庚金이 甲字를 尅하거나 申字가 寅字를 冲하지 않으면 이른바 此格이 純清한 것이니 早年發達하여 朝臣으로 登用된다」고 하였다.

또 말하되 「陰水가 寅時를 만나면 刑合格이 清淨한 것이나 庚金이 寅位를 尅하여 刑出하는 作用을 不可能하게 함은 두려워 한다. 大運에서 만일 官星이나 庚尅이 塡實되지 않는다면 清高한 사람으로 利名이 있을 것이다」라고 하였다.

또 古歌에 말하되 癸日生人이 甲寅時를 만난다면 이름이 刑合格이니 眞貴한 格인 바 만일 戊己庚申字가 없다면 허리에 金띠를 매고 玉佩를 차는 堂上官이 될 것이다. 또 古歌에 말하되 「癸日生이 寅時를 만나서 刑合格이면 此命이 顯達하고 赫赫한 功을 세울 사람이다. 官星七殺을 만나면 灾厄이 있을 것이다」라고 하였다.

『鷓鴣天에 云호대 但求癸日甲寅時에 刑出官星貴可知니 寅申冲出多灾禍요 若見庚金便主悲며 若逢戊己過刑이요 一生名利必然矣라 年時日月刑害엔 須還馬上錦衣榮이로다 補曰舊註謂寅刑巳中戊土하야 爲癸日之官星이니 怕見庚尅寅中甲木하고 申字冲寅刑하야 不起官星이요 未有怕見亥字午戌字爲羈絆이어니 而或者乃創亥字午戌字爲羈絆이나 則非也니라』

鷓鴣天에 이르되「刑合格은 단지 癸日生이 甲寅時를 만난 境遇에 限하여 取用할 것인 바 官星을 刑出하므로 貴格이 되는 것이다. 寅申이 冲出하면 灾禍가 많고 庚金을 만났다면 當主에게 悲厄이 있을 것이요 萬一 戊己官殺이 나타나 있지 않다면 一生에 名利가 顯揚할 것이다. 年月日時에 刑害가 없어야 錦衣를 입고 官馬를 타는 榮貴한 사람이 될 것이다」라고 하였다.

補註에 말하되 寅字가 巳中戊土를 刑해와서 癸日의 官星을 삼는 것이 刑合格인데 庚金이 寅中의 甲木을 尅傷하고 申字가 寅字를 刑冲하여서 官星을 起合해 올 수 없게 됨을 크게 꺼린다. 그러나 亥字와 午字戌字가 있어서 寅字를 羈絆하는데 對한 말은 없는데 或者가 亥字와 午字와 戌字가 있어서 羈絆하면 不利하다는 學說을 主創하였으나 이는 그릇된 理論이다.

(第百五十三柱)

乙未	癸未	癸亥	甲寅
壬午	庚辰	戊寅	丁丑
辛巳	己卯		

刑合格 潘節使造

此命이 癸日生으로 甲寅時를 얻으니 刑合格의 眞格인 바 節度使(地方長官으로 諸侯級의 重權을 맡은 軍務와 政務를 兼한 高官職)의 貴職을 맡아 赫赫한 功名을 세웠다. 此命의 日支에 亥字가 있어서 寅位를 羈絆하였으나 大貴하였으니 이로써 보아도 寅字를 羈絆을 忌하지 않음은 明白하다.

(第百五十四柱)

甲寅	癸酉	甲戌	甲戌
庚辰	戊寅	丙子	乙亥
己卯	丁丑		

刑合格 陳侍郎命

此命 또한 癸酉日生이 甲寅時를 만나서 刑合格인데 戌字가 二位가 있어서 寅位를 合絆하나 此人이 名宰相으로 活躍이 赫赫하였으니, 遙巳格이나 飛天祿馬格等의 境遇와 같이 羈絆을 忌하지 않음은 明白하다.

257

第十四節　合祿格

『楠曰　合祿格者는　盖取六戊日逢庚申時니　原四柱無官印方取此格이로다　盖取時上庚合起乙木하야　爲戊土官星

也니　只畏甲木剋戊制要本身이요　又畏丙字破了庚字하야　不能合乙이며　又畏寅字冲破了申字며　又畏卯字見了官

星이니라

書云庚申時逢戊日이면　名食神干旺之鄕이니　歲月犯甲丙卯寅이면　此乃遇而不遇라　雖此格이나　只作時上食神

格이요　若歲月無官殺이라사　此格이니　亦正理니라　只要不傷破庚申兩字니　多亦有驗이요　一拱貴格이　盖只取甲

寅一箇日主가　見甲子時에　何爲貴오　盖取甲日取辛金官爲貴어니와　盖拱丑中辛金官貴라

丑字在中間하야　走不得耳니라　又取日時兩甲이　夾住丑中辛金이니　只畏庚字來破甲財不能拱이며　又畏申字冲破

寅字면　亦不能拱丑이며　亦畏午字冲破子字에　亦不能拱丑이며　盖取子寅兩字爲佳요

不要得中和하야　太旺弱에　爾不取原此格이라　盖丑中辛金爲貴니　又取甲日見丑爲天乙貴人之義니라」

楠이 말하되　合祿格이란　六戊日이　庚申時를　만난　境遇이니　原柱에　官印이　없어야　바야흐로　此格을　取한다.

곧　時上의　庚金이　乙木을　合起하여　戊土의　官星을　삼는　바　甲木이　戊土本身을　剋制함이　두렵고　또　丙字가

庚字를　破壞하므로　乙木官星을　合起하지　못함을　두려워　하며,　또　寅字가　申字를　冲破함을　두려워하며,　또　卯

字가　있어서　官星이　塡實됨을　두려워　한다.

書에　이르되　「庚申時가　戊日을　만났다면　이름이　食神干旺의　鄕地를　만난　것이다.　歲月柱에　甲丙卯寅字가

있다면　이른바　〈만나도　만나지　않는　格〉이니　비록　合祿格에　入格하였을지라도　時上食神格으로만　볼　것이며

歲月柱에 官殺이 없어야 비로소 合祿格으로 볼 것이다」라고 하였는 바 바른 理致라고 보겠다。要컨대 庚申兩

字를 破傷함이 없어야 할 것인 바 많이 經驗하였다。

또 拱貴格은 단지 甲寅日主가 甲子時를 만난 때인데 그러면 어떻게 하여 貴命이 되는가? 대저 甲日이 辛

金으로 官星을 삼고 貴를 삼는 바 子寅 兩字 사이에 丑字를 끼어서 丑中辛金을 取하는 때문이다。

그러나 庚字가 있어서 甲木을 破하므로 丑字를 拱夾할 수 없으니 두려워 하며、또 庚辛申酉丑字가 있어도 破格이 되는 바 두려워 하니 此格

冲破하면 丑字를 拱夾할 수 없게 됨은 두려워 하며 또 申字가 와서 寅字를

은 證驗이 如實하였다。此格이 또한 太旺하거나 太弱함을 不要하는 바 如斯하면 此格으로 取할 수 없음이 原

則이며 要컨대 此格은 丑中辛金이 貴兆인데 또 甲日이 丑字를 만나면 天乙貴人이 되므로 貴하다는 뜻도 된다

고 보기도 한다。

『格解에 云호대 秋多者爲妙라하고 喜忌編에 云호대 庚申時逢戊日이 名食神干旺之鄕이니 歲月犯甲丙卯寅

이면 此乃遇而不遇라하니라 補曰此叚舊註專旺食神格而或者는 又謂合神格이니 亦通이라 盖合祿格原係戊日庚

申時니 二日食神合祿喜忌本同이니라

舊賦云호대 此格六戊日生者가 以庚申時虛合卯中乙木하야 爲官星貴氣니 若四柱申巳하면 甲爲殺卯爲官丙爲梟

에 庚寅冲申及巳字刑申則壞了貴氣니 此乃遇而不遇며 若生秋多之月하야 身財兩旺하고 又不犯官殺刑冲破害及

梟則富貴非輕이니 故로 曰純粹主大貴요 塡實減太牛이니라 古歌云호대 申時戊日食神奇니 最喜秩多福有餘라

丙甲卯寅來尅破엔 遇而不遇主孤貧이로다 六癸日爲主에 喜逢庚申時면 合巳申戊土하야 癸日得官星이라 若四

柱中有戊字並巳字엔 刑壞了申時어나 或丙字及傷庚申時則減牛數니 歲君大運亦然이라하고 又曰四柱中에 原無

官星이라사 方用此格이라 하니라」

格解에 이르되 「合祿格은 秋多節에 生하여야 妙命이라」하였고 喜忌篇에 이르되 「庚申時가 戊日을 만나면

이름이 《食神干旺鄉》이니 歲月柱에 甲丙卯寅을 犯하면 이는 《만나야 만난것이 아니다》라고 하였다.

補註에서는 다음과 같이 解說하였다. 此文을 舊註에서는 《食神이 旺盛한 食神專旺格이라》하고 或者는 또

合神格이라고도 하였으니 다 理致에 通하는 바가 있다. 대저 合祿格이란 原來 戊日主가 庚申時를 만난 것을

말하고 癸日이 庚申時를 만난 것을 말하니 이 二日은 食神合祿으로서 그 좋아하고 忌하는 바가 同一하다.

舊賦에 이르되 「此格은 六戊日에 出生한 자가 庚申時를 얻으면 卯中의 乙木을 虛合해 와서 官星貴氣를 삼으

므로 妙命이 된다」고 하였으나 萬一 四柱中에 申巳가 있을 境遇 甲은 七殺이 되고 卯는 官이 되고 丙

은 梟印이 되는데 寅字가 있어서 申을 冲하고 巳字를 刑하면 貴氣가 壞了되는 것이니 이렇게 되면 만나도 만

난 것이 아닌 破格에 不過하다. 그렇지만 만일 秋多月에 出生하여 身主와 財星이 兩旺하다면 그리고 또 官殺

을 刑冲破害하지 않고 梟印이 없다면 그 富貴가 輕弱하지 않을 것이다. 그러므로 書에 「純粹하면 當主가 大

貴하고 塡實되면 그 福이 太半이나 減하게 될 것이라」고 하였다. 古歌에 이르되 「申時生에 戊日主면 食神이

奇異하며 따라서 秋多節에 生하였다면 福이 有餘할 것이다. 丙甲卯寅이 와서 尅破함이 있다면 만나도 만난 것

이 아니니 當主가 孤貧하다。 六癸日生이 庚申時를 만남을 좋아하는 바 巳申이 合하므로 戊土를 얻어 癸日이

官星을 삼으니 貴命이 된다。 그러나 四柱中에 戊字가 있거나 巳字가 있어서 申字를 破壞하면 福力을 半減

하며 或 丙字가 있어 庚申時를 傷한즉 福力을 半減할 것이니 歲君이나 大運의 境遇도 同一하다」 또 말하되

「四柱中에 原來 官星이 없어야 바야흐로 此格으로 取用한다」고 하였다.

〔第百五十五柱〕

壬　己　戊　庚
午　酉　午　申

乙甲癸壬辛庚
卯寅丑子亥戌

合祿格　史春坊의命

戊日主가 秋節에 生하여 庚申時를 얻으므로 卯中乙木을 虛合해 와서 官星을 取하는 合祿格이다. 初年大運에 金水運으로 早達하였고 甲寅運과 乙卯大運은 官星이 沖破되니 凶運임은 알기에 어렵지 않다.

〔第百五十六柱〕

庚　戊　辛　壬
申　寅　亥　申

戊丁丙乙甲癸壬
午巳辰卯寅丑子

合祿格　鄭知府의命

戊日이 庚申時를 얻으니 合祿格이요 冬節에 生하니 貴格이다. 그러나 日支에 寅字가 있으므로 破傷함이 不少하고 運路上에 甲寅乙卯丙의 破字가 있으므로 福力이 減半된 것이다. 따라서 貴發하였지만 碍路가 많았으며 寅亥相合하여 寅申刑冲을 解和하고 原柱에 金水가 많으므로 知府의 貴職을 받았던 것이다.

〔第百五十七柱〕

庚　戊　庚　丙
申　申　子　申

丙乙甲癸壬辛
午巳辰卯寅丑

合祿格　吳知縣命

此命 또한 多節에 生하여 戊日庚申時니 合祿格이다. 年上丙火가 此格의 破이며 寅卯甲의 運이 不利하고 乙巳大運中엔 巳字가 三申位를 刑하였고 病神인 丙火가 得祿生旺되어 庚을 破하는 中 乙木官星이 透出하였으니 大凶한 運路이다. 따라서 此運에 失職하고 一落千丈하였다.

〔第百五十八柱〕

庚　癸　乙　癸
申　丑　丑　酉

戊己庚辛壬癸甲
午未申酉戌亥子

合祿格　程同知命

癸日主가 冬月에 生하여 申時를 얻으니 合祿貴命이다. 戊己未運等은 土殺이 塡實되므로 不吉하고 戊大運은 正氣官星이 塡實되므로 大凶한 終末運이다.

『楠曰曲直仁壽格者는 如甲日干主支寅卯辰俱全하야　便得東方仁壽之氣니　故로　又曰仁壽此格屢驗이요　大畏

庚申生이며　酉字沖破東方秀氣로다　則天乙貴八字淸純이요　吾見此格에　亦不畏其寅卯辰字太多며　及不畏壬癸生

木之類하고　只怕申酉庚辛破格也라　只要寅卯辰三字全하야　方作此格이니　若有申酉一字破之엔　不吉이니라

格解云此格日之甲乙木이　地支要寅卯辰이어나　或亥卯未全하고　無半分庚辛之氣니　行運喜東北方이니라　用此

怕西方運이요　更怕刑沖이니라　詩曰甲乙生人寅卯辰을　又名仁壽兩勘評이니　亥卯未全嫌自市요　若逢坎位必身榮

이로다　碧淵賦云亥卯未逢於甲乙엔　富貴無疑라하고　又曰木全寅卯辰月이면　方功名自有라하니라』

楠이 말하되 曲直仁壽格이란 甲日主가 地支에 寅卯辰이 있거나 木局이 있어서 東方의 仁壽之氣를 全部 얻

었음을 말한다. 그러므로 仁壽格이라 하는 바 그 證驗이 的確하였고 庚申字를 크게 꺼리며 酉字가 와서 東方

木의 秀氣를 沖破함은 大畏하는 바이다. 곧 此格은 金氣의 沖破가 없어야 八字가 淸純하여 貴하게 되는 것이

니 寅卯辰字가 많음은 좋고 壬癸水가 生木함도 두려워 하지 않으나 다만 申酉庚辛字가 있어서 破格됨은 꺼린

다. 따라서 此格은 要컨대 寅卯辰三字가 全部 있어서 格을 이룰 것이요 申酉字는 一字라도 있으면 破格이니

不吉한 것이다.

格解에 이르되 此格은 甲乙木日主가 地支에 寅卯辰이 있거나 亥卯未가 全部 있어야 하고 庚辛金氣는 半分

이라도 있어서는 안되는 것이니 大運이 東北方으로 行入하여야 좋다. 그러나 大運이 西方으로 行함은 꺼리고

刑沖되어도 不吉하다고 하였다. 詩에 말하기를 「甲乙日生이 寅卯辰이 있음을 仁壽格이라 이름하니、亥卯未가

全有하여도 또한 같은데 西方金位는 大忌하고 坎位水氣를 만나서는 반드시 榮華가 있으리라고 하였다。碧淵

賦에 이르되 「亥卯未木局이 甲乙日主로서 四柱에 있으면 富貴할 命造에 틀림 없다」고 하였고 또 말하되 「木

主가 寅卯辰이 全部 있다면 바야흐로 功名을 이룰 命造라」고 하였다。

(第百五十九柱)
甲寅　戊辰
丁卯　己巳
乙未　庚午
丙子　癸酉

曲直仁壽格　李總兵造

乙木日主가 木旺節인 卯月에 出生하여 寅卯位와 卯未木局을 이루었고 年上에 甲木이 透

出하여 柱中에 一點金氣가 없으니 曲直仁壽의 眞格이라 하겠다。따라서 大貴格인데 丙丁

火가 月時上에 뛰어나와 木火通明을 얻으니 聰明淸秀한 人物임에 틀림 없다。運路上에

庚辛申金을 만나는 때에 障難과 挫折을 避할 수 없을 것이나 午未壬癸運에 大權을 掌握하였고 酉大運에 卯木

秀氣를 正面으로 衝擊하니 死亡하였다。

(第百六十柱)
壬寅　甲辰
癸卯　乙巳
甲子　丙午
戊辰　戊申

曲直仁壽格　臨川　機橋　北晉　一公命

楠評=甲木主가 寅卯辰에 生臨하니 木氣가 全部 있어 仁壽格을 可成하였다。時柱에 財

庫를 얻어 더욱 好命이니 南方運에 生財하고 大異人이 되었다。

解=甲木의 木神이 純粹한 卯月에 生하고 地支에 東方의 秀氣가 全部 있으니 貴格인데

또 時上의 偏財가 透旺하였음은 더욱 極好한 命格이다。따라서 此人이 외롭고 불쌍한 사람들을 많이 救濟할

것이 틀림 없다。此命과 다른 것은 다 同一한데 日支만 甲申日生의 四柱가 있었는 바 此人이 貧寒하였으니

그것은 申金이 東方秀氣를 破한 때문이었다。仔細히 알지 못하는 사람들이 도리어 美命으로 볼지 모르나 誤

斷이요 此命 또한 申大運에 木을 破하므로 死亡하였다。

『楠曰稼穡格者는　盖取戊己日干이　見辰戌丑未乃巳午未字多하고　若四柱無官殺則從此格이니　但丑戌辰月이

四柱純土無木尅者가　多從此格이니라　運喜南方火土之地며　及行西方金制木之運에　多富貴나　見木運尅破稼穡이

면　必死라　其妙載見驗稼穡類니라　戊己日生未月하야　太旺了不入此格이요　但辰戌丑月土弱이라사　方作得此格

이니라

格解云此格이　日干戊己에　地支要辰戌丑未全이니　無木尅制하고　有水爲用이라사　方成此格이라　運喜西南이

요　忌東北이니라　詩曰戊己生居四季中이요　戊辰丑未要全逢이니　喜逢財地嫌官殺이라　運到東方定有凶이라하니

라　一説에　東方官運과　北方財運을　俱忌라하니　故로　曰嫌之東北이요　更忌刑冲이라하고　碧淵賦에　云호대　戊

己屬全四季에　榮冠諸曹라하니라

楠이　말하되　稼穡格이란　戊己日干이　辰戌丑未와　巳午未字가　많이　있고　四柱에　官殺이　없음을　말하는　바　但

丑戌辰月에　生하여　四柱가　純土만　있고　木의　尅制함이　없어야　此格으로　본다.　大運에　南方火土地를　만나거나

西方으로　運行하여　制木하는　金運을　만난다면　흔히　富貴하지만　만일　木運을　만나서　稼穡土氣를　破尅한　다면

반드시　死亡할　것이다.　그　妙함을　屢次　證驗한바　있다.　그런데　戊己日干이　未月에　生하여　火土가　太旺하면

此格으로　보지　않으니,　단　辰戌丑月에　生하여　土氣가　弱하여야　바야흐로　此格으로　보는　것이다.

格解에　이르되「此格은　戊己土日干이　地支에　辰戌丑未가　全部　있을　것을　要하는　바이니　木으로　尅制함이

없고　水가　있어서　取用되어야　바야흐로　此格을　이룬　것이다.　大運에　西南을　좋아하고　東北을　忌한다」.　詩에

말하되 「戊己土가 四季月中에 生하고 戊辰丑未가 있음을 要하니 財地를 만남을 기뻐하고 官殺을 만남은 꺼린다。또 大運이 東方에 이르러서는 凶함이 있다」。一說에는 「東方官運과 北方의 財運을 다 꺼린다」고 하니、그러므로 말하기를 「東北을 꺼리고 다시 刑冲을 忌한다」고 하였다。 碧淵賦에 이르되 「戊己日이 四季月에 生하여 土氣가 全部 있으면 榮譽의 高官職을 두루 歷任할 것이라」고 하였다。

(第百六十一柱)

稼穡格 張眞人命造

戊戌　庚申
己未　辛酉
戊辰　壬戌
　　　癸亥
癸丑　甲子
　　　乙丑
　　　丙寅
　　　丁卯

戊土日主가 地支에 辰戌丑未가 全有하고 年月日에 戊己土가 透出하였으므로 稼穡格의 眞格이다。時上의 癸水가 있으므로 或說에 따라 斷命한다면 不吉한 徵兆이나 戊癸合火하므로 病이 甚하다고 볼 수는 없으며 未月의 火旺節에 太旺하고 日主가 華蓋日支에 坐臨하였으며 月支에 亦是 未土華蓋가 있고 土神이 大多하며 大運이 不利하니 信仰心이 強한 宗敎人의 典刑的인 命造라 보겠다。아울러 空亡 寡宿이 있으니 眞理探究와 修道生活에 盡念하는 眞人이 되어 名傳千秋하였다。

(第百六十二柱)

土全稼穡格 撫城 張華二公富命

壬午　甲寅
癸丑　乙卯
己丑　丙辰
戊辰　丁巳
　　　戊午
　　　己未
　　　庚申
　　　辛酉
　　　壬戌
　　　癸亥

楠評＝己土가 丑月에 生하여 土가 重重하고 寒土가 甚한 稼穡格의 功이 크다고 봐야 한다。水가 있어서 病이 되었는데 大運이 金旺地에 이르러 財富한 命人이 되었다。

解＝己土가 丑月에 生하였고 土垣에 日主가 坐臨하여 純土氣만이 具多하니 土氣가 寒冷한 稼穡格이다。辰時에 辰中의 乙木이 있어서 土氣를 損傷하니 木이 病이라 아니할 수 없다。早年大運이 東方의 甲寅乙卯木運이므로 辰中의 乙木을 이끌어 내어 함께 稼穡의 土를 尅傷하니 凶運이었고 丙辰丁巳戊午己未大運에 衰土의 土氣를 生扶해 주므로 百萬長者의 巨富가 되었다。

庚申辛酉壬戌金旺運에 辰中乙木病神을 尅去하니 그 富가 一郡을 덮었고 亥大運에는 木局을 이루어 病神이 會

起되므로 死亡하였다. 老壽하여 五福이 具足한 命造者였다.

此命과 類似한 命造者가 한 사람 있었으니 壬午年 癸丑月 己巳日 己巳時生이었다. 巳丑이 金局을 이루어 病神

傷官을 지으니 稼穡格을 이루지 못한 것이었다. 따라서 此命이 가난하고 疾患으로 苦生하였으며 귀먹은 病神

이었다. 다만 醫術이 普通일 뿐이었으니 傷官格이 財衰한 運으로 行往한 때문이었다.

第十七節 炎上格

『楠日炎上格은 丙丁生寅卯月하야 得寅午戌全이니 則爲火虛有焰니라 畏水破格이요 亦畏火氣太炎則虛矣며

畏金水破火破木이니 此格略驗이니라

格解云且如丙丁二日이 見寅午戌全이어나 或巳午未全이면 亦是忌水鄉金鄉이요 喜行東方運이며 怕冲要身旺

이요 歲運同이니라

詩曰夏火炎天熖焰高요 無水方知是顯豪니 運行木地方成器며 一擧崢嶸奪錦袍니라 碧淵賦云寅午戌遇於丙丁

이면 榮華有日이요 又曰火臨巳午未之域이면 顯達之人이니라』

楠이 말하되 炎上格은 丙丁火가 寅卯月에 生하여 寅午戌火局을 全部 얻는 格이니 곧 火勢가 虛하고 焰熾함

을 要한다. 水가 와서 破格함을 가장 꺼린다. 또한 火氣가 太炎한즉 火勢가 虛하여 無實한 것이니 두려워 하

며 金水가 火를 破하고 木을 破함을 두려워 하니 此格은 證驗이 있는 바이다.

格解에 이르되 丙丁二日이 寅午戌이 全部 있거나 巳午未가 全部 있으면 炎上格이니 水鄉運과 金鄉運은 忌

하고 東方運으로 行함은 기뻐하며 冲을 꺼리고 身旺함을 要한다. 歲運이나 大運이 또한 同一하다.

詩에 말하기를 夏火가 炎炎하고 甚히 旺盛하면 水가 없을 境遇 바야흐로 이것이 顯達할 豪富貴人이니 大運

이 木旺地에 行하는 때에 바야흐로 大器를 이룰 것인바 한번에 뛰어 올라 大出世를 할 것이라」고 하였고 碧

淵賦에 이르되 寅午戌火局이 丙丁日主를 만나면 榮華가 날로 있을 것이라」고 하였으며, 또 말하되 「火主가

巳午未의 火域에 臨하면 顯達할 사람이라」고 하였다.

(第百六十三柱)

乙未
辛巳
丙午
甲午

壬癸甲乙丙丁戊己庚
申酉戌亥子丑寅卯辰

炎上格　張太保命

丙日主가 地支에 巳午未全하고 巳月火旺節에 生하니 炎火가 焰焰한 炎上格이다. 月上

辛金은 破木之神이니 病이라 하겠다. 寅卯東方運과 丙丁火運에 病神을 尅破하고 早年大

發한 大貴格이다.

第十八節　潤下格

『格解云且如壬日이 要申子辰全이어나 或亥子丑全이 是也며 忌辰戌丑未官鄕이요 喜西方運이며 不宜東南怕

冲尅이니 歲運同이니라

詩曰天干壬癸喜多臨이니 更値申子辰會局成이어나 或是全歸亥子丑이니 等閒平步上靑雲이니라 碧淵賦에 云

호대 壬癸格得申子辰이면 福優才足이라하고 又曰水歸亥子丑之源이면 榮華之客이라하니라』

格解에 말하되 壬癸日主가 申子辰이 全部 있거나 亥子丑이 다 있으면 이것이 이른바 潤下格이니 辰戌丑未

의 官鄕運을 忌하고 西方運은 기뻐한다. 또 東南運은 不宜하고 冲尅합이 있어도 또한 꺼리는 바 歲君이나 大

267

運에서도 亦然하다.

詩에 말하기를「天干의 壬癸日主가 多月에 生함을 좋아하니 다시 子辰이 水局을 이루거나 或 亥子丑이 全部 있으면 힘 안들이고 平步로써 高官大爵으로 出世한다」고 하였다. 碧淵賦에 이르되「壬癸水의 日主가 申子辰水局을 얻을 때엔 福力이 優多하고 또 水主가 亥子丑의 根源에 돌아갔다면 榮華의 命客임에 틀림 없다」고 하였다.

潤下格 萬家人造

(第百六十柱)

庚子 庚辰 壬申 辛亥
辛巳 壬午 癸未 甲申 乙酉 丙戌

壬日主가 地支에 申子辰水局을 이루니 潤下眞格이요 貴命이다. 그러나 辰土財官旺月에 生하니 病이 되었다. 또 時支에 亥字空亡이 있고 孤神이 있으며 初年의 南方火運이 不利하니 知慧가 많으나 道人에 不過하였다. 申酉金旺運에 發身得名하였고 辛壬癸初運도 吉하다고 보겠다. 그러나 初年의 辛壬癸運은 南方節令中의 金水運이므로 微弱하며 中年大運中의 運干에 甲乙木이 있음은 亦是 汚點이라 아니할 수 없다. 丙戌大運은 大凶하니 此運中 死亡하였다.

第十九節　從革格

『格解云且如庚辛日이 見巳酉丑全이어나 或申酉戌全者가 是也니 忌南方運이요 若庚辛旺運則吉也니라 詩曰 金居從革貴人欽이니 造化淸高福祿深이요 四柱火來相混雜이면 空門藝術謾經綸이니라 碧淵賦云庚辛局全巳酉丑엔 位重權高라하고 又曰全備申酉戌之地엔 富貴無斁라하니라 楠曰從革格은 謂庚辛日干이 見申酉戌全이어나 或巳酉丑全이니 此格多剝雜하야 原非純粹엔 可觀與壬癸潤下格理同이니라 此二格吾見多矣나 未曾有富貴者니 但常以別理推之하라 止有曲直稼穡二格은 多富貴요 火全

巳午未格을 亦未見其美니 由是尊其所正而闢其所謬也니라』

格解에 이르되 「또 庚辛日主가 巳酉丑金局이 全部 있거나 或 申酉戌이 全部 있다면 이것이 從革格이니 南方運을 忌하고 庚辛金旺運은 吉하다」. 詩에 말하기를 「金日主가 從革(金旺地)에 居하면 貴人格이니 그 造化가 淸高하고 福祿이 깊은 것이다. 四柱에 火가 와서 서로 混雜되었다면 空門(僧侶)이나 藝術界에 從事하는 사람이 된다」고 하였다.

碧淵賦에 이르되 「庚辛日主가 巳酉丑이 全部 있다면 重權이 높은 것이라」고 하였고、 또 말하되 「申酉戌이 全部 있다면 富貴가 損虧하지 않을 것이라」고 하였다.

楠이 말하기를 「從革格은 庚辛日干이 申酉戌이 全部 있거나 或 巳酉丑이 全有한 境遇를 말하니 此格은 혼히 傷尅當하고 混雜되어 原命이 純粹하지 못해서 不吉한 바 壬癸水의 潤下格과 同一한 理致로 볼 것이다. 이 二格을 내가 많이 보았으나 일찌기 富貴한 자가 없었는 바 다만 別段의 理致를 따라 推斷할 것이며 曲直稼穡 二格은 富貴者가 많다. 또 火主에 巳午未가 全有한 炎上格이 美命임을 보지 못하였는 바 그러므로 그 바른 것은 尊視할 것이요 그 그릇된 바를 是正해야 한다」고 하였다.

第二十節 年時上官星格

『楠曰年時上官星格者는 盖虛官用之多貴요 喜財以生之니 我年上日支下亦用이며 但月上正官世無可用之理라 其理載下文이니 人命見驗이니라 時上官星類에 原官星虛엔 尤畏傷官尅之며 時上財庫格에 如壬癸日見戌時어 나 如癸日或又作時上財官格은 盖喜虛財旺鄕이오 富貴니라 纂要歌에 曰年上官星爲歲德이며 喜逢財印旺身官

이요 不逢七殺居官位면富貴榮華比石崇이니라」

楠이 말하되 年時上의 官星格은 대저 虛官을 取用하여 貴命이 되고 財星이 生官해 줌을 기뻐한다. 或 年上

이나 日支下에 있어도 또한 取用하나 다만 月上의 正氣官星은 可用할 수 없는 바이다. 그 理致는 下文에 실

려 있거니와 例註에서 實證되는 바이다. 時上의 官星이 있음에 原來의 官星이 虛하다면 傷官이 와서 破剋함

을 더욱 두려워 하며 時上의 財庫格이 또한 貴命이니 例컨내 壬日이 戌時를 얻거나 癸日의 境遇인 바이 時

上財官格은 대저 財旺鄉을 좋아하니 財旺運에 富貴할 것이다.

纂要歌에 말하기를 「年上官星은 歲德이 되며 財印運을 좋아하고 身旺官旺함을 좋아하는데 七殺을 만나지

않고 官星에 居한다면 富貴하고 榮華함이 石崇과 같을 것이다」라고 하였다.

(第百六十五柱)

辛酉　丙申
丁酉　乙未
癸卯　甲午
　　　癸巳
壬戌　壬辰
　　　辛卯
　　　庚寅

時上財庫格　臨川 曾元山 御史造

楠曰＝財官의 秀氣가 時支의 戌庫에 있으니 時上의 虛官을 可用한다. 따라서 能히 平

步로 雲梯(높은 곳에 올라가는 城을 攻擊할 때 쓰는 사닥다리이니 여기서는 出世함을

뜻한다)에 오를 것이다.

解＝癸水가 酉月節에 生하니 偏印이 旺盛한데 年柱에 다시 偏印이 又旺할 뿐이니 官星은 本來 用神이 아니

었다. 時支에 戌時를 얻어 財官의 庫物을 얻었으나 그러나 酉月에 生한 此命은 火土財官이 極衰한 바 財官

을 좋아하는 此命에 財官이 輕弱함은 病이 된다. 또 卯中乙木이 土官을 暗損하니 病勢는 尤重함이 明確하다.

그렇지만 病이 重하여야 大貴하는 것인 바 年月上의 酉金이 있어 卯木을 破去해 줌은 기쁜 일이다. 書에 〈病

을 除去해 준다면 財祿이 서로 따를 것이다〉라고 한 바 있거니와 癸巳大運에 金局을 會起하여 卯中乙木病神

을 破하므로 壯元甲第하고 御史의 尊權을 받았으니 마땅한 理致라 하겠다. 寅卯木大運에 이르러 病木이 乘旺하여 나의 虛官을 尅制하므로 凶亡하였던 것이다. 이로 보더라도 月上官星은 可用의 理致가 없지만 時上의 虛官은 可用할 때 理致가 있음을 알 수 있는 바이다.

(第百六十六柱)

時上官星格 大源 楊富六公 富命

乙巳　甲申
乙酉　癸未
庚午　壬午
丁亥　辛巳
　　　庚辰
　　　己卯
　　　戊寅

楠評＝庚金日主가 身旺한데 官星이 透出하니 金氣는 힘차고 木氣는 가벼우며 火氣는 盈旺하다. 辛巳庚辰大運에 金氣를 補하니 當運에 財富하였고 得名하였다.

解＝庚金이 酉月에 生하니 金主는 原來 極旺하다. 그러나 火가 太過하여 그 精銳를 制하니 비록 巳中에 金이 있어 金局을 이루고 金氣를 補하나 三火三木이 破金하므로 金氣는 오히려 不足하게 되었다. 따라서 辛巳庚辰戊己運에 巨富가 되었던 것이다.

乙亥年生人이 있었는데 此命보다 亥字가 하나 더 있어서 金氣가 不足하고 木火만 旺盛하였는 바 一生이 貧困하였으니 吾都의 王象一命이었다(病이 旺할뿐 藥인 金水가 有氣하지 못한 때문이다).

(第百六十七柱)

年上虛官格 金谷 黃希憲 貴命

丁丑　戊申
己酉　丁未
庚申　丙午
辛巳　乙巳
　　　甲辰
　　　癸卯

楠評＝金主가 火官을 만나니 貴命에 틀림 없는데 火는 적고 金은 많으니 官旺地로 行入하여야 좋을 것은 自明한 理致이다. 따라서 此命이 少年에 平步로 雲梯에 올랐다.

解＝庚金이 酉月에 生하여 金氣가 太旺하다. 巳中에 비록 丙火七殺이 있지만 申中壬水가 利하니 오직 年上의 一點丁火虛官을 取用함은 理致에 合當하다. 따라서 官弱하므로 官旺地인 丁未丙午乙巳甲大運에 貴發하였던 것이다.

271

第二十一節 從化格

『楠曰從化格者를 書云得化得從에 顯達功名之客이라하나 但六陰日主身弱에 多作從化며 多主富貴라 如乙日

干見庚辰時하고 地支에 或全巳酉丑이어나 或多見辰戌丑未四字니 多亦作乙庚化金看이며、 行西方富貴無疑요

一見丙丁運破金엔 即死說이니 見下文見驗하라 從化格數에 六陽日干은 不能從化也니라 格解云十干化合論과

淵海十段錦當參考하라하고 賦云古人論造에 先論從化不成하고 方論財官하며 財官無取에 方論格局이니 若從

化成局則富貴矣니라 甲己化土從土요 乙庚化金從金이며 戊癸化火從火며 丁壬化木從木이며 丙辛化水從水니라

論化之格에 化之眞者는 名公巨卿이요 化之假者는 孤見異姓이며 逢龍即化라 飛龍在天에 利見大人이니라』

楠이 말하되 從化格에 對해서 書에 말하기를 「化格을 얻고 從格을 얻은 者는 顯達하고 功名할 것이다」라고

하였으나、 但六陰日主가 身弱하면 혼히 從格化格이 되는 것이요 富貴하는 者가 많다。 例컨대 乙日干이 庚辰

時를 보고 地支에 或巳酉金局이 全部 있거나 辰戌丑未字가 많이 있으면 乙庚化金格으로 볼 것인바 西方運으

로 行할 때에 貴重함이 틀림 없다。 그러나 丙丁運을 만나서 金을 破한다면 곧 死亡하는데 이를 것이니 下文

의 例를 보기 바란다。 또 從化格을 決定함에 있어서 六陽日干은 從化格으로 보지 않음을 原則으로 한다。

格解에 말하기를 「十干化合論과 淵海十段錦을 참고하라」고 하였으며 賦에 말하기를 「古人이 命造를 論함에

먼저 從化格의 成不成을 살피고 나서 바야흐로 財官을 論할 것이며 財官을 取할 수 있을 때에 바야흐로 格局

을 論할 것이니 만일 從化格이 이루어졌다면 富貴할 命造임에 틀림 없다」고 하였다。

甲己化土는 土를 從하고 乙庚化金에 金을 從하며、 戊癸合化함에 火를 從하며、 丁壬化木에 木을 從하며、 丙

辛化水에 水를 從함이 總例이다。

化格을 論함에 있어 古書에 「化格의 眞者는 名公이요 巨卿이며 化格의 假格은 孤兒요 異姓이다。化格이란 龍으로 化함과 같은데 「飛龍은 하늘에 있으니 大人을 만남이 利하다」고 하는 것인 바 大眞理인 天德에 合하는 大指導者니 偉大한 統治權者가 合心해서 明政을 이룰 수 있는 狀態를 말한다。

（第百六十八柱）

癸巳　丁巳　癸酉　戊午

壬子　癸丑　甲寅　乙卯　丙辰

戊癸化火格　宋蕭丞相造

癸日主가 巳月의 火旺節에 生하여 時上의 戊土와 合火하고 柱中에 火多하니 化火格이 된 것이다。따라서 丙辰乙卯甲寅癸丑大運의 四十年이 大好하니 大發하여 極重한 貴權을 掌握하였다。

一命에 癸亥年 癸亥月 癸亥日 戊午時生이 있었는 바 此命은 十月生이므로 節令에 不合하여 貧窮한 命이 되었다。

（第百六十九柱）

甲戌　丁卯　壬寅　甲辰

戊辰　己巳　庚午　辛未　壬申　癸酉

丁壬化木格　古富貴人造

壬日主가 卯月의 木旺節에 生하고 月上의 丁火와 合木하였으며 地支에 寅卯辰東方木氣를 全部 가지고 있으니 從化格이 되었다。따라서 크게 富貴하여 名傳千秋하였고 富貴兼全하였던 것이다。

（第百七十柱）

辛亥　辛丑　丙子　己亥

戊戌　己亥　庚子

化水格　方狀元命

丙日主가 月上의 辛金과 合하여 化水하고 十二月水旺節에 生하니 化水格으로 入格하였고、原柱에 水多하고 大運初에 庚子亥의 水旺助水運이므로 大科狀元하였으나 戊戌大運은 化水를 尅破하므로 死亡하였다。

273

（第百七十一柱）

丙戌
庚寅
辛巳
甲午

辛 壬 癸 甲 乙 丙
卯 辰 巳 午 未 申

妻從夫化格　宋章丞相造

辛日主가　年上의　丙火와　合하여　化水하였으나　地支에　寅午戌火局을　이루었고　火氣가　多하니　從火하였다.　따라서　丙辛化水가　從火한　것인　바　南方火運에　大發하여　丞相으로　大貴하였고　初年에　壬癸運은　苦厄이　있었을　것이다.

（第百七十二柱）

己未
丙寅
丁巳
壬寅

乙 甲 癸 壬 辛
丑 子 亥 戌 酉

丁壬化木格　張主事造

此命은　丁壬化木하고　地支에　木이　많으며　寅日木旺節에　生하였으므로　化木格이다.　따라서　水木運에　發身하였고　辛酉運에　木을　剋破하므로　死亡하였다.

（第百七十三柱）

丁酉
丙午
丁巳
壬寅

乙 甲 癸 壬 辛 庚
巳 辰 卯 寅 丑 子

夫從妻化格　李知事造

丁日主가　午月에　生하여　柱中에　火多하고　丁壬合木하니　化木從火格이다.　따라서　東南運에　發身하고　壬癸辛庚運은　障厄이　많았을　것이며　子運엔　火勢를　剋冲한　때문이다.

（第百七十四柱）

甲子
丁卯
壬申
乙巳

戊 己 庚 辛 壬 癸
辰 巳 午 未 申 酉

化木破格　又一賤命

此命의　日主壬水가　月上丁火와　合木하고　木旺卯月에　生하니　化木格이다.　그러나　地支에　巳申金이　있으므로　成格하지　못하였다.　따라서　水木傷官으로　보는데　巳申中의　庚金이　破木하므로　午火制金運에　安吉하나　土金旺運에　病神인　金이　生助되니　一生이　停滯困厄하였고　酉大運中에　傷官을　破冲하므로　死亡하였다.　壬癸大運은　그러나　安亨하였을　것이다.

『四言獨步에 云호대 十干化神이 有影無形하야 無中이니 生有禍福을 難憑依라 此言化合을 不可專憑也니라

元理賦에 云호대 不化不從은 淹留仕路之人이요 得化得從은 顯達功名之士며 化成祿旺者는 生化成祿이요

絶者는 死니 此言化合當參攷也니라 補曰盖化成造化要行本局祿旺則發이니 如丁壬化木月令엔 喜或行東南方運

則發이니 餘仿此例니라 化成造化에 最怕行祿馬衰絶之鄉이요 如戊癸化火에 行水鄉하고 丁壬化木에 行金鄉엔

輕則罷職이요 重則喪生이니라』

四言獨步에 말하되 『十干의 化神이 그림자가 있는듯 形格이 없는듯 하여 適中함이 없으니 禍福의 生出함을

꼭 信憑하기 어려운 바가 있다. 따라서 化合格論을 專憑함은 不可하다」고 하였다.

元理賦에 말하되 「化格이 안되고 從格도 안됨은 官界에 오래 머물러 特進하기 어렵고 化格을 얻고 從格을

얻은 자는 顯達功名할 선비이다. 또 化格이 이루어지고 祿이 旺한자는 生하고 化格이 이루어지고 祿이 絶한

자는 死亡할 것이니 이 말은 化合格을 硏究하는데 參考하지 않으면 안될 重言이다」라고 하였다.

補註에서는 다음과 같이 말했다. 대저 化格을 이루었으면 要컨대 本局에 祿旺하여야 發身하게 되니, 例컨

대 丁壬化木格이면 月令에서 木旺하여야 하며 東南方運을 만남을 기뻐하니 發貴할 것인 바 餘他도 同一하다.

化格을 이루었으면 祿馬의 衰絶鄉을 가장 꺼리는 바이니 例컨대 戊癸化火格이 水鄉運으로 行함이요 丁壬化

木格이 金鄉으로 行함이 그것인 바 輕한즉 罷職될 것이며 重한즉 死亡할 것이다.

(第百七十五柱)

辛亥　壬辰
癸巳　辛卯
戊午　庚寅
丙辰　己丑
　　　戊子

化火格　臨川　陸江　副使命

楠評＝戊土가 癸水를 만나 合火하였고 火神이 高烈하다。 巳午火에 通根하였으며 火旺하였으니 戊癸合火格인데 亥巳는 本來 此格의 病이라 아니할 수 없다。 多幸히 木運을 만나서 助命하므로 英豪한 顯達을 하였다。

解＝戊午日生이 巳月에 났으며 火局을 이루었고 癸水가 戊土와 合身하여 戊癸合化하므로 火를 取用하니 有情한 命造이다。또 丙辰時에 丙火가 透出함이 기쁘니 用火하는 火格에 틀림 없다。年支의 亥中壬水가 火神을 破함은 病이 되었으니 火가 不足한 象으로 되었으나 大運이 多幸히 東方으로 行하였으므로 壯元及第하여 副使位에 이르렀다。이는 七殺이 丙火를 生해주는 때문이다。原命에 비록 亥中甲木七殺이 있으나 巳中庚金에 依해 被尅되었는 바 殺印이 弱함은 또한 此命의 病이라 하겠다。그러므로 東方의 殺印旺運에 殺印이 兩顯하므로 貴發하였던 것이다。大運子에 이르러 午中丁火를 冲破하여 死亡하였으니 破格되고 破印된 때문임이 明確하다。

(第百七十六柱)

丁巳　壬子
癸丑　辛亥
乙酉　庚戌
庚辰　己酉
　　　戊申
　　　丁未
　　　丙午

乙庚化金格　盱江　傳弼王公　富命

楠評＝乙木이 金局을 全逢하고 庚金과 合하여 化合하였으니 從殺하는 命造이다。따라서 西方金運에 豪富하였고 火運이 와서 金을 傷하니 壽命이 堅固하지 못하였다。

解＝乙木이 無根하고 丑月에 生하여 金局을 이루고 또 時上에 庚金이 透出하니 乙木은 自命을 버리고 庚金을 從化하는 從化格이다。따라서 西方純金地에 財富巨豪가 되었고 丁大運에 金氣를 暗損하니 財庫에 退散함이 있었고 一入丙運에 庚金을 尅傷하므로 死亡하였다。비록 金局이 없고 辰戌丑未만 있어도 此格으로 본다。

276

第二十二節　夾丘拱財格

『楠曰夾丘拱財格은　但癸酉日癸亥時와　甲寅日甲子時가　作此格이

니癸酉日이　夾戌中丁火戊土하야　爲財官이

라　地支有酉亥二字엔　夾住戌不能走出也며　如甲寅夾丑中財官이라　有子寅二字엔　夾住丑字不能走出이나　若冲

刑日時則不能夾也니라　亦要地支字多方夾得堅固나　餘日干作不得此格이니라

巳時엔　夾辰字水庫爲財며　癸酉日癸丑時엔　夾戌中火庫爲財며　庚午日甲申時엔　夾未中木庫爲財니　拱祿相似라

格解에　引詩曰己卯相逢己巳時며　黑鷄得遇水猪奇요　金馬木猴相見後니　夾丘財庫福相隨니라　舊註云己卯日己

不要塡實虛位며　怕冲月時며　或冲日干七殺이니라

補曰財怕空亡이니　戊亥爲甲子旬中空亡이요　癸酉係甲子旬中日辰이라　雖拱空亡之財庫나　前旣論其不可以拱貴

니　此豈能拱財乎아　或曰拱祿爲拱天乙貴人이라　然이나　辰戌名爲邊鄙惡弱之地라　天乙不臨이어니　謂之拱貴人

에　愈見其妄矣로다　庚午日甲申時엔　此拱財支拱而干相尅亦牽强이니　故로　淵源詩歌에　原無此拱이니라　拱丘墓

丙午丙申未中乙하고　壬子壬寅여　丑中辛이나　比載淵源末이니라』

楠이 말하되　夾丘拱財格은　但　癸酉日에　癸丑時와　甲寅日에　甲子時만이　此格에　該當한다。　癸酉日이　戌中의

丁火와　戊土를　夾拱하여　財官을 삼는 바　地支에　酉亥二字가 있다면　戌字를 끼어 가지므로　戌字가 달아나지 못

하며　甲寅日이　丑中의　財官을 取하는데　子寅二字가　丑字를 끼어　달아나지 못하게 함이 그것이다。　만일 日時

를 冲刑하였다면　夾拱(끼어 가져옴)할 수 없는 것이다。　또한　地支에　夾拱位가 많다면 끼어오는　作用이 堅固

하겠지만　그러나　日干外의　餘他의　作用은　此格으로　보지 않고　日支와　時支사이에 이루어져야　正格인 것이다。

277

格解에서 詩歌를 이끌어 말하기를 「己卯日이 己巳時를 만났다면 此格이요 검은 닭(癸亥)를 만나면 奇命이며 금말(庚午)이 나무 원숭이(甲申)를 보면 此格이니 財庫를 夾拱하므로 다음과 같이 말하였다. 己卯日이 己巳時를 만났다면 辰字水庫를 끼어 가졌으므로 財星을 삼는 것이며 庚午日이 甲申時를 얻으면 戌中火庫를 끼어 가지므로 財星을 삼는 것이며 未中木庫를 끼어 가지므로 財를 삼는 것이니 拱祿格과 서로 비슷하다. 따라서 此格은 虛位(財位)가 塡實됨은 不可하며 月時를 冲함을 꺼리며 日干七殺이 冲됨을 꺼린다.

補註하여 말하기를 「財는 空亡됨을 꺼리니 戌亥는 甲子旬中의 空亡이요 癸酉가 또 甲子旬中의 日辰인 바 비록 空亡된 財庫를 끼어 온다고 하나 前述한 바와 같이 空亡되면 拱貴하지 못하는 것이니 어찌 拱財할 수 있겠느냐고 하였다.

或은 말하되 「拱祿이란 天乙貴人을 拱夾하는 것인 바 辰戌은 이름이 邊鄙惡弱之地(구릉이 벽촌의 모질고 약한 곳)이니 天乙貴人이 臨하지 않으므로 貴人을 拱夾하지 않는 境遇로 본 것이다. 또 庚午日이 甲申時를 만남에 地支에 財庫를 拱夾하나 干上을 相剋하므로 拱財拱貴格으로 보기 어렵다. 그러므로 淵源詩歌에서는 이에 對한 것은 取하지 않았다. 拱夾格에 또 다른 例가 하나 있으니 丙午日에 丙申時면 未中乙木印星을 拱取하고 壬子日에 壬寅時면 丑中辛金印星을 拱取함이 그것이니 淵源書의 末에 실려있다.

拱財格 張尙書命

癸酉日이 癸亥時를 만나서 戌中丁火戊土를 拱取하여 財官을 삼으니 貴命이다. 二月乙木이 掌令하니 癸水가 甚弱하나 月上辛金과 酉金이 破木하고 生水하니 오히려 弱水가 變하여 身旺한 格造로 되었다. 日支의 來拱位인 酉位를 卯字가 冲함이 病이나 卯木病神을

(第百七十七柱)

癸亥	癸酉	辛卯	丙辰
戊戌	丁酉	丙申	乙未	甲午	癸巳	壬辰

278

辛酉兩金이 冲破除去함은 吉하고 卯戌合하여 拱位를 合來해 주므로 反吉하며 亥卯合하고 辰酉合하니 有情하

게 되어 解救된 것이다. 따라서 申酉大運에 發身하여 名宰相이 되었는 바 午未丙丁運은 財官이 塡實되므로

障碍가 있고 厄禍가 있었을 것이며 戊戌大運은 拱夾位가 塡實된 것이므로 死亡하였다.

(第百七十八柱)

拱財格　金丞相命

庚戌　己丑
戊子　庚寅
癸酉　辛卯
癸亥　壬辰
　　　癸巳
　　　甲午

酉亥二字사이에 戊字를 끼어 戊中丁火로써 財를 삼아 貴命이 된 것이다. 前造와는 달

리 卯字의 冲破가 없어서 眞格이나 年支에 戊字虚位가 塡實되었음은 病點이라 아니할 수

없다. 戊字가 있지만 丁火가 不透하고 子月水旺節에 生하여 丁火가 藏되므로 貴命이 되

었다. 巳午大運에 大發하여 마침내 丞相位에 이르렀다. 癸水日主가 甚旺하니 南方火運이 亦吉하나 午大運에

爭財되고 冲子되므로 死終하였다.

(第百七十九柱)

拱財格　柳總管命

甲子　甲戌
癸酉　乙亥
癸酉　丙子
癸亥　丁丑
　　　戊寅
　　　己卯

前造와 同一한 拱財格이다. 身旺하고 印比專旺한중 戊字를 拱夾하므로 丁火를 取用하

니 貴命이요 拱財의 眞格이다. 乙亥大運以來發身하여 文武의 大權을 掌握하고 一世에 振

名하였으나 卯大運에 月令提綱과 拱位를 冲旺하니 死亡하였다.

第二十三節　歲德扶殺格

『楠曰歲德扶殺格者는 如四柱日主旺健하고 見年歲上殺星透出에 或多假此殺以作威權이니 四柱八箇字에 年

上官殺이 爲一年之令이라 其殺比日時不同이니라 若年上天干地支에 俱有殺하고 眞加時日有殺이면 多作殺重

身輕이니 宜行制殺運이요 如年上殺輕엔 亦宜殺旺之地니 輕重不同이라 斟酌在人也니라

補曰先以歲德扶殺言之인댄 淵海註曰且如甲日見庚年이 是也라 正如年爲君位요 日爲臣位니 臣得君權이요

不然이면 年爲祖日爲己니 上殺有制則上祖曾爲要職也니라

纂要歌에 日年上偏官이 爲歲殺이니 食神印綬福興隆이요 不會官星財旺地에 雁塔題名有路通이니라 古歌曰

歲德壬來見戊年이면 財旺身強祿自然이요 更得運來旺財地에 文章聰慧更忠賢이니라 問扶殺格하니 格解所收詩

歌에 喜柱運財旺生殺이요 纂要所載에 喜食神印綬制殺化殺이며 格同而辭意不同이니 何也오 盖身強殺無根이

면 喜財旺生殺이요 不宜言制니 故曰元犯鬼輕制却爲非라하고 身弱殺有根엔 喜食印制化요 不宜財生이며 故로

日殺旺有制에 却爲貴라하니 本二者各有攸當論者라 當輕重較量이요 說詩者는 貴以意逆志니라」

楠이 말하되 歲德扶殺格은 四柱에 日主가 健旺하고 年上에 殺星이 透出함에 혼히 이 殺로써 威權을 삼음을

말하는 바 四柱八字中에 年上官殺이 있다면 이는 一年의 令이니 日時의 殺과는 同一하게 볼 수 없는 것이다。

또 만일 年上의 天干地支에 殺神이 俱有하고 다시 日時에 殺星이 加助되었다면 殺은 重하고 身은 弱한 命造로

볼 境遇가 많은 바이니、이럴 때엔 制殺運으로 行運함이 마땅하다。反對로 年上의 殺神이 輕하다면 殺旺地로

行運함이 좋은 것이니 輕重을 따라 다르게 봐야 할 것인 바 그 짐작함은 사람에게 있는 바이다。

補註에 말하되 歲德扶殺을 말하자면 淵海註에 「例컨대 甲日主가 庚年을 봄이 此格인데 年은 君位요 日은

臣位이니 臣下가 君權을 얻은 格이요 不然이면 또 年이 祖位이고 日이 自身이니 上殺이 制身함이 있으면 祖

上이 일찌기 要職을 지낸 사람이다」라고 하였다。

纂要歌에 말하되 「年上의 偏官이 歲殺이니 食神이나 印綬가 있으면 福貴가 興隆할 것이며 官旺地나 財旺地

를 만나지 않는다면 雁塔題名(唐나라 때 선비를이 及第한 후 慈恩寺에 이름을 塔에 적었으니 及第할 선비를

가리키는 말이며 官界에 出世할 사람이라고 하였다. 또 古歌에 말하되 「歲德은 壬水가 戊年을 만나는 例니

財旺하고 身强하면 祿貴가 自然히 따를 것이요 다시 財旺運을 만난다면 文節이 뛰어나고 聰明이 超人하며 다

忠賢之士임에 틀림 없다」고 하였다.

扶殺格을 묻거니와 格解에서 詩歌를 이끌어 말하기를 「原柱에서나 運에서 財旺生殺함을 기뻐한다」고 하였

고 纂要에 記載된 바 「食神과 印綬가 있어서 殺을 制하고 殺印化身함을 좋아한다」고 하였다. 대저 身强하고

殺神이 無根하면 財旺하여 生殺함을 기뻐하고 制殺함이 不宜하다는 말이니 그러므로 「原柱에 七殺이 輕하다

면 制殺함이 不當하다」고 하였고 身弱한데 殺星이 有根하다면 食神이나 印星이 있어서 制殺化殺함이 좋고、

財星이 生殺해 줌은 不可하다는 말이니 그러므로 「殺旺하면 制殺함이 있어야 貴命이다」라고 하였다. 따라서

이 二者는 各各 다 當然한 理論이지만 그러나 그 輕重을 較量하여야 할 것이니 古詩를 말할 때에는 原理에

合當한 方向으로 解說해야 할 것이다.

補歲德扶財格

『湖海註曰且如甲人見戊己年이 是也니 若財命有氣則主其人이 得上祖物業이나 身弱者는 不近祖也라 故로

曰年上財官은 生於富貴之家나 須要身旺이라사 可以當之라하니라』

湖海註에 말하되 「例컨대 甲日生이 戊己年生이라면 이것이 歲德扶財格이니 만일 財命이 有氣하면 當主가

祖上의 遺業을 얻을 것이나、 그러나 身弱하면 祖業을 얻기 어렵다. 그러므로 말하기를 「年上에 財官이 있다

면 富貴한 집에 出生할 것인 바 마땅히 身旺하여야 할 것이다.

第二十四節　專財格

『纂要에 云호대 如甲日見己巳時가 乃專財格이니 最喜見財官旺鄕에 發福發貴라 不宜見比劫分奪이니 故로 歌曰時秀氣最難尋이니 甲日蛇時福衆臨이요 惟怕比肩分奪去니 資財成敗是非侵이로다 如庚辛日生寅卯時며 壬癸日生巳午時 丙丁日生申酉時 戊己日生亥子時가 皆得專財格이니 格解所收古歌纂要辭異而旨同이나 但所收舊註解는 牢強不可從이라하니라』

纂要에 말하되「甲日主가 己巳時를 보면 이것이 專財格이니 財官旺鄕을 가장 기뻐하는 바이며 이때에 發福하고 發貴할 것이다。 그러나 比劫이 와서 財星을 分奪함은 不宜하니 凶하다。

그러므로 古歌에 말하기를 時柱에 秀氣가 있음을 찾기가 가장 어려우니 甲日이 蛇(巳)時를 보면 福이 무리로 臨할 것인데 比肩이 財神을 分奪함은 가장 꺼리는 바이니 資財와 家産의 成財集散이 甚하고 是非가 來侵하는 것이다」라고 하였다。

또 辛日生이 寅卯時를 보고 壬癸日生이 巳午時를 보며 丙丁日生이 申酉時를 보고 戊己日生이 亥子時를 봄이다 專財格에 該當하는 바이어니와 格解에서 말하되「古歌와 纂要의 文辭는 다르지만 그 뜻은 同一하다。 그러나 다만 舊註의 解格한 內容은 억지가 있고 따를 수 없는 理論이다」라고 하였다。

第二十五節　日德格

『舊賦에 日日德有五日하니 甲寅丙辰戊辰庚辰壬戌이 是也라 其福要多而忌刑冲破害며 惡官星憎財旺이요 加

臨會合에 俱空亡而見魁罡이면 此數者는 乃格之大忌也며 喜行身旺運에 發福이니라 大抵日德主人이 性格慈善

이요 日德居多福祿豊厚며 運行身旺엔 大是奇絶이로다 若有財官加臨엔 別尋他格이요 正能免非橫之災며 若旺

氣已衰에 來尅魁罡이면 其死必矣나 或未發福하고 運至魁罡엔 如生禍患一脫於此必能再發이니라」

舊賦에 말하되「日德에 五日이 있으니 甲寅日 丙辰日 戊辰日 庚辰日 壬戌日이 그것이다。 此格은 그 福이

많은 사람인데 刑冲破害는 忌하며 官星을 싫어하고 財旺함이 加臨됨은 미워한다。 空亡되고 魁罡을 보는 것도

또한 此格이 大忌하나 그러나 身旺運에 行하여서는 發福한다。

大抵 日德格의 主人은 性格이 慈善스럽고 日德에 居하는 者는 흔히 福祿이 豊厚하니 만일 大運이 身旺鄕에

行한다면 크게 奇異하고 絶妙한 命造가 될 것이다。 그러나 柱內에 財官이 加臨되면 他格으로 찾을 것인데 能

大運에 魁罡이 來尅하였다면 한번 禍患을 벗어날 때 반드시 再發할 것이다」라고 하였다。

만일 旺氣가 衰한 運路에서 魁罡이 來尅해 온다면 죽을 것이 틀림없다。 그러나 或 아직 發福하지 않고서

히 橫厄을 免할 것이다。

『古歌에 云호대 丙辰切忌見壬辰이요 壬戌提防戊戌臨이며 日坐庚辰畏庚戌이며 甲寅還且慮庚辰이니라 補曰

此言四柱及行運에 不要見魁罡惡宿也니 丙辰日主가 忌見庚辰魁罡也니라 又曰日德有殺에 喜身强이요 不喜財

星官旺鄕이니 爲性溫柔하고 更慈善하야 一生福壽喜非常이니라

舊註에 曰此格忌刑冲破害요 亦不要見官星會合空亡之地며 喜行身旺發福矣라 如甲午壬申壬寅이요 若四

柱中有財官엔 當以別格論之며 若行魁罡運을 大忌니라 楠曰日德格有五라 甲寅戊辰丙辰庚辰壬戌日也라 何以

見其爲德也오 原委不詢來歷이라 誤日德名之니 此不是子平中之謬說乎아』

古歌에 이르되 「丙辰은 壬辰을 切忌하고 壬戌은 戊戌을 싫어하며, 庚辰日

은 庚辰을 忌한다 하고 그 補註에서 다음같이 말하고 있다.

이 말은 四柱와 行運에서 魁罡惡宿을 만나지 말것이란 뜻과

같은 例이다라고 하였으며 또 말하기를 「日德格이 殺이 있음에 身強함을 좋아하고 財星이나 官旺鄕을 좋아하

지 않는데 此格은 性品이 溫柔하고 慈善하며 一生에 福과 壽가 다 非常하게 좋은 사람이다」라고 하였다.

舊註에 말하되 「此格은 刑冲破害를 忌하고 官星을 만나고 空亡이 會合됨을 不要하며 身旺地로 運行함을 기

뻐하니 發福할 것이다. 例컨데 甲午年 壬申月 壬戌日 壬寅時가 此格인데 만일 原柱中에 財官이 있다면 마땅

히 別格으로 論해야 하고 魁罡運을 大忌한다」고 하였다.

楠이 말하되 「日德이 五日이 있으니 甲寅日 戊辰日 丙辰日 庚辰日 壬戌日이 그것이거니와 어찌하여 日德이

라 하였을까? 그 來歷이 分明치 않은데 그릇 日德이라 이름한것 같으니 이것이 어찌 子平의 잘못된 學說이

아니겠느냐?」.

第二十六節　日貴格

『古歌云金遇猪鷄癸兎蛇니　刑冲破害謾咨嗟라　纔臨會合方爲貴요　晝夜分之始乃佳니라　舊註曰天乙貴人이요

甲戌庚牛羊之類니　止有四日이라　丁酉丁亥癸巳癸卯日이며　最怕刑冲破害及空亡魁罡이요　運若行三合運엔　可發

이나　如歲運刑冲破害則貴人生怒니　反成其禍로다　經云崇爲寶也라하고　日主宜日貴癸卯癸巳요　夜生宜夜貴丁酉

丁亥가　方始爲貴니라

鷓鴣天에　云호대　丁亥無冲癸卯星이요　丁酉癸巳家豊盈이니　貴人會合官星顯에　馬列門排富壽增이요　財滿庫

廩盈亨多하며 淸名標寫得升騰이라爲人正直無私曲이요 稟性忠良如杵平이니라」

古歌에 이르되 「丁火가 亥酉를 만나고 癸가 卯巳를 봄에 刑冲破害를 무서워 하고 會合되면 바야흐로 貴命

인데 晝夜를 分別함이 더욱 좋다」 舊註에 말하되 「天乙貴人이 甲戊庚은 牛羊(丑未)에 있는 例인 바 四日에

限하여 있다. 丁酉日 丁亥日 癸卯日 癸巳日이 그것인 바 刑冲破害와 空亡魁罡을 가장 꺼린다.

大運이 만일 三合運이라면 發貴하지만 歲運에 刑冲破害한다면 貴人이 生怒하는 格이니 도리어 禍厄이 生긴

다」. 經에 말하기를 「崇仰되는 것은 寶배요 命造에는 貴함이 좋은 바 낮에 生하였다면 낮이 좋으니 癸卯癸巳

가 貴하고 밤에 생하였다면 밤이 좋으니 丁亥丁酉生이라야 貴命이다」라고 하였다.

鷦鷯天에 말하기를 「丁亥日이 冲함이 없고 癸卯日이 그러하며, 丁酉月 癸巳日이 그러하면 家豊하고 財多할

것이니 貴人이 會合되고 官星이 나타났다면 車馬가 門前에 줄을 이어 있고 富와 壽가 사람을 뛰어날 것이다.

또한 財物이 창고에 가득할 것이고 淸貴한 이름은 날로 높아질 것이며 爲人은 正直하여 邪되고 歪曲됨이 없

으며 性品이 忠誠되고 賢良한 人格者이다」라고 하였다.

『楠斷曰日貴格이 如甲戊兼牛羊이요 乙己鼠猴鄕之類也焉이라하니 斯理雖曰天乙貴人이라 日主臨此貴人之上

이니 或作月貴命其休咎然貴人之說이 名有數端厚取名之不據理出이라 印與五日生小兒諸多關殺妄謬之說同이로

다 雖曰日主臨之에 不論財官印星하고 獨以貴人爲主는 甚爲虛誕이니 且原立諸多貴人之說이나 只是飄空而立

이라 不根理出이니 豈可信乎아 六乙鼠貴格亦同이라 此例謬說無疑也니라」

楠이 斷하되 日貴格은 甲戊兼의 貴人이 丑未가 되고 乙己의 貴人은 子申에 있다는 類이라고 하였다. 이 理

致가 비록 天乙貴人에 있는 것이어서 日主가 貴人에 坐臨하였음을 말하지만 或 日貴命을 얻으나 休咎함이 있

당. 따라서 貴人說이 몇가지 端厚處가 있기는 하지만 日貴格으로 이름을 取함에는 理致에 不適하다. 此五日
의 日貴格은 小兒의 關殺說의 諸般妄說과 같은 學說이라 하겠다. 비록 日主에 貴人이 臨하지만 財官印星을 論
하지 않고 오로지 貴人을 爲主하라 함은 甚한 虛說이니、많은 貴人說이 있다 하여도 이것이 다 허공에 뜬 根
據없는 理論이니 어찌 可히 믿을 수 있겠는가? 六乙鼠貴格과 같은 謬說임에 틀림 없다고 나는 믿는 바이다.

第二十七節 魁罡格

『古歌云壬辰庚辰庚戌 戊戌魁罡四座神이니 日上加臨重柱內하고 運行身旺作文臣이요 聰明果斷慈祥嗔이라
一位魁罡居日上에 冲多定是少人身이요 刑則頻頻窮澈骨이니 財官旺運禍來侵이로다 魁罡四日最爲賢이라 疊疊
重逢掌大權이며 身旺運行乘旺運이나 財官旺處禍連綿이니라
舊註曰此四柱中에 疊疊逢之면 如甲寅年戊辰月庚辰日庚辰時가 當掌大權之命이니라 若四柱只有一位하고 疊
疊冲之則多值刑害困窮而已며 運行日主旺엔 發福百端이요 行財官之運엔 其禍立至矣리라
楠斷曰魁罡格은 取壬辰庚戌庚辰戊戌이니 臨四墓之地라 取其爲魁罡하야 能掌大權이나 並不以取論이니 何
以臨此四墓之上에 就能掌握威權이리오 此亦子平書之大謬也니라』

古歌에 이르되 「壬辰・庚辰・庚戌日과 戊戌日의 四柱가 魁罡이니 日上에 魁罡이 臨하고 柱內에 魁罡이 加
重되며、大運에 身旺鄕을 만났다면 文章이 뛰어난 重臣이 되고 聰明과 果斷性이 많을뿐 慈祥스러운 風貌는
거의 없다. 刑冲되거나 殺財官을 만난다면 크게 嗔怒할 것인 바 風波가 있고 一位의 魁罡이 日上에 있는데
冲함이 많으면 小人임에 틀림 없고 刑함이 있으면 貧窮한 사람이요 財官旺運에는 禍厄이 來侵할 것이다. 魁

罪四日은 가장 賢明한 特性이 있는데 疊疊重重한 四柱는 大權을 掌握할 것이며 身旺運에 發貴하나 財官旺運

에는 災禍가 連發할 것이다」라고 하였다.

第二十八節　六壬趨艮格

舊註에 말하되 「이 四柱中에 魁罡이 重疊하면 大權을 掌握할 것인바 甲寅年 戊辰月 庚辰日 庚辰時가 그 例

이다. 만일 四柱에 다만 一位의 魁罡만 있는데 疊疊으로 冲해 오면 身上에 刑害와 困窮함이 甚하다. 大運이

身旺地로 行하여서는 百端으로 發福할 것이요 財官運으로 行하여서는 禍厄이 이를 것이다」라고 했다.

楠이 斷하여 말하되 魁罡格은 壬辰·庚戌·庚辰·戊戌이니 이것은 四墓地인데 魁罡으로 取하여 大權을 能

히 掌握할 것이라 한다. 그러나 아울러 取論할 바가 못되거니 어떻게 이 四墓地에 臨한 것으로 威權을 掌握한

다고 하겠는가? 이것도 또한 子平書의 큰 잘못이라고 보겠다.

『篡要에 云호대 此格은 以六壬生寅時하야 並寅字多者며 又謂之合祿格이니 壬祿者亥에 寅與亥合일새니라

柱中不宜見刑冲破害요 乃可掌大權也라 運行申則壞寅子니 則降官失職이요 亦能主灾害竊盗之事로다 亦不要見

亥字니 故로 曰六壬趨艮逢亥月者貧이라하니라

古造如 壬寅 壬寅 壬寅 壬寅하니 方爲大貴하니라

古歌云 壬喜逢寅庚喜辰이니 雲龍風虎越精神이라 干支重疊無冲戰이면 知是朝廷食祿人常이라 又曰壬日寅時

爲貴格이니 此多趨艮福非常이라 大怕刑冲並尅破요 歲運相逢有禍殃이니라

楠斷曰六壬趨艮이 謂用寅中甲木이 能合己土하야 爲壬之官이며 謂用寅中丙火가 能合辛金하야 爲壬之印

니 俱是無生有之說이라 位恐謬也로다 大抵與前拱祿飛天祿馬之說로 相爲表裡나 此說尤非故로 以謬名之니라』

纂要에 이르되 「이 格은 六壬日生이 寅時에 生하고 아울러 寅字가 많은 것을 일컫는바 곧 合祿格이라고도 이름하는 바는 壬祿이 亥字에 있는데 寅字가 亥字를 合來해 오는 때문이다. 또 四柱中에서 刑冲이 破害됨은 不宜하고 正格이면 大權을 可히 掌握하게 될 것이다.

만일 大運이 申字에 이르렀다면 寅字를 破壞하므로 官職이 降喪될 것이요 職을 잃을 것이며, 또한 災害가 있거나 盜賊을 當할 것이다. 또 亥字가 있음을 싫어 하니, 그러므로 말하되 「六壬趨艮에 亥月을 또한 싫어하는 바 貧寒하다」고 하였다.

(第百八十柱)

六壬趨艮格

壬寅
壬寅　　癸卯　甲辰　乙巳　丙午　丁未　戊申
壬寅
壬寅

此命이 壬寅日生으로 地支에 全部 寅字이니 趨艮의 眞格으로 大貴하였다. 此命은 干支 同體格을 이루었는 바 申大運에 寅字艮位를 冲刑하므로 死亡하였다.

古歌에 이르되 「壬日干이 寅字 만남을 좋아하고 庚日主가 辰字를 좋아하니 구름속의 용과 바람을 일으키는 호랑이가 뛰어난 精神을 가진 化格인데 干支에 重疊되고 冲戰함만 없다면 이 사람이 朝廷의 巨物임을 알겠도다」하였고 또 말하되 「壬日에 寅時가 本來 貴格이니 이는 흔히 趨艮格에 屬하는바 그 福은 非常한 바가 있다. 刑冲되고 尅破됨은 크게 꺼리는 바이니 歲運에서 相逢한다면 禍殃이 있을 것이다」라고 하였다.

楠이 斷하여 말하되 六壬趨艮格이란 이른바 寅中의 甲木이 己土를 能合하므로 丑의 官星을 삼으며 寅中의 丙火가 辛金을 能合하므로 壬의 印綬를 삼는 바 이것은 없는데서 有를 生하는 說인 것이다. 或 그릇된 것이 아닌가 두려워 하는 바이어니와 대저 前述한 拱祿格과 飛天祿馬格의 原理와 同一한 것으로서 此說은 더욱 그릇

第二十九節　六甲趨乾格

『星命統宗에 云호대 且如六甲日主에 柱中要亥字多니 乃爲天門之位요 爲北極之垣이며 甲木賴之長生이라

人以甲日生亥字多者엔 自然富貴矣나 亦忌巳字冲之며 又忌寅字며 亦可作合格이니라

補曰觀此造에 有戊己則此格不忌財也니 可見古歌有歲運若逢財旺處에 官災患難起來尋之說은 何也요 盖天干

甲字多하면 忌見財干透요 印綬會印局엔 不忌財라 故로 曰六甲趨乾이 透印綬엔 爲佳財星疊見이니 位列名卿

이라 하고 又曰或運逢官財旺處하야 官星申子共來엔 齊要忌喜何如오 故曰忌喜能分이요 禍福自見이라하니라

楠斷曰六甲趨乾은 謂亥上乃天之門戶니 謂甲日生人臨此에 謂之趨乾이라하나 假如別日干生亥上엔 何以不

謂之趨乾也오 然天門亦只好此六甲主來趨也나 然이나 天體至圓하야 本無門戶可入이요 然乾乃西北之界라 類

之門戶나 豈可論禍福乎아 此說이 是子平之大謬也로다』

星命統宗에 말하되 「此格은 六甲日主가 柱中에 亥字가 많아야 하는 바 이 亥字는 天門의 자리이고 北極의

垣이며 甲木이 長生하는 자리이다. 人命에 甲日生人이 亥字가 많다면 自然히 富貴할 사람인데 巳字가 冲亥字

함은 大忌하고 寅字를 또한 꺼린다. 그러나 合格한 것으로 본다」하였으며,

補解에 말하되 此造에 戊己土가 있으면 財星이 되는데 古歌에서 「歲와 運에 財旺處를 만난다면 官災와 患

難이 찾아 온다」고 하였으니, 어찌한 말인가? 대저 天干에 甲字가 많으면 財星과 만남을 忌하지만 天干에

印綬가 透出하고 印星의 會局을 이루었다면 財星을 꺼리지 않는다. 그러므로 「六甲趨乾格이 印綬가 透出하였

289

다면 財星을 重見함에 佳命이나 그 地位가 名卿이 될 것이다」라고 한 古言이 있게 된 것이다.

또 말하되 「運에서 財官旺處를 만나면 凶害가 있다」고 하니 官印申子가 함께 來臨한다면 그 喜忌는 어떠한

가? 그러므로 「喜忌는 能히 分別할 일이요 禍福은 四柱의 造化를 따라 判斷하라」는 말이 있게 된 것이라고

하였다.

楠이 斷하되 六甲趨乾의 亥上은 天門의 門戶니 甲日主가 이에 臨하면 이른바 趨乾이라 하지만 그러나 他日

干이 亥上에 生臨함엔 어찌하여 趨乾이라 하지 않는가? 또 天門을 甲日主만이 趨乾함을 좋아한다고 하나 天

體는 至極히 둥근 것이어서 本來 門戶가 없고 出入함이 없지않은가? 또 乾이 西北界이고 하늘의 門戶라 하

지만 어찌 사람의 禍福이 出入한다고 보겠느냐? 이는 다 子平의 大謬라 아니할 수 없다.

(譯者의 生覺으론 神峰張先生의 六壬趨乾格이나 飛天祿馬等에 對한 斷定이 지나친 것 같다. 魁罡은 本來 聰

明하고 文章이 있으며 好殺嚴斷의 性質이 強한 殺星이니 魁罡格의 四柱에 魁罡이 많다면 마땅히 그 特性으로

서 強聰聽明하며 大權을 掌握함은 當然한 理致이다. 또 亥位는 하늘의 天門으로서 天道上 陽이 始生하는 자

리이고 甲은 萬物의 生初를 뜻하는 天干第一位이니 甲이 亥位를 많이 만난다면 造化創生의 貴氣를 含有한 妙

命으로 보는 것은 當然한 理致라 아니할 수 없다. 하늘의 外形은 둥글지만 萬物이 創生되고 一切造化의 理體

로서의 하늘에는 先後가 있고 四時가 있어서 門戶가 있고 庫藏이 있음을 우리는 알 수 있는 것이다. 地道에

서는 子位에서 一陽이 始生되고 이때에 萬物은 生動할 天候上의 氣運을 얻는 것이지만 天道上으로는 이미 亥

位에서 始陽되는 것이니 이에 亥가 天門으로서의 當然한 正理가 있음을 吾人은 認定하지 않으면 안된다. 甲

日以外의 日干은 萬物이 甲에서 創始된 以後이므로 甲日干에서와 같은 妙理를 認定할 수 없음도 當然하다고

生覺된다. 以上은 譯者의 所見으로 原著者 張楠先生의 過激한 〈子平攻駁論〉을 再考하는 일도 無意味하지

않다고 생각한 나머지 淺見을 一言한 것이니 諒解를 바라마지 않는다.）

（第百八十一柱）　六甲趨乾格　新安伯命造

戊辰　癸亥　甲子　乙亥

庚子　辛丑　壬寅　癸卯　甲辰　乙巳

甲日生으로 亥月에 生하여 亥時를 얻으니 六甲趨乾格이요 貴格이다. 그러나 財星이 出

顯하니 滅貴한 듯하나 地支에 印多하므로 成格한 것이다. 印綬가 透出하지 않았으므로

財官運을 기뻐한다고 볼 수는 없으나 반드시 災禍가 甚하다고 볼 수도 없으며 寅運은 不

利하고 巳運은 亥位를 冲하므로 死亡하였을 것이다. 生出以來로 富貴自厚한 福祿人이었다.

第三十節　句陳得位格

『純宗에 云호대 且如戊己日生이 値寅卯未木局하야 爲官이며 申子辰水局하야 爲財是也니 正是戊子戊申己

卯己亥戊寅日主가 是也요 忌刑冲殺旺則反生災矣니 歲運同이니라

古歌에 云호대 句陳得位會財官하고 無冲破必然端이라 申子北方東卯木에 管敎一擧拜金鑾이니라』

純宗에 이르되 戊己日主가 寅卯未木局이 있어 官星이 되거나 申子辰水局이 있어서 財가 됨이 句陳得位格이

니 곧 戊子日 己卯日 己亥日 戊寅日主에 있는 것이며 刑冲하거나 殺旺함을 忌하니 이때에는

도리어 災厄을 生하게 된다. 歲君이나 大運의 境遇도 同一하다」고 하였고

古歌에 말하기를 「句陳得位格은 財官이 會局됨인바 冲破가 없다면 반드시 貴命이다. 申子辰北方의 水局이

나 寅卯未木局이 있음이 그것이니 이와 같은 大運에 이르러 一擧에 及第 發貴할 것이다」라고 하였다.

丁亥　丙午
丁未　乙巳
己卯　甲辰　癸卯
戊辰　壬寅　辛丑

句陳得位格　丁都督命造

己卯日主가 未月에 生하여　木局이 全하며 丁火로써 木氣를 誠하니 句陳得位格인 바 身旺하고 東方木旺運으로 行運하니 生殺大權을 掌握하였고 大貴하였다。 辛丑大運에 辛金이 官星用神木氣를 破尅하고 月令未位를 丑字가 冲壞하니 死亡하였다。

第三十一節　玄武當權格

『純宗에 云호대 如壬癸二日生이 値寅午戌火局하야 爲財어나 辰戌丑未하야 爲官이니 壬寅壬午壬戌癸巳癸丑癸未日이 是也라 忌冲破身弱이요 歲運同이니라

古歌에 云호대 玄武當權妙入神이니 日干壬癸坐財星이라 官星若也居門戶하고 無破當爲大用人이니라

楠斷曰句陳得位에 以戊己爲句陳이니 其理一也라 得位謂其臨財官之地니 若戊己身主不柔則能任財官也니 則謂之句陳得位也가 宜矣나 若戊己氣弱하고 臨其財官大旺之地면 或爲財多身弱이요 或爲殺重身輕이니 若以句陳得位爲美가 豈不謬哉리요 玄武當權與此相同이니 故愚並闢之니라』

純宗에 이르되「壬癸二日生이 寅午戌火局이 있어서 財가 되거나 辰戌丑未가 있어서 官이 됨을 玄武當權格이라 하는 것이니 壬寅日・壬午日・壬戌日・癸巳日・癸未日이 그것인 바 冲破되고 身弱함을 꺼리고 歲君이나 大運의 境遇가 또한 同一하다」고 하였으며、

古歌에 이르되「玄武當權格이 妙理가 있으니 壬癸日干이 財星地에 坐臨함이며 官星門戶에 居在함인 바 破尅됨이 없다면 大用人이 될 것이다」라고 하였다。

機이 斷하되 句陳得位에 戊己가 句陳이니 그 理致와 同一하다。 得位는 財官地에 臨하였음을 일컬음이니,

만일 戊己身主가 柔弱하지 않으면 能히 財官을 堪任할 것이오 그러

나 만일 戊己日主가 弱하고 財官만 旺하다면 이것은 或 財多하고 身弱인 格이며 或 殺重하고 身輕한 格이니

句陳得位格이 美命이란 主張이 어찌 誤謬가 아니겠느냐? 玄武當權格이 또한 이와 같으니 그러므로 愚見이나

마 밝혀 두는 바이다。

玄武當權格　李都司造

```
庚戌　　癸未
壬午　　甲申
壬寅　　乙酉　丙戌
辛亥　　丁亥　戊子
```

壬日主가 地支에 寅午戌火局을 지으니 玄武當權의 眞格이다。 月上에 壬水가 透出하고

時上에 得祿하며 印星이 透出하니 身主 또한 不弱하므로 身旺西方運에 大發하고 威振天

下하였으며 子大運에 午火를 冲破하니 死亡하였다。

第三十二節　財官雙美格

『寸金鑑沙條妙經에 云호대　六壬生居午位中이면　先要根源見水通이니　亥命未宮休帶殺이면　生平何處不春風

이리오

補曰此本爲六壬生遙午位니　號曰祿馬同鄉解而라　格解輯入正官類나　非也라　又改經文하야　休見

剋하니　是以로　亥卽未爲剋官之殺이니　則覽矣니라　此殺乃干頭戊土之七殺이요　怕帶之返傷祿雜官也니라

又云六壬臨午位에　以午中己土爲正官이니　若柱中無亥卯未木局傷官之神이면　方爲貴祿이나　不知四季喜忌不

同이로다　盖壬午日生春生夏者는　最忌亥卯未木局이니　春逆行比肩運엔　猶稍解니라　生秋者는　雖爲印綬能剋木

遠害나　不如不見之爲妙라　在輕重斟酌이니라　生冬亥月엔　純喜亥卯未며　生子月者次니　子刑卯子害未故也일새

니 何者오하니라

盖古賦에 云호대 壬午癸巳二日이 同一財官雙全美也니 喜生秋冬하야 通金水月氣며 忌生春夏하야 通木火月氣라 値所喜則大貴요 所忌則返禍니 由此觀之인댄 如此二日이 生亥子月하야 正通水月氣하야 根源見水通之謂也니 身臨祿旺이면 喜見財官에 主富貴라 故로 日多生則玄武當權이니 貴爲王侯라하니라

且祿頭上宜載財官이요 天月二德이니 故로 壺中子日員天月二德則宜霞帔金冠이라하고 忌帶七殺梟神이니 故로 司馬季主ㅣ 云호대 祿要簡而不要煩이라하고 且要祿干不帶七殺返傷이요 不戴梟食이라하니라」

寸金鑑沙條妙經에 이르되 「六壬日主가 午位中에 生居한다면 먼저 根源을 要하고 水源이 通함을 좋아하니 亥命木宮과 七殺을 帶함이 없으면 平生에 어느 곳에서도 平和롭지 않은데가 없다」고 하였다.

補書에 말하되 「此格은 六壬生이 午位에 生함이니 이름을 祿馬同鄕이라고 한다. 格解에서 正官類로 取하나 이는 잘못이다. 또 經文을 고쳐서 〈休帶殺〉을 〈休見剋〉이라고 하였고、그러므로 亥는 곧 木이니 官을 剋하는 殺이라고 하였는 바 생각해 볼만한 일이다. 이 殺은 곧 干頭戊土의 七殺을 말하니 殺을 帶同하면 도리어 祿을 傷하는 때문이다.

또 이르되 「六壬이 午位에 臨함에 午中己土로써 官星을 삼는 바 만일 柱中에 亥卯未木局의 傷官星이 없다면 바야흐로 貴命이지만、그러나 四季節을 따라 不同한 理致를 알지 못하는 사람이 많다. 대저 壬午日이 春令에 生하고 夏令에 生하여서는 亥卯未木局을 가장 꺼리니 大運이 逆行하여 比肩運에 이르면 겨우 조금 풀릴 것이다. 秋節에 生한 자는 비록 印綬가 되고 木을 尅去하여 害를 멀리 하지만 보지 않는것만 같지 못하니、木神을 안보면 妙命이 된다. 그 輕重을 斟酌하여 鑑別함이 必要하다.

또 多節亥月에 生한 자는 亥卯未木神을 좋아하며 子月에 生한 자는 다음이 되니 子刑卯하고 子害未하는 때

문이라」고 하였다.

古賦에 이르되 「壬午癸巳二日이 財官雙美格인 바 秋多節에 生하여 金水月氣에 通함을 기뻐하고 春夏節에

生하니 木火氣의 旺함을 꺼린다. 또 所喜함을 지닌 此格은 大貴하나 所忌함을 지닌 格者는 도리어 禍가 있

다. 이와같이 볼것 같으면 이 二日이 亥子月에 生하여 水氣月令에 通하여서 水氣가 旺함을 일컫는 것이니 身

主가 祿旺地에 臨하면 財官과 만남을 기뻐하는 바 當主가 富貴할 것이다. 그러므로 말하되 「多節에 生한즉 玄

武當權이니 그 貴함이 王侯에 이를 것이라」고 하였다.

또 祿柱의 頭上에 財官이 있음이 마땅하고 天月二德이 있으니 그러므로 壺中子가 말하기를 「天月二

德이 있으면 마땅히 貴한 옷과 金冠을 쓰는 富貴人이 된다」고 하였다. 또 七殺과 梟印이 帶同됨을 꺼리니 그

러므로 司馬季主가 말하되 「祿은 要컨대 簡明함이 좋고 煩多함은 不要하는바 또한 祿干에 七殺이 있음은 不

可하니 도리어 返傷될 것이요 梟食을 만남도 不可하다」고 하였다.

『又洞玄經에 云호대 壬以亥祿이요 戊寅本非駕라하고 又珞琭歌에 云호대 祿馬更有多般說이나 自衰自死兼

敗絕이니 是壬午癸巳日生者가 以亥爲値所喜者也요 壬癸以卯爲貴人이니 宜帶合이나 忌帶空亡이며 頭上宜帶財

官이나 不宜帶殺双梟니 故로 解醒子云호대 貴人頭上帶財官에 門充駟馬라하고 且貴人以朱官井鬼之合

과 爲家居出入之門三合이온 況未與午六合有情이리오하니라 喜忌篇에 云호대 四柱干支에 喜三合六合之地라

하고 醉醒子云호대 六合有功權專六部라하고 又喜亥爲合祿이니 故로 天乙妙旨에 云호대 君不見祿馬貴人이

無準托考究六行之善惡하라 天元羸弱足爲灾地요 氣堅牢是權樂이니라 又珞琭子云호대 每見貴人食祿에 無非

295

祿馬同鄉이라하고 又理愚歌에 云호대 貴人落在空亡裡하고 祿馬違背如不値라하니 是亥卯未乃壬午癸巳二日

이 所深喜而不可忌며 正所謂有水木傷官格이니 財官兩見反爲權者也라 正所謂有病方爲貴요 無傷不是奇者也니

라」

또 洞玄經에 이르되 「壬水는 亥로써 祿을 삼고 戊寅은 本來 貴祿이 아니라」고 하였고 또 珞琭歌에 말하기

를 「祿馬를 흔히 말하지만 自衰되고 自死되며 스스로 敗絶된 것이니 壬午日 癸巳日生이 그것인 바 亥祿이 있

음은 所喜者가 된다. 또 壬癸日이 卯로써 貴人을 삼으니 마땅히 合을 帶同함은 좋아하나 空亡됨은 忌한다.

年頭上에 財官을 가짐은 좋으나 七殺이나 羊刃이나 梟印은 不可하다」고 하였으며, 그러므로 子平이 말하기를

「貴人이 있는 四柱의 年頭上에 財官을 띠웠다면 門前에 馹馬(네 말이 끄는 큰 수레, 富貴人을 뜻함)가 가득할

것이다」라고 하였으며 또 「貴人은 朱官이나 井鬼의 合도 집의 出入하는 門의 三合이 되거든 하물며 未와 午

의 六合의 有情함이겠는가?」하였다.

喜忌篇에 이르되 「四柱干支에 三合이나 六合이 있음을 좋아한다」고 하였고 또 醉醒子가 말하기를 「六合에

功權이 있으면 六部에 尊官이 된다」고 하였다. 또 亥는 合祿位이므로 좋아하는 것이니, 그러므로 天乙妙旨에

이르되 「그대는 祿馬貴人이 準據가 없음을 보지 못하였는가? 五行의 善惡을 探究하라, 天元이 弱하다면 오

히려 災地로 될 것이요 氣가 堅强하면 權勢가 있고 榮樂이 있는 命造이다」라고 하였다.

또 珞琭子가 말하되 「貴人과 食神祿馬가 있음에 祿馬同鄉이 아님이 없다」고 하였고 또 理愚歌에 「貴人이

空亡中에 떨어지고, 祿馬가 違背剋害되면 있지 않음과 같다」고 하였다. 이는 亥卯未木局이 있는 壬午癸巳의

二日이 金水旺鄉에 生하여 所喜함을 얻을 것이요 木火旺節에 生하여 所忌함을 만남은 不可함을 말하는 것이

며 水木傷官格이므로 財官을 兩見하나 도리어 權貴가 되는 바 이른바 〈病이 있어야 바야흐로 貴命이요 傷함

이 없으면 奇貴한 命이 아니다〉라는 原理에 合하는 理論이다.

（第百八十四柱）

己卯　　甲戌
乙亥　　癸酉
壬午　　壬申　辛未
庚子　　己巳　庚午

王 耕 山 命

（第百八十五柱）

甲午　　丙子
乙亥　　丁丑
癸巳　　己卯　戊寅
丁巳　　辛巳　庚辰

萬 泉 董 正 郎 命

前記의 二命은 다 亥月에 生하였고 天德貴人과 天乙貴人을 가졌으며 一柱는 年頭上에 己土官星을 가졌으며

下柱는 年上에 財星을 가졌으며 兩柱에 다 殺과 刃은 없고 傷官은 다 있다. 兩柱가 다 祿馬同鄕格이니 上柱

는 壬午日이 午中丁火己土로써 財官을 삼고 下柱癸巳日은 巳中丙火戊土로써 財官을 삼는 때문이다. 이 兩柱

는 亥月의 水氣에 通하였고 所喜함을 가졌으니 大貴의 命이다.

此二日生이 春節寅卯月에 生하였다면 傷官格으로 取할 것인 바 文章은 特秀하나 明顯할 수 없었을 것이다.

夏節午月에 生하여 官星이 太旺하였다면 또다시 亥卯未木局을 이루었다면 泄氣가 極

甚한 것인 바 病客이 무거운 짐을 진것과 같아서 太旺한 財官을 堪當할 수 없는 것이다. 그런중 다시 머리에

殺双凶神이 모였다면 비록 〈水木傷官이 財官 만남을 기뻐한다〉고 하지만 어찌 利益함이 있을 수 있겠느냐?

다음과 같은 古造에서 보는대로 橫厄病客에 不過할 것이다.

(第百八十六柱)

己酉
丙寅
癸巳
庚申

乙丑
甲子
癸亥
壬戌

財官雙美破格 抱病客命

癸水日主가 寅木春節에 生하니 身弱하고 傷官의 洩氣가 甚한데 다시 年頭上에 殺을 띠었으니 恒常 腸病으로 辛苦하였고 抱負를 不伸하였는 바 이는 祿馬同鄉의 破格인 때문이다.

(第百八十七柱)

乙酉
壬午
壬午
癸卯

辛巳
庚辰
己卯
戊寅

財官雙美破格 古謝五郎造

壬日干이 午日에 生하여 午中丁火己土를 財官으로 삼으니 貴命이나 午月에 生하여 官星太旺하고 年頭에 傷官이 卯貴人에 得祿하며 頭上에 또 羊双(生)이 있으니 天元이 羸弱한 것인 바 獄死하고야 말았다.

(第百八十八柱)

癸卯
乙卯
癸巳
癸丑

甲寅
癸丑
壬子
辛亥

財官雙美破格 古人早死造

此命이 또 泄氣太甚한 天元羸弱造인 바 辛亥大運에 이르러 梟神이 透하고 傷官木局을 이루니 早死하였다.

(第百八十九柱)

乙巳
壬午
丙辰
戊申

戊午
丁巳

財官雙美破格 早死造

年頭에 帶殺하고 다시 財官旺氣의 月令을 만났으며 戊午大運 十四歲에 다시 戊土七殺이 干頭에 나타나서 殺官混雜되니 드디어 死亡하였다.

(第百九十柱)

庚申　戊寅　癸巳　丙辰
　　　己卯　庚辰　辛巳　壬午

此命이 春寅月에 生하여 水木傷官이 되고 泄氣太甚하니 二歲 己卯大運中干頭에 殺을 떠우므로 드디어 死亡하였다.

以上의 五造는 이른바 〈木火月에 通하여 所忌함을 所有하므로 도리어 傷害된다〉는 典型的例柱이다. 만일 秋節申酉月에 生하였다면 第百八十九柱의 境遇 印綬格이 되어 旺金이 生水하고 水生木하며 木이 尅土하므로 죽지 않았을 것이다. 傷官格에 있어서도 干頭에 帶殺함은 또한 忌한다는 證據라고 하겠다.

(第百九十一柱)

甲申　癸酉　癸巳　甲寅
甲戌 乙亥 丙子 丁丑 戊寅 己卯

財官雙美格 巨富造

此命은 殺이 없으니 비록 巨富이지만 年時干에 傷官이 있으므로 福祿뿐 功名을 이루지 못하였다.

(第百九十二柱)

壬申　己酉　癸巳　癸丑
庚戌 辛亥 壬子 癸丑 甲寅 乙卯

此命 또한 月干에 己土七殺이 있으니 亦是 此格의 大忌하는 바라 此人이 四十九歲 甲寅大運에 傷官이 來破하므로 雙目을 失明하였다. 此命은 秋節에 生하였지만 亦是 甲寅傷官이 와서 巳中戊土貴神을 破尅함이니 亦是 傷官을 忌하는 바이다.

또 壬午日과 癸巳日이 亥卯未傷官木局이 있다면 四季月을 忌하는 境遇와 忌하지 않는 境遇가 있으며 기뻐할 때가 있고 不喜할 때가 있으니 어찌 四季가 亥卯未를 봄에 貴하지 않다고만 하겠느냐? 마땅히 理致를 밝힐 것인 바 淵源의 未發點을 發見함으로써 後人의 疑心을 破하려 하는데 오히려 後人이 이것을 疑心한다면

299

잘못된 것이라 아니할 수 없다。

또 殺을 띠웠어도 制伏함이 있거나 去留함이 있다면 此限에 不在하니 輕重을 較量해야 한다。 또 棄命從殺하고 身弱無根하며 干透하지 않았다면 此限에서 除外할 것이다。

(第百九十三柱)

```
丙戌    癸巳
壬辰    甲午        從殺格  古丞相造
        乙未
壬午    丙申
庚戌    丁酉
```

巳年에 金局을 이루어 身旺助身하니 殺用神의 適地이므로 死終하였다。

다시 大運이 南方의 火土旺節에 行하므로 一國의 宰相으로 功名을 세웠고 丁酉大運中 辛地支에 純土가 있어서 七殺이 太旺하며 壬水가 돌아갈 곳이 없으니 從殺하는 格이다。

『附補에 天乙妙旨註解曰凡人命에 有祿馬貴人이나 固有富貴而吉하며 亦有貧賤而凶하야 無準托也니 何者오 盖考究祿馬貴人하라 頭上帶財官三合六合하고 生旺進氣엔 是謂五行之善이니 善則富貴而吉이요 頭上帶殺梟刑冲破害하고 衰絕無氣면 是謂五行之惡이니 惡則貧賤而凶이니라 若壬午癸巳에 坐財坐官하야 柱中隱顯太旺을 謂天元羸弱이니 故로 曰官星太旺天元羸弱之名이며 財爲養命之源이요 官乃扶身之本이니 宜享福榮是未爲灾也라 天五行善則地氣堅牢은 即身旺之謂也니 身旺財官爲我用富貴요 懽樂而有餘也니라 五行惡則地氣不堅牢이니 不堅牢은 即身弱之謂也라 身弱則不能勝財官이요 貧賤憂戚而不足也니라』

附補에서 天乙妙旨의 註解를 이끌어 말하되 무릇 人命에 祿馬貴人이 있지만 진실로 富貴며 또는 貧賤하고 凶하기도 해서 準托할 만한 標準이 있는 것은 아니다。 그러면 어찌해야 祿馬貴人에 對한 올바른 硏究가 있지 않으면 안된다。

頭上에 財官을 所持하고 三合六合이 있으며, 生旺되고 進氣되면 이것은 이른바 五行이 善한 것이니 富貴人

이고 吉하다. 頭上에 殺과 梟印이 있고 刑沖破害가 있으며 衰絕無氣하면 이는 곧 五行이 惡한 것이니 貧賤하

고 凶한 것이다. 만일 壬午日과 癸巳日生이 財에 坐하고 官位에 앉아서 柱中에 財官만이 太旺하면 이른바 天

元이 파리하고 弱한 것이니 그러므로 〈官星이 太旺하면 天元이 羸弱하다〉고 말하는 것이다.

財는 養命의 根源이요 官은 扶身의 根本이니 宜當 福되고 榮貴하며 災厄일 수 없는 것이다. 그러나 天元

가 能히 取用하므로 富貴할 것이요 福樂을 享有할 수 있을 것이다. 만일 五行이 惡하다면 不然하니 地氣가

五行이 善하지 않으면 안될 것인데 地氣가 固牢하다 함은 곧 身旺함을 말하는 바 身旺하고 財官이 있어야 내

堅牢하지 못함이 그것인데 堅牢하지 않다 함은 身弱함을 일컫는 바 身弱한즉 財官을 이길 수 없으므로 貧賤하

고 憂愁에 쌓인 生活을 하는 사람인 것이다.

第三十三節 拱祿格拱貴格

『喜忌篇云호대 拱祿拱貴엔 塡實則凶이니라 補曰祿爲臨官之祿이요 實爲官星之貴요 非天乙貴也니 格解에

謂又一說拱祿是拱財星也요 拱貴是拱天乙貴人也라하나 非也니라

拱祿有五日하야 五祿中若無財어늘 何以爲之拱財며 拱貴有五日하야 雖四日之拱內엔 亦合看天乙貴人而나

甲申日與甲戌時則拱酉貴라 酉乃丙丁貴人而非甲之貴人也니 官星與貴人拱在內에 更妙나 但不可以拱貴를 牽強

爲拱天乙貴人也니라

如癸亥日與癸丑時요 癸丑日與癸亥時니 皆拱子中癸水爲祿이며 丁巳日與丁未時則拱午中丁火爲祿이며 己未

日與己巳時則拱午中己土爲祿이며 戊辰日與戊午時則拱巳中戊土爲祿이니 此五日五時而拱祿格이니라

如甲申日與甲戌時則拱酉中辛金하야 爲官貴며 甲寅日與甲子時則拱丑中辛金하야 爲官貴며 戊申日戊午時則

拱未中乙木하야 爲官貴며 乙未日與乙酉時則拱申中庚金하야 爲官貴며 辛丑日與辛卯時則拱寅中丙火하야 爲官

貴니 此五時爲拱貴格이니라」

喜忌篇에 이르되 「拱祿拱貴格은 塡實되면 凶하다」고 하였다。補解에 말하되 祿은 臨官의 祿을 말하고 實되

었다 함은 官星의 貴를 말하니 天乙貴人의 貴가 아니다。格解에 말하기를 「또 一說에 拱祿이란 財星을 拱夾

한다는 뜻이요 拱貴란 天乙貴人을 拱夾한다는 뜻이라고 하였으나 이는 그릇된 理論이다。

拱祿에 五日이 있는데 五祿中에 다 財가 없는데 어떻게 拱財라고 하며 拱貴格이 五日이 있어서 비록 四日

의 拱格에는 天乙貴人이 함께 拱合됨을 볼 수 있지만 甲申日이 甲戌時를 만나서 酉字를 拱貴하는 境遇에는

酉字는 丙丁의 貴人이요 甲의 貴人은 아니다。따라서 官星과 貴人을 함께 拱夾하면 더욱 妙命이 된다고는 하

겠지만 拱貴格을 억지로 天乙貴人을 拱夾하는 命格이라 함은 不可하다。

癸亥日이 癸丑時를 보고 癸丑日이 癸亥時를 만났다면 子中의 癸水를 拱夾해 오므로 癸日의 祿을 삼으며 己

未日에 己巳時면 午中己土를 拱祿해 오므로 祿이 되며 戊辰日에 戊午時면 巳中戊土를 拱夾하므로 祿을 삼는

것이니 이 五日五時를 拱祿格이라 한다。

또 甲申日에 甲戌時면 酉中辛金을 拱夾하여 官貴를 삼으며 甲寅日에 甲子時면 丑中辛金을 끼어와서 官貴를

삼으며 戊申日에 戊午時면 未中乙木을 끼어와서 官貴를 삼으며 乙未日이 乙酉時를 만나면 申中庚金을 끼어와

서 官貴를 삼으며 辛丑日에 辛卯時면 寅中丙火를 끼어와서 官貴를 삼는 것이니 이 五日五時가 拱貴格이 되는

바이다。

『此二格純粹者大貴요 喜身旺印綬傷官食神이며 忌刑冲了日時拱位며 又怕四柱中에 有傷日干七殺이니 皆拱

不住祿貴며 又怕四柱中見祿이요 見貴니 謂之塡實則凶이니라 盖此二格者는 只宜虛拱이니 如器皿空則能盛物

이나 實則不能容物이라 所以로 塡實則凶이며 亦忌祿貴落空이니라

鷓鴣天호대 甲寅甲子丑貴鄕이요 戊辰戊午祿中藏이니 刑沖塡實空亡遇에 禍患官災不可當이며 無官透露始榮

昌이요 靑霄在路把名揚이니 定持權柄三公位에 衣紫腰金拜聖王이니라

問三車旣云호대 喜傷官食神而라하고 古歌에 又曰怕傷官在月支는 何也오 格解에 難收此二說而未言其喜忌

不同之니 故로 盖有財印則有喜傷官食神이라 景鑑에 云호대 無財印而不喜傷官正此之謂也니라 格解에 云호대

癸酉日癸亥時면 亦拱戌中戊土之貴니 註不言及이 何也오하니라

楠曰斯言失之矣니 盖癸酉日係甲子旬中하야 以戊亥爲空亡이요 旣爲空亡則拱不住貴人이니 所以로 不取此日

時爲拱貴也니라 盖子平所謂拱祿拱貴에 最忌天中殺이요 天中殺即空亡이라 有走貴人之說이라하니 則此日時不

可爲拱貴也어를 又何疑리오」

이 二格이 純粹한 자는 大貴할 것이요 身旺을 좋아하고 印綬와 傷官과 食神을 좋아하며 日時의 拱位를 刑

沖함을 忌한다. 또 四柱中에 日干을 傷害하는 七殺이 있음을 꺼리는 바 祿을 拱夾할 수 없는 때문이며 또 四

柱에 祿이 있고 貴가 있음을 꺼리니 이른바 〈塡實(官星의 透顯함)됨에 凶하다〉고 하는 것이다.

대저 이 二格은 마땅히 虛拱되어야 할 것이니 마치 그릇이 비어야 物件을 담을 수 있고 그릇에 物件이 담

겨 있다면 他物을 넣어 使用할 수 없음과 같다. 따라서 塡實되면 凶하다고 하는 것이다. 그러나 祿貴가 空亡

에 떨어짐은 忌한다.

鷓鴣天에 이르되 「甲寅日에 甲子時면 丑中貴를 拱하고 戊辰日에 戊午時면 巳中祿을 얻는 것인데 刑沖이나

空亡이나 塡實됨을 만난다면 禍患이 생기고 官災가 일어남을 堪當할 수 없다。 官貴가 透露하지 않았다면 榮

昌할 사람이며 푸른 하늘에 出世의 길을 얻고 이름을 떨칠 것이며 權勢를 얻고 三公率相位에 나아갈 것이다」

라고 하였다。

三軍에 이르되 「傷官과 食神을 좋아한다」고 하였고 古歌에는 「또 傷官이 月支에 있음을 꺼린다」고 하였음

은 어찌된 까닭인가? 格解에서 이 二重의 喜忌不同한 來歷을 밝히지 못하였다。 대저 四柱에 財星印星이 있

다면 食神傷官을 좋아하는 것이니 景鑑에 말하기를 「財星과 印星이 없다면 傷官을 좋아하지 않는다」고 한 말

은 바로 이를 解明한 것이라 하겠다。

또 格解에 말하기를 亦是 戌中戊土官貴를 끼었는데 經註에서 말하지 않았음은 무슨 까닭이냐?」고 하였다。

이에 對해 張楠先生은 다음과 같이 解明하였다。

대저 癸酉日은 甲子旬中에 屬하고 甲子旬中에 戌亥가 空亡이 되는데 癸酉日 癸亥時가 拱夾하는 戌貴는 空

亡된 것이므로 拱貴格으로 取하지 않는다。 子平이 말하기를 「拱祿拱貴格에서 天中殺을 가장 꺼리는데 天中

殺은 空亡인 바 貴人이 달아난 것이라」고 하였다。 따라서 拱貴가 아님은 疑心할 餘地가 없다고 하겠다。

第三十四節 日祿歸時格(原文省略)

喜忌篇에 이르되 「日祿歸時格에 官星이 없다면 青雲에 길을 얻고 大貴한다」고 하니 舊註에서 다음과 같이

밝혔다。

此論은 歸祿格에 對한 말이니 要컨대 柱中에 一點의 官星도 없어야 바야흐로 取格한다。 이름을 <青雲得

路>라고 하는바 日干이 生旺됨을 要하며 食神傷官鄉으로 兼行하여야 發福하는 것이다。

但 歸祿格에 여섯가지 忌함이 있으니 一은 刑沖이요, 二는 作合이요, 三은 倒食이요, 四는 官星이요, 五는

日月天元同이요, 六은 歲日天元同인 바 一例로써 貴하다고는 할 수 없다. 만일 時支에 祿位가 있고 年月支에

또 祿位가 있다면 〈聚福歸祿〉이니 當主가 大貴할 것이다. 例컨대 甲子年 丙子月 癸丑日 壬子時生이

곧 張都統命으로써 子字祿이 많으므로 聚福歸祿格인 것이다.

四言獨步에 「日祿이 時支에 居하면 靑雲에 길을 얻어 大貴하고 月令에 財官을 만나면 吉助한 命이다」라고

하였는데 補註에서는 다음과 같이 말하였다.

「日祿이 時에 있다 함은 甲乙木의 祿이 寅卯時에 있음과 丙丁日主의 祿이 巳午時에 있음과 戊己日의 祿이

또한 巳午時에 있음과 庚辛日의 祿이 申酉時에 있음과, 壬癸日의 祿이 亥子時에 있음을 말한다. 此格이 四柱

에 一點의 官星도 없으면 科擧及第하고 官界에 亨通할 것인 바 그러므로 〈靑雲有路〉라고 한 것이다」라고

하였다.

또 〈月令에 財官이 있다〉 함은 다만 財官格을 일컬음이니 財官雙美格에 該當한다. 日祿이 時에 있다면 祿

이 身旺함을 도와주는바 財官格을 이긴다는 것이니, 그러므로 〈吉助하다〉 함은 財官을 도와서 吉하다는 뜻

이지 財官이 祿을 吉助한다는 뜻은 아니다. 이미 〈歸祿格에 官星을 忌한다〉고 하였으니 어찌 官이 祿을

돕는다고 보겠는가?라고 하였다.

三車一覽에 말하되 「歸祿格에 七日이 있으니 乙日이 己卯時를 봄인바 이것이 偏財格이요 丙日이 癸巳時를

봄에 있어 이것은 官星이 顯透한 것이면 辛日이 丁酉時를 본즉 이는 時上偏官格이니 이 三日은 歸祿格에 屬

하지만 月令에 財가 있고 官이 있다면 마땅히 財官格으로 볼 것이다. 곧 〈財官을 吉助한다〉는 格에 屬할

것이다. 或者가 알지 못하고 〈月令財官〉을 고쳐서 〈月令財神〉으로 고치어 解譯하려 하지만 이는 잘못된

見解이다. 格解에서 舊書의 財官에 關한 것을 對照하여 밝혔으며 纂要에 「祿이 있으면 官星이 있음을 가장 꺼린다」고 하였다.

元理賦에 「日祿歸時하고 財를 보면 淸高하고 富貴한다」고 하였으며 四言獨步에 「庚日이 申時를 만나고 財星이 透出한 歸祿格은 名과 利가 高強하나 比肩이 있으면 奪福한다」고 한 바 그 補註에서 다음과 같이 밝혔다.

「庚日에 甲申時라면 日干祿이 申時에 있고 甲木은 財星이 됨을 말하는 것인 바 財星이 年月에 있음은 不可하지만 如此한 命은 登科하여 顯達功名하는 것이다. 그러나 年月에 庚字가 있다면 財福을 分奪한다는 것인 바 〈比肩이 있다〉함은 歲月에 있음을 말한다」고 하였다.

古歌에 말하기를 「祿을 만나고 財를 만나면 名利가 完全하니 干頭에 財星이 透出함을 不忌하며 身強하고 破함이 없다면 平生이 好命이다. 그러나 比肩運을 만남은 크게 꺼리는 바이다」라 하였다. 또 「甲이 寅時에 있어 虎鄕(寅地)을 본다면 祿星을 遙合해 오므로 當主가 榮昌할 것이다. 그러나 運路에 庚辛酉官星이 透出한다면 禍殃을 얻음은 祿이 時에 돌아감이니 命中에 있다면 貴하고 奇異하다. 四柱에 冲이 없다면 官界로 出世하는데 少年에 平步로 大官할 것이다」라고 하였으며,

또 「日祿이 時에 居하면 此格이 가장 좋으니 官과 殺을 꺼리며 身強함을 좋아 한다. 만일 比肩을 본다면 祿을 分奪하는 것이며 刑冲破害가 있다면 禍害가 많을 것이다」라고 하였으며 또 「甲이 寅時에 있어 虎鄕(寅地)을 본다면 祿星을 遙合해 오므로 當主가 榮昌할 것이다. 그러나 運路에 庚辛酉官星이 透出한다면 禍殃을 일으킬 것이다」라고 하였으며, 또 말하기를 「時에 日祿이 있고 祿이 旺함에 官星을 切忌하니 섞이지 말 것인데 干上에 官이 있고 破格해 오면 少年부터 외로이 눈물을 흘리고 苦生만 할것이다」라고 하였다.

鷓鴣天에 말하기를 「甲乙木主가 寅卯時를 相逢한다면 日干歸祿格이니 福이 많은 사람인데, 財多하고 旺財

正格이라면 靑雲에 뜻을 두고 登科及第하여 皇帝의 恩寵을 받는 貴人이 될 것이다」라고 하였다。

古賦에 말하기를 「日祿이 歸時하였으면 貴가 重하여 사람의 尊敬을 받을 것이다」라고 하였고 捷馳千里馬에

서는 「女命에 傷官이 重하고 歸祿格을 만났다면 極吉하다」고 말하였다。

第三十五節 四位純全格

補에 말하되 子午卯酉의 四位가 全部있다면 男女間 酒色에 昏迷할 것이다。 그러나 男子는 吉함이 或 섞여
있지만 女子는 끝까지 凶할 것이다。 그러므로 古人이 「男子가 犯하면 興하고 衰함이 있고 女子가 犯하면 孤
獨하다」고 한 것이다。

寅申巳亥가 全部있다면 四孟格이니 男命이면 大富貴할 것인 바, 그러므로 寅申巳亥는 그 位가 三公에 이를
것이다」라고 하였으며, 女命의 四孟格은 心志가 不定할 것인 바, 그러므로 「寅申이 있음에 미친듯 방탕할 것
이요 巳亥가 있음에 마음을 定하지 못한다」고 하였던 것이다。

辰戌丑未가 全部 있으면 이것은 四庫格이니 男命이라면 九五의 尊(天子의 地位)이 될 것인 바, 그러므로
「辰戌丑未가 다 있음에 帝王의 位를 順하게 얻는다」고 하였으며, 女命의 四庫格이라면 흔히 不美한 命造가
많은 것인 바, 그러므로 「冠帶를 서로 만나면(辰戌丑未全) 醜惡한 所聞을 듣을 것이다」라고 하였다。

洪範에 이르되 「寅申巳亥가 重疊하면 聰明하고 發揚하는 마음이 있으며 子午卯酉를 重逢하면 酒色을 즐기
고 荒婬한 사람이며 辰戌丑未가 全部 있다면 이는 곧 財庫이니 富貴가 높은 命造者이라」고 하였으며(이는 男
命을 말한다)、 淵源에 이르되 「寅申巳亥가 全有하면 孤獨하고 婬孤하며 子午卯酉가 全有하면 이는 곧 남을

따라 다라날 사람이며 辰戌丑未가 다 있음은 婦道에 大忌하는 바이다」라고 하였다.

第三十六節 天元一氣格

四言獨步에 이르되 「天元이 一氣이고 地物이 相同하면 如此한 人命은 그 位가 三公에 이를 것이라」고 하니

舊註에서 다음과 같이 解釋하였다.

例컨대 周益公의 命이 庚辰庚辰庚辰庚辰임이 그것이다. 또 四個의 己巳造・四個의 戊午造・四個의 辛卯는 貧夭한

造・四個의 丙申造・四個의 丁未造・四個의 壬寅造・四個의 癸亥造等이 있는데, 오직 四個의 乙酉

命이고 其他는 貴命이다. 또 四個의 甲戌은 破家한다. 當主가 怜悧하고 聰明하기는 하나 大運이 火鄉에 行하

여서는 마침내 大器를 이루지 못한다.

第三十七節 天干順食格 地支拱夾格 兩干不雜格 一氣生成格

古歌에 말하되 「天干이 順食하는 格造는 富貴하는 奇命이요 地支에 拱夾하는 格造者가 貴格인데 아는 사람

이 적다. 兩干이 不雜한 四柱가 또한 貴命이며 一氣生成格이 稀佳한 命造로다」라고 하였고

舊纂要註解에 말하기를 「脫脫丞相의 命이 壬辰年 甲辰月 丙戌月 戊戌時生이었는 바 日干丙火가 時上戊土를

食하는데 辰中戊土가 있고 戌中戊土가 있어서 地支에 全部 食神이 있으니 一聯의 淸氣를 띠었다고 하겠는데,

하물며 年上壬이 甲을 取食하고 月上甲은 다시 日干丙을 取食하고 丙은 戊를 食하는 順食格이겠느냐? 그러

므로 天干順食格이라고 하는바이다」라고 하였다.

또 鐵木遠太師의 命이 甲寅戊辰丙午丙申이었으니 年支寅과 月支辰字 사이에 卯字를 끼어 가졌고 日支午字

와 時支申字사이에 未字를 끼어 가졌고、辰字와 午字사이에 巳字를 끼어 가졌으므로 이른바 地支拱夾格이다。

또 葉丞相의 命은 庚寅戊寅庚寅戊寅이었는바 年柱庚寅과 日柱庚寅이 같으며 月柱戊寅과 時柱戊寅이 같으므

로 丙干不雜格이라고 한다。

또 火午赤國公의 命은 癸亥癸亥癸丑癸丑이었는바 이것은 天干이 癸字一元이므로 一氣生成格이라고 한다」고

하였다。

補하여 말하되 「纂要에서는 一氣生成格인 火午赤國命의 日時가 原來 癸丑이었는데 格解에서 이를 다 癸亥

로 고치었으나 이는 잘못이다。대저 年月이 다 癸亥고 日時가 다 癸丑이니 干支가 다 北方의 水鄕으로써

秀氣가 雜되지 않은 까닭에 〈一氣生成格〉이라고 한 것이다。만일 支干이 다 癸亥였다면 이것은 天元一氣格

이어야 하는바 이 兩格은 大同한중 小異함이 있다。그렇지 않다면 이미 天元一氣格을 세워 말한 바에 다시 一

氣生成格을 再言할 必要가 있었겠는가?」라고 하였다。

또 補解에 말하되 「五星指南에 兩間不雜格을 곧 連珠格이라 하였으니 그러므로 또 兩間連珠格이라고도 하

는 것이다。 甲子年 乙亥月 甲子日 乙亥時는 王侍郞造이니 兩干不雜格이며 庚辰辛巳庚辰辛巳의 命造가 또한

同格이다。 獨步에 이르되 〈八字連에 三神을 聯珠하므로 此神을 取用한다〉함은 이를 두고 한 말인데 或者가

이를 고쳐서 〈二神有用〉을 〈支神有用〉이라고 하였지만 이는 잘못이다」라고 하였다。

第三十八節　五合聚集格

指南舊註에 말하되 「或 干辰이 三位를 가졌고、支神에 三位를 가졌고、納音이 三位를 가졌다면 이것은 다

三合聚集格이라 한다」고 하였으니 例컨대 乙丑年 乙酉月 丁巳日 乙巳時生의 命造에는 三個의 乙字가 있으므

로 이른바 〈干三合〉이라 하고 또 丙寅年 庚寅月 戊寅日 戊午時生의 命造에는 三個寅字가 있으므로 이른바

〈支三合〉이라 하며 또 辛卯年木〈納音〉과 庚寅月木과 丙戌日土와 己亥時木의 命造에는 三個木이 있으므로

〈納音三合〉이라 일컫는 바이다。 대저 一이 二를 生하고 二가 三을 生하고 三은 萬物을 生하는 찬數〈盈

數〉의 뜻이 되는 때문이다。 그러므로 貴格이지만 此 二格은 마땅히 四柱의 用神이 喜忌한는 바가 如何한 가

를 살펴야 한다。 따라서 기뻐하는 喜神이 있은즉 福이 있고 忌神함을 所持하였다면 禍가 된다。 또한 制하고

化함을 다시 살피지 않으면 안된다。

第三十九節　福德格

統宗에 이르되 「陰土日에 三辰이 있으니 己巳・己丑・己酉가 그것이다。 四柱中에 丙丁과 寅午戌을 보지 않

아야 貴格인 바 歲運이 다 同一하다。 만일 巳酉丑三合金局이 있다면 더욱 貴命인 바 陰土福德格의 眞格이라

할 것이다。 그러나 運路에서 寅午戌을 보면 降官되고 失財할 것이며 刑冲破害를 忌한다」고 하였다。

詩에 말하되 「陰土가 蛇鷄牛를 만남을 이름하여 福德이라 하는 것이니 貔貅〈비휴=용맹한 군대와 같이 힘

찬것〉와 같은 秀氣를 가졌다고 일컫는다。 만일 火氣의 來侵이 있다면 名利를 求하지만 一時에 다 休敗될 것이

다」라고 하였다。

陰火福德格이 또 三日이 있으니 丁巳・丁酉・丁丑日이 그것인 바 四柱에 財官旺位를 만난즉 貴命이다。 冲을

보면 凶하니 運이 卯位에 行하여 酉字를 別로 合함이 없음과 같아서 財가 덜리고 官位가 降下할 것인 바 辰酉

合하고 巳申合함이 그것이다。

詩에 「陰火가 巳酉丑에 相臨함에 酉月에 生하면 長壽할 수 없을 뿐 아니라 名利도 成敗가 많고 破産하고 荒婬하며 官祿 또한 昌盛할 수 없는 바이다」라고 하였다.

陰水福德이 三日이 있으니 癸巳·癸酉 癸丑이 그것인 바 飛天祿馬와 같은 理致가 있다. 巳月에 生하였다면 이름이 〈月臨風〉이니 丑字가 巳中戊土를 遙合하여 官星을 삼는데 巳字가 있어 塡實되므로 成敗가 많은 것이다. 비유컨대 그릇이 비어야 容物하는 것인데 그릇이 實한즉 容物할 수 없음과 같은 것이다.

詩에 말하기를 「癸巳·癸酉가 月臨風이니 名利가 遲延되고 作事가 헛되니 모든 것이 이루어지기 어렵다」고 하였다.

陰金福德格이 辛巳·辛酉·辛丑日이 그것이니 四柱에 丁火位나 寅午戌火局이 있다면 平生에 衣祿이 貧弱할 것이다. 만일 巳酉丑三合이 되면 妙命이니 丙丁을 만난즉 官星인 바 凶滯할 것이다. 또 歲運이나 大運에서도 同一하다. 그러나 寅字가 있을 境遇엔 吉하니 天乙貴人인 때문이다.

詩에 「辛巳鷄牛의 三位가 連하여 金局을 만나서는 平生토록 衣祿이 熬煎(오전＝볶기)는 것이니 여기서는 곧 란함을 뜻한다)할 따름이다」라고 하였다.

陰木福德이 三日이 있으니 乙巳·乙酉·乙丑日이 그것이다. 六月에 生함은 不宜하며 他月에 生하여야 此格으로 본다. 대저 六月은 未建이니 木庫인 바 乙木日干이 金旺地를 帶同함에 金尅木하므로 下尅上이 되어 不吉하다는 것이다.

詩에 말하기를 「陰木日主가 丑酉巳에 臨한다면 陰木福德格이니 六月에 出生하였다면 한심하고 한탄스러운 命造이다. 따라서 官을 얻어도 오랠 수 없고 비록 文章이 있어도 發揮할 수 없다」고 하였다.

淵源에 이르되 〈八月生人은 短壽하다〉 하였는데 後人이 六月로 고치었으니 함께 參考하여야 한다.

第三章　格局助解論

第一節　神趣八法

(一) 類象

(第百九十四柱)

丁卯　癸卯
甲辰　壬寅
甲寅　辛丑
甲子　己亥

楠評＝春木이 地支에 寅卯辰이 全部 있어서 이 格이 類象이니 그 貴가 가볍지 않을 것이다。 此格은 坎水地로 運行함을 기뻐하니 그 根基가 深固하며 身强하여 殺을 堪適할 수 있어서 庚辛大運에도 大發하였을 것이다。

무릇 類象이라 함은 天地가 一類로 모였음을 말하니 春月에 出生한 甲乙日干이 地支에 寅卯辰을 全部 가지고 있는 例이다。 間斷함이 없이 破壞됨은 東方의 一片秀氣를 빼앗아 가는 것인 바 時上에 死絕鄕이 있음이니 이른바 秀氣를 破壞하는 것이다。 따라서 死絕運에 이르러서는 不吉하다。 그러나 或 時上에서나 年上에서 生旺된다면 秀氣가 加臨된 것이니 十分 吉한 兆證이라 하겠다。

前柱의 第百九十四柱의 境遇 甲祿이 寅에 있고 年上에 丁火가 透出하였는 바 身强한중 그 秀氣精英을 火로써 洩함을 기뻐하는 것이다。 따라서 火明木秀하고 日主가 强旺하므로 壯元郞이 되었던 것이다。 東方運에 運行함에 朴實太强할 뿐이므로 病을 얻어 苦生하였으나, 善藥을 얻지 못하였으며, 水大運에 根深하므로 富貴하였으며 庚辛金大運은 身强適殺格이므로 發官하였을 것이고、 마침내 廟廊(中央政府)의 宰輔로써 發揚하였을 것이다。

（二）**厲象**

무릇 厲象이라 함은 甲乙日主가 地支에 亥卯未木局이 全部 있는 例이다.

（三）**從象**

從象이란 甲乙日主가 通根함이 없으며 地支에 純金만 있다면 이른바 〈從金格〉이며 四柱에 純土만 있다면 〈從土格〉이요, 四柱에 純水만 있다면 從水해야 하며 四柱에 純木이 있다면 從木할 것이다. 다만 秀氣가 있다면 吉하고 秀氣가 없다면 不吉하다. 或 天干에 다시 甲乙字가 있거나 有根하다면 不吉하며, 그러나 從木하는 境遇엔 太旺함을 얻어야 모름지기 吉하고 死絕地는 凶한 것이다.

（四）**化象**

무릇 化象者란 甲乙生人이 辰戌丑未月에 生하고 天干에 己字가 하나 있어서 甲字와 合한다면 甲己化土하는 格局이니 火運을 기뻐한다. 만일 甲乙辰의 生旺運을 만난다면 化格이 不成하는바니 도리어 不吉한 것이다. 八字中에 甲字가 둘이 있어도 爭合이요 二己字가 妬合하는 境遇에도 破局이다.

（五）**照象**

照象은 丙日干이 巳午未年月日을 만나고 時上에 一位卯木을 만났다면 木火相照이므로 甚히 吉한 것이다. 壬癸日生에 申子辰이 全部 있고 時上에 一位의 金이 있다면 이른바 金水相照이니 大吉하다. 年干에 有照者가 있어도 亦是 吉하다.

（六）**返象**

返象이란 이른바 月令에 用神이 있는데 時上에 用神의 死絕處가 있다면 取用하나 用하지 않는 格이니 返象이 된다. 만일 返함이 太甚한즉 大不吉한 것이다.

(七) 鬼 象

鬼象이란 七殺旺象을 말하니 秋節에 生한 甲乙日干이 地支에 純金만 있음을 일컬어 鬼象이라고 하는 바 鬼

가 生旺되는 運엔 吉하고 鬼의 死絕鄕은 忌하며 身旺하여도 不吉하다.

(八) 伏 象

伏象者란 寅午戌三合이 全部 있는 壬日生과 또는 午月에 生한 壬日生을 말하니 天干에 丁字가 없고 壬水가

無根하여야 此格으로 본다. 곧 午中丁火를 取하여 壬水日干이 合하는 것이니 그러므로 엎들인 形狀을 象하여

伏象이라 하였거니와 木火運은 다 吉하지만 水運은 不利하다.

第二節 大運

무릇 大運이란 月上으로 부터 일어나는 것이니, 比컨대 樹木이 싹이 뻗어 나감을 따라 成長함과 같다. 月

의 用神을 보고 그 格을 아는 것이니 그러므로 運이라 한 바 마치 나무의 接을 붙이는 것과도 같다. 命에 根

苗花實이 있어서 此意를 分明히 해주는 바이다.

甲乙日主가 寅卯運을 얻으면 이름이 劫財니 劫財는 剋父하고 剋妻하며 破産破財하며 爭鬪事가 있다는 것이

다. 丙丁巳午運에 行運한다면 이름이 傷官이니 當主가 子女를 剋하고 일이 그릇되며 막힌다. 庚辛申酉運에

行하면 七殺官鄕이니 當主가 이름을 얻고 發身할 運이지만 太過한즉 病災와 惡疾을 免하지 못할 것이며 壬癸

亥子運에 이르러서는 生氣印綬運이니 當主는 吉慶하고 增産할 것이며 辰戌丑未戊己運에 行하여서는 當主가

名利가 皆通할 것이다. 그러나 如斯한 固定된 法은 死法이니 活法을 쓰지 않으면 안된다.

따라서 格局을 따라서 그 좋아하고 忌하는 바를 推理하여야 그 證驗이 如神할 것이다. 大運이 또 歲運과

相尅됨은 不可하며、만일 歲運이 大運을 刑冲한다면、또는 吉運이 歲運을 冲한다면 甚이 不利하다。그러나 歲運이 相生한다면 吉利하니 仔細히 推審하여야 證驗하지 않음이 없을 것이다。

第三節　太歲

太歲는 곧 天中天子니 尅歲함이 甚히 不可한 바 犯하면 凶하다。日主가 歲君을 犯하면 灾殃이 반드시 重할 것이요 五行이 救해 주는 자가 있다면 도리어 財가 생길 것이다。例컨대 甲日이 戊土太歲(年)를 만남이 그것인 바 尅重한 자는 死亡할 것이다。

甲乙日主가 寅卯亥未日時에 生하여 歲君을 犯하였다면 決定코 죽을 것이 의심 없는데 救解해 주는 五行이 있다면 吉하게 된다。대저 太歲는 敢히 傷함이 不可하니 歲를 犯한 자는 그 當年에 반드시 當主가 凶喪할 것이다。그것은 下位者가 上位者를 犯傷하는 厄禍가 있는 때문이다。만일 句絞・空亡・減池・宅墓・病符・白虎・羊双 等의 諸殺이 加臨된다면 더욱 尅歲하지 말아야 한다。特히 大運이 歲를 尅함을 또한 防止해야 하는 바 이는 다 不利하며 貴人祿馬運에 行하여서는 吉한 것이다。

第四節　格局生死總歌

무릇 格局이란 다 스스로 定한 規格이 있지만 簡略히 그 原則을 一論해 보려 한다。印綬가 財를 보고 財運으로 行하며 다시 印綬를 쓰는 命造가 印綬의 死絶地를 본다면 黃泉客이 될 것이다。만일 柱中에 比肩이 있다면 多幸히 解救해 줄 것이지만 正官이나 殺이 比肩을 傷하고 傷官이 生財하며 刑冲破害되었는데 아울러 歲運이 이와 같다면 반드시 死亡할 것이다。

正財偏財가 比肩을 보면 分奪할 것이니 不利하고 또 歲運이 冲合한다면 반드시 死亡될 것이며 傷官格에 財

旺身弱하고 官殺이 混雜되며 羊双歲運을 또 만났다면 반드시 死亡할 것이다. 拱祿格이 刑冲되고 塡實되거나

日祿歸時格이 七殺官星을 본다면 반드시 死亡할 것이다. 其他의 諸格도 四柱에 七殺이 있고 歲運에 併臨한다

면 또한 忌하는 바이다. 以上은 다 그 大概를 말했을 뿐으로 簡單한 말로써 斷言할 수는 없는 것이다.

第五節　五星論

『金星論○夫金者西方北帝之神金天氏執矩司事張要曰金爲義義者成成者方方矩行收歛之令主蕭殺之權執性堅強

春月見之性柔體弱當用日時坐命處以生旺助其柔性見木多則反成坐志謂春乃青帝行權木神用事更加木盛則金治之

無力所謂執力小而不能負重也五行大論曰水近木遠剋其無門火多則溫其性燬其形謂其春月尙有餘寒之氣而其本性

正居柔之中當貴乎火之煖氣也水多則其性愈寒其力愈熾謂其春月性柔體弱如以水增其寒勢不能施鋒銳然則惡乎水

盛也金見乃助其形若無火徒加金鐵反爲無用夫類之狀然則金能助形又見火以煆之土厚養其性助其形始其水得其體

白形剛設使土盛　亦不利焉謂春月乃木旺時土散塵飛　厚而不寒當喜子去矣夏月之金性尙在柔未執方猶嫌死絶貴乎旺

相見木助火傷形尅體謂夏　月乃亦帝行權火神用事當是木槁無形散奔其火則火性愈猛故爲傷形尅體若以見火多却爲

不厭性溫體潤肌膚土盛火暴執方不能自化展轉無剛革之成　時當夏月土多則成滯金助體剛　形飭自立時有當權火氣出

乎自然變化也秋日秋金當權乘勝經曰　金氣蕭而彫零萬物木多則反傷斧斤謂秋乃白帝行權金神用事雖木死琢之不難

謂有取而轉進退則反費精神五行大論　云猶石題之畏貪若靈龜之曳尾金多愈剛剛而必折謂乃本性本權更加本形相助

失乎旺旺則極極則反於造物不耐扶若琉璃火盛可以成形謂時當暴亂須用物以制其暴性性蕭則形成形成則可施鋒銳

有鋒銳可施收歛之功水潤體光水白金清精神銳秀執性不　剛物無反惡土盛生金其性愈隆　物能稼穡形有所執物有所成

多月之金形寒性冷水秀金柔木多不能琢削之功反成無用水盛則金氣愈寒謂多月乃黑帝行權 水神用事加之以水則金

寒水冷不能執化大多性溫體健物當成器鋒銳可施時隆財相 金見聚氣則形微氣盛也土多制水 生金生不寒體不懦加之

火助土厚則子母俱有成物之功可以成剛可以成銳言無不利也

木星論 ○ 夫木者東方青帝之神包羲氏執規司事張晏曰木爲仁仁者生生曰員故曰規行生泰之權華秀之令春月得

之漸有生長之象孟春之令猶有微寒當用 火以溫暖則木無盤出之拘當有舒泰之 美纔當春木陽壯物渴籍水資扶益加秀

茂夏月之木根燥葉乾盤而且直曲而已伸水滋其形而無稿朽水病水死救之無功 水生水旺滋之有力盖謂衰不能救旺中

之鬼也又云与水不能生木然用生旺金多木能成器 時當赤帝行權土養無水潤 成其空也木助木以成林徒逞鬱鬱之嚴絕

無結果之成若居季夏見金相成時乃金相官之以成 形謂金相能施功可成琢削之象秋月木氣漸寒冷木漸彫敗初秋之時

火勢未衰猶喜東土以相資仲秋謂木之到秋中果已成 寒華已彫零當用金以琢之乃成物狀秋深近 多漸漸嚴氣畏之以水

見水愈寒喜之以火見火溫暖木並成林則上乘 而下滅謂秋木成林上乘者 而禽歸之棲也下滅者百草不能生也多月物藏

伏時氣已歸根用土以掩之則根深蒂固水多氣冷根損形亡謂當時 黑帝行權水神用事正氷霜欲結更 加之以水則根不存

形必亡也火見交加却謂濟物謂多氣已寒得火成溫暖之則木之根麦吾知其無冷損之害可以齊物猶如寒木向陽也

水星論 ○ 夫水者北方黑帝之神高陽氏執權可事張晏曰水爲智木者謀謀者重故曰權行嚴凝之令主殺物之權執性不

定決諸東則東流決諸西則西流春月之水性濫滔淫加之以水更逢生旺必有崩隄潰岸之勢經曰滔滔不止必有自溺之憂

喜逢土止而無泛濫之患夏月之氷執性歸源時當涸際而無泛濫之患謂夏乃亦帝主權日 炎物燥當用水潤到此之時 苦施

一滴之功可澤十里之潤貴乎水助也秋月之水母旺子相表光裡瑩遇金助則子母俱和而金白水清謂秋金旺金能生水則

水更遇相會則曰子母和而金白水清也多月之水其形得 地其勢得時火氣滅而寒氣增大寒凛凛水結氷凝水本不死水結

氷凝而曰死也遇火則增暖減寒而性狀不凝不結謂多水勢寒更加水則愈冷推喜在於火木也

火星論 ○ 夫火者南方赤帝之神神農氏執權司事張晏曰火爲禮禮者齊者平故曰衡行炎陽之令主成齊之權生當春月母旺子相勢力並行加以生旺 損物傷身得以死絕明晦繼傳見木則愈加煇煌抱薪救火則火勢增炎夏月之火執力行權煇煌則失之易滅掩藏則可以無殃見囚乃曰成功不退逢生旺謂之不息炎炎火滅其勢終自焚之咎木助其災必主夭折逢金無水難成造物之功有水金必作良工之巧秋月之火性息休休終歸晦地見生旺又似東行逢死絕愈增晦昧木助其禮晦而復開土開其形內明外暗土木或加光而旦曄晦而旦明秋火本晦若見生旺又加太易東出之光旦死絕失之本暗喜木生惡土掩若有土更有水又爲喜冬月之火鬼旺 身衰韜光晦迹暑氣絕而寒氣增惡地絕而好生旺遇木生則照燭而無晦逢水愈滅其光謂冬月寒氣增則火死得木生因之以成形金多返慮旺成爲昌謂火死難以施力不利見金也

土星論 ○ 夫土者中央黃帝氏之神軒轅氏執繩司事張晏曰土爲信信者誠誠者眞故曰繩居五行之令主養育之權三才五行皆不可失得高下而得位得四季而有功金得之鋒銳愈剛火得之光明照燭木得之英華越秀水得之濫波不泛土得之稼穡豐隆旺之不息必能爲山散之不聚能爲地用之無窮罔極土之謂也

(一) 金星論

무릇 金이란 西方의 白帝神인 顓帝金天氏가 그 規矩를 執行하고 그 事行을 맡았는 바 張晏이 말하기를 「金은 義가 되고 義는 成이며 成은 規矩를 成取하는 것이요 牧斂함을 行令하는 것이니 金은 蕭殺之權을 主掌하며 堅強한 性品을 執司하는 者이다」라고 하였다.

春月에 生한 자가 金主를 본다면 性品이 柔하고 當體가 弱하니 마땅히 日時에서 助生해 주고 柔弱함을 旺助해 주어야 한다. 木多한즉 도리어 뜻을 꺾일 것인 때문이니 이른바 <春은 靑帝가 行權하고 木神이 用事한다>고 하거니와 다시 木盛함을 加助한다면 金의 治力이 弱하므로 이른바 <적은 힘으로 무거운 짐을 질수

없다〉는 格이 되는 所以이다.

火多한즉 金의 性을 따뜻하게 하고 金의 形을 煅煉할 것이니 이른 봄에 生하였다면 아직 餘寒이 있으므로 火煖의 氣가 貴하다. 水多한즉 그 性이 寒冷할 것인 바 春月에 生하여 性柔體弱한중 水氣로써 寒勢를 加增한다면 金主가 鋒銳로울 수 없을 것이니 如斯한 境遇엔 水盛함을 미워하는 바이다. 金助를 만난다면 金의 形體를 도와주는 것이지만 만일 火가 없을 때엔 한갓 金氣만이 鈍强하므로 無用하게 된다. 따라서 金助가 있어 形을 도와주고 또다시 火가 있어 金을 煅治함이 있어야 좋은 것이다. 土厚한즉 金性을 養하고 그 形을 助成함이니 비로소 體를 얻은 것이다. 그러나 土盛하기만 하여도 金이 土에 묻히므로 不利한 것인데 春月은 곧 木旺時이므로 厚土를 消散하니 厚하고 不寒하여서 좋은 것이다.

夏月에 生한 金은 柔木이 아직 있고 金傷되므로 死絕됨을 꺼리고 旺相됨은 貴하다. 木의 助火함이 있다면 金形을 傷하고 剋體하는 것이니 이른바 〈夏月은 赤帝가 行權하고 火神이 用事한다〉고 하거니와 木이 말라서 불을 살르고 태우면 火勢를 猛烈하게 되므로 金의 形體는 剋傷한다는 것이다.

夏節에 生한 金은 火多하다면 性品이 溫順하고 體潤하며 살찜을 싫어하지 않는데 土盛하면 埋金되고 또 火暴되면 아직 形質을 갖추지 못한 金을 破剋하므로 凶하다는 것이다. 따라서 金의 助身이 있어야 吉하다. 秋節에 生한 金은 金氣가 當權한 節令이므로 乘勝强旺한 바 經에서 〈金氣가 蕭殺하여 萬物이 彫零하는 때이다〉라고 말하였거니와, 그러나 木이 太多하다면 도리어 斧斤을 傷할 것이다. 가을철은 白帝가 行權하고 金神이 用事하는 바 木은 死地에 있는 것이므로 琱琢하기 어려웁지만 木을 取하여 進退한다면 도리어 金의 精神을 消費하게 된다. 五行大論에 이르되 「石韞(재주만 많고 하나도 이루지 못함)의 貧하기만 함과 같아서 金多하면 太剛하고 太剛하면 必折한다」고 하였다. 이는 곧 本性이 本來 强한데 다시 形權을 加助하므로 旺을 잃는 理致며、旺이 極하므로 도리어 造物하고 生取할 수 없음과 同一한 理致인 것이다。

따라서 暴亂한 性品을 制御하여야 性品이 嚴肅해 져서 形을 이루고 形을 이루어야 날카로운 金鋒을 얻으며 〈水白金淸〉이라 일컫는 것이니 精神이 날카롭고 秀氣가 뛰어난 사람이요 性品이 剛하지 않고 諸物을 惡傷하지 않을 것이다。또 土氣가 盛하다면 金을 生하므로 性品이 더욱 隆美하고 物을 能히 稼穡(곡식을 심고 거두는 일)할 것이니、形은 이루어지고 物은 成收될 것이다。

날카로운 金器를 얻어야 萬物을 收穫할 수 있는 것이다。柱內에 水氣가 潤澤하여 金體가 光現하면

多月에 生한 金은 形은 얼어 붙고 性은 冷하며 水氣는 빼어나고 金은 부드러우니 木多하면 琢削의 功을 이룰 수 없으며 도리어 無用한 命造가 된다。또 水氣가 旺盛한즉 金氣가 더욱 추워지니 이른바 〈多月은 黑帝가 行權하고 水神이 用事한다〉는 말이 있거니와 水氣를 加助하면 金寒水冷하여 化物할 수 없는 것이다。

此格이 대개는 性品이 溫和하고 體格 또한 健康하니 鋒銳로운 그릇을 이루었다면 發財發身할 것이다。土多하여 水旺함을 制하고 金을 生해 준다면 形은 不寒하고 體가 弱하지 않아서 吉하니、다시 火助를 얻고 土厚한즉 子와 母가 俱存한 것이므로 成物하는 功을 얻고 剛盛할 것이며 銳器를 이룰 것이니 利롭지 않은 바가 없는 貴命이 된다。

(二) 木星論

무릇 木이란 東方의 靑帝神인 包羲氏가 規矩를 執行하고 事行을 맡았는 바 張晏이 말하되 「木은 仁이 되고 仁은 生함이 있고 生은 員이니、그러므로 規矩가 行함에 泰平함을 生하고 權을 所持함에 秀氣를 빛내는 바이라」고 하였다。

木主가 春令을 얻었다면 漸次 生長하는 氣象이 있는 바이지만、그러나 孟春에는 오히려 微寒이 있으니、火

로써 따뜻하게 해주는 作用이 있어야 舒泰의 美格이다. 또 春木은 점차 陽氣가 壯旺해 지는 時期이니 萬物이

목마른 때인 바 水氣로써 籍扶한다면 더욱 茂盛하고 榮秀한 命造가 될 것이다.

夏月의 木은 뿌리가 마르고 잎이 乾한 때이니 水로써 形體를 滋助해야 한다. 대저 衰한 자는 旺한 가운데 있는

다면 救解해도 功이 없고 水가 生旺되어 滋助한다면 有力한 것이니 貴命이다. 따라서 水가 病死되어 無氣하

鬼를 救解할 수 없는 때문이며 또 한방울의 물은 木을 生助할 수 없는 때문이다. 그러므로 水가 生旺함을 取

用하고 金多함에 木이 成器하는 바이다. 赤帝가 行權하는 때이니 土氣가 養生되고 水氣가 潤助하여 功을 이

루도록 해주는 때가 아니며 水氣가 없는 때이므로 木이 木을 도와서 수풀(林)을 이루었을지라도 한갓 鬱鬱한

氣象만 있을뿐 열매와 成果를 거둘 수 없는 것이다.

만일 季夏未月에 生하여 金을 만나서 相成되었다면 金은 木의 官이요 形을 이루는 것이니 이른바 〈金이

木을 彫琢하므로 棟樑과 그릇을 可成한다〉는 것으로써 功名을 能施하는 것이다.

秋月의 木은 漸次 寒冷한 氣運이 生하고 또 木이 琢敗되는 때이다. 그러나 初秋에 生하였다면 火勢는 아직

衰滅하지 않은 때이니 東土(辰)로써 資助함이 기쁘고 仲秋에 生하였다면 木이 果(열매)가 이미 익고 잎은 벌

써 떨어진 때이니 金으로써 彫琢함을 取用하므로 物狀을 이룬즉 貴命이 된다.

가을철이 깊은 季秋近冬節에는 漸次 추운 기운이 생기는 때인만큼 水令生으로 水를 또 보면 더욱 추워지는

것이므로 두려워 하며 寒氣를 溫暖케 함을 기뻐한다. 木氣가 아울러 成林한즉 上乘하고 不滅하는 象이 있으

니 一秋木이 숲을 이룸에 있어서 上乘者라고 함은 새들이 와서 나무 위에 기뜨림을 말하고 下滅者라 함은 百

草가 生長할 수 없음을 말하는 바 寒冷金旺節에 火氣를 보고 아울러 木林이 있다면 기쁜 일이니 貴命이다.

冬月에는 萬物을 거두어 감추는 時期이고 모든 氣運은 뿌리로 돌아가서 밖으로 나타나지 않는 때이니 土多

함을 取用하여 가리고 덮어 주어야 根深한 貴命이다. 진실로 水多하고 氣冷하기만 하다면 뿌리는 損傷되고

形體는 亡害된 것이니 凶命이다. 이른바 〈黑帝가 行權하고 水神이 用事하며 氷霜이 얼어 붙은 때〉라고 하

거니와 이때에 다시 水로써 加水한다면 뿌리(根)가 存立할 수 없는 것이고 形體는 亡失된 것인 때문이다.

따라서 火를 만나서 溫氣가 加助되어야 濟物된 것이요 貴命이다. 多氣가 이미 寒冷한데 暖火의 氣運이 도

와주므로 木主의 뿌리가 生存되어 冷하므로 입는 損亡이 없는 때문이다. 이것을 일컬어 〈水火가 旣濟(水氣

와 火氣의 溫度가 適合하므로 萬物이 生長됨을 뜻함)되었다〉고 하는 것인 바 寒木이 陽을 向하여 成長하니

貴發할 命主이다.

(三) 水星論

무릇 水는 北方黑帝神인 高陽氏가 執權하고 司事하는 바 張晏이 말하되 「水는 智이고 智는 謀이며 謀는 重

인데 그러므로 〈그 權行은 심히 춘 嚴凝한 節令이니 當主는 殺物하는 權이 있고 不定의 性이 있다〉고 말한

古言이 있거니와 東쪽이 얕으면 東으로 흐르고, 西쪽이 기울면 西쪽으로 흐르는 것이 水性인 것이다.

春月의 水性이 滔滔하고 창일한데 다시 水를 만나서 生旺된다면 반드시 堤防을 무너뜨릴 것이다. 그러므로

經에 말하기를 「넘치고 흘러서 그치지 않으니 반드시 빠질 근심이 있을 것이며 土를 만나서 막는 것이 좋은

바 물이 넘치는 근심을 없게 하라」고 하였다.

夏月의 水는 그 性品이 根源에 돌아갔고 모든 것이 말라붙은 때이니 넘치는 患은 없다. 이른바 〈여름은 赤

帝가 主權을 行하는 바 날(日)은 뜨겁고 萬物은 말랐을 뿐이다〉라고 하였거니와 水氣의 潤滋함을 取用하는

것이니 水助가 있어야 貴命이다.

秋月에 水는 母가 旺하므로 子가 또한 튼튼한 것이니 마치 表에 光이 있음에 속에도 밝음이 있음과 같아서

秋令에 金白水淸하여 貴格이 되는 바이다. 이른바 <秋月의 金은 旺金이니 水를 能生할 것인 바 水가 다시

相會하므로 子母가 和親하여 (金白水淸)한 貴命이 된다>는 것이다.

冬月의 水는 그 形이 適旺地를 얻은 것이요 그 勢는 時를 얻은 것이다. 따라서 火氣가 衰滅되고 寒氣가 增

大되었을 뿐이니 寒氣는 더욱 추어지고 물은 얼어 붙었지만 水氣의 根本은 죽지 않은 것이다. 水氣가 굳어서

얼어 붙음을 죽은 것이라고 하겠지만 불을 만나면 따뜻함을 더하고 찬 기운을 덜게 되므로 얼지 않는다. 따라

서 多節의 水는 寒冷한데 水를 만난즉 더욱 寒冷해지므로 凶하고 火木을 만나야 貴命이 된다.

(四) 火星論

무릇 火란 南方의 赤帝의 神인 神農氏가 執權하고 司事하는 바 張晏이 말하되 「火는 禮이고 禮는 整齊(齊)

하는 것이며 齊者는 平이니 그러므로 權衡과 炎陽의 節令하고 成齊하는 權貴를 主張한다」고 하였다.

春月에 生하여 母旺하면 子息이 또한 튼튼한 것이므로 勢力이 生旺한 때이다. 損物傷身하는 者가 있고 死

絕되면 밝은 빛이 감추어진 것인 바 木을 만났을 때 輝煌한 光이 나는 것이니 水生木木生火하는 때문이다.

夏月의 火勢는 炎烈이 大端하니 太旺하면 잃기가 쉬우며 감추어진즉 殃禍가 없다. 따라서 休囚되면 成功하

여 失敗하거나 물러남이 없을 것이요 生旺되면 이른바 <炎烈이 不息한다>고 하는 것인 바 그러면 炎火가

滅하게 될 것이니 火勢가 스스로 불타는 때문이다. 그러므로 木助함이 있다면 災咎가 있고 夭折하기 쉽다.

만일 金은 있으나 水가 없으면 造物之功이 없을 것이며 水가 있고 金이 있다면 良工의 巧才가 加味된 것인

바 發貴之命이다.

秋月의 火는 火性이 休晦된 때인 바 生旺되는 東方運이 좋다. 또 死絕됨은 不可하고 土를 보고 水를 봄도

또한 不吉하다.

冬月의 火는 鬼殺만 旺하고 身衰한 때이니 生旺됨이 可宜한 바 寒冷한 多節이므로 木生함이 있은즉 빛이 감
추어진 것은 아니다. 그러나 水를 만났다면 寒氣를 더한 것인 바 火死할 것이니 木生함이 있어야 成形이며
金多하면 旺水를 又生하므로 不利하다.

(五) 土星論

무릇 土란 中央黃帝氏의 神 軒轅이 執權司事하는 바 張晏이 말하되「土는 信이요 信은 誠이며 誠은 直이니,
그러므로 五行中에 皆居하고 負載하는 者며 養育의 權位를 가졌으며 三才五行이 다 이를 잃지 않으므로 四季에
居하여, 功을 이룬다」고 하였다. 곧 金이 土를 얻음에 그 鋒銳가 더욱 剛해지고 火가 얻음에 光明이 더욱 빛
나고 木이 얻음에 英華가 秀越하며 水가 얻음에 泛濫이 없어 尤勢하고 土가 얻음에 稼穡(심고 거둠)하여 豊
隆하며 山을 이루고 大地를 造成하니 使用함에 無窮하고 生物함에 다함이 없음이 土인 것이다.

第六節 金不換看命繩尺(原文省略)

財官이 旺하고 日主가 弱한데 身旺鄉으로 運行하면 最奇命이요, 日主가 旺하고 財官이 弱하면 財鄉으로 運
行하여야 名利가 따를 것이다. 身旺하고 比刦이 있는데 梟食이 있으면 妻産에 危災가 있고 官星이 있고 官이
墓地를 만나면 父가 客死하고 官鬼가 衆多하면 兄弟가 不利하다. 傷官四柱는 늙도록 無見하고 地支에 純財局
이면 大富大貴하는데 官旺運으로 行하여서는 財物로 凶苦를 救濟하고 名譽를 얻는다. 去官留殺者는 威顯이 떨
칠 것이요 邊方에서 功을 세우며 財旺하여 生官하면 賄物로써 名利를 求하며 印星을 버리고 財를 就하는 者
는 子息이 基盤을 닦아 成功할 것이다.

女命은 官星과 子星(食傷)을 刑剋함을 가장 꺼리는 바 獨守空房할 것이다. 傷官格에 官星이 있다면 財鄉運

을 기뻐하는 바 大科及第하여 發身하며 高官이 된다. 比刦偏印格에 傷官이 官星을 剋制하면 養兒를 두며 偏妻

偏官을 制伏하는 命造는 僧道로 閑居할 사람이요 財多身弱者는 溺水하거나 火死하기 쉽고 身旺適殺格이라면

大爵高官이며 飛天祿馬拱貴格等은 早達하여 大權을 얻는다. 六合格은 또 富命이요 一分三格의 깊은 理致를

前賢이 다 말하지 않았으니 가볍게 傳하여 天機를 漏泄하지 말라.

第七節 不換金骨髓歌斷

甲日子提爲印綬順行不似逆行高官多殺盛東爲美午未相逢總不勞

陽木天元值丑提分明大運喜東西發財發福多榮達午未之中亦不宜

甲木生東復孟春財多殺重定超羣順行火地多難顯逆走終爲富貴人

陽木春生値卯提柱中有殺最爲奇不拘逆順東南地申酉相逢反不宜

甲木辰提喜有官逆行東地弗爲懽順行南地多顚倒除是根深富貴看

陽木根深在巳月柱中財殺喜相逢逆行早歲聲名顯順運須防夭壽終

甲木日干居午月傷官木火喜生財順行怕入西方運東北行來更妙哉

陽木有根生六月財官有氣福非常逆行最喜東方運惟恐初生壽不長

甲木無根值孟秋財多殺旺恨身柔運行順地遲方好逆運須防夭更休

甲木酉提用正官順行坎地必成難逆轉南離官被制須知祿盡見閻王

甲木戌提用財官順運東南福更寬若得柱中逢亥未逆行名聲達金鑾

甲木生元值亥提柱中有殺更爲奇中年最喜東方運午未之中數不齊

乙木生居子月中更無官殺喜忽逆行大運非常美有殺有官順運通

乙木提綱值丑宮南方第一次西東縱然名不登金榜豪富終須並石崇

乙生寅月木傷官財殺相連更有權順運連行多福祿無財無殺亦貧寒

乙木提綱值仲春財官有氣亦超羣火金大運皆爲美白手興家邁等倫

乙木辰提爲雜氣西方大運亦爲高若行戊運多顛倒刑併人財壽不牢

乙木相逢孟夏時運行東北始爲奇柱中更值無根裔順運終防壽不齊

乙木如逢午月天食神有氣怕身輕柱中若是根基薄大運隄防喜逆行

未月生逢乙日干柱中官煞亦爲懽順行西北傷元壽逆走東南福更寬

乙木生來值孟秋財官印綬忌身柔中年不許行西北順運無如逆運通

乙木酉月殺多強火運功名佐廟廊若是有根尤更北北行水運又非常

乙生戌月多財殺惟恐初年疾病生若到中年多發達不拘順逆總宜行

乙木居亥印生身逆走西南富貴眞有煞有官猶喜順到頭大限怕逢辰

丙火多生值子綱有印生身大吉昌運入東南多發達逆行難保壽年長

丙火如逢丑月看土多格局作傷官印多運入酉方美根淺東南福不全

丙多官殺值寅提運入南方分外奇若是官輕尤喜北總然大運要行西

丙火日干卯提綱身弱如逢喜火鄉若是無官尤不利却行身旺亦平常

丙火辰提戊巳多傷官火土更如何逢財逢印多通達南北相逢總不遇

丙火建祿日干強官煞相逢大吉昌順逆運行多發達若行戊運有災殃

丙火午月作傷官有殺當爲貴命看金水運行多吉利如行子地不爲憧

丙逢未月傷官顯官殺相逢未足奇如得獨官爲貴氣運行西北利多馳

丙火申提日主柔得從得化始爲優若從水位傷元壽逆去東南祿福週

丙逢酉月火衰微比刦扶身壽不奇逆去東南爲背祿順行水地始爲奇

丙火亥提爲殺印分明大運喜東南中年富貴非常美運若到西方壽不齊

丙逢戌月土重重有殺無官逈不同大運順行多富貴若行官殺亦中中

丁火如逢子月提柱中有殺更無虧平生最喜東方運若到西方福不齊

丁火丑月事如何四柱分明怕土多運入東方俱發達南方火地不相宜

丁火逢寅印綬明柱中有水喜南行運行北地尤通達西方財鄉禍患生

丁逢卯月有印星南北應多逐利名獨殺若無官混雜金章紫綬至公卿

丁逢辰月本傷官順入南方福更寬逆運初年多蹇制更逢戌亥壽相夭

丁逢巳月本剛強火運何愁入水鄉運入順行多不利申年最愛入西方

丁逢建祿本身強無水須防壽不全若得運中逢七殺姓名遠達九重天

未月逢丁要見財無財到底命多乖若逢財殺方爲美西方大運更奇哉

丁逢申月日干強大運南方喜逆行若是根深尤喜順中年發達更崢嶸

丁逢酉月用偏財官殺相逢更妙哉大運逆行多順逐功名兩字稱心懷

丁逢戌月傷官旺官殺須多却不妨南與東方多順逐榮華富貴福無疆

丁生亥月用官星順逆東南福不輕若是煞星多混雜壽年尤恐半彫零

戊生日干生子月坐支辰戌最爲奇支虛更值財神位運怕東兮又怕西

戊生丑月日干堅更有財官福壽全逆順運行俱得地若無財殺亦徒然

戊生寅月日干輕殺印相生格局明運入火鄉尤發達逆行水地亦平平

戊土卯月用官星有印相生格局清南運發財強北運如逢酉地壽元傾

戊土巳提爲建祿柱中財殺更爲奇逆行大運宜東北順走西南運不齊

戊土五月印當權大運分明喜殺官官殺重時宜順運官輕逆運妙無端

戊土生來季夏天若無財殺未週全逆行更喜東方運順逆財多亦不然

戊土生申用食神有財有煞貴無倫逆行火地火通達水地行來反受迍

戊土生來值酉提怕行坎水喜炎離除非四柱元辰旺卯運相逢最不宜

戊土戌月日干奇財殺重逢大吉祥運氣不拘行逆順若無財殺亦平常

戊土亥提財殺眞身強有火更超羣逆行早歲須防酉順運中年忌卯辰

己土子月用財星有殺無官格局清大怕柱中身太弱順行寅卯早彫零

己土丑月日干堅四柱分明忌比肩若有財官併有殺逆行大運福無邊

己土寅月值身柔若是身柔命不週身旺更行南運美逆行運氣壽休囚

己土卯月殺當權逆運須知壽不堅順逆火鄉無極妙官星相會不週全

己土辰提雜氣眞財官有氣定超羣順行運氣尤當妙逆運行時不十分

己土巳月身尤旺印綬傷官格局清身旺最宜財運遇無財逆運亦相應

己土午月本身強建祿分明理更長官殺輕時宜順運官輕逆運亦榮昌

己土未月欣逢煞双煞相傷更妙哉運氣中年多發達不拘順逆稱心懷
己土申月用傷官若是身輕必不安所喜須宜行逆運怕逢寅卯殺相干
己土八月辛金肝若是身輕命不牢旺喜順行衰喜逆無財無殺不爲高
亥提己土用財官身旺財官總是懼若是身柔行順運東方難決一平安
子月如逢庚日干有財有殺始平安西方不似東方運午運如逢壽數完
己土如逢九月天財官兩旺福無邊運行順逆俱平穩發達之時在壯年
庚金丑月有財官格局分明雜氣看木火旺無終不美東南運氣遇爲懼
庚金寅月日干微上透天干命愈奇逆運初嫌年子丑順行文運怕逢離
庚金生值仲春時官煞如逢命始奇但嫌四柱元神弱順運三旬恐殞危
庚金三月土重重更有財官福祿豐逆運固和強順運中逢子地有災凶
庚金四月殺星強有制方知殺伏強若是無根又無制其人多有少年亡
五月庚金喜有根有根有水貴堪言逆行大運宜東地子字相逢總不然
庚金未月土旺地戊己土重命無過若是土輕逢逆運康甯福壽沐恩波
七月庚金水剛坐支若寔亦平常財官兩處宜行順財殺輕時逆運強
八月庚金用兩星柱中有殺最相應有財無殺純金局從革尤當顯姓名
庚金戌九月逢財殺透天干亦妙哉順命初年兼子地逆行離巽有凶災
庚金十月日干衰有土相逢亦妙哉順運必然強逆運中年惟恐有災危
子月辛金有丙丁若然無火亦平平運行木火多通達財殺多時喜逆行

辛金丑月宜丁火戊已重重亦不妨無火土多防夭壽縱然不夭也平常

辛金臘月財官旺大運不須喜逆行若是無財行順運中年惟恐喪殘生

卯月辛金如有殺坐支有土更爲奇順行逆轉名多顯若到四方反不齊

辛金生於辰月中有財有煞更和同順行逆運多通達富貴榮華福壽崇

辛金巳月官星旺傷食全無亦不過逆運但防寅字否順行一路總蹉跎

辛金午月殺當權四柱根深逆順堅若是無根堪棄命如行西運大迍邅

未月辛金殺印全印多尤似有虧偏逆行水運多通達順逆初年略不然

申月辛金水清傷官有殺最相應坐支無酉方爲妙運入東南顯姓名

辛金酉月日干強財殺相逢更異常逆運到頭多發達順行水地未爲良

戌月辛金殺印全柱中有制福無邊逆行順去俱無阻巳地相逢總不然

辛金亥月若無官水冷應知金大寒若有官星尤有殺定應名姓到金變

壬子生逢子月天無財無殺無週全終身困苦多流落縱到財鄉亦枉然

壬水丑月喜逢財財旺身強更妙哉運氣順行經木火堪爲萬事總君懷

壬水如逢寅月生食神相左亦相應南方運氣增財帛有殺終當揚姓名

壬逢卯月傷官格逆運無如順運高殺透更加身旺處功名富貴壽稱高

壬水辰月殺星強甲乙相逢殺伏降更得財星並印綬不拘順逆亦相當

壬水生逢夏月天財星官殺旺堂前無根只怕初年失若到中年福愈堅

壬生午月財星旺亥水相逢更異常若是無根多棄命平生白手置田庄

壬水生逢季夏時分明雜氣異爲奇順行逆轉皆通達卯地相逢總不宜
壬水生申爲殺印有財有用亦相當運行南地強如壯寅地相逢命不長
壬水生逢八月干分明印綬格當權無官怕入財鄉運有殺須應福愈堅
壬水生來值季秋財多身旺忌身柔財居火地俱通達并木之鄉返不週
壬水亥提爲建祿柱中有火運之東南方運氣俱爲美若是無財亦不通
癸水多生值子提財官重見最爲奇順行喜到東南運逆走西方亦不宜
癸水丑提爲雜氣無財無印不堪推順行木火俱爲妙逆運西南運不齊
癸水寅月木傷官官殺重逢禍百端北運不如南運好若到申宮壽有干
癸水生來卯月中無官無殺喜和同順行南地多清貴恐入西方壽早終
癸水辰月喜逢財雜氣分明格美哉若是無根身太弱順行南運必多災
癸水巳提財更旺官多不與殺相同有根逆運多財足順入西方早見凶
癸水生逢午月中分明財殺格相同無根運不行申地棄水從財反有功
癸水未月殺星強有双無官祿位昌運入東方經制伏定看名姓列朝堂
癸水生來值孟秋有財終不忌身柔順行北運尤爲妙若是無財反不週
癸水酉月印生身有殺方爲格局眞逆運須知強順運功名富貴又超羣
戌月如逢癸日干分明雜氣用財官運行木火多財祿逆運初年壽有干
癸日生來亥月中傷官水木總相同逆行最妙南方運順走須知忌卯凶

前節이나 此節等과 같은 어려운 文章은 以下 第三卷의 基礎篇과 通變造化에 關한 甚深한 研究를 土臺로하여

漸次 理解하기 바란다.

甲日이 子月에 生함에 印綬가 되는 바 順行함은 좋을 것 없지만 逆行할 때엔 大貴한다. 그러나 官多하고 殺

盛하다면 東方大運이 吉하고 午未運에 萬事皆通할 것이다.

甲日干이 丑月에 生함에 東西大運을 좋아하니 發財發福하고 榮達함이 많을 것인 바 午未大運은 不美하다.

甲木이 孟春寅月에 生함에 財多하고 殺重하면 超群英雄이나 順運하여 火地로 行하면 顯達하기 어려우며 逆

運으로 行한다면 貴達할 命造이다.

甲木이 卯月에 生함에 柱中에 殺이 있어야 貴奇하며 東南大運은 順逆을 莫論하고 吉하나 申酉地는 金氣官

殺이 다시 加助되므로 不宜한 것이다.

甲木이 辰月에 生함에 官星을 좋아하는 바 東方運으로 逆行해서는 權貴할 수 없고 南方順運에 또한 顚倒됨

이 많다. 此命은 根深함을 金으로 除하여야 富貴하는 때문이다.

甲木이 巳月에 生함에 柱中에 財官이 있는 바 逆運함에 早年에 聲名을 떨칠 것이요 順運함에 夭死할까 두

려웁다.

甲木이 午月에 生함에 木火傷官格이요 生財함이 기꺼운 바 順運하여 西方에 이를 때엔 크게 꺼리고 東北逆

運에 妙貴할 命造이다.

甲木이 未月에 生함에 財官이 有氣하여 福命이며 逆運하여 東方運을 가장 좋아하고 初年에 壽命이 危險

하다.

甲木이 孟秋申月에 生함에 無根한 바 財多殺旺할 뿐이니 身弱함이 病이다. 따라서 順運하여 水旺地에 貴發

하고 逆行함에 夭壽할까 두려웁다.

甲木이 酉月에 生함에 正官을 取用하는 바 順運하여 坎水旺之에 發貴할 것인데 南方運에는 官星이 制壓되니 祿位가 不利하고 壽命도 마칠 것이다.

甲木이 戌月에 生함에 財官을 取用하는 바 東南順運에 福이 많고 柱中에 亥未木局이 있다면 逆行金火運에 大發한다.

甲木이 亥月에 生함에 柱中에 殺이 있어야 奇命이니 中年의 東方運이 最喜하고 午未運은 凶하다.

甲木이 子月에 生함에 官殺이 없으면 逆行하여 大貴하고 殺이 있고 官이 있으면 順運에 通達할 것이다.

乙木이 丑月에 生함에 南方運이 第一 좋고 다음으로 西方運이 좋다. 비록 科榜에 오르지 못한다 하더라도 그 富豪함이 石崇과 같다.

乙木이 寅月에 生함에 寅中丙火가 있어 火局을 이루면 傷官格이 되고 財殺이 있으면 權貴하는 바 順行大運에 福祿이 많으며 財가 없고 殺이 없다면 亦是 貧寒하다.

乙木이 卯月에 生함에 財官이 有氣하다면 超羣英雄인데 火金大運이 다 美命이요 自手로 成家하는 貴命이다.

乙木이 辰月에 生함에 雜氣財官格인 바 西方大運이 또한 高貴하고 戌大運엔 흔히 顚落되며 壽命 또한 危險하다.

乙木이 孟夏에 生함에 東北逆運하면 奇命이요 柱中에 다시 根氣가 없을 境遇 順運이라면 命이 길지 못할 것이다.

乙木이 午月에 生함에 食神이 有氣한 바 身弱함을 꺼리고 柱中에 萬一 根氣가 薄弱하다면 東北運으로 逆行

함이 좋다.

未月에 生한 乙木은 柱中에 官殺이 있어야 또한 權貴하는데 西北順行運엔 損壽하고 東南逆行運이라야 福이 많다.

乙木이 申月에 生함에 財官印을 取用하는 바 身弱함을 꺼리고 西北中年運은 不利하니 逆運함이 더 좋다.

乙木酉月生은 殺이 強盛하니 火運에 功名을 쌓아 宰相이 되며 水運으로 北行하여서도 吉命이다.

乙木戌月生은 財殺이 많은 것이니 初年에 疾病이 많고 中年에는 發達한다. 此命은 順運逆運이 다 吉하다.

乙木亥月生은 印星이 旺하여 生身하는 바 西南大運에 大富貴하며 殺이 있고 官이 있다면 順運이 또한 좋으며 火運을 꺼린다.

丙火가 子月에 生함에 印星이 있어서 生身하면 大吉昌하고 東南大運에 大發達한다. 逆行水金旺運엔 壽命을 保存할 수 없다.

丙火丑月生은 土多한 火土傷官格인 바 印星이 많으면 西方運에 發身하고 根淺하다면 東南運이라도 福이 不完全하다.

丙火寅月生은 南方運에 分外로 奇貴하고 만일 官星이 輕하다면 北方運을 좋아하며 大運이 西方運으로 行함을 기꺼워 한다.

丙火卯月生은 身弱하다면 火鄕으로 行함이 좋으나 官星이 없다면 오히려 不利한 바 身旺地로 行함에 平常命에 不過하다.

丙火辰月生은 戊土가 많으니 火土傷官格인 바 財를 만나고 印을 만남에 通達할 것이요 南北運은 다 不可하다.

丙火가 巳月生이면 官殺을 相逢하여야 大吉昌하며 順逆運에 다 發達하는 바 戌運에 이르러서는 災殃이 많

다。

丙火午月生이면 傷官을 兼하였는 바 殺이 있어야 貴命이요 金水運을 봄에 吉利함이 많으나 子運에는 不利하다。

丙火未月生은 傷官格이니 官殺이 있음에 貴할 수 없고 그러나 만일 一位의 官을 얻음은 貴命이요 西北運에 利名이 如意하다。

丙火申月生이면 日主가 柔弱하니 從格化格을 이룸에 貴格이나 만일 水位를 從하는 從格일 境遇 壽命이 길지 못하고 逆運東南方에는 福祿이 있을 것이다。

丙火酉月生은 火氣가 이미 衰한 때인바 從財格인 境遇 比刦이 扶身해 준다면 壽命이 堅固하지 못할 것이요 東南方大運에는 背祿이 될 것이며 水旺地에 順行하여서는 奇貴한 命이 된다。

丙火戌月生은 土氣가 重旺한 바 官星을 좋아하니 順行北方에 富貴하고 官殺運으로 行함이 貴하지만 身主가 無根하여서는 不可하다。

丙火亥月生은 亥中에 殺印이 分明하니 東南大運에 富貴함이 非常할 것이며 西方運에는 壽가 不足할 것이다。

丁火子月生은 殺旺하므로 東方運을 第一 좋아하며 西方行運에는 福을 거두기 어렵다。

丁火丑月生은 濕土가 旺重하여 東方運에 大發하며 南方運은 不宜하다。

丁火寅月生은 月令印綬이니 柱中에 水가 있다면 南方運을 좋아하고 北方運에 達通하나 西方財運은 禍患을 받는다。

丁火가 卯月生이면 亦是 印星이니 南北運에 名利를 거두고 獨殺이 있을 뿐 官殺이 混雜되지 않았다면 金章

紫綬에 公卿宰相이 될 것이다.

丁火가 辰月에 生함에 傷官이 旺한 바 南方火旺地에 順行하면 福命이요 逆行北方運에 障厄이 많을 것이며

戌亥運에는 壽命이 危險할 것이다.

丁火가 巳月에 生함에 身主가 剛旺한 것이니 火運이 어찌 좋으며 水鄕運이 어찌 좋지 않겠는가? 大運이

順行하면 많이 不利하며 西方運은 大喜하다.

丁火가 午月祿旺節에 生함에 身主太旺하니 水神官星이 없음은 不可하고 運中에 七殺을 만났다면 姓名을 크

게 떨칠 것이다.

未月生의 丁火는 財를 要望하는 바 財星이 없다면 下命인데 만일 財殺을 만났다면 美命이요 西方順運이라면

大奇하다.

丁火申月生은 日干이 弱하니 南方逆運이 吉하다. 만일 根氣가 深旺할 때엔 順運을 좋아하는 바 中年에 發達

하여 크게 名貴를 떨친다.

丁火가 酉月에 生함에 偏財를 取用하는 바 官殺이 있다면 더욱 妙命이다. 大運이 逆行하여 身旺地에 이르면

功名을 이루고 모든 것이 如意하다.

丁火戌月生은 傷官이 旺한 바 官殺이 많아도 無妨하고 東南大運에 榮華하고 富貴할 것이다.

丁火亥月生은 官星을 取用하는 바 順逆運을 莫論하고 福이 많다. 만일 殺이 있어 混雜되면 壽命이 도리어

길기 어렵다.

戌土가 子月에 生함에 地支에 辰戌이 있다면 奇貴命인 바 만일 地支가 虛하고 다시 財神이 있다면 東方과

西方運을 大忌한다.

戊土丑月은 身主堅強하니 財官이 있음에 福壽가 全有하며 順逆運이 다 吉하다。財官이 없다면 平常한 命造
이다。

戊土寅月生은 身輕殺旺하며 殺印相生格이 分明하니 火運에 大發하고 水運에 逆行하여는 平常命이다。

戊土가 卯月달에 生하였다면 官星을 取用하는데 印星이 있어서 相生할 때 格局이 淸貴하다。南方運에 發財
하고 北方運에 不利하며 酉地를 만나서는 生命에 危險이 있다。

戊土가 巳月提綱이면 月支建祿이니 柱中에 財殺이 있다면 奇命이 될 것이다。大運이 逆行하여 東北으로 向
하면 宜吉하고 西南運은 不吉하다。

戊土가 五月令에 生하였다면 印綬가 當權하니 官殺大運에 大發할 것인 바 官星이 重하다면 順運이 좋고 官
殺이 輕하다면 逆行運이라야 妙命이다。

戊土가 未月季夏에 生하여 天干에 財殺이 없다면 東方官運에 逆行함이 좋고 財多하다면 順逆이 不然하다。

戊土가 申月에 生하면 食神을 取用하는바 財가 있고 殺星이 있으면 貴命이요 大運이 逆行하여 火地에 이르
렀다면 通達할 것이며 水旺地에 行하여서는 災障이 있을 것이다。

戊土가 酉月에 生하였다면 水旺地를 꺼리고 火旺運을 좋아하나 그러나 四柱에 身主가 旺하다면 不可하고
卯運을 만남은 가장 不宜하다。

戊土가 戌月에 生하였다면 日主가 奇氣를 얻은 것인 바 財殺이 重逢되면 크게 吉祥하나 大運의 行方이 順
逆됨을 莫論하고 財殺이 없다면 平常한 命에 不過하다。

戊土가 亥月에 生함에 財殺이 眞全하니 身強하고 水가 있다면 羣衆을 超越한 英雄인 바 大運이 逆行하면
早年의 酉運을 조심해야 하며 順行하여서는 中年의 卯辰運이 不利하다。

己土가 子月에 生함에 財星을 取用하는바 殺이 있고 官이 없으면 格局이 淸貴하다. 柱中에 身主가 太弱함을 크게 꺼리는데 寅卯大運에 順行하여서는 일찍 彫零苦窮할 것이다.

己土가 丑月에 生하면 日干이 堅強한 바 四柱에 比肩이 있음을 꺼리며 만일 財官이 있고 아울러 殺이 있다면 大運이 逆行하여서 그 福이 無邊할 것이다.

己土가 寅月에 生함에 身主가 柔弱한 바 身旺地인 南方으로 大運이 行한다면 美命이요 逆行한다면 壽가 休囚되니 損命한다.

己土가 卯月에 生함에 七殺이 當權하는 바 大運이 逆行하여서는 壽命이 堅固하지 못할 것이며, 順行하여 火鄕에 이르러서는 極妙할 命이지만 官星이 相會하여서는 凶하다.

己土가 辰月에 生하였다면 雜氣財官의 眞格인 바 財官이 有氣하니 超羣英雄이다. 運路가 順行하면 더욱 妙命이고 逆行하여서는 不足窮乏한 命造이다.

己土가 巳月에 生함에 身旺하며 印綬와 傷官을 兼有하였는 바 格局이 淸貴하다. 身旺함이 좋고 財運이 좋은데 財가 없다면 逆運行함도 亦時 좋다.

己土가 午月에 生함에 身強한 것인 바 建祿이 分明하니 貴格인데 官星이 重하다면 順運이 좋고 官殺이 輕하다면 逆行하여야 榮昌할 것이다.

己土가 未月에 生함에 殺을 만났음이 좋은 바 双殺이 相傷되니 더욱 妙하고 中年運에 흔히 發達하며 順逆運을 不拘하고 發貴하는 命造이다.

己土가 申月에 生함에 傷官을 取用하는 바 만일 身輕하다면 반드시 不安할 것이요 逆運身旺地로 行함이 가장 기쁘고 寅卯殺旺運은 꺼린다.

己土가 八月에 生함에 辛金을 쓰는바 身輕하다면 命이 堅固하지 못할 것이요 身旺하면 順運을 좋아하고 身衰하면 逆行함을 좋아한다. 만일 財星도 없고 官殺도 없다면 高貴할 수 없다.

己土가 九月에 生함에 財官이 兩旺하면 福이 無邊할 것이요 大運의 順逆을 莫論하고 平穩할 것이며 壯年에 이르러 發達할 것이다.

己土가 亥月에 生함에 財官을 取用하는 바 身旺財官旺하면 權貴의 命造이고 身柔하다면 順運으로 行할 때 東方木運에 이르러 平安할 수 없을 것이다.

庚金이 子月에 生함에 財가 있고 殺이 있으면 平安할 命造이며 西方運과 東方運은 身主의 強弱與否를 따라 다르고 午運에 이르러 子午冲되면 死亡할 것이다.

庚金이 丑月에 生하여 財官이 있으면 格局이 分明하니 貴命임에 틀림 없는 바 木火가 旺하다면 美命이 아님이 없으니 東南方運에 權貴할 것이다.

庚金이 寅月에 生함에 日干이 微弱한 것인 바 干上에 庚辛金이 透하면 奇貴하고 逆運으로 行運함에 亥子丑運을 꺼리고 順運으로 行하여서는 火運을 꺼린다.

庚金이 仲春卯月에 生함에 官殺이 四柱에 있어야 奇貴한 命造이나 元神이 弱하다면 不好하다. 順運으로 行하여서는 巳運에 生命이 危險하다.

庚金이 三月에 生하여 土氣重重함에 다시 財官이 있다면 福祿이 豊隆한 命造이다. 逆運으로 行함에 和順하고 身強하다면 順運이 좋으나 子運을 만나서는 災凶이 있을 것이다.

庚金이 四月에 生함에 殺星이 強한 바 殺星을 制伏하여야 貴命이요 만일 四柱에 日主가 無根하고 또 制殺하지도 못하였다면 此人은 少年에 死亡할 念慮가 많다.

庚金이 五月에 生함에 有根함을 좋아하는 바 庚根이 있고 水神이 있다면 大貴할 命造이며 大運이 逆行하여 東方財地에 이름에 子運에 이르러서는 모든 것이 다 休終될 것이다。

庚金이 未月하여 生함에 土旺地인 바 戊己土가 重하면 喜命인데 만일 土輕한즉 逆運으로 行한다면 康寧福壽가 破滅될 것이다。

庚金이 七月에 生함에 金水가 強한 것인 바 日時에도 金水地이면 平常한 命造에 不過하다。財官이 兩旺하다면 順行함에 發身하고 財殺이 輕하다면 逆運으로 行하여 大發한다。

庚金이 八月에 生함에 庚辛金을 取用하는 바 柱中에 殺이 있으면 貴命이요 財만 있고 殺이 없고 純金局만 있다면 從革格이니 名聲을 크게 떨칠 權貴之命임에 틀림 없다。

庚金이 九月에 生하고 財殺이 天干에 透出하였다면 또한 妙命이다。順運으로 行하여 子運을 만나면 順命이요 逆行하여 辰午地에 이르러서는 凶災가 있을 것이다。

庚金이 十月에 生함에 日干이 衰한 것인 바 土氣가 相逢된다면 또한 妙命이다。順運에 行함에 必然的으로 發身할 것이며 逆運으로 行하여서는 中年에 災危의 甚함이 두려웁다。

辛金이 子月에 生함에 丙丁이 있어야 貴命이니 만일 火가 없다면 平常人에 不過하다。木火運에 이르러 通達할 것이나 四柱에 財殺이 많다면 逆行하는 것이 좋다。

辛金이 丑月에 生함에 마땅히 丁火를 좋아할 것인데 戊己土가 重重한 것을 또한 不忌한다。火가 없이 土만 많으면 夭壽하기 쉬우나 不然이면 平常 困窮한 命造에 不過하다。

辛金이 寅月에 生함에 財官이 旺하다면 大運이 逆行함을 좋아하고 만일 財星이 없다면 順運으로 行하여야 하는데 中年에 生命이 危險한 때가 있을 것이다。

辛金이 卯月에 生함에 殺이 있고 坐支에 土印星이 있다면 奇貴命인 바 順行하고 逆行함에 顯名發身하는 것

이나 西方金運에 이르러서는 障碍가 있을 것이다.

辛金이 辰月에 生함에 辰中에 財가 있으니 다시 殺이 있다면 貴命인 바 逆運順運을 不問하고 通達하며 富貴

榮華하고 福壽를 누린다.

辛金이 巳月에 生함에 官星이 旺한 바 傷官食神이 없다면 不宜하고 大運이 逆行하여서는 寅運을 꺼리고 順

行하여서는 旺官을 一路 加旺하므로 困乏窮厄命이다.

辛金이 五月에 生함에 殺星이 當權하는 바 四柱에 根深하면 逆順運이 다 좋지만 根氣가 없다면 身弱하여 棄

命從殺해야 하므로 西方身旺運에 大不利하다.

辛金이 未月에 生함에 殺과 印土가 破格인 바 逆行하여 水運中에 通達한다. 順運이나 逆運을 莫論하고 初年

은 碍障이 있을 것이다.

辛金이 申月에 生함에 金水의 氣運이 淸高한 바 傷官이 있고 殺이 있으면 大貴命이요 坐支에 酉金이 없어

야 妙命이다. 따라서 東南大運에 名振天下할 것이다.

辛金이 酉月에 生함에 日干이 强旺한 바 財官이 旺相하여야 權貴한 命이다. 大運이 逆行하여 財官旺地로 行

하면 大發하지만 水旺地로 順行하여서는 좋을 것이 없다.

辛金이 戌月에 生함에 殺印이 俱全한 바 柱中에 制함이 있다면 福이 無邊하니 逆行하거나 順運이거나 막힐

데가 없다.

十月에 生한 辛金이 만일 官星이 없다면 水冷하니 金主 또한 大寒한 바 官星을 좋아하고 殺을 기뻐한다. 官

殺이 있다면 名聲이 天下에 떨칠 것이다.

341

壬水人이 子月에 生하고 殺과 財가 全無하다면 此人은 終身토록 困苦한 사람이요 轉落될 사람이니, 비록

財鄕에 이르러서도 如意하지 못할 것이다。

壬水가 丑月에 生하면 財神을 기뻐하니 財旺하고 身强한즉 妙命이다。大運이 順行하여 木火를 얻으면 萬事

가 다 뜻하는 대로 이루어진다。

壬水가 寅月을 만남에 食神이 旺한 바 吉命이니 南方運에 行한다면 財帛이 增旺할 것이며 七殺이 있다면

마침내 揚名할 것이다。

壬水가 卯月을 만나면 傷官格이니 逆運은 順運과 같이 좋을 수 없으며 殺星이 透干하고 身旺하다면 此命人

이 功名富貴하고 壽高長生할 것이다。

壬水가 辰月에 生함에 殺星이 强한 바 甲乙이 함께 있으면 殺이 制伏되니 다시 財星과 印綬를 얻는 境遇 順

逆運을 不拘하고 發身할 것이다。

壬水가 夏月에 生함에 財星과 官殺이 相旺하니 根氣가 없다면 初年에 困苦가 많을 것이며 中年에 身旺運을

만나서 福力이 堅固할 것이다。

壬水가 午月에 生함에 財星이 旺한 바 亥水를 만난즉 異常한 貴命이다。만일 根氣가 없다면 葉命從財格이

되는 수가 많은 바 自手로 成家致富한다。

壬水가 季夏에 生함에 雜氣財官格이 되는 바 奇命이요 順行하거나 逆行하거나 通達할 命造이나 卯字를 相

逢해서는 萬事가 다 如意하지 않을 것이다。

壬水가 申月에 生함에 殺印이 俱存한 바 財가 있다면 財를 取用하며 南方財地에 大運이 行하여서는 强壯하

게 發身한다。 그러나 寅地를 만난다면 命이 길지 못할 것이다。

壬水가 八月에 生함에 印綬格이 分明하니 權貴할 命造인 바 官이 없다면 財鄉運을 꺼리고 殺이 있다면 모름지기 그 福力이 堅強할 것이다.

壬水가 戌月秋季에 生함에 財多하고 身旺함을 좋아하는 바 身弱함은 꺼린다. 火旺財地에 通達하며 木旺節엔 도리어 만나기 어렵다.

壬水가 亥月에 生함에 建祿格을 얻으니 柱中에 東南火運을 만난다면 美命이요 만일 財神이 없다면 通達할 수 없는 命造이다.

癸水가 冬節子月에 生함에 財官을 重見하면 奇貴한 命造인 바 大運이 順行하여 東南木火旺地에 發身하며 西方으로 逆行함은 不吉하다.

癸水가 丑月에 生함에 雜氣財官格인 바 財가 없고 印星이 없으면 好命이 아니다. 木火鄉으로 大運이 順行한다면 妙命이지만 逆行하여 西南運에 이르러서는 不美하다.

癸水가 寅月에 生함에 水木傷官格인 바 官殺을 重逢하면 禍厄이 百端으로 일어난다. 北方으로 大運이 行하는 것 보다 南方運이 더 좋다. 申大運에 이르러서는 壽命에 危險이 있을 것이다.

癸日이 卯月에 生함에 官이 없고 殺이 없는 바 印星이 있어 身旺해 줌을 좋아하고 南方運으로 順行하여서는 清貴한 格造가 되지만 西方大運으로 行運함은 두려워 하는 바 壽命이 危險하다.

癸水가 辰月에 生함에 財星과 만남을 기뻐하고 雜氣財官格이 分命하니 美命이다. 만일 根氣가 없고 身主가 太弱하다면 順行南方運에 반드시 災厄이 많다.

癸水가 巳月에 生함에 財星이 旺한 바 官多하고 殺이 많음은 不可하며, 根氣가 있고 逆運으로 行한다면 財富할 사람이다. 그러나 順運하여 西方運에 이르러서는 큰 凶厄을 當한다

343

癸水가 午月에 生함에 財殺을 兼한 格局인 바 根氣가 없으니 四柱에 印星이나 比肩이 없다면 棄命從財殺格

이다。따라서 申運으로 行運하지 말 것인데 從財運에 도리어 功을 이룰 것이다。

癸水가 未月에 生함에 殺星이 強한 바 双星이 있고 官星이 없다면 官祿이 昌盛할 것이다。東方大運에 行入

함에 官星을 制伏하므로 吉貴하니 그 姓名이 朝廷 宰相의 列位에 있을 것이다。

癸水가 孟秋申月에 生함에 財가 있음이 좋고 身弱함을 꺼리지 않는다。大運에 行하여 北方에 이르면 더욱

妙命이지만 그러나 財가 없다면 도리어 凶하다。

癸水가 酉月에 生함에 印星이 生身하는 바 殺이 있다면 貴格이 된다。大運이 逆行함에 發身할 것이요 順行

하면 富貴功名할 超群英雄이다。

戌月에 生한 癸日은 雜氣財官格이 分明한 바 財官을 取用한다。木火大運에 行하여 財祿이 豊盛할 것이며、

逆行하면 初運에 壽命이 危險하다。

癸日이 亥月에 生함에 水木傷官格과 同一한데 逆運으로 行하여 南方財地에 이르러 最妙하며 順行하여 大運

이 卯運에 이르면 凶厄이 있을 것이다。

第三編　命理의　基礎知識

第一章　五行基礎論

第一卷과　第二卷에서는　格局　및　他書(主로　淵海子平)와　對比한　張楠의　獨自的　所信을　披瀝하였다.

따라서　初學者의　境遇에는　本三編을　먼저　工夫해　나가야　좋을　줄　알며、本節　一、二項의　天干體象全編論과　十二支

咏　또한　多少　難解한　點이　있을지　모르나　原書의　次書를　따라　譯述하는　關係上　不可避한　일인　바　三項以下의　下文을

參考하기　바란다.

第一節　十天干體象全編論(原文省略)

『甲木詩曰甲木天干作首排原無枝葉與根亥欲存天地丁年久直向沙泥萬丈埋成就不勞炎火煆資扶偏愛濕泥佳斷就

棟樑金作用化成灰炭火爲災

乙木詩曰乙木根荄種得深只宜陽地不宜陰漂浮　最怕多逢水剋斷何須苦用　金南去火炎炎不淺西行土重禍尤侵棟樑

不是連根物辨別工夫好用心

丙火詩曰丙火明明一太陽原從正大立綱常　洪光不獨窺千里巨魄尤能遍八荒出世肯爲浮　木子傳生不作濕泥娘江湖

死水安能剋惟怕成林木作殃

丁火詩曰丁火其形 一燭燈太陽相見奪光明得時能鑄千金鐵失令難鎔 一寸金雖少乾柴猶可用縱多濕木不能生其間

衰旺當分曉旺比一爐衰一縈

戊土詩曰戊土城墻隄岸同振河及海要根重柱 中帶合形還壯日下乘虛勢必窮力 薄不勝金漏泄功成安用木疏通平生

最要東南健身旺東南健失中

己土詩曰己土田園屬四維坤深爲 萬物之基水金旺處身還弱火土功成局 最奇失令豈能埋劍戟得時方用鎰基漫誇印

旺嫌多合不遇刑沖總不宜

庚金詩曰○庚金頑鈍性偏剛火制功成怕火鄉夏產東南甚鍛鍊秋生西北亦光芒水深反見他相尅木旺能令我自傷戊

己干支重遇土不逢沖破即埋藏

辛金詩曰○辛金珠玉性虛靈最愛陽和沙水清成就不勞炎火煅滋扶偏愛濕泥生木多火旺宜西北水冷金寒要丙丁坐

祿通根身旺地何愁厚土沒其形

壬水詩曰○壬水汪洋併百川漫流天下總無邊干支多聚成漂蕩火土重逢涸本淵養性結胎須未午長生歸祿屬坤乾身

強原自無財祿西北行程厄少年

癸水詩曰○癸水應非雨露摩根通亥子即江河柱無坤坎還身弱局有財官不尙多申子辰全成上格午寅戌備要中和假

饒火土生深夏西北行程豈太過

甲木詩에 말하되、 甲木이 天干의 首位이니 아직 寒氣가 酷冷한 一陽發生時의 子月冬令인 바 枝葉도 뿌리도

生氣를 얻지 못한 때이다. 따라서 丁年의 火로 더불어 함께 함이 좋고 土多하여 埋葬됨은 不可하다. 炎火가

있으면 每事成就하나 柱命이 炎烈하다면 濕土를 즐겨한다. 棟梁이 되려면 金이 있어서 깎고 다듬어야 하며、

火가 太多하면 나무가 재로 불타니 灾殃이 온다。

乙木詩에 말하되、 乙木은 뿌리가 생기고 씨가 싹트는 때이니 陽地를 좋아하고 陰地를 꺼린다。 水氣가 많아

서 떠내려감을 가장 꺼리고 金氣의 剋斷함도 꺼리며 南方運의 炎火를 좋아한다。 西方運에 土重함도 不吉하니

禍厄이 많으며 棟梁은 뿌리가 달려있는 그대로의 나무도 아니다。

丙火詩에 말하되、 丙火는 밝고 밝은 太陽이니 綱常을 세우고 正大하여 宇宙를 밝게 비친다。 水多木旺함에

出世하고 濕土만 많아서 火氣가 奪泄됨은 不可하며 死水는 旺太陽을 剋制하지 못하나 오직 수풀이 우거져 太

陽을 가리우면 灾殃이 많으니 木多함을 꺼린다。

丁火詩에 말하되、 丁火는 燭燈이니 太陽을 相見하면 빛을 잃게 되므로 不可하다。 그러나 때를 만나면(火旺

節) 千金을 녹이고、 失令(水旺時)하여서는 一寸金도 녹이지 못한다。 적어도 마른 섶이라면 能히 生火하지만

젖은 나무는 아무리 많아도 生火할 수가 없다。 燈爐를 加하면 旺하지만 외로운 하나의 등잔불은 衰弱한 불

이다。

戊土詩에 말하되、 戊土는 城墻이요 江둑이니 河海를 막아서 取用하려면 水旺身旺해야 貴命이요 帶合이 있

으면 身壯한 것이며 日下에 虛弱位면 勢力이 窮하다。 土弱한데 金多하여 洩土시킴이 不可하고 木旺하여 流土

가 甚한 것 또한 不吉하며、 平生에 東南方의 健身함이 좋으나 그러나 身旺하다면 東南運이 不可하다。

己土詩에 말하되、 己土는 田園이요 四維(乾坤艮巽方)이니 坤土氣가 根深하여야 萬物의 기틀이 되고 水金旺

處엔 도리어 身弱하므로 不吉하다。 따라서 火土가 有氣하면 功을 세우는 奇命이지만 失令하여 土弱하다면 金

旺하여 埋土함이 좋겠는가? 時를 얻어야 쟁기와 호미를 써서 可用할 수 있는 것이요、 印星火氣가 太多하여

도 不可하고 刑冲됨도 다 좋지 않다。

庚金詩에 말하되、庚金은 頑鈍하고 性品이 强하니 火로써 制해야 功이 있다。 그러나 火鄕에 火가 太旺함은

꺼리고、夏節에 生함에 鍛鍊이 甚하고 秋節에 生함에 西北運으로 行함도 不可하다。水氣가 깊으면 오히려 金

氣를 洩함이 甚하니 土氣로 剋水生金하고 火暖함이 좋다。木旺하면 도리어 我金이 傷害되고 戊己土가 干支에

太多하여도 埋金되므로 凶하니 冲破함이 있어야 한다。

辛金詩에 말하되、辛金은 珠玉이니 性品이 虛靈하고 陽和하며、沙水를 가장 즐겨 한다。炎火로 煆煉하여야

每事成就되고 濕土로 滋扶함이 좋으며 木多火旺하면 西北運이 좋고 水冷金寒하면 丙丁火로 溫煖케 해주어야

한다。祿坐에 通根하여 身旺地에 있다면 土重하다고 埋沒되겠는가?

壬水詩에 말하되、壬水는 汪洋한 江河이고 百川을 合한 것인 바 天下를 흘러 가가 없는데、干支에 太多하면

漂蕩하므로 不可하고、火土가 重多하면 水源이 마르니 凶하다。原命에 金水가 有氣하면 未午를 좋아 하고 原

身이 强旺한데 財官이 없으면 西北運으로 行할 때 災厄이 많다。

癸水詩에 말하되、癸水가 雨露이지만 地支에 亥子가 있다면 곧 江河로 본다。그러나 申辰이 全部 있으면 寅

이 없다면 도리어 身弱하며、局中에 財官이 있음이 좋지만 많음은 오히려 不吉하다。그러나 柱中에 坤坎(水旺地)

午戌이 있어야 中和되므로 上格이나 火土旺節인 夏月에 生하였다면 西北水旺地에 運行함을 어찌 水氣가 太過

하다고 하겠느냐?

第二節　十二支咏(原文省略)

子宮詩에 말하되、月支子水는 十一月令으로 흘러 물이 汪洋해지는 象이요 天道가 陽을 向해 回行하는 一陽

始生의 時인 바 또 土旺丑月을 맞이한다。火로 더웁게 하고 金이 生水해 줌이 좋으며 午가 破冲함은 凶하다。

水旺하므로 卯字의 刑은 有情한 바 있고 申辰이 있다면 水局을 이루어 江海가 되니 波濤소리가 드높다.

丑宮詩에 말하되、十二月의 추운 多節에 氷霜이 설치는 嚴多이지만 天時는 正히 第二陽地이니 暖氣가 萬物을 生할 수 있는 陽氣가 胎動하는 때이다。丑中에 寒金이 숨어있는 바 戌未字가 刑沖해 주어야 可用되고 酉巳가 모이면 巳酉丑金局을 이루며 日時에 水木이 많다면 東南運이 吉하다。

寅宮詩에 말하되 艮宮의 木이요 春氣가 이미 生기는 正月이며 三陽이 進行하는 때이고 寅中에 丙火가 있다。蛇猴와 合함에 三貴客이요 卯未와 合함에 一家人이며、午字를 만나 合하면 凡夫를 뛰어난 聖人格이요、祿을 破하고 月令提綱을 傷함은 申의 所行인 바 憂慮된다。四柱에 火多하고 木燥하면 東南을 大忌한다。

卯宮詩에 말하되、卯木이 繁華하여 木氣가 盛深한 때이니 仲春木旺하므로 金을 꺼리지 않는다。그러나 庚辛金이 重疊되었으면 申酉金을 만날까 꺼리고 亥子가 重重하면 壬癸水를 忌한다。六沖함에 수풀을 이룰 것이며、만일 時日에 金神이 重重하다면 西方運에 禍患을 禁할 수 없다。

辰宮詩에 말하되、辰令은 三月이니 진흙이 더워서 萬物을 能히 長養하는 때이다。甲木은 衰했지만 乙木의 餘氣는 아직 남아 있으며 壬水의 墓地이고 癸水가 還魂되는 때이지만 冲刑이 있어 庫門을 열어 준다면 水木을 取用할 수 있다。水土가 重重하다면 西北運이 不可하니 原土를 保存할 수 없을 것이다。

巳宮詩에 말하되、巳宮은 初夏이니 火勢가 旺한 때인 바 天地의 造化는 正히 六陽之時에 當한다。失令하였을 때엔 庚金이 長生되고 時令을 얻어서는 戊土가 祿을 얻은 때이며、二刑은 지나갔으니 害가 없지만 亥字의 冲은 傷害가 있고 東南地에 發生地인 바 燒天 炎烈하다면 尋常할 수 없다。

午宮詩에 말하되 午月은 火氣炎炎하고 六陽이 太盛함과 同時에 一陰이 生하며 庚金은 失位한다。巳土가 垣을 이루고 祿地를 이루며、申子가 오면 싸움이 생겨 不利하고 戌寅을 만난다면 炎光이 더욱 뛰어날 것이요、

東南運이 또한 身弱地인바 西北은 休囚地이고 喪形되는 곳이다。

未宮詩에 말하되, 未月은 陰氣가 차차 깊어지고 火勢가 漸漸 衰하여지는 바 官을 감추었고 印을 未中에 감

추었으나 財는 없다。(乙木은 土의 官이요 丁火는 土의 印인데 未中에 乙丁이 藏在하였음) 卯亥가 없다면 未

土의 形이 變하기 어렵고 刑冲이 있다면 庫中財印이 튀어 나올 것이요、柱中에 火가 없다면 金水地로 行運함

을 꺼리고 冬節에 寒冷한 四柱라면 丙丁火를 偏愛한다。申宮詩에 말하되, 申金이 月支에 있다면 剛金인바 水

土의 長生地이다。巳午火爐에 剛金이 劍戟을 이루고 子辰이 있음에 木局을 이루며、木多하고 火가 없으면

勝金하고 土多하면 埋金되니 凶하다。溫柔한 珠玉은 旺金과 달리 判別해야 한다。

酉宮詩에 말하되、八月은 金이 極剛한 때이니 이름을 얻을 것인바 水氣가 有氣하다면 金白水流의 淸貴格이

며、火多하면 東方寅卯運을 꺼린다。木旺하면 南方丙丁火를 꺼리는 바니 柱中에 水와 濕土가 있다면 이를 取

用하며 西北運에 發貴한다。假似 三合金局을 이루었어도 火로써 煉成함이 없으면 無用物이 된다。

戌宮詩에 말하되、九月은 河魁니 性品이 最剛하고 萬物이 이때에 牧藏되며 큰 화로불이 戌中에 감추어져

能히 成就하는데 鈍鐵頑金이 또한 依賴한다。辰字가 冲해 옴에 雨露가 生하고 寅字가 合하면 文章이 뛰어날

것인바 貴命이요、戌字가 또 天羅이니 火命이 만남에 傷害된다。

亥宮詩에 말하되、登明之位로 水氣의 大源인데 雨雪에 찬 氣運이 일어나고 六陰이 盛한 때이다。모름지기

火光을 즐겨하고 土를 取用하는 바 金多함을 忌하고 水氣一色이면 潤下貴格이 된다。從水格이 아닌 바엔 東南

方運을 좋아한다。

(一) 總咏

五行의 用法이 대저 一定한 法이 없으니 通變造化의 妙를 얻어야 하는 바 凡夫를 뛰어나 聖賢境界에 들어

가서야 別로 神察이 있을 것이요 이에 그 根源된 理致에 到達하면 死生衰旺의 分別이 明白하게 있을 것이니 깊이 硏究探索하라.

第三節　五行生剋

(二)　干支所屬

干支所屬이란 甲乙寅卯가 東方에 屬하고 木에 屬하며, 丙丁巳午가 南方火에 屬하고, 庚辛申酉가 西方金에 屬하고, 壬癸亥子가 北方水에 屬하며, 戊己辰戌丑未가 中央土에 屬함을 말하는 바 圖表一과 같다.

(三)　干合

干合이란 甲과 己가 合하여 土가 되고, 乙과 庚이 合하여 金이 되고, 丙과 辛이 合하여 水가 되고, 丁과 壬이 合하여 木이 되며, 戊와 癸가 合하여 火가 됨을 말한다.

(四)　支合

支合이라 함은 子와 丑이 合하여 土가 되고, 寅과 亥가 合하여 木이 되며, 卯와 戌이 合하여 火가 되고, 辰과 酉가 合하여 金이 되며, 巳와 申이 合하여 水가 되고, 午와 未가 合하여 太陽太陰이 됨을 말한다.

(五)　會局

地支會局이란 三合을 말하니 寅午戌의 三合은 火局이요, 亥卯未의 三合은 木局이요, 申子辰의 三合은 水局이요, 巳酉丑의 三合은 金局임을 일컫는다.

(六)　相生

五行相生이란 干支所屬條에서 말한 바와 같이 甲乙寅卯가 木이고 庚辛申酉가 金이며 丙丁巳午가 火인데,

金은 水를 生하고 水는 木을 生하고 木은 火를 生하고 火는 土를 生하고、 土는 다시 金을 生하여 서로 生出
해주는 原理를 말한다.

(七) 相 剋

五行相剋이란 金은 木을 能히 剋伐하고、 木은 能히 土를 剋疏하고、 土는 能히 水를 剋制하며、 水는 能히
火를 剋滅하며、 火는 能히 金을 剋治함을 말한다. 이를 圖示하면 第一圖와 같다.

干支屬方位 및 干合支合三合圖

干支	所屬(方位)	所屬(五行)	干合	干合五行	支合	支合五行	三合	三合五行
甲寅乙卯	東	木	甲己	土	子丑	土	寅午戌	火
丙丁巳午	南	火	乙庚	金	寅亥	木	亥卯未	木
戊己辰戌丑未	中央	土	丙辛	水	卯戌	火	申子辰	水
庚辛申酉	西	金	丁壬	木	辰酉	金	巳酉丑	金
壬癸亥子	北	水	戊癸	火	巳申	水		
					午未	太陽太陰		

( )

※ 五行에 對한 더욱 存細한 研究를 하고자 하는 사람은 拙著 淵海子平講解 第一卷을 參照하기 바란다.

（八）十干祿

祿이란 成熟되어 長成健昌함을 뜻하는 말인 바 甲의 祿은 木旺支인 寅에 있으므로 甲祿到寅이라 하고、乙

의 祿地는 卯에 있으므로 乙祿到卯라 하니 下記와 같다。

甲祿到寅・乙祿到卯丙・丁己祿居午・庚祿居申・辛祿居酉 壬祿居亥・癸祿居子

（九）五行發用

前項에서 甲木이 寅支에서 長成해지며 祿地가 된다고 하였거니와 甲木이 亥水支에서 비로소 出生하여 다음

의 子支에서 幼兒를 沐浴시키고 보살펴주는 沐浴位가 되며 丑支는 成長하여 冠을 쓰는 靑年時節이 되고、寅

地는 前述한 바와 같이 完全히 成長된 臨官地가 되며 卯支에서는 甲木의 氣運이 壯大極盛된 때이므로 帝旺이

라 하고、辰位는 極盛한 木은 다시 衰하여야 하므로 衰位가 되고 巳位는 甲木이 衰하여 病드는 땅이고、午는

死地이며 未는 죽어 무덤에 들어가는 墓地이고、다음의 申地는 完全히 生을 마치었는 바 장사까지 끝나서 새

로운 生命을 始作하고 끝내는 경계이니 絕地이요 酉支는 마치 다시 母胎에 生命이 入胎하는 胎位이고 戌支는

入胎하여 生養되는 養位인 것이다。五行이 生生不絕함과 같이 十干과 十二支의 配對造化되는 作用도 生生 不

絕하고 있음을 알 수 있다。이 五行의 發用次第는 甲木뿐만이 아니고 十干一般에 있는 原理인 바 圖示하면

第二圖와 같다。그러나 陽干과 陰干은 發用次第가 反對이니 陽干은 順行하고 陰干은 逆行하는 바 下圖를 參考

하기 바란다。

五行發用十二運養生圖

十二動	甲日	乙日	丙日	丁日	戊日	己日	庚日	辛日	壬日	癸日
長生	亥	午	寅	酉	寅	酉	巳	子	申	卯
沐浴	子	巳	卯	申	卯	申	午	亥	酉	寅
冠帶	丑	辰	辰	未	辰	未	未	戌	戌	丑
臨官	寅	卯	巳	午	巳	午	申	酉	亥	子
帝旺	卯	寅	午	巳	午	巳	酉	申	子	亥
衰	辰	丑	未	辰	未	辰	戌	未	丑	戌
病	巳	子	申	卯	申	卯	亥	午	寅	酉
死	午	亥	酉	寅	酉	寅	子	巳	卯	申
墓	未	戌	戌	丑	戌	丑	丑	辰	辰	未
絕	申	酉	亥	子	亥	子	寅	卯	巳	午
胎	酉	申	子	亥	子	亥	卯	寅	午	巳
養	戌	未	丑	戌	丑	戌	辰	丑	未	辰
摘要	墓는 葬이며 一名 墓庫이다。 沐浴은 咸池·桃花·敗殺·年殺과 同一하다。									

(十) 四生·四敗·四官·四庫·四絕

四生이란 前節에서 말한 十二運星中 長生의 位를 일컫는 말이니、 生은 心身을 生해 주는 吉神으로써 寅申巳亥의 四位가 있다。

四敗란 十二運星中의 沐浴地를 말하니 子酉午卯의 四인바 凶神이다。

四官이란 建祿地를 말하니 寅申巳亥의 四位이며 吉神이다。

四庫란 墓地이고 庫葬地이니 辰戌丑未의 四位가 있고 平神이다。

四絶이란 絶地이니 寅申巳亥의 四位인 바 以下에 圖示하면 第三圖와 같다.

四生·四散·四官·四庫·四絶早見

四生		四敗		四庫		五官		四絶	
日干	生地	日干	敗地	日干	庫地	日干	官祿地	日干	絶地
火土	寅	火土	卯	火土	戌	火	巳	火土	亥
金	巳	金	午	金	丑	金	申	金	寅
水	申	水	酉	水	辰	水	亥	水	巳
木	亥	木	子	木	未	木	寅	木	申
吉地		凶地		四季地		吉地		平地	

(第三圖)

(十一) 地支相冲·三刑·六害

相冲이라 함은、例컨대 地支에 子字와 午字가 만나고 卯字와 酉字가 만나서 剋破되는 等을 말하는 바 第一凶한 惡神으로서 一名 六冲이다。

三刑이라 함은 寅字와 巳字와 申字가 만나면 相刑됨을 말하는 바 三字中 二字만 만나도 刑이 成立되며、第

355

四圖와 같이 丑戌未가 相刑되고 辰午酉亥가 自刑된다。冲다음으로 凶殺이다。

六害라 함은, 例컨대 子字와 未字가 相逢하고 丑字와 午字가 相逢하여서는 相親할 수 없는 等을 말하는 바 亦是 凶神이다。圖示하면 다음과 같다。

五冲・三刑・六害・旱見表

六冲	子午	寅申	卯酉	辰戌	巳亥	丑未
三刑	寅巳申	丑戌未	辰午酉亥(自刑)			
六害	子未	丑午	寅巳	卯辰	申亥	酉戌

(第四圖)

(十二) 十二支中所藏法

十二地支中에는 三個 或은 一、二個의 天干을 所藏하고 있는 바 이를 支藏干이라고 한다。例컨대 子水地支中에는 癸水가 들어있고 壬水가 있으며 丑支 가운데는 癸水와 辛金과 己土가 있어서 己土는 丑支의 正氣이고 癸水는 子支의 餘氣이며 辛金은 그 中氣라는 것이다。이를 圖表로 보면 아래와 같다。

地支藏干旱見表

地支	餘氣(初氣)	中氣	正氣
子	壬十日		癸二十日
丑	癸九日	辛三日	己十八日
寅	戊七日	丙七日	甲十六日
卯	甲十日		乙二十日
辰	乙九日	癸三日	戊十八日
巳	戊七日	庚七日	丙十六日
午	丙十日	己十日	丁十一日
未	丁九日	乙三日	己十八日
申	戊七日	壬七日	庚十六日
酉	庚十日		辛二十日
戌	辛九日	丁三日	戊十八日
亥	戊七日	甲七日	壬十六日

( )

圖表에서 보인 日字數는 月三十日을 基準으로 하여 藏干이 主管하는 日數를 表示한 것이다。例컨대 子月中

(節入日을 基準함) 처음의 十日間은 亥月壬水의 餘氣인 癸水가 主管하고 나머지 二十日은 子水의 正氣인 癸水가 主管한다。

命理學에서 말하는 月節은 日字(곧 日歷)를 標準하지 않고 節候上의 節入(곧 太陽中心)을 標準한다。곧 十一月인 子月令은 大雪節부터이고 十二月인 丑月令은 小寒節부터・正月寅令은 立春節부터・二月卯令은 驚蟄節부터・三月辰令은 淸明節부터・四月巳令은 立夏節부터・五月午月令은 芒種節부터・六月令은 小暑節부터・七月申令은 立秋節부터・八月酉令은 白露節부터・十月亥令은 立冬節부터 始作되고 每月 一日부터 始作되지 않음을 留意하기 바란다。따라서 萬歲曆을 參照함이 必要하다。

(十三) 論五行生尅制化各有所喜所忌例(五行의 生尅制化와 그 喜忌)

全旺함에 불을 얻어야 器皿을 이루고、火旺함에 水를 얻어야 相濟되고、水旺함에 土를 얻어야 池沼를 이루고 土旺함에 木을 얻어야 疏通이 되고、木旺함에 金을 얻어야 棟樑을 이룬다。

以上은 身旺함에 官殺을 만나서 入格된 貴命을 말하는 바 格局이 純粹하고、雜되지 않고 運路에서 또한 助格한다면 卿相宰相이 될 것이다。

金은 土를 依賴하여 生出되지만 土가 많으면 金이 흙에 묻히고、土가 火에 依賴하여 生하지만 木多하다면 火氣가 熾盛하여 지나치게 불타게 되며、木은 水에 依賴하여 生하지만 水가 많으면 나무가 떠내려 가며、水는 金에 依賴하여 生하지만 金이 많으면 水는 濁해 진다。

以上은 身弱한 者가 印星을 太旺하게 만났을 境遇 凶害함을 말한 것이다。그러나 金多하여 生水함을 忌하지 않는 境遇가 있으니 〈獨水(一個의 水日主)가 庚辛金을 三犯(三位를 만남)하여 體全하면 貴命이다〉라는

經言이 그것이다。

金이 能히 水를 生하지만 水가 너무 많으면 金은 沈水되고 水가 能히 木을 生하면 水는 縮少되고 木이 能히 生火하지만、火가 많으면 나무는 불타 없어지고、火가 能히 土를 生하지만 土가 많으면 火性은 없어져 土性으로 變하고、土가 能히 金을 生하지만 土가 많으면 金은 埋藏된다。

以上은 身弱한 命柱者가 傷官食神을 重疊으로 만나면 害롭다는 뜻이다。그러나 身旺하고 比肩이 重疊한 四柱라면 傷官이나 食神을 꺼리지 않으며 純一하여 雜되지 않으면 貴格이라 할 것이다。

金이 能히 木을 剋하지만 木이 堅剛하다면 金이 오히려 이즈러질 것이요、木이 能히 土를 剋하지만 土氣가 重重하다면 木이 오히려 부러질 것이요、土가 能히 水를 剋하지만 水가 많으면 土가 흐를 것이요、水가 能히 剋火하지만 火가 炎旺하다면 水가 도리어 熱蒸할 것이요、火가 能히 金을 剋하지만 金이 많으면 불은 오히려 꺼질 것이다。

以上은 身弱한데 財가 太旺할 境遇에 오히려 害가 있다는 뜻이다。그러나 만일 身强하고 財를 만나는 境遇라면 入格한 命造니 富貴한다。

金이 弱한중 火官을 만나면 쇠가 녹아 없어질 念慮가 있고 火가 弱한데 水를 만나면 불이 꺼질 것이요、水가 弱한데 土를 만남은 흐를 수 없으며、土가 衰弱한데 木을 만났다면 반드시 함정에 빠져 傾敗함이 있을 것이며 木弱한데 金을 만난다면 반드시 破斫될 것이다。

以上은 身弱한 命造가 官殺을 만난 例이니 官殺이 混雜되고 太旺하다면 반드시 殘疾이 있고 夭折貧賤할 것이다。 强旺한 金神이 水를 만나면 날카로움을 꺾을 수 있으니 吉하고、强旺한 水神이 木을 만나면 그 旺勢를 泄하니 貴하고、强旺한 木神이 火를 만나면 그 頑强함을 풀어주니 貴하며、强旺한 火神이 土를 만나면 그 불타는 火炎을 그치게 하므로 吉하며, 强旺한 土가 金을 만나면 旺土의 害를 制할 수 있는 것이니 곧 ∧殺을 印星으로 化變한 貴格임∨을 말한다.

以上은 身弱한 命造者가 官鬼를 만남에 印星이 있어 化生시킨즉 吉하다는 뜻이다. 例컨대 甲日主가 金殺의 來傷함을 만난 것과 같은 바 一位貴格의 旺殺이 있고 다시 壬癸水나 申子辰水가 있어 풀어 준다면 凶이 吉한 것으로 變하는 例가 그것이다.

第二章 神殺吉凶論

第一節 吉神類

(一) 天乙貴人

甲日生 或은 戊日이나 庚日이 牛羊(丑未)을 만남이 天乙貴人인 바 大吉神이니 第六圖를 參考하기 바란다.

三車一覽賦에 「天乙文星이 四柱에 있으면 智慧聰明하다」고 하였으며, 驚神賦에 말하기를 「日干이 貴位에 坐臨하면 一世에 淸高하다」고 하였다. 通明賦에 말하기를 「貴人이 三刑을 壓伏하면 正大한 사람이요 高官大爵이다」라고 하였으며, 秘訣에 말하기를 「貴人은 合함을 좋아한다」고 하였으며, 또 「天乙貴人이 生旺하면 正大한 人格者이다」라고 하였고, 富貴賦에서는 「貴人이 柱中에 있으면 發貴한다」고 하였다.

(二) 天 德

正月生이 丁字를 보고, 二月生이 申字를 보고, 三月生이 壬字를 보고, 四月生이 辛字를 보고, 五月生이 亥

字를 보고 六月生이 甲字를 보고、七月生이 癸字를 보고、八月生이 寅字를 보고、九月生이 丙字를 보고、十

月生이 乙字를 보고、十一月生이 子字를 보고、十二月生이 庚字를 봄이 天德인 바 亦是 吉神이다。

(三) 月 德

寅午戌月에 生한 사람은 丙이 月德이고、申子辰月에 生한 사람은 壬이 月德이며、亥卯未月에 生한 사람은

甲이 月德이며、巳酉丑月에 生한 사람은 庚이 月德이니 天月二德은 가장 좋은 吉神이다。

三車一覽賦에 말하기를「天月德이 四柱에 있으면 官爵에 좋고 病이 적다」고 하였고、心鏡賦에「天月二德이 있으면 百灾를 求解하는 바 灾解가 없다」고 하였고、

相心賦에「二德이 있고 印綬가 生助하면 作事함에 恩惠를 베풀고 德을 편다」고 하였다。

幽微賦에 말하기를「慈祥하고 敏捷한 祥瑞로운 吉星은 天月二德이다」라고 하였으며、壞旨賦에서는「命柱

가 이즈러지고 殺旺하다면 天月二德이 있어야 祥知한다」고 하였으며、秘訣에 말하기를「天月二德이 日主에

臨하면 一生에 險함이 없고 근심이 없는데 다시 將星을 만난즉 이름이 相府(政丞이 있는 行政府)에 올라 政

丞이 된다고 하였다。

(四) 學 堂

甲日生이 亥月이나 亥時를 만나면 學堂이고、乙日生이 午月이나 午時를 만나고 丙日生이 寅月이나 寅時를

만나고 丁日生이 酉月에 生하거나 酉時를 만나고、戊日生이 寅月이나 寅時를 만나고、己日生이 酉月이나 酉

時를 만나고、庚日生이 巳月이나 巳時를 만나고、辛日生이 子月이나 子時를 만나고、壬日生이 申月이나 申時

를 만나고、癸日生이 卯月이나 卯時를 만나면 學堂이니 第六圖를 參考하기 바란다。

三車一覽에 말하기를「學堂이 있어 有氣하다면 師儒의 敎職生活에 利가 있고 從事할 사람이다」라고 하였

고 富貴賦에 말하되、「學堂이 있으면 聰明한 命造에 틀림 없다」고 하였다。

(五) 富貴學舘

富貴學舘이란 官貴의 長生地이니 學舘이라고도 부른다。甲乙日生이 庚辛金을 만나면 官貴인 바 金의 生地는 巳이고 申에 臨官이 되니 甲乙日이 巳字申官을 만나면 곧 官貴學舘이 된다。富貴의 吉星이다。第六圖를 參考하라。

(六) 華 蓋

寅午戌日生이 戌字를 보고、亥卯未日生이 未字를 보며、申子辰日生이 辰字를 보고 巳酉丑日生이 丑字를 보면 華蓋니 또한 吉神이다。

車賦에 말하되「華蓋가 重重함에 學術과 文藝의 뜻을 두고 부지런히 닦는다」고 하였고、古書에「華蓋가 空亡을 만나면 僧道에 나갈 사람이다」라 하였고、또「華蓋가 있으면 聰明한 선비이다」라고 하였고、古書에「柱中에 華蓋가 있고 다시 二德이 있다면 淸貴한 貴人이다」라 하였으며、通明賦에서는「華蓋가 身柱에 臨하면 方外(行道하고 世俗에 맘이 없는 사람)의 人士니 마음이 恒常 절간에 있고 道學에 뜻이 있다」고 하였다。

(七) 將 星

寅午戌日生이 午字를 보면 將星이요、申子辰日生이 子字를 보면 將星이며、巳酉丑生이 酉字를 보면 將星이요、亥卯未日生이 卯字를 보면 將星인 바 古歌에 말하기를「將星이 있으면 文武를 兼全하고 官祿이 重하며、權勢가 무겁다」하였다。또 將星이 있으면 밤에 무서움이 없다고 한다。

(八) 驛 馬

361

寅午戌生이 申字를 보고, 申子辰生이 寅字를 보고, 巳酉丑生이 亥字를 보고, 亥卯未生이 巳字를 보면 이것
이 駒馬이다.

三軍一覽賦에 「驛馬가 있음에 채찍(鞭)을 加한다면 便安하고 閑暇할 수 없다」고 하였고, 造微論에 「驛馬의

머리에 叉劍이 있으면 國境邊方을 鎭壓할 將相이다」라고 하였고, 또 말하기를 「壬申癸酉가 眞劍이다」라고 하

였다. 身命賦에 「驛馬가 財鄕에 奔走(있으면)하면 猛虎와 같이 發身한다」고 하였고 集說에 말하기를 「貴人이

馬(역마)가 많으면 升擢(발탁되어 昇進하는 것) 함이 있고, 常人이 驛馬가 많으면 奔波할 따름이다」라고 하

였다. 또 「驛馬가 空亡됨을 꺼린다」고 하였고, 古歌에 말하기를 「人命에 驛馬가 있다면 名聲을 求하고 利權

을 求하는 者에게 크게 有利하다」고 하였다.

(九) 天赦

春月令에 生한 사람이 戊寅日柱를 얻으면 天赦이고, 夏月에 生한 사람이 甲午日을 얻으면 天赦며, 秋月에

生한 사람이 戊申日을 얻으면 天赦이고, 冬節에 生한 사람이 甲子日을 얻으면 天赦이다. 三軍一覽에 말하기

를 「命中에 天赦日을 얻었다면 此人은 處世함에 百事가 다 근심 될 것이 없었다」고 하였으며, 集說에서는 「天赦

가 만일 命中에 있다면 凶을 만나나 凶하지 않고 飮酒를 甚히 즐긴다」고 하였다.

(十) 福德秀氣

福德秀氣란 己丑日主가 地支에 巳酉丑이 全部 있음을 말하니 要컨대 天干에 三個己字가 있고 地支에 巳酉

丑이 全部 있어야 하는 바 그리면 秀氣를 얻었다는 것이다.

(十一) 福星貴人

福星貴人이란 甲丙日生이 寅字를 봄인데 다시 子字를 봐도 福星이며, 戊申日己未日이 그렇고, 乙癸日生은

丑卯를 만나면 福星이니 福祿이 많을 것이며、庚日干이 午字를 만나고 辛日干이 巳字를 봄이 그것이요、壬騎龍背(壬辰日)는 非常한 貴命이다。三軍一覽에 말하기를 「福星貴人이 있으면 衆人의 欽仰을 받는 貴人이 된다」고 하였다。第六圖를 보고 參究하기 바란다。

天月貴人・學堂・富貴學舘・福星貴人早見表

日干	天乙貴人	學堂	富貴學舘	福星貴人
甲	未丑	亥(日時)	申巳	寅
乙	子申	午〃	申巳	卯丑
丙	亥酉	寅〃	亥申	戌子寅
丁	亥酉	酉〃	亥申	亥
戊	未丑	寅〃	寅亥	申
己	申子	酉〃	寅亥	未
庚	未丑	巳〃	巳寅	午
辛	寅午	子〃	巳寅	巳
壬	卯巳	申〃	巳寅	辰
癸	卯巳	卯〃	巳寅	卯

(第六圖)

天月德・華蓋・將星・驛馬・天赦早見表

月支	月德	天德	長牛蓋	將星	驛馬
子	壬	巳	辰(日時)	子(日支)	寅(年日)
丑	庚	庚	丑〃	酉〃	亥〃
寅	丙	丁	戌〃	午〃	申
卯	甲	申	未〃	卯〃	巳
辰	壬	壬	辰〃	子〃	寅
巳	庚	辛	丑〃	酉〃	亥
午	丙	亥	戌〃	午〃	申
未	甲	甲	未〃	卯〃	巳
申	壬	癸	辰〃	子〃	寅
酉	庚	寅	丑〃	酉〃	亥
戌	丙	丙	戌〃	午〃	申
亥	甲	乙	未〃	卯〃	巳

(第七圖)

第二節　凶神類

(一)　六甲空亡

空亡이란 第八圖에서 보는 바와 같이 十干과 十二支를 配對하였을 때 나머지의 二支를 일컫는 말이니, 例컨대 甲子旬中에는 戌亥二支가 끝으로 남게 되는 바 이를 旬空, 六甲空亡等으로 일컫는다. 造微論에서 「空亡이 있고 다시 寡宿이 臨하면 孤獨을 免할 수 없는 躓蹰(失志하여 눈물을 흘리는 외로운 모습)의 數이다」라고 하였으며, 集說에 말하기를 「人命에 空亡이 있으면 當主가 聰明하다」고 하였다.

六甲旬空早見表

旬中	日　柱										空亡
甲子旬	甲子	乙丑	丙寅	丁卯	戊辰	己巳	庚午	辛未	壬申	癸酉	戌亥
甲戌旬	甲戌	乙亥	丙子	丁丑	戊寅	己卯	庚辰	辛巳	壬午	癸未	申酉
甲申旬	甲申	乙酉	丙戌	丁亥	戊子	己丑	庚寅	辛卯	壬辰	癸巳	午未
甲午旬	甲午	乙未	乙申	丁酉	戊戌	己亥	庚子	辛丑	壬寅	癸卯	辰巳
甲辰旬	甲辰	乙巳	丙午	丁未	戊申	己酉	庚戌	辛亥	壬子	癸丑	寅卯
甲寅旬	甲寅	乙卯	丙辰	丁巳	戊午	己未	庚申	辛酉	壬戌	癸亥	子丑

(第八圖)

(二)　喪門·弔客

喪門이란 子年生人이 寅字를 보는 例이고, 弔客이란 子年生人이 戌字를 보는 例니 生年의 前三辰이 喪門

이요, 生年의 後三辰이 吊客인 바 第九圖를 參照하기 바란다. 生日로 보기로 한다.

集說에 말하기를 「命前三辰이 喪門이요 後三辰이 吊客인 바 歲運에 犯하면 喪服을 입고 哭泣함이 있고, 輕하면 遠親(親戚)을 死別할 것이다」라고 하였다.

(三) 勾神·絞神

勾神이란 子年生이 卯字를 보는 例이고 絞神이란 子年生이 酉字를 보는 例이니 亦是 九圖를 參照하기 바란다.

造微論에 말하기를 「勾神이 重疊되고 三刑되면 刑厄을 자조 받는다」고 하였고, 集說에서는 「前四辰이 勾神이요, 後四辰이 絞神이니, 例컨대 午年生이 酉字를 보면 勾神이요, 卯字를 보면 絞神인 바 日이나 歲運에 만나면 當主가 災厄이 많고 傷身할 것이며 損貴할 것이다」라고 하였다.

(四) 孤神·寡宿

孤神이란 子年生이 寅字를 보는 例이고, 寡宿이란 子年生이 戌字를 보는 例이다. 秘訣에 「孤神과 寡宿이 雙으로 合黨되면 홀아비가 되고 과부가 되는 등 외로운 사람이다」라 하였고, 鸞賦에 말 하기를 「貴人과 함께 孤神寡宿이 있다면 貴吉하다」고 하였고, 또 「孤神과 華蓋가 日時에 다 있으면 當主가 失意하여 외로운 사람이다」라고 하였으며, 또 「孤神과 華蓋가 함께 있으면 林下의 僧尼이다」라고 하였으며, 通明賦에 이르되 「孤神寡宿의 雙辰이 官印을 帶同하였다면 叢林(宗敎界)의 領袖가 될 것이다」라고 하였으며 身命賦에 「男子의 孤神은 他鄕客이요 女子의 寡宿은 寡婦가 될 것이다」라고 하였고, 古歌에 「孤神은 男子가 婦妻를 剋傷하고 寡宿이 있는 女子는 夫君을 害칠 것이다」라고 하였다.

(五) 隔角·咸池

隔角이란 日支와 時支사이에 一字를 隔했음이니 例컨대 丑日이 卯時를 만난 境遇 寅字를 隔한 것이고, 辰

日이 午時를 만난 境遇 巳字를 隔함이요, 未日의 酉時며 戌日의 子時 등의 類를 말한다. 心鏡賦에 말하기를

隔角殺이 있고 歲運에 犯하면 刑厄을 받는다」고 하였다. 따라서 凶殺이다.

咸池라 함은 寅午戌年日生이 卯字를 봄이요 申子辰年日生이 酉字를 봄이요, 巳酉丑年日生이 午字를 봄이요,

亥卯未年日生이 子字를 봄인 바 生年을 爲主하기도 하고 日主를 標準하기도 하며 或 時支로 보기도 한다.

그러나 年을 爲主로 함이 可當하다고 본다. 一名이 桃花니 敗殺 年殺이 같다.

幽微賦 말하되 「酒色으로 狂亡함은 桃花가 殺을 띤 때문이다」라 하였고 玉函賦에 「天德과 咸池가 함께 있

으면 風月(詩歌를 잘 하고 景致 좋은 곳에 잘 노니는 것)의 情이 있다」고 하였으며, 秘訣에는 다음과 같이 말

하였다. 「桃花와 驛馬가 있다면 飄蕩放浪하는 사람이다」 또 「桃花가 있으면 慷慨한 마음이 있는 風流客이면」

또 「人命에 咸池가 있다면 天然的으로 是非가 많고 男子라면 慷慨心이 많으며, 女人이면 風情(여기서는 바람

氣運을 뜻함)이 있다」고 하였다.

通明賦에 말하되, 「桃花가 合을 띠었으면 반드시 虛浪放遊客이다」라고 하였고 造微論에 「咸池가 日主의 官

과 함께 있으면 致富한다」고 하였으며, 또 이르되 「桃花가 만일 帝旺地에 臨하였다면 色으로 因

하여 亡身한다」하였으며, 驚神賦에는 「風流破蕩함은 日干이 弱한데 咸池에 있는 때문이다」라고 하였다.

(六) 返吟·伏吟

返吟이란 子年生이 午字를 보는 例이고, 子年生이 子字를 보면 伏吟이다. 書에 말하기를 返吟과 伏吟이 있

으면 哭하고 울 일이 생기며 自己가 傷害를 입는 것이 아니고 他人을 損하는 凶殺인 바 子年生人이 流年歲君

에 子를 만난즉 伏吟이요 子年生人이 流年歲君에 午字를 만난즉 返吟이니 餘他도 同一하다」고 하였으며, 古

歌에 伏吟殺을 들었다면 벌써 哭泣의 厄이 있는 바 運路에서도 또한 同一하다」고 하였고、또 「返吟의 禍가 비

단 妻兒에게만 害가 있는 것이 아니고 家事와 産業에 또한 支障이 있다」고 하였다.

(七) 元辰 刦殺

元辰이란 子年生人이 未字를 보고、丑年生人이 午字를 보며、寅年生人이 酉字를 보며、卯年生人이 申字를

보며、辰年生人이 亥字를 보고、巳年生人이 戌字를 봄이 그것이다. 秘訣에 이르되 「大耗縣針이 있으면 貧寒

하지 않은즉 夭壽한다」하였고、身命賦에 「禍는 元辰보다 더 나쁜 殺이 없다」고 하였다.

刦殺이란 子字가 巳字를 보고、丑字가 寅字를 보며、寅字가 亥字를 보는 등의 例인 바 亦是 凶殺이다.

(八) 破軍・懸針・平頭

破軍이란 子字가 申字를 보고、丑字가 巳字를 보고、寅字가 寅字를 보는 등이 그것이다. 三車一覽賦에 「亡

刦이 往來하면 佛言을 하지만 蛇心을 가진 爲人이다」. 또 「破軍이 二重으로 있으면 반드시 徒刑되고 流刑될

사람이다」. 라고 하였다.

古歌에 「命中에 官符가 있다면 官事가 많고 才智가 넘쳐 흐르지만 도둑 當함이 많고 祖上의 財物을 山과

같이 물려 받더라도 물에 떠내려 가는 波濤와 같이 허뜨러진다」. 또 「一位의 破軍이 있다면 口舌災厄이 있고

兩重으로 生旺된다면 徒刑이나 流刑을 받고、三重으로 있으면 絞首를 當할 것이요、四位가 있다면 斬頭될 것

이다」라고 하였다.

懸針이란 八字中에 刑多하고 剋戰합이 많으면 그 形狀이 懸針과 같은 것이므로 懸針殺이니 例컨대 甲申 辛

卯 甲午의 類이다. 秘訣에 이르되 「縣針에 羊双이 모이면 屠殺者가 된다」고 하였다.

平頭란 八字中에 刑多하면 平頭殺이니 甲子 甲辰 甲寅 丙辰 丙戌 丙寅의 類이다. 秘訣에 말하기를 「平

頭・懸針이 羊双을 帶同하면 當主가 六畜中에 있다」하였고 集說에 「平頭格에 羊双懸針이 있다면 殺鬪를 일삼

고、破格되고 刑冲되며 莊氣가 없으면 畜生屠殺業을 한다」고 하였다.

(九) 紫暗星・流霞殺・衝天殺・五鬼殺

紫暗殺이란 祿前一位이니 一名이 羊双殺이요 하늘에서는 紫暗星이 된다。人命을 誅戮하는 凶殺인 바 人命에

이를 만나면 그리고 다시 刑冲破害를 加하면 반드시 兵戈의 武器에 依해 惡死한다는 것이다.

流霞殺이란 甲이 酉를 보고、乙이 戌을 보고、丙이 未를 보고、丁이 申을 보고、戊土가 巳를 보고、庚이

辰을 보고、辛이 卯를 보고、壬이 亥를 보고、癸가 寅을 보는 例이니 男主가 流霞殺이 있다면 他鄉에서 죽을

것이요、女主가 流霞殺이 있다면 産後에 死亡할 것이다.

衝天殺이 生日時에 만나면 短壽하고 生年月에 있어도 長壽할 수 없는 바 少年에 早亡한다는 凶殺이다.

五鬼殺이란 木日主가 丑字子字를 만나고、金命主가 午丑을 만나고、火命人이 卯辰을 만남을 말하니 男女間

에 此殺을 만난즉 獨水空房하게 된다.

(十) 紅艶殺・呑陷・三坵五墓・天羅地網・馬前神殺

紅艶殺이란 六丙日이 寅字를 보고 辛日이 酉字를 봄이니 多情多慾한 사람이요、癸日이 申字를 보고 丁日이

未字를 봄이니 눈썹을 들고 눈을 열어 秋波를 던지며 嬉嬉樂樂 外情을 즐기는 사람이요、甲日이 午를 보고

乙日이 申時를 보고 庚日이 戌時를 봄이니 世間 사람의 衆妻가 될 사람이요、戊己日이 辰土를 보고 壬日이

子字를 봄에 妓生이 되고、富家의 女라 할지라도 꽃밭 달밤에 脫線할 女人이다.

呑陷이란 亥戌未(猪犬羊)生이 寅字를 만남에 반드시 傷害됨이요、申巳字가 서로 만남에 그러하고、巳午年生

이 酉子字를 봄이니 徒刑을 받을 것이요、卯年이 巳字를 봄이니 遠鄉으로 달아날 것이며、子年이 戌字를 봄

이니 惡死할 것이며, 午丑이 寅을 봄이니 傷害되고 卯申이 戌을 만남이니 災厄을 避할 수 없고, 辰字가 辰字를 봄이니 水厄을 받을 것이다.

三垈五墓라 함은 春節에 生한 자가 丑字를 보고 夏節에 生한 자가 辰字를 보며, 秋節에 生한 자가 未字를 보며, 三多에 生한 자 戌字를 봄이니, 三垈五墓라 人命에 만난다면 근심이 있는 바 父母妻子에 厄患이 있다.

天羅地網이라 합은 辰字가 天羅이고 戌字가 地網임을 말하는 바 古言에 「辰戌이 羅網이니 太乙이 臨하지 않으며 命中에 있음에 疾厄・剋陷・獄訟等을 當한다고 하였다.

馬前神殺이라 함은 驛馬殺・六害殺・華盖殺・刼殺・灾殺・年殺・月殺・亡神殺・將星殺・扳鞍殺을 말한다.

(十一) 流年星耀・太白星・斧劈星・孤虚神

流年星耀라 함은 太歲에 첫째 劍鋒과 伏尸가 함께 있음이요, 둘째 太陽과 天宮이 있음이며, 셋째 喪門과 地喪이 있음이며, 넷째 勾絞와 貫索이 있음이며, 다섯째 官符와 飛符와 五鬼가 있음이며, 여섯째 死符와 官耗가 있음이며, 일곱째 欄杆과 大耗가 있음이며, 여덟째 暴敗와 天厄이 함께 있음이며, 아홉째 飛廉・白虎며, 열째 卷舌福星이며, 열한째 天拘吊客患이며, 열둘째 病符와 만나지 말 것인 바 이 十二凶殺을 太歲流年에 만남을 流年星耀라 한다.

太白星이라 함은 子午卯酉가 巳에 있고 寅申巳亥가 酉에 있으며 辰戌丑未가 丑을 만남을 말하는 바 此殺이 命柱에 있으면 孤虚하고 夭壽하며 貧賤하고 殘疾徒配를 만난다.

斧劈星이란 子午卯酉가 巳에 있고 寅申巳亥가 酉를 만나며 辰戌丑未年生이 丑을 만남에 大忌함을 말하니 破財刑厄等의 災禍를 입는다.

孤虚神이란 空亡의 對宮을 말하니 甲子旬中에 戌亥가 空亡인 바 戌亥의 對宮인 辰巳가 孤虚神이 되고 亦是

孤貧을 뜻하는 凶殺이다。

凶殺早見表(第一)

年日支	喪門	吊客	勾神	絞神	孤神	寡宿	隔角	減池	返吟	伏吟	元辰	劫殺	破軍	天殺
子	寅	戌	卯	酉	寅	戌	卯	酉	子	午	未	巳	申	未
丑	卯	亥	辰	戌	寅	戌	卯	午	丑	未	午	寅	巳	辰
寅	辰	子	巳	亥	巳	丑	午	卯	寅	申	酉	亥	寅	丑
卯	巳	丑	午	子	巳	丑	午	子	卯	酉	申	申	亥	戌
辰	午	寅	未	丑	巳	丑	午	酉	辰	戌	亥	巳	申	未
巳	未	卯	申	寅	申	辰	酉	午	巳	亥	戌	寅	巳	辰
午	申	辰	酉	卯	申	辰	酉	卯	午	子	丑	亥	寅	丑
未	酉	巳	戌	辰	申	辰	酉	子	未	丑	子	申	亥	戌
申	戌	午	亥	巳	亥	未	子	酉	爲	寅	卯	巳	申	未
酉	亥	未	子	午	亥	未	子	午	申	卯	寅	寅	巳	辰
戌	子	申	丑	未	亥	未	子	卯	酉	辰	巳	亥	寅	丑
亥	丑	酉	寅	申	寅	戌	卯	子	亥	巳	辰	申	亥	戌
備考	生年으로봄	命後三辰	命前四位	命後四位		生年爲主		桃花殺	生年爲主	歲君逢之	生年爲主			生年對月 生日對時

(第九圖)

凶神表(第二)

太白星	吞陷	病符	劍鋒	飛符
巳	戌	亥	癸子	辰
丑	寅	子	己丑	巳
酉	丑	丑	甲寅	午
巳	戌巳	寅	乙卯	未
丑	辰	卯	戊辰	申
酉	子	辰	丙巳	酉
巳	寅酉	巳	丁午	戌
丑	寅	午	己未	亥
酉	戌巳	未	庚申	子
巳	戌	申	辛酉	丑
丑	寅	酉	戊戌	寅
酉	寅	戌	壬亥	卯
生年為主				

年日干	紫暗星	流霞	五鬼	紅艶
甲	卯	酉	子丑	午
乙	辰	戌	子丑	申
丙	午	未	辰卯	寅
丁	未	申	辰卯	未
戊	午	巳		辰
己	未	午		辰
庚	酉	辰	丑午	戌
辛	戌	卯	丑午	酉
壬	子	亥		子
癸	丑	寅		申
備考	陽干에限함	生年為主		

(第十圖)

以上에서 吉神과 凶殺을 取扱하였지만 이것은 어디까지나 斷命上 補助的 役割을 할뿐 決定的 要件이 되는 것은 아니니 留意하기 바란다。 特히 凶殺中 紫暗星 減池・寡宿・孤神・返伏吟・孤神喪門吊客外의 것은 더욱 그러하다。 減池殺이 淫亂殺이라 하지만 烈士 貞女의 命에 흔히 보이는 바 命의 貴賤壽夭禍福을 決定하는 重要한 要件으로서는 五行의 通變格局의 如何와 十神의 造化等을 重視하지 않으면 안된다。

371

第三章　五行通論變

第一節　起八字訣

(一)　年上遁月

年上遁月이라 함은 月建算出法을 말하며、月建이라 함은 六十甲子로 月節을 表示함인 바 이 月建은 當年의 太歲만 알면 算出할 수 있다。例컨대 當年太歲가 甲子年이라면 그 正月月建은 丙寅이요 二月은 丁卯月이니 다음과 같은 公式에 依해 算出하는 바이다。

甲己之年丙寅頭·乙庚之年戊寅頭·丙辛之年庚寅頭·丁壬之年壬寅頭·戊癸之年甲寅頭

上記 詩文에서 보는바 甲己之年丙寅頭라 함은 甲子年이나 甲戌年이나 己未年等은 正月의 月建이 丙寅이라는 것이다。따라서 二月은 丁卯요 三月은 戊辰이 되는 바 下圖를 參考하기 바란다。

月建算出表

四時方位	月別	節別	年別（甲己）
春　東方	正	立春	丙寅
	二	驚蟄	丁卯
	三	清明	戊辰
夏　南方	四	立夏	己巳
	五	芒種	庚午
	六	小暑	辛未
秋　西方	七	立秋	壬申
	八	白露	癸酉
	九	寒露	甲戌
冬　北方	十	立冬	乙亥
	十一	大寒	丙子
	十二	小寒	丁丑

（第十一圖）

(二) 日上遁時

日上遁時라 함은 日辰(當日의 干支니 甲子日 丙寅日 等)에 依해 生時를 算出함을 말한다. 例컨대 甲子日의 子時라면 甲子時요, 丙申日 子時라면 戊子時임을 識別함과 같은 바 그 公式은 아래와 같다.

甲己還加甲・乙庚丙作初・丙申從戊起・丁壬庚子居・戊癸壬子是

곧 甲己日(日干이 甲이나 己字가 되는 날)은 甲子時・乙庚日은 丙子時・丁辛日은 戊子時・丁壬日은 庚子時・戊癸日은 壬子時로 부터 始作되는 바 下圖와 같다.

乙	丙	丁	戊
庚	辛	壬	癸
戊寅	庚寅	壬寅	甲寅
己卯	辛卯	癸卯	乙卯
庚辰	壬辰	甲辰	丙辰
辛巳	癸巳	乙巳	丁巳
壬午	甲午	丙午	戊午
癸未	乙未	丁未	己未
甲申	丙申	戊申	庚申
乙酉	丁酉	己酉	辛酉
丙戌	戊戌	庚戌	壬戌
丁亥	己亥	辛亥	癸亥
戊子	庚子	壬子	甲子

時間早見表

支時	時間	甲	乙	丙	丁	戊
日干		己	庚	辛	壬	癸
子時	二三時~一時	甲子	丙子	戊子	庚子	壬子
丑時	一時~三時	乙丑	丁丑	己丑	辛丑	癸丑
寅時	三時~五時	丙寅	戊寅	庚寅	壬寅	甲寅
卯時	五時~七時	丁卯	己卯	辛卯	癸卯	乙卯
辰時	七時~九時	戊辰	庚辰	壬辰	甲辰	丙辰
巳時	九時~十一時	己巳	辛巳	癸巳	乙巳	丁巳
午時	十一時~十三時	庚午	壬午	甲午	丙午	戊午
未時	十三時~十五時	辛未	癸未	乙未	丁未	己未
申時	十五時~十七時	壬申	甲申	丙申	戊申	庚申
酉時	十七時~十九時	癸酉	乙酉	丁酉	己酉	辛酉
戌時	十九時~二一時	甲戌	丙戌	戊戌	庚戌	壬戌
亥時	二一時~二三時	乙亥	丁亥	己亥	辛亥	癸亥

(第十二圖)

(三) 看命入式 (原文省略)

人命을 判斷하려면 먼저 四柱八字를 排別하여야 한다. 八字를 排別한 후 日干을 主人으로 보고, 年柱를 祖

上으로 본다. 따라서 年柱로써 그 祖上世派의 盛衰를 살핀다. 月柱를 싹으로 보는 바 父母로 보니 父母의 蔭德

與否를 본다. 또 日干은 自身이요 日支는 妻이다. 時柱는 子息인 바 꽃의 열매이니 嗣續의 喜忌를 알게 된다.

또 重要한 것은 月令의 氣運이 깊은가 낮은가? 하는 深淺問題와 月令이 日主를 生助함을 得令이라 하고,

不然하면 失令하였다고 하는 바 得令與否를 分別해야 하며, 또 年時에 財官이 干上에 露出하면 좋고 身主가

健旺해야 한다. 만일 身旺하고 財旺하면 財福도 많고 富貴할 것이다. 만일 四柱에 財官이 없다면 다음으로

印綬를 보고 어느 格局에 該當하는가를 보아서 吉凶을 判斷할 것인 바 그러나 지나치게 格式에 拘執되어서는

不可하니 도리어 通變을 모르게 될 念慮가 있다.

[講] 初學을 爲하여 四柱八字를 排列하는 法을 說明하면, 丙午年 五月 十一日 卯時生의 境遇 다음과 같다.

年柱 丙午

月柱 甲午

日柱 己未

時柱 丁卯

丙午年生이므로 丙辛之年庚寅頭의 公式에 依據하여 正月이 庚寅이므로 二月은 辛卯, 壬辰

(三月) 癸巳(四月), 甲午가 五月이 된다. 따라서 年柱는 丙午이고 月柱는 甲午이며, 當日의 日

柱는 萬歲曆을 보면 十一日이 己未日이므로 日柱는 己未가 되며, 時間算出公式을 보면 甲己之

日還加甲이니 甲子時로부터 始作하여 甲子乙丑丙寅丁卯의 丁卯時柱가 된다. 따라서 四柱八字

의 排列은 上記에 보임과 같다. 日辰(日柱)에 關한限 萬歲曆을 보는 것이 一般的으로 便利하고, 月令을 定하

는데 留意할 點은 日字(每月一日)를 標準하지 말고 節入日을 標準할 일이다. 例컨대 正月인 寅月은 立春節入

日로부터 이니 丙午年의 立春節入日이 前年인 乙巳年 十二月 二五日이었다면, 乙巳年 十二月 二五日 以後에

出生한 사람은 全部 丙午年의 庚寅月生으로 보는 것이다. 또 甲辰年 立春節이 正月 十一日이라면 正月 十日以

前에 出生한 사람은 前年인 癸卯年 乙丑月生으로 봐야 한다。이에 對한 것과 및 命理學의 基礎理論 一般에 關

하여 더욱 仔細히 硏究하고자 하는 분은 拙著 淵海子平 第一卷을 參照하기 바란다。

(四) 月令詳辨 (原文省略)

年柱에 官星과 印綬가 있은즉 祖上이 崇高하였을 것이요 月令이 提綱(그물의 코와 같으니 重要한 聯結點이

다)이니 官星과 印綬가 있은즉 慷慨聰明하고 見識이 높은 사람이다。時柱는 또 補佐하는 位置이다。

만일 年月日柱가 吉한즉 時柱가 吉神의 生旺處가 되어야 하고 만일 凶神이 있은즉 時柱에서 制伏해 주어야

하니 年月日에 吉한자는 生助해 주고 凶者는 制去해 주어야 한다。例컨대 月令에 用神이 있은즉 父母의 힘을

입는 것이요 時柱에 用神이 있다면 子孫의 힘을 입는 바 이와 反對의 境遇는 不吉한 것이다(官星財星・

七殺・印綬等의 名詞에 對하여는 本章 第二節 十神通變星條를 參考하라)。

(五) 大運法

大運은 月令으로부터 生出하는 것으로서 이른바 運이 좋으니 나쁘니 하는 말의 뜻은 이 〈大運〉이란 말에

서 나온 것이다。八字의 四柱를 原命이라고 하는데 四柱八字가 가지고 있는 固定的이고 不動的인 內容은 大

運의 運路를 따라 影響되고 興亡盛衰가 展開된다。

그런데 이 大運의 展開는 男子의 境遇 陽干年(甲丙戊庚壬)生은 順行하고 陰干年生(乙丁己辛가)은 逆行하며

女命의 境遇는 男命과 反對이다。順行이라 함은 丙寅月生의 大運이 丁卯 戊辰 己巳의 順으로 展開됨을 말하고

逆行이라 함은 丙寅月生의 大運이 乙丑 甲子 癸亥의 차례로 展開됨을 말한다。

또 大運은 一大運을 十年間으로 보는 바 甲子年立春이 正月(丙寅) 一日이요 二月(驚蟄節)이 二月 二日이고

正月이 적은데 正月 十五日生의 男命이 있다면 此人은 順行하므로 첫 十年運은 丁卯大運이요、다음의 十年運

은 戊辰大運이 된다。또 大運의 運數가 있으니 몇 살 부터 丁卯大運에 行入하는가 하는 **問題**로서 그 算出法

은 順運命인 境遇 다음 節入日까지의 日數를 三으로 나눈 數이고 逆運命인 境遇 當月節入日까지의 逆算日數

를 三으로 나눈 數로 運數를 삼는다。따라서 上記한 男命의 例로 보면 正月 十五日부터 다음 節入日인 驚蟄

日 二月二日까지가 十六日이므로 三으로 나눈 五가 此命의 運數가 되는바 五歲에 丁卯大運에 行入하고、十五

歲에 戊辰大運에 行入하는 것이다。이때에 나머지 數는 〈반올림법〉에 따라 一은 버리고 二는 올린다。또

此男과 同日生의 女命이라면 乙丑 甲子의 逆順으로 運行하므로 十五日로부터 立春節인 一日까지 逆算한 日數

가 十四日이니 運數는 亦是 五이며 五五運이라고 呼稱한다。以下의 乙丑年 正月十七日(甲寅日) 戊時生의 男

女二命을 例示해 본다(立春을 正月 初二日 驚蟄日을 二月 三日로、正月은 小月로 본다)

男命　五五運

乙丑	初五	丁丑
戊寅	一五	丙子
甲寅	二五	乙亥
甲戌	三五	甲戌
	四五	癸酉
	五五	壬申

女命　五五運

乙丑	初五	己卯
戊寅	一五	庚辰
甲寅	二五	辛巳
甲戌	三五	壬午
	四五	癸未
	五五	甲申

(六) 子平擧要 (原文省略)

命柱의 造化가 먼저 日主를 보는데 있으니 官地에 坐臨하고 印綬地에 坐臨함에 衰旺의 與否를 살핌이 重要

하며 天時를 表하는 月令을 이름하여 提綱이라 하는 바 月令에 財官印이 있고 없음과 그 輕重과 露出與否를

살핌이 重要하다。

곧 **官星**이 露出(干上에 나타남)하고 七殺이 地支에 감추어져 있다면 福命이요 殺이 露出되고 官星이 藏支

되면 禍를 入胎한 것이다. 官殺이 다 露出되면 禍가 더욱 크고 官殺이 混雜되었다면 官을 殺로 봐야 한다.

官旺하면 官을 만남을 꺼리고 官星이 刑冲됨을 또한 忌하며 官輕한데 財를 봄은 福利하고 年上에 傷官이 있

음은 가장 꺼리는 바 거듭 傷官을 만난다면 不可하다.

(七) 江湖摘錦

傷官用財格은 福命이요 財星이 絶死하고 官星이 衰敗하면 禍厄이 있으며 合함을 貪하여 官星의 本分을 잃

어도 榮華가 不足하고 合을 貪하므로 殺星의 作用을 잃게 됨은 福命이다. 身弱한데 아울러 財多하면 恨嘆스

러운 命造이니 다시 官鄕으로 大運이 行入한다면 禍厄이 相逐할 것이며 財星이 많고 身弱하고 食神이 있고

殺이 生助된다면 반드시 災厄이 될 것이다. 天干과 地支에 會合함이 있다면 刑剋이 있어도 達士이다.

官을 取用함에 傷官이 不可하고 財星을 取用함에 劫財가 不可하며 印綬를 取用함에 財로써 破印함이 不可

하며 食神을 取用함에 梟印이 奪食함이 不可하다. 만일 七殺이 있다면 制伏함이 要望되나 太過하면 도리어

凶하며 傷官格이 財星을 봄은 기쁘다. 印綬는 殺官을 좋아하고 財旺함을 꺼리며 羊双은 冲함을 꺼리고 合함

을 기뻐하며、 比肩을 取用함엔 七殺을 制함을 要하며 七殺이 있으면 食神을 좋아한다. 이것은 子平의 根本要

法이니 江湖의 術者는 仔細히 알아야 한다.

(八) 男女命小運定局

小運이라 함은 大運이 月令을 起準하여 行運함에 對하여 小運은 時柱를 標準하여 行運함을 말한다. 例컨대

男命의 陽干年生과 陰干年生의 女命은 順行하니 곧 甲子時生이라면 一歲에 乙丑이요 二歲엔 丙寅이요、 三歲

에 丁卯요、 四歲戊辰、 五歲己巳等의 順運이며 만일 陰干年生의 女命이 甲子時生이라면 癸亥에 一歲요、 二歲

에 壬戌이며、 三歲에 辛酉로 逆行함이 그 例이다. 小運은 大概 大運에 이르기 前에 使用함이 普通이다.

第十三圖　陽順陰逆生旺死絕圖

中央標題：陽順陰逆之生旺死絕圖

各地支藏干（甲／乙／丙戊／丁己／庚／辛／壬／癸，甲多書作「木」）生旺死絕表：

地支	甲	乙	丙戊	丁己	庚	辛	壬	癸
申	木絕	乙養	丙戊病	丁己敗	庚祿	辛旺	壬生	癸死
酉	木脂	乙絕	丙戊死	丁己生	庚旺	辛祿	壬浴	癸病
戌	木養	乙墓	丙戊墓	丁己養	庚衰	辛冠	壬帶	癸衰
亥	甲生	乙死	丙戊絕	丁己脂	庚病	辛敗	壬祿	癸旺
子	木浴	乙病	丙戊脂	丁己絕	庚死	辛生	壬旺	癸祿
丑	甲帶	乙衰	丙戊養	丁己墓	庚墓	辛養	壬衰	癸帶
寅	甲祿	乙旺	丙戊生	丁己死	庚絕	辛脂	壬病	癸浴
卯	甲旺	乙祿	丙戊敗	丁己病	庚脂	辛絕	壬死	癸生
辰	甲衰	乙冠	丙戊冠	丁己衰	庚養	辛墓	壬墓	癸養
巳	甲病	乙敗	丙戊祿	丁己旺	庚生	辛死	壬絕	癸脂
午	甲死	乙生	丙戊旺	丁己祿	庚敗	辛病	壬脂	癸絕
未	甲墓	乙養	丙戊衰	丁己冠	庚官	辛衰	壬養	癸墓

（第十三圖）

第十四圖　地支造化圖

中央標題：地支造化之圖

各地支藏干司令日數：

申	戊己七日、壬七日二分半、庚十六日五分半
酉	庚十日三分半、辛二十日六分半、丁長生
戌	辛九日三分、丁三日一分、戊十八日六分
亥	戊七日二分半、甲七日二分半、壬十六日五分半
子	壬十日三分半、癸二十日六分半、辛長生
丑	癸九日三分、辛三日一分、己十八日六分
寅	戊七日二分半、丙七日二分半、甲十六日五分半
卯	甲十日三分半、乙二十日六分半、癸長生戊
辰	乙九日三分、癸三日一分半、戊十八日六分
巳	戊七日二分半、庚七日二分半、丙十六日五分
午	丙十日三分半、己九日三分、丁十一日三分半
未	丁九日三分、乙三日一分半、己十八日六分

（第十四圖）

第二節　十神通變星

(一)　陰陽通變妙訣

子平의 法에 첫째 官星의 陰陽을 가리어 官星과 七殺을 나누니 甲乙木이 庚辛金을 봄이 그것이요 둘째 財星의 陰陽을 가리어 正財와 偏財로 나누니 甲乙木이 戊己를 봄이 그것이요, 셋째 我身을 生해주는 자의 陰陽을 가리어 印綬와 倒食을 分別하니 甲乙日이 壬癸를 봄이 그것이다. 사람의 富貴貧賤壽夭가 다 이 五者를 떠나서 있는 것이 아니니 術士가 그 格局을 밝게 알지 못 하므로 世人을 亂惑하나 이는 全혀 命에 證驗됨이 없을 것이다. 以下에 定格定局을 明立하니 힘써 工夫하기 바란다.

「講」 이 五陰五陽通變의 十星은 命理學의 가장 基礎되는 術語이고 理論이 되는 것인만큼 아래의 第十五圖를 參考하여 分明히 暗記해 두기 바란다.

天干五陽五陰通變圖

十星＼日子	比肩	劫財	食神	傷官
甲	甲	乙	丙	丁
乙	乙	甲	丁	丙
丙	丙	丁	戊	己
丁	丁	丙	己	戊
戊	戊	己	庚	辛
己	己	戊	辛	庚
庚	庚	辛	壬	癸
辛	辛	庚	癸	壬
壬	壬	癸	甲	乙
癸	癸	壬	乙	甲
備考	兄弟親友	羊刃剋父剋妻	天厨壽星又男兒	盜氣剋子息剝官

(第十五圖)

偏財	正財	偏官	正官	倒食	印綬
戊	己	庚	辛	壬	癸
己	戊	辛	庚	癸	壬
庚	辛	壬	癸	甲	乙
辛	庚	癸	壬	乙	甲
壬	癸	甲	乙	丙	丁
癸	壬	乙	甲	丁	丙
甲	乙	丙	丁	戊	己
乙	甲	丁	丙	己	戊
丙	丁	戊	己	庚	辛
丁	丙	己	戊	辛	庚
偏妻、又父、妾	正妻、剋母	七殺、將星權	祿馬榮身星	梟印、剋子息	比蔭正母

(二) 定格局類 (原文省略)

甲日定格＝甲日이 寅月에 出生하였다면 이것이 祿을 만난 것이고 甲日이 卯月에 生하였다면 羊双을 만난 것인 바 日主가 旺氣를 얻은 것이다。 또 甲日이 三月辰令에 出生하였으면 雜氣財官格인 바 辰庫에 財印이 감추어져 있음이요 巳는 食神인 바 巳中戊土가 偏財로써 暗藏되어 있으며 午月은 丁火가 司令旺盛하니 傷官이요、未月은 雜氣財官格이요、七月申月令엔 七殺이 旺強한 節令이며、酉月은 正氣官星을 取用하고、九月은 戌中에 辛金官星이 숨어있는 바 雜氣財官格이요、十月은 亥中壬水가 司令하는 바 偏印月이니 壬水를 取하여 偏印格이며、十一月子令은 子中癸水를 取하여 正印格의 最眞格이며、丑月은 丑中의 癸辛己 財官印을 共取하니 雜氣財官格이다。

乙日定格＝乙日主가 寅月에 生하면 이름이 傷官格이며、卯月에 生함에 建祿格이 되며 辰月에 生하면 辰中의 乙癸戊를 取하여 雜氣財官格이며 巳月에 生함에 巳中의 丙戊를 取하여 傷官財星格이며、午月에 生함에 丁火食神格이요、 未土月에 生하면 亦是 雜氣財官格이며、申月에 生함에 正氣官星格이요、八月酉金節에 生하면

殺格을 이룬 것이며、戊月은 戊中의 丁辛己財官을 갖춘 雜氣財官格이요、亥月에 生함에 印綬格이니 正印이 扶

身하는 貴格이요、子月에 生함에 癸水偏印格이며 丑月에 生함에 辛丁戊支藏干을 取하여 雜氣財官이 된다。

丙日定格＝丙日이 寅月을 만남에 偏印格이요 卯月에 生함에 正印格이니 官殺을 좋아하고、辰月에 生함에

雜氣財官格이요 食神이 된다。또 巳月에 巳中에 建祿格이 되고 午火羊双月에 生함에 未月에

生함에 傷官格이며、申月에 生함에 偏財格이니 身旺해야 좋고、酉月에 生함에 財旺生官格이요、戊月은 雜氣

格이며 食神格이 되고、亥月엔 偏官格이니 身旺함을 要하며 子月에 生함에 正氣官星格인 바 官旺하고 丑月令

에 또한 丑中의 癸辛己를 取하여 雜氣財官이 된다。

丁日定格＝丁日이 寅月에 生함에 正印格이요 卯月에 生하면 偏印格이요、辰月에 生함에 雜氣의 傷官格이요

巳月에 生함에 巳中丙火를 取하는 바 傷官格이요 生財한다。午月에 生함에 建祿되고、未月에 生함에 食神이

며 申月은 申中庚金正財와 壬水正官이 있는 바 財生官하고、酉月에는 偏財가 旺한 때요、戊月에 生함에 雜氣

財官格으로 보고 亥月에 正官과 正印이 旺盛한 때이며、子月七殺이 甚凶하니 七殺偏官이요、丑月에

生함에 丑中의 癸辛己를 써서 雜氣財官格이 된다。

戊日定格＝戊土가 寅月에 生함에 殺과 印을 함께 가졌으니 寅中丙火는 印이요 寅中甲木은 殺이 되는 때문

이다。또 戊土가 卯月에 生함에 正官格이니 甚히 貴하고、辰月에 生하면 辰中의 乙癸를 取하여 雜氣財官을

이루고 巳月令에 生함에 建祿格이니 身旺貴命이요、午月에 正印格이요、未月에 生함에 雜氣財官格이요、七月

申令은 食神이 生財하는 格이요 八月酉令은 傷官格인 바 財를 좋아하고 戊月令은 戊中의 丁辛己를 取用하는

바 雜氣財官格이 分明하고 亥月에 生함에 財殺格이니 亥中壬水는 偏財이고 亥中甲木은 七殺인 때문이다。또

子月에 生함에 正財生官格이요、丑月에 生함에 亦是 雜氣財官格이다。

己日定格＝己土가 寅月에 生함에 正印正官(寅中丙火는 正印이요 寅中甲木은 正官임) 格이니 貴命이요、卯月에 生하면 七殺格인 바 亦是 貴命이며、辰月에 生함에 雜氣財官格이요 巳月令에 生함에 正印格이니、淸貴하고、午月에 生함에 建祿格을 이루었고、未月이 雜氣財官格이요、申月에 生하면 傷官의 眞格이며、酉月에 生함에 食神格이니 좋고、戌月은 亦是 雜氣財官格이요 亥月에 生함에 正財生官格이며、子月에 生함엔 偏財格이 分明하고 刦財를 꺼리며 丑月에 生함에 雜氣財官이 된다。

庚日定格＝庚日이 寅月에 生하면 財殺格이 되고、卯月에 生함에 正財格이며 辰月에 生함에 雜氣偏印格이요 巳月에 生함에 七殺格인데 偏印을 兼하였고、午月에 生함에 炎天의 正官格이며、未月은 雜氣財官格이고 또 未는 正印이 된다。申月에 生하면 建祿格이 되고 酉月에 生하면 羊双格이요、戌月에 生함에 雜氣財官格이며 亥月에 生하면 食神格이니 身强함을 좋아하고、子月에 生함에 傷官의 眞格을 이루고 있으며、丑月生은 雜氣財官格이다。

辛日定格＝辛日이 寅月에 生함에 財旺生官格이요、卯月에 生함에 偏財格으로 福基가 되고、辰月에 生함에 雜氣財官格이요 兼하여 正印格이고 巳月生이면 正官과 正印을 兼取하는 格이요、午月에 生하면 偏官格이니 梟神을 기뻐한다。未月에 生함에 雜氣財官格으로 偏印이며、申月에 生함에 子辰水局을 이루면 傷官格이 되는 바 冲을 꺼리며、戌月은 雜氣財官格인 바 戌中戊土가 印星이 된다。亥月에 生함에 傷官格인 바 財星 봄을 좋아하며、子月에 生함에 食神格이요、丑月에 生함에 下旬이면 偏印格이 된다。

壬日定格＝壬日이 寅月에 生함에 食神格이요、卯月에 生함에 傷官格이요、辰月에 生함에 雜氣財官格인 바 辰中戊土가 七殺이 되며、巳月에 生함에 偏財格이며 아울러 偏官(巳中戊土를 取用할 때)格이다。午月에 生함에 財官兩全格이요 未月에 生함에 雜氣의 財官을 取하고、申月은 偏印格이며、酉月은 正印格인 바 財星만 남을

꺼린다。 戌月엔 雜氣이니 戌中戊土가 七殺이요、 亥月은 建祿格이나 初氣는 甲木食神이 主令하며、 子月은 羊

双格이요 丑月은 雜氣財官格이 된다。

癸日定格＝癸日이 寅月에 生함에 傷官을 取用하고、 卯月에 生함에 食神格이요、 辰月生은 雜氣財官格이며、

巳月은 財官을 取用하고、 午月生은 偏財偏官을 取用하고、 六月生은 雜氣偏官格이며、 申月生은 正印格이니 寅

孛를 꺼리고、 酉月生은 偏印이며 戌月은 雜氣財官格이요、 亥月生은 傷官格이며、 子月生은 建祿格이요、 丑月

生은 雜氣七殺格이다（以上은 財官印七殺傷食의 六者를 取用하는 定格인바 子平의 切法이므로 取錄하는 바이

다）。

第四編　秘傳妙訣篇

第一章　秘傳玉論(卷三)

第一節　子平泛論・十干從化・定訣十段錦

(一) 子平泛論

傷官이 만일 傷盡(四柱에 傷官만 있고 官星이 全혀 없거나 官星이 完全히 剋去된것) 되었다면 문득 官星과 만남을 기뻐하고、傷官格에 財를 取用하는 境遇 官星을 만남에 禍厄이 가볍지 않고、傷官이 만일 印星을 取用하는 格이라면 殺을 剋하나 刑되지 않으며、傷官帶双格이라면 合이 있음에 이름이 떨칠 것이다。傷官用財格은 印鄕運을 꺼리지만 傷官格에 印星을 보면 印運이 無妨하며 雜氣格이면 財官印을 다 不忌한다。

三戌가 一癸를 合하면 再嫁하며、妻財가 受剋되면 子息을 낳아도 養育할 수 없으며 印綬와 比肩이 있다면 財鄕運을 不忌하며 印綬가 많은데 身旺하면 반드시 滯碍될 것이요 印綬가 被傷되었다면 父母가 剋害될 것이고、官殺이 混雜되어도 父母를 剋하며 財多하고 身弱하면 또 父母를 剋하고 日干과 日支가 同一하다면 損財되고 傷妻될 것이며 辛卯・戊寅日主는 殺을 꺼리지 않는다。

女命에 比肩이 있어서 嫉姉가 貪合하지 않고、殺이 露出된 火命은 月支에 火가 있음은 가장 좋고、干頭에

木이 있어 火를 引出함이 좋다. 癸酉日이 弱格이라면 殺을 봄에 반드시 凶하고 官貴가 太旺하다면 또한 좋지

않으며 土命은 胞胎十二運을 不論하고 日時를 重視한다. 官殺이 混雜됨에 陽干이면 바야흐로 取用하고 陰干

은 取用하지 않는다.

또 子水는 午火를 꺼리나 午火는 子水를 꺼리지 않고, 寅木은 金을 꺼리지 않고, 巳金은 火를 꺼리으

며, 巳土는 木을 꺼리지 않으며, 申金은 火를 꺼리지 않고, 戊土는 水를 꺼리지 않는다. 卯木은 酉金을 꺼리

고 一辰土는 寅木을 꺼리나 乙日이 丑月生이라면 殺을 꺼리지 않는다. 무엇보다도 四柱에 元來 病이 있다면

制去함을 要望하니 만일 病을 制去하지 않는다면 不發할 것이다.

(二) 十干從化定訣

무릇 八字를 보는데는 먼저 從化格인가를 살펴서 從化格이 아닐 때 비로소 財官을 볼 것이며 財官을 取하

지 않을 때엔 다음으로 格局을 取論할 것이니 다시 格도 안되고 局도 못 이루었다면 足히 論할 것이 없다. 만

일 從格을 이루고 化格을 이루며 成格하고 成局하였다면 반드시 富貴할 命造인 바 賦에 이르되 「火가 虛함에

불꽃만 있고 木盛하면 多仁하며 化格·從格을 얻으면 顯達하여 名聲을 떨칠 人士이다」라고 하였음이 그 것

이다. 그러나 甲木은 오직 從化의 理致가 없다.

甲己化土는 中正之合이니 辰戌丑未가 있으면 稼穡格이요 句陳得位한 格이며 乙庚化金은 仁義之合이니 巳酉

丑이 있으면 曲直이 從事하는 格이며 戊癸化火는 無情의 合이니 火局을 얻는다면 炎上인 바 天干이 化合한

자는 福德을 얻은 것이다. 〈化之眞者는 名公巨卿이요 化之假者는 孤兒異始이다(化格의 眞格은 互物宰相이요

假格의 化格者는 孤兒요 父母가 다른 異姓者임)〉라고 하니 化格의 理致는 玄中玄하고 妙中妙함이 있다.

(三) 十段錦

甲이 己土와 合從함에 土에 依賴하여 所生되는 바 乙을 만나면 妻財에 暗損이 있고 丁火를 만나면 盜氣이나

衣祿이 헛될 것이며 貴顯發身함은 辛金을 얻은 所以이며 家昌大富함은 戊土의 功이다。癸를 봄에 平生發福

할 것이요 壬水를 만남에 一世에 放浪客의 生活을 하고 庚金을 보면 家道가 昌盛하지 못하며 時에 丙火를 본

다면 千種의 祿貴를 받을 것이다。

己土가 甲을 合하여 化格을 이룸에 寅을 만난즉 秀貴하고、丁을 보면 凌辱을 當하며、乙을 만남에 모든 일

이 막히고、傷水가 重重함엔 奔走放浪客이요、庚金을 만나면 孤寒한 白屋人이요、丙內엔 辛을 가지니 반드시

貴하고、戊中엔 癸水를 가지니 貧賤하지 않은바 만일 官職에 나간다면 榮達할 것이다。辛金을 만나면 家盛大

富한다。

乙木이 庚金을 合化함에 西方의 金氣를 받은 바 塞難(막히어 어려움)함은 丙火地를 生逢한 때문이요 榮華

함은 壬水地에 있는 때문이다。丁火가 當權하면 봄꽃이 해를 만남과 같아서 吉貴하나 辛金슴에 生하면 秋草

가 서리를 만난것 같으며、巳字를 만난다면 가장 좋으니 金玉이 滿堂할 것이다、甲地에 向入하여 財旺함은

宜吉하니 穀物이 倉庫에 가득하며 나날이 苦生만 하는 것은 勾陳(土旺)의 作亂하는 때문이며 항상 費力하기

만 함은 玄武(水盛)가 災殃을 일으키는 때문이다。

庚金이 乙木을 化金함에 金氣가 堅强한 것이니 辛金은 가장 꺼리는 바 暗損함이 있을 것이요 丙火가 煎然

함을 또한 꺼리며 丁官을 만남에 蛟龍이 구름을 얻은듯 大發하며 己印을 만남에 鵬새가 秋天에 나르듯 大貴

하며 癸水가 旺하여서는 田園에 거둘 것이 없고 壬水가 盛함엔 財祿이 增加할 것이다。戊土를 만남에 巨富가

될 수 없으나 壬水가 助力하면 長壽할 것이다。

丙火陽火가 辛金을 만나 化水함에 戊土를 만난즉 福이 있고、乙木이 있으면 成名할 것이며(生丙火故)、癸

巳 令에 生逢하면 官爵이 榮貴하고 庚寅이 強旺한즉 家門顯達하고 甲午地에 橫厄이 있고 壬辰에 禍敗가 있으며, 丁火가 重重하다면 富貴한들 몇일이나 가겠으며 己土를 重逢함에 비록 榮華가 있어도 한번 뜬 구름과 같으니 長久할 수 있겠는가?

辛金이 丙火를 만나 化水함에 戊를 봄이 最宜하고 庚金을 보면 一生이 좋다. 己土를 보면 何年에 發福할 것이며 壬水를 보면 何日에 成名하겠느냐? 癸水가 旺하면 비록 困窮하지만 不困하고 甲木이 旺하면 비록 華吉한듯 하지만 不榮한다. 富貴榮生함은 乙木을 重見하는 때문이요(生丙), 傷殘窮迫함은 丁火가 重疊한 때문이다.

丁은 陰火인 바 壬을 만나서 合木함에 丙火를 보면 百年이 安逸할 것이요, 辛을 만남에 一世에 優避할 것이며, 富貴雙全함은 甲이 天干에 臨함이요, 祿財(富貴)가 兩美함은 金丑을 만난 때문이며, 活計가 如意치 않음은 戊壬때문이며 生涯가 窮寒함은 癸水때문이다. 또 乙木이 重重하면 財祿을 成就할 수 없고 庚辛金이 旺하면 功名을 求하지 말라.

壬水가 丁火를 從合함에 秀氣가 東方에 있는 것이니 甲을 만남에 奴僕과 車馬가 많을 것이며, 辛을 만남에 田庄이 많고 丙火를 만나면 英雄豪傑이며, 癸水를 만나면 辛苦하는 輕商人이요, 佩印을 차고 軺軒(초헌=從二品 以上이 타는 수레)을 탐은 己土官位가 臨한 때문이며, 放浪客으로 落魄함은 戊殺이 臨한 때문이요, 늘도록 되는 노릇이 없음은 庚金이 旺한 때문이며, 靑年에 不遇함은 乙木으로 因한 災殃때문이다.

戊土가 癸水를 만나 合火하면 乙木을 봄에(戊土의 正官) 顯達할 것이요 壬水를 만남에 豊隆한 財福人이요(壬은 戊財임)、多貴多祿함은 丁火가 巳位에 臨함을 만난 때문이요, 六親이 不睦함은 甲木이 寅宮에서 旺함을 만난 때문이요、丙火가 炎烈하면 福祿을 얻기 어렵고, 庚金이 乘旺하면 亨通하기 쉽고, 妻子가 損傷함은

巳土가 旺한 때문이며, 謀事해도 이루어지지 않음은 다 辛雄한 때문이다.

癸水가 戊土를 따라 合化함에 丙內에 辛을 藏持함을 만나면, 一世에 成敗가 많고 甲中에 己土를 숨겼음을 만나면 百年을 勞心하고 勞力하며, 倉庫가 豊肥함은 丁火를 봄이요, 田財가 많음은 庚金이 있는 때문이고, 官爵이 榮騰함은 乙木이 多旺한 때문이며, 貲財가 많고 富貴함은 上下에 壬水를 만나는 때문이고, 財源을 잃음은 辛金이 太旺한 때문이며, 勢力을 잃고 落零함은 己土가 相侵하는 때문이다.

第二節　十段化氣・五陰歌外十歌・月逢生剋

(一)　十段化氣

甲己歌＝甲己化土와 乙庚金의 格局은 奇妙하여 찾기가 가장 어려운데 六格中의 高下를 分別하고 貴賤의 淺深을 알아야 한다.

甲己의 中央化土神이 時(月令)에 辰巳를 만난다면 埃塵(더러움 世俗의 汚塵)을 벗어나고, 局中의 歲月柱에 炎地가 있다면 바야흐로 功名富貴할 것이다.

甲己化土生이 春月을 만나면 平生토록 作事가 이루어지지 않고 勞神하기만 하니 百般의 機巧가 헛되고 孤苦失意한다.

乙庚歌＝乙庚金局이 西方에 旺하여 時에 從魁(八月酉令)가 있으면 根基가 堅固한 것이니 辰戌丑未가 相剋된다면 이는 名門將相이 된다. 乙庚合金格은 火炎함을 가장 꺼리니 志氣가 消磨되어 不良하다. 만일 다시 寅午戌火局을 重逢한다면 下格이니 奔走하고 苦生만 한다.

丙辛歌＝丙辛化合格은 申字 만남을 기뻐하니 翰苑에 文章이 뛰어난 英雄이요, 年月에 潤下(水局・水旺)를

이루었다면 等閒한 사람이 決코 아니다. 丙辛化水하고 冬月에 生하면 此格인 바 陰日이 陽時를 만난다면 淸格

이요、土局이 있다면 破用된 것이나 金을 얻어 相助한다면 前程에 發身함이 있다고 본다.

丁壬歌॥丁壬化木格이 寅月을 기뻐하는 바 亥卯가 提綱月令을 生助한다면 福基를 얻은 것이며、此 二月에

生하지 않았다면 別格으로 볼 것이며、金多하면 反傷하므로 此格에 두려운 點이다. 丁壬化木이 寅月에 生하

였다면 文章이 當世에 뛰어난 사람인데 다시 年月地에 曲直木局을 이루었다면 少年에 平步로 及第하고 高官

大發할 것이다.

(二) 五陰歌外十歌(原文省略)

(ㄱ) 五陰歌

戊癸歌॥戊癸合火格이 南方火炎地에 生하였다면 英豪大人이니 局中에 水가 年月火를 傷火함이 없다면 大闕

에 나아가 大官이 된다. 天元에 戊癸가 있고 地支에 水가 藏在하였다면 家敗事絶할 것이니 大運에서 다시 水

旺地를 만난다면 傷妻하고 剋子하며 風波가 많을 것이다.

陰土가 巳酉丑이 모이면 이름이 福德格이요 貔貅(비휴॥용맹함을 뜻함)라 이름한다. 火가 侵害해 오면 處

事가 傷殘될 것이요 百事가 근심스럽다. 곧 己巳己酉己丑이 모이면 福德秀氣인 바 만일 歲運에 冲剋함이 있다

면 榮華가 길 수 없다. 陰木이 巳丑을 만나고 酉月에 生하였다면 官星이 太旺한 바 비록 文章이 뛰어났더라도

發身할 수 없을 것이다. 陰火(丁)가 巳酉丑을 만나고 巳月에 得氣하지 못한다면 壽할 수 없고、名利 또한 成

敗가 많을 뿐 荒淫하고 薄福한 사람이다. 癸日이 巳酉丑地에 臨함에 百事가 늦어지고 모든 것은 헛되며 平生

토록 名利를 얻기 어렵고 是非得失만 많다. 陰金이 從革金局을 만남에 淸高하고 福祿이 많은 命造者이다. 그

러나 火가 와서 混雜되고 侵剋하면 藝術界와 宗敎界에 從事할 사람이다.

(ㄴ) 天元一字歌

水氣天元一字格이 秋多에 生하면 貴함을 말로 다 할 수 없으며, 大運에 吉神을 한번 만나는 때인 少年에 高官巨職을 얻는다. 土氣가 天元一字格이면 四季에 生하여야 奇命이니 申酉二支가 있으면 聰明俊秀하여 大發할 命造이다. 木氣의 天元一字라면 甲子甲戌甲寅甲子와 乙丑乙酉乙亥乙酉等과 같은 例柱이니 顯達할 福命인바 四柱에 官星이 得地하였다면 功名과 利祿을 일찍부터 成就할 것이다.

天元一字格이 金干이라면(庚申庚辰庚戌庚戌의 例) 時日에 魁罡이 있음에 福이 많은 命造이다. 庫를 얻은중 冲刑을 만나면 貴格이니 다시 貴人을 띠웠다면 平生에 德行이 높은 貴人이 된다.

火日主의 天元一字格은 丙寅丙申丙午丙申의 例인바 時日에 得氣하였다면 大吉하여 큰 功을 세울 사람이다. 만일 財官을 冲起함이 있다면 發用할 命造이니 平生토록 富貴하고 福이 興隆할 것이다.

(ㄷ) 運晦歌

比肩을 歲運에 만나면 事物에 爭論이 많으며 鬪訟과 官事가 있으니 兄弟親友와 財産上에 一切 門戶를 닫고 論爭을 避함이 좋다. 刦財와 羊双이 兩顯하면 外面은 光華롭지만 內面의 根本은 虛하다. 官殺이 透出하지 않았다면 少年에 夭折하고 嘆息만 있을 命造에 不過하다.

(ㄹ) 運通歌

財官이 三合되는 吉運을 만나면 華麗한 옷을 입고 香氣로운 속에 사는 佳命이요 日主가 洋洋旺健하다면 靑雲의 高貴한 사람이며, 財祿과 婚姻에 可合한 大運이기도 하다. 運이 열림에 事事皆通하고 布衣(白衣선비、벼슬이 없는 寒士)로써 出世하고 貴人이 보인다면 靑雲의 뜻을 품고 發貴할 것이다.

出生以後로 貧寒하지 않고 官貴하며 四時가 다 봄철이니 여름에 서늘하고 겨울에 따뜻한 生活을 하며, 飮

食과 衣服과 住居가 다 사람보다 勝越하다。이 運이 祥光하여 事事가 다 새롭게 되고 和氣가 充滿하여 陽春

과 같으니 또한 天書(天子의 任官書)가 오는 超羣英雄人이 된다。甲子丁卯는 羊刄이 아니니 庚申乙酉도 同一

한 바 人元을 合起함에 財馬가 旺하면 中年에 顯達하여 富貴翁이 된다(此句에 甲子는 甲申으로 보고、庚申은

庚寅으로 볼 수도 있으니 申中庚金이 卯中乙을 合하므로 羊刄이 아니고 寅中丙火가 酉中羊刄辛을 合하므로

羊刄이 아닌 때문이다。)

(ㅁ) 刑剋歌

比肩과 羊刄이 日時에 있으면 父道가 凶하고、父母가 干支에 모여 父母星이 旺하고 財星이 健旺하면 父母

가 長壽한다。剋父하는 造命은 또한 傷妻할 憂慮가 있으니 寺院道場에 僧侶가 될 것이요 破財하고 傷財함에

妻災가 있을 것이다。

(ㅂ) 刑妻歌

天干에 兄弟가 多出하며 財星이 絶衰하고 官星이 弱한중 다시 月令이 身旺地이면 靑春年少時에 喪妻한다。

四柱에 財星이 있어도 財星이 剋刑되며 다시 歲運이 妻星財神의 絶地로 行한다면 妻宮이 자조

傷할 것이요 自身도 長壽하기 어렵다。

(人) 剋子歌

四柱에 傷官이 있으면 子息이 初年에 不安하고、그러나 官鬼運이 生旺地에 臨하면 老來에 一二子를 본다。

子息宮이 生旺되나 刑冲되고 月令에서 休囚되면 子息이 없으며、官鬼가 敗亡되고 重重으로 剋되면 庶出이 아

니면 養子를 둔다。또 印綬가 重疊하여도 子息을 傷剋하니 子息을 存養하기 어려운 바 身邊에 子息이 있다고

하여도 破拗되니 終身할 수 없다。

時令에 七殺이 있어도 本來 無兒하니 仔細히 살펴 일이요 干上에 食神이 있고 地支에 또 合함이 있다면 子息이 奇貴할 것이다。女人이 月時에 印綬를 만나서 官殺과 食神이 傷害되었다면 子息이 空無할 것이다。當主의 過房(男便의 過房) 外妾으로 別로 子息을 얻지만 無功할 것이며 孤兒를 얻드라도 亦然하다。局中에 官殺이 重重하여도 夫와 子息의 兩便이 다 어려우며、그러나 羊双이 重重하다면 福을 生助하게 된다。또 八字가 純陽이요 偏印만 重重하여도 夫喪과 兒死를 防止하지 않으면 안된다。

(○) 帶疾歌

戊己日主가 氣不全하고 傷官이 月時에 있다면 頭面에 虧損함이 있을 것이니 膿血等의 瘡疾로 少年에 苦生할 것이다。日主에 戊己이고 地支에 火局이 있음에 柱命이 蒸烈한 바 冲刑剋破가 다시 있으면 殘疾이 있고、머리가 빠져 대머리가 되며 눈이 어두울 것이다。

丙丁日主가 身弱한중 七殺이 加臨되고 三合이 있어 日柱를 合하므로 殺旺하면 衣食이 缺乏되고 귀먹으며、殘疾이 많으니 얼굴에도 험이 많다。壬癸水氣가 重重하고 時支에 天干財가 있으면 頭面에 험이 없다 하지만 眼目의 病災를 免할 수 없는 것이다。丙丁火가 旺하면 疾病을 막기 어려우니 四柱가 休囚되고 辰巳方을 얻으며 木火가 相生하는 運에 이르면 벙어리 되고 風疾이 많으니 마침내 病死할 것이다。

(天) 壽元歌

壽命을 보는 法이 어려워서 識別할 자가 稀少한 바 이를 안다면 天機를 泄함이다。六親이 憎嫌하는 바 歲運에 만남에 다 不宜하며、壽星이 明朗함에 長壽할 것이요 陽双을 만남은 不可하니 偏財가 와서 救助하지 않는다면 草植이 秋霜을 만난것 같아서 夭絶한다。丙火가 申位에 臨하고 陽水壬을 만나면 夭壽할 것이니 干頭에 壬癸水가 透出한다면 반드시 죽을 것이다。

偏財가 得位하면 他鄉에서 發身하고 慷慨心이 많고 風流心이 많으니 剛強함을 要한다. 兩三處에 小家를 차

리고 名譽와 財利를 圖謀하다가 家亡할 것이다. 偏財가 正位를 얻는다면 最良하니 羊双이 透하면 偏財를 傷

破할 것인 바 家庭을 破蕩하고 祖上을 辱보이어 凶敗가 많을 것이다. 또 偏財格은 他鄉에서 活動할 사람인 바

本妻보다도 妾을 더욱 사랑하며 妻妾의 剋傷함이 많은데 愛慾과 妻妾이 많으며 다시 春酒野花의 酒色을 貪

한다.

(ㅋ) 女命歌

財官印綬의 三神을 女命이 柱中에 만나면 夫福이 旺하며 殺鬼가 많지 않고 官殺混雜되지 않아서 身強制伏

되었다면 貴命이다. 女命에 傷官은 福不眞한 命이니 財도 없고 印星도 없으면 孤貧함이 甚하다. 女命에 傷官

이 透出하였다면 반드시 집안에 사람을 불러들일 것이다. 夫星이 있고 合이 있음은 正命이지만 合만 있고 夫

星이 없으면 이는 不正한 偏格(正當한 夫婦生活이 아님)이요 官殺이 重重하여도 下格이며 特히 傷官이 重合

되었다면 凶함을 不可言이다.

官星이 桃花를 帶同하면 福壽가 長昌하고 桃花를 犯하는 것 또한 切忌한다. 女命의 傷官格은 凶命이나 財

와 印을 帶同한다면 福이 堅固하다. 그러나 傷官이 旺處에 夫主를 剋傷하는 것이니 <傷官을 破了함에 壽命

이 損壞될 것이다> 라고 한 古詩가 그것이다.

(ㅌ) 月逢生剋

正月建寅歌 = 正月은 寅宮이요 木令인 바 木生火하므로 火도 長生되고 戊도 있으니 丑未土는 좋아하나 申酉

는 休囚되니 不吉하다. 午戌이 相逢하면 火局을 이루니 庚辛主라면 金은 無根하고 火는 旺하므로 木을 꺼린

다。만일 寅宮의 木火神을 取用한다면 南方午火地에 發身하고 逆行하여 戌亥地에서도 生旺되니 吉하나 酉申

鄕에서는 破損되니 憂愁가 많다。寅月生의 庚辛主는 弱한 바 午戌이 加臨하면 殺星이 會旺하니 土가 透出함

이 좋고 逆行하여 金水地에 이르러는 福이 興할 것이다。戊己日主가 寅月에 生함에 身衰하나 寅中丙戊가

生身하므로 기뻐하며 官殺이 重重함에 반드시 榮身하는 바 다만 木火가 相生해 주어야 吉하고 大運이 西方에

이르러는 凶하니 酉申을 꺼린다。

二月建卯歌=丁丙日主가 二月에 生함에 庚辛申酉丑을 大怕하고 木火旺運에 發身하며 西方金運에 災殃을 만

난다。甲日이 卯月에 生하고 丑字를 만남에 火가 있음을 기뻐하고 다시 火土運을 얻는다면 財祿이 興할 것이

요 金運을 꺼릴 것이다。木이 卯月中에 榮盛하니 生助됨을 기뻐하고 北方亥子運에 名利를 成取하며 午未大運에 福

祿이 興할 것이다。

己卯日主가 二月에 生하고 殺星이 露出됨에 福이 많고 木火가 重重하면 吉하고 金水運에는 損虧된다。庚辛

主가 卯月에 生하여 水를 만남에 日主가 無根하고 財가 旺하니 南北運은 다 破傷地이고 申酉運에는 福이 成

取될 것이다。卯宮은 金이 와서 降壓함을 大怕하는 바 火旺하여 制金함이 좋으며 四柱에 金이 있다면 巳丑이

있음을 꺼리는데 다시 大運에 酉字를 만나 金局을 이루면 損傷됨이 클 것이다。癸主가 無根하고 卯月에 生함

에 火가 있다면 도리어 成功하며 身旺地에 運行한즉 財福이 많고 官鄕에 이르러서는 壽命이 다할 것이다。

三月建辰歌=三月은 辰宮이니 土神인 바 殺多함에 金水는 吉하고 辰中의 財官印을 取用한다면 金木이 相逢

함에 命傷할 것이다。戊土日主가 無根하고 辰月에 生하여 水氣가 疊疊하면 福이 많고 木火運에 行하여도 吉

하며 金水를 만나서는 禍侵할 것이다。三月에 生한 金主는 火生土하여 土厚함에 眞貴하고 壬癸日主로서 土多

하다면 禍厄이 있을 것이다。

四月建巳歌॥甲乙日이 四月에 生하여 木盛火旺하다면 財富하지만 水旺地에 運行하여서는 凶破함이 많고 酉丑을 만나서는 大吉할 것이다。 四月의 干頭에 木土가 있으면 水鄕과 木旺地를 만날 때 祿旺地이므로 도리어 發貴하고、 金水地에 行運하여서는 成敗가 많으며 提綱辰字를 冲함은 凶忌한다。 金水日主가 四月에 生함에 土는 生金하는 印綬이고、 火는 財인바 身强土厚하면 金水가 좋지만 日主가 輕浮하다면 水鄕을 꺼린다。 壬日이 巳月에 生함에 火土가 많으면 無根無印한 바 財鄕을 꺼리고 申酉運에 順行하여서는 名利가 드높을 것이며 東方逆運이라면 長壽하지 못할 것이다。 四月에 金生하고 火土旺하니 財官印이 다 巳宮中에 있어 取用되는 바 仔細히 살펴야 한다。

五月建午歌॥五月은 火氣가 正榮하는 때이니 富貴貧賤이 分明할 것인 바 財官을 並用함엔 生旺됨이 必要하고 殺을 化함에는 水를 만남이 좋다。 五月은 火氣가 炎炎하니 火主가 水火를 相逢하여야 興旺할 것이며 西方 金水가 너무 많음은 剋火하니 不可하며 水旺地를 꺼린다。 午宮은 또 子水의 冲來함을 大怕하는 바 火를 取用하는데 子의 冲을 만나만 死亡할 數이며 庚辛日主가 會殺되면 子運에 도리어 功成한다。 財官印綬가 午宮에 있음에 申子辰과 西北運을 꺼리고 火鄕에 富貴하나 申酉大運엔 灾殃이 있을 것이다。

六月建未歌॥未月支에는 木이 있는 바 順逆을 不問하고 格의 高低가 있는데 木氣가 南方行하여는 弱하고 東方에 旺하며 西方에 休囚되고 戌亥에 이즈러진다。

七月建申歌॥印綬財官이 申官에 있으면 北方運에 福祿이 眞眞할 것이니 金旺水淸하여 貴人이 많은 바 寅地에 行함을 最怕한다。 庚辛二日이 申月生이며 財官印이 柱內에 있으면 辰巳逆運에 財貴榮達하고 北方水運에 富貴한다。 壬癸生이 七八月에 生하고 火土가 多厚하면 北方運에 奇貴하며 破傷이 없다면 水鄕이 不可하니 常旺臨官運이 좋지 못하다。

八月建酉歌=甲乙이 無根한 八月을 만나면 庚辛金이 旺하고 西方을 不嫌하며 北方水運엔 財星이 足하나 南方運으로 走行하며는 失中할 것이다。酉月은 藏金하였는 바 乙日이 酉月을 만남에 北方의 亥子水가 重重하기나 南方의 午未火運은 吉하나 財旺하고 다시 巳丑이 加臨된다면 壽命이 끝날 것이다。甲乙日이 酉月에 生함에 官殺이 旺한 바 日主가 無根하여 一生이 低暗한데 北方順運은 吉하나 丑運은 危險하고 南方의 巳運이 또한 禍厄地이다。丁火가 酉月에 生하고 天干에 癸水가 있으면 去殺하고 去財함이 좋으며 日主有氣하고 印綬가 있어야 宜吉한 바 水旺運은 無情有災할 것이다。酉月生이 丑字가 있어 金局旺하고 火로써 煅煉하면 聲名이 있을 것이요 東方運으로 行하여서는 財祿이 가득할 것이나 西北運에는 福이 傾敗할 것이다。

九月建戌歌=九月戌中에는 火土가 藏在되었는 바 庚辛日이 戌月生이라면 無根함을 不忌하고 格中에 만일 財官印이 없다면 南方大運에 福祿이 이를 것이다。甲乙이 戌月에 生함에 火衰하고 金旺하므로 庚辛을 꺼리고 木火가 臨할 때 興家하며 金水地에도 殺印相生할 때 亦吉하다。財官印綬가 戌月에 있음에 寅卯地에 發身하고 亥子丑地에 順行함이 吉하며 逆行申酉運은 破地이다。戌月은 金生하고 火土가 藏在되었는 바 格局高低나 大運의 順逆을 莫論하고 辰大運을 만나서 반드시 壽命이 終한다。壬日이 無根하고 戌月에 生하여 戊己土多하면 財가 太過함을 忌하는 바 逆行南方을 忌하며 午大運에 大破하고 寅丑運이 亦是 凶地이다。丙丁日主가 戌月生이고 財星이 透出하고 官星이 天干에 있어 取用하는 境遇 傷官用財格인 바 殺旺함을 좋아하며 身旺太過하고 盡傷官이 됨을 꺼린다。

十月建亥歌=水木이 亥月에 生하는 바 財官印綬가 相連함을 기뻐하며 壬水를 取用함에 西方으로 逆行하면 水旺하고 木을 取用함에 卯寅東方으로 順行함이 吉하다。亥月에 丙日이 壬水殺을 取用함에 東南運을 기뻐하는 바 顯達發官할 것이요 金水大運은 愁忌하며 다시 西方金運을 만난다면 壽命이 溫全하기 어렵다。財官印

綬가 乾宮에 있음에 水木이 生旺할 때 福祿이 通하고 陽水는 金을 좋아하고 火土를 꺼리며 運路에 巳字가 와

서 冲刑함을 가장 꺼린다. 水가 亥字宮에 生旺되는 바 根多하고 火弱하나 거듭 火土旺地에 運行하여 財官이

旺하다면 西方大運에 一路 通泰할 것이다. 日主가 無根하고 干上에 土金이 있으며 亥月에 生하고 土가 來侵하

였다면 印綬가 扶身해 줌이 宜吉하니 提綱이 用神을 損傷함을 꺼리겠느냐?

十一月建子歌=丙丁日이 子月에 生함에 申辰字가 있음을 忌하는 바 火土旺地에 富貴하며 金水運에 再行하여

서는 禍多하다. 子宮에 水가 있어서 金鄕에 더욱 旺하며 土를 본즉 休囚되고 地支의 破함을 忌하며 元命에 火

土가 있다면 水旺地에 發貴하고 午字가 冲來해 오면 壽命에 危險하다. 庚金이 子月에 生하여 身主가 强旺하

다면 土火가 있어도 반드시 凶하지 않으며 金水旺地에 行함에 오히려 作貴하고 午運에 再行하여는 福祿이 重

重할 것이다.

庚日主가 寅午戌火局을 만났다면 金水旺地에 富貴하고 火土旺地에 禍厄이 있을 것이다. 水日主가 水旺多子

月에 生함에 樂이 많고 근심이 없으며 財官이 透出하고 取用된다면 富가 九州에 찰 것이니 順逆運을 不問하

고 富貴하나 月令提綱이 刑剋된다면 事事休滯할 것이다.

十二月建丑歌=甲子日이 丑月에 生하면 無根한 境遇 金水를 不忌하고 金水旺地에 重行하여 聲名顯達하나

火土를 相逢하면 破木할 것이다. 丙丁이 丑地에 生함에 財中에 殺이 있는 바 四柱에 無根하고 水鄕을 忌하며

大運이 火鄕에 이름에 發福할 것이니 이름을 떨치고 財利를 多取할 것이다. 庚辛日主라면 丑月이 印綬인 바

火土가 來臨하면 福祿이 있을 것이요 壬癸가 干透하였으면 己土를 봄에 宜吉하다. 戊土가 丑月에 生함에 傷

官과 財星旺水를 丑令中에 藏在하니 水淸金白의 貴格이요 만일 火土를 多見한즉 凶折運이 된다.

己干이 丑令에 生하여 地支에 金局을 이루고 殺旺身強하여야 高貴한 命造인 바 金木의 重臨地에 名利를 厚

成할 것이요 財鄕火地엔 不利할 것이다。 丙日이 多根하고 丑地의 金局을 만나면 財官이 丑令에 藏在해 있는

바 水鄕金鄕에 吉하며 火土運은 不吉하다。

第三節 看命捷歌・諸格有殺・取格指訣斷歌・節氣斷歌・萬尙書瓊璣三盤賦

(一) 看命捷歌

男子命을 보는데는 먼저 財官이 重한 바 財가 곧 妻이고 官이 있으면 子息이 있으며 印綬가 있으면 兩親이 있고 比肩은 兄弟이다。 따라서 財星이 死하면 妻喪하고 官死에 剋子하며 印死에 父母凶亡이요 比死엔 兄弟가 傷한다。

女命은 먼저 夫子星을 볼 것인 바 官이 夫이고、 傷食이 子女이며、 印綬는 兩親이며、 比肩은 娣妹이니 官死에 剋夫요、 傷食死엔 剋子며、 印死에 損親하며、 比死에 兄弟를 喪한다。 財星이 있으면 夫가 있으며 夫가 있음에 子息이 있을 것이니 財旺하면 夫榮子貴한다。 그러나 夫死子亡의 命造는 下賤孤貧格이요 子秀夫榮의 造命은 榮華富貴할 命造이며 子와 夫가 있는데 貧寒함은 身主가 衰鄕에 있기 때문이요 無子無夫한데 昌盛함은 身主가 旺地에 居하는 때문이다。 또 貴人이 적으면 貴하지 않은즉 昌達하고 食神이 많으면 僧尼가 아니면 妓女이다。

正官格歌=官星을 取用함에 身旺함을 기뻐하고 羊刃과 冲刑함을 꺼리며 傷食을 忌하고 印星과 財星을 기뻐한다。

七殺格歌=七殺은 印綬를 기뻐하고 羊刃과 傷官食神이 合殺하며 身旺함을 또한 좋아한다。 그러나 官星을 보고 殺星을 봄은 所忌하며 만일 殺이 旺하지 못할 境遇엔 財星을 取用함을 기뻐한다。

用財歌=財星을 取用함에 比刼을 꺼리고 七殺과 偏財와 身弱함을 꺼리고 羊双을 忌하며 身旺함은 宜吉하다。

印綬歌=印綬는 身旺함을 꺼리고 殺星과 官星을 기뻐하며 印星을 冲한즉 無用이요、財星이 臨함도 또한 두려웁다。

羊双歌=羊双은 七殺로써 傷双하거나 傷官이 있음을 좋아하고 刼財와 刑冲과 身旺함을 忌하며 印綬가 格中에 있음을 不喜한다 (以上은 張楠逸叟의 所著이다。)

(二) 諸格有殺

亥卯未木局이 旺하면 金을 꺼리지 않고 丑土가 旺한데 또 土를 만남은 大嗟하며 己午土가 高強하면 木官寅官을 어찌 꺼리며、水忌가 깊다고 忌諱하겠느냐? 또 丑巳金局이 堅剛하다면 火를 怯내지 않고 酉金을 忌한다。戊辰火土가 旺하면 水木을 근심하지 않고 申은 炎火를 좋아하고 壬水를 忌한다。酉金은 午寅이 合함을 大忌하는 바 逆順運과 強弱高低를 잘 살피라。富運이 北方으로 行함에 大貴하고 火神이 加臨되면 傷身할 것이다。

이다。壬癸가 申支를 만나고 火殺이 地支에 있다면 局中에 殺이 있음에 發貴하고 我方의 水를 만나도 宜吉하그러나 寅字가 冲申하면 事事不宜하니 오직 寅宮이 있음에 申字를 꺼리며 水가 와서 剋火하면 크게 無情하니木多根旺하여야 救할 수 있다。늦도록 되는 일이 없음은 甲乙日이 亥月에 生하여 比肩을 만난 때문이며 丙丁火가 丑月에 生함은 嫌忌하지 않고 金主가 巳月에 生함에 壬癸가 火旺月午位에 生함에 샘을 破함이요、戊己가 丑月에 生하고、或 羊双이 天宮에 있으면 金多하고 水가 있어서 成貴하며 火重하면 比刼을 嫌忌한다。

(三) 取格指訣歌斷 (原文省略)

日이 主가 되고 提綱을 取하여 用을 삼는바 다음으로 年月日時를 차례로 살펴야 하는데、日時는 實(結果刼이 된다。官・財・印・殺・食・傷官을 取하여 六格을 세운바 生과 死를 살핀후 貴賤吉凶을 봐야 한다。

歌에 一官 二印 三財位、四殺、五食 六傷官의 차례로 살피고 生과 死를 보아 富貴貧賤吉凶을 分別하라.

(四) 節氣斷歌

立春 一日에 陽火가 方生하고 雨水에 木氣가 正榮하며 驚蟄春分엔 다 木旺節이지만 三旬의 輕重이 있으며 木戊水聚됨은 淸明節에 해당하고 穀雨엔 水土가 兩存이요 立夏엔 火土金이 相會하였는데 中旬은 小滿之時니 丙火를 取用하며 芒種엔 火土를 取用하고 夏至에는 陰生陽始의 極의 一交가 있는 때이다.

小暑엔 木이 存形하고 小暑旺時에 大暑가 交換되며、立秋엔 坤土가 旺하고 金이 生存되어 旺하며 處暑엔 水氣가 方生하였고 白露秋分엔 金이 極旺하며 寒露엔 七日이 亦是 金時이고 火土聚時가 霜降이며 立冬엔 土氣에 水氣가 將盈하며 水木을 取用하고 小雪에 水氣 盛旺하며 大雪엔 水生하여 陰이 盛極하고 冬至에 一陽이 生하니 火論할 수 있고 小寒엔 火가 絶하고 水氣大旺하며、大寒에 金土가 存할 것인 바 이것이 五行의 生旺하는 理致며 造化의 興衰를 定하는 理致이다.

(五) 萬尙書瓊璣三盤賦

『官星帶双掌萬將之威權印綬生身居三台之重位傷官有双將相公候印綬逢官早沾雨露官無双而有印非台憲之職必郡守之尊殺有制而無梟非蕭殺之權即兵刑之任財氣遇正官聲價遠馳于六國 食神帶七殺英雄獨壓於萬人印双相隨官高極品財星正立位步超羣殺双休囚祿薄官卑 之士財神無氣朝封夕貶之官正印月逢官居翰苑偏財時見位列皇朝祿高有王佐之才班馬有封候之體名標金榜盖緣 六格淸純身近龍顏只爲 四柱不濁木向春生遇金制必爲宰輔之臣火當夏令得水滋定作阿衡之任金秋宜火 以煅鍊鷹紫詰以治民多水得土 以隄防謁金門而進諫寅申己亥兼金位至三公之列子午卯酉全備職封一品之官二德俱全爲官淸正三奇均正終 能濟世安邦七殺專權自解調元贊化科甲之星不陷靑年及第登科攉官之躍俱強指日 攀龍附鳳官星印旺獨居當代之功名殺制刀 興主掌滿營之兵卒若是用神輕淺決爲吏卒卑官倘逢

401

命脉受傷須要乞骸避位用財無比叔治拜振兼介之稱用食絕梟神在位有得人之譽若先財而後印居官一歲一陞非先印

而後財人試許 百發百中 金多無火功名蹭蹬之儒木重無金歲月蹉跎之士火明木秀斯人必負經魁金水極清此輩擬登甲

第金逢火鍊早步金階木得金裁廊廟宰輔食神制殺逐 十年燈火之光兩輔傷官際 一旦風雲之會格局無官相雜可知腰佩

金魚祿多有印相扶職位定登臺鼎干透財官雙美中年 身到鳳凰池支藏祿馬兩全壯歲首登龍虎 榜時上食神騎祿馬斯人

唾手掇功名財官一位狀元一舉無疑身殺 雨停魁饒兩途有分官印無雙無殺職居翰苑 之清偏官有制有生威鎮藩垣之士

列金階而陳大路緣柱中金水相涵登玉殿以進忠言值命 內水火相照金馬文章官印 輔明於歲月玉堂翰職材殺不黨于提

綱六壬趨民透財印步青雲六甲趨乾無破冲登黃甲 飛天祿馬少壯冠揚祿無傷早 歲跨灶衣紫腰金財輔官旺歲德扶

官扶馬許君早拜金階日 辰挾貴夾財準擬榮登仕路子丑遙合己宮 是一舉成名之輩二德配宮類周勃當時入相兩干不雜

效相如昔日題橋壬日騎龍人仕擁旗或 道乙干見鼠讀書有封誥臨門居邦食祿 萬鍾得祿與其合祿入相爲官一品正官不

雜偏官用物清純爲德秀之名行運順 平作靑雲之客申時癸日 合官爲折柱之人癸日寅時刑合作探花之客庚日三合水局

貴冠諸儒時逢一位偏官名揚萬里 金神帶印內閣股肱祿馬同鄉當朝柱石貴人出色 金涵清貴命傷官風霜滿路相合相生

男子定登將相無冲無破女人必配儒臣論命知貴賤之殊察理要中和之氣江湖星士請鑑於斯」

官星이 羊双을 가지면 萬將의 威權이 있고 印綬가 生身하면 政丞이 되며 傷官에 羊双이 있으면 將相公侯요

印綬가 官을 만남에 일찍 大科出世하며 官星이 있고 羊双은 없으며 印綬만 있으면 政丞이 아니요 地方을 治

政하는 長官이며 殺을 制함이 있고 梟印이 없으면 肅殺之權이 아니고 兵刑의 任을 맡을 것이다. 財氣가 正官

을 만남에 聲價를 世界에 떨칠 것이며 食神이 七殺을 帶同함에 英雄이 萬人을 獨壓할 造命이요 印双이 相隨

하면 極品의 官位를 얻으며 財星이 正立하는 財格이면 超羣之位에 나아갈 造命이다.

殺双이 休囚되면 祿이 薄하고 官卑할 것이며 財神이 無氣하면 朝封夕貶之官이요 正印이 月令에 있으면 翰

苑의 官이며、偏財가 時上에 있으면 그 位列이 皇朝의 重臣이요 諸侯의 體이다。壯元及第함은 대개 六格이 淸

純한 때문이요 天子君王의 側近宰相이 됨은 四柱가 濁하지 않은 때문이며 木이 春節에 生하여 金으로 制하면

반드시 宰輔의 臣이 될 것이다。火主가 夏令에 生하여 水로 滋助하면 政丞이 되며 金이 秋節生이면 火로 煅

鍊하여야 名治民者(大政治家)가 되며 多水가 士를 얻어 堤防을 하면 皇宮에 나아갈 正大한 선비이며、寅申巳

亥가 兼全하다면 三公位에 나아갈 것이며 子午卯酉가 全部 있으면 一品官이요、天月二德이 俱存하면 官職이

淸正하며 三奇가 均正하면 마침내 濟世安邦할 것이요、七殺이 專權함에 調格되면 靑年時에 科學及第 하고 官

位가 擢昇되고 다시 日主가 强旺하면 攀龍附鳳(英主를 만나 功名을 이룸)格이며 官星이 있고 印旺하면 홀로

當代의 功名을 成取하며 殺이 制双함에 滿營의 兵卒을 掌權할 것이다。

用神이 輕淺하면 吏卒卑官이요 만일 다시 命脉에 受傷됨이 더한다면 乞身이 될 것이다。用財格에 比刦이

없다면 名政治家로 拜振兼介의 稱聲을 들으며 用食함에 梟神이 絕地에 臨한다면 榮譽를 얻으며 만일 먼저 財

가 있고 後에 印星이 있으면 一年式 速昇하고 만일 먼저 印이 있고 뒤에 財가 있다면 百發百中으로

科甲한다。金多하고 火가 없으면 失意할 선비요、木重하고 無金하면 不運하므로 뜻을 이루지 못하며 火命木

秀한 命은 首官英相이요 金水極淸하면 壯元하며 金主가 火煉되면 早年에 皇宮에 出入하고、木主가 金의 裁治

를 받으면 內閣宰相이요、食神이 制殺하는 格造가 또한 輔相이다。또 傷官의 眞格이면 또한 허리에 佩玉을

차는 堂上이며 印이 있어 相扶하면 亦是 名相이요、財官雙美格이 또한 中年에 鳳皇閣僚가 되며 地支에 祿馬

를 兩藏한 者는 壯年에 發貴하고、時上에 食神이 있고 祿馬가 있으면 勞力하여 功名을 얻을 것이다。財官이

一位가 있음에 壯元할 것이 틀림 없고 身殺兩停格은 權富가 크고 官印이 있고 無双無殺하면 文翰의 淸官이요

偏官이 制壓되는 格은 國防으로 功을 세워 出世하고 金水淸白格은 金階에 重臣이며 玉殿에 忠言을 함은 命內

에 水火가 相照하는 때문이고 金馬에 文章으로 輔國함은 官印이 歲月柱에 貴助하는 때문이요 玉堂에 文士翰

貴는 殺이 會黨하지 않은 淸純格인 때문이다.

六壬趨艮格이 財印이 透出하면 靑雲에 大發하고 六甲趨乾이 無破冲刑이면 大官이며 飛天祿馬는 少年부터

大科하고 拱祿格이 無傷하면 早年에 官界에 發身하며 歲德扶財扶官格은 일찌기 大闕에 出入하고 日辰에 夾貴

夾財格이 또한 官界에 出世할 것이다. 子遙巳・丑遙巳格은 다 一擧에 成名하고 二德配宮類가 周勃(漢高祖의

名臣)과 같은 功을 세우고 兩干不雜格은 題橋와 같은 貴이요 壬騎龍背格이 또한 大官이요, 乙干의 鼠貴格

은 讀書로 輔君하는 文臣이요, 食祿이 萬鍾이나 될 것이며 合祿格은 一品의 貴요 正官이 偏官과 不雜함에 用

物이 淸純하면 德이 秀高하여 得名하며 다시 行運이 順平하면 大出世할 것이다.

申時癸日은 合官함에 桂樹를 꺾고 癸日寅時는 刑合하니 探花하며 庚日이 水局을 三合하면 뭇 선비를 凌貴

하며 時上一位偏官格은 이름을 萬里에 떨치고 金神이 帶印格이면 믿음을 받는 重臣이요, 祿馬同鄕이면 當代

에 柱石과 같은 國寶貴人이요, 官星을 傷하면 風霜이 多大하나 相合相生하면 마침내 將相이 될 것이며, 冲破

가 없는 女人은 반드시 儒臣을 그 郎君으로 맞는다. 命理를 論議컨대 貴賤의 다름을 아는 것이 中和의 氣를

살피는데 理致가 있는 바 江湖의 諸士는 請컨대 留意하라.

第四節　崔泉男命賦・女命賦・講命捷徑賦

(一)　崔泉男命賦

男命은 먼저 日主의 盛衰를 보고 다음에 財官의 強弱을 살펴야 하는 바 日主가 旺하고 財官이 得地하면 一

生에 福祿이 넘쳐 흐른다。그러나 日干이 衰하고 財官이 敗絕되었다면 一世에 貧窮하고 늙도록 苦生만 한다。
日主가 旺하고 財官이 衰하다면 財官旺運을 만날 때 發福하며 財官이 旺하고 日主가 弱하면 身旺運에 비록 貴하나
멸칠 것이다。財旺하면 官柔하다고 할 수도 없고 不貴하다고 할 수도 없으며 官旺하고 財絕하면 비록 貴하나
顯榮할 수 없다。

財星이 入庫하면 冲破運을 만날 때 富가 千倉에 이를 것이며 官星正氣가 刑冲되면 貴하지만 不久할 것이
다。官星이 萬一 冲되나 다시 合이 있으면 頭角을 높이 드러낼 것이요、庫가 冲을 만났는데 다시 冲을 만났
다면 家産이 漸退할 것이다。四柱가 純財로 되고 다시 身旺한즉 不貴하면 大富할 것이요 財官이 入墓하면 子
를 損하거나 損妻할 것이며 財官이 敗絕된다면 寡獨貧寒하고 蹇滯할 것이다。財官이 다 空亡되었다면 子傷喪

妻할 것이요 官界仕道에 奔走하나 얻음은 적다。官이 祿地를 얻고 財星이 月令을 얻으면 일찍기 豪門淑女를
마지할 것이다。官星이 月時에 得祿하면 桂樹를 꺾을 賢郞이요、月令에 財星이 絕하면 妻의 內助가 없다。時
上官星이 無氣하면 子息이 있어도 德이 없으며 傷官四柱가 日時에 羊刄이 있으면 喪子함을 보고、丙辛이 酉
時를 만나면 墓地(산소)를 돌봐 줄 後人이 없고、財星이 帶合하고 日干이 衰弱하면 겹으로는 좋아 보이지만
內心은 奸炸하다。陽木이 金多한데 火의 制金이 없으면 性剛凶暴人이요、印旺財輕하고 다시 身弱하면 글쓰

는 文章力이 뛰어 나며 財多하고 印輕하고 身弱하면 學文이 있어도 寒士에 不過하며、身弱財多하면 偏聽하고
內語(속말)하며、官少하고 身弱하면 一子가 있고、財官이 俱敗하면 發身하지 못하며、官財多殺하면 富榮하
며、印破되고 財傷되면 抱負를 不遂하며、印旺한데 財鄉運을 만나면 家肥屋富며、印輕한즉 財運으로 行한즉
한때의 헛된 富貴를 꿈꾸듯 할 것이다。

印星이 重重하고 財殺刄이 있으면 兩親을 重拜할 것이며、印綬가 旺하고 身旺運으로 行入한다면 尋常人이

며 陽剛陰柔하면 兄强弟弱하고 陰盛陽衰하면 弟가 强하다。羊刃刦財가 있고 財星이 重疊되었다면 花燭重婚人

이며、殺印相生하고 身旺하면 功名顯達할 사람이며、印旺殺輕하면 馳身하여 마침내 利名을 成取하며、殺旺하

고 印輕하면 武官將星이요 殺과 魁罡이 있으며 冲하면 性品이 高强하고 生殺權을 掌握할 것이요、羊刃七殺이

交加하면 國境의 戰功을 세우고 軍民이 그 惠澤을 입는다。七殺이 制化되면 權貴하고 麒麟과 같은 子息을 두

며、多殺하고 身柔하면 子少하고 活發한 性品이 없으며、傷官이 入墓함에 陰陽이 다르니 陽傷官이 入墓하면

老境이 荒鬱하고 陰傷官이 入墓하면 病이 있을뿐 子息은 있다。傷官四柱에 子息星이 있다면 子息이 있어도

기르기 어려우나 大運에 財鄕을 얻으면 오히려 貴子를 얻을 것이며、金水傷官이 得令하면 經書學問에 놀라운

才質이 있는 貴格이요、火土水木傷官은 남을 凌蔑하며 火明木秀한 木火傷官은 日主가 强하면 狀元郎이다。傷

官格이 身旺하고 財를 만나면 鳳凰內閣의 高官名相이 되고、傷官이 身弱한데 傷官을 만나면 平地에 風波를

일으키는바 傷官運에 刑冲을 받으면 死亡하고 羊刃이 殺敵하는 双殺兩停이면 金榜狀元이며、傷官이 合殺하

면 亦是 金榜標名의 眞格이다。

무릇 妻災를 보려면 財星이 尅害되는 深浅을 살필 것이며、母親에 關한 것은 印星의 源深함과 受傷됨의 輕

重을 본다。癸主는 庚으로 印綬를 삼는 바 乙이 暗合하면 母親이 心邪하고、庚主는 乙木으로 財星을 삼는 바

庚辛을 重見하면 室人의 內亂이 있으며、戊는 癸로써 妻를 삼는바 亥酉支에 坐臨하면 妻가 好色好酒한다。또

己는 甲宮이 子인데 午時이면 子息에 損危가 있다。

倒冲格과 井欄叉格이 財位가 있음에 內閣에 이르고 六甲趨乾格・六壬趨艮格이 身旺하면 宰相이며 拱貴拱祿

夾丘格이 塡實되지 않는다면 廟廊(中央長官・國會議員)人이다。金木이 相交하고 다시 身弱하면 技藝가 있으

나 是非心이 많으며、水火가 交遞되며 魁罡이 있고 刑이 있으면 囹圄를 자주 만난다。傷官과 羊刃이 있고 冲

戰을 만나면 凶惡하여 사람과 交合하기 어렵다. 水多木少하고 다시 身弱한 命은 六湖四海를 떠돌아 다니며, 衆陽이 一陰을 妬合하면 楚漢이 싸움하는 象이며, 諸陰이 一陽을 合하면 蛙鳴蟬噪(대단치 않은 俗物들의 소동)에 不過하며, 冲하면 凶하나 合하면 오히려 吉하고 合함이 吉하지만 妬合은 凶하다.

甲乙日이 寅卯辰을 만나면 仁壽니 坎水地를 봄에 榮華가 있고, 丙丁이 寅午戌火局을 만나면 位權이 重高하니 坎水와 離火가 交媾됨이 좋고 戊己日에 辰戌丑未가 있으면 飛騰大貴하고 壬日이 申子辰을 全部 보면 潤下格이니 財地를 봄에 榮登하며, 辛日의 子時生이면 離火를 두려워하고 西方金을 좋아하며, 壬癸日生이 申子辰이 있음에 火土運에 大科發身한다. 甲日의 亥月生은 離火를 봄에 壽危할 것이요 乙日卯月生은 官鄕에 發祿하며 卯月生이 亥字를 보면 더욱 貴命이다.

丙字가 寅月生이요 申酉를 만나면 西方運이 不可하며 丁日酉月生은 寅字를 만남에 明火가 不滅하며 壬水가 亥月에 生하여 東方으로 運行하면 子旺丑衰한 格이며 癸水가 坤申運을 만나면 土重하고 露珠하니 乾燥함에 凶하며 陰水가 巽方木運으로 行하여도 또한 不吉하며 陽火가 坎子를 만나도 凶하니 死亡한다. 陰木陰金陰水가 離巽(辰午方)地에 이르러 憂危가 없으며, 壬癸가 北方에 있는데 土를 制함이 없음은 川河에 損傷하며 戊日의 寅月生이 酉申을 보면 十死一生이요, 已日酉月生이 寅宮에 이르러서는 少安이 있고 辛金이 巽地를 만남에 榮은 적고 근심은 많다.

(二) 女命賦

女命은 要컨대 身弱하고 正氣官星이 得祿해야 하는 바 財가 있고 殺이 混雜되지 않으면 賢良한 男便을 얻고 富貴한다. 官이 없으면 財星이 있을 것이니 財旺하면 生官하므로 富貴格이니 食神이 祿旺되고 財星이 있으면 子貴富榮한다. 夫愚하고 所託할 데가 없음은 財官食神이 敗絕된 때문이요, 夫榮子達함은 財官이 得祿하고 食神이 强한 때문이니 丙子日生은 夫貴로 因해서 君主의 詔書(宰相夫人)를 받는다. 食神이 入墓함에 損子하고 官星入墓엔 夫先亡이며, 食神이 中央에 重見되면 早年에 父母를 傷할 것이나, 螽斯와 같이 琴瑟이 좋을 것이요 瓜瓞綿綿(子孫繁昌)할 것이다. 干支의 官食이 空亡되면 後嗣에 凶하며, 良命에는 日時의 辰戌相冲함은 不可하니 獨守空房에 비록 子息이 있어도 登第하기 어렵고 百歲를 善終하지 못한다. 金水傷官格은 玉과 같고 玲瓏한 人品이 있는 바 財星이 있고 印星이 있으면 夫貴하며 얌전하고 점잖은 淑女이다.

梟食傷官은 女命에 꺼리고 財食官印은 女命에 기쁘니 梟食傷官格도 運에서 財를 만나면 子息이 있을 것이며, 그러나 女命의 地支에 財官印綬가 太多하면 姪하지 않으면 賤하고 損兒할 것이다. 癸日生이 戊官을 取用함에 少年에 老人과 結婚할 것인 바 만일 亥酉申을 다시 만난다면 夜郞을 몰래 만나며 干支가 暗合하고 貴人이 많으면 邪行非情을 즐겨하며 地支內에 官星을 暗藏하고 合을 띠우면 寵夫가 있어야 한다. 女命은 대저 沉靜하고 純和되어야 한다.

(三) 講命捷徑賦

五行格局을 細究함이 八字의 樞機인 바 日干이 一身의 主宰이니 淸濁으로 貴賤을 分辨하고 運으로는 榮華를 決知한다. 身弱하면 造化가 衰함이니 殺多하면 夭壽格으로 斷하는 바 隨時 變通하지 않으면 안된다. 陰은 柔物이니 刑剋되어도 無妨하지만 陽主는 剛權이니 原命이 弱하고 殺官을 만나면 兩破할 것이요, 壬癸가 巳午月에 生하면 逆運에 榮華하고 丙丁이 孟多에 生하면 順行하여야 發達한다. 壬水는 財官을 좋아하나 八月에 生하여 財를 만난즉 破格이며 戊巳가 北方運에 들어가면 一生에 作事無成이요 庚金이 火가 없으면 壽하지 않으면 貧하다。

身旺無財하면 비록 壽하지만 榮達할 수 없으며 羊刄이 財官運을 만남에 自手成家하며 庚金이 巳午方에 行
運함에 中年損壽하고 月令羊刄이면 運中에 殺을 좋아하며 時干에 財星이 透出함에 歲月의 官殺을 꺼리고 制
殺함을 좋아한다。殺輕한데 制殺이 重하면 모든 일이 迍邅하고 殺重한데 制輕하면 身旺하여야 發達한다。時에
傷官이 있는 男命은 損子하고 柱中에 印綬가 있는 女命은 無兒하며 印綬와 傷官이 있으면 奸咎하고 다시 偏
財가 있으면 作事가 虛妄하게 된다。正財가 地支에 隱居하면 良賈深藏之士(장사 잘하는 사람이 깊이 物品을
감추어 두듯이 學德을 감추는 사람)이며 官殺이 時月에 透出하면 깊이가 없는 淺露人이다。

金日水淸格은 聰明特達의 人士요、土多火少格은 性品이 가리우고 불이 감추어져서 埋昏하므로 昏朦한 사람
이며 月支에 墓庫를 만남엔 官殺混雜되어도 傷하지 않고 財神을 取用함엔 比刦을 重逢함이 不利하며 干支가
같고 傷官이 重하면 害子剋妻한다。日主가 强하고 興家創業하며 二月丁火는 殺이 있음에 榮貴가 非常하고、
子月에 生한 水는 財가 없으면 飄蕩하며 冬月의 土는 寒冷을 꺼리고 溫煖을 좋아한다。水가 印을 꺼리고 財
가 宜吉함은 身强殺淺한 때문이니 制殺은 不宜하고 印多身旺하면 財星을 만남은 가장 기뻐한다。

대저 日主는 사람의 根基이고 財官은 祿馬(貴財)이니 財官이 旺하고 身主가 衰하면 흔히 富貴하나 財官이
輕하고 日主가 太旺하면 貧寒하다。印綬가 많음에 殺이 좋고 傷官이 重하면 官을 꺼리지 않으며 一位의 食神
이 있으면 富貴賢良한 女命이다。金水가 滿多하면 淫邪하고 또 智慧가 있으며、官殺이 混雜되고 財星이 많으
면 夫君이 重疊한 것이요、印綬가 많고 日主가 旺하면 子息을 기르기 어렵다。甲乙木이 丑月에 生하면 當主
가 光亨할 것이요 壬癸水가 孟秋에 生하면 富貴하고 四柱中에 辰龍이 있으며 三元內에 比刦이 없으면 化龍할
것이며、七殺을 從하는 者는 반드시 富貴하며 從財者는 富豪이고 葉命하나 從處가 없는 命造는 夭壽한다。

（一）四言獨步

先天何處，後天何處，要知來處，便是去處。
日干爲主，喜見財官，再分貴賤，妙法多端。
身主要強，月提得令，用物爲財，求實爲正。
五行生旺，數盡方休，東南西北，不慮休囚。
寅申巳亥，四生之局，用物身強，遇之發福。
財官臨庫，不冲不發，四柱干支，喜刑相合。
先財後印，反成其辱，先印後財，致成其福。
拱祿拱貴，填實則凶，提綱有用，論之不明。
八字連珠，元神有用，造化逢之，利名必重。
甲乙丑月，時帶金神，月干見殺，雙目不明。

四柱排定，三才次分，年根爲本，配合元神。
獨物易取，亂則難尋，先看月令，次看淺深。
月與支同，損財傷妻，干與支同，破刑傷祖。
用火愁水，用木愁金，喜氣能分，禍福自眞。
子午卯酉，四敗之局，男犯興衰，女犯孤獨。
官殺重逢，制殺有功，如行帝旺，逢之必凶。
傷官無財，死宮有死，傷官用財，子宮有子。
庚日申時，透財歸祿，名利高強，比肩奪福。
金神帶殺，身旺爲奇，更行火地，名利當時。
甲寅重寅，二巳刑殺，終身必橫，遇之難發。

殺神相伴，明辨重輕，月爲提綱，論格推詳。
年根爲本，月令爲中，日生百刻，時旺時空。
月令建祿，多無祖屋，一見財官，自然成福。
辰戌丑未，四土之神，人元三用，透旺爲眞。
進氣不死，退氣不生，印綬根輕，旺中不發。
進氣退氣，命物相爭，印綬根多，旺中不發。
時上偏財，怕逢比劫，印綬無財，比肩不忌。
天元一氣，地物相同，人命得此，位列三公。
六甲生春，時犯金神，水鄉不發，土重名眞。
乙日卯月，金神剛列，富貴北方，旺橫死絕。

〈天干二丙　地支全寅
〈更加生印　死見凶臨
〈己日月戌　火神無氣
〈多水多金　眠昏目暈
〈庚金坐午　多生取貴
〈煞旺西方　辛金未露
〈辛日坐巳　官印通祿
〈順行南方　貴顯榮福
〈壬寅壬戌　陽土透立
〈不混官星　名崇祿顯
〈癸日己亥　殺財透露
〈地合傷官　有勞無富
〈煞多有制　女人必貴
〈官星犯重　濁淫溢類
〈乙日酉月　見水為守
〈有根丑絕　無根寅危
〈提綱有用　最忌刑冲
〈冲運則吉　冲用則凶
〈十惡大敗　格中不忌
〈若會財官　反成富貴
〈時煞無根　煞旺最貴
〈時煞多根　殺旺不利
〈財官印綬　大忌比肩
〈傷官七殺　反助為權

〈火旺來寅　透土坐申
〈衣祿多厚　見水傷身
〈秋金坐午　丙丁透露
〈運至離明　血傷泉路
〈辛逢卯日　年月見酉
〈時帶朝陽　為僧行醜
〈酉金逢離　透土何處
〈無土月傷　壽元不住
〈壬癸兼金　坐於酉申
〈土旺則貴　水旺則貧
〈癸日申提　卯寅歲時
〈年殺月剋　林下孤悽
〈陽火申提　無根從煞
〈有根南旺　脫根壽促
〈庚日申時　柱中金局
〈支無會合　傷官剋妻
〈三奇透露　日干要強
〈其根有用　富貴榮昌
〈格局推詳　以殺為重
〈制殺為權　何愁損用
〈八月官星　大忌卯支
〈卯丁尅破　有情無情
〈財官見官　格中大忌
〈不損用神　何愁官至

〈六戊生寅　月令水金
〈火鄉有救　見土刑身
〈金旺秋時　三庚夾內
〈五卯傷情　逢離順境
〈辛坐亥月　月莫臨戌
〈水運初行　須防目疾
〈陰金過火　逢土成刑
〈陽金遇火　透土成名
〈癸向己宮　財官拘印
〈運至南方　財名必振
〈癸日干己　陰煞重逢
〈無官混雜　名利富貴
〈壬日戌提　癸干未月
〈運喜東方　逢冲即絕
〈癸日寅提　壬日亥月
〈莫犯提綱　禍福推測
〈十干化氣　有影無形
〈無中生有　禍福難憑
〈煞不離印　印不離煞
〈殺印相生　功名顯達
〈印殺比肩　喜行財鄉
〈印無比肩　畏行財鄉
〈日祿居時　青雲得路
〈月令財官　遇之吉助

先天이 어디고 後天이 어디인가? 온 곳이 先天이고 갈곳이 後天이다. 四柱를 排定하고 三才를 分別함에

年根이 根本이며 元神을 配合할 것이요 殺神이 相伴하면 輕重을 明辨해야 하고 月이 提綱인 바 格局을 詳定하라.

∧壬騎龍背　見戊無情
　寅多則富　辰多則榮

∧六甲寅月　透財時節
　西北行程　九流成業

∧辛金月程　庚登丑庫
　逆數清孤　順則豪富

∧壬坐午位　祿馬同鄉
　重遇火局　格最高強

∧食神則旺　勝似財官
　濁之則淺　清之則垣

∧日德金神　月逢土旺
　雖有利名　祖業飄蕩

∧辛日金神　偏宜火地
　巳日金神　何勞火制

∧陽火無根　水鄉必忌
　陰火無根　水鄉有救

∧己干用火　日時會金
　年干會火　官澈名清

∧辛金坐酉　財官臨印
　順行南方　名利必振

∧月生四季　日坐庚辛
　何愁主弱　旺地成名

∧傷官之格　女人最忌
　帶財帶印　反成富貴

∧官星桃花　福祿堪誇
　煞星桃花　朝刧暮巴

∧此法玄玄　微妙難言
　學者寶授　千金莫傳

日干이 爲主요 財官을 좋아하는 바 貴賤을 再分할 것이니 妙法이 多端하며 獨物은 取하기 좋고 亂物은 取

하기 어려운 바 먼저 月令을 살피고 다음으로 淺深을 分別해야 한다. 年根이 根本이고 月令이 爲中이요 日主

가 百刻을 生하는 바 時旺하고 時空함을 分別하라.

身主는 強健해야 하니 月令에 得令해야 할 것이며 取用함에 財가 되고 實을 求함에 正貴하다. 日干과 日支

가 같으면 損財傷妻하고 月支와 年支가 同一하면 祖業을 破하며 月令에 建祿하면 祖屋이 없으나 財官을 一見

함에 自然히 成福할 것이다.

五行이 生旺되면 休囚됨을 꺼리지 않으나、 東西南北이 數盡하면 바야흐로 休囚된 것이다. 火를 取用함에

水를 꺼리고 用木엔 金을 꺼리는 바 喜忌를 分別하면 禍福이 스스로 밝혀질 것이며 辰戌丑未가 四土神이니

人元三用과 透旺을 살펴야 한다.

寅申巳亥는 四生局이니 用物함에 強壯하고 만남에 發福할 것이며 子午卯酉는 四敗局인데 男兒는 興衰하고

女命의 境遇 孤獨하다. 進氣와 退運이 있어서 命物이 相爭하는 때에 進氣면 不死하고 退氣엔 生할 수 없으리라.

財官이 庫에 臨하면 冲하지 않으면 發하지 못할 것이니 四柱干支에 刑이 있고 合이 있음을 좋아하고 官殺

이 重逢하면 制殺함에 功이 있으니 帝旺運엔 凶할 것이다. 印綬의 뿌리가 輕하면 旺運에 發達하며 印綬가 根

多하면 旺中에 發身하지 못한다.

앞에 印이 있고 뒤에 財가 있으면 成福하고 먼저 財가 있고 뒤에 印이 있으면 도리어 辱을 이루며 傷官用

財格은 子宮의 死地에서도 有子하고 傷官格에 財가 없으면 子宮이 있어도 死亡한다. 時上偏財格은 兄弟를 꺼

리고 印綬가 無財하면 比肩을 꺼리지 않는다.

拱貴格은 塡實되면 凶하니 提綱을 取用함도 絶對的인 것은 아니며 庚日申時에 透財된 歸祿格은 名利가 高

强하고 比肩을 만나면 奪福된다. 天元一氣와 地支가 相同한 格局等은 三公의 貴造이다.

八字가 連珠된 造命이 또한 利名高重格이요 金神이 帶殺함에 身旺하면 奇貴한 바 火運에 名利成達한다. 六

甲日이 春節에 生하여 時에 金神을 만난즉 水鄉에 不發하고 土重함에 名眞할 것이다. 甲乙日이 丑月에 生하

여 時에 金神을 帶同하며 月干에 殺을 보면 雙日이 어둡게 된다. 甲寅日이 寅字를 重逢함에 二巳刑殺되면 終

身토록 橫厄이 있을 것이니 發身하기 어렵다. 乙日의 卯月生이 金神이 剛하면 北方運에 富貴하며 旺橫함에

天干에 二丙이 있고 地支에 全部 寅字이고 다시 印星을 加하면 死地에 凶함이 있으며 火旺하고 寅子가 있

死絶한다.

는 중 土가 透出하고 申支에 坐하였다면 衣祿이 多厚하나 水運엔 傷身한다. 六戊가 寅支에 生하고 月令에 水

金이면 火鄕에 救解되고 土運에 刑厄을 받는다.

己日이 戊月生이면 火神이 無氣하니 水金이 많으면 眼疾이 있으며 秋月金이 午支에 있고 丙丁이 透干하였

으면 火運에 血傷하고 死亡한다. 金이 秋月에 旺하고 三庚이 있는데 卯字가 傷情하면 離火運에 順發한다.

庚金이 坐午하고 辛金이 坐未함에 殺旺한즉 西方이 좋고 殺弱하면 東方生殺地가 좋다. 辛金卯日生이 年月에

酉字가 있고 時에 朝陽을 띠우면 醜行하는 僧이며 辛이 亥月에 生함에 戌地가 不可하니 水運初行에 目疾이

있을 것이다.

辛日이 巳支에 있음에 官印이 通祿하니 南方順運에 貴顯榮福하며 金이 離火를 만남에 透土함이 좋으니 土

가 없다면 月傷하므로 短壽한다. 陰金이 火를 만남에 土를 만나야 成形하고 陽金이 火를 만남에 土가 透出하

여야 成名한다.

壬寅壬戌日이 陽土가 透出함에 官星이 混雜되지 않으면 名崇祿顯할 것이며 壬癸主가 酉申支에 앉아 金이

있으면 土旺한즉 貴하고 水旺한즉 貧寒하다. 癸主가 巳宮에 坐하면 財官印이 다 있으니 西方運에 財名이 떨

칠 것이다.

癸日이 巳亥支에 있어 殺財가 透露하면 地支에 傷官을 合할 境遇 勞力만 하고 富는 없으며 癸日이 申月에

生하여 卯寅이 歲時에 있으면 年殺과 月刦이 있을 境遇 林下에 외로운 修行者이다. 癸日이 巳支에 陰殺이 重

逢하여 官星이 混雜되지 않는다면 名利富貴할 것이다.

殺多한데 制함이 있는 女命은 必貴하고 官星이 重犯하면 濁婬한 女命이다. 丙火가 申月에 生함에 無根하면

從殺하고 根氣가 있으면 南旺運에 發身하나 脫根한즉 死亡하며 壬日이 戌月에 生하고 癸日이 未月에 生하면

東方運을 좋아하며 冲함이 있은즉 絕命한다.

乙日이 酉月에 生함에 水가 있음이 좋고 有根한즉 丑地에 絕하고 無根한즉 寅地가 危險하며 庚日이 申月에 生하여 柱中에 金局을 이루면 傷官이 會合되지 않으면 刦妻한다. 癸日의 寅月生과 壬日의 亥月生은 提綱을 冲剋하면 不吉하다.

提綱을 取用함에 刑冲됨은 不可하고 運을 冲함은 吉하지만 用神을 冲함은 凶한 것이다. 二奇가 透露함에 日强해야 하니 有根하면 富貴榮昌하며, 十干化氣는 有影無形하니 없는 중에 生이 있는 바 禍福이 難憑하도다.

十惡大敗日은 格中에 忌하지 않으니 만일 財官이 모였다면 도리어 富貴하며 格局推詳에 殺이 重하면 制殺함에 權貴가 있으니 用을 損傷한다고 근심하겠느냐? 殺은 印을 떠나지 않고 印은 殺을 떠나지 말 것이니 殺

印相生하면 功名顯達格이다. 時殺이 無根하면 殺旺함이 最貴하고 時殺이 多根하면 殺旺함이 不利하며 八月官星은 卯星을 卯丁이 剋破하면 有情한듯 無情하다. 印綬와 比肩이 있으면 財鄕을 기뻐하고 印綬가 比肩이 없다면 財鄕을 두려워 한다.

財官印綬는 比肩을 大忌하나 傷官七殺은 도리어 富貴하며 財官格이 官을 봄은 大忌하나 用神을 傷하지 않는다면 어찌 官貴가 來到함을 근심하겠느냐? 日祿이 居時한다면 靑雲의 뜻을 펴는데 月令財官을 얻으면 吉

壬騎龍背格은 戊土를 봄에 無情하고 寅多엔 富하고 辰多엔 榮貴하며 日德金神格은 月令이 土旺함을 만나는 境遇 비록 利名이 있으나 祖業이 흐뜨러진다. 金日金神格은 火地가 吉宜하나 己日金神에 火로 制하는 勞苦가 必要하겠느냐?

六甲이 寅月에 生하고 時에 透財하였다면 西北運路에 九流學者가 될 것이며 陽火가 無根하면 水鄉을 大忌하고 陰火가 無根하면 水鄉에 救함이 있다. 年干에 火가 모이고 日時에 金이 모이며 己土가 用印하는 境遇 官職이 激高하고 聲名이 淸貴할 것이다.

辛金과 庚金이 丑庫에 들면 逆運엔 淸孤하고 順運엔 豪富할 것이며 辛金이 酉支에 坐臨하고 財官印이 있으면 南方順行에 名利가 크게 떨칠 것이다. 四季에 生한 庚辛金主라면 身弱함을 근심하겠는가? 旺地에 成名할 것이다.

壬水가 午位에 坐臨하면 祿馬가 同鄕이니 火局을 重逢하면 格局이 最强한 것이며 傷官格은 人人이 最忌하는 바 財를 帶同하고 印을 帶同하면 도리어 富貴한다. 官星이 桃花를 만나면 福祿이 많고 殺星이 桃花를 띠우면 朝刲墓巳로 苦辱만 있다.

食神이 旺하고 日主有氣하면 財官보다 勝福한 것이나 濁한즉 淺格이요 淸格이면 大貴한다. 이 法이 깊고 깊어 玄玄한 理致가 있어서 그 微妙함을 말로써 할 수 없는 바 學者는 보배와 같이 여겨서 千金이라도 함부로 傳하지 말라.

(二) 身弱論

(ㄱ) 身弱論 棄命從殺格

陽木無根　生於丑月
水多轉貴　金多則折
六甲坐申　三重見子
運至北方　須防橫死
己日逢殺　印旺財伏
運轉東南　貴高財足

乙木無根　生臨丑月
金多轉貴　火多則折
丙臨申位　陽水大忌
有制身强　旺成名利
壬寅壬戌　陽土透出
不混官星　名榮顯祿

丙火無根　子申全見
無制無主　此身貧賤
己入亥宮　怕逢陰木
月逢印生　自然成福
陰水無根　火鄉有貴
陽水無根　火鄉即畏

(ㄴ) 棄命從格

△ 丁丙陰柔，不怕多水，比肩透露，格中反忌。
△ 癸酉身弱，見財成格，辛未身弱，卯提入格。
△ 甲乙無根，怕逢申酉，殺合逢之，雙目必朽。
△ 乙木坐酉，孤神得失，二庫歸根，庚丁透露。
△ 陰火酉月，棄命就財，北方入格，南地爲灾。
△ 辛巳陰柔，休囚官殺，運限加金，聰明顯達。
△ 從財忌殺，從殺喜財，會逢根氣，命損無猜。

△ 戊寅日主，何愁殺旺，露火成名，水來漂蕩。
△ 癸巳無根，火土重見，透財名彰，露根則賤。
△ 甲木無根，生於五月，水多轉貴，金土則折。
△ 丙火申提，無根從殺，有根南旺，脫根壽促。
△ 戊己亥月，身弱爲棄，卯月同推，嫌根刧比。
△ 壬日戌提，癸干未月，運喜東方，逢冲則絕。

△ 庚午日主，支火炎炎，見土取貴，見水爲嫌。
△ 乙木酉月，見水爲奇，有根丑絕，無根寅危。
△ 陽火無根，水鄉必忌，陰火無根，水鄉有救。
△ 庚金無根，寅官火局，南方有貴，須防壽促。
△ 棄命從財，須要會財，棄命從殺，須要會殺。

(本 身弱論과 棄命從殺格은 原文이 難解하지 않고 重複된 內容이므로 譯解를 省略한 바 必要한 사람은 拙著 淵海子平을 參照하기 바란다).

(三) 五言獨步

有病方爲貴，無傷不是奇。
格中如去病，財祿喜相隨。
寅卯多金丑，貧富高低走。
南方怕逢申，北方休見酉。
建祿生堤月，財官喜透天。
不宜身再旺，惟喜茂財源。
土厚多逢火，歸金旺遇秋。
冬天水木泛，名利總虛浮。
甲乙生居卯，名利反吉祥。
不宜重見殺，火地得衣糧。
火忌西方酉，金沈怕水鄉。
木神休見午，水到卯宮傷。
土宿休行亥，臨官在巳宮。
南方根有旺，西北莫相逢。
陰日朝陽格，無根……

月建辰西方還有貴惟怕火來侵乙木生居。

怕提綱重甲乙若逢申殺印暗相 生木旺金旺運冠袍必挂 身離火怕重逢北方反有功雖然宜見水猶恐對提冲八月官星旺。

甲逢秋氣深財官兼有助名利自然亨曲直生正月庚辛干上逢南離推富貴坎地却爲凶甲乙生三月庚辛戌未存丑宮壬癸

位何處見無根木茂宜金火身衰鬼作門時分西與北輕重辨東南時上胞胎 格月逢印綬通殺官行運 助職位至三公二子不

冲午二寅不冲申二午不冲子二申不冲寅得一分三格 財官印綬全運中逢尅破一命喪黃泉進氣死不死退氣生不生終年

無發旺猶忌少年忌時上偏財格下頭忌比肩月生逢主旺貴氣福重深運行數十載上下五年分 先看流年歲 深知來歲旬時

上一位貴藏在支中是日主要剛強名利方有氣。

病이 있음에 貴命이요 傷함이 없으면 奇命이 아니니 格中의 病을 除去하는 때에 財貴가 따라올 것이다。寅

卯에 金丑이 많으면 貧富高低가 많으니 南方行運하여 申地를 꺼리고 北方行運하여 酉地를 大忌한다。月令에

建祿提綱이면 財官이 透干함은 좋으나 身旺地에 運行함을 꺼리고 財官鄉을 좋아한다。土厚한데 火가 많고 金

旺한데 秋節生이며 水旺한데 多節에 生한 木은 물 위에 뜨는 바 名利가 다 헛될 것이다。

甲乙이 卯月生이면 名利가 吉祥하고 七殺의 重見이 不宜하며 火旺地에 衣食이 豊盛할 것이다。火가 西方

酉地를 꺼리며 金이 물에 갈아 앉았음에 水鄉을 꺼린다。木은 午火를 보지 말것이요 水는 卯宮에 이르러 傷

할 것이다。土는 亥地에 行하지 말 것이며 巳宮에 臨官이니 南方에 根旺하고 西北은 不利하다。

陰日朝陽格이 無根한 중 月建에 辰字를 봄은 좋고 西方에 貴發하며 오직 火의 侵尅을 꺼린다。乙木이 酉令

에 生居하면 巳酉丑을 짓지 말 것인데 坎離宮에 富貴하고 申酉에 貧窮하다。

殺이 있으면 殺로 볼 것이요 殺이 없으면 用을 보는 바 殺星은 制去함이 要望되고 提綱이 重함은 꺼리지

않는다. 甲乙木이 申을 보면 殺印이 暗生되며 木旺하면 金旺함에 官貴하고 丙火는 火가 重逢됨을 꺼리는 바

北方水運에 도리어 功이 있을 것이요 水運을 좋아하지만 月支를 對沖함은 忌한다.

八月에 官星이 旺함은 甲木이 秋氣가 깊은 때이니 財官이 兼有하면 名利가 自成될 것이다. 曲直(甲乙木)이

正月에 生하고 干上에 庚辛金이 있으면 南方火地에 富貴하고 坎水地엔 凶하다. 甲乙木이 三月에 生하여 庚辛

을 干上에 만나고 丑宮에 壬癸水가 있다면 어찌 無根하다고 하겠는가? 木이 茂盛하다면 金火가 必要하고 身

衰하면 鬼殺이 되니 西方時와 北方時를 分別해야 하며 輕重을 따라 東南을 辨別해야 한다.

時上胞胎格이 月令에 印綬를 만나면 殺官運의 도움이 있어야 職位가 三公에 이를 것이다. 二子가 午字를

沖하지 않고 二寅이 申字를 不沖하며 二午가 沖子하지 않고 二申이 沖寅하지 않으면 一分으로 三格을 얻은

格이며 財官印綬가 全有하고 運中에 剋破함을 만난다면 黃泉客이 될 것이다.

進氣엔 死地이지만 不死하고 退氣엔 生地이지만 不生할 것이며 終年엔 發旺할 수 없고 少年에는 오히려 刑

厄이 있음을 忌한다. 時上偏財格은 干頭에 比肩있음을 꺼리고 月令에서 身旺하면 貴하고 福이 深重하다. 大

運은 十年間이지만 上下五年間式으로 보며 먼저 流年을 살피고 來歲旬數를 定해야 한다. 時上一位貴格은 地

支中에 藏在해 있음이 貴하니 日主가 強旺함을 要望하는 바 그러면 名利가 바야흐로 有氣할 것이다.

第六節　喜忌篇

『四柱排定三才次分專以日上天元配合干支八字支中有見不見之形無時不有神殺相絆輕重較量』

무릇　人命을　分別함에는　먼저　天地人三才(天干은　天元이고　地支는　地元이며　地支藏干은　人元이니　三者를

三元、三才라 함)를 排定하고 日主가 爲主이니 干支八字의 三元을 日主에 配合해야 한다. 支中에는 有見不見

之形(五行의 造化에 生旺制剋衰絶의 變通造化가 있음)이 있으니 〈있는것 같이 보이지만 있는 것으로 보임이

아닌 形狀〉이 있으며, 無時不有(四季의 衰墓絶中에 있는 餘氣임)함이 있으니 五行의 休旺되고 配合되며 生

死되며 刑冲剋破되는 變化가 있는 바 없는듯 있는 것이요 季土地支中에 항상 숨어 있으므로 〈時에 있지 아니

함이 없다〉고 하는 것이다. 또 神(貴人官星)과 七殺이 相混되었으면 去官留殺되고 去殺留官되며 節氣의 深

淺과 運歲의 與否로써 官殺의 輕重을 살펴야 한다.

『若乃時逢七殺見之未必爲凶月制干強七殺反爲權印財官印綬全備藏畜於四季之中官星財氣長生鎭居於寅申巳亥』

時에 七殺을 만남에(時上一位貴格) 一位만 있으면 淸貴하는 바 반드시 凶命이 아니다. 그러나 年月上에 殺

이 再見되면 辛苦艱難의 命이 된다. 日干이 生旺되면 刑傷됨을 꺼리지 않으니 오히려 財官運에 發福하는 바

七殺이 權貴로 變한다. 正官格과 時上一位貴格、偏官格、正財格、偏財格等을 參照하기 바란다.

면 甲申丙寅乙卯辛巳이니 此命이 身旺하고 時上偏官이 있는 중 月上에서 制伏하는 貴格인 바 史彌遠衛王의 命

이다. 또 壬子庚戌戊戊甲寅이니 此命이 時上에 偏官이 있고 月上에서 制伏하는 바 丙寅東方運에 自手成家하

였다. 財官印綬가 全備하였음은 辰戌丑未의 四季月에 生한 雜氣財官格이니 雜氣財官格(第二編 第一章 第四

節)을 參照하기 바란다. 要컨대 四柱天干에 어떤 字가 透出하였는가를 보아서 福分을 定하고 다시 節氣의 淺

深을 살펴야 한다. 만일 殺旺官少하면 制伏해야 하므로 財를 不喜하고, 그러나 日主가 生旺되고 官殺이 相冲

되었다면 財運으로 行함이 要望된다. 대저 福聚地가 破傷됨은 不可하니 所忌함이 없다면 大發財할 것인 바

例柱를 보이면 丙戌戊戊甲午己巳이니 戌月秋季의 雜氣財官格이다. 戌中辛官을 쓰고 巳土는 財이고 戌中辛金은

餘氣인 바 史太師의 命造이다.

官星財氣는 寅申巳亥地에서 長生하는 것이니 寅申巳亥는 四孟이요 五行의 長生地인 때문이다. 例컨대 壬申 辛亥己巳丙寅이니 此命이 先榮後辱의 命인 바 己土가 甲으로 官을 삼는데 亥中에 甲木이 있어서 長生하고 己土가 壬으로 財를 삼는데 申中에 壬水가 있어 長生하며 丙이 印綬인데 寅中에 丙火가 長生하고 巳中에 金이 長生하므로 四孟格이다. 또 壬寅乙巳癸亥庚申이니 初行大運에 甲午丁未가 좋았으나 酉戌運에 財官이 死하여 用神이 損傷되므로 스스로 消乏되고 妻子俱喪하였다.

『庚申時逢戊日名食神子旺之方歲月犯甲丙寅卯此乃遇而不遇月生日干無天財乃印綬之格日祿居時沒官星號青雲得露』

戊日이 庚申時를 만나면 專旺食神格이니 庚이 戊의 食神인데 申中에 食神이 得祿하므로 食神專旺이다. 水가 財인데 申中에 壬水가 長生되고 乙이 官星인데 庚金이 卯中乙木을 合來하여 官貴를 삼는다. 만일 四柱에 甲丙卯寅이 透出되면 破格인 바 〈만나도 만난 것이 아니다〉 (遇而不遇) 라고 한다. 例柱를 보이면 丙子己亥戊辰庚申이니 丙字가 있어 不合하였다.

月令이 日干을 生하면 곧 印綬格이니 印綬는 父母이고 我官을 護持하는 바 傷官의 害를 입을 두려움이 없다. 印綬는 生旺되어야 하고 死絶됨을 忌하니 四柱에 官星이 있으면 吉하나 財星을 봄은 凶하며 財鄕으로 運行하면 貪財壞印이니 禍患이 百端으로 생길 것이다. 따라서 印綬의 死絶地에 死亡할 것인 바 印綬格 (第二編 第一章 第一節)을 參照하기 바란다. 例컨대 丙辰甲午己未丁卯이니 高和尙의 命인 바 丁酉大運 壬午年에 極刑을 받았는데 印星이 死絶된 때문이었다.

日祿이 時에 있으면 歸祿格이니 四柱에 一點官星도 없어야 入格하는 바 그러면 靑雲의 抱負를 實現할 貴命

이다。日干이 生旺되고 食神傷官鄕으로 行運하면 發福한다。 此格에 六忌가 있으니 歸祿格(第二編 第一章 第

三十四節)을 參照하기 바라며、 例柱를 보이면 甲子丙子癸丑壬子이니 此命이 統領命인 바 子祿이 많아 聚福歸

祿格이다。 또 甲子丁丑乙丑己卯는 蔡文輝造인 바 術士들은 다 學問을 닦아 功名을 얻을 命造라고 하였지만

醫術을 行하였고 辛巳大運中 庚子年에 祿破하므로 死亡하였다。

『陽水疊逢辰位是壬騎龍背之鄕陰木獨遇子時爲六乙鼠貴之地庚日全逢潤下忌壬巳午之方時遇子申其福半減若逢

傷官月建如凶處未必皆凶 內有正倒飛祿忌官星亦嫌羈絆六癸日時逢寅位 歲月怕戊己二方甲子日再逢子時畏庚辛申

酉丑午辛癸日多逢丑地不喜官星歲時逢子巳二宮虛名虛利』

陽水인 壬日이 辰字를 疊疊으로 만나면 壬騎龍背格이니 辰字가 많으면 貴하고 寅字가 많으면 富하다。 壬騎

龍背格(第二編 第一章 第二節)을 參照하기 바라며、 例柱를 보이면 丙子甲午壬辰甲辰이니 一生員命인 바 術士

들은 壬騎龍背格으로 早年에 發貴한다고 하였으나 나(張楠)만은 홀로 財格으로 보았던 바 祿貴하지 못하고 無

嗣하였다。 午月에 生하여 財官이 透出한 때문이다。

陰木(乙日)이 子時를 만나면 六乙鼠貴格이니 午字가 丙子時를 大忌하는 바 六乙鼠貴格(第二編 第一

章 第十一節)을 參照하기 바라며、 例柱를 보이면 丁卯壬子乙巳丙子니 吏徒의 命造이다。 術士들은 다 六乙鼠

貴格으로 보았지만 申運에 吉하였고 未運에 罷事하였으니 印綬格으로 봐야 한다。

庚日이 潤下(申子辰)를 全逢하면 壬癸巳午之方을 忌하며 子申을 만나서는 그 福을 半減하는 바 이는 井欄

叉格을 일컫는다。 따라서 井欄叉格(第二編 第一章 第十節)을 參考하기 바라며、 例柱를 보이면 庚子庚辰庚申

丁丑이니 王都統命이다。

月令에 傷官을 만남은 凶處라 하지만 반드시 皆凶하지 않으니 이는 傷官格을 일컫는 바 傷官盡되면 禍되지 않는다。生年干에 傷官七殺이 있으면 禍가 最重하니 福基가 傷害된 때문인 바 終身토록 禍가 多端하고 月時上의 傷官은 發福할 것이다。女命傷官은 娼이 아니면 婢女이며 종이 아니면 賤한 師尼이다。傷官格(第一編 第二章 第三節)을 參考하기 바란다。己卯癸酉戊寅庚申의 例이니 地支에 六冲이 있어 戊日庚申時지만 入格하지 못하고 傷官格이 되었는 바 南方運에 不利하여 剋妻無嗣하였으며 巳運에 卒하였다。

柱內에 祿馬를 倒冲飛合해 오는 格이면 官星을 忌하고 覊絆됨을 忌하는 바 이는 飛天祿馬格을 일컫는 것으로써 第二編 第一章 第六節을 參考하기 바란다。

六癸日이 時에 寅字를 보면 歲月에 戊己二字를 꺼리며 이는 刑合格을 일컫는 바 第二編 第一章 第十三節을 參考하기 바란다。癸酉辛酉癸卯甲寅命이 있으니 이는 專參政命인 바 硏究하기 바란다。

甲子日이 子時를 만남에 庚辛申酉丑午를 두려워 한다。이는 곧 子遙巳格을 말하는 바 第二編 第一章 第七節을 參照하기 바란다。庚申甲戌甲子가 그것이니 羅御帶의 命인 바 子遙巳格인것 같지만 年上의 庚申이 甲을 冲剋하므로 戊寅大運에 寅刑巳하여 번번히 成禍한 것이요 乙丑年에 罷官되었다。

辛癸日이 丑地를 많이 만나면 官星을 不喜하고 時歲에 子巳二字를 만나면 虛名과 虛利만 있을 뿐이다。이는 곧 丑遙巳格을 말하는 바 第二編 第一章 第八節을 參考하기 바라며 例컨대 乙丑己丑癸丑이 그것이니 葉侍郞의 命이다。

『拱祿拱貴塡實則凶時上偏財別宮忌見六辛日逢戊子嫌午未位運喜西方五行遇月支偏官歲時中亦宜制伏類有去官

留殺亦有去殺留官四柱純殺有制定居一位之尊略見一位正官官殺混雜反賤戊日午月勿作双看時歲火多却爲印綬月

令雖逢建祿切忌會殺爲凶官星七殺交差却以合殺爲貴柱中官星太旺天元羸弱之名」

拱祿格과 拱貴格은 塡實되면 凶하니 第二編 第一章 第三十三節을 參照하기 바라며、例柱컨대 丁巳丙午甲寅

甲子니 이는 王郞中의 命造인 바 二甲이 丑中의 貴氣를 夾供하고 이에 財官印이 俱旺하므로 貴命이 아닐 수

없었다。따라서 辛丑大運에 通判을 하였고 庚子大運에 甲木을 剋하고 午가 冲子하니 天中殺이요 夾貴作用을

破害하므로 壞滅之運이었다。

時上에 偏財가 있으면 別로 他宮에 또 있음을 꺼리는 바 이는 時上偏財格을 일컫는데 一名 時馬格이니 第一

編 第二章 第七節 時上偏財格을 參考하기 바란다。例柱를 보이면 丁酉己酉戊子壬子니 都統制의 貴命이다。또

丁丑己酉丁丑辛亥니 時上偏財나 다시 酉丑會局財星하여 別宮에 忌見이므로 家業破盡할 것이다。

六辛日이 戊子時를 만남에 午位를 嫌忌하고 西方運을 기뻐한다。이는 곧 六陰朝陽格이니 亥位가 六陰地요

子時가 一陽生地이므로 貴格이요 子字가 많음을 不要하는 바 第二編 第一章 第十二節을 參照하기 바라며 例

컨대 戊辰庚申辛卯戊子니 此命의 運路가 西方이므로 大貴命이었다。

五行이 月支에 偏官을 만난즉 歲時에서 制殺함이 宜吉하니 去官留殺이 그것이며 四柱에 純

殺인데 制殺함이 있으면 一品의 尊貴를 얻는다。그러나 一位의 正官이 있다면 官殺混雜이니 도리어 賤한 命

造이다。此論이 또한 偏官七殺을 論하는 바 四柱中에 一點의 官星도 없으면 七殺을 取用하나 正官이 있으면

爭奪함이 있다。따라서 淸福格이 못된다。仔細한 說明은 第一編 第二節 偏官條를 參照하기 바란다。

戊日이 午月에 生하면 羊双으로 보지 않고 歲時에 火多하면 印綬로 본다。이는 羊双格[第二編 第一章 第二節]에

對한 一論이니 羊双이란 犬羊의 羊이 아니고 陰陽의 陽인데 午는 戊의 羊双이지만 火生土하는 때문에 印綬이다.

月令에 建祿이면 會殺됨을 凶忌한다. 命中에 財官이 있으면 貴命이지만 貪合忘官되거나 七殺이 會起되면 도리어 凶하다. 例컨대 甲日이 酉月에 生하면 正氣官星인데 年時에 庚金이 있거나 子辰이 있어서 申中庚金을 會起한다면 甲의 鬼賊이므로 凶하다는 것이다.

官星과 七殺이 交差되면 合殺함이 貴하다. 官星이 純粹하면 淸福하며 官殺이 混雜되면 官星을 合한즉 不貴하나 殺을 合함은 凶하지 않다. 甲日이 卯時를 얻어 卯中乙木이 庚字를 合해 오므로 偏官이 되니 이것이 또한 合殺인 바 男子가 얻으면 和氣와 貴가 있고, 女子가 얻으면 얼굴은 예쁘나 私情을 즐길 凶命이다. 또 庚日生이 丙字殺을 봄에 다시 申辰이 있어 子字를 合起하여 水局으로 救해 주면 丙이 化하여 官星이 되므로 吉한 것이다.

官星이 柱中에 太旺하면 天元日主가 衰弱한 것이다. 人命에 財官이 貴하지만 中和됨이 있어야 福厚한 것인바 官星太旺하고 身弱한데 官旺鄕으로 運行하면 도리어 禍厄이 있는 것이다. 例컨대 甲乙日이 庚辛申酉丑이 많은 境遇 官星制伏하는 大運엔 發福하지만 다시 官旺鄕으로 運行한다면 造化가 太過하니 破敗禍害됨을 말로 다 할 수 없을 것이다.

『日干甚旺甚無依若不爲僧即道印綬生月歲時忌見財星運入財鄕却宜退身避位刦財羊刃切忌時逢歲運併臨災殃立至十干背祿歲時喜見財星運至比肩號曰背祿逐馬五行正貴忌刑冲剋破之官』

日主가 甚旺하여 無依하면 僧道나 修道人이 된다. 此論은 月時에서 日主가 生旺되면 이것이 旺鄕이니 此人이 病이 없고 늙도록 齒髮이 黑牢하며 體骨이 强健하고 出俗慕道하고 修禪者가 된다. 例컨대 庚日이 申月秋時에 生하고 西方運을 만나면 火官星이 死하며 木財가 絶하는 바 財官祿馬가 全無하면 前程에 進步하려 하나

依持할 곳이 없게 된다. 따라서 대개 順身遠害의 命造者가 된다.

印綬月令을 얻으면 歲時에 財星 만남을 꺼리는 바 運이 財鄉에 이르면 退身避位해야 한다. 이는 곧 印綬格

인 바 官星을 좋아하고 財를 두려워 한다. 例컨대 庚戌甲申癸丑丁巳니 月中庚金은 印綬이고 雜氣가 아니다.

또 巳中丙火가 財이니 貪財壞印되므로 一生에 失意하였는 바 〈印綬가 刑剋地에 身亂身亡한다〉는 格例이다.

己丑大運丙申四月에 印綬庚金이 入墓되고 傷印되므로 破傷하였다.

劫財羊刃이 月時에 만나고 歲運에 併臨함을 切忌하는 바 災殃이 온다. 羊刃인 卯가 甲의 己土財를 侵奪함이

그것이다. 戊午日의 一三午字가 있으면 癸水를 共侵하여 (午中己土가 癸水를 剋함) 破財散業하게 된다. 다시

恩惠를 베푸나 도리어 怨讐가 되고 心性이 卒暴하며 進退에 의심이 많고 庶妾으로 妻를 삼는다. 또 疾病이 많

으며 志大心高하여 傷害되나 不足하다. 癸未乙卯甲子己巳命이 있으니 岳飛命으로서 劫財羊刃이 旺한 바 辛亥

運辛酉年 三十九歲에 辛亥가 木局羊刃을 合起하고 卯酉冲双하여 災禍를 입었으니 囹圄의 亡身을 當하였다.

十干이 背祿되면 歲時에 財星 만남을 기뻐하고 運路에 比肩 만남을 꺼리니 背祿逐馬이다. 背祿이라 함은

祿貴의 死絕地를 말하니 甲木이 酉를 얻으면 祿이요 巳丙月이면 背祿이다. 戊己財가 助身함을 기뻐하나 比肩

地인 寅地엔 金이 絕하고 土가 病되므로 祿馬가 扶身할 수 없게 된다. 따라서 窮困悽惶하게 된다.

五行正貴는 刑冲剋破됨을 忌하는 바 이는 正氣官星이 月令에 있으며 年時上에 財氣가 있으면 곧 貴人이지만

刑冲剋破되면 塡滅이며 干支에 三合六合이 있어야 吉하다. 三合六合은 天地陰陽萬物이 感應相合하는 것이므

로 剛柔가 相制되는 때문이다.

『日干無氣時逢陽刃不爲凶官殺兩停喜者存之憎者棄之地支天干合多亦云貪合忘官四柱殺旺運純身旺爲官淸貴凡

日干이 無氣하다면 時에 羊双이 있어도 凶하지 않으니 例컨대 甲申日에 卯時가 羊双이니 申中庚金이 卯中 乙木을 合剋하므로 凶하지 않다. 또 甲午丁卯戊午면 戊土가 春生하여 弱하니 午時羊双이 弱身을 幫助하므로 福이 되었고 南方印運에 大業을 增昌하였다. 官殺混雜되므로 大貴하지 못하였다.

官殺의 強弱이 兩停하면 喜者를 存置하고 憎者를 버려야 한다. 官殺이 混雜되면 制伏運을 만나거나 去殺用官하거나 去官用殺하여야 發福하고 混雜命이 다시 官旺鄕으로 行하면 禍害를 不可言이다.

地支天干에 合多하면 또한 貪合忘官이니 甲이 辛官庚殺이 있는데 丙乙이 있어 合하고 乙이 庚官辛殺이 있는데 丙字가 있으며 支干에 合함이 많은 類이니 貪合忘官되므로 凶하다. 그러나 五行의 救助與否를 살펴야 한다.

四柱에 殺旺하면 身旺運을 얻어야 淸貴官高한다. 例컨대 殺旺하면 制伏해야 될 것인바 甲이 庚殺이 있는데 寅에 依해 甲木이 長生된다면 身旺하고 丙生되므로 庚을 不畏하는 바 殺을 官으로 본다. 만일 殺旺한데 身旺運에 行入한다면 極品의 貴를 누린다.

天元이 太弱함에 弱處에 復生하는 理致가 있으니 例컨대 甲木이 申地에 絕하고 申中庚金이 偏官이지만 申中壬水는 印綬요 受氣가 相感한 것이며 胎元의 生氣를 얻은 것이다. 따라서 弱處復生이니 官旺運에 發福하며

柱中七殺이 全彰太旺하면 身旺하여도 極貧할 것이니 七殺偏官은 나를 傷剋하는 鬼殺인 바 太旺한즉 身旺建 冲破剋刑됨에 凶滯한다.

祿되지만 富할 수 없다. 傷官은 正官의 七殺이고 偏官은 我身의 七殺이니 그 旺極함을 말한다.

七殺이 없는 女命에 一位의 貴位가 있다면 良好한 貴女이다. 女命은 男命과 달라서 夫星이 貴하고 亦貴하고

夫星이 貧賤하면 貧賤하다. 要컨대 安靜淸貴해야 하고 旺夫旺子해야 하는 바 刑沖破害됨은 不美하고 一貴가

있거나 夾貴者는 貴婦人이다. 貴가 많고 合多하면 師尼나 娼女이다. 貴는 官殺을 말하니 官은 正夫요 七殺은

偏夫인 바 다시 合多하면 心思不定하고 容貌가 아름다우나 私情을 좋아하니 良婦가 아니다.

偏官이 時令에 있으나 制伏이 太過하면 이는 곧 貧儒이니 偏官이 있으면 聰明하고 剛强傲氣하지만 制伏이

太過하면 偏黨되어 中和를 잃은 것이므로 福이 薄弱하다. 例컨대 丙午甲午癸亥乙卯가 鐵雁賓의 秀才命인 바

月上偏官이 있지만 傷殘됨이 甚하여 目盲足跛하였으며 文章秀氣가 뛰어났지만 貧窮하였다.

傷官四柱가 官鄕에 이르면 必破한다. 그러나 輕重을 살펴야 하며 癸未癸亥辛未癸巳가 王都丞의 傷官四柱니

丙이 官星인데 月中壬水가 破官한다.

五行의 絶處가 胎元이니 生日에 만나면 受氣함이 된다. 詩에 「五行의 絶處가 胎元이니 生日에 만나면 富貴

한다」고 하였는 바 例컨대 甲辰壬申丙子己丑命에 丙子日이 胞胎日이고 水局을 이루어 甲木을 生하고 己土가

制之하므로 貴命인 바 甲戌運甲子年에 科擧하였음이 그것이다.

이에 陰陽理致는 一例로써 推測할 수 없으니 中和之氣를 얻어야 하며 貴賤을 신그러이 分別해야 한다. 古

聖의 道理를 若干 보이니 今賢의 글을 널리 解讀하므로 此法을 通達한다면 差跌이 없고 誤謬가 없을 것이다.

第七節　繼善編

『人稟天地命屬陰陽生居覆載之中盡在五行之內欲知貴賤先觀提綱次斷吉凶專以日干爲主三元要成格局四柱喜見

財官用神不可損傷日主最宜健旺年傷日干名爲主本不和歲月時中大怕殺官混雜。取用憑於生月。當推究於淺深發覺在

於日時要消詳於強弱須月令入其格局亦要輔其旺相休囚官星正氣忌見刑沖時上偏財怕逢兄弟生氣印綬利官運畏財

鄉七殺偏官喜制伏不宜太過傷官復行官運不測災來羊刄冲合歲君勃然禍至富而且貴定因財旺生官非夭則貧必是身

衰遇鬼六壬生臨午位號曰祿馬同鄉癸日坐向巳宮乃是財官雙美財多身弱正爲富屋貧人以殺化權定顯寒門貴客登科

甲第官星臨無破之宮納粟奏名財庫居生旺之地官貴太盛經臨旺處必傾印綬被傷倘若榮華不久有官有印無破定作廊

廟之材無官無印有格乃朝廷之用名標金榜須還身旺逢官得佐聖君貴在冲官逢合非格非局見之焉得奇命身弱遇官得

後徒然費力小人命內也有正印官星君子格中也犯七殺羊刄必犯於偏官素食慈心印綬逢於天德生平少

病日主高強一世安然財命有氣官刑不犯印綬天德同宮少樂多憂蓋因日干柔弱身強殺淺化殺爲權殺重身輕終身有損。

衰則變官爲鬼旺則化鬼爲官月生日干運行不喜財鄉日主無依却喜運行財地時歸日祿生平不喜官星陰若朝陽切忌丙

丁離位太歲乃衆殺之主入命未必爲災若遇戰鬪之鄉必刑於本命歲傷日干有禍必輕月犯歲君災殃必重五行有救其年

返必爲祥四柱無情故論名爲剋歲庚辛來傷甲乙丙丁先見無危丙丁來剋庚辛壬癸遇之不畏戊巳愁逢甲乙壬頭須要庚

辛壬癸慮遭戊巳甲乙臨之有救壬來剋丙須要戊字當頭癸去剋丁却喜巳來相制庚得壬男制丙火作長生甲以乙妹妻庚

凶爲吉兆天元雖旺若無依倚是常人日主太弱縱遇財官爲寒土女人無殺帶二德作兩代之封男命身強遇三奇爲一品之

尊甲逢巳而生旺定懷中正之心丁遇壬而太過必主淫訛之亂丙臨申位逢陽水難獲延年已入亥宮見陰木終爲損壽乙逢

庚旺長存仁義之風丙合辛生鎮掌威權之職乙木重逢火位名爲氣散之文獨水三犯庚辛號曰體全之象水歸冬旺生平樂

自無憂木向春生處世安然有壽金弱遇火炎之地血疾無疑土虛逢木旺之鄉脾傷定論金逢艮而遇土號曰還魂水入巽而

見辛名爲不絕。夫中年便作灰心金遇火鄉。雖少壯必然挫志金木交差刑戰仁義俱無水火遞互相像。是非日有木

從水養水盛而木則漂流金賴土生。土厚而金遭埋沒是以五行不可偏枯要稟中和之氣運參向背之宜。三才偏正產何時俱

藏須絕慮忘思萬無一失。

사람이 天地의 氣運을 稟受함에 命이 陰陽에 屬해 있고 天覆地載한 가운데 生居하는 바 모든 것이 다 五行

의 理致속에 있으니 貴賤을 알고자 하면 먼저 月令提綱을 觀察하라. 다음에 吉凶을 決斷하여야 하며 日干이

爲主인 바 三元을 보아서 格局을 決定하여야 한다. 四柱에 財官이 있어야 좋고 用神이 損傷됨은 不可하며 日

主는 健旺하여야 한다.

年干이 日干을 傷하면 當主가 不和하며 (年干에 七殺이 있으면 祖宗이 無力하고 過房한다. 그러나 印綬를

만나면 福되고 日時月에서 年殺을 加助하면 禍가 많다) 歲月時中에 官殺이 混雜됨을 大怕한다. (食神印綬財

星의 同住與否와 殺官日主의 淺深與否와 死絕衰敗等을 살피지 않으면 안된다)

生月의 淺深을 살펴서 그 根氣를 推究하며 日時의 強弱을 消祥하게 살필 것이요 月令으로 格局을 定하는데

旺相休囚를 보아야 한다. 또 正氣官星은 刑冲을 忌한다. 時上偏財格은 比刧兄弟와 만남을 꺼리며 印綬는 官

運이 吉하고 財鄉을 꺼린다. (印綬가 生身해 주는데 財鄉을 만나면 破印되므로 不吉하고 官印運에 發財하지

만 그러나 印綬가 太旺한데 制함이 없으면 孤寡한다. 印財가 相停하고 官印이 있으면 超羣英雄이요 財旺破印

하면 官運에 發貴한다)

七殺은 制伏함이 좋지만 太過함은 不宜하고 傷官格이 다시 官運에 行하면 灾厄이 不測이며 羊刃이 歲君을

冲合하면 勃然이 禍가 생길 것이다. (傷官은 官星이 倂臨함을 忌하는 바 歲君月建日辰에 傷官이 있고 刑害되면

더욱 害로운데 마치 원수가 서로 만나서 怒嗔함과 같으니 如斯하면 반드시 災厄이 많다. 또 甲子日에 丁卯時

면 羊双이니 歲運에 辛酉年을 만났을 境遇 丁이 酉를 破冲하고 酉가 卯를 破冲하므로 大凶하니 丙日生이 甲

時를 만나고 年運에 戊子를 만남이 同一하다)

富하고 또 貴한 命은 財旺生官하는 때문이요、 夭하지 않으면 貧함은 身衰한데 殺을 만난 所致이다. 六壬日

生이 午位에 臨하면 祿馬가 同鄕에 있는 것이요 癸日이 巳宮에 坐臨하면 이것이 財官雙美格이다. (六壬生臨

午位條와 癸日坐巳向條에 對하여는 第二編 第一章 第三十二節 財官雙美格을 參照하게 바란다)

財多하고 身弱함은 富屋의 貧人이요(財星이 二三位나 있고 身衰하면 先富하여도 後에는 破家하며、 그러나

印星이 助身해 주면 富貴한다) 殺이 官貴로 化하면 寒門出身의 貴命이다. (甲木이 庚申殺을 꺼리지만 寅卯木

이 旺하면 偏官七殺이 害할 수 없고 官貴로 化하는 바 白屋에서 發貴하고 身殺兩全하면 富貴한다)

登科甲第함은 官星이 破害되지 않는 때문이요 正氣官星이 傷官이 없고 殺의 混雜됨이 없고 旺運으로 行하

면 幼年에 登科甲第하며、丙日이 丑月에 生하여 財官이 庫中에 있으면 冲運을 만나야 登科發身하고、柱內에

刑冲이 있는데 다시 運中에 또 冲함을 만나면 不吉하다. 財物을 政府에 바치거나 救恤하고 名貴를 얻음은 財

庫가 生旺地에 居臨하는 때문이다. (丁巳日이 己丑月에 生하여 庫中에 財官을 얻고 年干에 乙卯가 助身한다면

巳火가 辛金財料를 煆鍊하며、庫中財旺하여 土金이 結緣되므로 朝庭에 納粟하고 金榜에 이름을 얻는다. 雜氣

財官格(第二編 第一項 第四節 雜氣財官格)을 參考하기 바란다。

官星이 太旺한데 官旺地를 만나면(官旺身衰한데 財官旺運을 만나면 鬼殺로 化하여 傾危하게 된다) 凶傾하

고 印綬가 被傷되면 오히려 榮華가 不久하다。官星이 있고 印星이 있고 破害되지 않으면 廟廊의 棟樑材木이

요 印星이 없고 官星이 없으나 格局에 入格하면 朝廷에 大用될 巨物이다。(壬騎龍背・飛天祿馬・遙巳・朝陽・

431

倒冲格等을 말하는 바 第二編 第一章 格局論을 熟讀하기 바란다) 金榜에 及第의 이름을 높이 떨침은 身旺한

중 官貴를 만남이요、 聖君을 補佐함은 貴官을 冲合해 오는 때문이며 (身旺한 중 正氣官星이 있고 官旺運을 얻

으면 大科發貴하고 倒冲・飛天祿馬格等이 또한 重臣으로 功名한다) 格도 이루지 못하고 局도 이루지 못하였

다면 奇命일 수 없고 身弱하고 官星을 만났다면 한갖 勞力만 消費할 따름이다。

小人命에도 正印이나 官貴가 있고 君子命에도 七殺羊双이 있으며 (正官正印이 있어도 傷破되고 刑冲되면 善

少凶惡하니 小人이요 羊双과 七殺이 있으나 制殺身强하면 貴命인 것이다)、殺生함을 좋아함은 羊双이 偏官을

犯한 대문이고 (羊双이 七殺을 만나면 主人이 心毒하고 害民할 것이요 富貴하지만 길지 못하고 殘忍心을 갖는

다)。素食하고 慈心을 가짐은 印綬가 天德을 만난 때문이다。(印旺重重하고 天月德을 助吉하면 仁愛之心이 많

고 善行을 잘 한다)。

平生토록 病이 적음은 日主가 高強한 所致이고、一世安然함은 財命이 有氣한 때문이며 (甲木이 辰戌丑未月

에 生하고 身旺하면 財命有氣한 것이다)、官刑(刑罰)을 받지 않음은 印綬天德이 同宮에 있는 때문이요 樂이

적고 근심만 많음은 日主가 衰弱한 때문이다。身強하고 殺淺하면 殺이 權貴(正官)로 變하는 것이며、殺이 重

旺하고 身輕하면 終身토록 損厄만 있다 (身輕殺重하고 運이 殺向으로 行한즉 富貴하면 疾病으로 苦生할 것이

요 疾病이 없이 富貴한다면 早死할 것이다。그러나 身旺印鄉運엔 發身한다)。

日主가 衰하면 官貴도 七殺로 變하고 日主가 旺하면 鬼가 化하여 官貴로 되며、月令이 日主를 生하면 財鄉

運을 꺼리고 (日主를 生하는 者는 印綬이니 印綬는 財를 꺼린다) 日主가 生旺되어 依持할 때가 없으면 財鄉運

을 좋아한다。

日祿이 時에 있으면 歸祿格이니 官星을 平生토록 싫어하고 六陰朝陽格은 丙丁離火를 切忌하며 太歲는 衆殺

의 主君이니 凶殃의 殺地가 되지 말아야 하는 바 만일 戰剋의 鄕地를 만난다면 刑厄이 있을 것이다(歲君流年

을 剋破冲刑하면 禍厄이 있으니 羊刃이 流年을 剋破하면 死亡하지 않은즉 刑厄이 重할 것이다)。 歲가 干을

傷함은 禍가 輕하지만 日이 歲君을 剋犯함은 災殃이 必重하다(歲는 父이고 君이므로 歲를 傷함은 臣子가 君

父를 剋傷하는 것이어서 禍災가 重하다)。 그러나 五行이 救해 줌이 있다면 도리어 當年에 財가 生成하고 四

柱가 無情하면 剋歲하는 것이므로 禍厄이 있다. 「甲日이 戊年을 만나면 剋歲인데 己土를 만나서 甲己合하여

夫婦有情하면 解救며、 五行이 相生有制하여도 解救된 것이다) 곧 庚辛金이 甲乙木을 來傷하나 柱中에 丙丁火

가 있다면 危厄이 없으며 丙丁이 庚辛을 剋傷함에 壬癸가 있으면 두려울 것은 없다. 戊己는 甲乙을 두려워

하니 干頭에 庚辛이 있음을 要하고 戊己와 만남을 大忌하는 바 甲乙이 臨하면 救解되는 것이며、 壬이

剋丙함에 戊字가 干頭에 있고、 癸가 丁火를 傷함에 己土가 制水해 주면 이른바 〈五行이 救解해 준다〉고 할

것이다.

庚이 壬男을 얻어 丙火를 制하면 長生되고(庚이 丙을 꺼리나 壬水가 剋丙함)、 甲이 乙妹로써 庚金의 妻

를 삼으면 도리어 吉하며(甲木이 庚을 두려워 하나 乙庚合하여 親緣을 맺음)、 天元日主가 비록 旺하나 依

倚할 때가 없으면 常人에 不過하고 日主가 太弱하다면 비록 財官을 만났어도 寒士에 不過하다. 女命에 七

殺이 없고 二德을 가졌다면 兩代의 封贈(夫와 子가 다 宰相이 되므로 君主로부터 貴婦人으로서의 官職을

받음)을 받으며 男命이 身强하고 三奇를 만나면 一品의 官을 얻는다. (日主가 高强하고 財官印이 全部있

으면 富貴하는 것이니 甲日이 辛己癸를 만나고 乙日이 戊庚壬을 만나며、 丙日이 癸辛乙을 만나는 것이 그것

이다)。

甲木이 己土와 合하면 中正心이 있는 道德君子며(兼하여 富貴榮華한다)、 丁이 壬水를 太過하게 만나면 婬

亂한 命이요、丙火가 申位에 臨하여 陽水를 만나면 長壽할 수 없고(申中에 壬水가 長生하는 바 壬水를 다시 重逢한다면 夭壽할 것이니 土로써 救助하지 않으면 안된다)、己土가 亥宮에 臨하여 陰木을 보면 損壽할 것이다。亥宮甲木이 長生하여 土를 剋爭하는 바 다시 陰木을 만나면 夭壽한다。庚日寅支에 生하면 丙火가 寅中에 長生하나 危懼할 바는 없다。「寅中戊土가 火를 金으로 化生시키는 때문이다」。

乙木이 巳支에 生하여 辛을 보고 다시 身衰하면 禍가 있을 것이며 (乙巳日柱가 辛金이 있으면 乙木이 衰하고 殺旺하므로 禍厄이 있다)、乙木이 庚旺함을 만나면 仁義의 氣風이 많다。「乙日이 申月에 生하는 類인 바 冲破함이 없다면 四海名揚하고 上和下睦하여 人品이 높은 偉英이다)、丙日이 辛과 合함에 威權이 크게 떨치며 (丙日이 辛酉月에 生하고 辛日이 巳月에 生하고 丙을 얻어 合丙辛함을 말한다)、一木이 火位를 重逢하면 氣散하여 文章이 있다고 한다。「二木이 丙丁火가 많으면 泄木이 甚하므로 作事가 無成하며、貧困하나 戊己土가 火를 財로 돌려주면 凶함이 없고 福祿이 優遊할 것이다」。

獨水가 庚辛金을 三犯하면 體全之象이요(壬癸日이 兩庚一辛이나 兩辛一庚이나 庚申辛酉를 만나면 印綬가 生身하니 印多함에 一梟一正을 區別하지 않고 凶하지 않으므로 體全이라고 하는 바 公怕諸侯의 食祿을 받는 貴命이다。水主가 水旺多節에 生함에 平生토록 樂이 많고 근심이 없으니 곧 癸亥甲子癸亥壬子의 老彭의 命의 類이다。木이 春令에 生함에 安然이 長壽하니、甲乙木이 春月에 生하여 寅卯木이 많음에 溫良悲心이 많고 發貴하여 靑史에 記錄되며、金主가 弱한데 火炎地를 만남에 血疾이 많고、土虛한데 木旺地에 生하면 脾臟에 疾患을 갖는다。곧 甲子丁卯己丑乙亥의 例니 窮子의 命이다。

金(庚日)이 寅艮地에 生하여 土를 만나면 이름이 〈返魂(魂神이 돌아옴)〉이라 하고、水日이 巳月에 生하여 金을 보면 絕함이 아니며 「金生水하므로 富貴한다」、土日이 卯月에 生함에 中年에 苦疾이 있을 것이며

「身弱有制하면 貴人이지만 殺多無制하고 卯가 土의 沐浴地이므로 中年에 進退가 難決이요 厄苦가 많다」、金이 火炎地에 殺旺하면 少年에 挫折할 것이다. 金木이 交差되어 刑戰하면 是非가 날로 있다.

木이 水旺地에 生하여 水盛하기만 하면 木은 마침내 떠내려 갈 것이며、 金이 土에 依賴하여 生하나 土厚한 즉 金이 埋沒한다. 그러므로 五行은 偏枯됨이 不可하고 中和의 氣를 받아야 할 것이며, 運의 向背가 또한 重要하고 三才偏正을 살피고, 생각을 끊고 雜心을 잊은 뒤에 明斷하여야 萬無一失할 것이다.

第二章 秘傳金論

第一節 六神論

『五行妙用難逃一理之中。進退存亡要識變通之道。命之理微聖人罕言正官佩印不如乘馬。七殺用財豈宜得祿印逢財而罷職。財逢印以遷官命當夭折食神了立逢梟運至凶危羊双重逢破局。爭正官不可無傷歸七殺最嫌有制。官居殺地難守其官殺在官鄉豈能變殺狼貪財壞印擢高科印分輕重。』

五行의 妙用이 一理 가운데서 逃亡할 수 없고 進退存亡이 變通之道에 있어서 命理가 微玄한 바 聖人이 많이 말하지 않았다. 正官이 淺弱하고 印綬가 많으면 貴權을 掌握하고, 七殺이 있어 傷身하는데 財旺하면 從格이니 祿旺地가 不宜하다. 印綬가 財를 만나면 貪財壞印되므로 罷職되고, 財多身衰한데 印을 만나면 遷官得吉하며 食神이 旺殺을 制壓하고 있는데 印을 만나 破食하면 夭折한다.

財星을 取用하는데 殺은 없고 羊双이 奪財하는 중 双鄉을 만나서 破局되면 傷妻敗業等의 凶危가 있으며, 比

肩이 重重한데 一位官星이면 〈爭正官〉이니 傷害되지 않을 수 없다. 殺星이 弱하고 比肩傷官이 旺하면 食神

이 來制함이 凶하고 官이 殺地에 臨하여 混雜되면 官貴하기 어렵다. 또 殺이 官鄕에 있으면 性剛堅硬하고 禮

義頑鈍하니 變化가 있을 수 없고, 印旺하고 偏官이 弱하면 財를 만나도 生殺하므로 貪財壞印이 아니니 發身

하지만 印弱한데 財旺함을 만났을 때엔 凶滯한다.

『遇比用財纏萬貫比得資扶運到旺鄕身反弱財逢刦處禍猶輕財逢有傷還忌陰謀之賊殺無陰制當尋伏敵之兵貴人頭

上戴財官門充駟馬生旺宮中藏刦殺勇奪三軍爲騎馬以亡身因得祿而避位。印解兩賢之厄財勾六國之爭 衆殺混行一仁

可化』

財旺하고 日干이 衰弱한데 比肩이 資扶해 줌을 만나면 白手로 成財하며, 身弱無根하면 從殺從財格이 되는

바 歲運에서 扶身해 주는 旺鄕을 만나서는 戰剋되므로 도리이 衰弱해진다. 財多한데 刦財를 만남은 禍重할

수 없고 財星이 刦奪됨이 없으면 無傷이니 庫中에 暗藏된 財星은 冲開되어야 發福할 것이며 無傷되면 陰謀之

賊이므로 忌한다. 殺이 制伏됨이 없으면 七殺이 많은 境遇 伏兵이 되며, 貴人이 頭上에 財官을 相成하면 門

前에 車馬가 줄지을 것인 바 十里에 뻗친 大兵을 장악할 것이다.

生旺宮에 刦殺이 藏在되었다면 三軍의 勇將이 되어 國境防衛와 擴張에 大功을 세울 命造이며, 歲運에 財旺

함을 만나고 日主가 貧弱하다면 亡身하게 된다. 官星이 旺盛하고 日主가 弱하면 官星을 다시 만났을 때 大敗

하며, 七殺을 取用하는 境遇 食神이 制殺함이 太重하여 病이 되었다면 梟印이 殺을 救解한다. 羊刃과 財局이

相戰하면 名利를 圖謀하기 爲하여 六國의 爭鬪가 生起한다. 衆殺이 混行되었지만 一印으로 可히 化制할 수

있으니 殺印相生하는 때문이다.

『一殺倡亂獨力可擒印居殺地化之以德殺居印地齊之以刑兄弟破財得用殺官欺主主須從一馬在廐人不敢逐一馬在野人共逐之財臨生庫破生宮 兼奉兩家宗祀身坐比肩成比局 當爲幾度新郎父母一離一合 須知印綬臨財夫妻隨要隨傷蓋爲比肩伏馬。』

一殺이 있음에 財印이 없으면 福될 수 없는 바 一位의 食神만 있어도 七殺은 制伏되며、印星이 殺地에 있음에 (甲木이 申支에 坐함에 申中에 壬水가 있어 長生하므로) 化德한다。殺이 印地에 居臨함에 制伏되면 一刑을 取用한다。 兄弟比刦이 財官을 破하면 天干이 不動하고 地支가 冲動하여 財官을 虛邀해 오는 冲合格이다。殺官이 旺強하여 身主를 容納하지 않으면 從殺하는 命造인 바 身強地엔 每事 空敗하고 殺旺地에 家業을 成取한다。

一位財星이 地支에 (庫藏) 있어서 말이 마구간에 있는것 같다면 他人이 逐取할 수 없지만 一馬(財星)가 벌판에 (天干) 露出되었다면 取奪 當할 憂慮가 있는 것이다 (特히 比刦이 柱中에 있을 때)。財가 庫地에 生臨하는데 財의 根氣를 破한다면 養子로써 宗祀를 繼承할 것이다。 身主가 比肩支에 앉아서 比肩局을 이루었다면 結婚을 數次 하게 될 것이요、父母를 一離一合(父母宮의 離別數) 함은 印綬가 財地에 坐臨한 때문이다 (그러나 正官이 있어서 化印하면 立業成家할 것이다)。 比肩이 財下에 있어 傷財하면 妻宮이 不利한 바 殺이 있어서 比刦을 制伏하면 傷財함을 救解하지만 다시 食神이 와서 殺을 制壓하면 傷妻할 것이다。

『子爲子塡孤嗟伯道賢宮妻守賢齊孟光入庫傷官陰生陽死幇身陽雙喜合嫌冲權雙復行權雙藥亡身財官再遇財官。貪汚罷職祿到長生原有印淸任加官馬行帝旺舊無傷官途進爵財旺身衰逢生即死雙強殺薄見殺生官』

437

子位는 生時이니 官星이 休囚되면 子宮이 꺼리며、妻宮은 日支이며 比肩이 相剋하지 말아야 하

며、五陽이 入庫함에 生氣가 없으니 天地가 아직 生意가 없음을 말하는 바 이것이 傷官入庫이니 陽死하고 陰

死한다。陽双이 身主를 助生함에 合은 좋고 冲은 꺼리며 權双(偏官羊双이 均停한 命造)이 다 權殺地로 行運

하면 萬里에 揚名하는 英雄이지만 刀兵에 橫死한다。財이 財官을 만나면 不正한 貪行으로 罷職된다。官强

하고 印旺하면 다 貴命이요、財星이 身旺地에 行運하면 官爵이 進登하고 財旺身衰하여 從財格이면 身旺地에

死亡하며 財旺身衰하여 財星을 忌하면 財旺地에 死亡한다。또 陽双은 强旺하고 七殺이 薄弱하면 殺鄉을 만나

서 官貴가 生하는 것이다。

第二節 氣象篇

四柱를 세우고 五行을 取하며 一運을 十年으로 하여 淸濁純雜을 살피고 不齊함과 好惡是非를 分別함에 있

어서 그 理致의 一例만 갖고 決定要素를 삼음은 不可하다。따라서 먼저 氣象을 보고 貧窮의 綱領을 살피며

다음에 用神을 定하고 死生窮達의 精을 分辨함이 마땅하다。

一陽이 生出함에 解凍하고 (寒水極盛時인 多至에 一陽이 始生한다) 三伏에 一陰의 寒氣가 生한다。(三伏夏至

에 一陰生發한다) (乃若一陽解凍三伏生寒)

陽氣만 極旺하고 陰物을 包藏함이 없는데 다시 東南運으로 行함은 孤貧凶暴의 害命이며 (陽亢不中亢則害也)

剛陽이 陰月에 生하여 柔하면 吉하니 寒賤하더라도 마침내 榮華가 있을 것이다 (剛而能柔吉之道也)。陰氣만

있어서 柔弱偏枯하기만 하면 小人의 象이요 (柔弱偏枯小人之象)、陽이 藏陰하여 剛健하고 中正이 있으면 君

子의 風이다 (剛健中正君子之風)。

原命이 十月空絶地에 生한 五陰日로서 寒弱하기만 하여 剛健之氣가 全혀 없으면 비록 和暖之鄕을 만나나 難發하며(過於寒薄和暖處終難奮發)、 純火가 夏至前에 生하여 燥烈하기만 하면 水旺處를 運에서 만나나 도리어 凶災가 있다(過於燥烈水激處反有凶災)。 하나에만 執一하여 不通하면(用印함에 無殺하고 用官함에 無殺한 例) 作事가 顯發하지 못한다(過於執實事難顯豁)。

金水가 지나치게 淸寒하고 和暖之運을 못만나면 平生에 獨食孤眠하는 凄涼한 命이요(達過於淸冷思有凄涼)、 局中用物이 지나치게 有情하면 가까운데 迷하여 自脫하지 못하는 바 遠達(遠視)하지 못한다(矣過於有情志無遠達)。 扶持하는 用神之物이 지나치게 過强하여도 成取하기 어렵고(過於用力成亦多難)、 二德貴人의 扶持함이 많으면 財官을 取用함에 刑破를 當하는 等의 災運이라도 吉하다(過於貴人逢災自懲)。 八字中에 惡殺이 많고 刑冲되면、 財官福地를 만나도 享通하기 어렵다(過於惡殺遇福難亨)、

五行絶處에 祿馬가 扶身하며(甲木이 申에 絶하나 壬水長生하고 庚戌가 財官이므로 傷身되지 않으며)(五行絶處祿馬扶身)、 四柱에 奇財(官이 貴이고 財가 奇임)가 있는데 比肩이 있으면 福이 分奪되며(四柱奇中比肩分福)、 陰陽은 剛柔한 것이니 陽剛陰柔한 것이 天地의 道인데(陰陽固有剛柔)、 干支에 어찌 顚倒함이 없겠느냐?

父가 子息이 없지만(木에 火가 子息이요) 地支에 暗蓄됨이 있으면 子息이 없지 아니하고、 子息이 있으나(木에 水가 父母니 被損되면 凶하다)、 被損되면 도리어 孤獨하다(父無子而不獨子有父而反孤)。 또 原命에 長生됨이 있지만 被運되었다면 다시 生旺해 주는 歲運을 만날 때 再生될 것이요、 原命에 運行한다면 死絶地가 아니며(旣死亦非爲鬼)、 柱中에서 비록 生旺宮을 얻으나 身弱하고 다시 歲運에서 死絶됨이 不可하니 死亡한다(生尙可以再生死不可以伏死)。 日主가 死絶中에 坐臨하 한다면 生이 아니니(逢生又不成人)、 五行이 各其得令하고 所宜處를 얻어야 貴福을 이룬다。

日主와 用神이 空亡死絶되어 一局이 失宜하였으면 流蕩하여 마지 않으며 (一局皆失其垣者流蕩無依)、大運은

八字와 表裏의 關係가 있는 바 淺深多寡를 取用해야 한다 (大運折除成歲)。大運의 不足을 補佐하는 小運은 年

을 따라 時를 起準하여 定한다。四柱에 刑冲剋破가 있으면 凶命이지만 合이 있어 救解하면 도리어 貴命이요

(六合有功權尊六部)、刑이 不吉하지만 日主가 强하고 忌神을 刑冲한다면 邊彊으로 功名을 떨칠 것이다。

官貴를 挾拱하고 空亡되지 않으면 顯達할 것이요 (入地包藏神得用豁達胸襟)、風雨 (巳가 風門이고 卯가 雷門

이니 八字中에 이 二位를 夾拱함을 말 한다)가 邀烈하면 貴發한다 (風雨激烈貴無虧飛揚姓字)。歲月日中에 妻

宮을 爭剋爭合하여 月支가 陷溺되었다면 賊이 亂動家亡할뿐 아니라 自身 또한 喪害를 입으며 (賊地成家賊家亡

身必喪)、棟樑의 材木은 金으로 琢治해야 成器하는 것이니 財多金缺하면 成功하기 어렵다 (深材就斷財多金缺

難成)。八字가 陽만 있으면 偏黨이지만 子寅辰午申戌이 丑卯巳亥酉未의 陰支를 暗拱하는 境遇라면 兵權을 大

掌하며 이름과 功名을 떨친다 (純陽地戶包陰兵權顯赫)。

獨虎 (歲月中에 一位의 寅字)가 있는데 時支에 天門 (亥)이 있으면 淸貴한 朝臣이 되며 (獨虎天門帶本臺淸閣

高)、學堂 (身主長生之地)이 驛馬를 만난다면 文章이 뛰어난다 (學堂逢驛馬山斗文章)。日主가 咸池에 坐臨하면

淫亂酒色을 貪하고 (日主坐咸池江湖花酒)、福이 過滿하여도 (印綬가 生身함이 我福이나 比印旺地에 生扶太過

함)、도리어 禍가 된다 (福滿須防有禍)。局中에 原來 官殺이 많은데 다시 官殺歲運을 만나면 凶하지만 身旺運

을 만난다면 吉利하고 (凶多未必無禍)、驛馬가 時日에 있고 刑冲을 만난다면 이른바 馬頭帶箭이니 異域땅에서

喪亡한다 (馬頭帶箭生於泰而死於楚)。

甲乙日이 金旺年月에 生하여 我剋者가 많으나 다시 丙丁이 있어서 制殺하면 殺이 制伏되며 (一將當關羣都自

服)、殺重하고 身輕한데 孤獨無助한 命造라면 救解하는 當關之神이 없는 것이니 凶忌한다 (衆凶剋主雙力難勝)

440

甲己化土格이 從妻하는 例가 〈脫此輩〉니 木氣를 벗어난 때문인 바 比肩木運과 만남을 忌하며 (脫此輩忌見此

輩)、 乙庚化金함에 金旺함을 좋아하고 丁壬化木格이면 木旺함을 좋아하는 바 前者는 化夫喜夫가 斯神이요 後

者는 化母喜母가 斯神이다 (化斯神喜斯神)。

驛馬가 合함이 없으면 東西南北에 돌아다니는 不定之客이요、桃花가 日時에 있고 殺을 帶同하면 禮儀廉恥가

없는 娼妓奴隷等屬이다 (驛馬無疆南北東西之客桃花帶殺娼妓隷之徒)。戊日生이 辰申이 柱에 있으면 金은 戊의

子이고 辰은 母인 바 身旺하고 子息이 있으며、夫妻가 生함을 얻으면 生死를 서로 依持한다 (母子有始終之靠·夫

妻得生死相依)。 雙眼 (癸水가 人身의 腎이요 眼目이다) 이 傷함은 癸水를 火土가 剋傷한 所致이고 大腸에 病이

있음은 丙丁이 庚金 (大腸) 을 傷剋한 때문이다 (雙眼無瞳火土殺乾癸水、大腸有病丙丁剋損庚金)。

戊土가 脾에 屬하는 바 四柱中에 土弱하고 다시 沈水의 濕地로 運行하며 木剋하면 疾厄을 免할 수 없다 (土

行濕地而傾根伯牛有眼)。 火가 九夏炎天에 生하여 寅午火局을 이루면 樂道하고 無憂하며、木日이 水多한 중

土로 隄防함이 없고 다시 死鄕에 이른다면 橫禍로 毒亡하기 쉽다 (火值炎天而得局顔子無憂、水從木浮死無棺

槨)。 土主가 火炎하면 萬物이 不生이니 孤單하며、財多하고 身衰하면 財星을 能任할 수 없으므로 妻로 因한

利得으로써 生活한다 (火炎主燥主受孤單、妻多力弱花粉生涯)。

財多하고 比肩이 多旺하면 여기저기 떠돌아 다닐 사람이요 (馬弱比多形骸漂泊) 身形이 비록 朴陋하고 不淸

하나 心性이 靈明함은 原命이 濁한중 大運이 淸助하는 때문이며 (性靈形寢多因濁裏流淸)、貌樣은 俊秀하지만

마음이 어림은 用神이 淸浮하나 剋傷하는 惡物이 있는 때문인 바 學識이 없고 酒色을 좋아하는 例가 許多하다

(貌俊心蒙恙是淸中涵濁)。

무릇 凶神이 支合되면 비록 적은 善이지만 成取하기 어렵고、吉星이 併臨하면 비록 惡凶이 많으나 化解되

441

어 吉한 方向으로 解結된다. 따라서 道는 理致를 따라 깨달을 것인 바 熱心히 熟讀하고 힘을 다하여 求하지 않으면 안될 것이다. 크고 작은 事理를 分別하기 바라노라.

第三節 渭涇論

易에「乾道가 男을 이루고 坤道가 女를 이루는 바 陰陽剛柔가 各其體性이 있다」하였거니와 女命은 柔한 것으로 本을 삼고 男命은 剛으로써 形을 삼는다. 또 淸해야 奇貴하고 濁하면 賤한 것이다. 輕은 陽이고 坤은 陰이니 陰陽이 交合한즉 人道를 이루는데 陽은 剛하고 陰은 柔한바 乾道를 얻은즉 男이 되고, 坤道를 얻은즉 女가 된다. 그러므로 男剛하고 女柔하며, 陽에는 陽體가 있고 陰에는 陰體가 있는 바이다. 따라서 女命은 陰靜해야 貴命이요 陽剛함을 最忌하며, 淸하면 貴格이요 濁하면 賤命인 것이다.

三奇(財官印)을 말하고 三奇貴人을 말하지 않는다)가 있으면 夫가 發身하니 萬里의 封侯를 받고, 天月二德이 있으면 그 子息이 大科及第하여 大貴한다 (三奇得位良人萬里封侯、天德歸垣貴子九秋步月).

女命이 一位의 官貴를 얻으면 夫君이 金冠玉帶에 發身하고、多月에 生하여 寒冷太濕하면 啼哭할 命이다.

官旺한 女命이 다시 官旺運을 만난다면 離別再嫁의 剋夫之事가 생긴다 (一官一貴鳥雲雨鬢擁金冠、多玉筋、官行官運鏡破釵分).

財星이 得地한 女命에 財鄕運이 到來하면 夫榮하고 子貴하며、衣錦이 珍盛함은 官星이 有氣한 때문이면、金銀이 財庫에 차 있음은 辰戌丑未의 財庫가 傷剋되지 않은 때문이다 (財入財鄕夫榮子貴、衣錦藏珍官星有氣、堆黃積財白財庫無傷).

대저 女命에 官多함은 榮華롭지 못한 徵兆이고 財星이 太多하여도 富할 수 없으며, 正印을 取用하는데 다시 梟印을 만나면 凌辱을 當할 것이다 (大抵官多不榮財多不富、用正印而逢梟蘭階夜冷)。

梟印을 取用하는데 正印을 만나면 나무가 春風之節에 生하듯 發貴하고、金淸水冷 (金主가 冬月水旺寒冷節에 生하여 旺水가 泄金함이 太過함)이 甚하면 骨肉無情한 女命이며、土燥하고 火氣가 炎烈한 命造는 孤單無依한 사람이다 (用梟神而遇印主樹春榮、金淸水冷日銷鸞臺、土燥火炎夜寒衾帳)。

干支八字가 純陰이거나 純陽이면 相濟되지 못한 女命이니 靑燈을 홀로 지킬뿐이며、官夫를 重見하고 印星을 重見하면 夫多하므로 剋夫한다 (羣陰羣陽靑燈自守、重官重印緣鬢孤眠)。

衣祿이 豊厚함은 食神이 得位하여 官을 만나지 않은 때문이며 (女命에 食神이 子位이므로 子星이 得位하면 어머니를 받들고) 官星을 만나서 合神하면 (甲日이 丙이 食神인데 辛官을 만나서 丙辛合하는 例) 子息이 그에 戀情이 깊어 母情을 잃게 됨과 같으므로 官星을 만나지 않아야 한다는 것이다) 栗帛이 가득하여 財富한 女命은 印綬를 取用하는데 七殺을 만난 때문이다. 男子라면 權貴한다 (田園廣置食神得位不逢官、栗帛盈餘印綬逢時還遇殺)。

傷官女命이 官星을 만나지 않는다면 오히려 貞潔한 女命이요、食神이 없고 印綬를 많이 만난즉 (食神이 子星인데 印星이 剋子하므로) 도리어 刑傷이 있으며、梟印이 食神位에 坐臨하면 産厄을 免할 수 없다 (傷官不見官星猶爲貞潔、無食多逢印綬反作刑傷、窮梟見食坐食坐産花枯)。

惡殺 (七殺)이 正官과 混同되면 早年傷身하며、三合六合이 있는 중 驛馬桃花가 있으면 私情이 있고 官星을 冲剋하고 食神을 破하면 子息을 버리고 他人을 따라간다 (惡殺混官臨春葉落、遠合勾情背夫尋主冲官破食棄子從人)。

財氣가 衰하고 印星이 絶한 女命은 그 出身이 微賤하며、身旺하고 運路 또한 身強하면 반드시 刑夫하며、

五殺(咸池·紅艶·刦殺·破耗等)이 있고 桃花가 있으면(例컨대 庚申己丑丁亥壬寅의 女命) 嬌姪心邪하고 酒色

을 즐기는 女命이다(財衰印絶幼出孃門、身旺運强早刑夫主、五殺簪花日夜迎賓送客)。

三刑이 있고 다시 鬼殺을 띠면 始終토록 剋子傷夫하며、桃花殺(年月에 있는 것은 울안에 꽃이므로 좋고 時

上桃花는 담밖의 꽃이므로 下賤하다)이 官星과 合하면 楊貴妃와 같은 美女貴命이다(三刑帶鬼始終剋子傷夫、

楊妃貌美祿傍桃花)。

女命에 身主가 詞舘(五行旺處가 詞舘이니 木生人이 庚寅을 얻음과 같다)에 臨하면 才學이 뛰어나며、女命

에 華蓋가 있어 官星에 臨한즉 僧道가 된다(謝女才高身乘詞舘、華蓋臨官情通僧遊)。

孤辰이 印星에 坐臨한즉 師尼의 命이니 不然이면 寡婦가 되며、食神이 生旺되나 身主가 太弱한즉 墮胎할

危患이 있고、夫君과 離別이 자조 있음은 官星은 輕弱한데 比肩이 重多한 때문이다(孤辰坐印身受尼姑、脆胎

常墮食旺身衰、鸞鳳頻分官輕比重)。

刦財가 旺强한 女命은 洞房花燭의 재미를 얻기 어려우니 二婚側室이 되거나 婚運이 不利하고、財官이 死絶

되면 養子를 둘 것이며、官星이 財地에 臨하면 반드시 男便이 榮貴할 것이요、敗絶地를 만나면(甲木이 子에

敗辱하는 例)、剋子하고 외로웁다(姊妹綱强乃作嗔房之婦、財官死絶當招過繼之兒、官臨財地必榮夫身、入敗卿

須剋子)。

七殺과 梟神이 破祿하면 水火의 厄을 免하기 어렵고、比刦羊刃이 많고 刑喪되면 亡身害命하며、女命은 安

靜됨이 貴하므로 驛馬가 交馳됨을 忌諱하는 바 母家의 財物을 損傷시킨다(殺梟破祿連根墮泳肌於水火、比刦遭

刑喪局掩玉骨於塵沙、交馳逢駟馬母氏荒凉)。

陽差陰錯殺(丙子丁丑戊寅辛卯壬辰癸巳丙午丁未戊申辛酉壬戌癸亥의 十二日이니 陽日은 陽差요 陰日은 陰錯

이다)이 日月時에 兩三으로 犯하면 夫家가 반드시 敗落할 것이며、五馬六財(甲子生이 己巳를 만나는 例)가

比肩이 旺多한즉 分奪되므로 窮敗한다 (差錯對孤神 夫家零落、五馬六財窮敗比肩之地)。

八官七殺(甲子生이 庚午를 만나면 甲에서 庚이 七位이므로 七殺이요、辛未는 八官이 된다)이 刑害地에 位

하면 男便과 生離死別하며、官星이 刑剋되고 殺位가 空亡되면 시집 가자 짚은 화장을 罷하고 男便德을 볼 수

없다 (八官七殺分離刑害之鄕、刑官空殺幾臨嫁而罷濃粧)。

印星과 財星이 衝剋되면 비록 成家하더라도 福이 厚하기 어렵고、財星이 地中에 감추어져 있으면 豊厚한

福命인 바 殺星이 露出되었더라도 傷害될 것은 없다 (衝剋印財縱得家難成厚福、人若藏財不露明殺無傷)。

印星이 重重하다면 財鄕運도 좋고、財多하다면 貪財壞印이니 劫財가 있으면 좋으며、四財가 있으면 忌하는

女命에 屬하고、四衝이 있어도 良婦일 수 없다 (重印行財多財遇印、四財匪家人之有幸、四衝豈良婦而無嫌)。

水日主가 水旺鄕에 行運하면 花流街의 女命이요、金日主가 西方의 秀氣를 얻고 柔火로써 成質한다면 桃洞

의 仙女이며、四生(寅申巳亥)地는 곧 驛馬에 該當하는 곳이니 女命에 驛馬를 띠우면 遠行하고 故鄕을 出他하

게 되므로 忌한다 (水娶旺鄕花街之女、金成秀麗桃洞之仙、四生馳四馬背井離鄕)。

女命에 官星을 合하면 妙貴하지만 그러나 二三合이 있으면 衆人의 妻이므로 凶하고、三刑이 있으면 骨肉相

戰하므로 六親이 爭損되는 것이니 三合에 三刑이 있으면 傷夫하고 敗業한다 (三合帶三刑傷夫敗業)。

暗殺이 (殺도 夫位로 볼때가 있다) 刑을 만난즉 傷夫하는 惡命이요、官星이 露出되고 祿馬地를 얻으면 男

便이 榮貴馳名한다 (暗殺逢刑棄殂不善、明官跨馬夫主增榮)。

黃金이 滿重한 婦人은 一財가 得所한(甲日이 己土가 있고 辰戌丑未月에 生함) 때문이며、少年에 剋夫失配

함은 天乙貴人이 兩重으로 있는 때문이다 (黃金滿贏一財得所、紅顔失配兩貴無家)。

445

四柱中에 먼저 比肩이 있고 後에 財運으로 行하면 먼저 가난하지만 뒤에 富者가 되며, 官星夫位를 冲하고

食神子位가 帶合하면 子息에 依持하여 終身하고 剋夫한다 (先比後財自貧至富、衝官合食告非子刑夫)。

死絕胞胎月에 生하여 無氣하면 一生이 寂寞孤苦하며、長生位를 얻은 女人은 俊雅하고 子孫이 繁榮發福한다

(死絕胞胎花枯寂寂、長生根本瓜瓞綿綿)。

官貴를 合하고 財星을 合神한 女命은 珠玉이 많고 金屋에 살며、財를 破剋하고 食神을 破하면 凄凉孤獨한

女人이다 (合貴合財珠盈金屋、破財破食衾冷蘭房)。

夫權을 빼앗아 多能하고 陰邪함이 있음은 陰柔해야 하는 女命에 陽剛함을 兼한 때문이니 呂後가 天下에 이

름을 떨침은 그 例이며 樓前에 떨어져 죽을 八字는 梟印을 取用함에 冲되고 殺을 만난 때문이다 (呂後名馳天

下只緣陰併陽剛、綠珠身墮樓前蓋是梟冲殺位)。

秋節에 生한 水日主가 亥子의 源根을 만나면 눈을 깎아도 節操를 지키며 冬月에 生한 金主가 巳酉丑金局을

얻으면 金白水清이니 貞節이 堅固하다 (秋水通源剔眸立節、多金坐局斷臂流芳)。

比劫이 同宮에 있으면 (甲寅、乙卯日月의 例) 爭妬의 뜻이 있으므로 먼저 限스러움이 있고 命主와 財神이

有氣하면 늙도록 근심될 것이 없다 (姉妹同宮未遠而先恨命財有氣配夫到老無憂)。

上述한 바와 같이 榮枯와 貴賤의 命造들 淵源에서 밝힌 바 있거니와 널리 배우고 참되게 傳하고 精誠되게

받을 것이다. 만일 理致에 어긋남이 있고 時에 잘못됨이 있다면 이는 學者의 未及함이 있을 뿐 先賢의 잘못이

아닌 것이다.

第四節　定眞篇

『夫生日爲主者行君之令法運四時陰陽剛柔之情內外否泰之道進退相傾動靜相代取固亨出入之緩急求濟復散斂之

巨微』

生日의 日干이 爲主가 되고 年은 君이니 君令을 行함은 月令提綱으로 부터 일어나는 運으로써 行한다。그

理致와 運行하는 것은 春夏秋冬의 四時에 依하여 展開되는데 陽(甲丙戊庚壬)은 剛하고 陰(乙丁己辛癸)은 柔한

性情이 있으며 地支中에 所藏된 內와 干上에 透出한 外가 있고、否塞하고 泰通하는 生旺死絕生剋等의 道理가

있다。

進하는 命造(春木夏火、秋金、多水、四季土)는 財官을 取用하여 吉美하고、退하는 命造(春水土、夏金、秋

木多火)는 財官을 取用함에 不美하며(身旺運을 얻어야 한다)、動하고 靜함엔(甲日이 辛官을 얻고 다시 庚字

가 透出하면 動한 것인바 制殺하는 五行이 있고 官星을 害하는 丁火가 없으면 靜이며、또 地支에 冲刑破害가

있으면 動인바 不然하면 靜이다。또 天干은 動하고 地支는 靜하며、干支는 一動一靜一陰一陽으로(循環不息

하고 相代로 展開된다) 相代하는 理致가 있다。

固(身弱한 중 財官七殺이 太旺하고 印綬가 被傷된 滯塞之命)하고 亨(日主健旺하고 財官이 傷破되지 않은

通達之命)함에 運路의 如何를 따라(順行運은 戌에 出하고 亥에 入하며 逆運이면 出亥入戌한다) 早達晩成한

다。또 功名을 이루고 다시 功名을 退敗하며 破散하고 積財함에 大小多寡의 不同함이 있다。

『釋之曰法有三要以干爲天以支爲地支中所藏者爲人元乃分四柱以年爲根月爲苗日爲花時爲實又釋四柱之中以年

447

爲祖上則知世代宗派盛衰之理月爲 父母則知親蔭名利有無之類以日爲己身當推 其干搜用八字爲內外生剋取捨之源

干弱則求氣旺之藉有餘以補不足之法』

法이 三要가 있으니 干이 天이요 支가 땅이며 支中藏干이 人元임이 그것이다。또 四柱를 分別하여 年은 뿌

리이고 月은 싹이며、日은 꽃이요 時는 열매이며、다시 年은 祖上인 바 祖宗의 盛衰를 알고、月은 父母宮인

바 蔭德과 兩親의 名利가 있고 없음을 알며、日은 自身인 바 八字와의 關係들 살펴서 內外生剋取捨의 根本을

삼는다。따라서 干이 弱한즉 旺盛해 주는 運을 얻어야 하고 日強有餘하면 不足하게 덜어주는 運이 必要하다。

『干同以爲兄弟如乙以甲爲兄忌庚重也甲以乙爲弟畏辛重也干剋以爲妻財財多干旺則多稱意若干衰則財反禍矣干

與支同損財傷妻男取剋干爲嗣女取干生爲子存失皆然以時分野當推貧賤富貴之區也』

日干과 同一한 五行이 兄弟가 되는 바 例컨대 乙日은 甲이 兄이니 庚金이 重함을 꺼리고、甲日은 乙이 弟이

니 辛金이 重함을 두려워 함이 그것이다。日干이 剋하는 五行이 妻財인 바 財多하고 日干이 旺할 때엔 모든

것이 뜻과 같지만 日干이 衰弱한데는 財가 도리어 禍根이 된다。

日干과 日支가 同一하면(甲寅乙卯日等) 損財傷妻하며、男命은 日干을 剋하는 官殺이 子息이요 女命은 日干

이 生하는 食傷이 子息이며 時柱가 子息의 分野인 바 貧賤富貴를 마땅히 推審할 것이다。

『理愚歌云五行眞假少人知知時須是泄天機是也俗以甲子乙丑海中金即要景之前未知金在海中之論』

五行의 眞假를 아는 사람이 적으니 이는 곧 天機를 泄하는 것인 바 甲子乙丑海中金이라고 通俗的으로 使用

하는지는 오래지만 海中에 金이 있는 理由는 알지 못한다(此論은 納音五行에 關한 所論인바 拙著 淵海子平精

解 第一編 第一章 第十二節 六十花甲子納音條에 詳細히 說明되었으니 參照하기 바람)。

『或以年爲主則可知萬億富貴相同者以甲子年生便爲本命忌日之戒以月爲兄弟如火命生酉戌亥子月言兄弟不得力之斷或曰爲妻如在空刑剋殺之地言剋妻妾之斷或時爲子息臨死絶之鄕言子少之斷論之皆非人之可爲造物陰陽之所致傾世術士不知斯理而僭亂於俗故不可言傳當考幽微妙矣』

年柱를 爲主로 하여 斷命하지만 이는 百千萬億의 同一한 富貴의 命造가 있게 되는 바 此法은 正確하지 않다。

月令을 兄弟로 보니 火命이 酉戌亥子月에 生하였다면 兄弟의 德이 없는 것으로 볼 것이요 日支로 妻를 보니 空亡刑冲剋殺支가 된다면 妻妾을 剋刑하는 命造로 볼 것이다。 또 時를 子息으로 보니 子星이 時柱에서 死絶되면 子息이 적은 것으로 判斷한다。

要컨대 이 모든 것은 사람이 마음대로 左右할 수 없는 陰陽造化의 所致인데 傾世의 術士들은 이 理致들 알지 못하고 俗되게 어지럽히고 있다。 그러므로 그 깊고 微妙한 法을 말로써 傳할 수 없는 것이니 마땅히 힘써서 익히고 힘쓸 것이다。

第五節 五行元理消息賦

『詳其往聖鑒以前賢論生死全憑鬼谷推消息端的徐公陽生陰死陽死陰生循還逆順變化見矣』

往聖을 밝히시고 前賢을 살펴어서 五行의 生死를 鬼谷子가 分別解述하고 더욱 仔細한 消息을 徐公子平이 밝혀 推釋하니 陽生陰死하고 陽死陰生하여 逆順으로 變化하되 循還하지 않는 理致가 드러나게 되었다。

(第百九十五柱)

己亥
癸酉
庚午
戊寅

乙丙丁戊己庚辛壬
丑寅卯辰巳午未申

右丞相造

庚日이 丙으로 殺을 삼고 辛으로 刄을 삼는 바 寅午會局하니 殺刄이 雙顯하고 食前殺後하니 大貴命인 바 丙寅大運壬辰年에 右丞相이 되었다.

中途에 或 喪敗할듯 危亡할듯 하나 大運이 身主를 旺助하여 平生토록 富貴雙全함은 身殺이 兩停한 때문이다(中途或喪或危運扶干旺平生爲貴爲富身殺兩停)。

(第百九十六柱)

乙酉
乙酉
乙酉
甲申

己庚辛壬癸甲
卯辰巳午未申

尙書長官命

乙木이 八月酉金七殺이 旺한중 申酉가 全有한 金局이요 乙木이 時支의 申中庚金과 合金하니 從殺格이다. 金은 主性이 義理가 剛한 바 此人이 剛毅한 爲國良臣으로 마침내 尙書位에서 大功을 세웠다.

大貴한 命造는 財를 取用하고 官星을 取用하지 않는다(大貴者用財而不用官).

(第百九十七柱)

辛亥
庚寅
丙子
丁酉

甲乙丙丁戊己
申酉戌亥子丑

狀元大貴命

此命은 丙日이 官地에 自坐하였으며 庚辛酉金은 財星이다. 官星은 남에게 내가 剋制되는 것이지만 財星은 내가 剋取하는 것이므로 貴하고, 또 財旺하면 生官하는 것이니 丁亥運 丙戌年에 大科壯元하여 大發하였다.

當權의 威權命은 殺을 取用하고 印星을 取用하지 않는다(當權者用殺而不用印).

建寧府彭僉事命

己巳
癸酉
乙丑
甲申

壬申　辛未　庚午　己巳　戊辰　丁卯

柱中에 巳酉丑金局이 會局되었고 時支에 申中庚金이 日主를 合金하여 從殺格으로 權貴할 命造이다.

印星은 殺에 依賴하여 生助된다(印賴殺生).

(第百九十九柱)

辛亥
庚子
甲辰
乙亥

己亥　戊戌　丁酉　丙申　乙未　甲午

御史造

甲木이 冬月印綬令에 生하여 地支에 亥子辰水局을 이루어 生身하니 印綬格인 바 申酉運에 庚金七殺이 臨祿됨에 全盛時期를 이루었다.

官星은 財星의 生助에 依하여 生旺된다(官因財旺).

(第二百柱)

甲寅
己巳
癸巳
癸丑

庚午　辛未　壬申　癸酉　甲戌　乙亥

此命이 癸日主가 巳月巳日에 生하여 財官을 兼逢하였는 바 寅을 얻어 財旺하고 官星이 得生되며 甲木이 己土를 合하여 官星을 生旺하는중 西北運을 얻으니 그 位가 王公에 이르렀던 것이다.

食神이 先居하고(月令에 있고), 殺이 後在하면(時柱에 있으면) 功名이 兩全한다(食居先殺居後功名兩全).

(第二百一柱)

戊午
戊午
乙丑
辛巳

己未　庚申　辛酉　壬戌　癸亥

此命이 午中丁火가 食神인 바 年月에 先居하고 辛金이 七殺인 바 時上에 後透하여 丑中에 庫藏을 얻으니 食殺이 兩停하여 財權을 兼備하였고 都尉에 이르렀다.

酉가 卯를 破하고 卯가 午를 破함에 財名이 雙美하다(酉破卯卯破午財名雙美).

（第二百二柱）
丁酉
己酉
辛酉
丙申

上記命은 酉가 卯를 破한 格인 바 秋令에 生하여 官位가 令尹에 이르러 錦衣還鄉하였고 下記命은 卯破午格이니 八十長壽하였고 清貴하였다.

（第二百三柱）
癸亥
乙卯
戊寅

八字의 五行이 陰陽相均하고 四柱가 各各 歸祿되었으면 福壽한다 (福亨五行歸祿).

（第二百四柱）
丙寅
甲午
己巳
丙寅

庚 己 戊 丁 丙 乙
子 亥 戌 酉 申 未

此命이 午月에 生한 己土인 바 甲祿은 年支寅에 있고 丙祿은 巳에 있고 己祿은 午에 있어 各祿을 얻은 格이니, 비록 富貴하지는 못하였지만 一生에 溫飽亨福하였고, 八十長壽하였으며 心神이 健康하였었다.

（第二百五柱）
癸丑
癸亥
丁卯
丁未

戊 己 庚 辛 壬
午 未 申 酉 戌

癸 甲 乙 丙 丁
丑 寅 卯 辰 巳

此命은 天干兩字가 歸祿은 아니나 帝旺地를 얻었고 丁火가 亥月官旺節에 生하였다. 此人이 積德善行하였고 忠孝心이 至極하였으며 克儉克勤하여 巨萬의 財産을 이루었다. 七子를 두었는데 다 貴發하였으며 五女를 두었는 바 다 發貴하였으며 自身이 建安懸에 林壽官이었고 九十七歲當時에도 耳目精神이 强하였으며 齒髮飲食이 如前하였다.

（第二百六柱）
丁巳
壬寅
戊辰
丙辰

丁 戊 己 庚 辛
酉 戌 亥 子 丑

癸 甲 乙 丙
巳 午 未 申

五行八字가 中和되어 相停되면 반드시 長壽한다 (壽稱八字相停).

此命이 火土가 相停하므로 壽格인 바 癸巳運丁亥年에 九十一歲로 終壽하였다.

火土가 土多하여 稼穡이 太旺하면 빛을 잃음으로 不吉하다 (晦火無光於稼穡).

(第二百七柱)

戊戌
戊午
丙午
己丑

壬子 癸丑 甲寅 乙卯 丙辰 丁巳

此命은 女命이니 丙日이 午月에 生하여 火局을 얻었고 四柱에 土神이 太多하므로 그 光明을 가리웠는 바 마침내 부엌의 卑妾에 不過하였다.

(第二百八柱)

丙戌
丙申
甲午
丙寅

丁酉 戊戌 己亥 庚子 辛丑 壬寅

火氣가 盛하여 木氣를 盜奪하는 木이라면 丙丁火를 만나서 絕氣되고 재로 化한다(盜木絕氣於丙丁).

此命의 甲午生이 申月偏官格을 얻었는 바 年時에 寅午戌火局을 얻어 七殺을 制伏함이 太過하다. 따라서 俗人에 不過하였으며 寅運丙戌年에 死亡하였다.

(第二百九柱)

戊戌
乙卯
丙午
己亥

丙辰 丁巳 戊午 己未 庚申 辛酉

火主가 甲乙寅卯의 生旺을 얻거나 火局을 얻음에 火虛하여 불꽃이 있는 것인 바 吉命이다(火虛有焰).

此命이 李狀元造니 水火通明의 象을 이루어 貴命이다. 殺生印하고 火明木秀하므로 大科狀元하였다.

(第二百十柱)

戊申
庚申
庚申
甲申

辛酉 壬戌

金이 火의 煆煉이 없이 實固하기만 하면 소리가 없는 無用之物이다(金實無聲).

此命은 金主가 七月에 生하여 旺金인데 地支에 純金만이 滿在할 뿐 煆煉이 없으므로 金實無聲이다. 따라서 平常人에 不過하였다.

水氣가 太旺하면 木이 뜨는 바 甲木은 亥에서 生하므로 無咎하나 乙木은 亥에 死하므로 水旺하면 死浮한다(水泛木浮者活木).

453

(第二百十一柱)

辛亥
庚子
乙未
甲申

辛丑 壬寅 癸卯 甲辰 乙巳 丙午

此命은 女造인 바 庚金으로 男便을 삼는데 月上에 透出하고 歸祿되었으므로 夫星이 得地한 것이니 吉하다. 그런 中 年殺이 透出하였으므로 官殺이 混雜이나 甲木을 配合하고 日主 乙은 庚金夫星과 配合하므로 貴命으로 되었다. 卯大運에 發身하여 福吉하였으나 辰大運에 申子辰水局을 이루었는중 丁亥年에 壬水太旺하므로 庚金은 沈水되고 乙木은 死絕되었는 바 水泛木浮이니 面腫과 浮面으로 死亡하였다.

(第二百十二柱)

戊辰
戊午
庚辰
丁丑

己未 庚申 辛酉 壬戌 癸亥 甲子

土가 重過하면 埋金되는 것이니 陽金이 그러하다(土重金埋者陽金).
此命이 庚金이 五月에 生하여 正官格이 되었다. 그러나 官星火를 生해줄 五行은 없고 地支에 純土만 있고 다시 梟神戊土가 透出하였으므로 火는 감추어지고 金은 파묻히 었는 바 運路가 西北財官運이지만 名利가 다 俱無하였다.

(第二百十三柱)

壬子
癸卯
壬子
庚子

壬寅 辛丑 庚子 己亥 戊戌 丁酉

水盛하기만 하고 土로 制水하지 못하면 危患이 있다(水盛則危).
此命이 女命이니 水氣가 泛濫할 뿐 土로써 制水함이 없는데 羊双傷官이 旺할뿐 아니라 西北運을 얻었으므로 流走無定하고 淫亂한 下賤輩였다.

火가 太盛하고 極烈한즉 滅하는 理致가 있다(火明則滅). 그러므로 中和를 얻어야 上格이고 太過하거나 不及하면 下格이다.
陽金主가 煉成이 太過하여도 變革이 많고 奔波할 따름이다(陽金得煉太過變革奔波).

(第二百十四柱)

癸卯
庚戌
庚申
甲申

己戊丁丙乙甲
未午巳辰卯寅

庚金이 火庫에 坐하였고 歸祿이 되어 從革象으로 이미 成器하였는 바 다시 丁巳火郷運으로 行함은 損物할 뿐 事物이 變革하기만 하고 勞祿하였다. 卯大運에 歲支의 財神이 會局되므로 州判의 職을 받았고 財利大發하였다.

(第二百十五柱)

癸丑
甲寅
乙卯
己卯

戊己庚辛壬癸
申酉戌亥子丑

陰木이 月令에 得氣하지 못하고 絶死되면 身弱하다(陰木歸恒失令終爲身弱).

乙日이 坐卯하고 月令에 祿을 얻었지만 寅月은 陽木이 得令하고 陰木은 反弱하다. 그러므로 〈木向春生作旺論却乙在二月得令甲在正月若失其時反爲身弱〉이라고 하였다. 此命이 辛亥大運에 木局을 얻어 日主를 扶身하므로 戊子年의 會試에서 及第하고 知縣이 되었다.

(第二百十六柱)

癸未
己未
丙戌
己丑

戊丁丙乙甲
午巳辰卯寅

此命은 丙日主가 干支에 土氣만 重重하므로 晦光無光되었고 木이 없으므로 無用한 命造이다.

土重하면 晦火되므로 無光하나 木을 만나면 도리어 有用하다(土重而掩火無光逢木反爲有用).

水氣가 太盛한즉 木氣가 定할 수 없으니 土運으로 行하여서 止水해야 榮華가 있다(水盛則木無定若行土運方榮).

（第二百十七柱）

甲寅
乙亥
甲子

丙丁戊己庚辛
子丑寅卯辰巳

此命은 甲日이 敗地에 있어 水氣가 太旺하나 土로써 止水함이 없으므로 此人이 비록 巧知와 言辯이 좋았지만 虛名만 있고 功名을 얻지 못하였다.

五行은 太盛함이 不可하고 八字는 中和됨을 要한다 (五行不可太盛八字須要中和).

（第二百十八柱）

辛亥
戊戌
壬辰
庚子

丁丙乙甲癸壬辛庚己
酉申未午巳辰卯寅丑

富貴長壽格

此命은 壬祿이 亥에 있고 子辰水局을 이루었는데 月令에 純土柱를 얻어 止水하므로 富貴長壽하였고 九十九才를 一期로 마친 中和之命이었다.

運에 元辰이 모여 水氣가 滔滔할 뿐 土로 止水하지 않으면 夭折한다 (運會元辰須當夭折).

（第二百十九柱）

丁丑
壬申
辛丑

辛亥

夭折命

此命은 壬水가 子月에 生하여 水旺한 중 水局을 이루어 干支에 水氣가 太過하며, 土氣로써 制水하지 못하므로 亥運十六歲에 夭死한다.

木氣가 盛하면 多仁한다 (木盛多仁).

〈第二百二十柱〉

甲　壬　丁　甲
辰　寅　卯　戌

戊　己　庚　辛　壬　癸　甲　乙
辰　巳　午　未　申　酉　戌　亥

此命이　寅卯辰의　木氣가　全하고　得令하니　傷官用財格인　바　聰明多仁하고　長壽하였다。

土氣가　薄하고　形壞하면　信用이　적다（土薄寡信）。

（第二百二十一柱）

甲　甲　己　己
寅　戌　酉　巳

乙　丙　丁　戊　己　庚
亥　子　丑　寅　卯　辰

（第二百二十二柱）

己　壬　己　甲
巳　申　酉　戌

辛　庚　己　戊　丁　丙
未　午　巳　辰　卯　寅

上記造는　趙子昻命이요　下記造는　劉宦官命이니　前造는　忠直信誠이　있었고、　後者는　奸臣妖邪之輩이었다。

水旺하여　化象이　되거나　從象을　이루어　得局한　자는　智謀와　才藝가　뛰어난　사람이다（水旺居垣須有智）。

金主가　月令에　金을　얻고　從象化象을　얻으면　有義剛毅한　豪傑이다（金方主義却能爲）。

水는　智多하고（水氣가　太旺하면　酒色을　줄긴다）、　金은　義를　主管하니　金水가　旺하여　金白水淸格을　이루면　聰明好色한다（金水總明而好色）。

水土가　混雜되면　반드시　어리석고（水土混雜必多愚）、　中和를　얻은　자는　長壽하고　偏枯된　자는　夭折된다（遲齡得於中和折喪於偏枯）。

辰戌이　剋制되고　아울러　刑冲되면（魁罡이　全하고　刑冲되면）　반드시　刑罰을　犯한다（辰戌剋制併冲必犯刑名、

457

子卯의 相刑이 門戶에 全有하면 (子卯는 禮義가 되는바 月支와 日支에 있으면) 禮德이 없다 (子卯相刑門戶全無禮德)。

(第二百二十三柱)

丁酉　丙子　癸卯　壬子

丁戊己庚辛壬
酉戌亥子丑寅

丙子生이 財祿을 取用하나 丁火가 酉長生地에 坐하여 刼奪하고 子卯가 月日支에 相刑되니 妻가 不賢하여 家道에 非邪함이 많았다。

印星을 버리고 財星을 取함에 偏正을 分別할 것이니 印格이 財星을 꺼리나 偏印은 財星을 꺼리지 않는 바 輕한 것을 버리고 重한 것을 就取함을 原則으로 棄印就財를 分別할 것이다 (棄印就財審偏正)。

(第二百二十四柱)

丙午　壬申　戊申　丁亥

壬癸甲乙丙丁
寅卯辰巳午未

壬水가 七月에 生하였고 亥水에 祿을 얻으니 身旺한 바 丙丁財透함이 기쁘다。 따라서 南方火運에 棄印就財하여 財發하였다。

日干을 버리고 殺을 取함은 陰干은 柔物이므로 多貴하며 陽干은 다음이 된다 (棄干就殺論干柔)。

傷官格에 財星이 없으면 비록 巧才가 있으나 반드시 가난하다 (傷官無財難恃巧必貧)。

(第二百二十五柱)

丙子
壬辰
辛酉
丁酉

癸巳 甲午 乙未 丙申 丁酉 戊戌

上記命은 壬水傷官을 取用하는 바 子辰水局이 있어 金水傷官을 이루었으나 柱中에 甲乙寅卯의 財가 없으므로 一生이 貧寒하였다.

(第二百二十六柱)

己酉
庚午
己卯
乙丑

己巳 戊辰 丁卯 丙寅

下記命이 또한 土金傷官格을 이루었으나 財星이 없으므로 巧多해도 平生에 뜻을 이루지 못하였다.

食神이 制殺하는 格造에 梟印을 만나면 貧하거나 夭死한다 (食神制殺逢梟不貧則夭).

(第二百二十七柱)

戊寅 丁巳
丙辰
戊申
丙申

此造에 申中庚金이 食神이니 丙이 兩透하여 寅에 長生되는 바 巳大運壬午年 五세에 火局이 助火하므로 불로 死亡하였다.

男命에 羊刃이 많으면 반드시 重婚하고 女命에 傷官을 犯하면 반드시 再嫁한다 (男多羊刃必重婚, 女犯傷官須再嫁).

身旺한데 다시 生旺地를 만난즉 富貴命이며 退位避身하고 常人命이면 夭死하며 財神이 刦奪되면 (比刦羊刃이 旺하므로) 孤寡者가 된다 (貧敗者皆因旺處遭刑, 孤寡者只爲財神被刦).

去殺留官하면 (殺을 合去할 境遇) 福命이요, 去官留殺 (官星을 合去할 境遇) 하면 威權이 있다. 또 傷官을 만나나 도리어 夫星을 얻음은 財命이 有氣한 때문이다 (去殺留官方論福去官留殺有威權, 逢傷官反得夫星乃爲財命有氣).

梟神을 만남에 子息을 喪하고 無後하여 孤寡한다。그러나 輕重을 살펴서 決斷해야 한다(遇梟神而喪子息福

氣無後而孤)。

二戊字가 辰을 兩冲하면(原命에 辰戌相冲하는데 다시 運에서 戌字들 만나면) 禍厄이 不淺하고、兩干不雜格

이면(第二編 第一章 第三十七節 參照) 利名을 얻는다(二戊冲辰禍不淺兩干不雜利名齊)。

丙子辛卯가 相逢하면 荒淫亡身한다(丙子辛卯相逢荒淫滾浪)。

(第二百二十八柱)

辛卯
丙子　乙卯
壬子　甲寅
壬辰　癸丑

여 膀胱病으로 死亡하였다。

此命이 天干에 丙辛이 相合하고 地支에 子卯刑合되어 淫亂之命인 바 乙卯運에 貪色하

子午卯酉가 全備하면 酒色荒淫하고 薄德하며 天干에 殺이 透顯하나 制伏하지 못하면 賤命이다(子午卯酉全

備酒色荒迷、天干殺顯無制者賤)。

(第二百二十九柱)

癸未
乙卯　戊午
辛酉　己未
癸丑　庚申

賤命이었다。

此造가 秋令에 生하여 殺旺하고 卯坐에 日主가 있어 身旺適殺格이나 食神이 없어 制殺

하지 못하는 중 梟神이 更透하였고 卯酉丑未가 相冲하므로 凶惡不仁하며 殺生을 좋아한

地支에 財가 藏伏되어 官星을 暗生한즉(壬癸水가 寅月에 生하면 寅中丙火가 財伏임) 奇貴하고、月支에 羊

双이 있으면 官殺을 좋아하고 財星을 싫어하는 바 財星이 있고 歲運에서 羊双을 再見하면 禍厄을 當한다(因財致禍羊双與歲運併臨)。

干支에 梟印과 食神이 重見하면(歲運에 七殺을 만나고、다시 刑冲됨이 있으면) 禍厄이 不淺하다(貪食乘疑命帶梟神應有禍)。

(第二百三十柱)

癸未　戊辰
丁巳
丁卯
癸卯

가 午中己土를 食하며 子卯相刑되고 運歲相冲되므로 苦貧하였다。

此命이 梟神에 自坐하였고 未中己土가 있어 貪食이 되었다。初年戊午運戊子年에 丁主가 午中己土를 食하며……

時日에 卯酉를 相逢하면 當主가 반드시 나면서부터 住居가 不定하고 遷移함이 많다。(時日相逢卯酉始生必主遷移)。

(第二百三十一柱)

癸丑　庚申
辛酉　己未
乙卯　戊午
壬午　丁巳
　　　丙辰
　　　乙卯

此命이 乙과 辛이 相鬪하고 卯日酉月에 生하여 相冲이 있으므로 나면서 부터 죽을때까지 住居不定하였고 移舍들 쉬지 않았다。

戊亥가 天門인바 命造에 있으면(特히 日時에 있으면)、平生토록 神敎를 敬信하고 道士僧侶가 된다(造化因逢戌亥平生敬信神祇)。

己酉 丙子 戊戌 癸亥의 命造가 있으니 此命이 時日에 戊亥가 있으므로 一生에 神敎를 敬信하였다。陰이 陰

을 剋하고 陽이 陽을 剋하면 偏財偏官안 바 官星을 取用함에 있어 正官이 많으면 官이 化하여 殺이 되므로 凶하다 (陰剋陰陽剋陽財神有用官有無官太旺傾危)。

(第二百三十二柱)

戊子　丙辰　癸巳　丙辰

丁戊己庚辛壬
巳午未申酉戌

此造가 戊土로써 官을 삼는데 柱中에 官星이 太多하므로 도리어 不吉하다。

壬戌運에 官多化殺되어 死亡하였다、

殺이 太多하여 從殺格이면 殺運에 富貴한다 (殺多無殺反爲不害)。

(第二百三十三柱)

甲寅　癸酉　乙酉　乙酉

甲乙丙丁戊己
戌亥子丑寅卯

公太保(政丞)

此命은 乙木이 身弱하고 依持할 곳이 全혀 없으니 從殺格으로서 富貴하였고、位가 三公太保(政丞)에 이르렀다。

財多한데 다시 財運을 만나면 化殺하므로 災厄이 있으며 印多하고 根氣가 없으면 比刦旺運이 不宜하다(財多逢財運逢化殺主災、印多無根運行比刦旺地)。

八字에 得局하나 (木主가 亥卯未木局을 만나고 金主가 巳酉丑金局을 만나는 例) 失令하면 (木局秋生의 例)、平生이 不遇하다(八字得局失垣乎主平生不遇)。

（第二百三十四柱）

壬申　癸丑　壬子　甲辰

甲寅　乙卯　丙辰　丁巳　戊午

此命이 八字에 申子辰水局이 있고、丑土月에 生하니 失令한 것인 바 마음이 邪慾에 막히고 名利가 無成하였고 午大運中 冲日柱하여 死亡하였다。

四柱에 得令하고 得局하면(木局이 春生하고、火局이 夏生하는 例) 平生토록 富貴한다(四柱歸垣得局早歲軒昂)

癸亥(木)、乙卯(木)、乙卯(木)、壬午(木)의 命造는 曲直格의 例이고、壬寅(火)、丙午(火)、丙戌(火)、甲午(火)의 命造는 炎上格의 例이며、癸酉(金)、乙丑(金)、庚辰(金)、辛巳(金)은 從革格이요、壬子(水)、甲申(水)、壬子(水)、甲辰(水)는 潤下格이다。

木이 類象을 만나면 榮貴하고 高遷한다(木逢類象榮貴高遷)。

（第二百三十五柱）

癸卯　甲寅　甲辰　乙亥

癸丑　壬子　辛亥　庚戌　己酉　戊申　丁未　丙午

此命은 木主가 春月에 生하여 四柱가 純粹하고 全旺하며 死絕이 없으므로 官이 御史位에 이르렀고、大貴하였다。

命中에 梟神을 取用하면 富家를 이룬다(命用梟神富家營造)。

(第二百三十六柱)

庚子　戊寅　壬子　丑寅

己卯　庚辰　辛巳　壬午　癸未　甲申　乙酉　丙戌

此命이 壬日生이므로 庚이 偏印인 바 寅은 財食이며 寅木은 庚의 財가 된다.

弱身壬水가 庚金에 依해 生助되므로 富者가 되었다.

(第二百三十七柱)

財官을 取用하는 命造가 財官이 俱敗하면 死亡한다 (財官俱敗者死).

戊子　丙辰　癸巳　庚申

丁巳　戊午　己未　庚申　辛酉

此造가 戊土로 官을 삼고 丙은 財인 바 丙이 巳에 得祿하였으므로 南方運에 君令을 受任하였으나 酉大運에 財官이 俱敗하므로 死亡하였다.

(第二百三十八柱)

食神을 取用함에 梟印을 만난즉 凶하다 (食神逢梟者凶).

甲辰　丙寅　壬子　辛亥

丁卯　戊辰　己巳　庚午　辛未　壬申

此命이 年上甲으로 食神을 삼는 바 食神은 福祿이 되고 羊双을 合하여 水局을 이루어 丙火財星을 奪食함은 忌하는 點이다. 庚午運에 이르러 食神이 被傷되므로 一落千丈하여 一貧徹骨이 되었다.

歸祿格은 官星이 없어야 靑雲得路의 命인 바 財星이 있으면 大福을 얻는다 (歸祿有財而獲福).

(第二百三十九柱)

壬寅
辛亥
壬寅
辛亥

壬癸甲乙丙丁
子丑寅卯辰巳

此命은 壬水가 時支癸位에 歸祿되고 官星이 없으므로 歸祿格인 바 寅中의 丙火財星은 福神이다。身旺適財하므로 東方運에 極貴하였다。

(第二百四十柱)

辛丑
庚子
壬申
辛亥

己戊丁丙乙甲
亥戌酉申未午

此命이 時支에 歸祿格을 얻고 官星이 없어 入格되었지만 財星이 없고 金水만 太旺하므로 西方運에 敗業破産하고 貧寒하였다。

財星이 없는 歸祿格은 반드시 가난할 것이다(無財歸祿必須貧)。

(第二百四十一柱)

丁丑
庚辰
戊午
戊辰

甲癸壬辛庚己
子亥戌酉申未

此命이 庚主가 丁火로써 官星을 삼는 바 丁火가 午地에 祿을 얻으나 財가 없어서 生官하지 않는 중 大運이 西北方으로 行하니 財官이 俱無하므로 (柱內에 土多하여 晦火됨), 名利를 얻을 수 없었다。

正官을 만나도 俸祿이 없을 수가 있다(豈知遇正官却無俸祿)。

太歲와 日主가 戰剋함은 凶하고、羊刃은 刑冲됨을 忌한다(太歲忌逢戰鬪、羊刃不喜刑冲)

祿을 얻은 日干이 時上 七殺을 얻으면 威權이 있고 聲名이 있다(蓋祿逢七殺乃有聲名)。

（第二百四十二柱）

甲申
丙寅
乙卯
辛巳

壬辛庚己戊丁
申未午巳辰卯

此命이 時上의 七殺辛金을 取用하는 바 時上一位貴格이니 將相王侯의 貴格이다。此造는 源遠의 命이다。

從하지도 않고 化하지도 않는 命造는 日干貴氣를 傷함을 가장 꺼리는 바 如此한 命造는 仕路官界에 出世하는 길이 막히고、從格化格을 얻으면 功名顯達한다（不從不化淹留仕路之人得從涓化顯達功名之士）。

（第二百四十三柱）

甲午
丁卯
壬申
乙巳

癸壬辛庚己戊
酉申未午巳辰

此命이 丁壬化木하고 二月에 木旺節을 얻으니 化格이 된듯하나 그러나 壬水가 申地에 長生하고 巳申金이 剋木하므로 化木格을 이루지 못할뿐 아니라 地支에 刑冲이 있으므로 下格에 不過하였다。

化格을 이루었으면 化神의 祿旺地를 얻어야 生하고（戊癸化格이면 南方運을 얻어야 한다）、化格을 이루었는데 化神이 祿絕되었다면 死亡한다。（化成祿旺者、化成祿絕者死）。

身旺殺輕하면 僧道의 首領이 되고 偏官이 得地하면（七殺이 制伏되면 財食이 兼備해야 한다）百官을 糾하는 御史（法官、監察）가 되며 八字가 이미 旺剛한데 大運이 祿旺地이면 壯年에 死亡한다（受憲台之職偏官得地生地、相逢壯年不祿）。

時支에 敗絕되면 老後에 子息福이 없다（時歸敗絕老後無終）。

此命은 先貴後賤格인바 年月(前)에는 財官地이고 時支(後)에는 敗地이며、또 子卯가 刑

되므로 그 夫가 官路顯達하여서 先貴하였고 後賤하였다. 官夫癸水가 卯中乙水을 生하므

로 卯는 盜官의 氣이다.

財神이 旺地를 만나면 多富하고 官星이 長生地를 만나면 반드시 榮貴할 것이다(財逢旺

地人多富、官遇長生命必榮).

```
己酉    戊丁
丙子    庚己
丙寅    辛
辛卯    壬辛
        午巳辰卯寅丑
```

辛金이 酉時를 만나면 火死地인데 丙字가 와서 辛字를 合하여 化水하면 剋火하므로 子息이 없고(辛金은 火

로써 子息을 삼는다)、財가 殺地에 臨하면(庚日主가 甲申柱를 얻으면) 그 父親이 客死할 것이다. 만일 能히

觀覽熟讀하여 仔細히 살피면 貴賤貧富를 分別함에 있어 萬無一失할 것이다(丁生酉境丙辛遇之絕嗣、財臨殺地

父死而不歸家、若能觀覽熟讀詳玩貴賤萬無一失).

第六節 五行生剋賦

偉大하다! 干支여 生物의 始本이요、萬象의 宗이며 陰陽變化의 機微가 있고 時候淺深의 用法이로다.(大哉

干支生物之始本乎天地萬象宗焉、有陰陽變化之機時候淺深之用).

◇金木水火土의 五行은 相生하고 相剋하여 固定不變하는 主된 形象이 없고、生剋制化되는 것인 바 그 理致

를 一例로 取할 수 없다(須金木水火土無主形生剋制化理取不一).

水가 生木하고 木生火하며 火生土하고 土生金하고 金生水하니 이것은 生生하여 끊이지 않고 不絕하는 理義

이다. 또 金이 木을 剋伐하고 木은 剋土하며 土剋水하고 水剋火하며 火剋金하니 이는 制化하는 法이다. 따라

서 形은 없지만 그 變化하는 理致가 無窮함을 알 수 있는 것이다.

467

◇例컨대 死木은 旺活한 水에 依하여 식혀지고 助生됨이 宜吉하다(假如死木偏宜活水長濡).

木이 말랐음을 죽었다고 하는 것이니 이때에는 水에 依賴하여 生長되고 젖어야 可히 復生될 것이다. 만일

金을 만난즉 부러지는 것이니 有害하며、火를 만났다면 타서 재가 될 것이며、水를 만나서는 吉할 것이요、春

運을 만나서는 榮貴할 것이다. 그러므로 <活水를 만나야 한다>고 하는 것이니 理致는 同一하다.

◇煩金은 뜨거운 화로불로써 煅煉함이 가장 좋다(譬若頑金最喜烘爐煅煉).

庚辛金이 秋月에 生하고 火의 制伏이 없으면 煩金이다. 金은 本質이 堅剛하고 義를 爲主하며 果毅한 性品

이 있지만 그릇을 이루고자 하면 丙丁火의 煅煉이 있어야 可用할 수 있고 器物이 可成되는 것이다. 만일 丙

丁火의 制煉이 없다면 한 덩어리의 死鐵이니 取用할 수 없는 것이므로 頑金이라 한다.

◇太陽火는 林木을 仇忌한다(太陽火忌林木爲仇).

太陽은 日이니 火를 말하고 午位인 바 人君의 德이니 아무도 犯할 수 없다. 그러나 春夏의 木은 林木숲이니

日光을 가리므로 이를 忌하고 원수로 여긴다. 만일 秋木이라면 旺金에 依해 彫剋되고 多木이라면 그 잎이 떨

어져서 日光을 가리지 못할 것이다. 이 말은 丙火가 春夏에 生하여 木盛함을 만난다면 忌하나 秋多에 生하였

다면 忌하지 않는다는 뜻으로 봐야 한다.

◇棟梁의 材木은 斧斤을 求하여 親友로 삼는다(棟梁材求斧斤爲友).

甲木이 棟梁인데 材木은 斧斤을 빌려서 雕刻되어야 成材되는 것이다. 斧斤이란 庚金을 取象하여 하는 말이

다. 이 말은 甲木이 春節에 生하였다면 庚金을 얻어서 雕刻되어야 貴命이 된다는 뜻이다. 그러나 秋月生이라

면 金의 傷함이 太過하므로 不貴하며 筋骨神經系의 疾患이 있다.

◇火가 水에 隔되어 있다면 金을 鎔煉할 수 없다(火隔水不能鎔金).

金이 金旺秋節에 生하여 身旺地에 있다면 丙火로써 陶鎔하여야 成器할 것이요 貴命인 것이다. 그러나 四柱에 다시 壬水가 있다면 壬剋火하므로 鎔金할 수 없고 貴命일 수 없다. 羈絆됨이 없다면 마땅히 從化格으로 볼 境遇가 많다.

◇金이 물에 沉水되었다면 어찌 能히 剋木할 수 있겠는가? (金沈水豈能剋木).

庚金은 甲木의 殺이 되므로 좋아한다. 그러나 地支에 申子辰水局이 있어서 金이 물 속에 가라앉아 있다면 어찌 木을 剋할 수 있겠느냐? 〈만나도 만나지 않은 象〉이다.

◇活木은 파묻힌 金을 忌한다 (活木忌埋根之鉄).

活木이란 뿌리 없는 無根之木인 陽木이 水旺함을 만나므로 有根해졌음을 말한다. 이때에 金은 傷木하는 官殺이니 他人에게 受制됨과 같으므로 福될 수 없다는 것인 바 그러므로 丙丁火로써 制金하여야 福이 된다는 것이다.

◇死金은 흙속에 묻힘을 꺼린다 (死金嫌蓋項之泥).

金質이 弱하면 死金이니 土多하면 埋沒되는 때문이다. 例컨대 金日主의 歲月時柱에 戊己土가 있고 地支에 辰戌丑未가 있음이 그것이다. 此象은 一生토록 남에게 壓伏되며 通達하지 못한다.

◇甲乙木이 한덩어리의 木을 이루었으면 大貴한다 (甲乙欲成一塊須知穿鑿之功).

甲乙木이 寅卯辰의 一方에 生함을 한덩어리 (一塊)라 하는 바 이는 曲直仁壽格을 말한다.

◇壬癸가 五湖에 있으면 함께 흐르는 性品을 얻는 것이다 (壬癸能達五湖蓋有併流之性).

水主가 亥子丑地를 얻음을 湖라고 한다. 湖海가 會局하면 함께 汪洋之勢로 合併되는 바 此人은 福이 많고 才智가 뛰어난 貴命이다.

◇쓸 수 없는 썩은 나무는 斧斤을 必要로 하지 않는다 (樗木不禁利斧)。

甲乙木이 秋節의 金旺地에 生하면 身主가 傷剋되어 身弱하므로 疾病之輩가 될 것이다。만일 丙丁이 있다면

바야흐로 福命이며 或 南方運을 얻어 制金한다면 美命이요 東方運을 얻는다면 大美命이지만 西方運을 만나서

는 死亡할 것이다。

◇眞珠(庚辛金)는 明爐를 가장 꺼린다 (眞珠最怕明爐)。

庚戌辛亥生이 丙寅丁卯를 만났음을 말하는 바 庚戌辛亥는 納音五行上 釵釧金이므로 丙寅丁卯의 爐中火를 꺼

린다는 것이고 單純히 金이 火를 꺼린다는 말은 아니다。그러나 壬申癸酉의 劍鋒金이라면 剛金이므로 明爐를

기뻐한다。

◇弱柳木은 喬松이니 衰旺與否를 分別하여야 한다 (弱柳喬松時分衰旺)。

壬午癸未가 楊柳木이니 五六月에 生하였다면 衰弱한 바 〈弱柳柔軟之象〉이다。또 春節에 生하였다면 이른

바 喬松이니 庚寅辛卯松栢木이 그것인 바 盛旺한 것이다。따라서 盛木과 弱木의 不同함을 分別해야 한다。

◇寸金과 丈鐵은 氣의 剛柔與否를 取用해야 한다 (寸金丈鐵氣用剛柔)。

◇寸金이란 金氣가 微弱함을 말하고 丈鐵이란 金의 剛健함을 말한다。이는 氣候의 淺深함을 따라서 取用한

다。곧 柔弱한 者는 土로써 資助할 것이요、剛한자는 火를 取用하여 制하여야 福命이 된다。

◇隴頭土를 적은 木으로서는 疏土시킬 수 없다 (隴頭之土少木難疏)。

戊寅己卯가 城頭土며 寅은 艮山인 바 옅고 弱한 흙은 아니니 이미 山인 바엔 木으로써 疏土함이 可하다。木

이 적다면 山에 相對되지 않을 것이므로 山林木의 秀氣가 있어야 福命이 된다。

◇爐中의 金은 溫泥浮土가 있어도 오히려 蔽掩되는 것이다 (爐內之金溫泥反蔽)。

金은 土가 生하는데 도리어 蔽掩된다는 말은 무슨 뜻인가? 例하여 丙寅丁卯는 화로불이니 그 힘이 甚弱한

바 뜨거운 화로불 속에 있는 浮土의 작은 흙이 助金할 수 없는 것이므로 掩閉된다고 하였다.

◇雨露(방울비와 이슬)가 어떻게 말라붙은 나무를 滋潤할 수 있겠는가?(雨露安滋枯木).

木이 午에 이르면 死하고 未에서 墓되는 바니 비록 水를 만나나 旺水가 아니라면 無用하다. 곧 雨露의 弱水

로써는 마른 나무를 滋生시킬 수 없으므로 마침내 善達할 수 없는 象이다.

◇城墻이 土이나 珍金을 生産할 수 없다(城墻不産珍金).

城墻은 陽土이니 물이 넘침을 막을 수는 있으나 産物할 수는 없다. 마치 사람이 흙을 쌓아서 뚝을 만들은 것

과 같아서 비록 草木은 生産되지만 珍金은 생기지 않을 것인 때문이다.

◇劍戟을 이루어 功名格이 되었다면 火鄕運을 만남에 도리어 壞滅된다(劍戟功名遇火鄕而反壞)

劍戟이란 이미 火를 얻어서 이루어진 것인데 다시 南方運을 만나서 丙丁火를 重見한다면 太過한 것이므로

形質을 도리어 反傷한다는 것이다.

◇城墻土에 木氣가 多集되면 근심이 생길 것이다(城墻積就至木地而愁生).

城墻土는 虛浮한 弱土인 바 木多하다면 剋傷함이 甚하여 滅裂되므로 堪任하지 못하는 때문이다.

◇癸水가 雨天에 生하였다면 〈不雨不晴象〉이 된다(癸雨春生不雨不晴之象).

癸는 陰水이니 하늘에서는 雨露가 되고 地下에서는 泉石의 샘물이 되며, 丙은 陽火이니 하늘에서는 太陽象

이 되고 땅에서는 火爐불이 된다. 그러므로 春月 二月에 生하였다면 비가 오려하나 올 수 없고 날이 개이려

하나 개일 수 없는 象인데 進退의 狀이 없는 것은 아니지만 如斯한 命造者는 不顯不達하는 사람이다.

◇乙丁이 冬月에 生하였다면 차지도 더웁지도 않은 象이다(乙丁多産非寒非煖之天).

乙木은 陰木이요 丁火는 陰火인 바 乙木이 하늘에 있음에 丹桂(계수나무)가 되고 丁火가 하늘에 있음에 별

이 되는데 多月水旺節에 生하였다면 水가 火를 直接 尅하지 않는 것이므로 〈차지도 따뜻하지도 않은 象이

라〉고 한다. 따라서 이것은 어디까지나 比較的인 뜻으로 쓰는 말임을 밝혀 두는 바이다.

◇極鋒의 金은 水氣를 內包한 金이다(極鋒抱水之金).

壬申癸酉가 劍鋒金임을 말한 것으로 極이란 날카로움을 뜻한 것인데 金은 반드시 生水하고 壬癸水가 있으

므로 抱水之金이라고 한 것이며 金氣가 堅剛하므로 功을 이루고 退失하지 않는다.

◇가장 頑鈍한 金은 爐를 여인 鐵이다(最鈍離爐之鐵).

爐는 火이고 鐵은 金剛을 火로 制金함이 없음을 말한다. 따라서 器物을 이루지 못할 것인 바 無用의 格物이

다. 그러나 大運이 南方의 火旺地에 이른다면 可用할 命造가 된다.

◇甲乙木이 金强함을 만났다면 西方金旺運에 死亡할 것이다(甲乙遇金强魂歸西兌).

甲乙日主가 西方金旺地에 生하였다면 釜斥이 太强한 바 火로써 制함이 없다면 喪身된 것이므로 金旺運에 死

亡한다는 것이다.

◇庚辛金이 火旺地를 만났다면 南方火를 만나서는 氣散할 것이다(庚辛逢火旺氣散南離).

庚辛金이 夏月의 丙丁旺節에 生하여 火旺하다면 煆煉이 太過한 것이니 水壬癸를 얻어 制火한다면 安福할

수 있지만 火運을 만났다면 無事할 수 없다는 것이다.

◇土가 燥烈하고 火氣가 炎旺하다면 金이 依賴할 수 없다(土燥火炎金無所賴).

土가 火盛地에 生하였다면 自身이 暴燥하므로 安逸할 수 없는 것이니 何暇에 生金할 수 있겠는가? 母가

燥急하면 그 子息이 또한 依賴할 수 없는 때문이다.

◇木이 水旺地에 떠 있다면 火를 生할 수 없다 (木浮水泛火不能生)。

陽木이 無根하고 冬三月에 出生하여서 水氣가 旺溢하다면 木이 물위에 떠서 젖은 나무이니 어떻게 溫火를 生할 수 있겠는가? 當主가 〈飄蕩湖海象〉이므로 土運을 얻어서 堤防을 하여야 福될 것인데 萬一 北方으로 運行한다면 不美有禍하다。 따라서 此命이 東南方運에 興隆하는 바 此格은 〈身弱者가 水多함을 좋아하나 汪溢함을 免할 수 없다〉는 格에 屬한다。

◇九夏의 鎔金이 어찌 堅剛한 木을 抑制할 수 있겠는가? (九夏鎔金安制堅剛之木)。

九夏란 四五六月의 九十日인 바 庚辛金이 이때에 生하였다면 丙丁火만 旺하고 金은 弱하고 鎔化된 것이니 東方運에 이르러 勝木하지 못하므로 富貴하지 못한다는 것이다。 따라서 壬癸水를 얻어 水火旣濟되어야 美命이 된다。

◇三多의 弱土는 泛濫하는 水勢를 막을만한 힘이 없다 (三多溫土難堰泛濫之波)。

三多이란 冬節三個月인데 土가 三多에 出生하였다면 水旺土弱하니 盛水의 巨流들 弱土가 막지 못하고 도리어 傷身된다는 것이다。 따라서 東南方運을 얻어 濟化하고 生土하여야 發福한다는 것이다。

◇티끌과 같이 가벼운 撒土는 活木의 基盤이 될 수 없다 (輕塵撒土終非活木之基)。

이는 土輕하고 木盛한 命造들 두고 하는 말인 바 한줌의 흙은 山을 이룰 수 없으니 어찌 活木을 培植할 수 있겠느냐는 뜻이다。 木이 土를 依賴하므로 培養되는 것이지만 土가 적고 木이 盛하다면 土가 瘦損된 것이므로

◇廢鐵과 消金(弱한 死金)이 어찌 水流를 滋盆할 수 있겠느냐? (廢鐵鎖金豈能滋流之本)。

金이 休囚地를 만난다면 廢金이니 生水할 힘이 없고, 自己의 血脈과 精氣만이 消耗될 뿐이라는 것이다。 따

라서 他人의 어머니 役을 할 수 없으므로 가난하다.

◇木主가 太盛하고 金이 輕少하면 金이 木을 制伏할 수 없으니 도리어 傷破太過한 命이다(木盛能令金自缺)。

◇土氣가 亥子丑水旺地에 生하면 氣虛하고 不及之命이니 富貴할 수 없다(土虛反被水相欺)。

◇火가 木生해 주는 도움을 얻지 못하면 도리어 光明이 없다(火無木則終其光)。

◇木이 火가 없이 東方木氣만 旺盛하여서는 光輝하는 作用이 없으므로 顯揚할 수 없다(木無火則晦其質)

◇乙木이 秋節에 生하면 金氣가 生水하여 生生不絕하는 理致가 있으므로 그 根氣가 꺾이지 않는다(乙木秋 生朽抗摧根之易也)。

◇庚金은 多節子에 死하고 金生水하여 泄氣하니 骨肉無依한 命造이다(庚金多死沈沙墜海豈難乎)。

◇얼어 엉킨 金과 土에 묻힌 金은 能히 木을 制勝할 수 없고、처음 불타는 때엔(불꽃이 생기기 전) 먼저 연기가 있으며 水氣가 盛하였다면 비록 死地를 만나서 水流가 지나간 뒤라도 오히려 濕할 것이니 따라서 智謀가 있다(凝多之草出土之金不能勝木、火未焰而先烟、水旣往而猶濕)。

◇大抵 水寒하면 흐르지 못하고、木寒하면 發身하지 못하며、土寒하면 生하지 못하고、火寒하면 不烈하며、金寒하면 鎔器가 될 수 없는 바 이는 다 天地의 正氣이다(大抵寒水不流木寒不發土寒不生火寒不烈金寒不鎔皆非天地之正氣也)。

◇萬物은 初生할 때엔 未成됨이 있고 成長한지 오랜즉 滅하는 바 凡人을 超越하여 入聖하는 機微와 死地를 벗어나 回生하는 妙는 象아닌 것으로 이루고 形아닌 것으로 化하는 것이어니와 그 用神이 堅固한 것은 根本이 堅固한 것만은 못하다。곧 꽃만 繁盛한 것은 根本이 튼튼한 것만 못한 때문이다(然萬物初生未成所久則滅其超凡聖入之機脫死回生之妙不象而成不形而化固用不如固本花繁豈若根深)。

◇庚辛金이 亥子丑水旺節에 生하여 水盛하면 沈形된 것이며 巳午未火旺節에 生한 木은 火盛木焚하여 재가

될 것이요 水가 春月에 生하여 木旺하면 根源이 마른다 (且如北金戀水而沈形、南木飛灰而脫本、東水旺木以

枯源)。

◇金旺秋節에 生한 土는 生金이 甚하여 奪氣되면 土虛하며 火는 土로 因하여 晦火되는 것이니 火主가 土多

하면 이는 다 太過한 命造이다. 五行은 中和됨이 貴하고 偏黨되지 말 것인 바 理致를 求하고 求하여 至極한

데 이르면 마침내 그 본바닥을 알게 될 것이다 (西土實金而虛己、火因土晦皆太過五行貴在中和理求之愼勿

苟言掬盡寒潭須見底)。

第二章　諸賦秘訣

第一節　一行禪師天元賦・捷馳千里馬

(一) 一行禪師天元賦

三才가 定해 있고 五氣(五行)가 混同되었음과 陰逆陽順하는 理致를 皆通한 賢者라야 비로소 命理를 判斷할

것이다 (三才旣定五氣混同分之順逆賢者皆通)。

甲은 癸가 生助해 주면 滋榮하여 衣食이 豊足해지고 乙木은 壬을 얻음에 福을 얻으며 祿位가 高崇할 것이

다 (甲得癸而滋榮衣食自然豊足、乙伴壬而獲福天賜祿位高崇)。

丙은 乙母를 만남에 平生에 福壽할 것이요 超羣出世할 俊才이며 戊土가 印綬丁火를 얻으면 범이 山谷에 居

한듯한 威嚴을 갖는다 (丙乙友會平生福壽超羣出世深戊才學、戊印丁兮似虎居山谷之威)。

己土가 丙을 만난즉 龍이 구름을 얻은 形勢가 있고 庚金이 己丑을 얻은즉 官祿이 有餘하다 (己交丙兮象龍得風雲之勢、庚逢己丑官祿有餘)。

辛이 戊鄕에 이르르는 衣食이 自足할 것이요 壬水가 辛을 얻은즉 福壽가 無彊할 것이며 癸庚이 相逢한즉 奴僕과 車馬가 豊厚할 것이다 (辛到戊鄕衣食自足、壬辛得會福壽無彊、癸庚相逢偏饒僕馬)。

官印兩星이 淸高하면 大官이 되고 祿星(官星)이 冲破되면 官威가 退位되며 甲木이 庚金을 만나 傷剋됨이 甚하면 肢體가 傷害될 것이다 (淸高符印須知冠冕以象軒、冲破祿星應顯威權而解綬、陽木甲逢庚敗枝梢不得無傷)。

乙木이 辛金을 만나면 損傷됨이 있으니 日主가 有氣해야 하며 炎炎丙火가 壬水江海들 만나면 無光하다 (陰木乙遇辛金莖葉自然有損、炎炎丙火遇壬而赫赫無光)。

陰火丁主가 癸水를 만나면 明輝가 스스로 어두어 지고 戊土(城頭堤防)가 陽木의 剋害를 받을 때엔 庚金으로 甲木을 制壓해 주어야 吉하다 (爍上陰丁逢癸而明輝自暗、或守甲位雖賴庚方能吉)。

己土가 乙木鄕에 坐臨하고 干頭에 乙木이 있으며 身弱하면 鬼殺이요 庚金이 丙火의 戰剋을 받으면 危損되고、辛金이 丁火의 侵剋을 받으면 害를 받는다 (己坐乙鄕知是干頭有鬼、庚逢丙戰勢自傾危辛被丁侵剋伐成害)。

壬水가 戊土를 만나면 그 흐름이 막히어 難通함이 있으며 癸水가 己土를 만나면 그 氣運을 잃어 두려웁고 놀라움이 있는 바 此 兩造는 身弱할 境遇를 말하는 바 貧賤하다 (壬憂戊至蹇澀難通癸怕己臨迍蹇驚惶)。

身衰하고 干頭에 鬼殺이 있으나 身旺하면 能히 扶持하고 堪當하므로 福命이다。그러나 다시 破敗가 있으면 적은 禍患이 있으니 如此한 命은 或富하고 或貧하여 進退無常한 命造者이다 (干鬼帶祿旺常扶持更破)。

地支에 吉神이 없으면 禍厄을 免하기 어렵고 尊崇福壽함은 甲이 丙鄕(食神)을 만난 때문이다 (支神無吉神禍

皆難免、 尊堂福壽崇高皆言甲到丙鄕）。

乙木이 丁火를 能生하면 高貴한 命造이고 官祿이 利吉함은 丙丰가 戊土의 奉養을 받는 때문이오 穀物이 滿

庫함은 丁火가 己土의 祿을 먹는 것이 모든 것이 豊足함은 戊土가 庚金을 만나는 때문이며 高遷發身함은

己土가 辛地를 얻은 때문이요 金玉이 滿堂함은 庚이 壬祿을 먹는 때문이다。 또 田園을 널리 얻음은 辛이 癸

祿을 먹는 때문이다、 壬水가 甲祿을 먹음에 身旺하면 衆福을 얻고 癸水가 乙木을 生成함에 富貴한다（朝省問

貴優陞蓋爲乙居丁舍、 官祿幷疊丙食戊而成功、 穀麥盈倉丁唉已而有旺、 要得豊足無過戊得逢庚、 欲問高遷全賴己

加辛地、 滿堂金玉庚祿有壬、 廣置田園辛能食癸、 壬食甲而有旺衆福如麻、 癸向乙而生成入食列鼎）。

五行이 休敗되나 救助해 주는 運을 얻으면 災殃이 가볍고 四柱에 官印이 損壊되지 않았다면 祿貴가 重할

것이다（五行休廢得救助以災輕、 四柱官印無損壊而祿重）。

甲木이 丁火의 旺함을 만나면 （그리고 無財하면） 父母의 資財를 消耗시키고 乙木이 丙火를 만나서 재（灰）

가 되면 （그리고 無財하면） 貧寒하다（甲逢丁而成熖貧財累歲多虧、 乙遇丙而化灰金玉自消難聚）。

丙火가 己土旺節에 生하여 身弱하면 傷殘됨이 있고 丁火가 戊土가 旺한즉 衰弱한 命이니 다 害롭다。 戊가

辛金을 만난 土金傷官格과 己土가 庚金을 만나는 土金傷官格에 吉殺（財官印）이 扶持하고 五行이 救助해 주면

吉貴한 命이다（天元正敗丙見已而傷殘、 干祿全輕丁值戊而衰弱、 戊苦逢辛須仗吉殺以扶持己宜輸庚亶賴五行之救

助）。

辛金이 壬水를 만난 金水傷官格이 火土를 얻어 正格이면 福祿이 있고 壬水가 乙木을 얻어 水木傷官格이 되

어 傷官運을 또 만나면 災殃이 있다（辛祿遇壬鎖鎔福祿、 年少逢災壬傷乙運）。

庚金이 癸傷官을 만나서 土를 얻지 못하면 流蕩淫慾으로 敗家亡身하고、 癸水가 甲木傷官을 보고 無制하면

祖業을 廢하며 陰殺五鬼를 만나고 干衰하면 幼年에 貧苦하고 害厄이 不淺하다(庚申見癸蕩散資金、祖財隨廢癸

被甲侵、衣食難求幼歲常逢五鬼)。

元命에 三刑이 있으면 長年에 休滯됨이 있고 官星만 있고 干衰한데 다시 衰絕地로 運行하면 禍厄을 難免하

며 甲木은 乙鄕을 꺼리는 바 多灾하고(身弱者는 反對임)、乙木이 甲地를 만나서는 도리어 劫財된다。곧 他人

에게 利롭게 된다(遁悶休祥長年元值三刑、禍本難免祿本逢衰若遇敗神兹生休咎、況乎甲增乙向逢之、自己多灾、

乙被甲臨反與他入爲助)。

壬이 癸를 보면 厄이 있고、丙은 丁을、辛은 庚을、丁은 丙을 꺼리며、戊가 己와 同住함에 胃病이 많고、己

가 戊를 帶同하여서는 奔波之事가 많다(壬行癸厄丙最輸丁辛忌庚方丁嫌暗丙、戊同己今多生旺胃之疾、己同戊今

反有奔波之事)。

柔가 能히 剛을 制勝하는 바 辛柔가 庚剛地를 만나면 甚剛하고 癸水는 丙으로 財를 삼는 바 壬午를 만나면

多傷하며(壬剋丙財한다)、壬은 丁財를 감추었는 바 癸弟를 만나면 妻財를 奪取 當하므로 大禍가 있다(柔能制

剛多因辛與庚期太重之餘乃是辛居庚地、癸中隱丙壬午遇之多傷、壬內藏丁癸水番然自敗)。

陽은 果敢剛義한 性品이니 純陽格에 暗損됨이 있다면 平生에 自暴自棄하고、陰은 柔軟女人의 性品이니 純

陰이 剋敗되면 그 뜻이 막히고 賤하다。그러나 五陽이 聚局되면 富貴한다(陽者若爲暗損平生爲惡輕主、陰位即

日敗神處世受賤抑塞)。

甲이 辛을 봄이 官貴니 剛柔가 相濟된 것이요、乙이 庚을 봄에 福되고 相剋되지 않으니 兄弟가 同鄕에 있

어서 和合함이며、水火旣濟됨은 丙火가 癸鄕을 만남을 말하고 意氣相承함은 丁火가 壬鄕에서 相合同樂함을

말한다(甲見辛而化官剛柔相濟、乙見庚而爲福兄弟同鄕、水火旣濟却言丙對癸鄕、意氣相承乃是丁歸壬舍)。

戊土가 乙木을 만남에 서로 生成되고 已土가 甲木鄕에 陰陽相合하나 貴命이요 庚金이 丁火를 만남에 白虎

(庚辛金)가 通道를 얻은 것이고 辛金이 丙舍에 臨함에 太陰이 得路한 것이다(戊臨乙位土得木而生成、已向甲

鄕陰遇陽而可貴, 白虎通道庚加丁臨, 太陰得路辛歸丙舍)。

壬水江海가 陰土를 만나나 洪波를 막을 수 없고 癸水는 戊土와 合함을 좋아하니 波濤가 없으므로 發貴하

며, 陽이 陰을 만남에 化官하고 陰이 陽을 만남에 成器하며 甲이 已土를 만나면 化土하는 바 福命이니 夫婦

和昌하는데 申子辰을 만나면 더욱 좋다(壬怜已兮遠泛洪波, 癸喜戊兮澄瀾漂渺, 陽遇陰而化官得陽而成器, 丈

有甲已相逢化土爲福則夫婦遐昌)。

乙庚이 和合하여 成金하면 已酉丑十一月을 얻어야 좋고 丙辛化水格은 智慧가 많고 文章이 높으며 丁壬化木

하면 聰明하고 善仁하며 戊癸化格은 祿位가 崇高하다(乙庚和合成金得位則東西類化、丙辛化水知顯則必主文章、

丁壬爲木聰明則近善多仁、戊癸得化祿位崇高二者相逢三才可立)。

陰이 陽을 만나서 化官하고 旺方에 이르면(化格의 眞者) 大官이요 陽이 陰을 얻어 配合하고 日主가 健旺하

면(甲已化土의 例)、妻가 賢淑하다(陰遇陽而化官到旺方官崇位顯、陽得陰而成配臨有氣旺妻賢)。

平生에 不足함이 있음은 甲木이 壬水에 傷害된 때문이요 處世에 多迍함은 乙木이 癸水에 依해 剋囚된 때문

이며 陽이 自敗함은 丙火를 生하는 甲이 庚金에 依해 傷한 때문이고 陰이 不明함은 丁火를 生하는 乙木이 制

伏된 때문이다(是以平生不足甲爲壬傷世多迍乙囚癸剋、陽自敗兮丙爲甲傷陰不明兮丁祿乙制)。

戊土가 丙食을 만나고 已土가 丁을 傷함은 다 不吉하고 陽庚이 戊土가 多晦하면 發達할 수 없고 辛金이 已土

가 많으면 破格이니 卑薄한 命이다(上之陵下兮戊遭丙食、早恐欺尊兮已傷丁、陽嘹唳兮戊土晦之辛祿卑薄兮已陰

破之)。

智慧를 잃음은 庚이 丙에 禍를 입는 때문이고、權을 喪함은 辛이 丁에 傷害되는 때문이며、甲乙은 戊己財

星을 기뻐하고、丙丁은 庚辛金을 좋아하는 바 이는 亨福을 生해 주는 때문이다(失之於智皆因庚禍於丙、喪之

於權每遇辛傷於丁、甲乙常欣戊己乃爲身內之財、丙丁尤喜庚辛實生亨之福)。

句陳戊土가 得地(辰戌丑未)하면 壬鄕을 만나야 吉貴하고 己土가 癸位를 만나면 發身하며、庚辛金이 寅卯財

를 얻어도 또한 福壽하며 壬癸가 丙丁火를 만남에 또한 財星이니 근심이 없다(句陳得地戊歸壬鄕土逢財己加癸

位、庚辛寅卯亦然而福壽、壬癸丙丁喜火以無虞)。

마땅이 알라! 내가 害로우면 저에게 吉하고 저가 害로우면 내가 凶한 것이니、스스로 깊이 通하고 眞實

되게 밝혀서 昭詳히 해야 한다(當知我害彼吉彼害我凶自深以直而言之消詳爲可矣)。

(二) 捷馳千里馬

『榮枯得失盡在生尅之中富貴榮華不越中和之外太過無制伏者貧賤不及失生扶者刑夭蓋夫木盛逢金高作棟樑之具

水多遇土培爲堤岸之功火煉堅金鑄出鋒双之器木疎土旺培成稼穡之禾火炎有水名爲旣濟之功水淺金多號曰體全之

象削之剝之爲奇生我扶我爲忌丙丁生于多月貴於戊已當頭庚辛出於夏間妙乎壬癸得所甲乙秋生妙玄武庚辛夏長貴

勾陳丙丁水多憎北地逢巳反作貴推庚寅火盛怕東南遇戊翻爲榮斷秋生甲乙透丙丁莫作傷看夏榮戊己露庚辛當爲貴

論穴值木多貴於火遇土逢木旺榮入火鄕庚逢子重水金寒最宜炎熱戊遇酉多金脫局偏愛煇煌金生秋月土重重貧無寸

鉄火長夏天金疊疊富有千囷甲乙夏榮土氣厚功名半許足田莊丙丁多盛水源淸爵祿雙全榮錦綉壬趨艮甲趨乾淸名之

土辛朝陽乙鼠貴文學之官破局以貪而推入格以貴而斷後學君子母忽於斯』

榮枯得失이다 生尅中에 있고 富貴榮葉가 中和밖에 없으니 太過한데 制伏함이 없으면 貧賤하고 不及한데

生扶하지 못했으면 刑夭한다。 대저 木盛하면 金을 만나야 棟樑을 造作할 수 있고、水多하고 土를 만나면 堤

岸의 功을 얻은 것이며 火가 堅固한 金을 煉鑄하면 鋒双의 그릇을 이룬다. 木이 旺土를 疏通하면 稼穡이 穀

禾를 培養하고 炎火는 水를 얻어야 旣濟되며 水淺하고 金多한즉 體全之象이 된다.

깎고 벗김에 奇命일 때가 있고 生我함에 扶我함은 忌諱하게 되며, 丙丁火가 多月(水旺함)에 生함에 戊己

土가 있어야 貴命이요, 庚辛이 夏月에 生한즉 壬癸를 얻는데 妙함이 있다. 甲乙이 秋節에 生하면 水를 얻어

야 吉妙하고 庚辛이 夏節에 生한즉 戊己를 얻어서 貴命이 된다. 丙丁이 水多한즉 北方運을 싫어하고 巳를 만

남은 貴하며, 庚寅日이 火盛하면 東南運을 꺼리나 戊土를 만나서는 榮達한다.

甲乙木이 秋節에 生하여 丙丁을 만남은 傷命이 아니며, 夏旺節에 生한 戊己土는 庚辛이 露出해야 貴命이나

木多하면 火를 만나야 貴命이다. 土主가 木旺하면 火鄕에 榮華가 있고 庚金이 子重水冷하면 炎火가 最宜하며

戊土가 酉多하면 金이 脫局되고 火印을 좋아한다.

金이 秋節에 生하면 土가 重重한즉 貧寒하고, 火가 夏節에 生旺되면 金이 疊疊한즉 巨富이다. 甲乙主가 夏

節에 生하였고 土氣가 厚하면 功名半成에 丙丁이 多節에 水源이 淸秀하면 富貴雙榮한다.

六壬趨艮格과 六甲趨乾은 淸名之士요 六陰朝陽格과 六乙鼠貴格은 文章으로 官職에 나가며 破格이 되면 가

난하고 入格하면 貴命이다. 모름지기 後學君子는 輕忽하지 말 것이다.

第二節　絡繹賦·玄機賦·愛憎賦·萬金賦

此節의 內容은 前述한 가운데 說明된 原理들을 要略해서 賦訣化한 것이므로 解釋을 省略하는 바 讀者諸位의

스스로의 硏究를 바라며 拙著 淵海子平의 飜譯文을 參考하기 바란다.

（一）絡繹賦

『參天地之奧妙則造化之幽微別人生之富貴取法則於干支決生死之吉凶推得失之玄妙日乃己身須究強弱年爲本主

宜細推詳年干父兮支母日干己兮支 妻月干兄兮支弟時支女兮干兒後煞尅年父母早喪前殺尅後子息必虧馬入妻宮必

得能家之婦煞臨子位必招悖逆之兒祿入妻宮食妻之祿印臨子位受子之榮梟居年位破祖之基 財官月旺得父資財所忌

財傷祿薄最嫌鬼旺身衰原其尅彼爲財我爲印 暗見人物豐肥梟印重生祖財飄蕩財生官官生印生身 富貴雙全

子倘財倘殺攻身凶窮兩逼馬落空亡則遷居飄泊祿遭沖破要別土 離鄉官貴生平化凶煞而名垂萬古 貴宜乎多祿宜乎

少絕慮亡思無差無誤』

（二）玄機賦

『官印財食無破清高煞傷梟印用之爲吉有官有煞宜身旺制煞爲奇有煞有印畏財興取煞爲禍男逢比刼傷官尅妻害子

女犯傷官偏印喪子刑夫甲乙秋生金透露水木火運榮昌丙丁冬臨水汪洋火 土木方貴顯戊己春生西南方有救庚辛夏長

水土運無傷傷官用印宜去 財傷官用財宜去印是或傷官財印俱彰將何發福身旺者 用財身衰者 用印用財去印

方稱發福正所謂喜者 棄也財多身弱身旺運以爲通身財衰財旺鄉而發福 旺官旺印與旺財入墓有禍傷官食

神并身旺遇庫興災運貴在 於支取歲重向乎干求印多者行財而發財財旺者遇比而無妨身旺者 宜泄宜傷身衰者則宜扶

宜助最要稟得中和莫令太過不若遵此法推詳禍福驗如影响』

（三）愛憎賦

『吉福最宜生旺祿馬全要精神魁歪有靈變之機離坎乃聰明之戶日干旺而災咎寡財命衰而惆悵多或問人性情賢愚善

惡先推官煞衰旺方究機巧靈變觀幽閑 消洒之人遇華蓋孤虛之宿好持勢伯道之輩犯偏官叔双之權其所憂者福不福其

所慮者成不成福不福者吉處遭凶成不成者格局見破傷其相則死破其局則禍辟苗逢 秋早而多廩虛空花被春霜而夏果

無成縱有回天轉軸之機　終無達功立業之逐豈不見鄘生烹鼎范增背疽淵明東歸子美西去孟軻不遇馮衍空回困於溝壑

命何其然淹滯無成何勞嗟嘆是以時有春秋月圓缺常觀賓陰之子親一喪而無聊或見耕釣之人通而殊顯或有少依祖父

之榮長借兒孫之貴又有乖醫難苦至老　無依蓋因四柱之旺衰以致大運之亨否豈不見枯槁之木縱逢春而不榮茂盛之標

雖凌霜而不敗時日更鬮年月定無下稍生時暗氣朝元必有晚福子息妙在變通禍福當察衰旺庶幾君子其鑒是也」

（四）萬金賦

『欲識五行生死訣萬金賦與凡人說星中但以限爲憑子平只以運爲訣運行先布十二宮看來何格墮時節財官印綬與食

神但知輕重審分明官星怕逢七殺運七殺猶畏官星臨官殺混傷人必夭更宜去殺仔細尋留官去殺莫逢煞留煞去官官莫

逢日時偏正問何財大怕干頭帶劫來刻若重來人夭壽執知偏正甚爲灾有財官運　須榮顯財旺官鄉是福胎只怕日干元自

弱財多生煞趕身灾財多身弱行財運此處方　知下九台第一格逢印綬鄉運行坐旺必榮昌官鄉會合遷官職死絕當頭是禍

欤若是逢財來壞印一嚴落水惡中亡食神　非易訣食神有氣勝財官只怕梟神　前外截傷官命運若逢官斬絞流徒禍百

端年日時双逢尅戰此命危亡立馬看戊己土皆分四季雜氣透開如吾意逐一依定數中推吉凶祿福無差謬』

第三節　相心賦・仙機賦・金玉賦・人鑑賦・妖祥賦

此節도　前節과　同一한　理由로　解述을　省略한다。

（一）相心賦

『人居六合心相五行欲曉一生有形於性官星悌愷貴氣軒昂印綬主多智慧豐身更且心慈食神善能飲食體厚而好謳歌

偏官七殺勢壓三公喜酒色而偏爭　好鬪愛軒昂而扶弱欺強情性如虎　急躁如風梟印當權使心機而始勤終怠好學藝而多

483

學少成偏印刧双出祖離家　外象謙和尙義內心狼毒無知有刻剝之意無慈惠之心　偏正財露輕財好義愛人趨奉好說是非

嗜酒貪花亦係如此　傷官　傷盡多藝多能使心機而傲物氣高多詭詐而侮人志大權高骨　俊眼大眉粗目德心善穩厚而作事

慈祥魁罡性嚴有操持而爲人聰明　金神貴格天地奇哉有剛斷明敏之財無刻　剝欺瞞之心五音會局爲人佛口蛇心二德仁

生作事施恩佈德　火炎土燥必聲燋而好禮水淸兌下主言活而施仁彙合如然天時返比事則舉　其大略須要察其細微欲識

情學者用心如此』

（二）　仙機賦

『天旣生人人各有命所有早年富貴八字運限咸和中世孤單五行逢敗死絕過房入舍年月旺而運強隨父從母偏財空而

印旺早歲父亡偏財臨絕死之宮幼歲母離只爲財多印死官逢死氣之方子難招得爲見　傷官太甚子亦難留已身入敗早歲

與衰若見傷官所生必主依人過活婁星越　宮所生亦是他人義女印綬逢生母當賢貴偏財歸祿父必崢嶸官殺逢子當顯

達比肩得祿兄弟名高此乃男命之玄機略說　女人之與妙印綬多而老無子傷官旺而幼傷　夫食神一位逢生旺招子須當拜

聖明父母之宮男命之斷依其此法萬無一失』

（三）　金玉賦

『他來尅我爲官星要旺必權我去尅他爲妻財干強則富財星有破賣盡田園奔他鄉印綬被傷失祖宗抛離故貴人命肆貴

財旺但遭尅陷則凶禍不祥五行妙理四柱　喜合嫌併食神爲貴四柱有吉星相扶堆金積　玉五行無凶殺侵犯名顯聲楊柱中

若華蓋逢二德乃淸貴之人官星七煞落　空亡在於九流之輩爲官卑職推尋子位先觀　煞官死絕者嗣之難存太旺者別門求

覓妻星顯露妻財多刑害嗣息難招罕得　四宮背祿不可妄求官將不成財當不聚八字　無財須求本分越外若貪須求本事噫

甘貧養拙非原憲之不才鼓腹吹笙使王員之挫志順則行逆則棄知命樂天困窮合義洪範數終淵源骨髓』

（四）人鑑論

『天道尚有虧盈人事豈無反覆或始貧而終富或先敗而後成當舍短而從長母作彼而取此居官居貴五行醇而不疵多滯多憂八字褋而又 戰兄多逢弟宜嗟原憲之貧窮父疊生身可比老彭之高壽九宮旺相難逃邀我乎 桑中四柱和合未免題詩于葉上是以妻宮有尅少年無早娶之妻鬼位逢傷末歲損成家之子』

（五）淵源集說

『最貴者官星爲命時得偏正官爲福〇最凶者七煞臨身逢天月二德爲祥〇官星如遇刧財雖官不貴七煞如逢資助其殺必威〇羊刃若逢印綬縱貴有殘疾亡身〇七煞拜制逢官爲禍而壽元不長〇三偏三正貴居一品之尊〇四柱四合福坐衆人之上〇羊刃兼會七殺千里流徒月財芒透刧奪一生貧困〇榮辱兩端強妍一斯判自古相傳非賢勿授』

（六）妖祥賦

『命不易看子平可推先要取其日干次則詳其月令年時共表其吉凶妖祥不忘歲月通參於成敗禍福無遺或有不見之形須官審究更有分抽之緒後學 難知天清地濁自然稟一氣之生五行正貴忌刑冲尅破之鄉四柱支干喜三合六合之地寅申巳亥乃財官印 綬長生丑未戌辰係祿馬印星寄庫日貴時貴大忌刑冲尅破拱祿拱貴最怕 填實刑冲觀無合有合逢凶不凶傷官之干年運到官鄉 不喜羊刃冲合歲君運臨而禍至辰戌魁罡忌官星怕逢七殺金神 日刃喜七煞而忌刑冲歲德兮年時上偏官大要制伏身喜強官專殺 莫逢鬼旺亦要制伏身喜強官專殺莫逢鬼旺亦要制伏爲強但看本有本無遇而不遇要 稟中和辛癸日多逢丑地怕填實不喜官星甲子日再遇子時嫌丑午畏庚辛壬癸亥子祿馬 飛天離巽丙丁聚丙午倒冲火祿 壬騎龍背辰多 冲戌官星乙用丙子聚貴聲名遠大財命有氣雖背祿而不貧財絕 命衰縱健祿而不富癸到艮山怕庚辛忌逢戊土壬逢丑地 忌戊己怕見庚金庚遇申子辰乃井欄叉謂之入局忌丙丁愁巳 午戊日申時怕甲丙亦忌寅卯辛金巳丑若遇謂

第四節　幽微天干賦

一氣가 엉키어 天地를 開闢하고 三才가 旣定되며 陰陽이 生立되었다. 이에 五行의 造化가 定動하고、四時
의 氣候가 軌行하기에 이르렀다. 河圖洛書가 出하여 神龜龍馬가 八卦太易의 象을 보이고、九疇洪範(禹王이
天啓에 依하여 얻은 治天下의 九種大法이니 五行、五事、八政、五紀、皇極、三德等)을 지으니 聖人이 우러러
는 天을 觀하고 구부려서는 땅을 살펴서 萬物의 情에 類合케 하고 神明의 뜻에 通하여、四時의 氣候를 分離
하고 律呂들 이루며 五行의 調化를 取하여 卜筮를 이룩한 然後에 干으로 天을 삼고 支로 땅을 삼아 相配함이
라 하겠다.

그리하여 主靜함에 載物하고 主動함에 幹旋하여 下에는 五行의 風景이 應하고 上에는 五行의 輕繆이 應하
는 바 日月이 비록 밝으나 터럭의 微小한 끝은 비추지 못하고 鬼神이 비록 奧妙하나 幽玄함은 살피지 못하는
가운데 天下는 亹亹(미미＝부지런히 달리는 모양)히 展開된다.

그러므로 化했으나 化하지 못한 形象이 있고、聚하나 聚하지 못한 법이 있으며、合한듯 不合之類가 있고、
빼어난듯 빼어나지 못한 體가 있는 바이다. 聚而不聚者는 그 財用이 損傷된 것이고、化한듯 不化한 格은 貴
氣를 損傷한 것이며 合한듯 不合者는 背逆된 것이고 빼어난듯 不秀者는 成功할 수 없다.

또 化하지 않을듯 化한 格이 있고, 모이지 않은듯 모인 格(不聚而聚者)이 있으며, 빼어나지 않은듯 빼어난

用例가 있고、合하지 않을듯 合한 命事가 있는 바 不聚而聚者는 富者가 되고、不化한듯 化한 者는 權貴하고、

不合而合者는 官職에 顯達하며、不秀한듯 秀格은 官祿이 亨通할 것이다。

四時가 旺하고 不旺함과 五行의 有氣하고 無氣함을 살펴야 한다。五行이 나타나고 숨음이 있으며、休囚되

고 進退하며、否泰하고 亨通할 때와 迍滯함이 있다。또 混雜되고 純粹함이 있으며、他物을 따라 變함이 있고

類를 따라 求助됨도 있다。五行은 또 偏傾되지 말고 俱旺함이 吉하다。

傷破된 水는 火를 이길 수 없고 波濤가 甚한 가운데의 불은 金을 이기지 못하니 惝惶할 따름이다。秀氣가

있으나 官이 없으면 단지 枝藝가 巧妙할 뿐이며、財가 있고 比肩이 없으면 오직 經商人이요、三辛이 丙을 봄

에 財多하여 破散하고 二土가 木을 만남에 家道가 豊盛할 것이다。

土가 散水하면 胃病이 있고 黑色이며、木氣가 剋土하면 脾衰하고 黃色이며、聰明함은 木主가 秀氣를 얻은

것이요、決斷性이 많음은 金主가 剛旺한 때문이요、太歲와 日干이 不和하면 災殃만 있고 無福하며、四柱와

日主가 各旺하면 福이 많고 災殃이 없다。男命이 兩財가 있으면 반드시 妾을 두고 女命이 純粹하면 眞夫之氣

요 女命에 夫星이 많으면 嬌娼의 賤命이다。火炎한데 물이 마르면 自壞함이 많고 木秀한데 火明하면 吉慶한

命이다。

甲木이 從革(西方金)鄕에 臨하면 桎梏(감옥살이)이 있고、戊土가 潤下에 居하면 他鄕에 流浪客이다。陽死

하는데에 陰生하고 陰死하면 陽生하니 五行의 所變을 關通하고、五氣의 所藏處가 있는 바이다。外로는 五常의

合이 있어 動靜의 應이 있으며、內로는 五曜의 合이 있어서 表裏의 通함이 있다。五行이 俱旺한즉 玄玄히 使

用될 것이요、俱衰하면 化하여 他物이 되며、失運하여서는 百에 하나도 얻을 것이 없고 化物하여서는 十에

九는 죽는다。

夫旺하면 從夫하여 化하고 婦旺한즉 一婦를 從婦하며 一財는 兩官을 勝할 수 없고 一祿은 兩鬼를 當할 수

없다。頭面에 損傷함이 있음은 甲乙木을 金이 破尅한 때문이요, 眼目에 災病이 있음은 丙火가 亥子에 依해

沉剋된 때문이다。仁을 좋아하고 義를 지킴은 日時에 庚辛金이 旺한 所致요, 多信多仁함은 戊己土가 旺한 까

닭이며 姿色美貌는 春夏에 生한 木主이다。見識이 없음은 丑未의 刑冲때문이요, 水木이 堅固한즉 心直하고

行仁하며, 火旺한즉 性急하고 好禮하며, 五行의 氣運이 足한즉 體格에 中心이 잡히고 肥和되나, 四柱가 過多

하면 그 性品이 거칠고 악하며 비루하다。

대저 그 日主의 本을 세움을 爲主하고, 다음에 다른 賓位를 살필 것인 바 陽干은 順行하고 陰干은 逆行한

다。日主의 氣運이 歸根한 곳이 없으면 終身토록 돌아가 依持할 곳이 없고, 他物에 日主가 依托해 있으면

一生을 他人에 依存해야 한다。官貴를 暗合해 오는 格은 官位가 極品에 이르고 貴祿을 만나면 位階가 非常하

다。十干이 死絕病衰地에 臨하면 塵土草野에 묻혀 살고 五行이 生旺庫墓地에 生居하면 大官榮貴한다。

乙庚丙辛合格은 巳酉丑申에 秀德이 있고, 丁壬甲乙은 亥卯未寅에 秀德이 있으며, 寅午戌巳地는 戊癸丙丁에

秀가 되고 申子辰亥는 丙辛壬癸의 秀가 된다。五行이 그 本鄉을 얻으면 貴하고 또 富하며 破處에 臨하면 貧

賤하니 生旺되어야 貴하고 德秀가 있어야 奇發한다。

身主가 學堂地에 坐臨하면 文藝가 淸高한 格이요, 命主가 鬼地에 臨하면 盜賊에 죽거나 귀양의 刑厄이 있

다。官祿에 隱傷됨이 있으면 兵卒이 되고, 秀中에 鬼剋이 있으면 吏職이 되며, 印母가 旺하고 鬼休하면 財物

과 奴僕이 많고 印母가 衰弱한데 鬼殺만 太旺하면 父子兄弟가 離散된다。

官印이 雙全하면 軍兵을 指揮하는 將軍이 되고 秀德을 兼備하면 科甲하여 文班이 되며, 鬼鄉에 生居하여

倒食을 만나면 반드시 婢奴가 된다。四柱가 有氣하여 身旺한데 다시 日主를 生旺하는 基月을 만나면 孤窮하

니 이는 天地가 相臨하고 上下가 和順하면 貴하고 氣逝하면 病이 됨을 말한다。따라서 그 마땅한 位가 아니

면 邪되고 마땅한 位이면 正氣인 것이다。그러므로 正位라면 所生하고 所制되며 所勝함이 天地의 道를 다스

림이요 人民의 命을 包括하는 것이니 숨은 理致를 探索해 내고 盡性窮理할 것이요、一理로써 볼 것이 아니며

一途로써 觀察할 것이 아니다。만일 玄玄한 機微에 極達한다면 禍福吉凶의 龜鑑이 될 것이다。

第五節　人元消息賦

天은 清動位尊하고 地는 濁靜位卑하니 干은 尊하고 支는 卑位이다。따라서 天干地支에 配對함에 德秀者와

凌克者와 氣雄者와 氣弱者가 있다。무릇 年月日時의 德用多少를 辨別해야 하는 바 本命에 만난즉 本命을 따

르며 運氣에 만난즉 運氣를 따른다。

대저 看命者는 盡精妙精을 다하여 멀고 가까운 것을 자세히 살펴야 하는 바 婦가 夫를 따르기도 하고、夫가

婦를 따르기도 한다。夫가 有氣한즉 從夫하고 婦가 有氣한즉 從婦하는데、有氣하고 無氣함은 地支에 配對하

여 有氣處가 있는가 無氣處가 있는가를 따라 決定하므로 地支中에 所藏된 干이 人元이 되는 바이다。

太歲는 本이고 日은 當主이니 月建에서 出하여 歲君에 通하면 極高한 命이다。例컨대 丙寅甲寅은 精當者이

고 戊寅壬寅은 淺薄者이니、富貴者는 月時에 和氣가 있고 日主를 輔佐하며 或 德秀之方에 臨하며、生旺之方

을 取用하는 命造인 바 陰陽順逆하는 道理를 살펴야 한다。곧 陽金은 寅에서 受氣되어 順行하고 陰木은 酉에

서 受氣하여 逆行함이 그것이다。

富者는 生旺을 만난 所致이고 貴함은 官鄕을 만난 때문이며 勾陳이 得地하고 辰甲을 얻으면 三台位를 얻고

玄武當權格이 亥子를 만나면 一品高官이며、 癸日이 庚申時를 얻음에 巨職貴人이요、辛日이 戊子時를 만나면

高科할 것인 바 破格되지 말아야 한다.

富者는 五行의 氣가 足滿한 것이 第一이니 甲辰甲戌이 寅亥를 얻는 類인 바 金帛이 盈家할 것이요、丁亥丁

卯가 酉亥를 얻으면 珍珠가 滿室할 것이다. 六甲日이 庚辛이 太重하면 徒刑客이요、六丙日이 亥子가 太旺하

면 貧賤하다. 그러나 化格은 不然하니 丙辛化水가 辛子를 얻으면 列朝高官이요 丁壬化木이 寅位를 얻으면 一

國宰相이 된다.

有氣하나 無官이면 技藝가 있을 뿐 財産을 얻어도 官貴는 없고 陰水가 秀氣를 얻으나 失地하면 僧道가 되

며、陽火가 水를 만나지 못하면 凶徒이며、金이 火鄉에 이르러서는 財物에 聚散이 많다. 또 旺水가 火鄉에

들어가면 家道가 번영한다.

頭面에 損傷됨은 酉金이 甲乙을 만난 때문이고、眼目에 有災함은 丙火가 亥子剋沈된 때문이다. 我剋者는

妻요 我生者는 子息이니 旺位에 臨하면 子多하고 時에 敗絶되면 無後하다. 金木이 相混하면 靑白色이요 壬

癸旺하면 黑色이며 壬水가 得氣하면 살이 찌고 癸가 失時하면 말른다. 火는 얼굴이 붉고 둥글며 土는 黃色

에 厚重하며 木象은 靑하고 秀長하며 聰明仁義心이 많다. 火는 好禮하고 性急하며、金은 好殺하고 剛道하며、

土는 信義와 敦崇性이 있고、水는 方圓하고 多智하다.

月時를 살피고 運鄉을 兼하여 살피지 않으면 안되는 바 得時者는 出世하기 쉽고 失運하여서는 升遷하기 어

려웁다. 火가 南方에 이르면 榮昌하고 水가 北地를 얻으면 顯貴하며、木이 金鄉에 이르면 衰하고、土가 南方

에 이르면 疾病이 들것이니 旺處에 生하고 死處에 滅하며 死處에 生하고 旺處에 脫衰하는 理致가 있는 바 다

시 諸神의 相助가 있어야 한다.

爲剋者가 祖先이니 財官이 破剋되면 凶忘한 命으로 본다。 氣絕한즉 病이요、 死地에 있고 鬼位에 臨하여 다

시 剋傷되면 死亡하며 敗鄕을 얻었는데 臨官地를 만나면 反生되고 太歲와 그 運에 凶殺이 모였다면 凶厄을

벗어날 수 없다。

古聖의 法式을 參詳하여 吉凶輕重을 發明한 然後에 看命할 것이요 五行의 眞象을 推究할 것인 바 吉凶變化

의 貌襲이 百發百中할 것이니 이것은 眞經秘訣인 것이다。

第六節 地支賦

一氣에서 寒熱이 生하고 淸濁高低가 分立되었는 바 支는 地요 干은 天이니 十干・十二支가 相幷相連하였으

며、또 十二支에는 支藏干이 있어 人元이 되었고 이 三元은 다시 五行으로 이루어졌다。五行은 九天 밖의 理

論이요、八卦는 萬古以前부터 있어서 三生의 命이 如常한 가운데 一氣 그대로이다。

生年으로 生月을 論定하고、生時는 生日에 따라 論定되는데 時候가 旺하면 富貴하고 時候가 衰한즉 貧寒하

거니와 何地에 臨하여야 成象이며 何地에 居하여야 升遷인가? 土主가 專土에 居하면 爲人이 豊厚尊崇하고、

水主가 亥子에 臨하면 知慧와 大量이 있고 方圓하다。歲運을 보아서 禍福을 明白히 할 것인 바 五行의 微細

하고 十干의 玄玄한 理致를 살필 것이다。

甲木이 從革金旺地를 만나면 風灾困苦하고 戊土가 潤下를 만나면 流浪逃遭客이 되는 바 失地함을 따라 變하

고(從格)、失地함을 因하여 化하기도 하며(化格)、祿馬가 同鄕이면 福祿이 많다(財官雙美格)。時候에 旺處가

臨하면 空亡死敗됨을 물을 것 없이 吉한 바 物이 스스로 自成하고 스스로 敗死하는 理致가 있으니 그러므로

造化의 妙用을 通達하고 出沒의 根源을 窮究하며 德秀의 奇妙를 詳案하고야 吉凶悔吝을 말할 것이다。

金旺하고 火盛하면 堅強한중 制服된 것이 아니고 木盛하고 金衰하면 下弱한 사람이며 金中의

水는 顯貴하고 水中의 木은 有德淸高之人이다. 무릇 金多하면 好殺하고 水多하면 多婬하며, 戊己壯하면 富足

하며 庚辛이 虧弱하면 寡貧하고 丁火가 巳에 이름에 飄泊(떠돌아 다님)할 사람이요 申地에 이르면 性忤하고

己土가 戌未에 이르면 多差하며 庚이 亥辰에 이르면 儒雅하다.

甲乙은 從革을 두려워 하며 戊己는 潤下를 기뻐하며 六親을 論는데 身主는 不變하며 富貴를 取함에는 時가

化할 것은 없다. 年은 祖氣之根이요 月은 門戶之元이며 日主는 本身之氣요 時는 引變之實(結實)이 된다. 干

을 支에 配對하여 何地를 얻고 象을 化에 配하여 何氣外 高旺한가를 보아서 得失의 高下와 旺相의 類種을 分

別해야 한다.

木中의 火가 癸巳를 만난즉 進하는 것이요 土內의 金이 火運을 만난즉 退하는 것인데 時敗한즉 貧寒하고

時豊한즉 富足하며, 衰敗함을 만난즉 多賤하고 生旺함을 만난즉 多貴한다. 癸가 子에 臨하면 兩府의 權을 掌

握하고 丁이 離宮에 臨하면 三公位에 나간다. 丙丁이 盛하면 好禮하고 壬癸가 旺하면 智慧가 足하다. 다시

三等分의 理致가 있으니 甲己寅未는 上이 되고 丑酉는 中이 되고 亥子는 下가 되며 乙庚申卯는 上이 되고 丑

酉는 中이 되고 巳寅은 中이 되고 午亥는 下가 되며 丙辛巳寅은 上이 되고 辰酉는 中이 되고 亥子는 下가 되며 戊癸子卯는 上

이 되고 巳寅은 中이 되고 戌亥는 下가 됨이 그것이다.

甲己合土하여 辰戌丑未를 만나고 乙庚化金하여 巳酉丑申을 만나며 丙辛化水하여 亥子辰申을 만나며, 丁壬

化木하여 亥卯未寅을 만나며 戊癸化火하여 巳午戌寅을 만나면 絶地를 만나서 富하는 化格이다.

金이 旺火에 臨하면 身體를 保存하기 어렵고 土가 水位에 臨하면 沉疴의 患이 있으며 癸水가 庚申을 만난

즉 右職(高官)이 되고 辛이 戊子時를 얻은즉 高官大爵이 된다. 年月로 祖上을 보는데 財官이 破刑冲剋되면,

大破된 格인 바 化身한즉 喪身이 되고 歸元한즉 死亡한다。時에 鬼殺이 있고 다시 剋傷된즉 傷命하고 死地에 居하여 臨官을 봐도 喪하는 바 그러므로 旺處에 生하고 死處에 衰하며 死處에 生하고 旺處에 脫하는 理致가 있다。

今日의 學者는 깊은 奧旨를 參詳해야 할 것이니 軒轅皇帝로부터 일어난 幽玄한 妙法을 익힌 得術之人이라야 그 秘傳을 얻었다고 할 것이다。

第七節　病源賦

『凡講生命須逢主神倘値五行之尅斯成百病之因耶聾長嘆之徒灾殃中首跛軀姿嗟之者病變纏身原夫造化先明陰陽可啓究三元致敗之道通五臟違和之理甲庚乙辛氣損干支戊甲己乙風中乎體形遠傷而頭自偏鬼上尅而眼昏昧木爲金制不無掌手之兒童火被 水形未兌失明之子弟當其修長因逢生旺矮小蓋因衰淺 丁旺於亥卯未之鄉感離火之大熱内絕於申子辰之地 傷坎水之尤寒土敗而胃有積水刑而瘡癖乙見於辛豈是自神之弱戊逢於甲安能手足之完但見癸逢巳而外疝當針壬遇戊而外癰可慰庚緣丙而血下辛值丁而氣鬱金刑死木破傷而亡火害衰金癩疾而殈戊甲災隆辛丁禍剋庚丙主贅瘤之疾我曰必無戊甲多折臂之憂難云則錮大抵木犯刑而疥癩火因鬼而遇狂癡呆則 水遭而死墓瘠瘟則値於刑傷土臨甲乙則嘔吐而損胃金見丙丁則蚯血水敗則蛇腰莫用斬岐之法金刑龜脊安施扁葉之方議 夫時敗而憂果偏多日定而福能幾許主衰鬼制殘疾身破金傷則苦楚火固遇北陽度利而無何木朽逢南陰弱產而失所經不云乎陰根於陽陽根於陰陰見陽而灾少陽無陰而 害深辛見乎丁常有失強之妄庚逢於丙每懷疾病之心別有懸針則刺而以支身半双則砭骸而災股陰干三刑邪必中臟陽神七殺病敗於腑鬼日灾厄敗身 疾苦日時居衰乃大患之不療支干皆刑雖小疾之莫愈氣相

得則安和氣相旺則不取是疾也雖坐於攝養之乘方必生於八字之所主』

무릇 모든 病은 主神의 五行이 되고 偏敗되며、 違和됨으로부터 일어나는 것이다.

甲庚乙辛이 戊甲己乙을 剋損하면 中風病이 있어 멀리 보면 머리가 기울어지고、胃臟과 腎經病이 있으며、木

이 金에 依해 制傷됨이 甚하면 眼暗하며 火가 水에 依해 被傷되면 失明될 것이니 生旺됨을 만나야 한다.

身體가 矮少함은 日主가 衰淺한 때문이요 丁火가 木旺局인 亥卯未鄕에 生旺되면 風病熱病을

얻으며 丙火가 申子辰地에 臨하면 坎水에 依해 損傷된 것이니 귀먹고 小臟系統等의에 殘病이 많다.

土主가 傷敗되면 胃脾臟에 疾厄이요、乙이 辛金에 損傷되면 膽神이 弱하며 戊土가 甲에 被傷되면 手足이

完全하기 어렵다. 癸水가 己土에 被剋되면 腸神經痛과 足病이 있으며 壬水가 戊土를 만나서는 꼽추가 되기

쉽고、庚이 丙에 傷한즉 下血이 있고、辛金이 丁에 傷한즉 氣鬱하다. 死木을 金이 刑剋한즉 外傷으로 죽고、

衰金을 火가 侵害한즉 疾病으로 죽는다.

戊甲이 만나면 灾殃이 높고 辛丁은 베이는 禍가 있고 庚丙은 혹이 달린다고 한다. 戊申이 없어도 많이 折

胃의 병이 많거니와 木이 刑傷된즉 옴따위의 문둥병을 얻고 火가 鬼殺을 만나면 미쳐 천치가 되며、水가 死

墓地에 敗傷된즉 벙어리가 된다. 傷土가 甲乙木旺地에 臨하면 嘔吐하고 胃病을 얻으며、金이 丙丁을 보면 코

피를 쏟는 衄血病을 얻고 水敗하면 蛇腰이니 어떤 類의 酷刑으로 고쳐질 수 없는 사람이며、金이 刑傷되면

龜背이니 治療하여 고칠 수 없는 사람이다.

時候가 敗한즉 憂患이 많을 것이니 福이 얼마나 있겠으며 日主가 衰弱하고 鬼殺에 制伏된다면 殘疾이 많을

것이다. 身破金傷하면 苦楚가 있고 火主가 北方水를 만나면 利名이 없을 것이며 木이 朽枯했는데 다시 南方

火를 만났다면 조금 얻음이 있다 하여도 잊어버릴 것이다. 그러므로 經에 「陰根은 陽에 있고 陽根은 陰에 있

는 바 陰이 陽을 보면 災厄이 적고 陽이 無陰하면 害가 深하다」고 한 것이다. 따라서 辛이 丁을 보면 恒常

健康치 못하고 庚이 丙을 보면 每樣 疾病이 떠나지 않는데, 別로 懸針이 있은즉 刺傷되고, 地支에 羊双을 帶

同한즉 침과 뜸질을 하게 된다.

陰干에 三刑이 있으면 五臟에 病이 있고 陽神에 七殺이 있으면 六腑中에 病이 있다. 鬼는 災厄敗身疾苦니

日時가 衰弱하면 大患이 있어서 治療되지 않으며 支干이 다 刑冲되면 비록 小疾이라도 낫지 않지만 氣가 相

得한즉 安和하며 氣가 相旺한즉 疾病이 發生하지 않는다. 모름지기 攝養地를 얻을 것이니 반드시 八字의 相

生하고 相扶하는 힘이 생길 것이다.

第四編　附　錄

第一章　古代官職解說

〈가나다順으로 볼 것〉

監簿……簿書를 管掌하는 官吏들의 簿曹를 監査하는 臨時의 官職인듯 하다。後漢書와 百官志에는 司隸校尉 簿曹得事 主財穀書란 記載가 있는 것으로 미루어 볼때 監簿를 監察하는 特命職責인듯 하다。 監簿란 官職에 對한 뚜렷한 文獻을 筆者로서는 살피지 못하였다。

閣老……唐代에는 中書舍人 及 給事中을 가리키는 말이었으며 舍人中에 年久者를 閣老라 한다。宰相을 堂老 或은 閣老라고 하기도 하였고 大學士를 가리키는 境遇도 있으나 中書舍人을 일컫는 말이다(樞密條를 參照할 것)。

幹辨……主幹辯理의 略語이니 宋의 官名에 이 名目을 많이 使用하였다。宋史의 官職志에 보면 幹辨受給監 門官이라고 하였다。

都督……魏나라 文帝時에 비로소 都督諸州軍事를 두었고 北周에서는 總官이라 고쳤으며 唐代에는 都督府 를 두었는 바 일을 分掌하는 高官이었다(局長級)。

都士……周代의 官名이니 大都小都의 王子弟와 公卿의 采地에 獄事를 掌握한 벼슬。

都統……晋의 趙盛之가 少年都統이 되므로부터 始作되었다。北齊의 門下省의 尙衣局에 都統系統이였고、隋

唐에서는 尙衣局에 奉御를 두었으니 이 兩者는 同位同職이었다。또 唐에서는 大臣으로 任命하였고 元師와 同

列이었으며 宋에서는 都統制를 設하여 征伐을 掌握게 하였다。淸代의 八旗兵 三百人을 二牛祿이라 하고 五牛

祿을 一甲喇라 하며 五甲喇를 一固山이라 하는 바 그 長을 固山額眞이라 하였으나 都統으로 고치었다。淸末

에는 다시 武官을 九等級으로 定하였던 바 一級을 定都統이라 하고 二級을 副鄕統이라 하며 二級을 協都統이

라 하는 等의 級制를 두었다。

同知……宋代의 內官인 바 同知合門事와 同知樞密院事가 있었으며 地方官에는 同和府事，同知州事가 있었

다。元代에는 宣政、樞密、太史等 諸院에 同知職이 있었으며 明에는 五軍都督府等에도 있었던 바 正四品의

벼슬이다。糧穀을 督掌하고 捕盜、海防(海軍의 任務)、淸軍(憲兵 法務監室의 役割)等의 職責을 맡았다。

郞中……周代에는 近侍의 通稱이었고 秦代에 와서 비로소 官名으로 使用되었다。侍郞 郞中令의 次序

가 있고 漢代에는 書郞이 있었으며、隋唐以後에는 六部에 다 郞中을 두었으며 드디어는 諸司任의 長이 되었

으나 民國政府에 이르러 廢하였다。

明經……經義를 考試하는 科目이니 漢武帝때 學者를 選拔하여 任用하였으며 唐에서는 秀才明經進士等의 六

科를 두어 考試選拔하였다。

明府……明法을 主管하는 곳이 六府인데 太守나 縣令의 官職에 對한 尊稱이다。府는 尊貴하다는 뜻이므로

德이 重하고 輕薄하지 않다는 尊稱이다。方伯……方土의 長이니 諸侯를 일컫고 後漢 以來로는 刺史를、唐에서는 采訪使를、明淸代에는 布政使를 方

伯이라 하였다。

步師……軍隊를 傳送하는 任務를 맡은 者

駙馬……漢나라 武帝 때 乘輿(수레)를 맡은 벼슬 이름의 準말이다. 魏、晉以後에는 임금의 사위도 반드시

駙馬鄕尉가 되었으므로 天子 또는 王의 사위란 뜻으로 쓰인다.

副使……唐代에 節度使、觀察使、團鍊使 밑에 次長格인 副使가 있었다. 宋에도 있었고 明代에는 按察使의

次官이었고 淸代에는 廢하였다. 이를 知州軍事라 하였던 바 明淸에 이르러서는 官職으로 되었다.

府尹……府政을 맡은 長官이니 唐代에는 東都 西都、北都(從二品)에 府牧各 一人이 있고 西都 東都等 九都

에 府伊 各 一人(從三品)을 두었었다.

司令……元代에 있던 官名이며 鹽場의 監督을 常任하였다. 金에서는 管句라 하였고 明淸에서 鹽課司大使라

하였다. 元史百官志에 보면 鹽場十九所가 있는데 每場마다 司令 一名式을 두었다 한다.

詞林……翰林의 別稱이니 文詞와 經學의 선비를 모아 講究하는 벼슬로 唐代에 생겼으나 漸次 地位가 높아져

서 드디어 宰相位로 되었다.

使命＝使者가 君命을 받는 刺令을 받은 者를 말한다.

尙書……尙書省의 長官이니 秦나라 때에는 天子와 朝臣間의 文書授受를 맡아 보는 官吏로서 少府로 부터

官吏四人을 보내서 殿中의 文書를 發送하고 掌理케 하였었다. 그러나 君命을 맡은 重臣이었기 때문에 그 地

位는 漸次 높아져서 漢代에는 尙書令 尙書僕府 督常書 曹郞理事를 두었고 그 後에는 大臣으로써 이를 掌領케

하였다. 平尙書事 錄尙書金舍의 이름이 있게 되었고 唐代에는 六部中의 하나로 大臣長官이 되었다. 또 淸代에

서는 軍機大臣과 함께 堅要한 地位가 되었으며 明에서는 六部尙書를 獨立시켰다. 淸代에는 大臣으로 고쳤다.

常侍……散騎常侍의 略稱이니 散騎省의 長官인 바 秦代에는 散騎及 中常侍를 두었다. 中常侍는 君側에서

恒常 左右를 떠나지 않았고 散騎는 乘輿를 맡았었다.

少卿…… 各省의 副職으로 後魏에 있었던 官名이다. 各省의 次官의 職이었으니 魏書官氏志에 보면「太和十

五年 十二月置少卿官」이란 글이 있다. 또 大卿의 副卿으로 古代에는 使用된 官職인 듯 하다. 周禮에「天官序

官 治官之屬、大宰卿 一人 小宰中大夫二人、又云 自大宰至旅下士、轉相副貳皆王臣也。大卿一人卿則二人」等

의 文獻이 있다.

小軍機…… 淸代에 있었던 章京의 別名이니 軍機處의 事務官이다. 章京이란 淸의 滿州의 官名이었고 旗의

武官인 初級將校이다.

小君…… 諸侯의 夫人을 말한다. 또 少君과 同一하니 諸侯의 臣下가 王의 妻를 부를 때 쓰던 呼稱이었다.

그러나 뒤에는 妻의 通稱으로 쓰였으니 細君이라고도 하였다.

小宰…… 周官의 名으로 天官에 屬하니 大宰의 副職이다. 宮中의 刑罰政令을 掌握하고 後世에는 少宰라고

하였다. 곧 周禮、天官 小宰條에 보인다.

生員…… 科擧보는 學生을 일컫는 말인데 宋以後에 學生의 稱號로 되었고 그 以前에는 生徒의 員數의 뜻으

로 쓰였다. 成績의 優劣을 따라서 늠生(廩生)、增生、附生、社生、靑生等의 區別이 있었다.

相公…… 宰相을 일컫는 바, 相에 拜受되었다는 古言은 곧 公에 拜受되었다는 뜻으로 쓰여지는 말이었다.

少保…… 周代의 官名이니 三公의 하나이다. 少師、少傳과 함께 三公을 補佐하는 高官이었다.

少府…… 秦의 九卿中의 하나이니 山海池澤 等의 稅收를 掌理하고 天子의 宮府에 必要한 物資를 管掌하였다.

隋代에는 少府監이라 하였는데 明에서는 廢하였다.

丞相…… 秦代에 있던 權勢大臣으로 君主를 丞助한다는 뜻의 官名이니 우리나라의 政丞이다. 漢初에는 相國

天子의 朝政과 王國에 共히 두었다)을 두었으나 後에 改稱하여 朝廷에서는 丞相일도 있었고 南北朝時에는 禪讓하는 制度도 있었다。 唐以後 廢止되기도 했고 元時에는 中書省에 左右의 丞相을 두었었다。

侍郎……秦漢時代에는 郎中令의 屬官으로 議郎 中郎 侍郎 郎中의 四等級이 있었다。 秦代의 郎中令은 宮中의 門戶를 守衛하였고 漢代에 처음으로 尙書郎中이라 하였던 바 一年이면 尙書郎이 되고 三年이면 侍郎이며, 五年이면 大縣으로 上乘하는데, 或 二千石을 祿으로 받는다。 後漢代에는 尙書六曹侍郎 二十六人이 있었으며 隋煬常은 六部의 侍郎 一人式을 두어 尙書를 補佐케 하였고 淸末에는 侍郎을 副大臣으로 改定하였으며 漸次 그 職位가 높아져서 唐代에는 門下侍郎이 됨으로 부터 侍中의 다음이 되니 宰相級에 이르게 되었다。

侍御……天子의 側近에서 侍從하던 聽從하는 官職이며 車御官을 侍御라고 하기도 하였다。

安撫……人民을 便安하도록 慰撫하는 按撫使의 略稱이다。

按院……各省의 首府에 있는 按察使의 役所。

按察……後漢書, 百官志에 依하면 尉, 大縣에 二人이고 小縣에 一人의 按察을 두어 政事를 살피게 한다고 하였다。

按摩使……唐의 官名이니 大醫署에 屬한다 四肢나 몸이 折傷되었을 때에 治療하는 官醫인데 唐書, 百官志에 一曰 醫師, 二曰 鍼師 三曰 按摩師 四曰祝禁師 가 있다고 하였다。

按班章京……淸代에 總兵官을 일컫는 말이니, 稱謂錄에 一等總兵官爲一等按班章京, 二等總兵官爲二等按班章京이라고 하였음이 그것이다。

按察使……唐代에 巡察使를 고쳐서 按察使로 하였으니 道마다 一人式을 두어 十道按察이라 하였다。 官吏들은 善惡과 風俗政教를 살펴서 그치고 該地를 統治하였으며 觀察處置使라고 하였다.

御史……周禮의 春官에 屬하는 天子의 秘書格의 官名이다. 처음에는 글을 받아 쓰고 法令을 받는 承旨였었는데 後世에는 三公의 位列과 같이 되고 政務를 糾察하는 職位를 맡게 되었다. 秦漢以後에 그렇게 된 것이며 後漢에는 御史臺 蘭臺寺라 하여 彈劾을 專任하는 大權을 掌握하였었다. 後周에서는 司憲이라고도 하였고 漢成帝때에는 御史大夫, 大司空이라 이름하였다.

御監……左右馬察(말을 맡은 官署)의 總裁인데 左右에 各一人式 있다. 後世에는 近衛大將을 兼任하는 重任까지 맡았었다.

御師……天子御用의 醫師이니 侍醫이다.

御伯……後周에 있던 官名이니 天子가 出入할 때에 左右에서 모시는 사람.

御坊……僧侶의 敬稱, 或은 寺院의 敬稱,

廉彷……按察使의 異名, 明代에 提刑按察使라고 한데서 廉彷使라고 하였다.

廉使……按察使의 異稱

運使……鹽運使 運穀使等을 말하니 소금과 양곡등을 맡은 官省이니 現今의 農村所管의 官職으로 古代의 重責이었다.

將仕郞……文教官의 이름이니 隋唐에 있던 從九品의 벼슬.

壯元……科擧時에 一等으로 及第한 者를 말한다. 天子의 命을 따라 試驗官이 成績을 살피는 殿試에서 首席及第한 者인 바 唐의 則天武后때 비롯되었고 洛陽宮城에서 親히 首席者를 選拔한데서 由來된다. 宋代에는 科擧에 三層이 있었던 바 首席者를 解元이라고 하고 省試의 首席者를 省元이라 하였으며 殿試(宮殿에서 行하는

502

最後의 科試)에서 首席한 者를 壯元이라 하였다。壯元者는 承事郎 文校郎에 登用되었다。

宰輔……天子를 輔佐하여 大政을 總宰하는 宰相이니 元輔라고도 한다。곧 宰相의 別稱。

宰夫……周代의 官名이니 天子의 直系官에 屬한다。朝廷의 儀式을 掌握하고 王과 公卿群吏의 位를 바르는
일과 群吏의 職吏를 바르는 職務이다。

宰職……大臣의 職이니 宰相의 職務를 맡은 長官以上의 職을 말한다。

殿院……唐代의 三院의 하나이니 殿中에는 侍御使가 있어서 二院의 不正을 糾明하는 監察機關이다。

節度使……宋唐時代에 한 地方의 軍政 및 施政을 總轄하던 官職이니 三國의 吳나라가 처음으로 두었고 唐
代에서는 十二節度使를 邊州에 두어서 外侵을 막게 하였다。安祿山 史思明의 亂 以後에는 內地에도 節度使를
두었고 그 勢力은 漸次 무거워졌다。

鼎甲……科擧에 뽑힌 세 사람의 最優等者

提督……武職最高의 地位이니 重要한 軍事的 要地가 되는 省에 提督을 두어 全省의 水陸各軍을 統轄하였
다。

提坊……看守 守備하는 職。

提學……宋時에 提擧學事司를 두어 此縣의 學政 곧 文敎政策을 管學하게 하였던 것이다。해마다 巡視하여
師儒의 優劣 生員의 勤惰를 살피게 하였던 文敎職이다。

提軍……淸代의 總督異稱이다。

宗薄……主薄와 同義인 듯하니 各部署의 文書를 맡은 官職。

主幹辨理……主幹은 主宰와 同義이니 一鄕의 主幹者가 鄕之人이란 말이 있다。또 主監者 主任者와 同義이

며 辨理는 어떤 事件을 判別하여 處理하는 뜻이니 辨理至於藏三耳、 凡應罪戮而爲冲微所辨理란 記載가 있는

바 辨理를 主幹하는 者가 主幹辨理인 듯 하다。

中書……宮中의 文書를 맡은 벼슬이니、諷敕를 掌握하였다。漢代에는 中書省을 두었고。魏代에는 中書尙書

門下의 三省을 두었다。當初에는 三省의 長官으로 宰相位를 삼았으며 한때에는 虛名뿐인 때도 있었다。

知府……府의 長官이니 宋代의 知事이고 明代에는 知縣 縣令의 官長이 無能하므로 朝官 京官을 進遣하여

縣治를 살피게 하였었던 官職이었다。

知州……州의 長官이니 唐宋以來 京官을 地方에 보내어 州事를 알게 한 일이 있었는 바、이를 知州軍事라

하였는데 明淸代에 와서는 官職으로 되었다。

知樞密院……五代晋에서는 桑維翰을 知密院事라 하였고 宋代에는 그 制度가 있었으니 樞密院을 일컫는 말

로 代用된다。 桑維翰은 晋의 河南人이니 字는 國僑이고 官은 中書令兼 樞密使이었던 바 契圓과 싸워서 死歿

하였는데 이에서 由來된 듯 하다。

知縣……一縣의 長이니 縣知事를 말한다。唐代에 生하였고 宋太宗時에 縣令에 官職者들이 無能한 者가 많

았으므로 朝官京官을 派遣하여서 縣의 政務를 掌握케 하였는데 明淸에서는 官名이 되었다。

知院……樞密院의 別名이다。

知院官……唐의 太宗時에 劉晏이 財賦(稅務財政)를 掌理함에 愛民을 第一로 하여 設置하였던 官職、地方의

豊凶狀을 旬月마다 報告하고 그에 對한 政策을 세움으로써 人民으로 하여금 그 生業을 安定케 하였다。

知院同知……宋代에 設置한 官職인 바、淸代의 軍機章京(軍機處의 文書를 辨理하던 官聲에 該當하는 官職)

으로 兵政을 掌理하였다。

參政……宋代에는 參知政事라 하였으니 副宰相級이다。元에는 中書省에 參政을 두었는데 明에서는 그대로 있었으나 清後에는 待郎으로 고치었다。

僉事……公事를 判斷하는 일을 掌握하는 것이다。金에는 按察使僉事를 두었으므로 僉事의 이름이 이에서 시작 되었다。以後 僉事는 按察使의 屬官으로 되었고 檢察事務를 掌握하였으며 清代에 廢하였다。

僉判……簽判이니 宋代의 各州에 있었던 官名으로 群政을 補協하고 文書를 總轄하던 官職이었다。

總官……督軍의 官職이니 北周에 생기었으며 隋唐時에는 軍을 都督하는 職位였다。

總管……軍事를 都督하는 官職인 바、隋唐時에 있었다。宋代에는 馬步軍都督總官을 두어 知府 知州를 兼任케 하였다。清代에는 東三省을 防護하는 督官이었으니 地方長官으로 文武의 權을 掌握하였다。

總督……明代에 있던 武官職이니 軍務를 掌握하는 官職이었다。南北朝時代에는 統兵하는 將領을 總督이라고 부른 例가 있으나 官職은 없었다。

總兵……明代에 將軍을 派遣하여 出征시킬 때 처음으로 總兵官、副總兵官等의 職을 두었던 바 總兵官을 省略하여 總兵이라 하였고 副總兵을 省略하여 副將이라 하였다。

總司……太子詹事니 皇後와 太子의 뒷일을 맡아 보는 官職이었다。

總制……總督의 古稱、

樞密……軍政과 機密에 關한 일을 掌理한다。唐代와 宋時에 처음으로 始置된 官職으로 처음에는 宦臣을 그 職責에 任職시켰으며 天子와 中書省과의 中間에서 表奏傳達等의 連絡事務를 맡았으나 漸次 그 職責이 무거워저서 朝政을 專橫하게 까지 되었다。後梁에서는 宦臣의 弊를 革新하기 爲하여 樞密院을 崇政院으로 고치는 同時에 비로소 선비로써 任職케 하였다。後唐代에 腹心인 大臣으로 任職케 하고 樞密院으로 復稱하였으며 그

權勢는 大臣보다 무거웠었다。 그리하여 宰相外에 또 宰相이 있고 三省 밖에 또 一省이 있다는 말까지 생겼었다。
宋代에는 兵權을 掌握케 하였고 中書로 任職하도록 하였으며 明代에는 行樞密事를 두었다가 大都督府로 設置
改新하였다。

探花……總督의 古稱・科擧時에 第三番으로 及第한 사람을 말하는 바 唐代에는 進士들이 宴遊時 會合大衆
가운데 最年少者를 探花使라고 하였던데서 由來한다。

太魁……殿試의 大優秀者니 狀元과 같다。

大傳……三公의 하나이니 太師의 次位이다。 三公은 周代의 太師 太傳 太保를 말하는 바 天子를 輔弼하는 最
高 官職이다。

漢書에는 「百官公卿이 表上三公이니 是爲三公」이라고 하였다。

太師……天子를 補佐하고 國事를 經緯하며 陰陽을 辨理하는 周代의 三公中 우두머리이다。 奏代에는 廢하였
으나 漢代에는 大司馬 大司徒 大司空을 두어 三公을 삼고 別로 또 太師 太傳 太保를 두었으며 晉代에는 太宰
太傳 太保를 두었다。 宋齊梁陳代 以後에 다 存置하였던 바 最高榮譽職으로 群官의 上位에 있었다。

太保……三公의 하나이니 天子의 德義를 保存한다는 뜻의 官職이다。 太師條와 太傳條, 三公條를 參照하라。

太守……奏은 天下를 三十六郡으로 나누어 各郡에 郡守를 두고 漢의 景武帝때에는 太守로 改稱하였다。 祿
은 二千石에 該當하며 唐 高祖後에는 郡을 州로 고쳐서 太守를 刺史로 하였으며, 玄宗時에는 다시 郡으로 고
쳐서 太守를 두었으며 宋以後에는 府로 고치고 知府 太守라고 하였다。

太爺……知事의 尊稱이다、 紅樓夢一回에 依하면 衆人都說 新太爺到任이라고 한 것이 그것이다。

太僕……官名이니 나라 官職이니 九卿의 하나로서 馬輿와 牧畜의 일을 握掌하였다。

天嘉五年 太馭中大夫長樂公云云이라 하였다.

太尉……奏代에는 武事를 掌握하고 漢代에는 그 位가 丞相과 같았다. 漢武帝時에 大司馬로 고치었고 後漢

時에는 다시 復舊하여 三公의 우두머리로 삼았다. 宋代의 政和後에는 武官의 首相으로 하여 節度使의 上位에

두었다. 金代에는 漢制와 같았고 明代에는 廢하였다.

第二章 五星解說早見表

(一) 命宮

命宮이란 一名이 立命이니 四柱推命上 가장 重要한 宮中의 하나이다. 그 推算法은 生月의 地文의 數와 生

時의 地文數에 依하는데 寅一、卯二、辰三、巳四、午五、未六、申七、酉八、戌九、亥十、子十一、丑十二의

數를 生月과 生時에 配合함으로써 計算하는 法이 그것이다. 例컨대 甲子年 寅年 甲子 丙寅時라면 寅이란 數

의 原則에 따라 此命의 月時合數는 二가 된다.

그런데 命宮을 求하기 爲해서는 基本數인 十四數와 二六數에 月時合數를 比較하지 않으면 안된다. 곧 日時

合數가 十三數까지는 十四에 比較하고 十四가 넘으면 二十六에 比較하여서 不足數로써 命宮의 地支를 求한

다. 例컨대 時月合數가 前例의 四數라면 基本數 十四에 十數가 不足하므로 十數가 此命의 命宮의 地支數인

바、十은 亥이므로 亥가 命支이다.

또 此人의 生年에 依한 起月法을 따라 命宮에 天干을 求함으로써 비로소 命宮은 確定되는 것인데 前例의

507

甲子年生이면 寅月이 丙寅月이 되고 二月은 丁卯가 되며 亥月은 乙亥月이 되므로 此命의 命宮은 乙亥가 되는 바이다。따라서 此命宮의 干支가 四柱의 全體 構造에 對하여 喜助하는 五行에 該當하거나 또 天乙貴人、生旺 冠帶等의 吉神에 該當하고 刑冲破害、咸池、劫殺、白虎等에 該當하지 않는다면 吉命인 것이다。

丁亥年 十月十二日 巳時生의 命宮을 推算해 보면 亥月의 十과 巳時의 四를 合하면 十四數가 二十六數에 比하여 十二數가 不足하므로 命宮에 地支는 十二丑支가 된다。또 丁亥年이니 丁壬木年의 寅月이 壬寅이므로 命宮의 友干은 丑이 되고 癸丑이 此命의 命宮인 것이다。그러나 此法에 있어 留意하지 않으면 안될 일은 生月을 決定하는 節入의 基準이 現今의 節氣와 다르다는 것이다。例컨대 寅月은 現今의 節氣 入日로부터 起算하지만 此法에 있어서는 雨水의 中氣로써 寅月의 標準을 삼는다는 것이다。따라서 二月은 春分을 三月은 穀雨를 標準하게 되므로 現今의 그것에 比하여 十五日이 뒤늦게 되는 點을 留意하지 않으면 안된다。以下에 그 早見表를 보이고자 한다。

命宮早見表

生月＼生時	寅	卯	辰	巳
子	卯	寅	丑	子
丑	寅	丑	子	亥
寅	丑	子	亥	戌
卯	子	亥	戌	酉
辰	亥	戌	酉	申
巳	戌	酉	申	未
午	酉	申	未	午
未	申	未	午	巳
申	未	午	巳	辰
酉	午	巳	辰	卯
戌	巳	辰	卯	寅
亥	辰	卯	寅	丑

丑	子	亥	戌	酉	申	未	午
辰	巳	午	未	申	酉	戌	亥
卯	辰	巳	未	未	申	酉	戌
寅	卯	辰	午	午	未	申	酉
丑	寅	卯	巳	巳	午	未	申
子	丑	寅	辰	辰	巳	午	未
亥	子	丑	卯	卯	辰	巳	午
戌	亥	子	丑	寅	卯	辰	巳
酉	戌	亥	子	丑	寅	卯	辰
申	酉	戌	亥	子	丑	寅	卯
未	申	酉	戌	亥	子	丑	寅
午	未	申	酉	戌	亥	子	丑
巳	午	未	申	酉	戌	亥	子

※ 이 命宮에 對한 仔細한 說明은 中國人 白惠文氏가 編著한 命學秘解를 參考하기 바란다.

(二) 五星의 十二宮 中所屬

五星正說類에서 말하는 五星이란 十二支의 十二宮을 五行에 配合하여 五星으로 한 것이니 十二宮을 五星에 配對함은 곧 六合을 말한다. 곧 子丑二宮은 土에 屬하는데 土가 主星이며 木을 꺼린다. 同一한 理致로 卯戌火宮의 火主星은 水를 꺼린다는 것이다. 이것을 다음과 같이 詩句로 보여 왔다.

子丑二宮屬土 寅亥木爲眞 卯戌原爲火 辰酉本屬金 巳申尋居水 午位大陽星巨解無所配 未土對太陰

以上을 八卦에 配對하여 收容하는 法이 또 있으니 아래와 같다.

(三) 卦位宮分所屬

子 坎寶瓶齊靑位　丑 艮磨蝎越揭州　寅 艮馬燕幽地　卯 震天蝎宋豫求　辰 巽天秤鄭兗分　巳 巽雙女楚則立

509

[午] 離三河周獅子 [未] 坤巨蟹秦雍留 [申] 坤晋益陰陽位 [酉] 兌趙翼是金牛 [戌] 乾白羊魯徐郡 [亥] 乾雙魚衛并收

註釋……子宮은 坎卦에 屬하고 寶瓶이라 이름하며 齊青州에 該當하고 艮卦의 位는 丑寅의 間位이므로 丑寅宮은 共히 艮卦에 屬한 것이다.

(四) 四步天經訣 (耶律學士之書)

[子丑二宮] 十二宮中何所忌오 加臨元宿細推究하라 寶瓶最怕飛來木이요 紫炁福之必不憂며 丑宮又喜金臨照요 木氣分明是我仇며 天喜大羅爲福德이요 君還水孛轉爲仇로다.

註釋……子宮은 土星이므로 木氣를 꺼리고 紫氣가 많음을 꺼리지 않으며、 子上에 安命이 있고 炁星이 있으면 吉하다。 丑宮은 金을 좋아하고 木을 꺼리며 子宮과 다르다 (紫炁等에 對해서는 此項을 參照할 것)。

[寅亥二宮] 寅亥二宮皆爲木이니 惟有木孛能爲福이요 逢金端的是焦枯며 遇火亦能爲惡毒이로다 寅上火羅箕不怕이요 羅睺能者雙魚腹이며 更兼土計兩強梁이요 設若侵垣多不足이로다.

[卯戌二宮] 卯戌二宮皆爲火나 卯宮與戌不相同이니 卯宮不以羅爲忌요 戌上逢羅定是凶이니라 最此兩宮喜木炁요 但於水孛莫相逢하고 大命若還逢大炁니 必是當年遼眼通이로다.

[辰酉二宮] 辰酉二宮從大白이나 却於取用有差別이니 西垣最忌水孛逢이요 水孛必能爲我泄이며 辰宮又喜水孛逢이요 若遇火羅必浦燥며 土計能爲命母星이요 木炁閑神何取設이리오.

[申巳二宮] 申巳二宮皆屬水요 申宮獨得水之清이며 西方多得金之氣니 何怕當頭土計優리요 最是巳宮憂土計니 盡生猶怕火羅臨이며 二宮之水皆防孛에 若遇刑囚禍轉深이니라.

[單論午宮] 獅子之宮察太陽이요 明知金水必爲祥이니 至尊之皆無忌요 只怕當年木作殃이라 炁乃餘星何足畏며 無形安得救其光이며 秋冬行令俱來落이요 春夏之時乃受傷이니라.

單論未宮 未土分明是巨蠏요 獨以太陰爲主宰니 喜逢木炁火羅全이요 土計却能爲釣餌라 躔在心張危畢地요 夜

裏生人猶可愛며 土星若健木星弱이요 生平反覆多成敗니라。

(五) 周天七政四餘行度

太陽 太陽은 逆宮順度라 一日行一度하니 子宮各有三十이며 度亦三十之數며 亥宮三十二零六時니 度亦三十

二零六分이며 戌宮三十一日零八時에 度只三十度零六分이니 此則有空白之日故로 雨多也니라 酉宮凡三十一日이

니 度亦三十數며 申宮二十九日零八時나 度只二十七零八分이니 此亦有空白故로 日多而度少也니라 未宮二十九

日零十時하야 度只二十八零十分이니 此有空白故로 多日也며 午宮凡三十一日에 零五時度亦三十零五分이며 巳

宮三十二日零十時에 度亦三十二零十分이며 辰宮三十一日零七時에 度亦三十一零七分이니라 卯宮二十九日에 度

亦二十九日數며 寅宮二十七日에 度亦二十七日零九時에 度亦二十七零七分이니라

註釋……日者는 太陽之精이요 人君之象이며 父之所配요 有恩澤之義라 獨守一宮則惠其權衆星爲之輔니 若科

甲星同宮則被其輝其行이며 一年一周天이니라。

太陰 一太陰行度에 遲疾不同이요 逆宮順度니 子丑卯未申酉六宮은 只有三日 零一時三十六에 度則過一日止

行十二度零三分이요 寅亥戌辰四宮은 只有二零二時二十七에 度則過二日止行十二度며 午巳二宮은 只有二日三時

에 一日止行十二度니라。

釋……月者는 太陰之精이요 人臣之象이며 母之所配요 有慈柔之義니 亦爲己身其行二十九日에 與日交會一周

天이니라。

木星 木星은 六日行一度하고 或七日行一度하야 一年過一宮이요 疾則四日이어나 或五日에 行一度니라。

釋……木主仁이요 名歲星이며 順行則吉이요 逆則爲長喪이니 星主夭折이요 留則爲災殃이며 星非爲生災病이

요 過主官非破晦며 入伏號欄杆이니 星善惡都不管에 主諸事平平而已며 十二年行一周天이니라。

[火星] 一火星五日行三度요 兩箇月過一宮이며 遲則二日行一度니라。

釋……火主禮요 屬南方이며 多生暴燥요 順逆而明이면 爲福이요 伏則化天坎星이니 主瘟瘟之疾이요 入留則化

天虹星이니 主火災頻見이며 其行二年에 一小周天이니라。

[土星] 一土星八日行一度며 或九日行一度요 二十七箇月 過一宮이니라。

釋……土主信이요 居中이며 名鎭星이니라 又名火羅猴니 伏爲天瘟에 主疾病이며 逆名破家星이니 少成多敗며

留是天奸星에 主人知誠而爲狡猾이요 事溫平其行最逸이며 一九年一周天이니라。

[金星] 一金星一行一度며 一月過一宮이요 一年一小周天이며 九年一大周天이니라。

釋……金主義니 及剛毅之性이요 秉殺伐之權이며 喜留伏則挫其銳而不至以傷人也라 故로 諸星嫌留伏이니 唯

金喜皆此理也며 其行一年一周天이니라。

[水星] 一水星一日行一度半이요 或五日行七度며 一月過一宮이나 每月行度不同이니라。

釋……水主智에 居北方이요 名辰星이며 四時皆見에 喜順忌逆이며 留性無定度요 遇善則善이요 遇惡則惡이며

行附於日에 一年行一小周天이니라。

[炁星] 一紫炁星二十八日行一度며 二十八箇月過一宮이니라。

釋……紫炁水之餘氣니 性淸高慈善吉祥之曜니 主道藝之流라 若人生時吉照엔 主富貴長壽며 遇凶而不成災하고

凡二十六年一周天이니라。

[孛星] 一孛星九日行一度며 九箇月過一宮이요 一年行四十九度니라。

釋……月孛水之餘니 多暗昧不明이요 與危亡之災니 主頭風之疾이요 遇凶則助凶이며 遇吉則爲吉이니 大約九

年一周天이니라。

羅星 一羅星十八日行一度며 或十九日行一度요 二十八箇月에 過一宮이니라。

釋……羅睺火之餘니 爲天首며 性急宿怨交仇하야 不能興義하고 能作妖薛이요 主血光相寒熱瘴氣나 不逢忌曜

엔 貴而有權이며 逆行隱而不見이니라。

計星 一計都行都與羅一般하야 每度度相位而行再無錯亂이니라。

釋……計都土之餘니 爲天尾라 常與羅睺相對故로 曰首尾星이니 含畜毒惡하야 主風勞血氣災各이라 逆行於天

逢日月則食一十八年一周天이니라。

(六) 恨年分訣 및 限行度訣

1 論限年分訣

命宮十五限宮十이요 福德妻宮十一詳이며 官祿千五最高位라 遷移止有八年限이요 疾厄七號共六六이며 財帛兄

弟五年強이요 田宅子孫幷奴僕이며 四年之半定毫芒이니라。

2 論限行度訣

命宮行度隨淺深이요 相貌一年三度立이며 官祿一年兩度通이요 遷移二載兵二十이니 疾厄一年四度強하라 三年

之上同加一이요 福德妻妾三度移라 三年減 爲端的이니 奴僕男女井田宅이요 一年二度三減一이니라 財帛兄弟各

五年에 一年六度行不失이니 但能依此論行年에 分明歲加凶吉이니라。

釋……以上의 限度와 年分의 法에 있어서 前例에 비추어 미루어 본다면 命宮十五年者란 말은 古法인데 꼭

拘碍될 것은 없다。 十一歲에서 限度가 일어난다면 命宮에서 十年을 管掌하는데 그칠 것이니 二十歲까지 該當한

다。 或 零三度가 된다면 三年으로써 나머지 一度를 行하게 되는 것이다。 또 例컨대 十二歲에 限度가 일어난

513

면 命宮에서 또 十九年을 管轄하게 되고 二十六七度이면 一年半行이 一度가 된다。 다음의 早見表를 參照하라。

年行限度早見表

표의 각 칸은 달·날짜(예: 正月初一)를 나타내며, (N年) 표시는 그 度에서 해당 年次가 시작됨을 뜻한다. 읽는 순서는 宮別 → 一度 → 七度.

宮別 \ 度別	一度	二度	三度	四度	五度	六度	七度
福德 夫妻 十一年	(一年) 正月初一	五月十三	(二年) 九月廿四	二月初六	六月十八	(三年) 三月十三	七月十四
遷移 八年	(一年) 正月初一	四月初六	七月十二	(二年) 十月十九	正月廿四	八月初七	十一月十二
疾厄 七年	(一年) 正月初一	三月廿四	六月十八	九月十二	(二年) 十二月初六	五月廿五	八月十八
奴僕 男女 田宅 共四年	(一年) 正月初一	二月廿四	四月十八	六月十三	八月初七	十一月廿五	(二年) 正月十八
相貌 十一年	(一年) 正月初一	四月三十	八月初一	(二年) 九月初一	十二月三十	正月初一	(三年) 四月三十
官祿 十五年	(一年) 正月初一	六月三十	(二年) 十二月三十	七月初一	(三年) 十二月三十	正月初一	(四年) 六月三十
兄弟 財帛 共五年	(一年) 正月初一	[illegible]	[illegible]	[illegible]	[illegible]	[illegible]	(二年) [illegible]

十六度		十五度		十四度		十三度		十二度		十一度		十度		九度		八度	
					六年				三年				四年				
十一月十二	六月初一	六月三十	二月廿九	二月廿八	十月初七	十月初六	五月廿五	五月廿四	正月廿三	正月廿二	九月初一	八月三十	四月十九	四月十八	十二月初七	十二月初六	十一月廿九
		五年							四年								三年
四月初六	正月初一	十二月三十	九月廿五	九月廿四	六月十九	六月十八	三月十三	三月十二	十二月初七	十二月初六	九月初一	八月三十	五月廿五	五月廿四	三月十九	三月十八	十一月十三
		五年							四年						三年		
九月廿四	七月初一	六月三十	四月初七	四月初六	正月十三	正月十二	十一月初九	十一月初八	七月廿五	七月廿四	五月初一	四月三十	二月十七	二月十六	十一月十三	十一月十二	八月初九
				三年													
五月十二	四月初一	三月三十	正月初七	正月初六	十一月十三	十一月十二	十月初九	十月初八	八月廿五	八月廿四	七月初一	六月三十	五月初七	五月初六	三月十三	三月十二	正月初九
	六年						五年						四年				
四月三十	正月初一	十二月三十	九月初一	八月三十	五月初一	四月三十	正月初一	十二月三十	九月初一	八月三十	五月初一	四月三十	正月初一	十二月三十	九月初一	八月三十	五月初一
			八年				七年				六年				五年		
十二月三十	七月初一	六月三十	正月初一	十二月三十	七月初一	六月三十	正月初一	十二月三十	七月初一	六月三十	正月初一	十二月三十	七月初一	六月三十	正月初一	十二月三十	七月初一
							三年										
八月三十	七月初一	六月三十	五月初一	四月三十	三月初一	二月三十	正月初一	十二月三十	十一月初一	十月三十	九月初一	八月三十	七月初一	六月三十	五月初一	四月三十	三月初一

二十五度	二十四度	二十三度	二十二度	二十一度	二十度	十九度	十八度	十七度
〔十年〕二月三十／十月十九	十月十八／六月初七	〔九年〕六月初六／正月廿五	正月廿四／九月十三	九月十二／五月初一	〔八年〕四月三十／十二月十九	十二月十八／八月廿五	八月廿四／三月廿五	〔七年〕三月廿四／十一月十三
八月三十／五月廿五	五月廿四／二月十九	〔七年〕二月十八／十一月十三	十一月十二／八月初七	八月初六／五月初一	〔六年〕四月三十／正月廿五	正月廿四／十月十九	十月十八／七月十三	〔五年〕七月十二／四月初七
十月三十／八月初七	八月初六／五月十三	〔六年〕五月十二／三月十九	三月十八／十一月廿五	十一月廿四／九月初一	〔五年〕八月三十／六月初七	六月初六／三月十三	三月十二／十二月十九	〔四年〕十二月十八／九月廿五
九月三十／八月初七	八月初六／六月十三	六月十二／四月十九	四月十八／二月廿五	〔四年〕二月廿四／正月初一	十二月三十／十一月初七	十一月初六／九月十三	九月十二／七月十九	七月十八／五月初九
四月三十／正月初一	〔九年〕十二月三十／九月初一	八月三十／五月初一	四月三十／正月初一	〔八年〕十二月三十／九月初一	八月三十／五月初一	四月三十／正月初一	〔七年〕九月十三／七月十四	八月三十／五月初一
〔十三年〕六月三十／正月初一	十二月三十／七月初一	〔十二年〕六月三十／正月初一	十二月三十／七月初一	〔十一年〕六月三十／正月初一	十二月三十／七月初一	〔十年〕六月三十／正月初一	十二月十三／七月初一	〔九年〕六月三十／正月初一
〔五年〕二月三十／正月初一	十二月三十／十一月初一	十月三十／九月初一	八月三十／七月初一	〔四年〕六月三十／五月初一	四月三十／三月初九	二月三十／正月初一	十二月三十／十一月初一	十月三十／九月初一

年	三十度	二十九度	二十八度	二十七度	二十六度
十一年	二月三十／八月十九	八月十八／四月初七	四月初六／十一月廿五	十一月廿四／七月十三	七月十二／三月初一
八年	十二月三十／九月廿五	九月廿四／六月十九	六月十八／三月十三	三月十二／十一月初七	十一月初六／九月初一
七年	十一月三十／十月初七	十月初六／七月十三	七月十二／四月十九	四月十八／正月廿五	正月廿四／十一月初一
五年	六月三十／五月初七	四月初六／三月十三	三月十二／正月十九	正月十八／十二月廿五	十二月廿四／十月初一
十年	十二月三十／九月初一	八月三十／五月初一	四月三十／正月初一	十二月三十／九月初一	八月三十／五月初一
十五年	十二月三十／七月初一	六月三十／正月初一	十二月三十／七月初一	六月三十／正月初一	十二月三十／七月初一
十四年	十二月三十／十一月初一	十月三十／九月初一	八月三十／七月初一	六月三十／五月初一	四月三十／三月初一

（七）行限度例

1　星宿度數所在

角亢氐初總在〔辰〕　氐二房心尾〔卯〕存　尾三箕斗在〔寅〕位　斗四牛女〔丑〕宮眞　女二虛危同在〔子〕　危十三度〔亥〕同
行　室壁奎號都在〔亥〕　奎二婁胃〔戌〕宮親、　胃四昴畢同躔〔酉〕　畢七觜參并在〔申〕　井九鬼柳俱在〔未〕　柳四星張〔午〕位
迎　張十五號翼軫〔巳〕　軫十還歸在於〔辰〕

2　行限年度假如

假如角斗奎井安命엔　以木爲主니라　○行四水度이나　或逢水字에　大發迹也니　貴人得之하야　進爵加官이니라　○

行四月度土엔 亦好逢金化吉이며 逢火發達이나 若逢土計엔 喪服重重이니라 ○行四火度土는 不宜見金이니 主官

災破財며 或作土水造宅이니라 ○行四日度平平이니 無災無禍니라 ○行四土度는 平垣發福이오 逢水必定發이오

逢金決死니라 ○行金度無救에 大凶이며 逢水孛엔 反主大發이니 決因禍而致福이오 不宜見金이니 則死矣니라.

又如亢牛婁鬼安命엔 以金爲主니라 ○行四土度大發이며 ○行四月度에 吉凶相半이니 如有大凶이나 得貴人扶

也니라 ○行四月四水度에 見木則發이요 見炁主孝服이며 見火莫登高涉險이니라 ○行四木度에 見火羅면 決死나

有水制之하얀 無妨이니라 ○行四火度에 見土計하면 大發이요 見火엔 必死니라.

又如氐女胃柳安命에 以土爲主니라 ○行四火度에 見度發達이니 貴則加言이요 否則納栗有名이니라 ○行四月

四水度엔 平平이며 逢木炁則死며 見火造宅置田이니라 ○行四金度에 平平이요 行四木度에 大凶이니 見水必死

니라.

又如房虛昴星尾觜室翌安命에 皆以日火爲主니라 ○行四木度大發이며 ○行四水度에 見孛星이면 主落水死니라

○行四土度主에 孝服이며 見火生男이요 見金生女며 行四金度에 亦驟發이니라.

又如心危畢張箕壁參軫安命에 皆以月水爲主니라 ○行四火度에 見土主跌死니라 ○行四木度平平이며 ○行

四金度大發이며 行四土度見計必死며 逢土亦好니라 ○行四日度平平이니 見羅星이면 酒色之徒며 或因婦人破財

니라.

〈八〉 五星變局

子宮 水土原來旺居子에 二者如何可兼取오 危月乃是水之精이며 虛日則以土爲主니라 雖然如此分淸重가 又看

歲星何黨衆가 若是大土爲納音이오 此宮端的屬於土니라.

釋……女虛危三宿이 在子女危二星에 皆過宮流動하야 唯虛星爲主故로 取土니라.

丑宮 丑宮雖爲屬土神이다 垣則屬土局則金이니 金土兩般俱要論이니 此宮最太陽臨이니라.

釋……子與丑合故로 取土며 巳酉丑金局故로 取作金이니 二者並用이니라.

寅宮 寅宮層木局爲大에 水孛如未作木數이며 木炁設施臨午戌이면 此宮變局又爲火니라.

釋……寅與亥合取爲層木이요 寅午戌에 成火局이니라.

卯宮 卯宮端的火之垣이니 水孛臨垣又爲木이요 木炁合局是火垣이며 三合水孛爲木局이니라.

釋……卯與戌合하야 取爲屬火며 亥卯未會局엔 變爲木局也니라.

辰宮 若論辰宮金是眞이요 更將水局相經論이며 水土同到兩難別이니 須看歲君并何神가.

釋……辰與酉合故로 屬金이요 申子辰會局이면 爲水며 辰戌丑未又爲土니 當與歲君爲主論이니라.

巳宮 巳宮本以水爲垣이니 不作金神論本元이니 定爲金局更何言고 如無土計眞爲宿水니 餘宿閑神不必言이니라

釋……巳與申合이니 取爲水요 巳酉丑會合에 爲金이니 取金祿在申也니라.

午未宮 午宮論日未宮月이니 却如地垣大相別이라 此宮純看輔弼星이요 相生相尅不可說이로다 午宮當以金水言

釋……未宮火金不可缺이니 歲君強健不能傷이며 當投此土分優劣이니라.

釋……太陽以金水爲輔弼하야 隨之則不離三宮이며 未與午合故로 以日月爲合論이니라.

申宮 申宮益得水之眞이요 若門臨宮又是合이면 土計總強能減力이요 歲星屬火禍金輕이니라

釋……誰將木火作閑神고 設若太歲逢眞火니 却惡當年土計優니라.

酉宮 酉宮金旺爲金位니 最怕孛星爲太歲며 若遇羅宮照限宮이요 羅宮有計何須畏니라.

釋……巳與申合屬水니 取金祿在神而生水也라 決金臨宮在申에 乘旺故로 又作金論이니라

釋…… 酉與辰合故로 屬金이요 巳酉丑又成金局이니 大忌火羅며 若羅宮有土計則不爲害니라。

戌宮 戌宮見水定生災니 子若逢之且榮貴며 出若屬吉最寄珍이라 却怕此星逢四季며 戌垣偏的爲熒惑이요 此大

猶存戌身間이로다。

釋…… 戌與卯合是水孛이니 變爲木以火基라 於戌正作火爲的이니라。

亥宮 亥乃木垣眞屬木이니 木星又在亥中安이라 若還火星經遊處에 更得當年木主看이요 惟此數中無反覆이니

閑神限宿不須觀이니라。

釋…… 木生在亥하고 亥與寅合木臨宮在寅이니 二宮俱有木神故로 無反變이니라。

命宮 命宮莫把他星取니 但於安命求元守라 行限須數敎論夜通이니 便把局垣深考究니라 流年須是尅流年하야

本宿依然傷本宿에 若是本宮星陷弱이면 縱有流年安得求리요。

釋…… 元守者는、元日所生之星이니 以安命之宮으로 取之하야 以爲主曜니라。

限宮 最怕凶神傷限路니 己未宮中偏怕土요 命宮爲材限爲用이라 命主論宮限論度에 其中造化最納友며 十二宮

中理相互로다

釋…… 限宮最怕受尅始니 己未二宮見土則忌之라 命宮雖吉이나 限宮不利며 其中亦未足爲美니라。

第一表

神殺＼日干	太極貴神	天乙貴神	福星貴神	天厨貴神	天福貴神	天官貴神	文昌貴神	節度貴神
甲	午子	丑未	寅	巳	酉	未	巳	巳
乙	午子	申子	亥丑	午	申	辰	午	未
丙	卯酉	亥酉	戌子	子	子	巳	申	巳
丁	卯酉	酉亥	酉	巳	亥	寅	酉	未
戊	辰戌丑未	未丑	申	午	卯	卯	申	巳
己	戌辰未丑	申子	未	申	寅	戌	酉	未
庚	寅亥	未丑	午	寅	午	亥	亥	亥
辛	亥寅	午寅	巳	午	午	申	子	丑
壬	申巳	巳卯	辰	酉	丑未	酉	寅	亥
癸	申巳	巳卯	卯	亥	戌辰	午	卯	丑

第二表

神殺＼日干	羊刃	飛刃
甲	卯	酉
乙		戌
丙	午	子
丁		丑
戊	午	子
己		丑
庚	酉	卯
辛		辰
壬	子	午
癸		未

暗祿	亥	戌	申	未	申	未	巳	辰	寅	丑
金輿祿	辰	巳	未	申	未	申	戌	亥	丑	寅

第三表

天上三奇	甲	戊	庚
地下三奇	乙	丙	丁
人中三奇	辛	壬	癸

四柱中 日干中心으로 있을것, 入格하면 發貴한다.

第四表

日干	建祿	食神	正官	天厨祿	名位祿	時祿
甲	寅	丙	辛	巳	丙寅	亥
乙	卯	丁	庚	午	丁卯	戌
丙	巳	戊	癸	巳		申
丁	午	己	壬	午		未
戊	巳	庚	乙	申		申
己	午	辛	甲	酉		未
庚	申	壬	丁	亥		巳
辛	酉	癸	丙	子		辰
壬	亥	甲	己	寅	壬午	寅
癸	子	乙	戊	卯	癸酉	丑

第五表

日支（殺神）	天德貴人	月德貴人	天德合	月德合
寅	丁	丙	壬	辛
卯	申	甲	巳	巳
辰	壬	壬	丁	乙
巳	辛	庚	丙	辛
午	亥	丙	寅	己
未	甲	甲	巳	丁
申	癸	壬	戊	乙
酉	寅	庚	亥	辛
戌	丙	丙	辛	己
亥	乙	甲	庚	丁
子	巳	壬	申	乙
丑	庚	庚	乙	丁

天掃	國印	流霞	紅艷	唐符	陰双
癸未	戌	酉	午	酉	丑
壬午	亥	戌	申	戌	寅
辛巳	丑	未	寅	子	辰
庚辰	寅	申	未	丑	巳
己卯	丑	巳	辰	子	辰
戊寅	寅	午	辰	丑	巳
丁丑	辰	辰	戌	卯	未
丙子	巳	卯	酉	辰	甲
乙亥	未	亥	子	午	戌
甲戌	申	寅	申	未	亥

第六表

年日（神殺）	豹尾
子	戌
丑	未
寅	辰
卯	丑
辰	戌
巳	未
午	辰
未	丑
申	戌
酉	未
戌	辰
亥	丑

勾絞	血双	天厄	天空	太陽	歲合	福德	龍德	解神	天喜	紅鸞	隔角	寡宿	孤辰	咸池	旌旗	黃幡
酉卯	戌	未	丑	丑	丑	酉	未	未戌	酉	卯	卯	戌	寅	酉	午戊	辰
戌辰	酉	申	寅	寅	子	戌	申	未酉	申	寅	卯	戌	寅	午	午戊	丑
亥巳	申	酉	卯	卯	亥	亥	酉	申	未	丑	午	丑	巳	卯	酉癸	未
子午	未	戌	辰	辰	戌	子	戌	申未	午	子	午	丑	巳	子	酉癸	戌
丑未	午	亥	巳	巳	酉	丑	亥	酉午	巳	亥	午	丑	巳	酉	酉癸	辰
申寅	巳	子	午	午	申	寅	子	酉巳	辰	戌	酉	辰	申	午	卯癸	丑
卯酉	辰	丑	未	未	未	卯	丑	戌辰	卯	酉	酉	辰	申	卯	卯癸	未
寅申	卯	寅	申	申	午	辰	寅	戌卯	寅	申	酉	辰	申	子	卯癸	戌
巳亥	寅	卯	酉	酉	巳	巳	卯	亥寅	丑	未	子	未	亥	酉	子戊	辰
午子	丑	辰	戌	戌	庚	午	辰	亥丑	子	午	子	未	亥	午	子戊	丑
未丑	子	巳	亥	亥	卯	未	巳	午子	亥	巳	子	未	亥	卯	子戊	未
寅申	亥	午	子	子	寅	申	午	午亥	戌	辰	卯	戌	寅	子	子戊	戌

吞陷	辛暴	陰殺	指背	大耗	浴盆	將軍箭	湯火	大禍	地耗	天耗	劍鋒	病符	飛符	弔客	披頭	白虎
戊	卯	丑	申	午	丑	申	午	丁丙	巳	申	癸子	亥	辰	戌	辰	申
寅	辰	戌	巳	未	丑	巳	未	乙甲	未	戌	戊丑	子	巳	亥	卯	酉
丑	巳	未	寅	申	辰	酉	寅	癸壬	酉	子	甲寅	丑	午	子	寅	戌
戊	午	辰	亥	酉	辰	戌	午	辛庚	亥	寅	乙卯	寅	未	丑	丑	亥
辰	未	丑	申	戌	辰	辰	未	丁丙	丑	辰	巳辰	卯	申	寅	子	子
卯	申	戌	巳	亥	未	未	寅	乙甲	卯	午	丙巳	辰	酉	卯	亥	丑
寅	酉	未	寅	子	未	卯	午	癸壬	巳	申	丁午	巳	戌	辰	戌	寅
寅	戌	辰	亥	丑	未	子	未	辛庚	未	戌	巳未	午	亥	巳	酉	卯
戊	亥	丑	申	寅	戌	午	寅	丁丙	酉	子	庚申	未	子	午	申	辰
戊	子	戌	巳	卯	戌	寅	午	乙甲	亥	寅	辛酉	申	丑	未	未	巳
寅	丑	未	寅	辰	戌	丑	未	癸壬	丑	辰	戊戌	酉	寅	申	午	午
寅	寅	辰	亥	巳	丑	亥	寅	辛庚	卯	午	壬亥	戌	卯	酉	巳	未

525

元辰	攀鞍	將星	亡神	月殺	年殺	地殺	天殺	炎殺	刼殺	喪門	天狗	天哭	暴敗	囚獄	破碎	天刑
未	丑	子	亥	戌	酉	申	未	午	巳	寅	戌	午	未	午	巳	未
午	戌	酉	申	未	午	巳	辰	卯	寅	卯	亥	巳	申	卯	丑	申
酉	未	午	巳	辰	卯	寅	丑	子	亥	辰	子	辰	酉	子	酉	酉
申	辰	卯	寅	丑	子	亥	戌	酉	申	巳	丑	卯	戌	酉	巳	戌
亥	丑	子	亥	戌	酉	申	未	午	巳	午	寅	寅	亥	午	丑	亥
戌	戌	酉	申	未	午	巳	辰	卯	寅	未	卯	丑	子	卯	酉	子
丑	未	午	巳	辰	丑	寅	丑	子	亥	申	辰	子	丑	子	巳	丑
子	辰	卯	寅	丑	子	亥	戌	酉	申	酉	巳	亥	寅	酉	丑	寅
卯	丑	子	亥	戌	酉	申	未	午	巳	戌	午	戌	卯	午	酉	卯
寅	戌	酉	申	未	午	巳	辰	卯	寅	亥	未	酉	辰	卯	巳	辰
巳	未	午	巳	辰	卯	寅	丑	子	亥	子	申	申	巳	子	丑	巳
辰	辰	卯	寅	丑	子	亥	戌	酉	申	丑	酉	未	午	酉	酉	午

命理正宗精解

初版 1刷 發行●1972年　1月　10日
初版12刷 發行●1999年　7月　15日
2版 1刷 發行●2004年　8月　16日
2版 3刷 發行●2016年　10月　20日
2版 4刷 發行●2024年　2月　5日

編著者●沈 載 烈
發行者●金 東 求

發行處●明 文 堂(1923. 10. 1 창립)
서울시 종로구 윤보선길 61(안국동)
국민은행 006-01-0483-171
전화 02)733-3039, 734-4798, 733-4748(영)
팩스 02)734-9209
Homepage　www.myungmundang.net
E-mail　mmdbook1@hanmail.net
등록　1977. 11. 19. 제1~148호

●낙장 및 파본은 교환해 드립니다.
●불허복제

정가 **35,000**원
ISBN 89−7270−150−5 (14150)

明文易學叢書

1) 秘傳 **姓名大典** 曺鳳佑 著

2) **奇學精說** 李奇穆 著

3) 修正增補 알기쉬운 **擇日全書** 韓重洙 著

4) 玉衡 **韓國地理總覽** 池昌龍 著

5) 風水地理 **明堂全書** 徐善繼, 徐善述 著 韓松溪 譯

6) **姓名學精說** 黃國書 著

7) 秘傳 **四柱大典** 金于齋 · 柳在鶴 編譯

8) **窮通寶鑑精解** 崔鳳秀 權伯哲 講述

9) **陰陽五行의 概論** 申天浩 編著

10) 增補 **淵海子平精解** 沈載烈 講述

11) **命理正宗精解** 沈載烈 講解

12) **四柱와 姓名學** 金于齋 著

13) **方位學入門** 全泰樹 編譯

14) **姓名學全書** 朴眞永 編著

15) 알기쉬운 **易數秘說** 沈鍾哲 編著

16) 命理叢書 **三命通會** 朴一宇 編著

17) **地理八十八向眞訣** 金明濟 著

18) **奇門遁甲** 申秉三 著

19) 正統秘傳 **四柱寶鑑** 金栢滿 著

20) **擇日大要** 高光震 著

21) 地理明鑑 **陰宅要訣全書** 金榮昭 譯編

22) 詳解 **手相大典** 曺誠佑 著

23) **命理精說** 李俊雨 編著

24) **易占六爻全書** 韓重洙 編著

25) **現代四柱推命學** 曺誠佑 編著

26) 陰宅明鑑 **青松地理便覽** 金榮昭 編著

27) **六壬精斷** 李在南 著

28) **六壬精義** 張泰相 編著

29) 自解秘傳 **四柱大觀** 金于齋 著

30) 秘傳詳解 **相法全書** 曺誠佑 編著

31) 地理 **羅經透解** 金東圭 譯著

32) 四柱秘傳 **滴天髓** 金東圭 譯

33) 增補 **滴天髓精解** 金于齋 譯編

34) 新橋 **洪煙眞訣精解** 金于齋 編著

35) **卜筮正宗精解** 金于齋 · 沈載烈 共著

36) 風水地理 **九星學** 金東圭 編著

37) 自解秘傳 **觀相大典** 曺誠佑 著

38) 自解秘傳 **萬方吉凶寶典**(全) 金于齋 · 李相哲 共著

39) **九星學(氣學)入門** 金明濟 著

40) 陰宅明鑑 **地理十訣** 金榮昭 編譯

41) 完譯 **麻衣相法**(全) 曺誠佑 譯

42) **易理學寶鑑** 韓宗秀 外 編

43) **象理哲學** 趙明彦 著

44) **易學原理와 命理講義** 曺誠佑 著

45) 的中 **周易身數秘典** 許充 著

46) 自解 **八字大典** 金于齋 著

47) **人生三八四爻** 이해수 編著

48) 四柱秘傳 **紫微斗數精解** 金于齋 著

49) **姓名大學** 蔡洙岩 編著

50) 風水地理 **人子須知** 金富根 監修, 金東圭 譯

51) 傳統 **風水地理** 林鶴燮 編著

52) **周易作名法** 李尙昱 著

53) **九宮秘訣** 金星旭 編著

54) **占卜術入門** 全泰樹 編譯

55) **命理學原論** 李相奎 著

56) **四柱運命學의 精說** 金讚東 著

57) **陽宅秘訣** 金甲千 著

58) **戊己解** 金明濟 著

59) **新命理學** 安成雄 著

60) 里程表 **經盤圖解** 金東圭 編著

61) 四柱詳解 **紫微斗數** 韓重洙 著

62) **滴天髓闡微** 金東圭 譯